Tool Book for Listing
on the SSE STAR Market

科创板上市工具书

——行业典型案例分析及知识产权风险分析

袁鹏飞 主编
张晓丽 周翔 卢东阳 副主编

天津出版传媒集团
天津人民出版社

图书在版编目（CIP）数据
科创板上市工具书 ：行业典型案例分析及知识产权风险分析 / 袁鹏飞主编 ；张晓丽，周翔，卢东阳副主编. 天津 ：天津人民出版社，2025. 4. -- ISBN 978-7-201-20783-4
Ⅰ. D923.404
中国国家版本馆 CIP 数据核字第 2024CF1848 号

科创板上市工具书:行业典型案例分析及知识产权风险分析
KECHUANGBAN SHANGSHI GONGJUSHU:HANGYE DIANXING ANLI FENXI JI ZHISHI CHANQUAN FENGXIAN FENXI

出　　版　天津人民出版社
出 版 人　刘锦泉
地　　址　天津市和平区西康路35号康岳大厦
邮政编码　300051
邮购电话　(022)23332469
电子信箱　reader@tjrmcbs.com

策划编辑　郑　玥
责任编辑　郭雨莹　陈　烨
装帧设计　汤　磊

印　　刷　北京虎彩文化传播有限公司
经　　销　新华书店
开　　本　710毫米×1000毫米　1/16
印　　张　34.75
插　　页　2
字　　数　450千字
版次印次　2025年4月第1版　2025年4月第1次印刷
定　　价　138.00元

序

在全球经济格局深刻调整和创新革命兴起的背景下，中国正逐渐成为全球创新和科技发展的核心之一。进入新时代，新科技应与传统产业融合，以包容性、有温度的创新方式，带动更多人搭乘科技快车，享受创新成果。然而，市场更迭和科技进步永无止境，制造、零售、教育、物流等传统行业因数字化程度低而面临困境和挑战。与此同时，新经济在信息与计算科学、生命健康与医学等领域呈现出星火燎原之势，大数据、人工智能等技术成为科技领域发展的重要力量。科技创新不仅涉及技术、设备和原材料的简单创新，更包括基础科学和“硬核”技术的创新。这种创新以交叉融合的方式与传统行业相互影响，推动经济社会的新发展。

自19世纪末以来，美国每一代年轻人都享受着比其父辈更好的生活，这得益于电力、医疗卫生、通信等技术的进步，以及工业化、城镇化、信息化进程。如今，属于中国最好的岁月正在到来，得益于工程师红利、原发技术创新、庞大消费需求、完整产业技术设施，以及不断完善的政策空间和金融市场环境等因素的良性耦合。这些要素为中国的经济增长提供了强大的内生动力，涌现出众多优质企业和商业机会。

全球化和科技浪潮推动中国从模仿者、追赶者转变为创新的先行者、原创者和分享者。中国正经历从创新1.0到创新2.0的飞跃式转变。创新1.0时代主要是商业模式的创新，利用互联网技术进行连接。然而，随着科技的发展，中国科技创新的模式正在向2.0版本切换。创新2.0时代的关键是融合，而不再是简单地复制他人经验或叠加技术和应用场景。基础科技和基础科学的创新将以全领域、深结合的方式改变各行各业,推动制造业的全面升级。未来的创新将是将真正的黑科技、硬科技与传统产业融合起来,实现长远价值创造和共同发展。

随着科技的不断进步和市场的日益竞争,科创板作为中国资本市场的新兴板块,正逐渐成为创新型企业展示实力、吸引投资的重要舞台。本书以客观的视角,深入剖析科创板上市的多个行业案例,重点关注企业在股权结构、主营业务、财务与会计,以及知识产权与核心技术等方面的表现。同时,结合实际案例,解析企业在知识产权方面面临的风险和问题,以期为其他企业的科创板上市之路提供参考与警示。

第一,行业案例全面呈现,科创板上市多元性凸显。从新一代信息技术到高端装备制造,再到新材料、新能源、节能环保和生物医药,科创板上市的企业涵盖了多个行业领域,充分展现了科创板的多元性和包容性。通过对这些行业案例的深入剖析,我们可以发现,不同行业的企业在科创板上市过程中,既有共性也有个性。共性在于,这些企业都具备创新能力强、市场前景广阔等特点;个性则体现在企业的主营业务、技术路径、市场竞争格局等方面。

第二,知识产权与核心技术成为科创板上市关键要素。在科创板上市的多个行业案例中,知识产权与核心技术无疑是企业的核心竞争力所在。企业拥有的专利数量、质量及技术创新能力,不仅直接关系到企业的市场地位,也是投资者评估企业价值的重要依据。因此,企业在科创板上市过程中,必须充分展示其知识产权和核心技术的优势,以吸引投资者的关注。

第三,知识产权风险不容忽视,企业须加强防范与应对。尽管知识产权和核心技术对于企业在科创板上市具有重要意义,但知识产权风险也不容忽视。从案例中我们可以看到,一些企业在知识产权方面存在的问题,如专利权无效纠纷、核心技术人员离职、专利侵权诉讼等,都可能对企业的上市进程和市场声誉造成不利影响。因此,企业在科创板上市前,应充分评估自身的知识产权风险,加强防范与应对,确保知识产权的合法性和稳定性。

第四,科创板上市之路充满挑战与机遇,企业须做好充分准备。科创板作为中国资本市场的新兴板块,为创新型企业提供了更多的上市机会和融资渠道。然而,科创板上市之路并非一帆风顺,企业须面对诸多挑战和考验。除了知识产权风险外,企业还须关注股权结构、主营业务、财务与会计等多个方面的要求。因此，企业在科创板上市前，应做好充分准备，全面提升自身的综合实力和竞争力。

本书作为一本较为实用的科创板上市的工具书，提供了详尽的科创板上市流程和策略，有助于企业了解整个上市过程，避免企业在实际操作中走弯路；深入剖析了科创板六个代表性行业的具体典型案例，可以使企业了解不同行业在科创板上市时的特点、难点和成功经验，为其上市之路提供一定借鉴。

知识产权是企业核心竞争力的重要组成部分，也是科创板审核关注的重点之一。本书针对科创板上市过程中可能遇到的知识产权风险进行了深入解析，并提供了风险提示。通过实际案例，深入剖析了知识产权风险的产生原因、影响及应对策略，为企业防范知识产权风险提供了有力的支持。

通过本书的研究和分析，期待能为广大科技创新型企业和投资者在科创板上市的道路上提供有力的支持和帮助。

是为序。

刘国超

哈尔滨股权投资协会会长

九芝堂股份有限公司前董事长

目　录

第一章　科创板上市简介

科创板(The Science and Technology Innovation Board),是由国家主席习近平于2018年11月5日在首届中国国际进口博览会开幕式上宣布设立的,是独立于现有主板市场的新设板块,并在该板块内进行注册制试点。

科创板自设立以来,一直致力于推动科技创新企业的发展,为投资者提供了更加多元化、更具活力的投资渠道。在此背景下,越来越多的科技创新企业开始在科创板挂牌上市,借助资本市场力量实现快速发展。

作为独立于现有主板市场的新设板块,科创板采用了更加市场化的注册制试点,注重信息披露和风险提示,强调投资者教育和保护。同时,科创板在上市标准、交易规则、信息披露等方面也与主板市场存在一定的差异,更加符合科技创新企业的特点和需求。

在科创板挂牌上市的企业涵盖了众多领域,包括人工智能、生物科技、高端制造、新材料等。这些企业借助科创板平台,不仅获得了更多的资金支持,还吸引了更多的优秀人才和合作伙伴。同时,科创板也为投资者提供了更多优质的投资标的,让投资者能够更好地分享科技创新企业的发展成果。

除了推动科技创新企业的发展,科创板还积极探索金融科技的应用和发展。在科创板的推动下,金融科技正在不断渗透到证券市场、银行、保险等各个领域,为金融行业带来更多的创新和变革。

总的来说,科创板的设立为推动科技创新企业和金融科技的发展提供了更加广阔的舞台。未来,随着科创板的不断发展和完善,相信会有更多的科技创新企业和投资者在这个平台上实现共赢。

截至2025年3月27日,科创板挂牌公司已达586家,总市值突破68382.80亿元,科创板开市的成功实践,为我国资本市场的全面深化改革积累了宝贵经验,促进了多维度科技创新,推动和完善了投资政策与制度的建设。

1 科创板定位

自改革开放以来,中国已经实现了四十余年的经济高速增长。然而,随着经济发展逐渐进入新常态,过去依赖资源、人口红利等优势来实现的高速增长正在逐渐减退。为了突破经济发展的“瓶颈”,中国必须寻求新的发展方式。其中,科技创新是实现从制造大国向智造强国转型的关键。

科技创新与其他领域相比,往往需要更大的投入,同时失败率也较高。此外,与其他企业相比,科技创新型企业在没有长期资本投入的情况下,难以度过研发周期的初期阶段。

科创板是“科技创新板”的简称,它的推出为科技创新型企业提供了一个通过市场机制获取资本的渠道。这为科创领域及具有潜力的初创型科技创新企业提供了更多的融资机会,从而促进了科技创新企业的孵化和发展。不仅激发了社会对科技创新投入的积极性,也为中国科技创新的发展提供了有力的支持。

设立科创板,是实施创新驱动和科技强国战略、推动高质量发展的重大改革举措,也是支持上海国际金融中心和科技创新中心建设的必要安排。为了实现这一目标,科创板需要打好“创新牌”,顺利落地生根、茁壮成长。

从市场功能的角度来看,科创板应致力于推动科技创新与资本市场的深度融合。科技创新具有投入大、周期长、风险高等特点,传统的间接融资和短期融资方式往往难以满足其需求。因此,科创板应发挥资本市场在促进科技创新方面的关键作用,为创新企业提供长期资本的引领和催化,加速创新资本的形成和有效循环。

近年来,中国资本市场在加大支持科技创新力度方面已经做出了很多探索和努力。然而,由于种种原因,科技创新与资本市场的对接还存在不少“缝隙”。很多发展良好的创新企业选择到境外上市,说明中国资本市场在这方面仍有很大的提升空间。设立科创板,可以为解决这个问题提供更多可能性,补齐资本市场服务科技创新的短板,是科创板从一开始就要肩负的重要使命。

从市场发展的角度来看,科创板应该成为资本市场基础制度改革创新的"试验田",监管部门已经明确表示,科创板是资本市场的增量改革。通过增量改革的方式,可以避免对庞大的存量市场产生影响,同时在新天地中"试水"改革举措,快速积累经验,从而推动资本市场基础制度的不断完善。以备受关注的注册制为例,经过多年的市场讨论,此次明确在科创板试点注册制,既响应了市场需求,也具备充分的法律依据。几年来,依法全面从严监管资本市场和相应的制度建设也为注册制试点创造了相应条件。注册制的试点有严格的标准和程序,在受理、审核、注册、发行、交易等各个环节会更加注重信息披露的真实全面、上市公司质量,更加注重激发市场活力、保护投资者权益。在科创板试点注册制,可以说为改革开辟了一条创新性的路径。

根据市场生态的视角,科创板应秉持更加包容、平衡的理念,资本市场不仅是融资市场,也是投资市场。通过在盈利状况、股权结构等方面的差异化安排,科创板将进一步增强对创新企业的包容性和适应性。同时,投资者也是不容忽视的一方。在投资者权益保护方面,科创板一方面要针对创新企业的特点,从资产、投资经验、风险承受能力等方面加强科创板投资者适当性管理,引导投资者理性参与。此外,通过实施发行、交易、退市、证券公司资本约束等新制度及引入中长期资金等配套措施,实现新增资金与试点进展同步匹配,致力于在科创板实现投融资平衡、一二级市场平衡及公司新老股东利益平衡,并促进现有市场形成良好预期。

2　科创板发行上市审核

科创板的发行注册过程主要分为两个阶段:一是上海证券交易所(以下简称上交所)的发行上市审核阶段,二是中国证券监督管理委员会(以下简称证监会)的注册阶段。在上交所的发行上市审核阶段,审核原则是依法合规、公开透明、便捷高效,以信息披露为核心,旨在更好地履行审核职责,增强审核预期。上交所重点围绕与投资者价值判断和投资决策密切相关的信息,通过一轮或多轮问询督促发行人及其中介机构真实、准确、完整地披露信息。随着科创板公司发行上市审核进入常态化,科创板上市企业有序供给,上交所将进一步聚焦财务交易真实性、信息披露重大性、风险揭示充分性、投资者决策有效性,进一步提高审核质量和效率。

2.1　科创板发行条件审核

2.1.1　主体资格

根据科创板上市规则,拟上市企业应满足以下条件:首先,必须是依法设立且持续经营3年以上的股份有限公司。其次,公司应具备健全且运行良好的组织机构,相关机构和人员能够依法履行职责。此外,对于有限责任公司按原账面净资产值折股整体变更为股份有限公司的情况,其持续经营时间可以从有限责任公司成立之日起计算。

科创板发行条件审核重点关注的是拟上市企业的持续经营能力,而非持续盈利能力。持续经营是指企业法人的经营活动会延续下去,在可以预见的未来不会因清算、解散等变故而不复存在。我国主板市场一直以来都将企业可持续盈利能力作为能否发行上市的最重要的审核标准,持续盈利能力作为隐性指标如同套在拟上市企业头上的“紧箍咒”,成为其上市发行的一大阻碍。

作为一项会计指标,持续盈利体现的是过去的经营成果,不代表未来成长。同时,盈利指标容易加工粉饰。相比之下,科创企业定位在创新,核心在于关键技术,研发成本高,具有高度成长性。许多科创企业选择战略性亏损(如特斯拉、亚马逊),这类企业之所以要申请上市,就是为了能从资本市场获得融资支持,进而突破发展中资金瓶颈的制约。

综上所述,科创板发行条件审核重点关注的是拟上市企业的持续经营能力而非持续盈利能力。这更符合科创企业的特点和发展的需要。

2.1.2　财务规范

科创板拟上市企业在财务规范方面,应确保以下两点:

第一,财务报表的编制和披露必须严格遵循《企业会计准则》和相关信息披露规则,确保在所有重大方面公允反映自身的财务状况、经营成果和现金流量,并由注册会计师出具标准的无保留意见审计报告。

第二,内部控制制度必须健全且被有效执行,能够保证公司运行效率、合法合规和财务报告的可靠性。同时,注册会计师应出具无保留意见的内部控制鉴证报告。

2.1.3　业务完整

科创板拟上市企业应具备业务完整性，并具有直接面向市场独立持续经营的能力。具体要求包括以下四点：①资产完整性：在业务、人员、财务和机构方面独立，不存在对自身构成重大不利影响的同业竞争，以及严重影响独立性或显失公平的关联交易。②主营业务、控制权、管理团队和核心技术人员稳定性：最近两年内，主营业务和董事、高级管理人员及核心技术人员均未发生重大不利变化。③控股股东和受控股股东、实际控制人支配的股东所持发行人的股份权属清晰：最近两年实际控制人没有发生变更，不存在可能导致控制权变更的重大权属纠纷。④发行人不存在主要资产、核心技术、商标等方面的重大权属纠纷，不存在重大偿债风险及重大担保、诉讼、仲裁等或有事项，且经营环境未发生重大变化等对持续经营有重大不利影响的事项。

相对于主板和创业板对发行人相关同业竞争的零容忍政策，科创板对同业竞争的要求相对较为宽松。根据科创板规则，发行人应确保与控股股东、实际控制人及其控制的其他企业之间不存在对发行人构成重大不利影响的同业竞争。然而，同业竞争属于发行人独立性问题，评价其是否对发行人构成重大不利影响的核心在于同业竞争是否影响发行人的独立性和持续经营能力。

根据《公开发行证券的公司信息披露内容与格式准则第41号——科创板公司招股说明书》，发行人应分析和披露其与控股股东、实际控制人及其控制的其他企业间不存在对发行人构成重大不利影响的同业竞争。若存在与控股股东、实际控制人及其控制的其他企业从事相同、相似业务的情况，发行人应合理解释其不构成对发行人的重大不利影响的理由，并披露防范利益输送、利益冲突及保持独立性的具体安排等。

与主板和创业板相比，科创板的创新之处在于并未完全禁止同业竞争。在突出发行人独立性的前提下，科创板允许发行人对存在的同业竞争进行合理解释。如果经解释后确认同业竞争不构成重大不利影响，则不会成为其上市的实质障碍。

对于关联交易，科创板规定必须符合"不存在严重影响独立性或者显失公平的情形"的条件。这表明科创板对于关联交易采取了负面清单的管理方式，核查的重点在于排除那些不符合要求的不具备必要性且交易条件不公允的关联交易。

相比其他板块要求发行人报告期内董事、高级管理人员没有发生重大变化的条件,科创板将“重大变化”变为“重大不利变化”,这一改更切合科创板拟上市企业经营团队的实际特点,更清晰地诠释了管理团队稳定不等于不变化,而是强调不能有不利的变化。在界定董事、高级管理人员及核心技术人员是否发生重大不利变化时,应当本着实质重于形式的原则,综合两方面因素分析:一是最近两年内的变动人数及比例,在计算人数比例时,以上述人员合计总数作为基数;二是上述人员离职或无法正常参与发行人的生产经营是否对发行人生产经营产生重大不利影响。以下两种情况原则上不构成重大不利变化:一是变动后新增的上述人员来自原股东委派或由发行人内部培养产生;二是管理层(不包括核心技术人员)因退休、调任等原因发生岗位变化。另外,如果最近两年内发行人的上述人员变动人数比例较大,或上述人员中的核心人员发生变化,进而对发行人的生产经营产生重大不利影响,应视为发生重大不利变化。

科创板对于股份权属的明晰度做出了新的界定标准。这一标准主要针对控股股东(实控人)地处国际避税区且股权结构复杂的拟上市企业。这些企业在科创板申请上市时,需接受对其控股股东、实际控制人所持股份权属的严格界定。为此,必须深入核查产生此类架构的背后原因,其合法性、合理性,以及持股的真实性。同时,也需要关注是否存在委托持股、信托持股等影响控股权的约定和各种股东出资来源等问题。

科创板要求发行人的控股股东和受控股股东、实际控制人支配的股东所持发行人的股份权属必须清晰明确。此外,发行人还需阐述如何确保公司治理和内部控制的有效性。

科创板在上市规则中明确允许发行人在上市过程中实施员工持股计划和期权激励计划。在过去的上市实践中,员工激励计划往往被审慎、保守地对待,企业尽量避免在上市前实施激励或仅采取简单的激励措施,以防止在股份权属的清晰度方面出现不必要的纠纷。然而,科创板规则中明确规定了在上市前可以存在尚未实施完毕的员工持股计划、期权激励计划,并详细规定了这类持股和期权激励计划应满足的具体条件。这给各方提供了更加明确的标准和预期。

科创板拟上市企业的生产经营须符合法律、行政法规的规定,符合国家产业政策。最近3年内,发行人及其控股股东、实际控制人不存在贪污、贿赂侵占财产、挪用财产或者破坏市场经济秩序的刑事犯罪，不存在欺诈发行、重大信息披露违法或者其他涉及国家安全、公共安全、生态安全、生产安全、公众健康安全等领域的重大违法行为。最近3年内，董事、监事和高级管理人员不存在受到证监会行政处罚，或者因涉嫌犯罪被司法机关立案侦查，或者涉嫌违法违规被证监会立案调查、尚未有明确结论意见等情形。

2.2　科创板上市条件审核

根据《上海证券交易所科创板股票上市规则》，科创板设置了多重上市标准以增强其包容性。为破除现行A股IPO（首次公开募股）规则——“必须盈利”的束缚，科创板建立起以市值为中心，结合净利润、营业收入、研发投入和经营活动产生的现金流量等财务指标的上市标准。针对不同类型的IPO申请企业，科创板分别制定了通用上市标准（同股同权）、表决权差异安排（同股不同权）及红筹企业的IPO标准。

拟上市企业作为发行人，应当结合自身财务状况、公司治理特点、发展阶段及上市后的持续监管要求等方面，审慎选择适当的上市标准。在此过程中，保荐机构应提供专业指导，审慎推荐，并在上市保荐书中就发行人选择的上市标准逐项说明适用理由，例如对预计市值指标，应结合发行人报告期外部股权融资情况、可比公司在境内外市场的估值情况进行说明。

若在科创板上市委员会审议会议召开前，发行人因更新财务报告等情形导致不再符合申报时选定的上市标准，需要变更其他标准的，应及时向上交所提出申请，说明原因并更新相关文件。若不再符合任何一项上市标准的，可以撤回发行上市申请。保荐机构应核查发行人变更上市标准的理由是否充分，就发行人新选择的上市标准逐项说明适用理由，并就发行人是否符合上市条件重新发表明确意见。

2.2.1　科创属性

准确把握科创板的定位是科创板建设的重要基础，也是企业登陆科创板的关键第一步。《关于在上海证券交易所设立科创板并试点注册制的实施意见》（以下简称《科创板实施意见》）明确了科创板的定位：上交所新设的科创板，主要服务于符合国家战略、突破关键核心技术、市场认可度高的科技创新企业。重点支持新一代信息技术、高端装备、新材料、新能源、节能环保及生物医药等高新技术产业和战略性新兴产业，推动互联网、大数据、云计算、人工智能和制造业深度融合，引领中高端消费，推动质量变革、效率变革、动力变革。此外，《科创板实施意见》提出了重点支持的六大领域，并指出具体行业范围由上交所发布适时更新。这一安排考虑到了科技发展和产业格局的迅速变化。

在执行层面把握科创板定位时，应充分考虑企业的科技创新能力，而不仅仅是行业属性。《上海证券交易所科创板企业上市推荐指引》指导发行人和保荐机构重点对照“六个是否”评估企业科技创新能力。主要包括：一是围绕自主核心技术，即是否掌握具有自主知识产权的核心技术，核心技术是否权属清晰，是否国内或国际领先，是否成熟或者存在快速迭代的风险。二是围绕研发体系，即是否拥有高效的研发体系，是否具备持续创新能力，是否具备突破关键核心技术的基础和潜力。三是围绕研发成果，即是否拥有市场认可的研发成果。四是围绕竞争优势，即是否具有相对竞争优势。五是围绕经营成果，即是否具备技术成果有效转化为经营成果的条件，是否能够形成有利于企业持续经营的商业模式，是否能够依靠核心技术形成较强成长性。六是围绕战略方向，即是否服务于经济高质量发展，是否服务于创新驱动发展战略、可持续发展战略、军民融合发展战略等国家战略。

在实践过程中，如何准确评价企业的科创属性，判断其科创成色和科创含量的高低，一直是一个具有挑战性的问题。这不仅涉及到发行人和保荐机构在申报时对于是否符合科创板定位的顾虑，还存在科创板定位评估和核查的形式及内容的不统一，以及审核过程中对科创板定位相关内容的问询过严过细等问题。

为了解决这些问题，证监会和上交所分别发布了《科创属性评价指引（试行）》（以下简称《评价指引》）和《上海证券交易所科创板企业发行上市申报及推荐暂行规定》（以下简称《暂行规定》）。同时，废止了《上海证券交易所科创板企业上市推荐指引》。这些新指引是对科创板坚守定位、支持鼓励“硬科技”企业上市的进一步明确，也是对市场各方希望简化、优化评估科创属性的积极回应。

这些新指引对科创板重点服务的行业领域范围进行了细化，明确涵盖了新一代信息技术、高端装备、新材料、新能源、节能环保、生物医药等高新技术企业和战略新兴产业。对于其他符合科创板定位的深度应用科技创新领域的企业，如金融科技、科技服务等，只要符合常规指标，或者符合例外情形之一，也属于科创板服务范围。这充分体现了科创板在服务科创企业方面的广泛性和包容性。

第一,《评价指引》和《暂行规定》增强了科创属性的透明度和申报便利性。科创属性的指标体系采用“常规指标+例外条款”的结构,包括3项常规指标和5项例外条款(见表1-1)。企业如同时满足3项常规指标,即可认为具有科创属性;如不同时满足3项常规指标,但是满足5项例外条款中的任意一项,也可认为具有科创属性。同时,上交所要求申报时发行人提交的专项说明和保荐机构出具的专项意见符合具体的申报示范格式,重点突出、简便易行。市场各方可以对企业的科创属性做出快速判断,审核机构也将着重围绕科创属性评价指标体系来问询,无须耗费大量时间审核,审核将更快捷,降低信息披露成本,提高发行上市审核效率。

表1-1　科创属性评价指标体系

指标类型	具体内容
常规指标 (同时满足则可认定为具有科创属性)	1.最近3年研发投入占营业收入比例5%以上,或最近3年研发投入金额累计在6,000万元以上; 2.形成主营业务收入的发明专利达5项以上; 3.最近3年营业收入复合增长率达到20%,或最近1年营业收入金额达到3亿元
例外条款 (满足任意一项则可认定)	1.发行人拥有的核心技术经国家主管部门认定具有国际领先水平、引领作用或者对于国家战略具有重大意义; 2.发行人作为主要参与单位或者发行人的核心技术人员作为主要参与人员,获得国家科技进步奖、国家自然科学奖、国家技术发明奖,并将相关技术运用于公司主营业务; 3.发行人独立或者牵头承担与主营业务和核心技术相关的“国家重大科技专项”项目; 4.发行人依靠核心技术形成的主要产品(服务),属于国家鼓励、支持和推动的关键设备、关键产品、关键零部件、关键材料等,并实现了进口替代; 5.形成核心技术和主营业务收入的发明专利(含国防专利)合计50项以上

第二,《评价指引》和《暂行规定》体现了科创企业广泛性和包容性。指标体系中的5项“例外条款”是对3项“常规指标”的进一步补充,此设计保留了一定的弹性空间,这是根据当前我国科技产业领跑企业少、跟跑企业多、“小而美”企

业多的现实情况做出的。

第三,《暂行规定》对《科创板实施意见》中重点支持和推动的行业做了进一步细化,明确了对其他符合科创板定位的深度应用科技创新领域的企业,如金融科技、科技服务等,也纳入科创板服务范围,科创板在服务科技创新方面具有更多的广泛性和包容性。另外,《评价指引》和《暂行规定》的发布和实施并未关闭暂不符合科创属性指标体系的科创企业的申报通道,并且鼓励科创属性明显、科创指标短期可达标的企业申报科创板。《评价指引》明确指出,谨慎客观评估认为自身符合科创板定位,且科创属性短期内能够达到本指引相关支持和鼓励要求的,在做出详细说明并提供充分、合理的理由和依据后,可以先行提出科创板发行上市申请,上交所将根据科技创新咨询委员会的专家意见,做出审核判断。

第四,《评价指引》和《暂行规定》兼顾审核的高效和审慎原则,厘清压实各方责任。指标体系便于市场各方对企业的科创属性做出快速判断,也为审核机构明确了具体标准,具有较高的可操作性。《暂行规定》对发行人如何开展科创属性和科创板定位的自我评估、保荐机构如何开展专项核查等重点事项做出了制度规定,制定了统一的示范格式,提升了申报效率。同时,明确了发行上市审核中有关科创板定位问询和相关信息披露要求,进一步厘清了发行人、保荐机构及审核机构对企业科创属性判断的相关责任,压实了中介机构的责任,有利于推动市场信用体系的建立。

2.2.2 上市标准

科创板采取了五套差异化的市值指标,以适应不同规模和发展阶段的企业需求。相较于主板和创业板,科创板显著提高了上市条件的包容度和适应性,构建了更加科学合理的上市指标体系。特别是对于那些已拥有核心技术且市场认可度高的科创企业,科创板的上市要求得到了充分满足。在市场和财务条件方面,科创板引入了预计市值指标,与收入、现金流、净利润和研发投入等财务指标相结合。这样做的目的在于鼓励那些符合要求的科创企业,特别是在关键领域通过持续研发投入已突破核心技术或取得阶段性成果、拥有良好发展前景但财务指标各异的各类科创企业上市,具体上市标准如表1-2所示。

表1-2　科创板通用企业上市标准

序号	指标类型	预计市值	其他要素
1	市值+盈利	≥10亿元	两年盈利且累计净利润≥5,000万元，或者1年盈利且营业收入≥1亿元
2	市值+收入+研发投入占比	≥15亿元	最近1年营业收入2亿元，且最近3年累计研发投入占最近3年累计营业收入的比例≥15%
3	市值+收入+经营活动现金流	≥15亿元	最近1年营业收入≥3亿元，且最近3年经营活动现金流净额累计≥1亿元
4	市值+收入	≥30亿元	最近1年营业收入≥3亿元
5	市值+技术优势	≥40亿元	主要业务或产品需经国家有关部门批准，市场空间大，目前已取得阶段性成果。医药行业企业需至少有一项核心产品获准开展二期临床试验，其他符合科创板定位的企业需具备明显的技术优势并满足相应条件

科创板普通企业上市标准分为五套，各套标准均有不同的重点要求。预计市值是决定企业上市的关键指标。第一套标准要求预计市值不低于10亿元，重点考察企业的盈利能力。第二套标准要求预计市值达到15亿元，关注点在于企业的研发投入。第三套标准要求预计市值达到20亿元，核心考察点为经营性现金流。第四套标准则将预计市值门槛提高到30亿元，同时要求企业最近一年的营业收入不低于3亿元，主要关注市场占有规模。第五套标准要求预计市值达到40亿元，并对产品研发进展及市场空间提出具体要求，主要关注市场前景和企业的核心技术能力。不过，由于科创板存在企业在询价过程中预计市值未达到门槛而发行终止的情况，为了谨慎起见，许多企业会选择风险较低的标准进行上市申请。

2.2.3　表决权差异安排适用标准

表决权差异安排，是指发行人根据《中华人民共和国公司法》第131条的规定，在普通股之外发行拥有特别表决权的股份(以下简称“特别表决权股”)。每一股特别表决权股拥有的表决权数量大于每一股普通股拥有的表决权数量，其他股东权利与普通股相同。科创板明确允许存在表决权差异安排的企业上市，为成长性科技创新企业解决管理层股东控制权与公司上市融资之间的矛盾提供了新的解决方案，是我国资本市场首次实践“特别表决权机制”。对于发行人具有表决权差异安排的,市值及财务指标应当至少符合下列标准中的一项:预计市值不低于人民币100亿元;预计市值不低于人民币50亿元,且最近1年营业收入不低于人民币5亿元。

2.3 信息披露审核

注册制的核心是信息披露,通过监管机构的审核和中介机构的专业把关,确保企业能够真实、准确、完整、及时地披露信息。投资者需要根据自身经验和风险承受能力,自主判断股票的投资价值。发行人是信息披露的第一责任人,科创板上市企业必须满足信息披露要求。除了主板原有的“老三性”要求,即真实性、准确性和完整性,科创板还增加了“新三性”要求,即充分性(披露程度)、一致性(内容是否前后一致、是否具有内在逻辑性)和可理解性(内容是否简明易懂、是否便于一般投资者阅读和理解)。科创板信息披露以投资者需求为导向,贯穿上市审核、发行承销和上市后监管的全过程。

科创板在信息披露内容方面,通过“41号准则”和审核问答等文件,强化了相关信息披露内容的要求。以招股说明书为例,这些文件提高了信息披露的有效性和与投资者决策的相关性,改变了以往烦琐且流于形式的信息披露方式。此外,科创板还专设了投资者保护章节,对投资者保护提出了更为具体的要求,包括限售承诺、稳定股价措施、股份回购承诺、填补回报安排、利润分配政策等。对于一些特殊事项,如尚未盈利、表决权差异、VIE架构等,也明确了相关的披露要求。

在信息披露机制方面,科创板扩大了预先披露的范围。除了招股说明书,申报企业还需要披露发行保荐书、上市保荐书、审计报告、法律意见书,以及问询回复情况。通过一轮或多轮的问询,旨在督促发行人充分披露与投资者投资决策相关的重要信息。问询及回复及时公开,使投资者能够清楚了解审核关注的问题和风险点。

在信息披露责任方面,科创板对发行人、中介机构等市场主体关于信息披露的法定责任进行了细化落实,并强化了信息披露监管。同时,加大对信息披露违规行为的处罚力度,以确保市场秩序和公正性。

2.3.1 问询式审核

在科创板申请上市的企业,提交申请后,科创板上市委员会将根据申请材料提出相关问题,企业须对这些问题进行充分解答。监管机构通过发行上市审核问询的方式,遵循“全面问询、突出重点、合理怀疑、压实责任”的原则,针对突出问题予以督促说明,旨在提高科创板试行注册制下的信息披露质量。这一环节是督促拟上市企业和中介机构充分履行信息披露义务的重要环节。

发行上市审核问询能够针对申报企业的突出问题,敦促发行人进行信息完善和改进。在问询过程中,监管机构要保持合理怀疑,对存在矛盾的相关资料重点关注,要求申报公司做出解释说明,并提供充分依据。通过这种方式,力求实现信息的充分真实、准确披露。

在科创板审核过程中,上交所采用了公开透明的审核问询机制,使得企业和公众都可以看到相关信息,这种公开性给企业带来了无形的压力。只有优质的企业才能经受住一系列问询,并给出令人信服的回答。如果企业在某方面存在短板或问题,很可能在这一环节暴露。审核问询是对企业信息的充分挖掘,有利于企业深入认识相关问题,也有利于投资者更加全面详细地了解拟上市企业。

在发行上市前巨大的信息披露压力下,一些准备滥竽充数的企业会知难而退,这将有效减少审核的工作量,也有利于从源头上保护投资者利益。从上交所问询函的问题类型与结构来看,其覆盖了招股说明书中包括财务、法律、行业等不同层面的全部内容,同时对信息披露是否充分、一致、可理解等方面进行了评价。在此基础上,上交所对所受理企业的研发团队情况、核心技术水平、业务发展能力、与同行业可比公司的竞争优劣势对比等信息进行重点关注,以保证其科创属性契合科创定位。

上交所坚持审慎的问询态度,以防范欺诈发行、虚假陈述等违法行为,并针对中介机构把关不严的情况进行约谈,严格履行“看门人”职责。多家企业都曾是科创板考场出现的“弃考”案例,科创属性不足、控制权独立性存疑、关联关系不清等问题,多起撤单释放出一个明确的信号,高效透明的审核流程给予企业严格的市场检验,科创板拒绝浑水摸鱼、蒙混过关。

与以往的核准制不同,注册制下的审核问询监管方式更加注重发行人在信息披露中的首要责任和中介机构的审慎核查责任。问询制度使申报过程不再是简单的黑白是非,而是一个具有弹性的反馈机制。这有利于缓解拟上市企业过度“包装”的问题,降低企业的发行成本、负担和压力,缩短企业在上市申报受理过程中冗长反复的时间耗费。

从信息披露的质量角度来看,采用一问一答的机制能够使受理企业更加深入地揭示潜在问题,并还原问题的真相。通过公开透明的审核问询,可以督促申报企业以真实、准确、充分的方式进行信息披露,使得“讲故事”“炒概念”等投机行为无法隐藏。同时,申报企业在澄清疑问的过程中也接受了公众投资者的监督。

这种机制有效提高了监管效率和信息披露的质量,从而更好地保障了投资者对真实完整信息的知情权。在此基础上,投资者可以做出理性的投资判断。从披露效率的角度来看,灵活高效的问询制度显著缩短了反馈周期。监管机构能够针对发行人和中介机构在理解深度和执行力度方面的问题及时给予纠正和规范。同时,精简强化的针对性建议能够更加突出金融服务实体经济的资本市场改革理念。

在2019年6月,上交所启动了科创板发行上市保荐业务的现场督导工作。现场督导作为试点注册制下问询式审核的补充,旨在进一步压实保荐机构的把关责任,并促进保荐机构勤勉尽责,从而提高科创板拟上市企业公开发行信息披露的质量。科创板的包容性制度并不意味着对“犯规”和“问题”的容忍,更不意味着降低对合法合规性、财务真实性等方面的要求和标准。

2.3.2 分行业审核

考虑到科创企业的行业特性,上交所将对科创板申报上市企业实施分行业审核制度,以便更好地结合发行人的行业特征和主要风险进行有针对性的审核。在审核过程中,上交所发行上市审核机构可根据需要,就发行上市申请文件中与发行人业务与技术相关的问题向上交所科技创新咨询委员会进行咨询,并在审核问询中加以参考。

为了与科创板分行业审核的架构相匹配,咨询委员会将采取分行业咨询的模式,各行业委员的数量将根据各行业企业拟发行上市工作的实际需要进行配备。这种安排将使上交所更好地了解和评估科创企业的专业性、技术性方面的问题,确保审核工作的科学性和公正性。

以美国证券交易委员会(SEC)为例,其11个发行审核办公室按照行业划分,如信息技术和服务、消费品、金融服务等。这些办公室的审核人员由具有执业经验的律师和会计师担任。由于每个办公室的审核工作都集中于特定行业,使得审核人员能够积累丰富的行业经验,从而提高行业审核的专业水准,并确保审核效率与质量。

为了提高科创板的审核质量，科创板通过开展行业研究培训、在审核过程中学习和积累行业知识等方式，提高审核人员对行业的理解。对于每家拟上市企业，至少由法律和会计专业各一名人员负责审核。除了对企业法律和会计问题进行判断外，这些审核人员将结合特定行业特征，督促发行人从财务与非财务、定性与定量、价值与风险等多个角度为投资者提供决策信息。这种结构将有助于提高科创板上市企业的透明度和质量。

2.3.3　电子化审核

根据《科创板首次公开发行股票注册管理办法（试行）》和《上海证券交易所科创板股票发行上市审核规则》的规定，证监会和交易所应当建立全流程电子化审核注册系统，实现电子化受理、审核及发行注册各环节实时信息共享，并满足依法向社会公开相关信息的需要。上交所发行上市审核实行电子化审核，申请、受理、问询、回复等事项通过发行上市审核业务系统办理。

全流程电子化审核注册具有多方面的优势。首先，它可以增强审核结果的确定性，有利于社会监督，稳定市场预期。通过全流程电子化改造，所有申报信息都将数字化，包括工作底稿电子版也需要同步上传。信息的流转和公开均在线上进行，信息的提取和公开将更加及时且便利。

其次，全流程电子化审核注册与科创板的定位相契合。设立上交所科创板的主要目的是为科技创新企业提供服务，重点支持新一代信息技术、高端装备、新材料、新能源、节能环保及生物医药等高新技术产业和战略性新兴产业。由于科创板上市企业的科技含量较高，对其经营状况和盈利能力的识别需要采用更加数字化、动态化、立体化的方式来完成，这是传统的平面纸质材料无法胜任的。因此，科创板需要以更加科技化的方式来迎接和服务科创企业。

最后，全流程电子化审核注册开启了智能监管科技的大门。除了使融资更加便利，科创板试点注册制还需兼顾市场监管的有效性和投资者合法权益的保护。面对日益复杂的风险形势和科创板的新特点，传统的人工监管方式将遭遇瓶颈，因此借助科技手段进行智能监管势在必行。近年来，证监会和交易所在监管科技方面已进行了许多有益的探索，全流程电子化审核注册的技术基础将为智能监管提供良好的基础条件。

此外，全流程电子化审核注册是中国资本市场未来发展的必然趋势。作为

“试验田”,科创板代表了中国资本市场的未来方向,具备前瞻性和创新性。全流程电子化审核注册的意义不仅在于流程的优化,更重要的是通过流程沉淀了大量数据,并为后续的数据分析提供了丰富的资源。在未来的资本市场中,数据将成为最重要的资源,借助大数据,资本市场可以更智能、更准确地反映价值和生成价格。

2.4 审核组织架构和流程

2.4.1 组织架构

在整体组织架构上,上交所为确保发行人公开发行并上市的申请得到严格审核,不仅设立了独立的审核部门,还成立了上市委员会和咨询委员会。这两个委员会的职责分别是负责上市审查及业务、技术、政策咨询,与交易所审核机构紧密协作,共同完成企业审查工作。

上交所的发行上市审核职责由发行上市审核机构与上市委员会共同承担。其中,发行上市审核机构主要承担审核职责,而上市委员会则侧重于通过会议合议等形式,对发行上市审核机构出具的审核报告及申请文件进行审议,发挥其监督作用。这种分工协作的模式确保了上交所对企业发行上市审核的严谨性和公正性。

1.上市委员会

根据《上海证券交易所科创板股票上市委员会管理办法》的相关规定,上市委员会的主要职责包括以下四个方面:①审议上交所发行上市审核机构出具的审核报告及发行上市申请文件,就发行上市审核机构提出的是否同意发行上市的初步建议,提出审议意见。②对发行人提出异议的上交所不予受理、终止审核情况进行复审,提出复审意见。③对上交所发行上市审核机构及相关部门提交的咨询事项进行讨论,提出咨询意见。④对上市委员会年度工作进行讨论,研究上市委员会依照法律法规独立履行职责,不受任何机构和个人的干扰。

同时,上交所将负责上市委员会事务的日常管理,为上市委员会及委员履行职责提供必要的条件和便利,并对上市委员会及委员的工作进行考核和监督。上市委员会定位是上市工作的审议、监督、咨询和复审机构。

上市委员会核心职责是对企业上市申请提出审议意见,作为上交所做出决定同意企业上市与否的关键依据。上市委员会还将监督发行上市审核机构的审核行为，审核机构和上市委员会的双重审核提升了上交所的工作质量。

上市委员会委员主要由上交所以外的专家和上交所相关专业人员组成，委员人数30—40名。上市委员会委员每届任期两年，可以连任但最长不超过两届。具体管理办法见表1-3。

表1-3　上市委员会管理办法

T-7个工作日前（T日为网上网下申购日）	委员通知	上市委员会秘书处将下列材料以电子文档的形式发送给拟参会委员：①会议时间、地点、拟审议发行人名单等，②发行上市审核机构出具的审核报告，③发行上市申请文件、审核问询及回复，④上交所认为需要提交上市委员会审议的其他材料
	会议公告	上交所公布审议会议的时间、拟参会委员名单、审议会议涉及的发行人名单等，同时通知发行人及其保荐人
T-5个工作日前	发行人及保荐人回避申请	发行人、保荐人及其他相关单位和个人认为拟参会委员与审议事项存在利害冲突或者潜在利害冲突，可能影响委员独立、客观、公正履行职责的，应当向上交所提出要求有关委员予以回避的书面申请，并充分说明委员回避理由
	回避事项处理	上交所将核实书面回避申请；经核实理由成立的，相关委员应当回避，上交所将及时告知申请人。上市委员会委员、发行人、保荐人及其他相关单位和个人未在规定时间内向上交所提交有关回避申请，但上市委员会委员存在应当回避情形的，上交所可以决定相关委员回避。 因回避或者缺席导致参会委员人数不符合规定的，上交所将安排其他委员参加会议，并及时公告；难以及时安排其他委员参加会议的，上交所可以取消该次审议会议
T-4个工作日前	问询问题	拟参会委员将拟问询问题提交上市委员会秘书处
T-3个工作日前	参会委员回复	上市委员会委员收到会议通知后，确认出席会议的，应当签署声明与承诺函，并于会议召开前提交上市委员会秘书处。委员因回避不可抗力、意外事件或者其他特殊情形不能出席会议的，应当将回避或缺席申请提交上市委员会秘书处
	问询问题	上市委员会秘书处将问询问题告知发行人及其保荐人
T日前	重大事项处理	审议会议召开前，发生重大事项，对发行人是否符合发行条件、上市条件或者信息披露要求产生重大影响的，上交所可以取消该次审议会议，并在上述事项处理完毕后再行召开审议会议

续表

		上市委员会审议会议后至股票上市交易前发生重大事项,对发行人是否符合发行条件、上市条件或者信息披露要求产生重大影响的,经上交所发行上市审核机构重新审核后,发行人可以再次提请上市委员会审议
T日	审核人员汇报	上交所发行上市审核机构的审核人员就提交审议的审核报告和是否同意发行上市的初步建议向上市委员会进行汇报
	委员发表意见	审核人员汇报完毕后,参会委员应当根据委员工作底稿,就审核报告的内容和发行上市审核机构提出的是否同意发行上市的初步建议发表意见,可以要求审核人员就有关问题进行解释说明
	聆讯	审议会议过程中,参会委员可以在拟提出问询问题的范围内,向发行人代表及保荐人代表询问并要求其回答
	形成合议意见	审议会议应当全程录音录像,形成会议纪要,并由参会委员签字确认。上交所于审议会议结束当日,在上交所网站公布审议意见及问询问题
	提交工作底稿	参会委员应当于审议会议结束时当场向上市委员会秘书处提交委员工作底稿,列明关注的主要问题、对中介机构履职情况的意见和建议等内容。委员工作底稿的内容不得与其在审议会议上的审议情况不一致
	表决意见	审议意见为同意发行上市的,上交所结合审议意见,向证监会报送同意发行上市的审核意见及发行上市申请文件,并通知发行人及保荐人。审议意见为不同意发行上市的,上交所结合审议意见,给出终止发行上市审核的决定
T+N个工作日	上市委员会意见落实	审议意见为同意发行上市,但要求发行人补充披露有关信息或者要求保荐人、证券服务机构补充核查的,由上交所发行上市审核机构通知发行人及其保荐人、证券服务机构予以落实。发行人补充披露或保荐人、证券服务机构补充核查后,上交所发行上市审核机构将有关落实情况通报参会委员,无须再次提请上市委员会审议。上交所结合审议意见,向证监会报送同意发行上市的审核意见及发行上市申请文件,并通知发行人及其保荐人

2.科技创新咨询委员会

设立科技创新咨询委员会的宗旨在于为科创板相关任务提供专业的咨询和政策建议。考虑到科创企业在专业性和前瞻性方面通常具有极强的表现,为了充分把握这些企业的技术特性，咨询委员会将根据各行业的特性与发展前景，为发行上市审核机构提供更为专业的咨询意见。为此，咨询委员会将积极吸纳各行业领域的专家，深入研究科创企业的技术特性和发展前景，为发行上市审核机构提供专业、准确、高效的咨询意见。有关该咨询委员会的具体管理办法详见表1-4。

表1-4　科技创新咨询委员会管理办法

定位	专家咨询机构，负责向上交所提供专业咨询、人员培训和政策建议
委员构成	人数为40至60名，由从事科技创新行业的权威专家、知名企业家、资深投资专家组成，所有委员均为兼职
选聘方式	由上交所按照依法、公开、择优的原则予以选聘，可以商请有关部委、科研院校、行业协会等单位推荐委员人选
选任条件	1.严格遵守国家法律法规，坚持原则，公正廉洁，恪守职业道德和诚信准则； 2.从事科技创新行业的科学研究、企业经营、投资管理、政策制定等相关工作，熟悉相关方面的产业政策、前沿技术、发展前景、竞争态势等，在所在领域取得了突出成就，享有较高的社会声望； 3.愿意且保证认真参与咨询委员会工作； 4.上交所认为的需要符合的其他条件
任期	每届任期两年，可以连任
工作职责	就下列事项提供咨询意见： 1.上交所科创板的定位以及发行人是否具备科技创新属性； 2.《上海证券交易所科创板企业上市推荐指引》等相关规则的制定； 3.发行上市申请文件中与发行人业务和技术相关的问题； 4.国内外科技创新及产业化应用的发展动态； 5.上交所根据工作需要提请咨询的其他事项。 （咨询委员会就以上第3项提供的咨询意见，供上交所发行上市审核机构问询参考）
履职要求	1.保证足够的时间和精力参与咨询委员会工作，勤勉尽责、诚实守信； 2.保守在参与咨询委员会工作中获取的国家秘密、商业秘密和内幕信息，不得向任何第三方泄露工作相关内容； 3.提供咨询意见的事项与自身利益相关或者可能存在利益冲突的，应当及时提出回避； 4.不得利用咨询委员会委员身份谋取不正当利益或者进行业务宣传，不得接受咨询事项所涉企业的馈赠或者存在有损其公正履职的其他行为； 5.与委员履行职责相关的其他规定
履职方式	上交所通过召开会议、寄送书面函件等方式，向咨询事项对应的相关行业委员进行咨询

续表

回避情形	1.咨询委员会委员或者其亲属近两年内担任发行人或者保荐人的董事、监事、高级管理人员； 2.咨询委员会委员或者其亲属、咨询委员会委员所在工作单位与发行人或者保荐人存在股权关系，可能影响其公正履行职责的； 3.咨询委员会委员或者其亲属、咨询委员会委员所在工作单位近两年内与发行人存在业务往来，可能影响其公正履行职责的； 4.咨询委员会委员或者其亲属担任董事、监事、高级管理人员的公司与发行人或者保荐人有利害关系，经认定可能影响其公正履行职责的： 6.咨询委员会委员提供咨询意见前，与发行人、保荐人及其他相关单位或者个人进行过接触，可能影响其公正履行职责的； 6.上交所认定的可能产生利害冲突或者咨询委员会委员认为可能影响其公正履行职责的其他情形。以上所称亲属，包括咨询委员会委员的配偶、父母、子女、兄弟姐妹、配偶的父母，子女的配偶、兄弟姐妹的配偶
会议安排	每年至少召开一次全体会议，总结委员会年度工作情况，提出委员会工作计划、意见和建议

2.4.2 审核流程

1.申报阶段

（1）发行人内部决策程序：发行人董事会就股票发行方案、募集资金使用可行性等议题进行充分讨论并形成决议，随后将该决议提请股东大会审批。在股东大会上，将对公开发行股票的种类和数量、发行对象、定价方式、募集资金用途、发行前滚存利润的分配方案、决议的有效期、授权董事会办理本次发行具体事宜等议题进行讨论并形成最终决议。

（2）预沟通：在提交申请文件之前，如果发行人或保荐人对涉及交易所业务规则理解与适用的问题存在疑问，或者对审核问询有疑问需要与交易所进行沟通，可以通过上交所的发行上市审核业务系统进行咨询或预约当面咨询，以确保申请文件符合相关规定和要求。

（3）保荐及申报程序：发行人必须聘请保荐人进行保荐，并由保荐人编制申请文件，向上交所提交申请。这是确保申请文件真实、准确、完整的重要步骤。

2.受理审核阶段

（1）受理流程：上交所将在收到申请文件后的5个工作日内，对申请进行评估并做出是否受理的决定。一旦决定受理申请，发行人应当在申请被受理的当日，于上交所网站预先披露招股说明书等相关文件。如果上交所决定不予受理申请(例如,因发行人存在违法违规行为被采取限制资格、限制业务活动等措施,且这些措施在一定期限内尚未解除的),发行人可以在收到不予受理决定文件后的5个工作日内,向上交所提出复审申请。如果申请文件不符合申报要求,发行人应当在30日内予以补正,例如,存在与上交所规定的文件目录不相符、签章不完整或者不清晰、文档无法打开等情形。

(2)保荐人报送工作底稿:在上交所受理发行上市申请文件后,保荐人需在10个工作日内,以电子文档形式向上交所报送保荐工作底稿和验证版招股说明书。在拟上市企业成功上市后,保荐人还需要制作持续督导工作底稿以备查。

3.审核问询阶段

(1)上市审核中心在受理申请之日起20个工作日内,通过书面形式对申请文件进行审核。为确保申请文件的准确性和完整性,审核机构可采用书面问询方式要求发行人及其保荐人、证券服务机构及时、逐项回复,并补充或修改申请文件。若发现新的事项或回复内容未达到要求,审核机构可在收到发行人回复后的10个工作日内继续提出审核问询,进行多轮问询。此外,审核机构可视情况采用约见问询和现场检查方式。一旦审核机构认为无需进一步问询,将出具审核报告并提交给上市委员会。

(2)在审议会议期间,上市委员会听取审核人员提交的审核报告及初步建议,并就此发表意见。汇报结束后,参与会议的委员将就所汇报的内容发表各自意见,并可能要求审核人员进一步解释说明。会议召集人将总结参会委员的意见及讨论情况,并依据少数服从多数的原则,形成同意或不同意发行上市的审议意见。

(3)上交所结合上市委员会的审议意见,出具同意发行上市的审核意见或做出终止发行上市审核的决定。发行人自收到交易所终止审核决定之日起5个工作日内,可以对终止审核的决定提请复审。交易所自收到复审申请20个工作日内组织召开复审会议,并且原审议会议委员不得参加复审会议。复审期间原决定的效力不受影响。申请复审理由成立的,交易所做出予以受理或继续审核的决定;申请复审理由不成立的,将维持原决定,并通知发行人及其保荐人。交易所最终做出终止发行上市审核决定的,发行人可以自决定做出之日起6个月后再次提出公开发行股票并上市申请。

(4)原则上,上交所自受理之日起6个月内出具同意的审核意见或做出终止发行上市审核的决定。其中,上交所审核时间不超过3个月,发行人和中介机构回复问询的时间总计不超过3个月。此外,中止审核、请示有权机关、落实上市委员会意见、实施现场检查等事项不计算在上述时限内。

3 发行承销与交易机制

2019年3月至6月期间,上交所根据《关于在上海证券交易所设立科创板并试点注册制的实施意见》和《科创板首次公开发行股票注册管理办法(试行)》等相关法律、法规及规范性文件,陆续发布了《上海证券交易所科创板股票发行与承销实施办法》《上海证券交易所科创板股票公开发行自律委员会工作规则》《上海证券交易所科创板股票发行与承销业务指引》和《上海证券交易所科创板首次公开发行股票发行与上市业务指南》等文件。此外,2019年5月31日,中国证券业协会(以下简称中证协)也发布了《科创板首次公开发行股票承销业务规范》和《科创板首次公开发行股票网下投资者管理细则》。同年11月8日,上交所就《上海证券交易所科创板上市公司证券发行承销实施细则(征求意见稿)》和《上海证券交易所科创板上市公司证券发行上市审核规则(征求意见稿)》向社会公开征求意见。这些文件均涉及科创板股票发行与承销的规则与要求。

科创板市场化发行承销机制是上交所设立科创板并试点注册制的一项基础性制度,该制度以“市场主导、强化约束”为原则。在这个机制下,新股发行定价不设限制,旨在建立以机构投资者为参与主体的询价、定价、配售机制,充分发挥机构投资者专业能力。此外,试行保荐人相关子公司限投制度,支持科创板上市公司引入战略投资者,允许科技创新企业高管、员工参与战略配售。同时,加强对定价承销的事中、事后监管,建立上市后交易价格监控机制,约束非理性定价,制定合理的科创板上市公司股份锁定期和减持制度安排等。

3.1 全面市场化询价机制

定价机制是市场机制的核心,科创板采用全面市场化的询价制度。在科创板上,取消了原先A股市场中“公开发行股票数量在2000万股(含)以下且无老股转让计划的,可以通过直接定价的方式确定发行价格”的规定,不再限制发行价格,允许发行方在发行时通过初步询价确定发行价格,或者先进行初步询价确定发行价格区间,再通过累计投标询价确定发行价格。

市场化定价为企业带来了高估值发行的机会,但同时也使企业面临破发甚至募资失败的风险。因此,合理估值显得尤为重要。由于企业估值受到企业基本面、市场资金状况、市场走势和投资者情绪等多方面因素的影响,且科创企业在业务技术、盈利能力等方面存在较大的不确定性,估值的难度相对较高。

为了应对这一挑战,科创板建立了以机构投资者为主体的询价、定价、配售机制。该机制主要体现在以下三个方面:

一是面向专业机构投资者进行询价、定价。科创板对投资者投资经验和风险承受能力要求更高,将首次公开发行询价对象限定在证券公司、基金公司等7类专业机构,主要缘于专业机构投资者能接触到的企业与市场信息更加充分全面,对企业的价值判断相对准确,从而促使发行定价更加理性,鼓励市场进行价值投资。科创板市场化询定价方式与主板、中小板、创业板比较如表1-5所示。

表1-5 科创板市场化询价方式与主板、中小板、创业板比较

发行环节		科创板	主板、中小板、创业板
询价	询价对象	证券公司、基金管理公司、信托公司、财务公司、保险公司、合格的境外机构投资者(QFI)和私募基金管理人等专业机构投资者,无个人投资者	1.证券公司、基金公司、信托公司,财务公司、保险公司及QFII等机构投资者以及符合要求的个人投资者; 2.在项目发行上市所在证券交易所基准日前20个交易日(含基准日)的非限售股票和非限售存托凭证总市值的日均值应在1000万元(含)以上
	申报价格	向网下投资者询价的定价方式,可以通过初步询价确定发行价格,也可以在初步询价确定发行价格区间后,通过累计投标询价确定发行价格;无直接定价	网下投资者报价应当包含每股价格和该价格对应的拟申购股数,且只能有一个报价,非个人投资者应当以机构为单位进行报价
定价	定价方式	向网下投资者询价的定价方式,可以通过初步询价确定发行价格,也可以在初步询价确定发行价格区间后,通过累计投标询价确定发行价格;无直接定价	1.可以通过向网下投资者询价的方式确定股票发行价格; 2.其中公开发行股票数量在2000万股(含)以下且无老股转让计划的,可以通过直接定价的方式确定发行价格

续表

发行环节		科创板	主板、中小板、创业板
	定价流程	1.剔除最高报价部分; 2.根据剔除最高报价部分后有效报价的中位数和加权平均数,以及公募产品、社保基金和养老金报价的中位数和加权平均数(以下简称"4数")确定发行价格(或价格区间)	1.剔除报价的最高部分,剔除部分不得低于拟申购总量的10%; 2.根据剩余报价及拟申购数量协商确定发行价格(或区间)
	相关信息披露要求	1.主承销商应当向网下投资者提供投资价值研究报告; 2.应当披露"4数"等信息	1.投资者名称、申购价格及对应的拟申购数量; 2.剔除最高报价有关情况; 3.剔除最高报价部分后网下投资者报价的中位数和加权平均数及公募基金报价的中位数和加权平均数; 4.有效报价和发行价格(或区间)的确定过程,发行价格(或区间)及对应的市盈率及计算方式; 5.网下网上的发行方式和发行数量
	风险特别提示	初步询价结束后,如确定的发行价格(或价格区间中值)超过"4数"孰低值的,应当在申购前至少一周发布投资风险特别公告,内容至少包括: 1.说明确定的发行价格(或者价格区间中值)超过"4数"孰低值的理由及定价依据; 2.提请投资者关注发行价格(或者发行价格区间)与网下投资者报价之间的差异; 3.提请投资者关注投资风险,审慎研判发行定价的合理性,理性做出投资决策。市盈率高于同行业上市公司二级市场平均市盈率的不要求发布投资风险特别公告	如公告的发行价格(或双行价格区间上限)市盈率高于同行业上市公司二级市场平均市盈率,应发布投资风险特别公告,内容至少包括: 1.比较分析发行人与同行业上市公司的差异及该差异对估值的影响,提请投资者关注发行价格与网下投资者报价之间存在的差异; 2.提请投资者关注投资风险,审慎研判发行定价的合理性,理性做出投资决策

二是充分发挥投资价值研究报告的作用。为进一步发挥主承销商的研究分析能力,科创板借鉴域外市场的成熟经验,要求主承销商在询价阶段向网下投资者提供投资价值研究报告。目前部分券商报告内容来自科创板企业招股说明书,但对企业科研实力、行业地位等关键信息分析解读不够全面深入,语焉不详,无关痛痒,在投资建议和风险提示方面泛泛而谈,敷衍了事,不能直击要害。主承销商应当坚持独立、审慎、客观的原则,通过阅读招股说明书、实地调研等方式,对影响发行人投资价值的因素进行全面分析,并对投资风险进行充分揭示。2019年9月,中国证券业协会向各券商下发了《关于进一步明确科创

板投资价值研究报告要求的通知》,从整体要求、内容要求、内部控制三大方面,对券商出具投资价值报告进行了详细的规定,具体内容如表1-6所示。因此,网下投资者应深入研究分析发行人信息以及研究报告,发挥专业定价能力,严格履行定价决策程序,理性报价,自主决策,自担风险。

表1-6　中国证券业协会关于科创板投资价值研究报告的要求

<table>
<tr><th>类别</th><th colspan="2">具体要求</th></tr>
<tr><td rowspan="8">基本原则</td><td colspan="2">独立、审慎、客观</td></tr>
<tr><td colspan="2">资料来源具有权威性</td></tr>
<tr><td colspan="2">无虚假记载、误导性陈述或重大遗漏</td></tr>
<tr><td colspan="2">主承销商的证券分析师独立撰写报告并署名</td></tr>
<tr><td colspan="2">与发行人有关的信息不得超过招股说明书及其他已公开信息的范围</td></tr>
<tr><td colspan="2">专业、严谨的研究方法和分析逻辑</td></tr>
<tr><td colspan="2">基于合理的数据基础和事实依据,审慎提出研究结论</td></tr>
<tr><td colspan="2">分析过程与结论保持逻辑一致性</td></tr>
<tr><td rowspan="4">行业和公司状况分析</td><td colspan="2">行业分类与依据,不得随意选择</td></tr>
<tr><td colspan="2">行业政策,发行人与主要竞争者的比较,行业地位</td></tr>
<tr><td colspan="2">行业状况与发展前景两方面的分析与预测</td></tr>
<tr><td colspan="2">发行人的商业模式、经营状况、发展前景分析</td></tr>
<tr><td rowspan="4">可比上市公司(如有)分析</td><td colspan="2">与可比公司投资价值比较</td></tr>
<tr><td colspan="2">可比公司选择及依据原则上应与招股说明书中的可比公司保持一致,不得随意增减和选择</td></tr>
<tr><td rowspan="2">同时列举两个口径的可比上市公司市盈率</td><td>可比上市公司市盈率1
如:收盘价×当日总股本/发行前一年经审计的扣除非经常性损益前的归属于母公司股东的净利润</td></tr>
<tr><td>可比上市公司市盈率2
如:收盘价×当日总股本/当年年度预测归属于母公司股东的净利润</td></tr>
<tr><td>募投项目</td><td colspan="2">募集资金投资项目分析</td></tr>
<tr><td rowspan="3">盈利能力分析和预测</td><td colspan="2">盈利能力和财务状况</td></tr>
<tr><td colspan="2">盈利预测假设条件完整</td></tr>
<tr><td colspan="2">盈利预测模型,包括但不限于资产负债表、利润表、现金流量表的完整预测及需要的辅助报表预测</td></tr>
<tr><td rowspan="2">估值方法和参数选择</td><td colspan="2">估值方法客观专业,至少有两种,说明选择依据,不得随意调整(估值方法可适当参照《私募投资基金非上市股权投资估值指引(试行)》)</td></tr>
<tr><td colspan="2">假设条件完整</td></tr>
</table>

续表

<table>
<tr><th>类别</th><th colspan="2">具体要求</th></tr>
<tr><td rowspan="3">估值方法和参数选择</td><td colspan="2">参数选择客观专业,说明选择依据,不得随意调整</td></tr>
<tr><td colspan="2">主要测算过程</td></tr>
<tr><td colspan="2">未对二级市场交易价格做出预测</td></tr>
<tr><td rowspan="10">估计结论</td><td colspan="2">预计发行市值区间</td></tr>
<tr><td colspan="2">假设不采用超额配售选择权的情况下的每股估值区间</td></tr>
<tr><td rowspan="4">同时给出3种口径的发行市盈率</td><td>对应的市盈率及计算方式1(盈利企业)
如:发行价×发行后总股本/发行前一年经审计的扣除非常性损益前的归属于母公司股东的净利润</td></tr>
<tr><td>对应的市盈率及计算方式2(盈利企业)
如:发行价×发行后总股本/发行前一年经审计的扣除非常性损益后的归属于母公司股东的净利润</td></tr>
<tr><td>对应的市盈率及计算方式3(盈利企业)
如:发行价×发行后总股本/当年年度预测归属于母公司股东的净利润</td></tr>
<tr><td>对于A股+H股企业市盈率的计算,中证协要求原则上参照中证指数有限公司《A股全市场行业静态市盈率计算说明》</td></tr>
<tr><td colspan="2">同行业市盈率(盈利企业)依据《上市公司行业分类指引》确定所属行业,并选取中证指数有限公司发布的最近一个月静态平均市盈率作为参考依据</td></tr>
<tr><td rowspan="2">发行人尚未盈利给出两个口径的发行市销率(如适用)</td><td>对应的市销率及计算方式1(未盈利企业)
如:发行价×发行后总股本/发行前一年经审计的公司主营业务收入</td></tr>
<tr><td>对应的市销率及计算方式2(未盈利企业)
如:发行价×发行后总股本/当年年度预测公司主营业务收入</td></tr>
<tr><td>发行人尚未盈利给出两个口径的发行市净率(如适用)</td><td>对应的市净率及计算方式1(未盈利企业)
如:发行价×发行后总股本/发行前一年经审计的归属于公司股东的净资产
对应的市净率及计算方式2(未盈利企业)
如:发行价×发行后总股本/当年年度预测归属于母公司股东的净资产</td></tr>
<tr><td rowspan="6">风险警示</td><td colspan="2">在显著位置进行充分的风险提示</td></tr>
<tr><td colspan="2">盈利预测假设条件不成立对公司盈利预测的影响</td></tr>
<tr><td colspan="2">风险警示盈利预测的假设条件不成立对公司估值结论的影响</td></tr>
<tr><td colspan="2">所有可能存在的潜在风险</td></tr>
<tr><td colspan="2">风险因素定量分析(无法定量分析的,做出针对性的定性分析)</td></tr>
<tr><td colspan="2">在显著位置提示投资者自主决策</td></tr>
</table>

三是鼓励战略投资者和发行人高管、核心员工参与新股发售。根据域外实践经验,向战略投资者配售,有助于引入市场稳定增量资金,帮助发行人成功发

行，且发行人的高管与核心员工认购股份，有利于向市场投资者传递正面信号。

随着科创板运行常态化，市场充分博弈，新股不再是稀缺资源，破发也逐渐成为常态，科创板逐步由开市初期的疯狂上涨到定价估值回归理性。2019年11月6日，科创板上市公司昊海生科（688366SH）开盘直接跌至88.53元/股，跌破了其89.23元/股的首发价格，成为科创板开市以来第一只破发的新股。在注册制背景下，投资银行的工作重心逐渐从只关注审核转向更加关注市场，角色定位从政府与企业的中间人回归到市场中介本源，把价值发现能力、价格发现能力、尽职调查能力、发行承销能力作为核心竞争力。

3.2　战略配售机制

战略配售是指证券发行人在首次公开发行股票时，向战略投资者进行定向配售。在科创板拟上市企业与战略投资者事先签署配售协议的情况下，战略投资者可以优先、大额获得企业新股。这种战略配售的机制类似于一级市场的“大额批发”模式，使投资者能够大额投资科创板股票。在战略配售完成后，发行人再确定网下网上发行比例，而普通网下打新则相当于一级市场的“零售业务”。对于战略配售的对象，发行人主要考虑资质优异且长期战略合作的投资机构，这些机构通常是资金体量较大的国有企业、保险机构、投资基金等。

通过引入战略配售机制，战略投资者与发行人之间形成了资本纽带，使双方利益紧密关联，从而迫使保荐机构进行业务转型。在辅导过程中，保荐机构会更加谨慎，以促进战略投资者扩大资本规模、强化募资能力，形成有效竞争市场，减少信息不对称所产生的道德风险。由于发行包销存在不确定性，定向配售具有一定的强制性且设置了较长锁定期，同时跟投主体只能被动接受价格，因此在引入战略配售机制后，战略投资者从原来的具备资本优势一方转变为与公众投资者并肩承担价格波动风险的市场参与者。

《上海证券交易所科创板股票发行与承销实施办法》已对战略配售的实施条件有所放宽，并鼓励发行人高管、核心员工和战略投资者参与新股发售。后来，《上海证券交易所科创板股票发行与承销业务指引》（以下简称《业务指引》）发布，对战略投资者、保荐机构相关子公司跟投、新股配售经纪佣金超额配售选择权、发行定价配售程序等方面做出了细致的安排与解释。《业务指引》对战略投资者配售机制在战略投资者资格、资金来源等方面做出了详细规定，如表1-7所示。

表1-7 《业务指引》对科创板战略配售机制的规定

战略投资者资格	参与发行人战略配售的投资者,应当具备良好的市场声誉和影响力,具有较强资金实力,认可发行人长期投资价值,具体战略投资者包括: 1.与发行人经营业务具有战略合作关系或长期合作愿景的大型企业或其下属企业; 2.具有长期投资意愿的大型保险公司或其下属企业,国家级大型投资基金或其下属企业; 3.以公开募集方式设立,主要投资策略包括投资战略配售股票,且以封闭方式运作的证券投资基金; 4.参与跟投的保荐机构依法设立的投资子公司或实际控制该保荐机构的证券公司依法设立的投资子公司; 5.发行人的高级管理人员与核心员工(具体名单由发行人董事会审议通过)参与配售设立的专项资产管理计划; 6.符合法律法规、业务规则规定的其他战略投资者 2019年6月8日,《上海证券交易所科创板股票公开发行自律委员会促进科创板初期企业平稳发行行业倡导建议》发布,建议"首次公开发行股票数量低于8000万股且预计募集资金总额不足15亿元的企业通过初步询价直接确定发行价格,不安排除保荐机构相关子公司跟投与高级管理人员、核心员工通过专项资产管理计划参与战略配售之外的其他战略配售" 此外,发行人和主承销商需对战略投资者资格进行核查
资金来源	除依法设立并符合特定投资目的的证券投资基金等主体外,战略投资者应当使用自有资金,不得接受他人委托或委托他人参与
锁定期	锁定期不少于12个月,但参与配售的保荐机构相关子公司战略配售股份锁定期为24个月,锁定期自公开发行的股票上市之日起计算
发行价格的确定	首次公开发行股票应当向证券公司、基金管理公司、信托公司、财务公司、保险公司、合格境外机构投资者和私募基金管理人等专业投资者以询价的方式确定股票交易价格,且参与战略配售的投资者不得参与公开发行股票网上发行网下发行,但证券投资基金管理人管理的未参与战略配售的证券除外。T-3日前,战略投资者应当足额缴纳认购资金及相应新股配售佣金
经纪佣金	承销商应向通过战略配售获配股票的投资者收取不低于获配应缴款一定比例的新股配售经纪佣金,收取比例、收取方式和验资安排事宜等由承销商在发行与承销方案(获中国证监会同意股份注册后,由发行人和主承销商向上交所报备发行与承销方案)中予以明确,并向上交所报备。《上海证券交易所科创板股票公开发行自律委员会促进科创板初期企业平稳发行行业倡导建议》建议"对战略投资者和网下投资者收取的经纪佣金费率由承销商在0.08%至0.5%的区间内自主确定"

续表

禁止性情形	1.发行人和主承销商向战略投资者承诺上市后股价将上涨，或者股价如未上涨将由发行人购回股票或给予任何形式的经济补偿； 2.主承销商以承诺对承销费用分成、介绍参与其他发行人战略配售、返还新配售经纪佣金等作为条件引入战略投资者； 3.发行人上市后认购战略投资者管理的证券投资基金； 4.发行人承诺在战略投资者获配股份的限售期内，委任与该战略投资者存在关联关系的人员担任发行人的董事、监事及高级管理人员，但发行人的高级管人员与核心员工设立的专项资产管理计划参与配售的除外； 5.除公募证券投资基金外，战略投资者使用非自有资金认购发行人股票，或者存在接受其他投资者委托或委托其他投资者参与战略配售的情形； 6.其他直接或间接进行利益输送的行为
信息披露规则	发行人和主承销商应在招股意向书和询价公告中明确是否采用战略配售方式，同时披露战略配售股票数量及战略投资者的选取标准。此外，发行人和主承销商还应向上交所报备战略配售方案，该方案应包括战略投资者的名称、承诺认购金额或股票数量及限售期安排等情况 若发行人的高管团队与核心员工设立的专项资产管理计划参与战略配售，那么在招股意向书和初步询价公告中应明确列出专项资产管理计划的具体名称、设立时间、募集资金规模、实际支配主体及参与人的姓名、职务与比例等详细信息 在发行公告中，发行人和主承销商应披露战略投资者的选择标准，同时公布向战略投资者配售的股票总量、占发行股票的比例及持有期限等信息 最后，发行人和主承销商应在网下发行初步配售结果及网上中签结果公告中公布最终获配的战略投资者的名称、股票数量及限售期安排等信息。这些信息应以严谨、稳重、理性和官方的语言进行表述，以确保准确无误地传达给所有相关方

《业务指引》对战略投资者资格进行了进一步的细化规定，明确了具有战略合作关系或长期合作愿景的大型企业或其下属企业、具有长期投资意愿的大型保险公司或国家级大型投资基金、参与跟投的保荐机构相关子公司及高级管理人员与核心员工等具有长期投资意愿或者长期持股意愿的投资者，均可作为战略配售投资者。这一规定旨在发挥专业投资机构和战略合作方对于企业价值的理性引导作用，弱化信息失真助推的市场泡沫，缓解发行压力，降低股价后市的波动风险。

根据《业务指引》规定，公司高管及核心员工可以参与战略配售。具体而言,拟上市企业的高管和核心员工可以通过设立专项资产管理计划的方式参与战略配售,但其获配的股票数量不得超过该公司股票发行数量的10%,且限售期不得少于12个月。相较于保荐机构相关子公司对保荐的科创板企业进行强制跟投的要求,科创板拟上市企业高管与核心人员参与战略配售的决策更加自主。

需要指出的是,科创企业通常会经历多轮融资,这可能导致其股权被稀释,从而加大投资风险。然而,战略配售制度可以在一定程度上保证科创公司高管团队的控制权。此外,高管与核心员工间接参与公司新股配售,有利于激励他们更好地为公司发展贡献力量,同时向投资者传达积极的信号,展示他们对公司未来发展的信心,这有助于新股定价被其他投资者认可。

对于战略投资者而言,战略配售将考验其分析能力、研究能力、投资决策能力等。在决定是否投资一家企业时,需要重点关注企业是否值得投资、行业发展趋势与前景如何及发行价格是否合理等问题。推动战略配售在科创板稳步运行的同时,也需要关注如何有效避免战略配售中可能出现的利益输送和投机操纵问题,以促进市场更加公开透明,规范信息披露,让投资者在信息充分的市场环境中做出理性的判断和投资决策。

3.3 保荐机构跟投机制

科创板试行注册制,强调以信息披露为核心,充分发挥市场自我约束机制的功能。同时,考虑到我国资本市场仍以中小投资者为主,机构投资者数量相对较少、定价能力不足的情况,适应科技创新企业披露信息理解难度大、定价难度高的特点,有必要强化保荐、承销等市场中介机构的鉴证、定价作用,以形成有效的相互制衡机制。

证监会已在其《科创板实施意见》中明确表示,将试行保荐相关子公司跟投制度,这是科创板制度创新的重要部分。根据《上海证券交易所科创板股票发行与承销业务指引》规定,保荐机构设立另类投资子公司或实际控制该保荐机构的证券公司依法设立另类投资子公司,以自有资金参与发行人IPO战略配售。

跟投制度是一种通过资本约束的方式,将保荐机构与发行人的质量和经营状况、二级市场投资者的利益进行绑定。其中,“跟”指的是风险共担,即保荐机构与投资者共同承担发行人的风险；“投”则指的是收益共享，即保荐机构与投资者共同分享发行人的收益。

在实行跟投制度的情况下，保荐机构需要承担一部分证券发行的风险。如果发行人的资质很差，所发行证券品质不佳，保荐机构将估值拉高，一旦企业上市后得不到市场的认可，股价表现不佳，那么高价买入股票的券商就会面临浮亏。因此，保荐机构有动力去筛选优质的发行人，以降低风险。虽然高定价能使保荐机构获得更多的承销费，但同时它也倾向于以较低的发行价拿到配售份额，最终在双向利益的博弈下争取合理定价，平衡发行人和投资者的利益。另外，对保荐机构所持股份设定锁定期要求，可以促使保荐机构承担起市场价格稳定和上市公司长期保荐督导的责任。这有利于遏制上市公司在IPO过程中的财务造假行为和权力寻租行为，提高上市公司的质量，推动以投行为中心的市场化发行机制代替原来的行政主导机制。

在缺少投行声誉约束机制、司法追责相对不成熟的情况下，强化保荐机构的风险共担十分必要。从更深远的意义来讲，保荐机构直投自己所保荐的新股，有利于其更好地发挥资本市场定价功能，提高资本市场长期估值的合理性，使其成为对上市公司股票内在价值真正负责任的市场化主体。

科创板试行保荐机构相关子公司跟投制度，旨在加大对承销商的约束并促使其更加合理审慎地定价。根据规定，发行人的保荐机构依法设立的相关子公司或实际控制该保荐机构的证券公司依法设立的其他相关子公司，可以以自有资金参与发行战略配售，并对获配股份设定限售期。这一规定对保荐机构的资金实力提出了更高要求，同时也强化了其对所荐企业初步筛选审核的责任，改变了以往保荐机构“只荐不保”的情况。如果保荐机构未按照承诺实施跟投，发行人应当中止发行，并及时进行披露。此举旨在迫使保荐机构在项目筛选时严把入门关。

为确保跟投制度的有效实施并防止潜在的利益冲突，科创板采取了多项严谨的措施：

1. 为避免保荐机构利用跟投制度干扰股票定价，科创板将跟投主体限定为保荐机构的子公司，并确保其不参与股票定价，而是被动接受专业机构投资者询价确定的价格。

2. 为防止转嫁跟投责任和进行利益输送，科创板将跟投资金的来源限定为自有资金,通过资管计划等募集的资金不得参与股份认购,且参与配售的保荐机构相关子公司应当开立专用证券账户存放获配股票。

3.为防止跟投主体持股比例过高影响上市公司的控制权,科创板将跟投主体认购的比例限定为发行股份数量的2%至5%(详见表1-8),并依据发行规模进行差异化设置,避免“一刀切”的弊端,同时降低保荐机构跟投大型IPO项目的资金压力,降低市场波动风险。

4.为发挥市场长期资金的引领作用并防止短期套利冲动,科创板对跟投主体的锁定期限进行了差异化设置,长于除控股股东、实际控制人之外的其他所有股东,跟投认购的股份有24个月的锁定期,以缓解后续减持对市场的冲击,促使保荐机构兼顾IPO估值和长期投资价值,强化其持续督导责任。

5.严禁保荐机构收取承销费用以外的其他费用,确保了保荐机构跟投的实质意义,其不能通过其他额外的与发行人收费条款对跟投损失进行弥补。

6.参与配售的保荐机构相关子公司应当承诺,不得利用获配股份取得的股东地位影响发行人正常生产经营,不得在获配股份限售期内谋求发行人控制权,跟投股份仅可以向证券金融公司出借,作为市场融券来源。

表1-8　科创板保荐机构相关子公司跟投比例

发行规模	跟投比例
<10亿元	跟投比例为5%,但不超过人民币4000万元
≥10亿元,<20亿元	跟投比例为4%,但不超过人民币6000万元
≥20亿元,<50亿元	跟投比例为3%,但不超过人民币1亿元
≥50亿元	跟投比例为2%,但不超过人民币10亿元

我国当前的科创板制度对保荐机构提出了跟投要求,这一举措有利于保荐机构发挥资本市场的定价功能和增值服务功能。通过转变为持续性市值管理,保荐机构能够将投行保荐服务的内涵向外延伸,为上市公司提供持续服务。这一要求对保荐机构的定价能力、研究能力、估值能力、合规风控能力等方面提出了更高的要求,有助于保荐机构向多部门合作的大投行业务转型,进一步做大做强,打造出航母级的头部证券公司。然而,我们也应关注市场化定价与强制跟投之间的矛盾。如何缓解给保荐机构带来的巨大资金压力,规避跟投带来的

潜在利益冲突,平衡保荐机构体系内外不同主体的利益,优化投资的比例、时点及股份锁定等相关规则,实现与现有投资者追责机制的衔接,都是值得进一步研究探索的问题。

4　信息披露

信息披露制度是上市公司根据法律规定自愿将其自身的财务变化、经营状况等信息和资料向证券监管部门和证券交易所报告,并向社会公开或公告,以使投资者充分了解情况的制度。该制度涵盖了证券发行前的披露和企业上市后的持续信息公开。信息披露是资本市场的生命线,因此完善的信息披露制度在科创板试点注册制改革中扮演着至关重要的角色。

注册制是一种以信息披露为核心的股票发行上市制度,强调淡化证券监管部门的审核职能,将市场的判断交还给投资者。信息披露的主体包括发行人及其控股股东、实际控制人、董事、监事和高级管理人员。保荐人、证券服务机构(包括律师事务所、会计师事务所等)也对发行人的信息披露进行核查。

上交所从基本原则、一般要求、监管方式和管理制度四大方面对科创板上市公司的信息披露制度做了系统性、体系化的规定。这些规定旨在确保信息披露的准确性和完整性,以维护投资者的权益,同时也有助于促进市场的透明度和稳定性。

4.1　信息披露基本原则

第一,完整性原则。完整性原则是指上市公司及其相关信息披露义务人应当全面披露可能对上市公司股票交易价格产生较大影响或者对投资决策有较大影响的事项(以下简称重大事件或重大事项)。这些信息应充分披露对上市公司有重大影响的信息,并揭示可能产生的重大风险。不得有选择性地披露部分信息或存在重大遗漏。由于科创板企业在行业特征、治理结构、业务模式、风险状况等方面存在明显的差异性,投资者对信息的获取及理解存在较高的门槛。因此,上市公司充分进行信息披露并提示风险对投资者决策至关重要。

第二,真实性原则。真实性原则要求上市公司及信息披露义务人在披露信息时,必须以客观事实或具有事实基础的判断和意见为依据,如实反映实际情况,不得有虚假的记载或陈述。在表达上,必须客观、公正,不得夸大其词或做出具有误导性的陈述。特别是当披露未来经营和财务状况等预测性信息时,必须保持合理、谨慎和客观的态度。

第三,重大性原则。根据重大性原则,上市公司及其信息披露义务人应公开所有可能对上市公司股票交易价格产生较大影响或对投资决策有重要影响的事项。此原则要求上市公司披露相关信息时,应避免冗余信息,降低信息披露成本,以提高信息披露的有效性。特别是科创板首次将投资决策影响纳入重大性判断的标准之一,这为上交所后续采取监管措施或纪律处分提供了明确的依据。

第四,公平性原则。要求上市公司及其相关信息披露义务人,必须对所有投资者公开重大信息,确保所有投资者能平等获取信息。任何形式的透露或泄露,不得针对单个或部分投资者。考虑到科创板企业的业务领域技术复杂,投资者关系管理活动,如业绩说明会、分析师会议、路演、接受投资者调研等相对频繁,有必要进一步规范与一切机构和个人的沟通,禁止发行人提供公司尚未披露的重大信息。

第五,及时性原则。当上市公司筹划的重大事项存在较大的不确定性时,若立即披露可能会损害公司利益或误导投资者,并且有关内幕信息知情人已书面承诺保密的,公司可以暂不披露。但是,最迟应当在该重大事项形成最终决议、签署最终协议、交易确定能够达成时对外披露。若相关信息确实难以保密、已经泄露或者出现市场传闻,导致公司股票交易价格发生大幅度波动的,公司应当立即披露相关筹划和进展情况。对于董事、监事、高级管理人员(董监高)已经知悉重大事项的情况,通常是最早触发信息披露的时点。然而,在谈判阶段存在较大的不确定性,若此时披露反而会误导投资者或损害公司利益,《科创板上市规则》允许在信息保密的前提下暂缓披露,符合市场预期。

4.2 信息披露一般要求

针对科创板上市公司来自高科技、创新性行业等特点,《科创板上市规则》在信息披露一般要求方面更加注重投资者实际信息获取需求及上市公司与信息披露义务人的实际信息披露情况。为此,该规则明确了行业信息披露、分阶段披露、自愿信息披露和浅白语言等一般规定要求。具体而言,行业信息披露要求上市公司根据其所属行业特点，按照规定的要求和格式进行信息披露；分阶段披露要求上市公司在筹划重大事项时，按照重大性原则，分阶段披露进展情况，及时提示相关风险，而不能仅以相关事项结果不确定为由不予披露；自愿信息披露则允许上市公司和相关信息披露义务人认为相关信息可能影响公司股票交易价格或者有助于投资者做出决策，但不属于规则要求披露的信息，可以自愿披露；浅白语言则要求信息披露中使用通俗易懂的语言，避免过于专业和复杂的表述。这些规定要求的明确和强调，有助于提高信息披露的透明度和质量，保护投资者的合法权益。

4.3　监管方式

上交所通过审查信息披露文件、提出问题等方式，实施信息披露事中事后监管，以确保信息披露义务人履行其信息披露义务，并督促保荐机构、证券服务机构履行其职责。对于涉及重大、复杂、无先例的事件，上交所可采取事前审核。上交所对信息披露文件进行形式审查，但不对其内容的真实性承担责任。如果上交所认为信息披露文件存在重大问题，它将提出问询。上市公司和相关信息披露义务人应在规定期限内诚实回答，并发布补充或更正公告。如果上市公司或相关信息披露义务人未按照《科创板上市规则》或上交所要求进行公告，或者上交所认为有必要，上交所将以交易所公告的形式向市场说明有关情况。上市公司应通过上交所上市公司信息披露电子化系统登记公告。相关信息披露义务人应通过上市公司或上交所指定的信息披露平台办理公告登记。上市公司和相关信息披露义务人应保证披露的信息与登记的公告内容一致。若未能按照登记内容披露，应立即向上交所报告并及时更正。上市公司和相关信息披露义务人应在上交所网站和中国证监会指定媒体上披露信息披露文件。若上市公司或相关信息披露义务人公告屡次出现虚假记载、误导性陈述或重大遗漏等情形，上交所可决定暂停适用信息披露直通车业务。

4.4　信息披露管理制度

上市公司必须制定信息披露事务管理制度，并经过董事会审议通过及披露。上市公司应建立与上海证券交易所的有效沟通渠道，保证双方联系畅通无阻。同时，上市公司需要制定董事、监事、高级管理人员及其他相关人员对外发布信息的内部规范制度,明确发布程序、方式和未经董事会许可不得对外发布的情形等事项。

对于控股股东和实际控制人,他们应当按照上述要求,规范与上市公司有关的信息发布行为。上市公司和相关信息披露义务人不得以新闻发布或者答记者问等其他形式代替信息披露或泄露未公开重大信息。如果确实需要,他们可以在非交易时段通过新闻发布会、媒体专访、公司网站、网络自媒体等方式对外发布应披露的信息,但公司应当于下一交易时段开始前披露相关公告。

上市公司应建立内幕信息管理制度,并确保信息知情人控制在最小范围内。内幕信息知情人在信息披露前,不得买卖公司股票、泄露内幕信息或者建议他人买卖公司股票。相关信息披露义务人应当积极配合上市公司做好信息披露工作,及时告知公司已发生或者可能发生的重大事件,并严格履行相关承诺。如果相关信息披露义务人通过上市公司来披露信息,上市公司应当提供协助。

此外,上市公司应建立与投资者的有效沟通渠道,保障投资者的合法权益。上市公司应积极召开投资者说明会,向投资者说明公司重大事项,澄清媒体传闻。

第二章　新一代信息技术案例分析

——以北京金山办公软件股份有限公司为例

北京金山办公软件股份有限公司(以下简称北京金山)是国内领先的办公软件和服务提供商。其主要业务是研发和销售WPS Office办公软件及相关服务,产品广泛应用于Windows、Linux、MacOS、Android和iOS等众多主流操作平台。此外,北京金山还提供基于其产品及相关文档的增值服务和互联网广告推广服务,为客户提供一站式、多平台的应用解决方案。

北京金山一直致力于突破关键技术,如文字排版技术、电子表格计算技术、动画渲染技术、在线协同编辑、安全文档及数据协同共享等。通过这些核心技术的突破,北京金山成功建立了互联网云办公应用服务体系,创新了智能办公新模式,全面提升了用户体验。

据2019年3月的数据显示,北京金山的月度活跃用户数(MAU)已超过3.28亿。其中,WPS Office桌面版的月度活跃用户数超过1.32亿,位居其他国产办公软件之首;WPS Office移动版的月度活跃用户数更是超过了1.87亿;而其他产品如金山词霸等的月度活跃用户数也接近0.1亿。WPS Office移动版已覆盖全球超过220个国家和地区,在全球Google Play、中国应用程序商店的办公软件应用市场中名列前茅,并持续保持领先地位。

本章涉及北京金山相应数据均截至招股说明书签署日。

1 公司基本情况

1.1 基本情况

公司名称:北京金山办公软件股份有限公司

英文名称:Beijing Kingsoft Office Software,Inc.

注册资本:36,000万元

法定代表人:葛珂

成立日期:2011年12月20日(2016年9月27日整体变更为股份有限公司)

公司住所:北京市海淀区小营西路33号二层商业办公C区

北京金山前身金山办公有限公司系2011年12月20日由金山办公香港出资设立的有限公司,于2011年12月15日获得了北京市海淀区商务委员会出具的《关于设立北京金山办公软件有限公司的批复》(海商审字[2011]1124号),于2011年12月16日获得了北京市人民政府核发的《中华人民共和国台港澳侨投资企业批准证书》(商外资京资字[2011]8269号),并于2011年12月20日获得了北京市工商局核发的《企业法人营业执照》(注册号:110000450192828)。

1.2 北京金山科创板具体上市标准

北京金山选择的上市标准为《上海证券交易所科创板股票上市规则》第2.1.2条第(一)项,即"预计市值不低于人民币10亿元,最近两年净利润均为正且累计净利润不低于人民币5000万元,或者预计市值不低于人民币10亿元,最近一年净利润为正且营业收入不低于人民币1亿元"。

北京金山2017年度净利润为21,433.73万元,2018年度净利润达到31,066.66万元,累计净利润不低于5,000万元,结合可比公司市场估值情况,发行人预计将满足前述上市标准。

2　公司股权结构

截至招股说明书签署日，北京金山股权结构如下图所示：

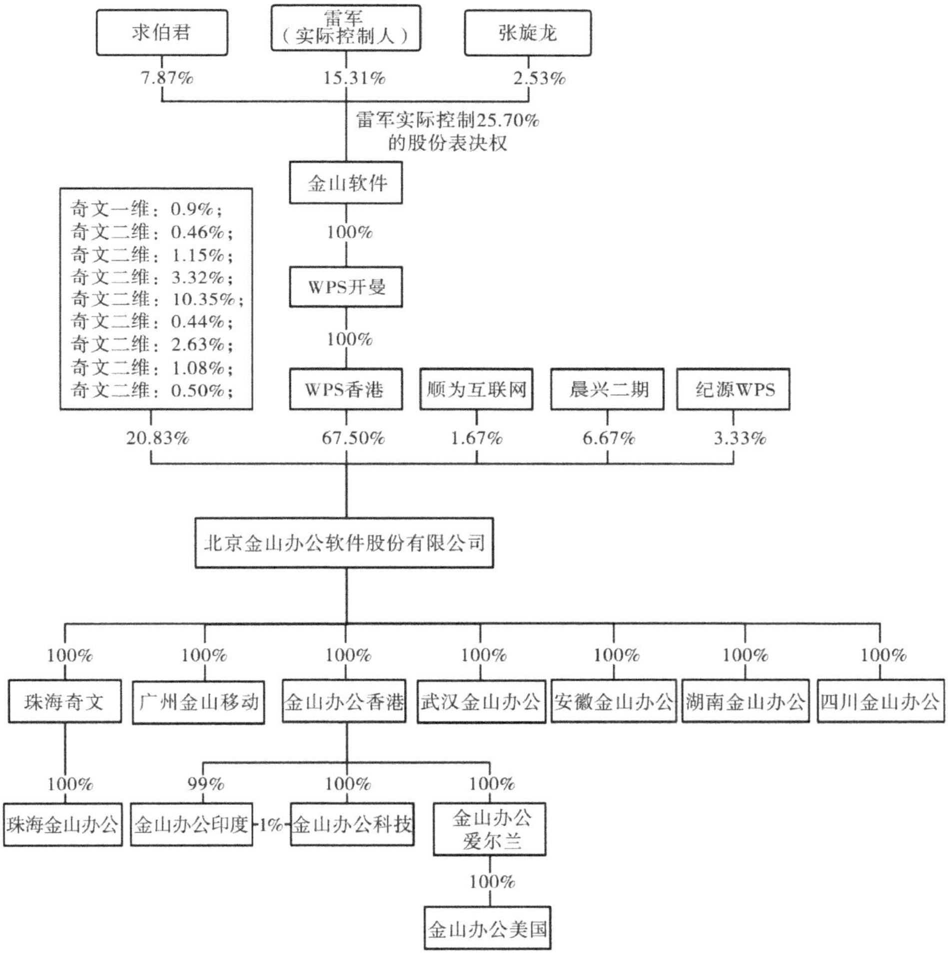

图2-1　北京金山股权结构图(招股说明书签署日)

2.1 主要股东及实际控制人的基本情况

2.1.1 控股股东

北京金山的控股股东是WPS香港。WPS香港是于2015年11月2日在香港特别行政区成立的公司,持有北京金山67.50%的股份。WPS香港住所为UNIT 1309A 13/F CABLE TV TOWER NO.9 HOI SHING RD TSUEN WAN NT HONG KONG,主要生产经营地为香港,董事为雷军、邹涛、吴育强。金山软件通过WPS开曼持有WPS香港100%的股权。除持有北京金山股权外,WPS香港的主营业务为持有投资及运营面向海外用户的个人或工商业用软件技术论坛。

WPS香港最近一年及一期的主要财务数据如下:

表2-1 WPS香港财务数据表 (单位:元)

项目	2019年3月31日/2019年1—3月	2018年12月31日/2018年度
总资产	260,293,054.43	265,877,760.69
净资产	254,396,914.00	259,857,652.30
净利润	-3,795.29	108,625,176.72

金山软件通过WPS开曼持有北京金山控股股东100%股权,金山软件的具体情况如下:

(1)股权结构

金山软件为注册地在开曼群岛的有限公司,其授权股本为1,200,000美元,授权发行股份数为2,400,000,000股普通股;截至2019年6月30日,金山软件实际发行股份数为1,372,728,717股普通股。

截至2019年6月30日,除董事及高级管理人员以外,持有金山软件5%以上股份的主要股东为:Color Link Management Limited持有12.74%、Topclick Holdings Limited持有7.87%、腾讯控股有限公司持有7.78%、FMR LLC持有7.90%、Fidelity Investment Trust持有5.02%。

(2)历史沿革

1998年3月,金山软件在英属维尔京群岛注册成立为豁免税项的有限公司,求伯君、雷军、Super Faith International Limited(一家投资控股公司,当时股东为张旋龙、诸念仙、张小龙、刘东平、张晓霞及叶嘉扬）分别持有40%、23%、37%的股权。

1998年10月，联想工业有限公司（为联想集团有限公司的全资附属公司，以下简称“联想”）与相关方订立股份收购协议收购金山软件的权益；本次收购完成当日，求伯君、雷军、Super Faith International Limited及联想分别持有金山软件28%、16.1%、25.9%及30%的权益。

2005年，金山软件重组了其中国运营实体。通过本次重组，金山软件集团搭建了以北京金山数字为境内运营实体、金山软件通过其全资附属公司珠海金山软件控制北京金山数字50%权益、通过北京金山奇剑数码科技有限公司协议控制北京金山数字50%权益的红筹架构。

2005年11月，金山软件迁至开曼群岛。

2007年，金山软件调整了集团内红筹架构。

2007年10月，金山软件在香港联交所主板上市。自上市至今，金山软件的普通股股票在香港联交所公开交易。

2014年5月，金山软件并表附属公司猎豹移动的普通股股份以存托凭证的方式于纽约证券交易所（以下简称纽交所）上市。

2014年9月，金山软件向迅雷出售有关快盘个人版等业务及资产。

2017年10月，金山软件将其于猎豹移动的部分表决权转授予傅盛，猎豹移动不再是金山软件并表附属公司。

2.1.2　实际控制人

雷军为北京金山的实际控制人，截至招股说明书签署之日，雷军未直接持有北京金山的股份，雷军除通过持有金山软件、WPS开曼、WPS香港间接持有北京金山的股份外，还通过持有顺为互联网、奇文二维、奇文四维、奇文五维、奇文七维间接持有北京金山的股份。具体如下：

截至2019年6月30日，雷军对金山软件352,826,251股表决权拥有权益，享有占金山软件股份总数25.70%的股份表决权，其中174,818,191股为通过其100%持股的英属维尔京群岛公司Color Link Management Limited持有35,298,057股为通过其控制的企业持有（以上雷军通过其直接或间接控制的企业合计间接持有金山软件股份总数的15.31%）；因雷军与求伯君、张旋龙签署了表决契约，根据香港法律，雷军被认为拥有表决契约涉及的142,710,003股金山软件股票的表决权,综上,雷军为金山软件的单一最大投票权的拥有者。

金山软件通过WPS开曼、WPS香港间接持有北京金山67.50%股权,且根据雷军、求伯君就北京金山相关事项的决策签署的《关于保持一致行动的协议书》,求伯君同意就北京金山的决策与雷军保持一致。除前述情况外,雷军还担任金山软件的非执行董事。

此外,截至招股说明书签署之日,雷军依据顺为开曼合伙协议的约定,间接持有顺为互联网所持有的北京金山股份的9.35%,顺为互联网持有北京金山的股份比例为1.67%。雷军通过持有奇文二维9.11%的份额、奇文四维2.17%的份额、奇文五维9.21%的份额及奇文七维16.47%的份额,合计间接持有北京金山总数的1.50%。综上,雷军间接持有北京金山的股权比例为11.99%。

2.1.3 一致行动人基本情况

求伯君为实际控制人雷军的一致行动人。截至2019年6月30日,求伯君通过Topclick Holdings Limited间接对金山软件108,028,566的股份(对应金山软件股份总数的7.87%)享有表决权。雷军、求伯君于2017年3月1日签署《关于保持一致行动的协议书》,协议主要约定:①就涉及北京金山的相关事项,求伯君与雷军采取一致行动,并做出与雷军相同的意思表示;②雷军、求伯君转让各自间接持有的北京金山股份时,应当遵守相关法律法规及章程的规定,以及其就北京金山A股上市做出的所持股份限售安排的相关承诺。

2.1.4 其他持有公司5%以上股份的股东的基本情况

(1)奇文五维

表2-2 奇文五维基本情况表

名称	成都奇文五维商务信息咨询合伙企业(有限合伙)	成立时间	2015年11月3日
统一社会信用代码	91510100MA61RCLG3W	合伙期限	至永久
主要经营场所	四川省成都市天府新区华阳华府大道一段1号2栋1单元3楼15号		
执行事务合伙人	北京奇文壹纬投资有限责任公司(委派代表葛珂)		
认缴金额	2,860,615元		
营业范围	商务信息咨询服务;软件技术开发、技术转让、技术咨询、技术服务		

续表

	合伙人名称	认缴金额(元)	认缴比例
合伙人构成	奇文壹纬	11.00	0.001%
	葛珂	1,318,433.17	46.09%
	章庆元	751,351.33	26.27%
	肖玢	527,373.27	18.43%
	雷军	263,446.23	9.209%
	合计	2,860,615.00	100.00%

奇文五维是以员工持股为目的设立的主体,持有北京金山37,257,612股股票,占发行前总股本的10.35%。奇文五维各合伙人的认缴出资2,860,615元,实缴出资2,860,615元,未开展实际业务经营。

(2)晨兴二期

晨兴二期持有北京金山24,000,000股股票,占发行前总股本的6.67%。该公司全称为MS TMT Holding II Limited,成立于2015年12月7日,住所位于Trinity Chambers,PO Box 4301,Road Town,Tortola,British Virgin Islands,董事为邓妙宜(Miu Yee TANG)。

晨兴二期现有股东晨兴中国为一家依据开曼群岛法律设立的豁免有限合伙企业,由TMT General Partner Ltd.控制,TMT General Partner Ltd.由其董事会控制,董事会成员包括五名自然人:GERALD LOKCHUNG CHAN、MARIA K LAM、WAI ON MAKIM ANDREW MA、刘芹和石建明。

晨兴中国的有限合伙人持有其99%的份额,普通合伙人持有其1%的份额;晨兴中国全体有限合伙人包括10家境外母基金、5家境外家族信托基金旗下投资平台、3家境外慈善基金会旗下的投资平台、2家境外养老基金、1家境外投资平台及1家境外大学基金。

2.2 发行前后公司股本情况

发行前,北京金山总股本为36,000万股,本次公开发行A股不超过10,100万股(不涉及老股东公开发售其所持有的公司股份),本次发行的股份占发行后总股本的比例不超过21.91%(未行使超额配售权)。

发行前后北京金山的股本结构变化情况如下:

表2-3 北京金山发行前后股权结构表

序号	股东名称	本次发行前		本次发行后	
		持股数(股)	持股比例	持股数(股)	持股比例
1	WPS 香港	243,000,000	67.50%	243,000,000	52.71%
2	奇文五维	37,257,612	10.35%	37,257,612	8.08%
3	晨兴二期	24,000,000	6.67%	24,000,000	5.21%
4	纪源 WPS	12,000,000	3.33%	12,000,000	2.60%
5	奇文四维	11,939,186	3.32%	11,939,186	2.59%
6	奇文七维	9,481,800	2.63%	9,481,800	2.06%
7	顺为互联网	6,000,000	1.67%	6,000,000	1.30%
8	奇文三维	4,125,300	1.15%	4,125,300	0.89%
9	奇文九维	3,900,300	1.08%	3,900,300	0.85%
10	奇文一维	3,255,300	0.90%	3,255,300	0.71%
11	奇文十维	1,803,202	0.50%	1,803,202	0.39%
12	奇文二维	1,647,150	0.46%	1,647,150	0.36%
13	奇文六维	1,590,150	0.44%	1,590,150	0.34%
14	公众股东	—	—	101,000,000	21.91%
合计		360,000,000	100.00%	461,000,000	100.00%

2.3 董事基本情况

截至招股说明书签署之日,北京金山共有董事9名,其中3名为独立董事。北京金山董事由股东大会选举产生,每届任期3年,任期届满可连选连任;独立董事连任时间不得超过6年。

表2-4 北京金山董事基本情况表

序号	姓名	职务	提名人	任期
1	葛珂	董事长兼总经理	WPS香港	2019年7月19日至2022年7月18日
2	雷军	董事	WPS香港	2019年7月19日至2022年7月18日
3	求伯君	董事	WPS香港	2019年7月19日至2022年7月18日
4	邹涛	董事	WPS香港	2019年7月19日至2022年7月18日

续表

序号	姓名	职务	提名人	任期
5	章庆元	董事兼副总经理	奇文五维	2019年7月19日至2022年7月18日
6	刘伟	董事	WPS香港	2019年7月19日至2022年7月18日
7	路鹏	独立董事	WPS香港	2019年7月19日至2022年7月18日
8	陈作涛	独立董事	WPS香港	2019年7月19日至2022年7月18日
9	曲静渊	独立董事	奇文五维	2019年7月19日至2022年7月18日

2.4　监事基本情况

截至招股说明书签署之日，北京金山监事会由3名监事组成，其中2名股东代表监事由股东大会选举产生，1名职工代表监事，由职工代表大会民主选举产生。

表2-5　北京金山监事基本情况表

序号	姓名	职务	任期
1	张倩格	监事会主席、职工监事	2019年7月19日至2022年7月18日
2	彭博	监事	2019年7月19日至2022年7月18日
3	庄湧	监事	2019年7月19日至2022年7月18日

3　主营业务及模式

3.1　北京金山主营业务

北京金山办公软件股份有限公司（下文简称北京金山）是国内领先的办公软件和服务提供商，主要从事WPS Office办公软件产品及服务的设计研发及销售推广，北京金山产品主要包括WPS Office办公软件和金山词霸等，可在Windows、Linux、MacOS、Android、iOS等众多主流操作平台上应用。北京金山的服务主要包括基于产品及相关文档的增值服务，以及互联网广告推广服务，为客户提供一站式、多平台应用解决方案。

北京金山拥有办公软件领域30余年研发经验及技术积累，旗下主要产品及服务皆由北京金山自主研发，针对核心技术具有自主知识产权。北京金山重点针对文字排版技术、电子表格计算技术、动画渲染技术、在线协同编辑、安全文档以及数据协同共享等多种关键技术进行深入研究，通过核心技术的突破，建立互联网云办公应用服务体系,创建智能办公新模式,全面提升用户体验。

为适应客户的安全可靠需求,北京金山自主研发的WPS Office Linux版本已经全面支持国产整机平台(如:龙芯、飞腾、兆芯、申威等芯片)和国产操作系统,并在国家"十二五""十三五"期间的"核高基"多项重大示范工程项目中完成系统适配和应用推广。

3.2 主要产品和服务简介

北京金山向各行业客户提供包括WPS Office办公软件和金山词霸在内的软件产品,并基于办公应用场景开发各类办公增值服务,提供一站式、多平台办公应用解决方案,同时提供以产品和相关文档为媒介的互联网广告推广服务。

北京金山主要产品及服务矩阵图如下:

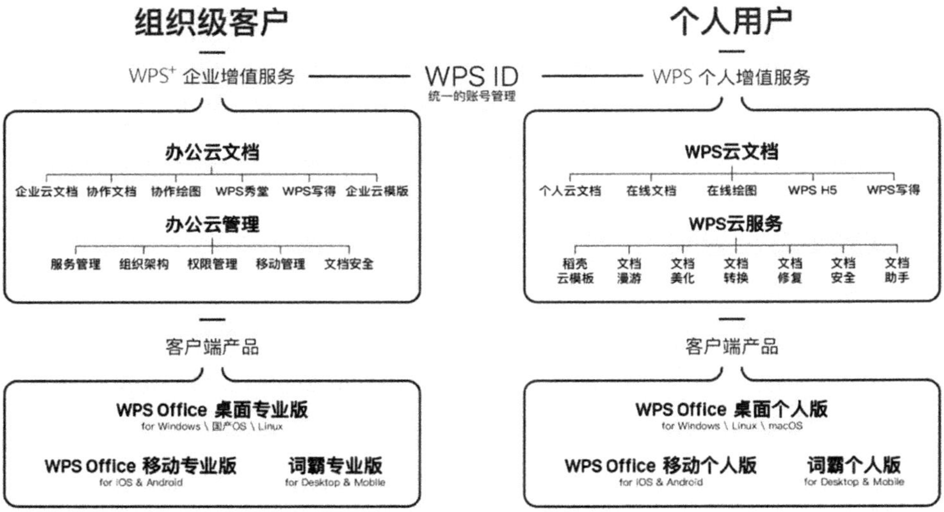

图2-2 北京金山主要产品及服务矩阵图

3.2.1 主要产品

(1)WPS Office 办公软件产品

WPS Office办公软件是北京金山的核心产品,主要包括WPS Office桌面版及WPS Office移动版。WPS Office在与国外主流Office高度兼容的同时,拥有各种丰富的特色功能,为广大用户提供稳定、便捷的办公支持,满足各类用户的办公需要。同时,北京金山为WPS Office用户提供快速、便捷、高效的线上和线下服务及技术支持,为用户带来可靠有效的使用保障。

WPS Office 客户端主要组件如下:

表2-6　WPS Office 客户端组件情况表

产品组件	功能
WPS文字	WPS文字是一款文字处理软件,支持对doc/docx文档的查看和编辑,通过多种文字处理功能,帮助用户快速制作专业办公文档
WPS表格	WPS表格是一款数据分析软件,支持对xls/xlsx文档的查看和编辑,兼容多种Excel加密、解密算法,提供多种函数、图表模式,满足用户对于数据统计分析工作的需求
WPS演示	WPS演示是一款演示播放软件,支持对ppt/pptx文档的查看、编辑和加、解密,支持复杂的SmartArt对象和多种对象动画/翻页动画模式,帮助客户完成专业演示文档制作
PDF阅读	PDF阅读是一款阅读工具软件,提供PDF转换和PDF解析双重引擎,使客户可以更加便捷地查看PDF文档

①WPS Office 桌面版

WPS Office桌面版主要应用于电脑端,根据适配系统的不同,可以分为WPS Office Windows版、WPS Office Linux版、WPS Office Mac版。

a.WPS Office Windows版

WPS Office Windows版是基于Windows平台应用的办公软件,包括WPS Office Windows个人版和WPS Office Windows专业版,包含WPS文字、WPS表格、WPS演示和PDF阅读等组件,WPS Office Windows版已全面支持Windows XP、Windows 7、Windows 10等系列操作系统平台。

Ⅰ WPS Office Windows个人版

WPS Office Windows个人版是一款体积小、易操作的办公软件产品,具有丰富的功能及办公资源素材,帮助用户更高效、便捷地制作各类文档。

WPS Office Windows个人版主要特点如下:

表2-7 WPS Office Windows个人版特点

产品特点	说明
体积小	WPS Office Windows个人版在保证功能完备的同时,较同类软件具有体积小、下载安装快速及运行时节省内存的特点
易操作	WPS Office Windows个人版符合国内用户的操作习惯,操作方法简单易用,降低了用户的使用门槛,提升了工作效率
特色功能丰富	WPS Office Windows个人版拥有丰富的特色功能,包括智能文字段落布局、排版功能;表格阅读模式、快速定位、重复项提示功能;演示文档一键更换模板、快速美化功能等。同时,结合文档智能解析、大数据分析技术,WPS Office能够根据用户应用场景精准推送相关产品功能和特色应用,如文档助手、写作模式、全文翻译等
个性化界面风格	WPS Office Windows版提供了不同布局风格的界面和皮肤,用户可以通过自定义设置,实现个性化办公

Ⅱ WPS Office Windows专业版

WPS Office Windows专业版是针对组织级客户研发的办公软件产品,拥有强大的系统集成能力。目前北京金山已与上百家系统开发厂商建立合作关系,使专业版产品实现了在主流中间件、应用系统的嵌入式应用,令组织级客户使用国产软件产品的成本更低。

WPS Office Windows专业版提供成熟的二次开发平台及与国外主流Office产品兼容的二次开发对象模型,能够在政府和企业客户的OA系统、ERP系统及其他应用系统中进行集成应用,并通过应用认证、通信加密、传输加密等策略,为组织级客户的桌面办公和系统集成提供安全可靠的解决方案。

WPS Office Windows专业版主要特点如下:

表2-8 WPS Office Windows专业版特点

产品特点	说明
高兼容的二次开发体系	WPS Office Windows专业版提供成熟的二次开发平台及与国外主流Office兼容的对象模型和API接口,支持COM加载项等机制,用户可以在现有的电子政务平台和企业应用系统间无障碍转换
支持XML标准	WPS Office Windows专业版支持读写OOXML、标文通,遵循XML标准,提升组织级客户数据交换与数据检索的办公效率
支持版式文档	WPS Office Windows专业版支持版式文档格式,支持输出和读取PDF、OFD等文档,为政府和企业用户文档一体化提供办公解决方案

续表

产品特点	说明
文档安全	WPS Office Windows专业版提供权限分配、读写控制、打印控制和区域保护等文档安全专用功能,为用户文档安全提供可靠保障

b.WPS Office Linux版

WPS Office Linux版是基于国产整机平台研发的办公应用软件,主要包括WPS文字、WPS表格、WPS演示等组件。

WPS Office Linux版目前已全面支持国产芯片、操作系统,产品还支持Ubuntu、RedHat、Fedora等其他主流Linux操作系统平台。WPS Office Linux版产品尊重Linux用户特定的使用习惯,在文档格式、用户界面和二次开发等方面都与WPS Office Windows版保持深度兼容,延续与WPS Office Windows版产品相同的用户体验,满足政府和企业用户的办公需求。

WPS Office Linux版主要特点如下:

表2-9 WPS Office Linux版特点

产品特点	说明
支持多平台适配	WPS Office Linux版已经全面支持龙芯、飞腾、兆芯、申威和众志等芯片,支持中标麒麟、中科方德、深度Deepin等操作系统。同时产品通过自主研发的多平台操作系统适配技术,可将WPS Office Linux版快速移植到其他主流Linux操作系统上
定制二次开发体系	WPS Office Linux版通过面向多平台第三方应用的统一跨进程对象模型技术,提供与WPS Office Windows版兼容的二次开发接口,帮助组织级客户将现有的业务应用系统以较低成本迁移到国产软硬件平台上
支持国家标准	WPS Office Linux版支持UOF、OFD文档格式,遵循国家文档格式标准,利用文档解析模块,客户可以快速地制作符合国家标准的专用文档
安全功能增强	WPS Office Linux版提供专用的加解密接口,为客户信息安全提供有力保障

c.WPS Office Mac版

WPS Office Mac版是基于苹果桌面操作系统Mac平台研发的办公应用软件,支持各种苹果桌面操作系统设备,产品主要包含WPS文字、WPS表格、WPS

演示及PDF阅读等组件。

WPS Office Mac版主要特点如下:

表2-10 WPS Office Mac 版特点

产品特点	说明
产品兼容性强	WPS Office Mac版采用了多平台操作系统适配技术,是基于MacOS平台新研发的WPS Office产品。产品界面、功能和文档格式兼容性与WPS Office Windows版保持一致
安全性高	WPS Office Mac版拥有自主知识产权,适配MacOS平台下的文档安全保障体系,全面整合应用安全解决方案,保障用户在文档创作和协作等过程中的数据安全

②WPS Office 移动版

WPS Office移动版是基于Android、iOS平台研发的办公应用软件,支持各种主流智能手机、移动平板设备。WPS Office移动版包括WPS Office移动个人版和WPS Office移动专业版,主要包含WPS文字、WPS表格、WPS演示及PDF阅读等组件。

a.WPS Office移动个人版

WPS Office移动个人版具备体积小、速度快、可定制优化、智能排版等特点,能够支持OOXML、PDF、HTML等50多种文档格式,拥有文档漫游功能,帮助客户实现便捷的移动办公。

WPS Office移动个人版主要特点如下:

表2-11 WPS Office移动个人版特点

产品特点	说明
文档格式兼容性高	WPS Office移动个人版支持doc、docx、ppt、pptx、xls、xlsx、pdf等多种格式
丰富的特色功能	WPS Office移动个人版拥有丰富的特色功能,包括针对文档数据的格式转换、智能美化、PDF签名、思维导图、安全文档功能等;针对协作办公应用场景的共享播放、演讲实录、实时多人多地分享、遥控异地终端文档功能等
	WPS Office移动个人版在WPS文字中针对查找、替换、书签笔记等功能进行了特别优化;为具备手写功能的系列手机提供了手写定制版本;为解决WPS表格中手机输入法输入函数困难的问题,提供专用公式输入编辑器,方便用户快速录入公式

续表

产品特点	说明
移动设备阅读体验优化	WPS Office移动个人版针对移动端特殊的阅读引擎及移动设备屏幕较小的特点，提供移动端阅读模式，通过检索文件内容并按照移动设备屏幕的比例重新排列文档内容，让用户阅览文档更加舒适和方便，优化用户移动办公体验

b.WPS Office移动专业版

WPS Office移动专业版是针对组织级客户研发的移动办公软件产品，提供基于移动平台下的二次开发接口，保证文档在产生、协同、分享及与其他应用系统通信过程中的信息安全，为用户提供低耗而高效的移动办公解决方案。

WPS Office移动专业版主要特点如下：

表2-12 WPS Office移动专业版特点

产品特点	说明
企业个性化定制	为满足不同的企业个性与需求，WPS Office移动专业版提供丰富的定制化功能，包括提供阅读模式、文档修订、文档备份、文档回传OA、App等功能
系统兼容性强	WPS Office移动专业版提供开放的SDK，系统兼容性强。提供基于iOS及Android平台的高效易用的二次开发接口，能够与移动OA等系统实现安全交互
文档安全性高	WPS Office移动专业版拥有自主知识产权，具备完善的文档安全保障系统，不仅能够直接对文档进行加密保护，还提供应用认证、文档权限等安全应用接口，实现与移动安全应用解决方案的集成，保障文档在产生、协同、分享等过程中的信息安全

(2)金山词霸

金山词霸是一款以中英互译为主的电子词典及在线翻译软件，支持Windows、iOS、Android等多种平台。用户可使用金山词霸进行英文阅读、写作、口语练习及单词复习等多种语言训练。

金山词霸主要特点如下:

表2-13 金山词霸主要特点

产品特点	说明
涵盖数量众多的权威词典	金山词霸收录的词典包括《牛津词典》《柯林斯COBUILD高阶英汉双解学习词典》等,在联网状态下还可查询涵盖55个专业学科的各大权威词典
真人发音模拟朗读	金山词霸收录标准真人英式/美式发音,并通过英文TTS应用实现对英文整句朗读
支持多语种文章翻译	金山词霸支持多语种的互相翻译,通过客户端内置的在线翻译引擎,可进行整段、整篇文章翻译,操作简单
支持屏幕取词	金山词霸支持对办公文档、邮件及各种主流浏览器的屏幕取词,并通过内置OCR光学字符识别技术,使用户阅读只读、加密的PDF文档时,也可以使用屏幕取词功能,在使用金山词霸"译中译"取词功能时,也支持在取词窗口中进行二次取词

3.2.2 服务介绍

北京金山提供的服务主要包括基于自身产品及相关文档的办公增值服务,以及互联网广告推广服务。

北京金山提供的办公增值服务主要包括企业办公增值服务和个人办公增值服务。企业办公增值服务为组织级客户提供专业级产品、企业办公云服务及办公解决方案;个人办公增值服务为个人用户提供办公应用软件及个人办公云服务。通过统一账号系统,客户可借由邮箱、QQ、微信、手机号等多种登录方式获得WPS办公增值服务。

互联网广告推广服务主要以产品为载体,通过多种展示形式,为各类广告客户提供广告营销服务。

(1)办公增值服务

办公增值服务主要分为个人办公增值服务及企业办公增值服务,是北京金山针对个人用户及组织级客户的办公应用场景,结合用户的不同需求所研发的一系列办公应用服务。其主要特点如下:

表2-14　办公增值服务主要特点

产品特点	说明
互联网化	WPS Office客户端提供海量在线模板及素材等资源供用户使用，同时还提供文档转换、文档修复、文档美化等办公服务，帮助用户更加高效、便捷地制作各类文档
协作化	WPS Office客户端提供文档漫游、文档共享、群组协作等功能，满足用户多平台、多设备的办公需求。在不同设备上登录并编辑过的文档，均会自动上传到云端，方便用户在不同平台和设备中与团队其他成员进行协作
精准推送	WPS Office客户端能够根据用户的文档信息进行智能解析，结合办公大数据、知识图谱和用户画像分析等关键技术，适应客户多种应用场景，在智能模板、文档美化和公文创作等方面，实时为用户精准推送系列办公增值服务，提升用户办公效率

①个人办公增值服务

WPS Office为注册用户及个人会员提供丰富的增值服务，主要包括文档漫游、个人云文档、稻壳儿云模板、文档转换、文档修复、文档美化、会员皮肤等。通过这些增值服务，用户可以更加快捷高效地进行文档创作、编辑和分享，制作更专业、更美观的办公文档，提高办公效率。

WPS Office为用户提供数十种增值服务，其中具有代表性的服务主要包括：

表2-15　WPS Office个人办公增值服务

服务名称	服务内容
文档漫游	支持文档自动上传到云端，可实现文档在PC、Android、iOS等平台上的“自动漫游”，用户可以在多个客户端随时随地访问WPS云文档，进行文档的查看、下载、编辑、上传等操作
稻壳儿云模板	提供海量的专业云模板，如报告总结、活动比赛、财务报表、简历求职等类别的经典范文，也可向设计者提出需求，定制专属的个性化模板
个人云文档	WPS用户可管理私人存储空间、文档漫游、协同圈子等文档数据。随着会员等级提高，所享受的服务也随之升级
会员皮肤	为用户提供多款精致的会员皮肤，用户可通过自定义设置设定个性化办公界面，同时可以对皮肤进行统一管理
智能美化	为用户智能提供图文版式、关系图示、图表及动画等元素，提升编辑体验。同时基于用户PPT版面信息内容的形式和语义，实现PPT一键排版，智能实现PPT版面设计风格的美化

②企业办公增值服务

WPS Office可为组织及客户提供专业、定制化的增值服务,主要包括WPS+企业云服务(如企业云文档、企业云协作)及文档安全等,帮助组织级客户更好地进行文档创作、文档管理、分享和协同办公。

WPS Office 为组织及客户提供十多种增值服务,其中具有代表性的服务包括:

表2-16 WPS Office企业办公增值服务

服务	服务内容
企业云文档	企业云文档是面向组织级客户的文档管理服务,支持全平台业务系统应用的调用,使客户的系统可以直接具备文档上传下载、存储管理、在线预览等能力,给予用户良好的应用体验
企业云协作	企业云协作是面向组织级客户的全平台文档协作服务,如协作文档、协作绘图等,可满足企业团队的沟通协作、文档管理、信息安全、业务流程通知汇集、企业层级管控等办公应用需求,实现随时随地办公,提升办公效率
文档安全	文档安全通过WPS Office客户端和安全服务器提供加解密文档、细粒度权限管理、权限申请与审批、离线使用、外发、日志审计及溯源追踪等服务,为企业提供便捷高效的文档安全管理服务

(2)互联网广告推广服务

互联网广告推广服务是目前软件行业内的重要盈利模式之一,此模式主要以"免费+广告"的方式,在为更多用户提供免费使用产品机会的同时,也为广告客户带来更多商机。

北京金山以产品、官网为主要载体,为各类广告客户提供广告营销服务。按照不同的广告计费方式,北京金山的互联网广告推广业务主要分为以下类型:

CPS(Cost Per Sale):广告主投放广告后,吸引用户完成一定的消费金额,该金额扣减广告主相关运营成本后的收入为分成收入,客户将分成收入中的一定比例作为广告费用支付给北京金山作为广告收入。

CPT(Cost Per Time):根据双方签署合同上的具体广告投放周期,将广告客户的推广信息投放一定的时间,并按照实际投放的时间确定收入金额。

CPA(Cost Per Action):通过广告给客户带来的某种效果(如注册客户主网

站账号)，计算应实际收取的广告费用。

CPC(Cost Per Click)：用户每点击一次广告主指定链接，广告客户支付给公司一定费用，作为广告收入。

按照不同展示方式，北京金山互联网广告推广业务主要分为界面类和任务类，其具体的展示形式如下表所示：

表2-17　北京金山互联网广告推广业务明细表

服务/类别	服务内容
(1)界面类	通过启动封面、弹窗、开屏页等方式推广、宣传客户产品
启动封面	用户启动软件的加载程序过程中展示广告信息
弹窗	软件在不影响用户体验的情况下，提供弹窗形式的广告展示
开屏页	包含首页banner、顶通、尾通等固定位置的发布广告
(2)任务类	在客户端及官网上，为客户提供做任务(点击广告链接)赚稻米的机会，赚取的稻米可以用来购买稻壳儿云模板和会员服务

3.2.3　主要产品的用户情况

据2019年3月的数据显示，北京金山主要产品月度活跃用户数(MAU)超过3.28亿，其中WPS Office桌面版月度活跃用户数超过1.32亿，WPS Office移动版月度活跃用户数超过1.87亿，已经成为国内市场中月活跃用户第一位的移动端办公软件产品；北京金山其他产品(如金山词霸等)月度活跃用户数接近0.10亿。

报告期内，WPS Office桌面版及移动版(Android)月活数据主要取自北京金山自有服务器；WPS Office移动版(IOS)月活数据主要取自第三方平台Flurry。

月度活跃用户数及其月度变化情况如下：

表2-18 北京金山月度活跃用户数及其月度变化情况表

(单位:万个)

时间	2016年度			2017年度			2018年度			2019年1—3月		
	总月度活跃用户数	付费月度活跃用户数	免费月度活跃用户数	总月度活跃用户数	付费月度活跃用户数	免费月度活跃用户数	总月度活跃用户数	付费月度活跃用户数	免费月度活跃用户数	总月度活跃用户数	付费月度活跃用户数	免费月度活跃用户数
1月	16,920.83	11.84	16,908.99	19,939.70	93.52	19,846.18	24,984.94	253.26	24,731.67	30,172.69	487.81	29,684.88
2月	15,622.57	14.08	15,608.49	20,338.67	115.51	20,223.16	22,294.02	246.94	22,047.08	29,025.15	510.72	28,514.43
3月	18,610.05	20.29	18,589.76	21,976.55	136.93	21,839.62	26,278.78	283.47	25,995.31	32,859.47	569.90	32,289.57
4月	19,006.19	24.87	18,981.32	22,155.84	151.80	22,004.03	26,826.35	305.22	26,521.13			
5月	19,538.37	30.95	19,507.42	22,458.34	167.39	22,290.95	27,646.59	337.83	27,308.76			
6月	19,890.37	33.48	19,856.89	22,827.96	184.11	22,643.85	28,004.21	341.32	27,662.88			
7月	19,110.04	34.63	19,075.42	21,648.34	187.94	21,460.39	27,011.19	349.37	26,661.83			
8月	18,850.12	38.83	18,811.30	21,608.74	195.71	21,413.03	26,503.82	355.98	26,147.84			
9月	20,274.16	48.22	20,225.94	23,731.92	227.38	23,504.54	28,687.48	382.25	28,305.23			
10月	20,583.64	57.10	20,526.54	24,418.83	238.85	24,179.98	29,817.62	406.31	29,411.31			
11月	21,648.09	65.57	21,582.52	25,323.62	265.16	25,058.46	31,393.15	426.14	30,967.02			
12月	21,843.76	77.80	21,765.95	25,480.93	271.33	25,209.60	31,010.97	481.17	30,529.80			

3.3 北京金山主要经营模式

3.3.1 销售模式

(1)办公软件产品使用授权销售模式、办公服务订阅销售模式

北京金山根据市场销售的需求,办公软件产品使用授权、办公服务订阅的销售主要分为直销和代理商经销两种模式。为便于管理,北京金山制定了经销商管理制度、软件销售流程、订单管理流程、商品支付退款流程和销售合同管理制度等一系列销售相关的制度。

在直销模式下,为了精准地对客户进行营销,北京金山将销售部门划分为政府业务部、企业业务部、金融业务部等不同部门,分别重点针对国内政府机关、事业单位和大中型企业等进行直接销售。北京金山商务部门与大型机构客户直接签订销售合同,根据合同条款完成发货或提供服务。另外,面向国内中小机构客户及个人用户,北京金山提供办公服务订阅,开设了官网线上直销模式,提供专属网页来展示商品及服务,中小机构及个人用户可通过网上自主下单订购产品及服务,用户通过线上注册方式填写相关信息,选择指定的产品并完成付费后,即可使用所需的产品和服务。

针对代理商经销模式,北京金山每年会根据实际情况修订已有的经销销售政策,重新核查代理商资质,与符合条件的代理商签订经销协议。代理商通过统一订单管理系统下订单,北京金山按照订单信息发货。

(2)互联网广告推广服务销售模式

互联网广告推广服务主要以北京金山产品为载体,通过向客户展示品牌广告和效果广告的推广方式,为各类广告客户提供基于互联网平台的广告营销服务从而实现收入。互联网广告推广服务分为直接销售、代理商经销与第三方平台合作推广三种,皆为软件行业中常见的广告推广服务模式。

在直接销售模式下,需要广告推广服务的客户直接与北京金山签订协议并下单,北京金山在产品及网站中直接将客户的广告信息推介给用户。

在代理商经销模式下,代理商为广告推广客户进行代理,或者最终广告客户通过已有的固定业务关系的代理商,与北京金山协商广告投放计划、签订协议。北京金山在产品与网站上最终投放内容为代理商所代理的其最终客户相关广告推广内容,与代理商无关。

在平台导流模式下,北京金山将广告推广位置提供给互联网平台客户,如淘宝、百度等拥有自身网络广告联盟体系的大型互联网客户。由外部广告推广平台根据需要,在提供的广告推广位置上推送其平台上的最终客户信息。

(3)客户支付渠道

报告期内,购买办公服务订阅业务的个人用户付费的主要渠道包括微信、支付宝、Apple Pay等,具体情况如下表所示:

表2-19　个人用户付费的主要渠道情况表

序号	渠道名称	运营主体	金额(万元)			
			2016年	2017年	2018年	2019年1—3月
1	微信	财付通支付科技有限公司	2,677.28	12,527.96	30,637.22	10,557.58
2	支付宝	支付宝(中国)网络技术有限公司	2,879.64	8,100.76	12,557.84	3,888.24
3	Apple Pay	Apple Inc.	108.08	1,115.79	4,948.83	1,964.84
4	银联	中国银联	—	—	25.83	25.01
合计			5,665.00	21,744.50	48,169.72	16,435.67

报告期内,用户通过微信、支付宝渠道购买稻米,具体情况如下表所示:

表2-20　个人用户付费购买稻米情况表

序号	渠道名称	运营主体	金额(万元)			
			2016年	2017年	2018年	2019年1—3月
1	微信	财付通支付科技有限公司	426.31	386.90	41.88	4.02
2	支付宝	支付宝(中国)网络技术有限公司	520.67	426.17	32.20	2.74
合计			946.98	813.07	74.08	6.76

报告期内,用户向第三方支付平台付款后,由北京金山通过手动提现方式提取款项,或第三方支付平台向北京金山自动转账。根据第三方支付平台的转账速度和每次转账金额,一般到账时间为三至五个工作日,具体如下表所示:

表2-21　不同渠道到账方式情况表

序号	渠道名称	到账方式和时间
1	微信	后台设置T+1或T+7自动转账到银行账户；或后台设置次月手动提现到银行账户
2	支付宝	次月手动提现到银行账户
3	Apple Pay	次月自动打款到银行账户
4	银联	每日自动转账到银行账户

北京金山与第三方支付平台签订了合同，对双方的权利义务进行了约定，在提现时与第三方支付平台提供的账单进行核对，以保障提现金额准确，北京金山的收费渠道均为应用广泛的互联网支付渠道，运营主体为与北京金山无关联关系的第三方机构。

报告期内，大型机构服务订阅客户与北京金山按照合同或协议约定通过银行转账付款。中小机构订阅客户通过在北京金山网站上注册后提交订单和线下订单系统下单两种方式购买，网站注册的客户通过微信和支付宝渠道付款，线下订单系统下单的客户按照合同或协议的约定通过银行转账付款。

（4）主营业务收入按销售模式构成

表2-22　主营业务收入按销售模式构成情况表　（单位：万元）

产品及服务		2019年1—3月		2018年度		2017年度		2016年度	
		金额	占比	金额	占比	金额	占比	金额	占比
办公软件产品使用授权销售模式	代理商经销	5,174.82	18.20%	25,148.74	22.26%	20,090.85	26.67%	16,972.95	31.32%
	公司直销	1,682.72	5.92%	10,419.61	9.22%	8,332.09	11.06%	6,530.34	12.05%
办公服务订阅销售模式	代理商经销	129.67	0.46%	568.40	0.50%	308.63	0.41%	7.34	0.01%
	公司直销	12,891.49	45.34%	38,696.36	34.26%	17,007.82	22.58%	6,405.13	11.82%

续表

产品及服务		2019年1—3月		2018年度		2017年度		2016年度	
		金额	占比	金额	占比	金额	占比	金额	占比
互联网广告推广服务销售模式	代理商经销	1,967.08	6.92%	12,688.14	11.23%	8,417.94	11.18%	5,853.64	10.80%
	公司直销	1,633.62	5.74%	6,335.72	5.61%	4,437.51	5.89%	6,175.15	11.39%
	第三方平台合作推广	4,956.57	17.43%	19,097.45	16.91%	16,731.46	22.21%	12,254.62	22.61%
主营业务收入合计		28,435.98	100.00%	112,954.42	100.00%	75,326.29	100.00%	54,199.18	100.00%

3.3.2 采购模式

北京金山制定了采购控制程序、采购业务实施流程、库存管理办法等一系列与采购、物流相关的制度。

根据经营需要,北京金山采购内容主要包括IDC服务器租用、CDN带宽服务、电子设备、光盘等。根据年度发展规划,业务部合理估算IDC服务器、CDN带宽、电子设备及光盘介质等需求并编制年度预算,经管理层审批后报备。

北京金山所有的采购事项统一通过OA系统进行审批和管理,由业务部门负责采购需求和数量确认,由采购部门负责合同谈判与采购,所有价格均以多方询价(至少两方)中的最优价格进行报价,经厂商交付验收后,再由财务部门完成结算。

北京金山采用询价的采购模式,具体内容如下:

(1)IDC服务器租赁及CDN带宽服务

IDC服务器和CDN带宽的供应商主要为与北京金山保持长期合作关系的、信誉良好的服务器提供商和电信代理商,每年度北京金山会制定合格供应商名录,合作双方以市场价格签署采购合同,再按月度或季度进行结算。

(2)电子设备

报告期内，针对业务需求，北京金山主要向专业化、规模化的电子设备制造商(或代理商)定期采购PC台式电脑、笔记本电脑、网络设备、智能手机、平板电脑等电子设备。在了解市场价格定价情况后进行询价，确定供货厂商，根据业务需求进行设备采购。

(3)光盘

为满足向客户提供安装光盘介质的需求，北京金山需要不定期向行业内质量可靠的光盘供应商采购光盘。先了解市场价格情况，进行询价，确定供货厂商，根据业务需要进行采购。

3.3.3　盈利模式

北京金山的盈利模式主要分为办公软件产品使用授权、办公服务订阅和互联网广告推广三种，办公软件产品使用授权的收入相对稳定，而随着付费客户的持续增加，办公服务订阅的收入呈现快速增长趋势。

(1)办公软件产品使用授权模式

北京金山为不同规模的组织级客户提供不同类型的软件产品使用授权，主要包括数量授权、场地授权等模式。对于软件订购数量较少的中小型机构客户，通常采用数量授权方式，多数授予此类客户某一版本的软件使用权，并按照授权数量进行收费。

对于软件需求数量较大的大型客户，北京金山通常采用场地授权方式。在合同约定期间，授予此类客户在其经营场所不限装机数量使用某一版本软件的权利，根据客户需求，此期间通常持续一至五年，北京金山针对整个场地收取授权使用费用。

(2)办公服务订阅模式

①机构客户办公服务订阅

随着业务发展的需要，在原有办公软件产品使用授权的基础上，北京金山针对机构客户推出了机构客户服务订阅模式，以此持续地、有针对性地根据客户需求定制服务，为客户提供办公解决方案。

服务订阅模式通常逐年签订合同或签署多年框架式合同，并在合同约定期间内分摊确认收入。对于客户而言，办公服务订阅的优点是，可以享受与软件配套的一系列针对客户自身的定制化服务，如企业云文档、企业云模板、企业云协作、文档安全服务等多选组合套餐，享受信息化办公带来的便利。

传统授权模式下，客户仅被授权使用某一产品版本，对于新增产品则需要重新取得授权；而服务订阅模式下，在订阅期间，客户可以随时使用北京金山现有和新增的产品服务模块，并持续获得产品升级和技术支持服务。

②个人用户服务订阅模式

北京金山为个人用户提供会员服务，会员主要分为WPS会员（含超级会员）、稻壳会员两类。WPS会员服务注重基于WPS Office办公软件的功能型服务，如WPS会员可以使用文档转换、文档修复、文档美化、会员皮肤等增值服务；稻壳会员则可以每月免费下载一定数量的稻壳儿云模板，在下载限额用完后，还以优惠价格购买稻壳儿云模板，享受资源型服务；超级会员既可享用WPS会员服务，又可享用稻壳儿资源服务。

相对于免费用户，WPS会员除能够享受更多的增值服务以外，同时还拥有如云文档存储空间更大、多人云协作团队人数上限更多等高级权限。稻壳儿会员既可以选择成为包月会员，也可以选择按个数购买模板，使所制作的文字文档、表格文档、演示文档更加专业和美观。

（3）互联网广告推广模式

对于免费用户，北京金山采用“免费+广告”的盈利模式，借助庞大用户群体，凭借良好的品牌价值，成为广告客户推广其产品的重要平台。

互联网广告推广模式是指北京金山为有推广需求的客户在客户端及网站平台上提供广告位，通过启动客户端产品及软件使用时的启动封面、弹窗、开屏页等方式推广客户的服务与产品。广告根据不同位置、类别及客户不同需求来确定结算方式和收入，比如根据时长、点击量、注册数等确认信息流量，北京金山每月与客户根据流量信息确认收入。

北京金山主营业务收入按盈利模式构成情况如下：

表2-23　主营业务收入按盈利模式构成情况表　（单位：万元）

项目	2019年1—3月		2018年度		2017年度		2016年度	
	金额	占比	金额	占比	金额	占比	金额	占比
办公软件产品使用授权	6,857.54	24.12%	35,568.35	31.49%	28,422.94	37.73%	23,503.29	43.36%

续表

项目	2019年1—3月		2018年度		2017年度		2016年度	
	金额	占比	金额	占比	金额	占比	金额	占比
互联网广告推广服务	8,557.27	30.09%	38,121.31	33.75%	29,586.91	39.28%	24,283.41	44.80%
办公服务订阅	13,021.17	45.79%	39,264.76	34.76%	17,316.45	22.99%	6,412.48	11.83%
主营业务收入合计	28,435.97	100.00%	112,954.42	100.00%	75,326.29	100.00%	54,199.18	100.00%

3.3.4 经营模式创新

(1)办公应用模式创新

在传统的软件应用中,办公软件产品主要担任工具的角色,用户在使用初期需要不断学习、适应工具,才能获得使用工具的能力,软件使用门槛或学习成本都比较高,缺少服务体验。

随着信息技术的发展以及用户对效率需求的提高,用户需要更方便易用的软件工具,为满足这一需求,WPS Office办公软件产品不断推出更易用的特色功能,包括WPS智能整理的文字工具、拒绝重复项的表格工具、简单快捷的共享播放等,这些功能操作更加简易,显著降低了办公软件的学习成本,体现出产品的使用模式创新和差异化优势。

同时,在产品及服务推出以来,基于信息技术革新与用户需求,强化了云端服务能力。有别于仅仅提供文档云存储和同步的办公产品,WPS办公云服务真正实现了团队创作、云端协作。WPS Office产品新增的协作文档、协作绘图等功能,支持多人同时在线编辑,实时显示修订痕迹,可使团队办公效率大幅提升。

随着北京金山持续的技术变革和业务拓展,产品已经完成从单一的办公应用工具向互联网办公云服务的转变,同时,积极与办公应用领域多家合作伙伴厂商通力合作,使办公趋向场景化、移动化、服务化和智能化。通过统一账号系统,使用户快捷使用多平台、多设备的办公云服务。

(2)商业模式创新

随着移动互联网时代的高速发展,办公用户需求的不断提升,个人用户和组织级用户群体中,为服务付费的观念正在逐渐形成,北京金山的商业模式也随之不断创新。针对个人用户,以产品和办公文档为载体,全面推出会员服务体系,逐渐通过“免费注册用户+周期付费会员”的机制实现用户变现;针对组织级客户,在传统的销售使用授权的基础上,逐步过渡到“办公产品使用授权+办公服务订阅”的双模式运作机制。

针对组织级客户,在办公服务订阅模式下,北京金山除了提供专业标准的企业办公增值服务以外,还可根据组织要求进行服务定制,让更多的用户能够利用企业专属云服务进行文档数据管理和办公协作。

对于个人用户,针对用户需求的不同,北京金山引入了WPS会员和稻壳会员两种盈利模式,用户除了免费使用WPS Office个人版以外,也可以付费成为WPS会员或稻壳会员,使用更多的办公应用服务。

3.4 在行业中的竞争地位及主要竞争对手

3.4.1 行业地位及市场份额

WPS Office系列产品研发始于1988年,是全球最早的办公软件产品之一。目前,北京金山已发展成为全球先进、国内领先的办公软件厂商之一,是国内最大的国产办公软件和服务提供商。

据2019年3月的数据显示,北京金山主要产品月度活跃用户数(MAU)超过3.28亿,其中WPS Office桌面版月度活跃用户数超过1.32亿,领先其他国产办公软件;WPS Office移动版月度活跃用户数超过1.87亿;北京金山其他产品(如金山词霸等)月度活跃用户数接近0.10亿,持续领先其他国产办公软件。根据中国基础办公软件用户规模及北京金山注册用户数量统计,报告期内WPS Office办公软件用户占国内办公市场用户总规模的27.81%、38.40%及42.75%,呈不断上升趋势。

得益于产品定价策略优势,北京金山产品近年来拥有着较高的市场渗透率,即用户使用率,而且国内用户关注度也逐年持续提升。金山WPS Office在2019年3月艾瑞APP国内指数排行中名列办公管理类APP第1位;2019年3月WPS在百度指数中的媒体指数平均值达到34,240,在渗透率、应用排名方面均领先其他国内竞争对手。

3.4.2 主要竞争对手

(1)主要海外竞争对手

①微软:Microsoft Office

微软是一家总部位于美国的跨国科技公司,是世界个人计算机软件开发的先导，主要从事电脑软件服务的研发、制造、授权业务，最为著名和畅销的产品为Microsoft Windows操作系统和Microsoft Office系列软件。

Microsoft Office是微软公司开发的一套基于Windows操作系统的办公软件套装。常用组件有Word、Excel、PowerPoint等，根据微软披露的2019财年第三季度报告（2019财年起始点为2018年7月1日至2019年6月30日），其Productivity and Business Processes业务（包含Office、LinkedIn及Dynamics business solutions等产品）收入为102.43亿美元，Office商业客户收入约为68.79亿美元，Office用户收入约为10.26亿美元。截至2019年3月末，Office 365的订阅数约为3,420万。

②谷歌：G Suite

谷歌是一家位于美国的跨国科技企业，被公认为全球最大的搜索引擎，业务包括互联网搜索、云计算、广告技术等，同时开发并提供大量基于互联网的产品与服务。

谷歌的G Suite办公套件是一套在线办公软件，可以通过云端处理和搜索文档、表格、幻灯片，具体包括Gmail、日历、云端硬盘等G Suite核心服务，以及Google+、环聊、Blogger等附加服务，并具备与其他G Suite用户云端分享文件、编辑文件等功能。

③苹果：iWork

苹果公司是美国的一家高科技公司，总部位于加利福尼亚州的库比蒂诺，iWork是苹果公司为Mac OS X和iOS操作系统开发的办公室软件，包括文档、电子表格和演示文稿等产品。同微软与谷歌一样，iWork套件向公众推出了云端的在线网页版本iWork for iCloud，主要针对具有Apple ID的用户。

（2）主要国内竞争对手

①永中：永中Office

永中软件股份有限公司是国内基础办公软件开发和服务商，以永中Office为核心，提供桌面办公、移动办公、云办公和文档转换服务等多种专业的产品和解决方案。

永中Office套件主要包含文字处理、电子表格和简报制作等应用，可以在Windows、Linux等多个不同操作系统上运行。随着云计算和移动互联时代的来临，永中也推出了永中云办公系统。

②中标:中标普华Office

中标软件有限公司是中国Linux操作系统和办公软件产品提供商和服务商,先后推出了中标麒麟可信操作系统、中标麒麟安全云操作系统、中标麒麟高级服务器操作系统、中标普华Office等。依托于中标麒麟操作系统产品,中标普华Office在审计、财税、工商等领域得到了应用,可以同时运行于Windows和Linux平台,有普通版、教育版、藏文版等版本。

4 财务与会计分析

4.1 北京金山近三年财务总览

4.1.1 北京金山合并资产负债表

表2-24 北京金山合并资产负债表 (单位:万元)

项目	2019年3月31日	2018年12月31日	2017年12月31日	2016年12月31日
流动资产:				
货币资金	17,425.86	18,679.67	16,639.74	31,472.78
交易性金融资产	105,874.27	—	—	—
应收账款	24,178.82	22,667.76	17,600.86	15,469.18
预付款项	1,116.38	583.12	422.13	1,053.87
其他应收款	2,357.81	2,090.02	1,511.79	2,148.99
存货	105.31	100.47	99.32	130.10
其他流动资产	73.43	104,893.34	84,854.00	38,620.00
流动资产合计	151,131.88	149,014.38	121,127.84	88,894.91
非流动资产:				
可供出售金融资产	—	943.14	1,072.38	1,067.21
其他权益工具投资	923.33	—	—	—
其他非流动金融资产	1,622.79	—	—	—
长期股权投资	1,617.15	1,322.38	—	—
投资性房地产	—	—	—	—
固定资产	4,965.82	5,281.00	1,724.47	641.95
在建工程	—	—	659.52	—
无形资产	1,670.44	1,785.27	1,420.71	1,708.90
长期待摊费用	986.32	1,013.99	26.42	74.09

续表

项目	2019年3月31日	2018年12月31日	2017年12月31日	2016年12月31日
递延所得税资产	1,357.97	1,710.06	1,626.23	1,747.16
其他非流动资产	220.88	1,667.75	267.52	261.56
非流动资产合计	13,364.69	13,723.59	6,797.26	5,500.87
资产总计	164,496.58	162,737.97	127,925.09	94,395.79

合并资产负债表(续)

负债和股东权益	2019年3月31日	2018年12月31日	2017年12月31日	2016年12月31日
流动负债:				
应付账款	5,887.74	6,977.78	3,660.44	1,893.67
预收款项	21,220.69	19,390.60	9,033.23	2,757.37
应付职工薪酬	5,195.99	10,648.53	6,686.12	4,933.27
应交税费	2,313.19	4,153.47	2,774.34	1,958.27
其他应付款	1,196.91	1,252.97	1,085.62	447.68
流动负债合计	35,814.52	42,423.35	23,239.74	11,990.27
非流动负债:				
预计负债	—	500.00	500.00	500.00
递延收益	3,972.94	533.65	278.46	323.28
递延所得税负债	687.57	587.69	—	—
非流动负债合计	4,660.52	1,621.34	778.46	823.28
负债合计	40,475.04	44,044.70	24,018.20	12,813.55
股本	36,000.00	36,000.00	36,000.00	36,000.00
资本公积	21,862.41	21,624.04	20,417.04	17,081.87
其他综合收益	155.44	394.38	-118.35	325.89
盈余公积	3,400.50	3,400.50	565.14	475.30
未分配利润	62,603.19	57,274.37	47,043.07	27,699.17
归属于母公司股东权益合计	124,021.53	118,693.28	103,906.89	81,582.23
股东权益合计	124,021.53	118,693.28	103,906.89	81,582.23
负债和股东权益总计	164,496.58	162,737.97	127,925.09	94,395.79

4.1.2 北京金山合并利润表

表2-25 北京金山合并利润表 (单位:万元)

项目	2019年1—3月	2018年度	2017年度	2016年度
一、营业总收入	28,439.88	112,968.11	75,326.50	54,252.27
减:营业成本	4,876.99	15,011.39	8,862.94	6,195.91
税金及附加	464.61	1,128.66	898.19	699.01
销售费用	5,636.73	21,584.24	15,528.18	11,075.80
管理费用	2,681.16	8,881.47	8,045.94	6,839.76
研发费用	13,491.38	42,753.58	26,600.80	21,393.58
财务费用	-65.91	-194.58	-243.24	-124.50
利息收入	71.86	179.55	234.03	301.22
加:其他收益	1,549.04	5,199.64	4,505.81	—
投资收益	1,317.73	4,995.69	1,504.14	637.43
其中:对联营企业和合营企业的投资收益	294.77	-8.12	—	—
公允价值变动收益	220.25	239.78	—	—
信用减值损失	-87.18	—	—	—
资产减值损失	—	-440.95	-74.74	-100.46
资产处置收益	0.03	4.67	1.69	0.91
三、营业利润	4,354.79	33,802.19	21,570.59	8,710.60
加:营业外收入	—	—	43.78	4,871.79
减:营业外支出	-499.97	1,650.36	0.74	546.71
四、利润总额	4,854.76	32,151.83	21,613.63	13,035.68
减:所得税费用	76.64	1,085.17	179.90	42.95
五、净利润	4,778.12	31,066.66	21,433.73	12,992.74
其中:同一控制下企业合并被合并方在合 并前实现的净利润	—	—	—	945.76
归属于母公司所有者的净利润	4,778.12	31,066.66	21,433.73	12,992.74
少数股东损益	—	—	—	—
六、其他综合收益的税后净额	-238.94	512.73	-444.24	318.25
归属于母公司所有者的其他综合收益的税后净额	-238.94	512.73	-444.24	318.25
(一)不能重分类进损益的其他综合收益	—	—	—	—
(二)将重分类进损益的其他综合收益	-238.94	512.73	-444.24	318.25

续表

项目	2019年1—3月	2018年度	2017年度	2016年度
6.外币财务报表折算差额	-238.94	512.73	-444.24	318.25
七、综合收益总额	4,539.19	31,579.39	20,989.49	13,310.98
归属于母公司所有者的综合收益总额	4,539.19	31,579.39	20,989.49	13,310.98
八、每股收益				
(一)基本每股收益	0.13	0.86	0.60	0.36
(二)稀释每股收益	0.13	0.86	0.60	0.36

4.1.3　北京金山合并现金流量表

表2-26　北京金山合并现金流量表　(单位:万元)

项目	2019年1—3月	2018年度	2017年度	2016年度
一、经营活动产生的现金流量				
销售商品、提供劳务收到的现金	30,029.75	125,025.56	85,403.14	58,524.62
收到的税费返还	1,270.67	3,368.43	3,532.47	4,172.96
收到其他与经营活动有关的现金	3,585.68	1,809.62	1,440.19	1,386.85
经营活动现金流入小计	34,886.10	130,203.61	90,375.80	64,084.44
购买商品、接受劳务支付的现金	8,211.33	26,805.37	15,734.03	14,396.92
支付给职工以及为职工支付的现金	22,224.38	47,577.25	30,686.73	22,572.51
支付的各项税费	3,578.50	8,533.67	6,428.17	7,977.38
支付其他与经营活动有关的现金	1,164.77	5,477.53	2,849.38	5,387.62
经营活动现金流出小计	35,178.98	88,393.82	55,698.31	50,334.43
经营活动产生的现金流量净额	-292.88	41,809.78	34,677.49	13,750.01
二、投资活动产生的现金流量				
收回投资所收到的现金	97,031.00	344,340.21	119,270.00	80,991.00
取得投资收益收到的现金	1,083.34	5208.96	1,594.39	682.06
处置固定资产、无形资产和其他长期资产收回的现金净额	0.03	5.54	1.99	1.26
投资活动现金流入小计	98,114.37	349,554.71	120,866.38	81,674.32
购建固定资产、无形资产和其他长期资产支付的现金	1,284.04	5,257.36	2,950.46	5,856.92

续表

项目	2019年1—3月	2018年度	2017年度	2016年度
投资支付的现金	97,606.00	364,131.00	165,504.00	99,222.00
支付其他与投资活动有关的现金	—	1,960.56	77.87	99.83
投资活动现金流出小计	98,890.04	371,348.91	168,532.33	105,178.75
投资活动产生的现金流量净额	-775.67	-21,794.21	-47,665.95	-23,504.42
三、筹资活动产生的现金流量	—	—		
吸收投资收到的现金	—	—	—	31,465.30
收到其他与筹资活动有关的现金	—	—	—	1,009.14
筹资活动现金流入小计	—	—	—	32,474.44
分配股利、利润或偿付利息支付的现金	—	18,416.67	1,583.33	—
支付其他与筹资活动有关的现金	—	—	—	5,343.12
筹资活动现金流出小计	—	18,416.67	1,583.33	5,343.12
筹资活动产生的现金流量净额	—	-18,416.67	-1,583.33	27,131.31
四、汇率变动对现金及现金等价物的影响	-193.62	439.38	-259.24	346.59
五、现金及现金等价物净增加额	-1,262.16	2,038.29	-14,831.03	17,723.49
加:年初现金及现金等价物余额	18,633.20	16,594.92	31,425.94	13,702.45
六、期末现金及现金等价物余额	17,371.04	18,633.20	16,594.92	31,425.94

4.2 主要财务指标

4.2.1 主要财务指标

表2-27 北京金山主要财务指标表

财务指标	2019年1—3月	2018年度	2017年度	2016年度
应收账款周转率(次/年)	1.18	5.49	4.50	3.69
存货周转率(次/年)	40.81	128.53	65.54	42.46
息税折旧摊销前利润(万元)	5,560.06	33,818.59	22,750.08	14,373.32
归属于发行人股东的净利润(万元)	4,778.12	31,066.66	21,433.73	12,992.74
归属于发行人股东扣除非经常性损益后的净利润(万元)	3,212.62	26,975.19	9,219.19	317.04
研发费用占营业收入的比例	47.44%	37.85%	35.31%	39.43%
利息保障倍数(倍)	不适用	不适用	不适用	不适用

续表

财务指标	2019年1—3月	2018年度	2017年度	2016年度
每股经营活动产生的净现金流量(元)	-0.01	1.16	0.96	0.38
每股净现金流量(元)	-0.04	0.06	-0.41	0.49
流动比率(倍)	4.22	3.51	5.21	7.41
速动比率(倍)	4.22	3.51	5.21	7.40
资产负债率(%,母公司口径)	8.74	13.64	11.11	8.45
资产负债率(%,合并口径)	24.61	27.06	18.78	13.57
归属于发行人股东的每股净资产(元)	3.45	3.30	2.89	2.27
无形资产占净资产的比例(%)	1.35	1.50	1.37	2.09

4.2.2 净资产收益率和每股收益

按照中国证券监督管理委员会《公开发行证券的公司信息披露编报规则第9号——净资产收益率和每股收益的计算及披露》(2010年修订),北京金山2016年度、2017年度、2018年度及2019年1—3月净资产收益率及每股收益如下:

表2-28 北京金山净资产收益率和每股收益明细表

报告期利润	报告期	加权平均净资产收益率(%)	每股收益(元)	
			基本每股收益	稀释每股收益
归属于母公司股东的净利润	2019年1—3月	3.92	0.13	0.13
	2018年度	26.84	0.86	0.86
	2017年度	23.17	0.60	0.60
	2016年度	19.77	0.36	0.36
扣除非经常性损益后归属于母公司股东的净利润	2019年1—3月	2.64	0.09	0.09
	2018年度	23.31	0.75	0.75
	2017年度	20.77	0.53	0.53
	2016年度	17.32	0.31	0.31

4.3 经营业绩分析

4.3.1 报告期内经营业绩概述

报告期内,北京金山整体实力和盈利能力不断增强,利润呈持续增长趋势。报告期内,北京金山的具体经营情况如下:

表2-29　北京金山经营业绩情况表　　(单位:万元)

项目	2019年1—3月	2018年度	2017年度	2016年度
营业收入	28,439.88	112,968.11	75,326.50	54,252.27
营业成本	4,876.99	15,011.39	8,862.94	6,195.91
营业利润	4,354.79	33,802.19	21,570.59	8,710.60
利润总额	4,854.76	32,151.83	21,613.63	13,035.68
净利润	4,778.12	31,066.66	21,433.73	12,992.74
归属于发行人股东的净利润	4,778.12	31,066.66	21,433.73	12,992.74
归属于发行人股东扣除非经常性损益后的净利润	3,212.62	26975.19	19,219.19	11,317.04

2016年度、2017年度、2018年度及2019年1—3月,北京金山营业收入分别为54,252.27万元、75,326.50万元、112,968.11万元及28,439.88万元,2016—2018年度年均复合增长率为44.30%;北京金山净利润分别为12,992.74万元、21,433.73万元、31,066.66万元及4,778.12万元,2016—2018年度年均复合增长率为54.63%。

4.3.2　报告期内经营成果逻辑分析

北京金山作为国内领先的办公软件和服务提供商,主要从事办公软件产品及相关服务的设计开发及销售推广。报告期内收入增长主要得益于:

(1)需求不断增加,市场规模不断扩大

为鼓励软件行业的发展,国家有关部门先后颁布了一系列优惠政策,营造了行业发展的优良环境。基础办公软件作为软件的基础部分,也从中受益,办公软件企业快速走上了产业化、规模化的发展道路。同时,信息化被确定为国家的重要战略举措,国家为此制定了一系列自主知识产权软件的推广措施,为国产基础办公软件行业的发展创造了广阔的市场空间。

(2)产品及服务竞争力不断加强

北京金山根据市场需求不断研发改进自身产品,提供更多实用功能,提升兼容性和适用性。同时主动贴近用户的操作习惯,结合移动平台的便利性和创新性,为用户提供更方便易用的办公软件产品。目前WPS Office产品系列已涵盖了Windows、Linux、Android以及iOS等主流操作系统,在移动端已拥有了先发优势,并赢得了相当规模的用户群体,构建了闭环的商业模式。

WPS Office产品多年来为用户探索更高效的办公方式，营造高品质、现代的办公体验，为北京金山赢得了良好的行业声誉，树立了优良的品牌形象。

（3）市场开发及维护力度不断加大

北京金山不断从销售运营角度提升用户体验，逐步完善营销运营体系，北京金山逐步建立起一支强有力的用户服务与技术支持团队（自2013年正式组建运营团队，已有超过200人的规模，具有明确而专业的分工），负责售前、售中、售后全环节的用户支持工作，其工作内容包括为用户提供办公咨询、产品技术培训、部署升级服务，甚至更个性化的二次开发等服务。在WPS Office产品的长期销售和售后服务中，北京金山积累了大量的用户服务经验和遍布全国范围的服务资源。营销服务体系的完善、服务经验的增长、遍布各地区的服务资源和优良的服务团队的建立，均对北京金山业绩的增长提供了有力支持。

4.4　营业收入分析

4.4.1　营业收入总体情况分析

报告期内，北京金山营业收入总体情况如下表所示：

表2-30　北京金山营业收入构成明细表　（单位：万元）

项目	2019年1—3月		2018年度		2017年度		2016年度	
	收入	占比	收入	占比	收入	占比	收入	占比
主营业务收入	28,435.98	99.99%	112,954.42	99.99%	75,326.29	100.00%	54,199.18	99.90%
其他业务收入	3.90	0.01%	13.69	0.01%	0.21	0.00%	53.09	0.10%
合计	28,439.88	100.00%	112,968.11	100.00%	75,326.50	100.00%	54,252.27	100.00%

2016年度、2017年度、2018年度及2019年1—3月，北京金山营业收入分别为54,252.27万元、75,326.50万元、112,968.11万元及28,439.88万元，其中以主营业务收入为主。2017年度较2016年度，2018年度较2017年度营业收入增幅分别为38.84%和49.97%，呈快速增长趋势。

4.4.2 主营业务按产品类型分析

表2-31 北京金山营业收入按产品类型构成明细表

(单位:万元)

	2019年1—3月		2018年度		2017年度		2016年度	
	金额	占比	金额	占比	金额	占比	金额	占比
办公软件产品使用授权	6,857.54	24.12%	35,568.35	31.49%	28,422.94	37.73%	23,503.29	43.36%
其中:按数量授权	3,919.04	13.78%	20,219.28	17.90%	16,640.90	22.09%	16,109.42	29.72%
按场地面积授权	2,938.50	10.33%	15,349.07	13.59%	11,782.03	15.64%	7,393.88	13.64%
互联网广告推广服务	8,557.27	30.09%	38,121.31	33.75%	29,586.91	39.28%	24,283.41	44.80%
其中:第三方平台合作推广	4,956.57	17.43%	19,097.45	16.91%	16,731.46	22.21%	12,254.62	22.61%
广告业务	3,600.70	12.66%	18,796.59	16.64%	12,235.60	16.24%	11,013.54	20.32%
其他	—	—	227.27	0.20%	619.85	0.82%	1,015.25	1.87%
办公服务订阅	13,021.17	45.79%	39,264.76	34.76%	17,316.45	22.99%	6,412.48	11.83%
其中:机构客户订阅	335.88	1.18%	2,289.84	2.03%	2,530.95	3.36%	1,581.47	2.92%
个人客户订阅	12,685.29	44.61%	36,974.92	32.73%	14,785.50	19.63%	4,831.00	8.91%
主营业务收入合计	28,435.98	100.00%	112,954.42	100.00%	75,326.29	100.00%	54,199.18	100.00%

（1）办公软件产品使用授权

2016年度、2017年度、2018年度及2019年1—3月，办公软件产品使用授权业务分别实现收入23,503.29万元、28,422.94万元、35,568.35万元及6,857.54万元，占相应期间主营业务收入总额比例分别为43.36%、37.73%、31.49%及24.12%。报告期内，北京金山加大办公软件产品使用授权业务的研发力度和市场开发投入，2017年度较2016年度，2018年度相比2017年度，对应收入增长率分别为20.93%及25.14%，办公软件产品使用授权业务收入呈逐年增长趋势。

报告期内，北京金山按照客户规模、客户具体需求以及谈判结果等不同条件，将办公软件产品使用授权业务分为代理商销售和直接销售，具体情况如下表所示：

表2-32　办公软件产品使用授权销售构成明细表　（单位：万元）

销售模式	2019年1—3月		2018年度		2017年度		2016年度	
	总额	占比	总额	占比	总额	占比	总额	占比
代理商销售	5,174.82	75.46%	25,148.74	70.71%	20,090.85	70.69%	16,972.95	72.22%
直接销售	1,682.72	24.54%	10,419.61	29.29%	8,332.09	29.31%	6,530.34	27.78%
合计	6,857.54	100.00%	35,568.35	100.00%	28,422.94	100.00%	23,503.29	100.00%

报告期内，北京金山办公软件产品使用授权业务中代理商销售收入高于直接销售收入，占办公软件产品使用授权业务的70%以上。

（2）互联网广告推广服务

2016年度、2017年度、2018年度及2019年1—3月，北京金山互联网广告推广服务业务分别实现收入24,283.41万元、29,586.91万元、38,121.31万元和8,557.27万元，占相应期间主营业务收入总额比例分别为44.80%、39.28%、33.75%和30.09%。

报告期内，互联网广告推广业务主要包括第三方平台合作推广及广告业务，其中广告业务包含自营广告及代理广告两种模式，具体收入情况如下：

表2-33 互联网广告推广业务销售构成明细表 (单位:万元)

业务类别	项目	2019年1—3月	2018年度	2017年度	2016年度
第三方平台合作推广	收入金额	4,956.57	19,097.45	16,731.46	12,254.62
	增长率	—	14.14%	36.53%	31.39%
自营广告业务	收入金额	1,633.62	6,100.96	3,831.87	5,164.01
	增长率	—	59.22%	-25.80%	23.85%
代理广告业务	收入金额	1,967.08	12,695.63	8,403.73	5,849.53
	增长率	—	51.07%	43.67%	374.78%
其他业务	收入金额	—	227.27	619.85	1,015.25
	增长率	—	-63.33%	-38.95%	98.46%
合计	金额	8,557.27	38,121.31	29,586.91	24,283.41
	增长率	—	28.85%	21.84%	59.34%

①第三方平台合作推广

第三方平台合作推广服务主要是北京金山利用自有产品流量满足第三方平台中广告主的互联网广告展示需求。2016年度、2017年度、2018年度及2019年1—3月,第三方平台合作推广业务收入分别为12,254.62万元、16,731.46万元、19,097.45万元及4,956.57万元,占当期主营业务收入比例分别为22.61%、22.21%、16.91%及17.43%,2017年度较2016年度、2018年度较2017年度对应收入增长率分别为36.53%及14.14%。

②广告业务

2016年度、2017年度、2018年度及2019年1—3月,广告业务收入金额分别为11,013.54万元、12,235.60万元、18,796.59万元及3,600.70万元,占当期主营业务收入比例分别为20.32%、16.24%、16.64%及12.66%;2018年度较2017年度、2017年度较2016年度对应收入增长率分别为53.62%和11.10%。

(3)办公服务订阅

2016年度、2017年度、2018年度及2019年1—3月,办公服务订阅业务分别实现收入6,412.48万元、17,316.45万元、39,264.76万元及13,021.17万元,占相应期间北京金山主营业务收入总额比例分别为11.83%、22.99%、34.76%及45.78%。

报告期内，办公服务订阅收入的具体构成如下表：

表2-34 办公服务订阅销售构成明细表

构成			2019年1—3月		2018年		2017年		2016年	
			金额	占比	金额	占比	金额	占比	金额	占比
办公服务订阅	机构客户订阅		335.88	2.58%	2,289.84	5.83%	2,530.95	14.62%	1,581.47	24.66%
	个人客户订阅	WPS会员	8,650.09	66.43%	23,135.64	58.92%	8,180.37	47.24%	2,778.59	43.33%
		稻壳会员	3,329.07	25.57%	10,311.15	26.26%	5,103.47	29.47%	1,783.38	27.81%
		词霸业务	629.62	4.84%	3,086.10	7.86%	1,419.04	8.19%	269.04	4.20%
		其他	76.50	0.59%	442.03	1.13%	82.62	0.48%	—	—
合计			13,021.17	100.00%	39,264.76	100.00%	17,316.45	100.00%	6,412.48	100.00%

报告期内，北京金山为进一步提高服务质量，树立品牌形象，大力发展办公服务订阅业务，为客户提供的特殊化、差异化定制服务得到用户的广泛认可。2017年度较2016年度、2018年度较2017年度，该业务收入增长率分别为170.04%和126.75%。

北京金山办公服务订阅业务收入2016—2018年度平均复合增长率为147.45%，其中机构客户订阅收入平均复合增长率为20.33%，同期个人客户订阅收入分别为4,831.00万元、14,785.50万元、36,974.92万元，2016—2018年度平均复合增长率为176.65%。

4.4.3 主营业务按地区细分的收入情况

报告期内，北京金山按地区分布细分的收入情况如下表所示：

表2-35 主营业务收入地区分类情况表 （单位：万元）

地区	2019年1—3月		2018年度		2017年度		2016年度	
	金额	占比	金额	占比	金额	占比	金额	占比
华北	3,645.46	21.48%	26,534.08	33.43%	23,739.44	38.95%	22,054.25	45.31%
华东	7,651.54	45.09%	27,724.35	34.93%	21,466.12	35.22%	15,692.02	32.24%

续表

地区	2019年1—3月		2018年度		2017年度		2016年度	
	金额	占比	金额	占比	金额	占比	金额	占比
华南	1,950.60	11.50%	8,884.13	11.19%	4,758.14	7.81%	2,643.08	5.43%
东北	251.95	1.48%	1,723.36	2.17%	1,952.18	3.20%	1,833.20	3.77%
西南	597.65	3.52%	3,015.85	3.80%	1,986.06	3.26%	1,140.04	2.34%
西北	470.29	2.77%	2,805.54	3.53%	1,596.39	2.62%	546.19	1.12%
华中	490.18	2.89%	2,370.47	2.99%	1,006.67	1.65%	627.51	1.29%
境内收入合计	15,057.67	88.74%	73,057.78	92.04%	56,504.98	92.72%	44,536.29	91.51%
日本	198.59	1.17%	834.47	1.05%	848.76	1.39%	1,250.73	2.57%
海外其他地区	1,711.96	10.09%	5,483.44	6.91%	3,590.70	5.89%	2,883.13	5.92%
合计	16,968.22	100.00%	79,375.69	100.00%	60,944.44	100.00%	48,670.15	100.00%

注:主营业务按地区细分的收入情况未包括个人客户网上消费部分及部分稻壳儿任务推广收入

4.4.4 主营业务季节性分析

报告期内,北京金山各季度主营业务收入情况如下:

表2-36 主营业务收入季节性变动情况表 (单位:万元)

期间	2019年1—3月		2018年度		2017年度		2016年度	
	金额	占比	金额	占比	金额	占比	金额	占比
第一季度	28,435.98	100%	20,971.24	18.57%	13,216.09	17.55%	8,260.33	15.24%
第二季度	—	—	29,356.84	25.99%	18,185.30	24.14%	11,695.98	21.58%
第三季度	—	—	25,220.05	22.33%	20,862.84	27.70%	13,207.66	24.37%
第四季度	—	—	37,406.29	33.12%	23,062.05	30.62%	21,035.20	38.81%
合计	28,435.98	100%	112,954.42	100.00%	75,326.29	100.00%	54,199.18	100.00%

报告期内,北京金山第四季度主营业务收入占比较高,主要原因为北京金

山办公软件产品使用授权客户主要集中在政府、金融、电力、航空、能源等领域，上述客户通常于年初制定采购计划，于第四季度集中进行采购；另外，各电商平台每年促销活动多集中在第四季度举行，互联网广告推广服务业务收入第四季度占比较高。

4.5 营业成本分析

报告期内，北京金山营业成本构成主要包括办公软件产品使用授权、互联网广告推广服务、办公服务订阅、IDC/CDN成本四个方面。

4.5.1 办公软件产品使用授权

办公软件产品使用授权综合成本分析：

2016年度、2017年度、2018年度及2019年1—3月，办公软件产品使用授权业务成本分别为798.11万元、898.94万元、1,018.53万元及313.93万元，2017年度较2016年度增加12.63%，2018年度较2017年度增加13.30%。

办公软件产品使用授权业务成本主要包括IDC服务器租赁及CDN带宽服务、售后服务成本、软件介质及包装物、外购配套销售软硬件、软件使用授权分成及服务器折旧等。其中，软件使用授权分成主要是北京金山销售的软件产品中集成了部分第三方软件产品的功能组件，需要向软件所有人支付一定的分成款。

2016年至2018年，自营软件业务外购配套销售软硬件成本有所降低，原因在于随着北京金山自主研发能力的提升，第三方软硬件的采购量逐年小幅下降。

4.5.2 互联网广告推广服务

(1)互联网广告推广服务综合成本分析

2016年度、2017年度、2018年度及2019年1—3月，互联网广告推广服务成本分别为3,015.95万元、3,688.40万元、6,379.92万元及2,115.86万元，2017年度较2016年度增长22.30%，2018年度较2017年度增长72.97%，与该业务整体收入增长规模相匹配。

互联网广告推广服务业务成本主要包括IDC服务器租赁及CDN带宽服务、技术服务费、其他成本等。其中，技术服务费主要指平台类广告客户为北京金山提供结算、对账等信息管理而收取的技术服务费；其他成本主要指广告推广服务成本。

(2)技术服务费具体构成情况

在第三方平台合作互联网广告推广业务中,阿里妈妈向北京金山提供平台服务亦收取技术服务费(对应北京金山互联网广告推广服务的成本),北京金山当月技术服务费=(当月总广告收入-当月补贴类销售额对应的广告收入)×10%,亦于次月20日结算上月技术服务费。阿里妈妈对来源于补贴类销售额对应的广告收入不收取技术服务费,来源于补贴类销售额对应的广告收入主要指"双11""双12"等大促活动,阿里妈妈会发放"淘红包""超级红包"等权益,消费者使用"淘红包""超级红包"等权益支付产生的销售额所对应的广告佣金。

4.5.3　办公服务订阅

(1)办公服务订阅综合成本分析

2016年度、2017年度、2018年度及2019年1—3月,北京金山办公服务订阅成本分别为2,381.85万元、4,275.60万元、7,599.31万元和2,442.94万元,2017年度较2016年度增长79.51%,2018年度较2017年度增长77.74%。

办公服务订阅业务成本主要包括IDC服务器租赁及CDN带宽服务、员工薪酬、会员功能服务采购及版权分成等。其中,员工薪酬主要指与技术服务人员相关的工资、福利等;会员功能服务采购主要包括个人会员业务中,北京金山在销售第三方开发的文件模板时需要与版权所有人按照约定比例支付的分成款、向用户提供的PDF转WORD、数据恢复等服务时需要与服务提供商按照约定比例支付的分成款等;版权分成主要由用户购买金山词霸软件中电子书、课程等,北京金山向电子书、课程版权所有者支付的分成款组成。

(2)办公服务订阅版权分成情况

报告期内,北京金山开发分成中购买模板分为一次性买断与分成模板,明细如下表所示:

表2-37　版权分成情况表　(单位:万元)

项目	2016年	2017年	2018年	2019年1—3月
一次性买断模板金额	425.77	552.84	—	—
分成模板金额	435.46	874.84	2,175.61	681.82
合计	861.23	1,427.68	2,175.61	681.82

4.5.4　IDC/CDN成本分析

报告期内，北京金山各类业务IDC服务器租赁及CDN带宽服务成本与CDN带宽、下载量、用户数量和各类业务收入的关系如下：

表2-38　IDC/CDN成本情况表

业务类别	项目	2019年1—3月	2018年度	2017年度	2016年度
软件使用授权	收入金额(万元)	6,857.54	35,568.35	28,422.94	23,503.29
	IDC/CDN成本(万元)	61.91	195.99	242.41	220.70
	带宽(万MB)	—	—	—	—
	下载量(万GB)	—	—	—	—
	用户数量(个)	109,157	570,204	490,025	408,164
互联网广告推广	收入金额(万元)	8,557.27	38,121.31	29,586.91	24,283.41
	IDC/CDN成本(万元)	1,662.77	4,481.43	2,630.63	2,533.94
	带宽(万MB)	32.31	97.84	67.36	55.68
	下载量(万GB)	4,552.67	14,088.50	7,669.94	6,308.46
	用户数量(万人)	32,289.57	30,529.80	25,209.60	21,765.95
办公服务订阅	收入金额(万元)	13,021.17	39,264.76	17,316.45	6,412.48
	IDC/CDN成本(万元)	755.57	2,145.67	1,206.17	687.31
	带宽(万MB)	11.29	42.01	28.93	13.79
	下载量(万GB)	1,627.08	6,049.43	3,293.38	1,513.42
	用户数量(付费用户数量)(万人)	412.06	933.01	544.88	205.09

由上表可见，北京金山IDC服务器租赁及CDN带宽服务成本与带宽、下载量、用户数量等业务指标和相关业务收入之间存在正向匹配关系，不同业务由于各自模式存在差异，其业务收入与对应IDC/CDN成本之间的关系也存在差异。北京金山IDC服务器租赁的相关管理部门会定时检测用量数据，根据其在一个阶段的使用峰值和安全余量，并结合下阶段业务发展预期决定是否增加IDC服务器数量。

4.6 主营业务毛利及毛利率分析

4.6.1 毛利率构成分析

2016年度、2017年度、2018年度及2019年1—3月,北京金山主营业务综合毛利率分别为88.57%、88.23%、86.72%及82.85%。具体毛利、毛利率及毛利占比情况如下表所示:

表2-39 具体毛利情况表

项目	2019年1—3月			2018年度			2017年度			2016年度		
	营业毛利（万元）	毛利率	毛利占比	营业毛利（万元）	毛利率	毛利占比	营业毛利（万元）	毛利率	毛利占比	营业毛利（万元）	毛利率	毛利占比
办公软件产品使用授权	6,543.61	95.42%	27.77%	34,549.82	97.14%	35.27%	27,523.99	96.84%	41.41%	22,705.18	96.60%	47.30%
互联网广告推广服务	6,441.41	75.27%	27.34%	31,741.40	83.26%	32.40%	25,898.51	87.53%	38.97%	21,267.46	87.58%	44.30%
办公服务订阅	10,578.23	81.24%	44.89%	31,665.44	80.65%	32.33%	13,040.85	75.31%	19.62%	4,030.63	62.86%	8.40%
合计/综合毛利率	23,563.25	82.85%	100.00%	97,956.66	86.72%	100.00%	66,463.35	88.23%	100.00%	48,003.27	88.57%	100.00%

2017年度主营业务综合毛利率较2016年度略有下降,主要原因为毛利率较低的办公服务订阅业务收入占主营业务收入比由2016年度的11.83%上升至2017年度的22.99%。2018年主营业务综合毛利率较2017年度略有下降,主要原因为当期互联网广告推广服务收入毛利率较2017年下降4.27%。2019年1—3月主营业务综合毛利率较2018年略有下降,主要原因为2019年1—3月互联网广告推广服务收入毛利率较2018年下降7.99%。

2016年度、2017年度、2018年度及2019年1—3月,办公软件产品使用授权业务毛利率分别为96.60%、96.84%、97.14%及95.42%。

报告期内,办公软件产品使用授权业务毛利率水平整体保持稳定,处于较高水平。

4.6.2 与可比上市公司毛利率的比较分析

A股已上市公司中,所属行业为软件和信息技术服务业(行业代码:I65),与北京金山业务具有可比性的公司主要包括鼎捷软件、东方通、广联达、泛微网络、用友网络和久其软件,因此选取其作为主要可比上市公司。

下表列示了主要可比上市公司的综合毛利率情况:

表2-40 可比上市公司的综合毛利率情况表

公司	2019年1—3月	2018年度	2017年度	2016年度
鼎捷软件	83.16%	83.52%	82.79%	82.43%
东方通	77.51%	75.41%	74.71%	77.84%
广联达	94.17%	93.42%	93.07%	93.33%
泛微网络	96.49%	95.80%	95.41%	95.93%
用友网络	62.48%	69.95%	71.43%	68.64%
久其软件	24.04%	42.64%	49.46%	58.04%
均值	72.98%	76.79%	77.81%	79.37%
北京金山	82.85%	86.72%	88.23%	88.57%

资料来源:各可比公司年报。

如上表所示,北京金山毛利率整体处于较高水平。

4.7 期间费用项目分析

2016年度、2017年度、2018年度及2019年1—3月，北京金山各项费用金额及占比情况如下表所示：

表2-41 北京金山期间费用构成情况表 (单位：万元)

项目	2019年1—3月		2018年度		2017年度		2016年度	
	金额	占比	金额	占比	金额	占比	金额	占比
销售费用	5,636.73	25.92%	21,584.24	29.56%	15,528.18	31.10%	11,075.80	28.27%
管理费用	2,681.16	12.33%	8,881.47	12.16%	8,045.94	16.11%	6,839.76	17.46%
财务费用	−65.91	−0.30%	−194.58	−0.27%	−243.24	−0.49%	−124.50	−0.32%
研发费用	13,491.38	62.05%	42,753.58	58.55%	26,600.80	53.27%	21,393.58	54.60%
期间费用合计	21,743.37	100.00%	73,024.70	100.00%	49,931.68	100.00%	39,184.63	100.00%
扣除股份支付费用合计	21,505.00	—	71,817.70	—	46,596.52	—	35,283.78	—

2016年度、2017年度、2018年度及2019年1—3月，北京金山各项费用占营业收入比例情况如下表所示：

表2-42 各项费用占营业收入比例情况表 (单位：万元)

项目	2019年1—3月	2018年度	2017年度	2016年度
	占营业收入比例	占营业收入比例	占营业收入比例	占营业收入比例
销售费用	19.82%	19.11%	20.61%	20.42%
管理费用	9.43%	7.86%	10.68%	12.61%
财务费用	−0.23%	−0.17%	−0.32%	−0.23%
研发费用	47.44%	37.85%	35.31%	39.43%

续表

项目	2019年1—3月	2018年度	2017年度	2016年度
	占营业收入比例	占营业收入比例	占营业收入比例	占营业收入比例
期间费用率	76.45%	64.64%	66.29%	72.23%
扣除股份支付费用后期间费用率	75.62%	63.57%	61.86%	65.04%

2016年度、2017年度、2018年度及2019年1—3月,北京金山期间费用合计金额分别为39,184.63万元、49,931.68万元、73,024.70万元及21,743.37万元,2017年度较2016年度、2018年度较2017年度增幅分别为27.43%和46.25%。2016年度、2017年度、2018年度及2019年1—3月,扣除股份支付费用后期间费用合计分别为35,283.78万元、46,596.52万元、71,817.70万元及21,505.00万元,2017年度较2016年度、2018年度较2017年度的增长幅度分别为32.06%和54.13%。

从结构上看,期间费用中占比最大的是研发费用,2016年度、2017年度、2018年度及2019年1—3月,研发费用在期间费用中的占比分别为54.60%、53.27%、58.55%及62.05%;销售费用占期间费用的比例也较高,分别为28.27%、31.10%和29.56%及25.92%。

2016年度、2017年度、2018年度及2019年1—3月,北京金山期间费用占营业收入的比重分别为72.23%、66.29%、64.64%及76.45%,扣除股份支付费用后期间费用率分别为65.04%、61.86%、63.57%及75.62%。期间费用中,具体费用项目具体分析如下:

4.7.1 销售费用

报告期内,北京金山销售费用的构成情况如下:

表2-43 北京金山销售费用构成情况表 (单位:万元)

项目	2019年1—3月			2018年度			2017年度			2016年度		
	金额	占比	费用率	金额	占比	费用率	金额	占比	费用率	金额	占比	费用率
销售人员薪酬	3,681.01	65.30%	12.94%	12,347.93	57.21%	10.93%	8,754.13	56.38%	11.61%	6,094.51	55.03%	11.23%

续表

项目	2019年1—3月			2018年度			2017年度			2016年度		
	金额	占比	费用率	金额	占比	费用率	金额	占比	费用率	金额	占比	费用率
宣传推广费用	969.20	17.19%	3.41%	5,138.13	23.81%	4.55%	4,152.24	26.74%	5.51%	2,847.28	25.71%	5.25%
办公差旅招待费用	959.17	17.02%	3.37%	4,032.76	18.68%	3.57%	2,599.01	16.74%	3.45%	2,115.35	19.10%	3.90%
折旧与摊销费用	27.35	0.49%	0.10%	65.41	0.30%	0.06%	22.79	0.15%	0.03%	18.66	0.17%	0.03%
合计	5,636.73	100.00%	19.82%	21,584.24	100.00%	19.11%	15,528.18	100.00%	20.60%	11,075.80	100.00%	20.42%

2016年度、2017年度、2018年度及2019年1—3月，北京金山销售费用分别为11,075.80万元、15,528.18万元、21,584.24万元及5,636.73万元，2017年度较2016年度、2018年度较2017年度增幅分别为40.20%和39.00%。报告期内，北京金山销售费用主要由销售员工薪酬及宣传推广费构成，上述两项费用合计占各期销售费用比例分别为80.73%、83.12%、81.01%及82.50%。

4.7.2　可比公司销售费用率比较情况

报告期内，北京金山销售费用占营业收入的比例与同行业上市公司对比如下：

表2-44　可比公司销售费用率比较情况表

项目	销售费用率			
	2019年1—3月	2018年度	2017年度	2016年度
鼎捷软件	60.37%	51.34%	51.78%	48.04%
东方通	20.00%	15.28%	14.97%	17.14%
广联达	28.57%	27.30%	28.94%	32.85%
泛微网络	69.62%	71.59%	71.39%	70.31%
用友网络	19.49%	21.40%	22.34%	25.68%
久其软件	3.74%	4.09%	4.32%	6.38%

续表

项目	销售费用率			
	2019年1—3月	2018年度	2017年度	2016年度
均值	33.63%	31.83%	32.29%	33.40%
北京金山	19.82%	19.11%	20.60%	20.42%

2016至2019年1—3月,北京金山销售费用率分别为20.42%、20.60%、19.11%和19.82%,整体处于可比公司销售费用率区间内,与用友网络较为一致。

4.7.3 管理费用

报告期内,北京金山管理费用明细如下:

表2-45 北京金山管理费用情况表 (单位:万元)

项目	2019年1—3月			2018年度			2017年度			2016年度		
	金额	占比	占扣除股份支付后管理费用比例	金额	占比	占扣除股份支付后管理费用比例	金额	占比	占扣除股份支付后管理费用比例	金额	占比	占扣除股份支付后管理费用比例
管理人员薪酬	1,646.39	61.41%	67.40%	4,999.54	56.29%	65.15%	2,632.80	32.72%	55.89%	1,686.58	24.66%	57.39%
办公、差旅及招待费用	529.31	19.74%	21.67%	1,691.94	19.05%	22.05%	959.68	11.93%	20.37%	610.82	8.93%	20.78%
中介机构服务费用	143.15	5.34%	5.86%	768.59	8.65%	10.01%	933.21	11.60%	19.81%	496.1	7.25%	16.88%
股份支付费用	238.37	8.89%	—	1,207.00	13.59%	—	3,335.17	41.45%	—	3,900.85	57.03%	—

续表

项目	2019年1—3月			2018年度			2017年度			2016年度		
	金额	占比	占扣除股份支付后管理费用比例	金额	占比	占扣除股份支付后管理费用比例	金额	占比	占扣除股份支付后管理费用比例	金额	占比	占扣除股份支付后管理费用比例
税金及其他	73.50	2.74%	3.01%	141.63	1.59%	1.85%	144.99	1.80%	3.08%	123.47	1.81%	4.20%
折旧与摊销费用	50.44	1.88%	2.06%	72.76	0.82%	0.95%	40.09	0.50%	0.85%	21.94	0.32%	0.75%
合计	2,681.16	100.00%	—	8,881.47	100.00%	—	8,045.94	100.00%	—	6,839.76	100.00%	—
扣除股份支付后管理费用合计	2,442.79	—	100.00%	7,674.46	—	100.00%	4,710.78	—	100.00%	2,938.91	—	100.00%

2016年度、2017年度、2018年度及2019年1—3月，北京金山管理费用分别为6,839.76万元、8,045.94万元、8,881.47万元及2,681.16万元，扣除股份支付后的管理费用，2017年度较2016年度增加60.29%，2018年度较2017年度增加62.91%。

4.7.4 可比公司管理费用率比较情况

报告期内，北京金山管理费用扣除股份支付后的管理费用率与同行业上市公司对比如下：

表2-46 可比公司管理费用率比较情况表

可比公司	2019年1—3月	2018年度	2017年度	2016年度
鼎捷软件	13.98%	13.89%	12.54%	13.19%
东方通	19.89%	16.26%	17.50%	13.56%

续表

可比公司	2019年1—3月	2018年度	2017年度	2016年度
广联达	28.30%	25.82%	21.95%	25.24%
泛微网络	9.96%	5.71%	7.36%	7.72%
用友网络	22.74%	19.02%	19.30%	21.46%
久其软件	16.79%	13.86%	16.30%	19.50%
均值	18.61%	15.76%	15.83%	16.78%
北京金山	8.59%	6.79%	6.25%	5.42%

报告期内,随着公司规模逐渐扩大,规模效应逐渐提升,管理效率逐渐增强,扣除股份支付费用后管理费用率维持在较低水平,与泛微网络费用率相近。

4.8 北京金山资产质量分析

4.8.1 资产构成及变动情况

报告期内,北京金山资产构成情况如下:

表2-47 北京金山资产构成情况表 (单位:万元)

项目	2019年3月31日		2018年12月31日		2017年12月31日		2016年12月31日	
	金额	占比	金额	占比	金额	占比	金额	占比
流动资产	151,131.88	91.88%	149,014.38	91.57%	121,127.84	94.69%	88,894.91	94.17%
非流动资产	13,364.69	8.12%	13,723.59	8.43%	6,797.26	5.31%	5,500.87	5.83%
资产总额	164,496.58	100%	162,737.97	100.00%	127,925.09	100.00%	94,395.79	100.00%

资产规模方面,2016年12月31日、2017年12月31日、2018年12月31日及2019年3月31日,北京金山资产总额分别为94,395.79万元、127,925.09万元、162,737.97万元和164,496.58万元,2017年末较2016年末、2018年末较2017年末及2019年3月31日较2018年末增长幅度分别为35.52%、27.21%和1.08%。报告期内北京金山资产总额随业务规模的扩大而持续稳步增长,主要原因为经营状况良好、营业收入逐年增加,经营性现金流每年均呈现净流入趋势,货币类项目及应收账款等流动资产逐年大幅增加。

资产结构方面,截至2016年12月31日、2017年12月31日、2018年12月31日及2019年3月31日,北京金山流动资产规模分别为88,894.91万元、121,127.84万元、149,014.38万元和151,131.88万元,占资产总额的比重分别为94.17%、94.69%、91.57%和91.88%,占比较高,业务具有轻资产的特征。

4.8.2 流动资产分析

报告期内,北京金山流动资产构成如下表所示:

表2-48 北京金山流动资产情况表 (单位:万元)

项目	2019年3月31日		2018年12月31日		2017年12月31日		2016年12月31日	
	金额	占比	金额	占比	金额	占比	金额	占比
货币资金	17,425.86	11.53%	18,679.67	12.54%	16,639.74	13.74%	31,472.78	35.40%
交易性金融资产	105,874.27	70.05%	—	—	—	—	—	—
应收账款	24,178.82	16.00%	22,667.76	15.21%	17,600.86	14.53%	15,469.18	17.40%
预付款项	1,116.38	0.74%	583.12	0.39%	422.13	0.35%	1,053.87	1.19%
其他应收款	2,357.81	1.56%	2,090.02	1.40%	1,511.79	1.25%	2,148.99	2.42%
存货	105.31	0.07%	100.47	0.07%	99.32	0.08%	130.10	0.15%
其他流动资产	73.43	0.05%	104,893.34	70.39%	84,854.00	70.05%	38,620.00	43.44%
流动资产合计	151,131.88	100.00%	149,014.38	100.00%	121,127.84	100.00%	88,894.91	100.00%

截至2016年12月31日、2017年12月31日、2018年12月31日及2019年3月31日,北京金山流动资产金额合计分别为88,894.91万元、121,127.84万元、149,014.38万元及151,131.88万元,2017年12月31日、2018年12月31日及2019年3月31日流动资产合计金额较期初增长幅度分别为36.26%、23.02%及1.42%。报告期内,流动资产主要由货币资金、交易性金融资产、应收账款及其他流动资产构成,以上四项合计金额占各期流动资产总额的比例分别为96.25%、98.32%、98.14%及97.63%。

4.8.3 非流动资产分析

报告期内,北京金山非流动资产构成如下表所示,非流动资产主要由固定

资产、无形资产、递延所得税资产构成,具体情况如下表所示:

表2-49 北京金山非流动资产构成情况表 (单位:万元)

项目	2019年3月31日		2018年12月31日		2017年12月31日		2016年12月31日	
	金额	占比	金额	占比	金额	占比	金额	占比
可供出售金融资产	—	—	943.14	6.87%	1,072.38	15.78%	1,067.21	19.40%
长期股权投资	1,617.15	12.10%	1,322.38	9.64%	—	—	—	—
其他权益工具投资	923.33	6.91%	—	—	—	—	—	—
其他非流动金融资产	1,622.79	12.14%	—	—	—	—	—	—
固定资产	4,965.82	37.16%	5,281.00	38.48%	1,724.47	25.37%	641.95	11.67%
在建工程	—		—	—	659.52	9.70%	—	—
无形资产	1,670.44	12.50%	1,785.27	13.01%	1,420.71	20.90%	1,708.90	31.07%
长期待摊费用	986.32	7.38%	1,013.99	7.39%	26.42	0.39%	74.09	1.35%
递延所得税资产	1,357.97	10.16%	1,710.06	12.46%	1,626.23	23.92%	1,747.16	31.76%
其他非流动资产	220.88	1.65%	1,667.75	12.15%	267.52	3.94%	261.56	4.75%
非流动资产合计	13,364.69	100.00%	13,723.59	100.00%	6,797.26	100.00%	5,500.87	100.00%

截至2016年12月31日、2017年12月31日、2018年12月31日及2019年3月31日,北京金山非流动资产余额分别为5,500.87万元、6,797.26万元、13,723.59万元及13,364.69万元,2017年12月31日及2018年12月31日非流动资产余额较期初增长幅度分别为23.57%和101.90%,2019年3月31日非流动资产余额较期初下降幅度为2.62%。

4.9 资产周转能力分析

北京金山主要资产周转能力指标如下表所示:

表2-50 北京金山资产周转能力指标情况表 (单位:次)

项目	2019年1—3月	2018年度	2017年度	2016年度
应收账款周转率	1.18	5.49	4.50	3.69
存货周转率	40.81	128.53	65.54	42.46
总资产周转率	0.17	0.78	0.68	0.71

1.应收账款周转率分析

报告期内,北京金山应收账款周转率整体上升,体现了北京金山收账能力、短期偿债能力逐步增强。

2.存货周转率

报告期内,北京金山存货主要包括库存商品、低值易耗品及原材料,营业成本随业务发展逐年升高,因此存货周转率逐年上升,整体处于较高水平。

3.总资产周转率

报告期内,北京金山总资产周转率保持在较高水平,说明资产的整体运营效率较高,总体经营情况良好。

5 知识产权与核心技术分析

5.1 北京金山知识产权情况

5.1.1 知识产权情况

截至2019年3月31日,北京金山及子公司拥有专利总计179项,其中在中国境内登记的专利总计157项,在境外登记专利总计22项;被许可使用的专利总计18项,均为中国境内登记的专利。

截至2019年3月31日,北京金山及子公司拥有293项计算机软件著作权登记,其中在中国境内登记的软件著作权总计286项,在境外登记的软件著作权总计7项。

截至2019年3月31日,北京金山及子公司拥有6项作品著作权登记,截至招股说明书签署之日,该6项作品著作权已完成著作权人更名登记手续。

5.1.2 核心技术所申请专利及保护措施情况

北京金山采取了严格的技术保密管理措施,与技术员工签订保密协议,约定相关知识产权保护措施,借助知识产权管理软件、研发管理系统等平台工具,对技术文档及开发源代码进行统一管理,防止核心技术文档和源代码流失。北京金山对软件源代码、重要技术文档等核心技术资料采取了专业管理系统、专用设备、指派专人进行统一维护及管理。

同时北京金山对自主研发的关键技术申请了发明专利,对重要产品申请了软件著作权,保护公司的知识产权。截至招股说明书签署之日,北京金山核心技术及对应的专利/专利申请情况如下:

表2-51　核心技术及对应专利情况表

序号	核心技术点	技术类型	专利号(申请号)	状态	名称
1	办公文档多端网络分享实现技术	发明专利	201310728805.3	授权	一种文档共享浏览方法及系统
			201310074188.X	授权	将文件分享给关系圈外其他用户终端的方法、系统及装置
			201410823165.9	实审	录制演示文稿视频的方法及装置
			201410309824.7	授权	一种文档显示方法及装置
2	多平台操作系统适配技术	发明专利	201310015431.0	授权	Linux下本地应用程序窗体嵌入浏览器的方法及系统
			201310015424.0	授权	Linux下本地应用程序嵌入桌面窗体的方法及系统
3	多形态终端自适应排版技术	发明专利	201410665349.7	授权	一种调整段落间距的方法及装置
			201410112457.1	授权	一种电子文档阅读区域的变换方法及装置
			201210569365.7	授权	一种通过摇动使设备屏幕显示转到重力方向的方法
			201210568902.6	授权	一种通过摇动设备实现其屏幕显示方向转动的方法
			201410056817.0	授权	一种演示文稿显示内容的控制方法及系统
4	非结构化文档的结构优化技术	发明专利	201510126678.9	授权	一种对象布局方法及装置
			201510125072.3	授权	一种树结构建立方法及装置
			201410788528.X	实审	一种幻灯片版式页面的获得方法与装置
5	高效可定制的WPS新内核引擎技术	发明专利	201310104343.8	授权	触摸屏设备和在其中控制电子表格定位的方法及系统

续表

序号	核心技术点	技术类型	专利号（申请号）	状态	名称
			201210547365.7	授权	一种幻灯片放映方法、系统和演示装置
			201210384400.8	授权	一种数据备份方法及装置
			201210349261.5	授权	电子表格中数值字符串的处理方法及终端
			201210261173.X	授权	一种对应用文档设置页码的系统和方法
			201210255339.7	授权	一种在电子表格中确定公式当前编辑范围的方法及装置
			201210138978.5	授权	插入或删除电子表格中单元格或行列的方法及其装置
			200910213927.2	授权	一种利用计算机在表格中追加行列的方法及系统
			200910213923.4	授权	一种利用计算机编辑表格的方法与系统
			201410810398.5	授权	一种在演示文稿中播放多媒体文件的方法及装置
6	基于大数据分析的知识图谱技术	发明专利	201310073349.3	授权	一种为新建电子表格文档生成推荐文件名称的方法及系统
			201210590511.4	授权	根据文件特征码为文件自动添加文件标签的方法及系统
7	基于网络开放API的网络函数计算机制	发明专利	201210575844.X	授权	由当前应用设备从其他数据源设备获取数据的方法和系统
			200910039781.4	授权	通过办公软件获取网络函数结果进行分析的方法及装置
8	基于云端的移动共享技术	发明专利	201310341615.6	授权	一种界面共享的处理方法及装置
			201210232573.8	授权	共享演播方法及其系统
			201210098433.6	授权	共享演播方法及其系统
			201410418222.5	授权	一种文档共享方法、装置及系统
9	快速缓存和全平台推送技术	发明专利	201310589829.5	授权	一种文件更新信息推送方法及装置
			201210256397.1	授权	在用户端显示选择性同步文件夹的方法及装置
			201210222495.3	授权	移动终端切换多个文档的方法和系统

续表

序号	核心技术点	技术类型	专利号(申请号)	状态	名称
10	面向多平台第三方应用的统一跨进程对象模型	发明专利	201310015431.0	授权	Linux下本地应用程序窗体嵌入浏览器的方法及系统
			201310015424.0	授权	Linux下本地应用程序嵌入桌面窗体的方法及系统
11	数据同步及安全存储技术	发明专利	201310586757.9	授权	云文档的传输状态展示方法及装置
			201210575188.3	授权	一种多设备间智能传输并打开文件的方法和系统
			201210568130.6	授权	一种同步网盘的权限管理方法及系统
			201210254462.7	授权	一种用于云存储系统的解决文件冲突的方法及装置
			201510042003.6	实审	一种文件路径处理方法及装置
			201310740997.X	实审	一种文档加密提示方法及系统
12	文档智能美化技术	发明专利	201410503389.1	授权	一种图形排版方法
			201310150108.4	授权	一种演示文稿的动画效果管理方法、系统及装置
			201510125079.5	实审	一种章节转跳方法及装置
			201410820947.7	授权	一种演示文稿模板更换方法及装置
			201410505037.X	授权	一种基于文档的模板匹配方法及装置
13	多平台协同编辑技术	—	—	—	—

5.2 核心技术体系分析

5.2.1 核心技术

北京金山具备办公软件三十余年的技术积累和办公领域专业研究的优势,旗下主要产品和服务由自主研发而形成,针对核心技术具有自主知识产权。从关键技术方面来看,北京金山重点针对数据云存储、智能数据处理、安全云文档以及数据协同共享等多个关键技术进行深入研究,通过核心技术的突破,提升办公安全技术水平,为用户提供一站式、多平台的网络化办公云服务应用解决方案。

截至招股说明书签署日，北京金山拥有的主要核心技术如下表所示：

表2-52 核心技术情况表

序号	核心技术	技术简介及创新性	技术水平	技术领域
1	多平台操作系统适配技术	采用了软件分层技术，实现了中间层、界面层、数据层、绘制层等不同层级，同时保持WPS软件设计分层和程序模块化，更易于维护与扩展，同时以原生跨平台为宗旨思想，解决了多层级之间的通信和依赖关系，及不同CPU、操作系统上面的特性和兼容性问题，对WPS及所依赖使用的基础软件进行编译、功能开发、调优。技术有效降低了多平台代码维护的成本，确保WPS的所有功能高效便捷地移植到其他操作系统平台上	国内领先	基于多平台的办公技术
2	面向多平台第三方应用的统一跨进程对象模型	针对Windows平台实现的二次开发接口在其他操作系统（包括：Linux、Mac、Android和iOS）下无法被第三方应用直接调用的关键问题，全新探索并研制了一套适用于所有操作系统的二次开发接口体系方案。该技术在基于跨平台系统适配的条件下，充分利用跨平台核心类库，重新研制了一套面向多平台第三方应用的统一跨进程对象模型，并定制研发了多平台的二次开发外部API接口，所有的二次开发接口的名称和参数在不同平台上保持一致，解决了政府和企业用户在OA及应用系统跨平台移植难的问题，确保用户系统的二次开发源代码修改成本降至最低	国内领先	基于多平台的办公技术
3	高效可定制的WPS新内核引擎技术	包括WPS文字排版、WPS表格计算、WPS演示播放三大新引擎技术 高效可定制的新图文混排引擎：引入了字符缓存机制、命中机制和延时机制。通过引入延时排版机制，极大提高了大文档从打开到第一次展现的响应速度；利用局部排版机制解决了WPS对大型文档排版编辑时及时响应的速度，增强用户交互体验 多核多线程的计算引擎技术：利用有向图并行拓扑排序动态调度数据计算的方法，结合多核、多线程调度算法，优化了数据处理和	国内领先	基于多平台的办公技术

续表

序号	核心技术	技术简介及创新性	技术水平	技术领域
		运算的能力,解决了大型文档数据运算效率低下的问题,提升文档编辑速度 跨平台的新图形绘制引擎技术:重新设计并实现跨平台WPS图形绘制层,使图形、对象绘制引擎可以在不同操作系统层面上实现相同的绘制和渲染效果,同时基于多层次的新对象技术框架,实现新的绘制算法,提升了图形绘制效率		
4	数据同步及安全存储技术	云端数据分块分散存储,并进行高强度加密:存放在云端的文件在上传前已经被分割成数据块,每块独立加密存放,项目云端所有存储的数据都经过AES256位加密。加密数据所使用的密钥有完整的密钥策略,以及配套的密钥管理制度 信道传输使用安全连接协议:终端与云端之间的交互分为两类:进行控制性操作的API调用和进行上传下载的数据传输 云存储客户端管理着的云端数据在客户端的双向缓存。缓存数据存放在虚拟磁盘,采取2级加密方式	国内领先	文档云存储技术
5	基于云端的移动共享技术	通过一套基于云文档的高压缩比的高速内存压缩解压技术和网络通讯界面共享的处理机制,实现移动数据分享和文档实时同步展现系统。用户只要接入网络(互联网或局域网)即可随时随地进行多端数据分享与协作,并进行实时同步展现。该技术创新大幅度提升了WPS移动产品在低内存移动设备上加载和处理大型文档的能力,同时快速实现跨平台多端分享和数据协作,已与实时会议系统、实时交流平台(企业IM等)实现整合应用	国际先进	移动办公应用技术
6	快速缓存和全平台推送技术	采用金山自主研发的快速缓存技术,基于TCP协议和Web Socket协议向全平台提供标准和SSL加密的消息推送,是业界首个支持全平台的办公数据交换和推送技术。该技术可实现基于Windows、Linux、Android和iOS多平台文档漫游应用,帮助用户快速切换办公设备,在不同环境中延续办公任务;结合WPS云文档服务,实现随时随地数据协同分享和移动办公	国际先进	移动办公应用技术

续表

序号	核心技术	技术简介及创新性	技术水平	技术领域
7	多形态终端自适应排版技术	基于移动设备屏幕尺寸的重新排版技术，通过重新分析文档的数据，设计相应的排版规则，对原文档的数据针对移动设备不同屏幕尺寸进行重排，解决了在各类不同尺寸的移动设备上的文档展现问题，提升用户阅读体验	国际先进	移动办公应用技术
8	办公文档多端网络分享实现技术	研发基于文档数据的HTML跨平台化的技术，将文档数据及内容重新分析和提取，使文档可在不同平台和终端上展现，摆脱了办公文档在分享上对阅读工具的依赖	国内领先	移动办公应用技术
9	基于网络开放API的网络函数计算机制	该技术通过将网络数据包装成不同的数据对象，并实现一套通用的调用数据对象的网络函数机制，帮助用户在办公软件中使用函数进行网络数据的访问和操作。结合本体系研制的后台数据服务、数据绑定机制和应用分发平台机制，普通用户可轻易获得网络数据管理、网络应用发布等一系列网络开发能力，可自行结合业务需要定制出专业应用，实现办公应用扩展。该技术极大降低开发创作应用的门槛，可被广泛应用于业务数据管理、在线数据发布、在线数据上报、在线预订、网络调查、证券实时查询等多种场景	国际先进	多平台的网络化办公应用集成技术
10	非结构化文档的结构优化技术	文档部件是固定在文档中并可能带有标记的区域，包含日期、列表或带格式文本段落等内容。通过智能文档部件，可自定义文档各个结构化区域的属性，快速创建结构化模块，还能实现文档内容对外部数据的实时更新。该技术充分利用文档结构化标识，结合文档部件智能处理技术，将文档模板化分解，降低了文档元素之间的耦合性，解决了用户在编制专业化文档的技术要求高和操作过程烦琐等弊端，提高创作效率	国内领先	多平台的网络化办公应用集成技术
11	文档智能美化技术	根据内容格式属性特征，智能识别出文档大纲级别，如标题、编号等，匹配专业模板，并快速将文档内容转换成布局美观的图示(或图形)，达到布局、排版和配色的协调，创建专业文档；支持一键变换模板及图示样式，实现不同的布局、构图及风格，极大程度降低了用户创作规范文档的技术门槛，显著提升文档专业性	国内领先	多平台的网络化办公应用集成技术

续表

序号	核心技术	技术简介及创新性	技术水平	技术领域
12	多平台协同编辑技术	针对数据云端化、终端多样化、办公协同化的现代办公环境生态发展趋势,全新自主研发办公文档协同编辑框架。该框架底层采用WPS统一引擎层存取云端办公文件数据并完成核心计算,保证办公数据全兼容不丢失;协同应用层由异步命令时序处理队列进行核心支撑,实现多人并发协同编辑数据操作变换与整合、自洽式冲突合并逻辑、编辑动作操作可溯源三大关键特性;进程调度层提供在集群模型下的负载均衡;协同前端采用HTML5+JS开发,在不同终端、不同平台、不同浏览器下提供效果一致、随时随地协同的办公体验	国内领先	多用户协同办公应用技术
13	基于大数据分析的知识图谱技术	知识图谱本质上是结构化的语义知识库,是一种由节点和边组成的图数据结构。通过研究知识图谱的快速构建方法、多源异构知识的统一表示模型、知识增量更新方法、计算平台的搭建方法和基于知识图谱的动态信息的知识服务,应用知识图谱技术强大的搜索引擎能力,在素材推荐方面运用语义搜索实现素材的精准推荐	国内领先	智能文档创作及辅助技术

北京金山拥有的主要核心技术均为凭借在办公应用领域的专业技术研究经验,将用户需求和应用场景进行细分,针对多平台办公、办公应用集成、多用户协作、数据云存储及智能创作等方面进行了专业研究,对客户应用场景深入剖析,对产品底层技术重构,形成北京金山特有的核心技术。

北京金山的核心技术中,数据同步及安全存储技术、基于云端的移动共享技术、办公文档多端网络分享实现技术、多平台协同编辑技术等均为云服务相关的技术,主要应用于文档云存储、移动办公和多用户协同办公应用等领域。

5.2.2 核心技术先进性

北京金山自成立以来坚持自主创新,科技水平国内领先,甚至部分达到国际先进水平,经过中国电子学会技术鉴定,WPS Office办公软件产品整体技术水平在办公软件领域国内领先,多项技术国际先进。北京金山产品获多项重大荣誉,如曾先后两次荣获国家科技进步二等奖,2012年荣获世界知识产权版权金奖,2015年荣获中国电子学会科技进步一等奖,2017年荣获中国国际软件展览会金奖等。

北京金山的核心技术主要应用于提供各类产品和服务中。截至目前,北京金山核心技术获得的重要奖项、相关的重大科研项目情况如下:

(1)重要获奖情况

北京金山及核心技术、产品及服务所获得的重要技术奖项情况如下:

表2-53　核心技术、产品及服务获奖情况表

获奖年份	奖项名称	发奖单位	获奖产品/项目	证书编号
2001年	国家科学技术进步二等奖	国务院	WPS 2000智能集成办公系统	J-220-2-04-D01
2007年	国家科学技术进步二等奖	国务院	WPS Office 2005	2007-J-220-09-D01
2010年	国家重点新产品	国家科技部	WPS Office 2009	2010GRE0003
2011年	广东省名牌产品	广东省质量技术监督局	WPS Office中文办公软件	GD2011-503
2012年	国家重点新产品	国家科技部	网络化中文办公服务平台	2012GR339008
2012年	世界知识产权版权金奖	世界知识产权组织	WPS Office办公软件	—
2013年	广东省最具价值版权产品	广东省版权局	WPS Office 2012	ZJJZ022
2014年	国家战略性创新产品	国家科技部	WPS Office 2013	2014GZE00010
2015年	珠海市科学技术奖励	珠海市政府	网络化中文办公服务平台的研发及产业化项目	2014-J-1-03-D01
2015年	中国电子学会科技进步一等奖	中国电子学会	网络化中文办公服务平台及应用项目	KJ2015-J1-06-D01
2017年	中国国际软件博览会金奖	工业和信息化部	WPS Office办公软件	—
2018年	两微一端百佳评选App用户体验十佳	中国信息通信研究院	WPS Office	—

(2)重大科研项目情况

北京金山研发团队参与的重大科研项目情况如下:

表2-54 重大科研项目情况表

项目名称	主办单位	项目类型	项目合作形式	项目技术经济目标	起止时间
网络化中文办公服务平台的研发及产业化	国家工业和信息化部	核高基科技重大专项	独立承担	根据国家信息安全需求及基础软件产业服务化发展战略,针对互联网应用环境及中文信息处理需求,研发办公软件的网络化特性,扩展办公软件应用环境,突破办公数据协作和办公应用集成定制技术,实现网络化中文办公服务平台	2010年1月至2012年6月
安全云存储及应用服务平台产业化	广东省经济和信息化委员会	现代信息服务业项目	独立承担	通过对海量安全数据存储及同步等技术的攻关,研发一个安全的云存储平台,提供开放接口,支持与第三方应用的集成整合,为政府机构、IT、电讯及家电等多行业用户提供安全、开放、高效、低成本的云存储应用解决方案	2012年1月至2015年6月
智能云服务与管理平台核心软件及系统	国家科学技术部	国家863高技术研究发展计划	联合承担	针对海量非结构化文档集中存储技术和海量办公文档数据管理与处理技术进行研究和实现,并将数据处理和管理技术运用到网络化WPS系列产品中,最终将网络化WPS产品和轻办公服务进行集成整合,在在线办公云服务中进行应用示范	2013年1月至2015年12月
金山WPS云办公服务平台建设及运营	北京市中关村管理委员会	中关村现代信息服务业项目	独立承担	突破网络化办公、海量数据存储、共享协作、跨平台应用等多项核心技术研发,建设一个基于云计算的一站式、多平台、网络化的开放办公服务平台	2013年4月至2015年9月
金山智慧互联网+企业综合服务平台	北京市中关村管理委员会	中关村试点示范项目	独立承担	配合当下互联网+的发展方向,利用最新的互联网通信技术、移动互联网技术,建设一套完全SaaS服务模式的、面向园区中小企业使用的综合服务平台,让这个园区综合服务平台与园区企业的信息化进行深度融合,以移动新技术为	2015年1月至2015年12月

续表

项目名称	主办单位	项目类型	项目合作形式	项目技术经济目标	起止时间
				亮点特色从而为这些园区企业搭建创新型的综合信息服务平台	
智能写作创新及产业化公共服务平台	安徽省经济和信息化委员会	人工智能产业发展项目	独立承担	智能写作创新及产业化公共服务平台旨在打造服务智能写作行业全生态链的大平台，主要研究知识图谱技术，基于生成对抗网络的文本智能生成技术等智能写作关键技术及共性技术，搭建数据智能采集平台，基于大数据的语料平台等智能写作公共服务平台，整合数据资源，规范数据格式，开放第三方应用接口，推动智能写作行业相关标准制定，打造产学研结合创新体系，发挥智能写作机器人技术联盟优势，推动构建智能写作产业生态体系，推动全国智能写作产业的发展	2018年7月至2020年12月
面向党政办公系统的办公软件增强及优化	国家工业和信息化部	核高基科技重大专项	联合承担	结合党政办公应用的需求，突破基于安可基础软硬件平台下的应用开发与系统适配技术，定制和增强办公应用及安全功能，完成在线创作等任务开发，提升办公软件性能及效率，推动国家自主文档格式标准的应用，支持在国产软硬件平台上应用集成，为客户提供可定制、可复制推广的办公应用解决方案	2018年1月至2020年12月
面向安全可靠办公平台的办公软件增强与优化	国家工业和信息化部	核高基科技重大专项	联合承担	结合党政办公应用的需求，突破基于国产基础软硬件的应用开发与系统适配技术，定制和增强办公应用及安全功能，完成WPS办公构件等任务开发，提升办公软件性能及效率，支持在国产软硬件平台上应用集成	2018年1月至2020年12月

5.3 研究开发情况

5.3.1 研发模式

北京金山充分利用在办公软件三十余年自主研发的经验,结合自身长期在办公领域的专业研究优势,自主研究和实现了跨平台、协作化、移动化等多项关键技术。研发模式主要体现为:以最终用户和下游合作伙伴的需求为导向,将客户意见纳入产品生命全周期,研发部门与销售部门、支持部门同步沟通,深入产品设计、研发、测试、交付和服务等全过程,实现快速有效的迭代研发,共同提升用户体验,形成"客户驱动研发、产品服务客户"的良性循环机制。

北京金山的主要研发模式及特点如下:

(1)交互式研发模式

交互式研发模式主要应用于公司与客户就传统软件的新产品和新服务开发,北京金山针对办公应用场景,以客户需求为导向,注重与客户就功能需求和产品交互等方面进行持续反复的沟通,将客户意见纳入产品研制过程,在产品全周期的重点环节实现人员、技术、信息的全程对接和反馈,确保WPS产品和服务完全符合客户的技术要求和办公需求。

在基于ISO9001质量管理体系下,北京金山交互式研发模式主要包括需求、论证、研发、测试、服务和生命周期管理6个阶段,包含了产品"需求分析、方案设计、可行性技术论证、编码与测试、产品服务试用、产品交付客户、技术支持反馈"的全部环节。

(2)矩阵式项目研发管理模式

针对专用类项目研发,北京金山采用以项目为核心、矩阵式的项目管理模式。各类研发项目由项目负责人牵头,跨部门组合成联合研发团队,在产品研发的早期阶段,各部门分别针对产品的技术、架构和实现方法提出意见,制定总体方案,在产品设计早期就有效避免了后续生产等环节可能出现的问题,极大提高了产品研发效率和方案成功率。

研发部门深入贴近市场,一切从市场需求出发,各部门同时参与和跟踪多个研发项目,可根据各项目进展的不同阶段进行有效的人力、物力资源调配,最大限度地提高了研发资源的使用效率。

(3)通用模块化研发模式

北京金山借助在办公领域的长期技术研发和产品经验积累,研究并实现了一系列成熟的底层关键技术和通用技术方案,在此基础上逐渐形成了跨平台的技术支撑体系,能够针对新领域、新市场和新需求的软件产品和服务要求,完成快速设计、研发、适配和推广任务。

北京金山针对办公软件底层应用模块的特性,借助已经掌握的通用技术,将具有共性特征的功能模块抽取出来,在各平台产品线相关功能研发过程中,只需对通用模块进行定制优化,即可实现功能的快速调用,可免于产品重新设计开发,大大缩短了产品研发周期,显著提升了产品成熟度、可靠性和研发效率。

5.3.2　软件开发流程

北京金山软件产品研发流程主要包括产品立项和产品研发两个部分,具体的产品流程研发如下图所示:

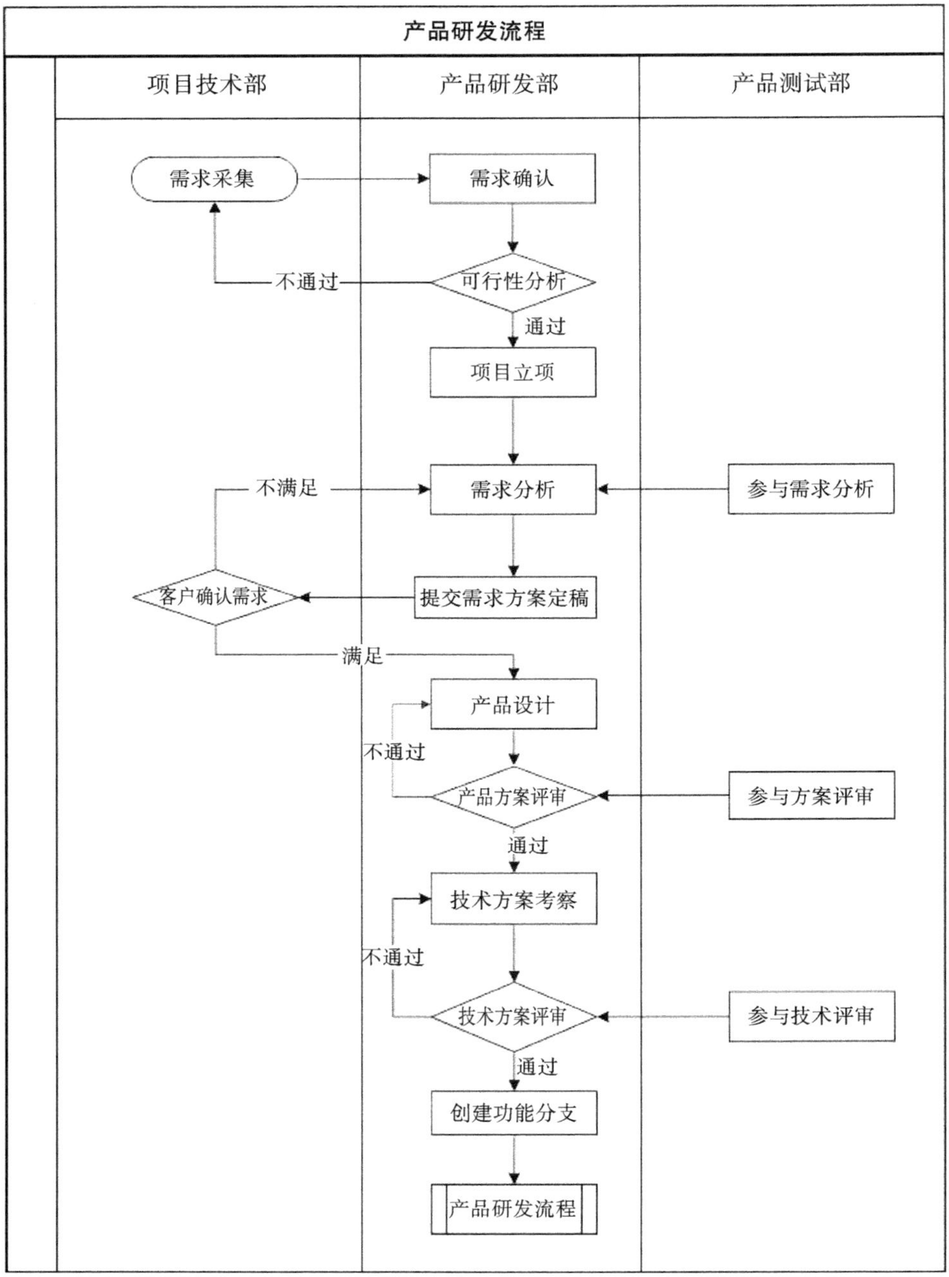

图2-3　北京金山产品研发流程图

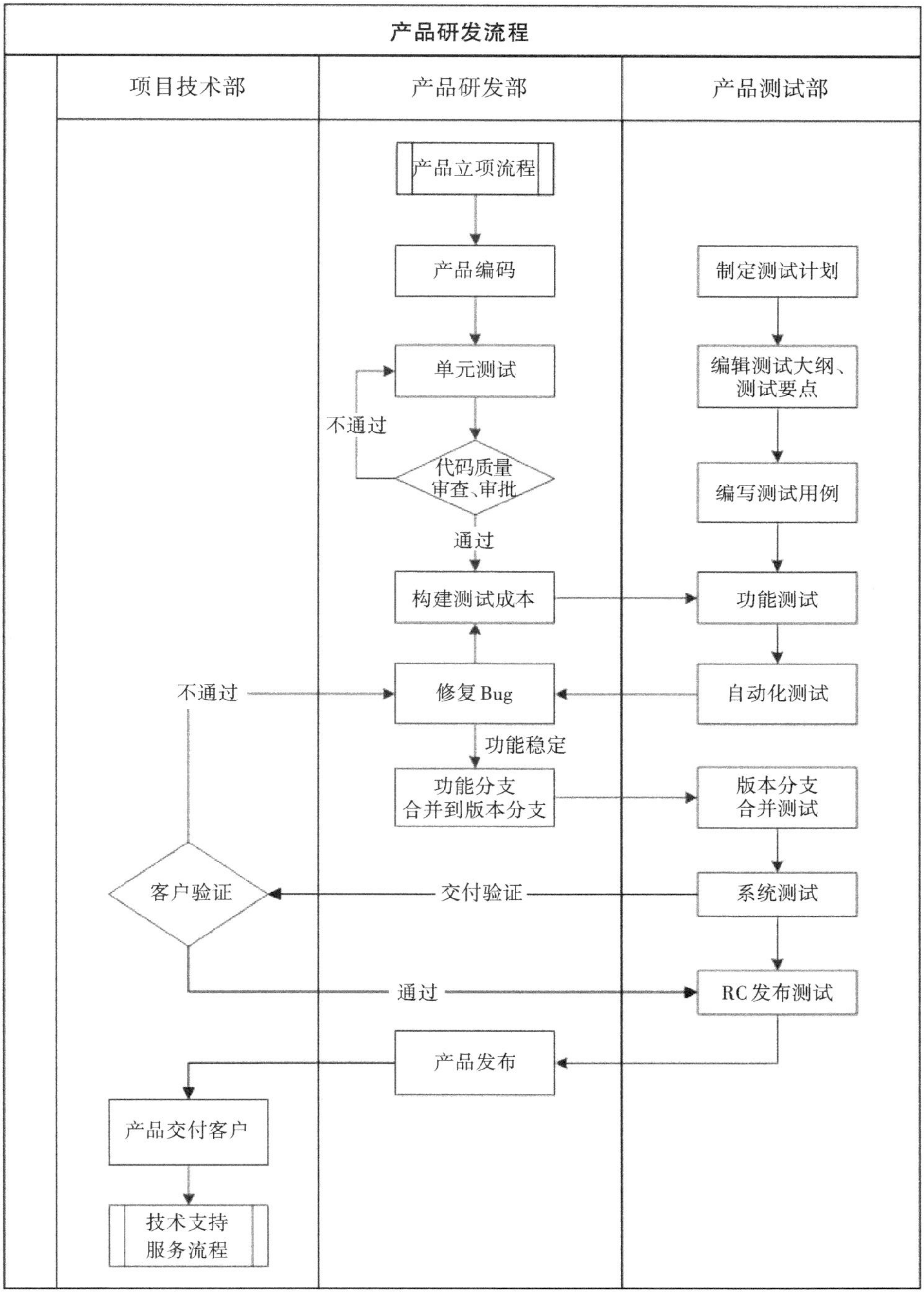

图2-4　北京金山产品研发流程图

5.3.3 主要在研项目及进展情况

北京金山主要在研项目及进展情况如下：

表2-55 在研项目及进展情况表

项目	所处阶段及进展情况	项目人员所属部门	研发费用投入（万元）	拟达到的目标	与行业技术水平的比较
面向党政办公系统的办公软件增强及优化	实施阶段	研发二部	2,197.75	结合党政办公应用的需求，突破基于安可基础软硬件平台下的应用开发与系统适配技术，定制和增强办公应用及安全功能，完成在线创作等任务开发，提升办公软件性能及效率，推动国家自主文档格式标准的应用，支持在国产软硬件平台上应用集成，为示范项目提供可定制、可复制推广的办公应用解决方案	通过对在线协作技术、多平台适配技术的研究与实现，提升办公软件在安可平台的应用效率和兼容效果，达到行业领先水平
面向安全可靠办公平台的办公软件增强与优化	实施阶段	研发二部	1,355.30	结合党政办公应用的需求，突破基于国产基础软硬件的应用开发与系统适配技术，定制和增强办公应用及安全功能，完成WPS办公构件等任务开发，提升办公软件性能及效率；支持在国产软硬件平台上应用集成	通过对多平台适配技术的研究与实现，提升办公软件在安可平台的应用效率和兼容效果，达到行业领先水平
智能写作创新及产业化公共服务平台	实施阶段	研发二部	10,280.00	打造服务智能写作行业全生态链的大平台，主要研究知识图谱技术，基于生成对抗网络的文本智能生成技术等智能写作关键技术及共性技术，整合数据资源，规范数据格式，开放第三方应用接口，推动智能写作行业相关标准制定，搭建基于人工智能的文档创作服务平台	平台重点研究和实现知识图谱技术，基于生成对抗网络的文本智能生成技术等智能写作关键技术，达到行业领先水平

5.4　研发投入情况

5.4.1　研发费用

报告期内，北京金山研发支出全部费用化。2016年度、2017年度、2018年度及2019年1—3月，北京金山研发费用分别为21,393.58万元、26,600.80万元、42,753.58万元及13,491.38万元，具体构成如下表所示：

表2-56　北京金山研发费用构成情况表　（单位：万元）

项目	2019年1—3月	2018年度	2017年度	2016年度
研发人员薪酬	10,945.93	33,611.85	20,522.42	16,355.48
劳务费	339.79	933.03	722.74	606.73
租赁费及服务费	639.46	2,290.70	1,807.40	1,686.92
折旧及摊销	577.68	1,352.91	932.62	1,131.63
办公差旅招待费	372.06	1,927.37	1,192.58	992.62
其他	616.47	2,637.73	1,423.04	620.20
合计	13,491.38	42,753.58	26,600.80	21,393.58
占营业收入比	47.44%	37.85%	35.31%	39.43%

北京金山研发费用主要由研发人员薪酬构成。报告期内研发费用中人员薪酬逐年增加，主要为了使自身产品及服务的深度和广度不断加强，加大了研发投入，研发人员数量及薪酬水平均有所增加。

5.4.2　可比公司研发费用率对比情况

报告期内，北京金山研发费用占营业收入的比例与同行业上市公司对比如下：

表2-57　可比公司研发费用率对比情况表

项目	研发费用率			
	2019年1—3月	2018年度	2017年度	2016年度
鼎捷软件	15.34%	12.05%	11.66%	12.24%
东方通	28.06%	18.91%	21.21%	16.85%
广联达	26.11%	25.04%	25.38%	22.59%
泛微网络	16.11%	12.50%	12.82%	13.82%

续表

项目	研发费用率			
	2019年1—3月	2018年度	2017年度	2016年度
用友网络	26.10%	16.88%	17.49%	18.26%
久其软件	13.54%	10.02%	11.68%	15.82%
均值	22.10%	15.90%	16.71%	16.60%
北京金山	47.44%	37.85%	35.31%	39.43%

截至2019年3月,北京金山总人数为1,972人,其中技术人员1,410人,占总人数71.50%,体现出北京金山对技术和研发的重视和持续投入。截至2019年3月31日,北京金山及子公司拥有专利总计179项,为北京金山发展提供支撑。

从北京金山整体经营策略来看,北京金山产品已经完成从单一的办公应用工具向互联网办公云服务的转变,北京金山在现有产品中持续融入办公服务,办公服务订阅业务作为北京金山新推出的服务模式,必将需要研发层面的高投入来支撑其服务性、技术性的特征。从传统的软件授权业务板块来看,北京金山目前更多的选择以小版本的频繁迭代升级取代前期周期长的大版本换代,例如某个研发产品已经具备较为完善的功能后,后续研发投入产生的新版本周期将越来越短,以频繁迭代来完善之前的版本和开发新的个性化功能,达到更完美的用户体验。

第三章　高端装备制造案例分析
——以广东奥普特科技股份有限公司为例

广东奥普特科技股份有限公司(以下简称奥普特)是一家主要从事机器视觉核心软硬件产品的研发、生产和销售的高新技术企业,奥普特定位于智能制造核心零部件供应商,以"打造世界一流视觉企业"为目标,致力于为下游行业实现智能制造提供具有竞争力的产品和解决方案。

奥普特提供的机器视觉产品已广泛应用于各类高端装备中,服务于3C电子、新能源、半导体、汽车、医药及食品加工等多个行业及一些科研教学等领域,并得到苹果、欧姆龙、安费诺、大族激光等世界500强、中国500强和行业龙头企业的认可。

本章涉及奥普特相应数据均截止为招股说明书签署日。

1　公司基本情况

1.1　基本情况

公司名称:广东奥普特科技股份有限公司

英文名称:OPT Machine Vision Tech Co.,Ltd.

注册资本:6,185.5670万元

法定代表人:卢治临

成立日期:2006年3月24日(2016年9月27日整体变更为股份有限公司)

公司住所:东莞市长安镇锦厦社区河南工业区锦升路8号

奥普特前身奥普特有限公司,是由陈炎景和李金齐依据中国法律于2006年设立的有限责任公司,设立时的注册资本为20.00万元,2013年7月,陈炎景分别与卢治临、卢盛林签署股权转让协议,将其受托持有的45%和44%的注册资本分别转让给卢治临、卢盛林。同时,在卢治临、卢盛林的指示下,陈炎景和李金齐分别和许学亮签署股权转让协议,将其受托持有的1%和10%的注册资本转让给许学亮。至此,奥普特有限公司历史上的股权代持全部解除。

1.2 奥普特科创板定位相关情况

1.2.1 选择的上市标准

奥普特选取的上市标准为《上海证券交易所科创板股票发行上市审核规则》第二十二条规定的第(一)条标准:

预计市值不低于人民币10亿元,最近两年净利润均为正且累计净利润不低于人民币5000万元,或者预计市值不低于人民币10亿元,最近一年净利润为正且营业收入不低于人民币1亿元。

1.2.2 奥普特科创板行业领域要求

表3-1 奥普特科创板行业领域

公司所属行业领域	□新一代信息技术	奥普特所处行业为机器视觉行业。机器视觉部件是智能装备感知、分析部分的关键零部件,属于 高端装备中的“智能制造”领域
	□高端装备	
	□新材料	
	□新能源	
	□节能环保	
	□生物医药	
	□符合科创板定位的其他领域	

1.2.3 科创属性要求

表3-2 奥普特科创属性要求

科创属性评价标准一	是否符合	指标情况
最近三年累计研发投入占最近三年累计营业收入比例≥5%,或最近三年累计研发投入金额≥6000万元	□是□否	奥普特最近三年累计研发投入占最近三年累计营业收入比例为12.37%

续表

科创属性评价标准一	是否符合	指标情况
形成主营业务收入的发明专利(含国防专利)≥5项	□是□否	截至2020年6月30日,奥普特持有16项发明专利,其中形成主营业务收入的发明专利有16项
最近三年营业收入复合增长率≥20%,或最近一年营业收入金额≥3亿元	□是□否	奥普特最近3年营业收入分别为30,261.19万元、42,213.10万元和52,461.86万元,营业收入复合增长率为31.67%

2　公司股权结构

截至招股说明书签署日,奥普特股权结构如下图所示:

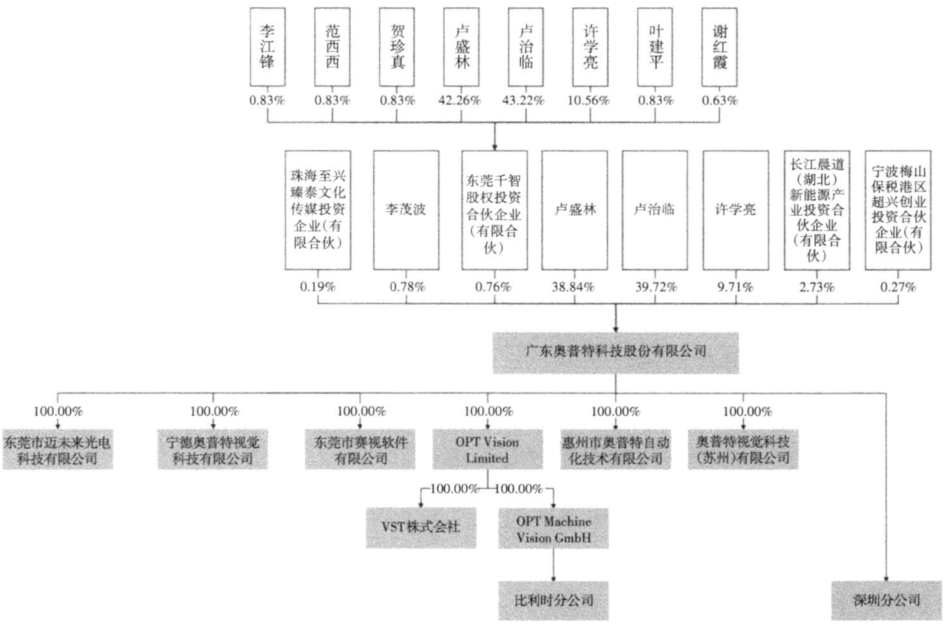

图3-1　奥普特股权结构图(招股说明书签署日)

2.1　主要股东及实际控制人的基本情况

2.1.1　实际控制人

截至招股意向书签署之日,卢治临直接持有奥普特39.72%的股权,卢盛林直接持有奥普特38.84%的股权，卢治临、卢盛林兄弟合计持有78.56%的股权，为控股股东、实际控制人。

为明确双方对奥普特的共同控制关系，2020年4月2日，卢治临和卢盛林签署《共同控制协议》，确认自奥普特设立，双方对奥普特存在事实上的共同控制关系，并约定双方将维持对奥普特的共同控制，直至任一方不再直接或间接持有奥普特的股份。

双方共同作为实际控制人期间，双方发生意见分歧或纠纷时的解决机制安排如下：

双方（卢治临与卢盛林）作为董事时任一方向董事会提出议案前须与其他方协商，取得一致意见后共同或单独向董事会提出议案；如果任一方对议案内容有异议，在不违反法律法规、监管机构的规定和公司章程规定的前提下，任何提出议案方应当作出适当让步，对议案内容进行修改，以达成双方共识；不能达成一致的，在符合国家法律法规及相关规定的前提下，关于奥普特的研发、技术事项以卢盛林意见为共同认可的议案内容，其余事项均以卢治临的意见为共同认可的议案内容。

对于非由本协议的当事人向公司董事会提出的议案，双方须充分协商以达成一致表决；不能达成一致的，在表决事项的内容符合国家法律法规及相关规定的前提下，关于奥普特的研发、技术事项以卢盛林意见进行表决，其余事项均以卢治临的意见进行表决。

双方作为股东时，任一方向股东大会提出议案前须与其他方协商，取得一致意见后共同向股东大会提出议案；如果任一方对议案内容有异议，在不违反法律法规、监管机构的规定和公司章程规定的前提下，任何提出议案方应当作出适当让步，对议案内容进行修改，以达成双方共识；不能达成一致的，在符合国家法律法规及相关规定的前提下，关于奥普特的研发、技术事项以卢盛林意见为共同认可的议案内容，其余事项均以卢治临的意见为共同认可的议案内容。

2.1.2 其他持有公司5%以上股份的股东的基本情况

截至招股意向书签署之日，除卢治临和卢盛林之外，其他持有发行人5%以上股份的主要股东有：

表3-3　持有公司5%以上股份的股东的基本情况表

序号	股东姓名/名称	持股数(万股)	持股比例
1	许学亮	600.60	9.71%
2	千智投资	480.00	7.76%

(1)许学亮

2009年11月加入奥普特有限,任副总经理;2016年9月至招股意向书签署之日,任奥普特副总经理、董事会秘书;2019年7月至招股书签署日任苏州奥普特执行董事。

(2)千智投资

截至招股意向书签署之日,奥普特已经设立符合闭环原则的员工持股平台——千智投资,其基本情况如下:

表3-4　千智投资基本情况表

公司名称	东莞千智股权投资合伙企业(有限合伙)				
成立日期	2016年3月28日				
执行事务合伙人	许学亮				
认缴出资额	104.1212万元				
实缴出资额	104.1212万元				
注册地	广东省东莞市长安镇长安莲峰路91号1002房				
经营范围	股权投资,创业投资,实业投资,投资管理,资产管理,企业管理咨询,财务咨询,投资咨询;供应链管理及配套服务。(依法须经批准的项目,经相关部门批准后方可开展经营活动)				
主营业务	股权投资,创业投资,实业投资				
合伙人及出资情况	序号	合伙人姓名	合伙人类型	认缴出资额(万元)	出资比例
	1	许学亮	普通合伙人	11	10.56%
	2	卢治临	有限合伙人	45	43.22%
	3	卢盛林	有限合伙人	44	42.26%
	4	贺珍真	有限合伙人	0.8676	0.83%
	5	范西西	有限合伙人	0.8676	0.83%
	6	李江锋	有限合伙人	0.8676	0.83%
	7	叶建平	有限合伙人	0.8676	0.83%
	8	谢红霞	有限合伙人	0.6508	0.63%
	合计			104.1212	100.00%

续表

最近一年及一期的财务数据（元）	科目	2020年1—6月/2020年6月30日	2019年度/2019年12月31日
	总资产	1,749,000.85	1,709,064.57
	净资产	1,749,000.85	1,709,064.57
	净利润	3,919,936.31	4,164.57

2020年4月2日，许学亮、千智投资与实际控制人签署《一致行动协议》，各方确认自许学亮、千智投资持有奥普特股权之日起，均一致作为一致行动人行事，并将在《一致行动协议》约定的有效期内继续作为一致行动人行事：在各方作为董事/股东行事时应充分协商以达成一致，不能达成一致的以实际控制人的意见为准。

2.2 发行前后公司股本情况

本次发行前，奥普特总股本6,185.5670万股。拟向社会公众发行不超过2,062万股普通股，占发行后总股本的25%。公开发行前后奥普特股本结构及其变动情况如下：

表3-5 奥普特发行前后股权结构表

股东	发行前		发行后	
	持股数（万股）	持股比例	持股数（万股）	持股比例
卢治临	2,457.0000	39.72%	2,457.0000	29.79%
卢盛林	2,402.4000	38.84%	2,402.4000	29.13%
许学亮	600.6000	9.71%	600.6000	7.28%
东莞千智股份投资合伙企业（有限合伙）	480.0000	7.76%	480.0000	5.82%
长江晨道（湖北）新能源产业投资合伙企业（有限合伙）	168.7113	2.73%	168.7113	2.05%
李茂波	48.0000	0.78%	48.0000	0.58%
宁波梅山保税港区超兴创业投资合伙企业（有限合伙）	16.8557	0.27%	16.8557	0.20%
珠海至兴臻泰文化传媒投资企业（有限合伙）	12.0000	0.19%	12.0000	0.15%
本次公开发行股份	—	—	2,062.0000	25.00%
合计	6,185.5670	100.00%	8,247.5670	100.00%

2.3 前十名自然人股东及其在奥普特担任的职务

截至招股意向书签署之日,奥普特共有8名股东,其中4名股东为自然人。自然人股东在奥普特任职情况如下:

表3-6 奥普特前十名自然人股东任职情况表

序号	股东姓名	持股数(万股)	任职情况
1	卢治临	2,457.00	董事、总经理
2	卢盛林	2,402.40	董事长、副总经理、研发总监
3	许学亮	600.60	董事、副总经理、董事会秘书
4	李茂波	48.00	董事

3 主营业务及模式

3.1 奥普特主营业务

奥普特成立于2006年,是我国国内较早进入机器视觉领域的企业之一。在成立之初,以机器视觉核心部件中的光源产品为突破口,奥普特进入了当时主要为国际品牌所垄断的机器视觉市场。截至招股意向书签署之日,奥普特自主产品线已覆盖光源、光源控制器、镜头、视觉控制系统等机器视觉核心部件,并在相机产品方面完成布局并取得了先期的研发和销售成果。

同时,奥普特以产品核心技术为基础,建立了成像和视觉分析两大技术平台,形成了多层次的技术体系。以此为基础,奥普特能够向下游客户提供各种机器视觉解决方案,协助客户在智能装备中实现视觉功能,提高机器视觉系统的准确性、稳定性和可靠性。

奥普特提供的机器视觉产品已广泛应用于各类高端装备中,服务于3C电子、新能源、半导体、汽车、医药及食品加工等多个行业及一些科研教学等领域,并应用于苹果、华为、谷歌、OPPO、CATL、ATL、比亚迪、孚能等全球知名企业和行业龙头企业的生产线中。

3.2 机器视觉简介

3.2.1 机器视觉的概念和组成

根据美国自动成像协会(AIA)的定义,机器视觉(Machine Vision)是一种应用于工业和非工业领域的硬件和软件组合,它基于捕获并处理的图像为设备执行其功能提供操作指导。

机器视觉主要可以分为成像和图像处理分析两大部分,前者依靠机器视觉系统的硬件部分完成,后者在前者基础上,通过视觉控制系统完成。

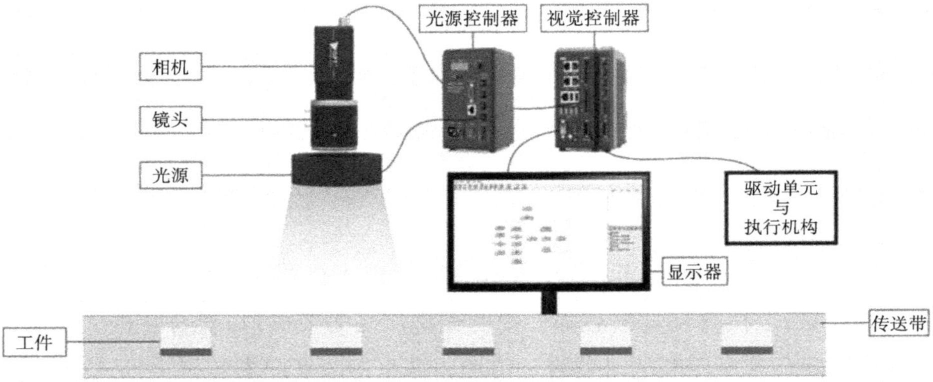

图3-2 一个典型的机器视觉系统示意图

一个典型的机器视觉系统,一般包括:光源及光源控制器、镜头、相机、视觉控制系统(视觉处理分析软件及视觉控制器硬件)等。其中,光源及光源控制器、镜头、相机等硬件部分负责成像功能,视觉控制系统负责对成像结果进行处理分析、输出分析结果至智能设备的其他执行机构。完成一个成功的机器视觉应用,需要综合考虑上述各组成部件及其配合。以一个精确的测量应用为例,需要考虑如何正确的选择光源、镜头、相机来合理搭配完成图像采集,如何对该检测系统进行标定,应该采用何种算法完成检测,如何对这些算法的速度和精度进行优化,可能影响体系测量精度的因素有哪些,以及如何逐一克服这些影响因素以获得最佳的准确度和精度。

3.2.2　机器视觉的功能

通过机器视觉代替人眼可以在多种场景下实现多种功能，如读取二维码、确定零部件的装配位置等。但机器视觉的诸多应用场景和功能，均可归为四种基本功能——识别、测量、定位和检测。

①识别是基于目标物的特征进行甄别，例如外形、颜色、字符、条码等。识别的准确度和速度是衡量识别功能的主要指标。

②测量是指把获取的图像像素信息标定成常用的度量衡单位，然后在图像中精确的计算出目标物的几何尺寸。高精度及复杂形态的测量是机器视觉的优势领域。

③定位是获得目标物体的位置信息，可以是二维或者是三维的位置信息。定位的精度和速度是定位功能的主要指标。

④检测，一般是指外观检测，其内涵种类繁多。如产品装配后的完整性检测（如当元器件安放于印刷电路板后通过检测确保其产品装配是正确的，即正确的元器件被安装在正确的位置）、外观缺陷检测（如检测是否有划痕、凹凸不平等）等。

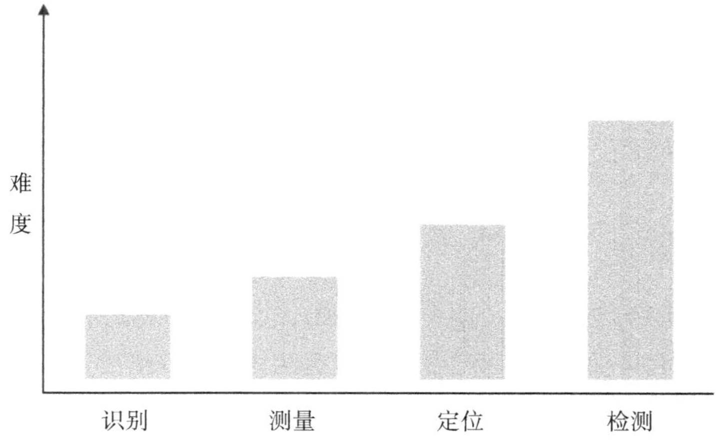

图3-3　机器视觉的四种功能

3.2.3　机器视觉所属行业

奥普特主要从事机器视觉核心部件的研发、生产和销售。根据中国证监会

《上市公司行业分类指引(2012年修订)》和《国民经济行业分类(GB/T4754-2017)》,奥普特属于C40仪器仪表制造业之C401通用仪器仪表制造之C4011工业自动控制系统装置制造,即用于连续或断续生产制造过程中,测量和控制生产制造过程的温度、压力、流量、物位等变量或者物体位置、倾斜、旋转等参数的工业用计算机控制系统、检测仪表、执行机构和装置的制造。

根据《战略性新兴产业分类(2018)》,奥普特属于高端装备制造产业之智能制造装备产业之智能测控装备制造之工业自动控制系统装置制造。

从具体的行业细分来说,奥普特属于机器视觉行业,奥普特的产品属于智能制造装备中实现工业自动化的重要零部件。

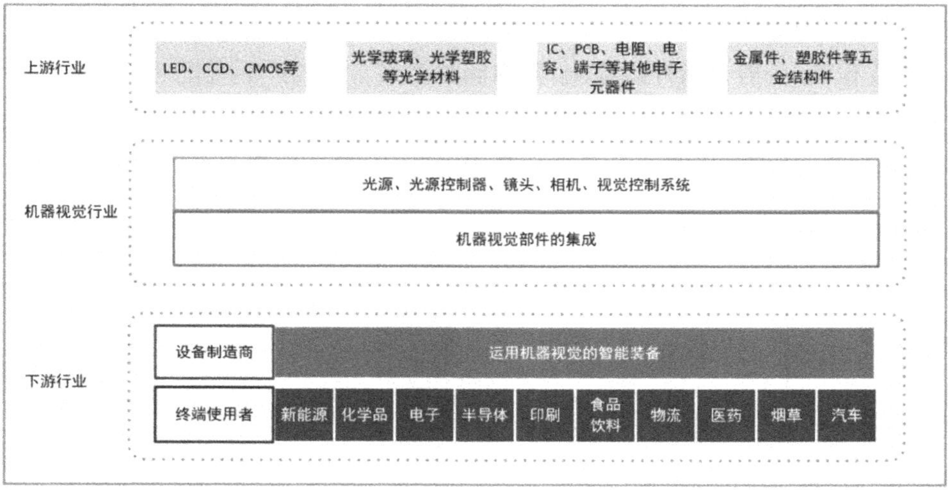

图3-4　机器视觉行业上下游示意图

机器视觉的产业链的上游主要为LED、CCD、CMOS、光学材料、电子元器件、五金结构件等原材料。由于机器视觉是由多个部件组成,每个部件的原材料均有不同。因此,产业链上游涉及的行业范围较为宽泛。

机器视觉产业链的下游主要为运用机器视觉技术的设备制造行业和终端用户,所涉范围十分广泛,如汽车、医药、化学品、电子、半导体、印刷、食品饮料、物流、烟草、新能源等,几乎包括国民经济的方方面面。

3.3 奥普特主要产品

奥普特主要生产和销售的产品包括光源、光源控制器、镜头、相机、视觉控制系统等机器视觉核心软硬件,并通过向下游客户提供专业的机器视觉解决方案带动产品的销售。

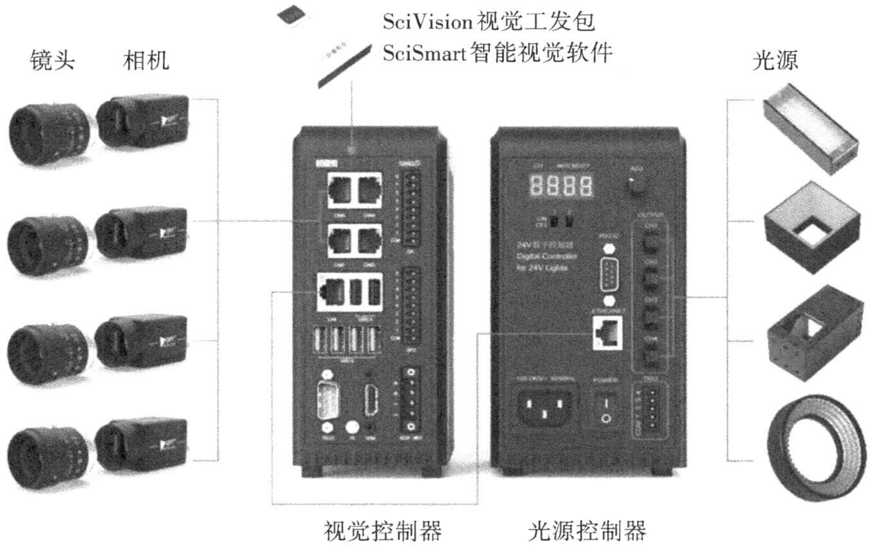

图3-5 奥普特的主要产品

3.3.1 光源

光源是机器视觉系统中最关键的部件之一,其在机器视觉中的作用主要包括:照亮目标、突出特征,形成有利于图像处理的效果;克服环境光干扰,保证图像稳定性。

机器视觉系统是通过分析来自被摄物体的反射光或透射光,而不是被摄物体本身,来达到特定目标功能的。因此,光源直接影响了输入数据的质量和应用效果。通过适当的光源照明设计可以使图像中的目标信息与背景信息得到最佳分离,从而大大降低图像处理的算法难度,同时提高系统的精度和可靠性。

截至招股说明书签署日,奥普特光源产品覆盖了常见的可见光和不可见光,不可见光产品覆盖波长从280nm(纳米)到405nm的紫外光到850nm到

1500nm的红外光,共有38个系列,近1000款标准化产品。

3.3.2 光源控制器

光源控制器和光源一起搭配使用,为机器视觉提供"看"的环境。

机器视觉光源控制器主要目的是给光源供电,控制光源的亮度并控制光源照明状态(亮/灭),还可以通过给光源控制器解发信号来实现光源的频闪,进而有效延长光源的寿命。

奥普特的光源控制器产品分为模拟控制器和数字控制器两大类,数字控制器可以通过PC设备远程控制。

3.3.3 镜头

镜头是机器视觉系统中被摄物体信息采集和传递过程的起点,相当于人眼的晶状体。运用在机器视觉中的镜头为工业级镜头,要求镜头提供更小的光学畸变、足够高的光学分辨率及更丰富的光谱响应选择,以满足不同场合视觉系统的应用需求。

奥普特的自主镜头产品主要包括定焦镜头、线扫镜头等。其中,定焦镜头包括200万像素系列、500万像素系列、1000万像素系列、2900万像素系列和Cobra系列,已覆盖常用像素、焦距、像元大小和芯片尺寸,可兼容主流相机;线扫镜头包括Coloretto、Hawk和Grampus三个系列,覆盖了常用的像元和靶面规格。

3.3.4 相机

相机的作用是将通过镜头的光线聚集于像平面,从而生成图像,是机器视觉中的图像采集单元,相当于人眼的视网膜,相机采集图像后输出模拟或数字信号,这些信号会在视觉控制系统中重建为灰度或者彩色矩阵图像。

因此,相机最本质的功能就是将光信号转变成有序的电信号。工业相机对拍摄速度、图像稳定性、传输能力和抗干扰能力有较高要求。

3.3.5 视觉控制系统

视觉控制系统是对通过光源、镜头、相机获得的图像进行分析处理,并根据处理结果和一定的判决条件实现机器视觉功能目标的软件和硬件设备的总称,相当于人脑的视觉皮层和大脑的其他部分。

视觉控制系统的核心为视觉处理分析软件,其可以附着于独立的视觉控制器或者工控机,成为基于PC的视觉控制系统,也可以集成于相机之中,从而将相机进一步扩展为智能相机。

奥普特的视觉控制系统包括视觉处理分析软件和视觉控制器,其中,视觉处理分析软件产品包括SciVision视觉开发包和SciSmart智能视觉软件。

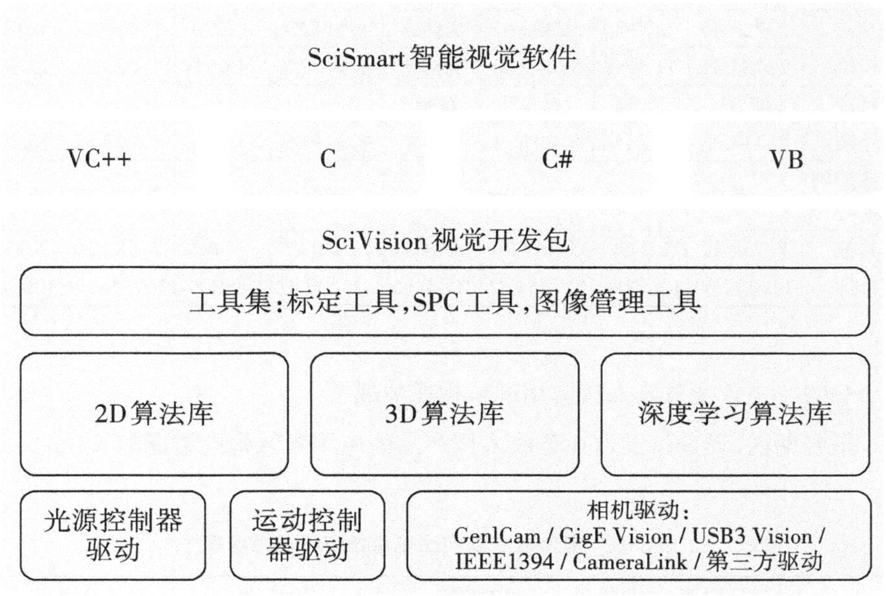

图3-6　奥普特视觉处理分析软件架构

3.4　主要业务经营情况

3.4.1　奥普特主营业务收入按照产品类别的构成

报告期内,奥普特主营业务收入按照产品类别区别,构成情况如下:

表3-7　奥普特主营业务收入分类构成表

项目	2020年1—6月		2019年		2018年		2017年	
	金额(万元)	占比	金额(万元)	占比	金额(万元)	占比	金额(万元)	占比
光源	9,252.11	38.50%	24,771.42	47.22%	19,096.76	45.24%	13,908.24	45.96%
光源控制器	2,667.45	11.10%	5,432.89	10.36%	5,299.35	12.55%	3,613.93	11.94%
镜头	5,097.15	21.21%	9,664.47	18.42%	7,067.95	16.74%	3,952.59	13.06%
自产	2,868.70	11.94%	4,656.42	8.88%	3,556.07	8.42%	2,052.07	6.78%

续表

项目	2020年1—6月		2019年		2018年		2017年	
	金额(万元)	占比	金额(万元)	占比	金额(万元)	占比	金额(万元)	占比
外购	2,228.45	9.27%	5,008.05	9.55%	3,511.89	8.32%	1,900.52	6.28%
相机	2,784.31	11.59%	5,049.30	9.63%	4,916.40	11.65%	4,023.32	13.30%
自产	65.33	0.27%	41.97	0.08%	—	—	—	—
外购	2,718.98	11.31%	5,007.33	9.55%	4,916.40	11.65%	4,023.32	13.30%
视觉控制系统	2,465.96	10.26%	4,368.94	8.33%	3,828.23	9.07%	3,178.12	10.50%
其他	1,764.11	7.34%	3,167.79	6.04%	2,000.82	4.74%	1,582.29	5.23%
合计	24,031.09	100.00%	52,454.81	100.00%	42,209.52	100.00%	30,258.49	100.00%

3.4.2 主营业务收入按应用领域构成情况

报告期内,奥普特主营业务收入按产品的应用领域构成情况如下:

表3-8 奥普特主要产品应用领域构成情况表

行业	2020年1—6月		2019年		2018年		2017年	
	金额(万元)	占比	金额(万元)	占比	金额(万元)	占比	金额(万元)	占比
3C电子行业	16,796.89	69.90%	37,096.83	70.72%	33,272.23	78.83%	22,471.29	74.26%
新能源行业	4,335.68	18.04%	8,771.65	16.72%	4,272.78	10.12%	4,465.15	14.76%
半导体行业	1,083.96	4.51%	2,464.86	4.70%	1,378.17	3.27%	1,202.30	3.97%
光伏行业	630.35	2.62%	900.31	1.72%	591.68	1.40%	96.55	0.32%
汽车行业	249.96	1.04%	681.28	1.30%	569.72	1.35%	406.85	1.34%
医药行业	242.45	1.01%	509.67	0.97%	471.38	1.12%	240.25	0.79%
食品加工行业	55.22	0.23%	120.16	0.23%	415.55	0.98%	136.21	0.45%
烟草行业	28.42	0.12%	40.03	0.08%	1.47	0.00%	0.26	0.00%
科研院校	21.27	0.09%	68.91	0.13%	54.22	0.13%	46.92	0.16%
其他	586.90	2.44%	1,801.11	3.43%	1,182.32	2.80%	1,192.70	3.94%
合计	24,031.09	100.00%	52,454.81	100.00%	42,209.52	100.00%	30,258.49	100.00%

报告期内,奥普特90%以上的收入来自于在3C电子行业、新能源行业和半

导体行业的应用。这些行业为奥普特产品的主要应用领域。其中,在3C电子行业产品应用于苹果、华为、谷歌、OPPO等全球知名企业的生产线中;在新能源行业产品被应用于CATL、ATL、比亚迪、孚能等行业龙头企业的生产线中。

3.5　奥普特主要经营模式

3.5.1　业务发展路径

奥普特从创立以来,走出了一条"深耕优势、以点带面、以面促点、逐个突破"的发展路径:

第一步,奥普特选择了对视觉功能效果有先决性作用的光源和光源控制器为突破口,进入当时以外资品牌为主的机器视觉领域,并在光和光的应用上深耕精作,积累了大量的理论知识和应用经验,划定了优势领域,奠定了持续发展和突破的基础。

第二步,以自有的优势产品为基础,奥普特向客户提供综合了其他机器视觉部件的解决方案。以此,扩大了业务规模、客户基础,获得了从使用者角度对机器视觉产品的最终需求的第一手数据,以及从光信号到电信号再到数字信息过程中各机器视觉部件的整体协作数据。

第三步,以获得的使用者的需求和各机器视觉部件的整体协作数据为基础,逐个突破视觉控制系统、镜头、相机等其他机器视觉部件,建立起相对全面的具有自主知识产权的产品线体系并持续优化。

3.5.2　盈利模式

奥普特依靠产品和解决方案的研发积累形成的技术体系,为客户提供具有技术附加值的机器视觉核心软硬件产品,从中取得收入、获得盈利。

在解决方案带动产品销售的业务模式下,奥普特在与客户进行商业接洽过程中,通过对客户的需求进行分析,形成以自主产品为基础和核心,并根据需求搭配外购产品的解决方案。以经过验证的解决方案为基础,与客户进行商务谈判,从而形成产品的销售,最终向客户提供的产品和产品的组合,是向客户提供的解决方案的载体。

提供解决方案的具体业务过程:

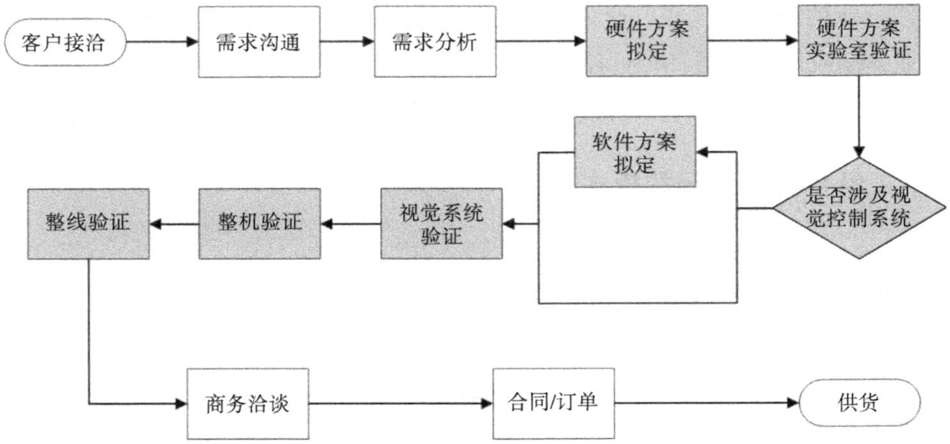

图3-7　提供解决方案业务过程示意图

表3-9　提供解决方案业务过程情况表

序号	阶段	硬件方案	整体方案
1	需求沟通	与客户沟通其研发计划中设备的功能和相应视觉部分的需求。 奥普特为客户提供解决方案的过程,本质上是奥普特对视觉部件进行的应用研发,同时也是客户对其产品或者生产设备进行研发的过程。 因此,业务流程的起始点一般为,与客户沟通其研发中的设备的使用场景、功能目标等,确定其中的视觉需求,以协助设备提升智能化程度、提高设备的效率、精度等	
2	需求分析	对相应设备的视觉部分的任务进行分析。 a.对设备中,视觉部分的任务的类型,包括检测、测量、定位、条形码阅读、字符识别等进行分析; b.对设备中,视觉部分需要达到的速度、精度等性能进行分析; c.对视觉部分需要拍摄的对象(工件)的特性进行分析,包括工件的颜色、反光特性、纹理特征、尺寸等进行分析	
3	硬件方案拟定	根据视觉任务和工件特性,对机器视觉硬件进行分析、选型。 例如,对光源的照射角度、照射方式、光的平行性、柔和性、波长、光源的组合,对镜头的焦距、工作距离、放大倍数、景深、与相机的匹配性;对相机的分辨率、传感器类型、通信接口等,以及滤光片、偏振片、扩倍镜等附件对于成像的效果进行分析论证	
4	硬件方案实验室验证	对拟定的硬件方案进行实验室验证,确认实验室成像效果。 通过前述步骤获取的信息,结合已有的项目经验及知识库等(Know-How),选择合适的硬件进行实验。 根据实验效果,对各种硬件的参数调整、硬件配置进行调整,力求实验图片特征突出、信息真实、背景均匀等	

续表

序号	阶段	硬件方案	整体方案
5	软件方案拟定	—	初步拟定相应的算法及流程。 根据成像实验效果和性能要求，如检测精度、速度、稳定性、良品率、直通率等要求，结合设备的动作流程，通信接口等，初步拟定相应的算法及流程，并根据客户设备研发的不断深入，进行算法和流程的优化。在此过程中，利用自主研发的SciVision算法库的功能齐全的特点，以及智能视觉软件SciSmart的图形化编程技术，可以方便、快捷地完成软件部分的部署
6	视觉系统验证	对视觉部分的软硬件配合进行验证。 确认图像是否可以实现预定的视觉功能，如是否可以按要求检测出产品缺陷、是否可以达到测量精度、是否可以满足组装精度要求等；确认硬件方案在面对批量工件时，其输出的成像效果是否具有强鲁棒性。 根据验证结果，有针对性的，返回前述步骤，进行调整	
7	整机验证	对硬件方案和整机的配合进行验证。 根据设备整体的机构、供电、散热等情况，对硬件部分与设备整体的配合情况进行验证。并根据验证结果，有针对性的，返回前述步骤，进行调整	对整体方案和整机的配合进行验证和优化。 在设备研发样机组装完成，并完成基本的电气测试后，与客户的工程师配合，对视觉系统进行改进和优化
8	整线验证	针对设备和生产线的配合，就视觉方案部分进行验证和优化。 在设备研发样机安装到生产线进行上线验证时，根据生产的数据，对涉及视觉的部分进行优化。经过稳定性、重复性和再现性(GR&R)、数据真实性或者过程能力(CPK)等验证，以完成视觉分析部分的部署	
9	商务洽谈	成交范围、价格、交期等	价格、交期等

提供解决方案是奥普特针对机器视觉产品的应用技术进行研发、论证的重要过程，通过将自身的应用技术的研发和客户自身产品的研发进行融合，一方面使自身的应用技术在高度贴合需求的情况下完成积累，另一方面服务了客户、带动了销售。

奥普特向客户提供硬件方案的，需要综合考虑后续图像处理分析部分对成像效果的需求、整体设备的情况(如机构干涉、供电、散热等)，就机器视觉硬件部分的配置、使用方式等进行分析、拟定，并反复实验验证，从而形成最终的硬件方案。

奥普特向客户提供整体方案的,是在硬件方案的基础上,考虑设备用途、性能要求(如精度、速度、稳定性、良品率、直通率等要求),结合设备的动作流程、通信接口等,选择合适的算法和流程,并经过稳定性、重复性和再现性、数据真实性或者过程能力等验证,以完成视觉分析部分的部署。

3.5.3 采购模式

奥普特对外采购主要分为两个部分:

一部分是生产所需的原辅料,包括五金塑胶件、电子电器件、LED、光学件、PCB(A)、线材、接插件、包装材料等,用于生产自产产品,该部分原辅料的采购具有品种多、单品种采购量较小等特点。

另一部分是用于直接对外销售的外购成品,主要包括相机、镜头等。该部分采购主要针对的是奥普特产品线或产品型号尚未覆盖的部分。

奥普特结合销售订单和市场需求预测制定生产计划和发货计划,根据生产计划和发货计划制定原材料和外购成品采购计划。对于交付周期较长的材料和成品,一般通过销售预测确定预计使用量并联系供应商提前进行备货;对于部分生产过程中普遍适用的通用型材料和成品则维持合理的安全库存,保证生产和销售。

3.5.4 生产模式

奥普特销售的产品中自主生产的产品包括光源、光源控制器、部分镜头、视觉处理分析软件、视觉控制器等。

在这些自主生产的产品中,根据常用程度和应用范围大小进行区分,自主产品的标准化程度情况如下:①光源产品,包括标准产品和非标准产品,非标光源主要是在标准光源的基础上对尺寸、照度、均匀性等指标进行调整或者组合;②光源控制器产品,以标准产品为主,少量非标型号是在标准产品的基础上,对某些特定指标,如电流、电压等,进行强化或者其他特别设定;③自主镜头、视觉控制器、视觉处理分析软件,均为标准产品。

上述标准或者非标准的产品,依托奥普特的应用技术和向客户提供的解决方案进行组合,从而在繁杂的应用场景中,实现各异的视觉目标。因此,在解决方案层面,奥普特的机器视觉解决方案具有定制化、多品种、小批量的特点。

奥普特采取以销定产并按照销售预测保持一定安全库存的生产备料模式,

以保证生产的平稳性和交期的灵活性。对于较为常规的产品，奥普特采用“备货生产”模式。即根据历史订单数据、下游市场情况等信息进行销售预测并确定安全库存水平，在考虑上游供货周期的基础上，以该库存水平为目标，调节生产节奏，提前排产，以便快速响应市场需求。对于常用程度较低、应用范围较窄的非标准产品，奥普特采用“按单生产”模式，即以订单为导向，按照客户需求的产品规格、数量和交货期来制定生产计划，组织备料排产。

3.5.5 销售模式

奥普特的销售模式均为买断式销售，主要依托向客户提供解决方案带动产品的销售，主要客户类型包括设备制造商、设备使用方、系统集成商/贸易商等。

(1)以解决方案带动产品销售

机器视觉是智能装备的“眼睛”和视觉“大脑”，是实现智能制造的重要核心部分。而机器视觉在我国兴起和发展的时间较短，客户对于机器视觉能够实现的功能和能够达到的效果有一定的疑虑；且机器视觉功能的实现受到多种变量的影响，一套高效的机器视觉解决方案的设计需要大量的经验数据，而机器视觉的使用者往往较难积累足够的机器视觉应用经验数据库。因此，在销售机器视觉部件过程中，为客户提供技术服务和支持尤为重要。

通过对行业特点的分析，结合奥普特自身的优势，奥普特建立起了以向客户提供机器视觉解决方案，从而带动产品销售的业务模式。

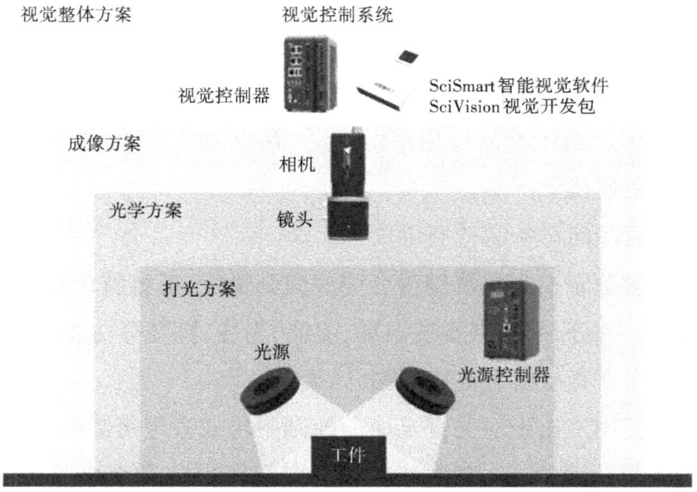

图3-8 解决方案带动产品销售的业务模式

机器视觉的应用主要可以分为图像采集和图像处理分析两大部分,前者依靠机器视觉硬件完成,后者在前者基础之上,通过视觉处理分析软件完成。

①机器视觉硬件方案

机器视觉硬件方案主要是实现图像采集功能。奥普特基于被摄目标的特征、图像采集速度和清晰度、应用环境等情况,向客户提供实现特定视觉功能的图像采集所需硬件的配置建议。经过双方商务谈判,最终确定具体交易的图像采集硬件产品。根据最终成交的产品结构,奥普特提供的硬件方案可以分为打光方案、光学方案、成像方案。

②机器视觉系统整体方案

机器视觉整体方案是涵盖了光源、镜头、相机、视觉控制系统等机器视觉系统的核心部件及其配件,将被摄对象转换成图像信号,由视觉控制系统对图像信息进行数字运算和处理,从而根据使用者预设的条件,进行分析、判断,并将结果信号输出到相应的硬件进行显示或者执行。

奥普特提供的机器视觉整体方案,以自主研发的SCI系列视觉处理分析软件为核心,并配合适合的硬件方案,提供了视觉成像、处理、分析及进行视觉相关的决策所需的软硬件:通过硬件方案获得特征突出、低干扰的图像,从而简化后续处理分析负担、提高效率;通过SCI系列视觉处理分析软件,对获得的图像进行处理、分析,目标是为客户提供稳定、易用的操作环境,并精确、快速地实现预定目标。

(2)客户类型

奥普特向客户提供的机器视觉产品,主要应用在各类具有机器视觉功能的智能制造设备中。由于产品应用范围广泛、客户需求多样,奥普特通过多种渠道向市场提供机器视觉产品。

①奥普特直接向设备制造商供货

奥普特与设备制造商签署销售合同并向其供货,奥普特产品作为最终的智能制造设备的一部分,帮助其实现识别、定位、测量、检测等功能。

②设备使用方直接向奥普特采购

部分设备使用方出于对关键工序的控制要求或者保密需要等原因,直接从奥普特采购机器视觉产品,交由其设备供应商使用或者交由其自制设备部门使用。

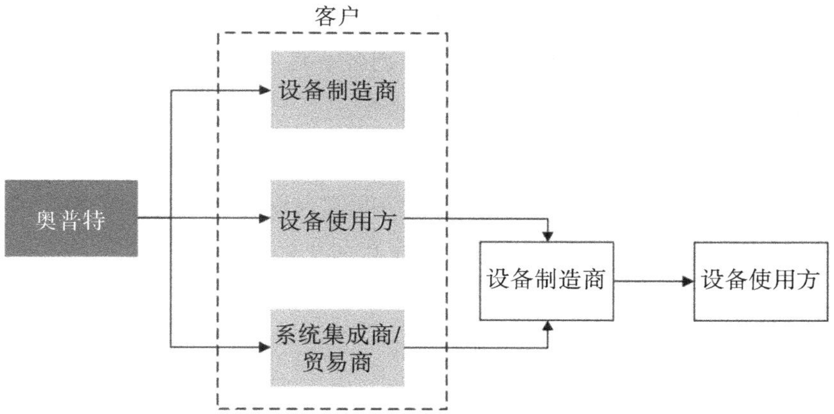

图3-9　奥普特客户类型示意图

③奥普特向系统集成商/贸易商供货

系统集成商/贸易商主要为行业内其他机器视觉产品供应商。机器视觉由多种硬件及软件共同组成，目前市场上的机器视觉企业很难做到覆盖全部产品线和各种产品型号。同时机器视觉产品下游行业众多、客户需求多元化，为了解决下游客户的需求，行业内普遍存在相互采购、弥补各自短板、集成销售的情况。

3.6　发行人在行业中的竞争情况

3.6.1　发行人的行业地位

奥普特成立于2006年，是国内较早进入机器视觉领域的企业之一。在发展过程中，奥普特注重技术的积累，产品线逐步拓展至光源、光源控制器、镜头、相机和视觉控制器等全套机器视觉主要核心部件。奥普特产品定位于高中端市场，研发、设计和生产的机器视觉产品已经成功应用于3C电子、新能源、半导体等多个领域，协助下游客户建立和增强智能制造能力，并为奥普特技术发展和应用经验的沉淀提供了有力保证。奥普特业已建立核心而稳定的客户群体，产品应用于苹果、华为、谷歌、OPPO、CATL、ATL、比亚迪、孚能等全球知名企业和行业龙头企业的生产线中。

根据机器视觉产业联盟发布的《中国机器视觉市场研究报告》，奥普特的业务规模位居行业前五,且奥普特属于前五名企业中唯一一个以生产销售自主机器视觉核心软硬件为主的企业,属于行业内较有规模和影响力的企业。

3.6.2 发行人与同行业可比公司比较情况

由于机器视觉系统由多个部件共同组成,且下游行业的应用非常广泛,因此行业内的企业一般会根据自己的实际情况重点发展一个或几个部件,奥普特涉足多个机器视觉部件领域,并具备向客户提供解决方案的能力,因而在不同领域有不同的可比公司。情况如下:

表3-10 不同领域可比公司情况表

领域	可比公司
整体方案	基恩士株式会社、康耐视科技、杭州海康机器人技术有限公司、中国大恒(集团)有限公司
光源、光源控制器	CCS
镜头	茉丽特株式会社
视觉控制系统	康耐视科技、杭州海康机器人技术有限公司
硬件方案	茉丽特株式会社(光学方案)、Stemmer Imaging AG

(1)经营情况

表3-11 相关公司经营情况表

公司名称	经营指标(2019年)		
	收入(万元)	净利润(万元)	净资产(万元)
基恩士株式会社	35,365.41	12,696.97	112,668.51
康耐视科技	5,062.11	1,422.20	9,457.70
杭州海康机器人技术有限公司	海康威视(002415)子公司,机器人业务实现销售收入8.14亿(含移动机器人、机器视觉和无人机)		
中国大恒(集团)有限公司	大恒科技(600288)的控股子公司,2019年度大恒科技机器视觉组团实现销售收入9.78亿元(含自主产品、代理产品、设备产品等)		
CCS	606.70	42.87	未披露
茉丽特株式会社	未披露	未披露	466.66
Stemmer Imaging AG	851.66	34.23	788.90

续表

公司名称	经营指标(2019年)		
	收入(万元)	净利润(万元)	净资产(万元)
奥普特	524.62	206.45	563.54

注:1.数据按照2019年12月31日汇率折算;2.茉丽特株式会社为其2019财年数据(截至2019年9月30日);3.Stemmer Imaging AG的收入、净利润为其2018/2019财年(2018年7月1日至2019年6月30日)数据,净资产为其截至2019年12月31日数据;4.基恩士数据为其2020财年数据(2019年3月21日至2020年3月20日)。

(2)市场地位

表3-12　相关公司市场地位情况表

公司名称	市场地位
基恩士株式会社	创立于1974年,日本东京交易所上市公司。2011年—2018年,福布斯全球最具创新力企业100强。2001年首次在中国设立销售网点。基恩士是全球综合性的工厂自动化产品供应商,其产品包括传感器和测量仪器、图像处理设备、控制测量设备、研发用分析设备、商业信息设备等。其产品按照通用目的进行工程设计,可以适用在各个行业或领域。基恩士的直销网络覆盖全球46个国家和地区,为超过25万客户提供产品和服务
康耐视科技	创立于1981年,美国纳斯达克上市公司(NASDAQ:CGNX)。康耐视是全球领先的机器视觉产品提供商,其产品包括视觉系统、视觉软件、视觉传感器和工业读码器,主要用于各个行业的自动化生产和分配系统,应用于包括消费电子、汽车、消费品、食品和饮料、制药和医疗设备等行业的制造,以及自动化物流行业的物流分配
杭州海康机器人技术有限公司	海康威视(002415)子公司,2016年海康威视在其原机器视觉业务部(2014年成立)的基础上设立子公司——杭州海康机器人技术有限公司,主要经营移动机器人、机器视觉和无人机三个业务板块。 海康机器人进入机器视觉领域的时间较短。但是依托上市公司海康威视的资金和技术实力的支持,在机器视觉行业获得了较快发展。特别是海康威视为全球安防领域领先企业,其在安防影像方面的技术积累和生产规模,对其研发工业相机产品并迅速规模化生产有较大积极作用
中国大恒(集团)有限公司	原名中国大恒公司,成立于1987年,现为大恒科技(600288)的控股子公司。在机器视觉部件方面,与众多国际知名品牌有合作关系,为其在华的代理销售渠道,同时,中国大恒还提供以机器视觉为核心的检测设备,在印刷、纺织等行业具有竞争优势
CCS	创立于1993年,是全球机器视觉用光源领域的知名企业,2016年被东京交易所上市公司OPTEX收购,成为其MVL(Machine Vision Lighting)业务分部的主要企业

续表

公司名称	市场地位
茉丽特株式会社	创立于1973年,总部在日本,制造和从事与应用光学设备和功能材料相关的业务。产品系列包括机器视觉远心镜头、抗震微距镜头、线扫镜头、CCTV镜头、LED照明设备、光源设备及光纤光导等产品。 机器视觉镜头和LED光源方面,有较高知名度
Stemmer Imaging AG	是一家总部位于德国的机器视觉技术供应商,其提供的产品包括来自不同制造商的产品,包括相机、镜头、照明产品、机器视觉系统,以及自己定制的解决方案。其机器视觉解决方案可用于工业自动化,以确保质量控制。应用领域包括汽车、印刷、包装、食品和制药行业、医疗工程和交通技术等
奥普特	成立于2006年,是我国较早进入机器视觉领域的企业之一。奥普特提供的机器视觉产品已广泛应用于各类高端装备中,服务于3C电子、新能源、半导体、汽车、医药及食品加工等多个行业及一些科研教学等领域,并得到苹果、欧姆龙、安费诺、大族激光等世界500强、中国500强和行业龙头企业的认可

(3)产品线覆盖情况

表3-13　相关公司的产品线情况表

公司名称	产品和业务范围				
	自主产品				解决方案
	光源和光源控制器	镜头	相机	视觉控制系统	
基恩士株式会社	有	有	有	有	整体方案
康耐视科技			有	有	整体方案
杭州海康机器人技术有限公司		有	有	有	整体方案
中国大恒(集团)有限公司			有	有	整体方案
CCS	有				
茉丽特株式会社	有	有			光学方案
Stemmer Imaging AG				有	硬件方案和整体方案
奥普特	有	有	尚未量产	有	硬件方案和整体方案

4　财务与会计分析

4.1　奥普特近三年财务总览

4.1.1　奥普特资产负债表

表3-14　奥普特近三年一期资产负债表　　(单位:元)

项目	2020年6月30日	2019年12月31日	2018年12月31日	2017年12月31日
流动资产:				
货币资金	104,817,834.92	94,385,792.80	163,943,965.63	82,408,003.10
交易性金融资产	162,500,000.00	220,131,000.00	—	—
应收票据	3,779,356.68	4,207,130.84	13,593,467.02	9,125,833.25
应收账款	232,002,911.58	179,665,513.69	129,794,420.48	89,174,665.86
应收款项融资	30,258,283.93	25,897,234.79	—	—
预付款项	1,331,578.89	680,763.13	1,764,583.78	1,284,944.37
其他应收款	4,382,711.99	2,690,797.86	2,315,041.25	804,450.41
存货	61,298,426.49	53,809,000.59	65,552,385.84	46,529,201.74
其他流动资产	3,008,327.06	1,335,211.72	105,133.24	568,130.68
流动资产合计	603,379,431.54	582,802,445.42	377,068,997.24	229,895,229.41
非流动资产:				
固定资产	12,113,017.34	13,153,919.83	13,050,105.23	9,329,947.99
无形资产	67,242,756.21	44,334,644.19	36,802,380.55	344,298.52
长期待摊费用	1,200,705.14	1,459,078.94	2,665,043.50	2,415,121.22
递延所得税资产	4,828,390.86	4,084,496.84	3,777,213.73	2,035,513.55
其他非流动资产	—	—	1,141,700.00	24,689,102.00
非流动资产合计	85,384,869.55	63,032,139.80	57,436,443.01	38,813,983.28
资产总计	688,764,301.09	645,834,585.22	434,505,440.25	268,709,212.69
流动负债:				
短期借款	2,703,262.50	2,700,000.00	12,945,116.85	—
应付账款	45,605,376.94	27,312,517.64	22,908,078.97	25,618,400.22
预收款项	30,717.63	1,709,957.89	1,371,710.38	1,229,091.03
合同负债	3,755,957.84	—	—	—
应付职工薪酬	17,846,053.20	20,193,096.73	17,048,583.17	10,686,753.59
应交税费	21,541,801.04	28,773,826.40	18,237,591.56	12,366,305.48

续表

项目	2020年6月30日	2019年12月31日	2018年12月31日	2017年12月31日
其他应付款	1,942,196.20	938,173.36	3,848,971.78	361,473.28
流动负债合计	93,425,365.35	81,627,572.02	76,360,052.71	50,262,023.60
非流动负债:				
递延收益	1,123,979.80	—		—
递延所得税负债	661,836.67	671,246.67	690,066.67	—
非流动负债合计	1,785,816.47	671,246.67	690,066.67	—
负债合计	95,211,181.82	82,298,818.69	77,050,119.38	50,262,023.60
所有者权益:				
股本	61,855,670.00	61,855,670.00	60,000,000.00	60,000,000.00
资本公积	186,849,521.71	186,849,521.71	68,705,191.71	66,691,191.71
其他综合收益	356,174.71	124,838.32	57,312.91	-127,041.24
盈余公积	30,927,835.00	30,927,835.00	25,395,142.41	11,786,339.56
未分配利润	313,563,917.85	283,777,901.50	203,297,673.84	80,096,699.06
所有者权益合计	593,553,119.27	563,535,766.53	357,455,320.87	218,447,189.09
负债和所有者权益合计	688,764,301.09	645,834,585.22	434,505,440.25	268,709,212.69

4.1.2 奥普特合并利润表

表3-15 奥普特合并利润表 (单位:元)

项目	2020年1—6月	2019年度	2018年度	2017年度
一、营业收入	240,351,604.01	524,618,602.58	422,130,978.89	302,611,884.95
其中:营业收入	240,351,604.01	524,618,602.58	422,130,978.89	302,611,884.95
二、营业总成本	146,925,655.10	280,990,290.09	256,510,273.24	208,611,033.24
其中:营业成本	74,265,056.85	138,538,795.45	121,191,445.85	86,597,090.95
税金及附加	2,102,436.54	6,122,202.51	4,085,759.62	2,454,547.69
销售费用	31,584,394.89	67,128,618.43	67,828,880.81	60,116,542.45
管理费用	8,360,392.34	18,315,655.50	18,781,463.67	10,895,955.09
研发费用	32,275,685.10	58,183,825.17	49,915,998.08	46,463,251.77
财务费用	-1,662,310.62	-7,298,806.97	-5,293,274.79	2,083,645.29
其中:利息费用	-150,057.25	189,231.06	547,214.15	2,550.00
利息收入	987,677.94	3,316,935.62	1,107,041.88	372,133.35

续表

项目	2020年1—6月	2019年度	2018年度	2017年度
加:其他收益	4,926,088.06	5,856,219.23	4,549,232.73	6,618,790.48
投资收益	2,611,039.45	610,543.13	—	864,854.79
信用减值损失(损失以"–"号填列)	-2,954,881.65	-3,298,871.68	—	—
资产减值损失(损失以"–"号填列)	-4,519,004.93	-3,509,797.96	-10,663,367.56	-7,377,268.68
资产处置收益(损失以"–"号填列)	—	—	-6,766.06	-332,012.63
三、营业利润(损失以"–"号填列)	93,489,189.84	243,286,405.21	159,499,804.76	93,775,215.67
加:营业外收入	533,922.30	105,427.31	88,519.27	203,593.73
减:营业外支出	78,656.11	178,446.17	87,053.13	6,232,672.69
四、利润总额(亏损以"–"号填列)	93,944,456.03	243,213,386.35	159,501,270.90	87,746,136.71
减:所得税费用	14,158,439.68	36,766,484.88	22,691,493.27	11,940,761.32
五、净利润(净亏损以"–"号填列)	79,786,016.35	206,446,901.47	136,809,777.63	75,805,375.39
(一)按经营持续性分类				
持续经营净利润	79,786,016.35	206,446,901.47	136,809,777.63	75,805,375.39
终止经营净利润	—	—	—	—
(二)按所有权归属分类				
归属于母公司所有者的净利润	79,786,016.35	206,446,901.47	136,809,777.63	75,805,375.39
少数股东损益	—	—	—	—
六、其他综合收益的税后净额	231,336.39	67,525.41	184,354.15	-232,676.52
七、综合收益总额	80,017,352.74	206,514,426.88	136,994,131.78	75,572,698.87
归属于母公司所有者的综合收益总额	80,017,352.74	206,514,426.88	136,994,131.78	75,572,698.87
八、每股收益				
(一)基本每股收益	1.2899	3.4408	2.2802	1.2634
(二)稀释每股收益	1.2899	3.4408	2.2802	1.2634

4.1.3 奥普特合并现金流量表

表3-16 奥普特合并现金流量表 (单位:元)

项目	2020年1—6月	2019年度	2018年度	2017年度
一、经营活动产生的现金流量				
销售商品、提供劳务收到的现金	188,996,154.01	464,063,708.37	376,440,987.59	253,549,697.50
收到的税费返还	893,540.29	5,720,219.23	3,426,932.73	5,176,863.70
收到其他与经营活动有关的现金	19,777,360.90	5,849,271.96	2,615,871.43	2,379,939.58
经营活动现金流入小计	209,667,055.20	475,633,199.56	382,483,791.75	261,106,500.78
购买商品、接受劳务支付的现金	49,148,060.64	80,452,872.36	137,684,936.70	110,936,265.84
支付给职工以及为职工支付的现金	63,309,572.93	110,259,606.19	86,824,762.11	65,118,336.05
支付的各项税费	42,610,688.55	66,279,540.88	45,658,515.40	24,489,389.07
支付其他与经营活动有关的现金	20,175,843.66	60,882,488.96	29,131,121.47	29,939,066.52
经营活动现金流出小计	175,244,165.78	317,874,508.39	299,299,335.68	230,483,057.48
经营活动产生的现金流量净额	34,422,889.42	157,758,691.17	83,184,456.07	30,623,443.30
二、投资活动产生的现金流量				
收回投资收到的现金	302,631,000.00	68,600,000.00	—	60,000,000.00
取得投资收益收到的现金	1,964,593.01	599,065.75	—	864,854.79
处置固定资产、无形资产和其他长期资产收回的现金净额	—	1,580.00	3,852.72	623,140.00
投资活动现金流入小计	304,595,593.01	69,200,645.75	3,852.72	61,487,994.79
购建固定资产、无形资产和其他长期资产支付的现金	23,391,880.79	10,956,396.30	16,904,816.03	29,989,737.46

续表

项目	2020年1—6月	2019年度	2018年度	2017年度
投资支付的现金	245,000,000.00	288,931,000.00	196,589.02	20,000,000.00
投资活动现金流出小计	268,391,880.79	299,887,396.30	17,101,405.05	49,989,737.46
投资活动产生的现金流量净额	36,203,712.22	-230,686,750.55	-17,097,552.33	11,498,257.33
三、筹资活动产生的现金流量				
吸收投资收到的现金	—	120,196,589.02	—	—
取得借款收到的现金	—	2,700,000.00	12,945,116.85	—
筹资活动现金流入小计	—	122,896,589.02	12,945,116.85	—
偿还债务支付的现金	—	12,945,116.85	—	1,250,000.00
分配股利、利润或偿付利息支付的现金	50,056,441.25	120,211,017.40	522,165.31	3,004,633.33
筹资活动现金流出小计	50,056,441.25	133,156,134.25	522,165.31	4,254,633.33
筹资活动产生的现金流量净额	-50,056,441.25	-10,259,545.23	12,422,951.54	-4,254,633.33
四、汇率变动对现金及现金等价物的影响	761,881.73	2,729,431.78	3,026,107.25	-1,582,647.66
五、现金及现金等价物净增加额	21,332,042.12	-80,458,172.83	81,535,962.53	36,284,419.64
加：期初现金及现金等价物余额	83,485,792.80	163,943,965.63	82,408,003.10	46,123,583.46
六、期末现金及现金等价物余额	104,817,834.92	83,485,792.80	163,943,965.63	82,408,003.10

4.2 主要财务指标

4.2.1 主要财务指标

表3-17 奥普特主要财务指标表

项目	2020年6月30日/2020年1—6月	2019年12月31日/2019年	2018年12月31日/2018年	2017年12月31日/2017年
流动比率(倍)	6.46	7.14	4.94	4.57
速动比率(倍)	5.80	6.48	4.08	3.65
资产负债率(母公司)	13.24%	11.84%	16.51%	18.25%
资产负债率(合并)	13.82%	12.74%	17.73%	18.70%
应收账款周转率(次/年)	1.17	3.39	3.86	4.96
存货周转率(次/年)	1.29	2.32	2.16	2.20
息税折旧摊销前利润(万元)	9,630.19	24,869.20	16,451.69	9,081.92
归属于发行人股东的净利润(万元)	7,978.60	20,644.69	13,680.98	7,580.54
归属于发行人股东扣除非经常性损益后的净利润(万元)	7,357.49	20,575.36	13,757.21	7,923.66
研发投入占营业收入比例	13.43%	11.09%	11.82%	15.35%
每股经营活动产生的现金流量(元)	0.56	2.55	1.39	0.51
每股净现金流量(元)	0.34	-1.30	1.36	0.60
归属于发行人股东的每股净资产(元)	9.60	9.11	5.96	3.64

4.2.2 净资产收益率和每股收益

根据中国证券监督管理委员会《公开发行证券的公司信息披露编报规则第9号——净资产收益率和每股收益的计算及披露》(2010年修订)的规定,奥普特加权平均间资产收益率及每股收益计算如下:

表 3-18 奥普特净资产收益率和每股收益明细表

项目	报告期	加权平均净资产收益率	每股收益(元/股)	
			基本每股收益	稀释每股收益
归属于公司普通股股东的净利润	2020年1—6月	13.41%	1.2899	1.2899
	2019年度	49.13%	3.4408	3.4408
	2018年度	47.53%	2.2802	2.2802
	2017年度	41.53%	1.2634	1.2634
扣除非经常性损益后归属于公司普通股股东的净利润	2020年1—6月	12.36%	1.1895	1.1895
	2019年度	48.96%	3.4292	3.4292
	2018年度	47.79%	2.2929	2.2929
	2017年度	43.41%	1.3206	1.3206

4.3 营业收入分析

4.3.1 营业收入总体情况分析

报告期内,奥普特营业收入构成如下:

表 3-19 奥普特营业收入构成明细表

项目	2020年1—6月		2019年		2018年		2017年	
	金额(万元)	占比	金额(万元)	占比	金额(万元)	占比	金额(万元)	占比
主营业务	24,031.09	99.98%	52,454.81	99.99%	42,209.52	99.99%	30,258.49	99.99%
其他业务	4.08	0.02%	7.06	0.01%	3.58	0.01%	2.70	0.01%
合计	24,035.16	100.00%	52,461.86	100.00%	42,213.10	100.00%	30,261.19	100.00%

报告期内,奥普特的营业收入主要来源于机器视觉等主营业务产品的销售收入,主营业务收入占营业收入的比例达到99.98%~99.99%,主营业务突出。报告期内,业务规模持续增长,2018年和2019年主营业务收入增长率分别为39.50%和24.27%,2020年上半年主营业务收入同比增长8.29%。

报告期内,奥普特其他业务收入金额非常低,全部为销售废料、边角料等产生的收入。

4.3.2 主营业务收入产品构成

奥普特报告期内,主营业务收入按产品类别区分的构成情况如下:

表3-20 奥普特各类产品的收入占比情况表

项目	2020年1—6月		2019年		2018年		2017年	
	金额(万元)	占比	金额(万元)	占比	金额(万元)	占比	金额(万元)	占比
光源	9,252.11	38.50%	24,771.42	47.22%	19,096.76	45.24%	13,908.24	45.96%
光源控制器	2,667.45	11.10%	5,432.89	10.36%	5,299.35	12.55%	3,613.93	11.94%
镜头	5,097.15	21.21%	9,664.47	18.42%	7,067.95	16.74%	3,952.59	13.06%
相机	2,784.31	11.59%	5,049.30	9.63%	4,916.40	11.65%	4,023.32	13.30%
视觉控制系统	2,465.96	10.26%	4,368.94	8.33%	3,828.23	9.07%	3,178.12	10.50%
其他	1,764.11	7.34%	3,167.79	6.04%	2,000.82	4.74%	1,582.29	5.23%
合计	24,031.09	100.00%	52,454.81	100.00%	42,209.52	100.00%	30,258.49	100.00%

奥普特销售的机器视觉核心软硬件产品包括光源、光源控制器、镜头、相机和视觉控制系统等。奥普特以向客户提供机器视觉解决方案,包括硬件方案和整体方案,带动产品的销售。报告期内,奥普特的产品结构基本保持稳定,各产品的销售收入均实现了持续的增长。

光源和光源控制器是奥普特最早涉足的视觉部件,具有技术优势和品牌知名度优势。这两类产品在大多数情况下会配合一起使用,同时实现销售。报告期各期,这两类产品的销售收入合计达到奥普特主营业务收入的57.90%、57.79%、57.58%和49.60%,2018年和2019年销售收入年增长率分别达到39.23%和23.81%。

光源和光源控制器产品收入的持续增长,主要原因为:①奥普特各类解决方案在下游客户生产过程中渗透程度的提高;②奥普特持续对光源和光源控制器产品系统进行完善,推出结构光、底部背光、超高亮线光、紫外固化光源等有较高技术含量和应用需求产品,扩大了收入来源。

镜头产品是奥普特在2014年布局的产品线,是较晚涉足的机器视觉部件。报告期各期,镜头产品分别实现收入3,952.59万元、7,067.95万元、9,664.47万元和5,097.15万元,占主营业务收入的比重分别达到13.06%、16.74%、18.42%

和21.21%,2018年和2019年销售收入年增长率达到78.82%和36.74%,2020年上半年同比增长18.74%。镜头产品销售额的增长主要得益于奥普特在3C电子和新能源行业解决方案的增加和成熟,带动产品销售的快速增长。

报告期各期,相机产品分别实现销售收入4,023.32万元、4,916.40万元、5,049.30万元和2,784.31万元,占主营业务收入的比重分别达到13.30%、11.65%、9.63%和11.59%,2018年和2019年销售收入年增长率为22.20%和2.70%,2020年上半年同比增长38.73%。报告期内奥普特相机产品的销售增长,主要来自奥普特为客户提供视觉整体方案、成像方案增加而带动的相机产品销售收入的增长。

报告期各期,视觉控制系统分别实现销售收入3,178.12万元、3,828.23万元、4,368.94万元和2,465.96万元,占主营业务收入的比重分别为10.50%、9.07%、8.33%和10.26%,2018年和2019年销售收入年增长率为20.46%和14.12%,2020年上半年同比增长110.12%。报告期内,奥普特视觉处理分析软件的市场认可度逐步提高,相应的视觉控制系统的收入规模也获得了持续增长。

4.3.3 主营业务收入地区构成

报告期内,奥普特主营业务收入按地区分类的构成情况如下:

表3-21 主营业务收入地区分类情况表

项目	2020年1—6月		2019年		2018年		2017年	
	金额（万元）	占比	金额（万元）	占比	金额（万元）	占比	金额（万元）	占比
内销	22,384.81	93.15%	36,484.11	69.55%	28,475.21	67.46%	22,463.87	74.24%
外销	1,646.28	6.85%	15,970.70	30.45%	13,734.31	32.54%	7,794.62	25.76%
合计	24,031.09	100.00%	52,454.81	100.00%	42,209.52	100.00%	30,258.49	100.00%

奥普特的主要收入来源为境内销售。报告期各期,境内销售收入占主营业务收入的比重分别为74.24%、67.46%、69.55%和93.15%。

2017年至2019年,奥普特外销部分的收入金额和收入占比呈上升态势,主要是奥普特对第一大客户苹果公司的销售收入持续上升所致。2017年至2019年,奥普特对苹果公司的销售收入分别为5,236.76万元、11,498.74万元和

13,637.31万元，占主营业务收入的比重为17.31%、27.24%和26.00%。由于苹果公司从2019年开始逐步调整采购模式，转由其设备供应商从奥普特采购相应产品，2020年上半年奥普特与苹果公司的直接交易额为113.48万元。因此，2020年上半年奥普特的外销收入大幅减少。

4.3.4 主营业务收入季节性变动

报告期内，奥普特各季度主营业务收入情况如下：

表3-22 主营业务收入季节性变动情况表

项目	2020年1—6月		2019年		2018年		2017年	
	金额（万元）	占比	金额（万元）	占比	金额（万元）	占比	金额（万元）	占比
第一季度	7,814.27	32.52%	11,237.37	21.42%	6,462.64	15.31%	3,134.76	10.36%
第二季度	16,216.82	67.48%	10,954.85	20.88%	10,595.36	25.10%	8,315.79	27.48%
第三季度	—	—	20,096.21	38.31%	14,144.47	33.51%	10,121.55	33.45%
第四季度	—	—	10,166.38	19.38%	11,007.06	26.08%	8,686.39	28.71%
合计	24,031.09	100.00%	52,454.81	100.00%	42,209.52	100.00%	30,258.49	100.00%

根据上表，报告期内，奥普特销售收入无明显的季节性特征，第三季度实现的收入金额及占比最高。奥普特销售收入来自3C电子行业较多，该行业一般于第三季度推出当年主力新产品，受此影响，奥普特第三季度收入金额及占比较高。收入金额及占比较低为第一季度，主要是受春节假期影响所致。整体来看，奥普特销售收入无明显的季节性特征。

4.4 营业成本分析

4.4.1 营业成本的构成

报告期内，奥普特营业成本全部由主营业务成本构成，主营业务成本分别为8,659.71万元、12,119.14万元、13,853.88万元和7,426.51万元。随着主营业务收入的增长，主营业务成本呈逐年上升趋势。

4.4.2　主营业务成本按产品构成分析

报告期内,奥普特主营业务成本分产品明细情况如下:

表3-23　主营业务成本按产品构成情况表

项目	2020年1—6月		2019年		2018年		2017年	
	金额(万元)	占比	金额(万元)	占比	金额(万元)	占比	金额(万元)	占比
光源	2,142.10	28.84%	4,309.02	31.10%	3,428.11	28.29%	2,562.78	29.59%
光源控制器	867.08	11.68%	1,637.28	11.82%	1,580.23	13.04%	1,013.70	11.71%
镜头	1,731.06	23.31%	3,175.46	22.92%	2,607.41	21.51%	1,580.21	18.25%
相机	1,560.59	21.01%	2,706.04	19.53%	3,064.91	25.29%	2,423.00	27.98%
视觉控制系统	345.25	4.65%	599.55	4.33%	424.48	3.50%	252.11	2.91%
其他	780.44	10.51%	1,426.54	10.30%	1,014.01	8.37%	827.92	9.56%
合计	7,426.51	100.00%	13,853.88	100.00%	12,119.14	100.00%	8,659.71	100.00%

报告期内,奥普特按照产品分类的主营业务成本构成结构在报告期内大体保持稳定。

4.4.3　主营业务成本结构情况

报告期内,奥普特主营业务成本结构相对稳定,具体构成情况如下:

表3-24　主营业务成本结构表

项目	2020年1—6月		2019年		2018年		2017年	
	金额(万元)	占比	金额(万元)	占比	金额(万元)	占比	金额(万元)	占比
直接材料	6,180.45	83.22%	11,150.94	80.49%	10,150.46	83.76%	7,374.77	85.16%
直接人工	385.69	5.19%	755.49	5.45%	596.08	4.92%	357.09	4.12%
制造费用	860.37	11.59%	1,947.45	14.06%	1,372.61	11.33%	927.85	10.71%
主营业务成本	7,426.51	100.00%	13,853.88	100.00%	12,119.14	100.00%	8,659.71	100.00%

报告期内,奥普特的主营业务成本包括直接材料、直接人工和制造费用,成本结构较为稳定。直接材料包括外购成品和生产自主产品种需要的直接材料,是主营业务成本中最重要的组成部分,报告期各期占比分别达到85.16%、83.76%、80.49%和83.22%。直接材料的占比较高,主要是由于直接材料包括外购成品的成本。外购成品主要是指奥普特销售的产品中直接外购的镜头、相机和工控机。

4.5 主营业务毛利及毛利率分析

4.5.1 毛利率构成分析

报告期内,奥普特营业毛利的具体情况如下:

表3-25 营业毛利情况表

项目	2020年1—6月		2019年		2018年		2017年	
	金额（万元）	占比	金额（万元）	占比	金额（万元）	占比	金额（万元）	占比
主营业务	16,604.58	99.98%	38,600.93	99.98%	30,090.37	99.99%	21,598.78	99.99%
其他业务	4.08	0.02%	7.06	0.02%	3.58	0.01%	2.70	0.01%
合计	16,608.65	100.00%	38,607.98	100.00%	30,093.95	100.00%	21,601.48	100.00%

报告期内,奥普特主营业务突出,主营业务产生的毛利占当期综合毛利的99%以上,其他业务对奥普特的盈利能力影响较小。

报告期内,奥普特主营业务毛利率分别为71.38%、71.29%、73.59%和69.10%,保持在较高水平,主要原因是:①奥普特通过提供解决方案增加产品附加值,并获得产品和解决方案的双重利润空间;②由于业务模式的特点,奥普特需要承担的综合业务成本较高,在进行产品销售定价时,会考虑到该部分的投入,从而造成考虑产品成本的毛利率较高;③奥普特产品定位高中端,与国际品牌同层次竞争从而获得较高利润水平;④奥普特的高毛利符合行业的技术特征和发展阶段的特征。

4.5.2 毛利率变动分析

奥普特报告期内主营业务毛利率分别为71.38%、71.29%、73.59%和69.10%,报告期内各类产品的毛利率及变动情况如下表所示:

表3-26 各类产品毛利率构成情况表

项目	2020年1—6月		2019年		2018年		2017年
	毛利率	变动	毛利率	变动	毛利率	变动	毛利率
光源	76.85%	-5.75%	82.60%	0.55%	82.05%	0.48%	81.57%
光源控制器	67.49%	-2.37%	69.86%	-0.32%	70.18%	-1.77%	71.95%
镜头	66.04%	-1.10%	67.14%	4.03%	63.11%	3.09%	60.02%
相机	43.95%	-2.46%	46.41%	8.75%	37.66%	-2.12%	39.78%
视觉控制系统	86.00%	-0.28%	86.28%	-2.63%	88.91%	-3.16%	92.07%
其他	55.76%	0.79%	54.97%	5.65%	49.32%	1.64%	47.68%
合计	69.10%	-4.49%	73.59%	2.30%	71.29%	-0.09%	71.38%

可见,报告期各期,奥普特整体毛利率水平维持在70%左右,略有波动。

奥普特前期投入了大量资源对产品和应用方案进行研发和推广,并在售后阶段对客户提供持续服务和培训、协助客户完成视觉部分与整机的配合调试与工艺调试。研发和推广的投入以及售后服务,为奥普特的产品增加了附加值,令奥普特得以获得和维持毛利率水平。

报告期各期,奥普特光源产品的毛利率分别为81.57%、82.05%、82.60%和76.85%,基本保持稳定。光源产品是奥普特的传统优势产品,报告期内,奥普特通过为客户提供解决方案及对产品线的丰富和升级改造,满足了客户和市场的需求,产品得以保持了较强的竞争力和利润水平。

报告期各期,奥普特光源控制器产品的毛利率分别为71.95%、70.18%、69.86%和67.49%,保持了大体的稳定,略有下滑。主要由于光源控制器产品产量下降,造成单位产品的人工和制造费用增加,从而提高了产品的单位成本,降低了毛利率水平。

报告期各期,奥普特镜头产品的毛利率分别为60.02%、63.11%、67.14%和66.04%。2018年镜头产品的毛利率较上年增长3.09个百分点,主要是因为客户应用要求变高,奥普特提供解决方案使用了较多的双侧远心镜头、线扫镜头等毛利较高的产品,从而整体提高了奥普特镜头产品的毛利率。

报告期各期,奥普特相机产品的毛利率分别为39.78%、37.66%、46.41%和43.95%。除2019年,奥普特自产相机实现了少量销售外,报告期内,奥普特相机产品基本来自于外购。因此,相对其他产品来说,相机产品的毛利率略低。

报告期各期,奥普特视觉控制系统产品的毛利率分别为92.07%、88.91%、86.28%和86.00%。奥普特的视觉控制系统产品有三种供货方式,分别为纯软件、软件附加自产视觉控制器、软件附加外购的工控机,三种供货方式下的软硬件构成占比不同,毛利率情况也不相同。

4.5.3 毛利率的同行业比较

2017—2020年,奥普特与同行业可比公司产品毛利率对比情况如下:

表3-27 同行业毛利率对比情况表

公司名称	2020年1—6月	2019年	2018年	2017年
康耐视	72.79%	73.85%	74.45%	75.55%
基恩士	81.17%	81.81%	82.35%	82.12%
海康威视	49.76%	45.99%	44.85%	44.00%
大恒科技	30.51%	25.52%	24.62%	24.88%
海外同行业平均	76.98%	77.83%	78.40%	78.84%
同行业总体平均	58.56%	56.79%	56.57%	56.64%
奥普特	69.10%	73.59%	71.29%	71.38%

报告期内,奥普特的毛利率水平高于同行业上市公司平均水平,低于康耐视、基恩士等国际机器视觉行业知名公司的毛利率水平。

4.6 期间费用项目分析

报告期内,奥普特期间费用的构成情况如下:

表3-28 奥普特期间费用构成情况表

项目	2020年1—6月		2019年		2018年		2017年	
	金额(万元)	占营业收入比重	金额(万元)	占营业收入比重	金额(万元)	占营业收入比重	金额(万元)	占营业收入比重
销售费用	3,158.44	13.14%	6,712.86	12.80%	6,782.89	16.07%	6,011.65	19.87%
管理费用	836.04	3.48%	1,831.57	3.49%	1,878.15	4.45%	1,089.60	3.60%

续表

项目	2020年1—6月		2019年		2018年		2017年	
	金额（万元）	占营业收入比重	金额（万元）	占营业收入比重	金额（万元）	占营业收入比重	金额（万元）	占营业收入比重
研发费用	3,227.57	13.43%	5,818.38	11.09%	4,991.60	11.82%	4,646.33	15.35%
财务费用	-166.23	-0.69%	-729.88	-1.39%	-529.33	-1.25%	208.36	0.69%
合计	7,055.82	29.36%	13,632.93	25.99%	13,123.31	31.09%	11,955.94	39.51%

报告期各期，奥普特期间费用总额分别为11,955.94万元、13,123.31万元、13,632.93万元和7,055.82万元，占当期营业收入的比重分别为39.51%、31.09%、25.99%和29.36%。总体上，报告期内奥普特期间费用总额持续上升，但由于奥普特业务规模快速增长、规模效益显现导致期间费用率下降。

4.6.1　销售费用

报告期内，奥普特销售费用的构成情况如下：

表3-29　奥普特销售费用构成情况表

项目	2020年1—6月		2019年		2018年		2017年	
	金额（万元）	占比	金额（万元）	占比	金额（万元）	占比	金额（万元）	占比
职工薪酬	2,297.73	72.75%	4,382.10	65.28%	3,749.57	55.28%	2,069.15	34.42%
物料消耗	176.60	5.59%	494.20	7.36%	1,282.82	18.91%	2,698.51	44.89%
差旅费	282.52	8.94%	582.87	8.68%	610.51	9.00%	422.67	7.03%
运输及车辆费	33.84	1.07%	296.54	4.42%	265.84	3.92%	219.15	3.65%
办公费	146.27	4.63%	332.33	4.95%	245.43	3.62%	189.52	3.15%
业务招待费	110.45	3.50%	311.54	4.64%	254.31	3.75%	153.21	2.55%
广告及展览费	47.87	1.52%	147.27	2.19%	243.51	3.59%	180.58	3.00%
折旧与摊销	41.69	1.32%	92.84	1.38%	69.75	1.03%	42.72	0.71%

续表

项目	2020年1—6月		2019年		2018年		2017年	
	金额（万元）	占比	金额（万元）	占比	金额（万元）	占比	金额（万元）	占比
咨询及服务费	5.37	0.17%	17.48	0.26%	11.75	0.17%	12.17	0.20%
其他费用	16.11	0.51%	55.69	0.83%	49.41	0.73%	23.97	0.40%
合计	3,158.44	100.00%	6,712.86	100.00%	6,782.89	100.00%	6,011.65	100.00%
销售费用率	13.14%		12.80%		16.07%		19.87%	

奥普特的销售费用主要由职工薪酬、物料消耗、差旅费和运输及车辆费组成。报告期内,上述费用合计占当期销售费用的比例分别为89.99%、87.11%、85.74%和88.36%。

4.6.2 管理费用

报告期内,奥普特管理费用明细如下:

表3-30 奥普特管理费用情况表

项目	2020年1—6月		2019年		2018年		2017年	
	金额（万元）	占比	金额（万元）	占比	金额（万元）	占比	金额（万元）	占比
职工薪酬	382.22	45.72%	869.20	47.46%	787.37	41.92%	621.32	57.02%
股份支付	—	—	—	—	201.40	10.72%	—	—
咨询及服务费	103.36	12.36%	253.48	13.84%	231.42	12.32%	54.08	4.96%
折旧与摊销	91.25	10.91%	175.94	9.61%	154.94	8.25%	76.24	7.00%
办公费	92.64	11.08%	146.15	7.98%	147.79	7.87%	130.40	11.97%
中介机构费	43.88	5.25%	100.72	5.50%	38.74	2.06%	30.78	2.83%
差旅费	24.94	2.98%	60.42	3.30%	39.60	2.11%	20.65	1.90%
业务招待费	27.82	3.33%	59.78	3.26%	33.65	1.79%	10.70	0.98%
车辆费用	11.59	1.39%	50.31	2.75%	45.76	2.44%	45.04	4.13%
维修费	18.06	2.16%	31.85	1.74%	99.89	5.32%	49.72	4.56%

续表

项目	2020年1—6月		2019年		2018年		2017年	
	金额（万元）	占比	金额（万元）	占比	金额（万元）	占比	金额（万元）	占比
其他费用	40.28	4.82%	83.70	4.57%	97.59	5.20%	50.66	4.65%
合计	836.04	100.00%	1,831.57	100.00%	1,878.15	100.00%	1,089.60	100.00%
管理费用率	3.48%		3.49%		4.45%		3.60%	

奥普特的管理费用主要由职工薪酬、股份支付、咨询及服务费、折旧与摊销组成。报告期内，上述费用合计占当期管理费用的比例分别为68.98%、73.21%、70.91%和69.00%。

管理费用中的职工薪酬主要包括奥普特管理人员、行政人员和财务人员等人员的工资和奖金等。职工薪酬为管理费用中最主要的部分，报告期内，占比分别达到57.02%、41.92%、47.46%和45.72%。

管理费用中的股份支付，主要为奥普特对核心员工进行的股权激励产生的费用。2018年，李江锋、贺珍真、范西西、叶建平、谢红霞通过增资千智投资间接持有了奥普特的股权。上述核心员工获得奥普特股权的价格与经评估的相应股权的价值之间差异，计入当期管理费用。

管理费用中的咨询及服务费，主要核算奥普特管理工作中产生的咨询费、评估费及服务费等。报告期内，管理费用中的咨询及服务费增幅较大，分别为54.08万元、231.42万元、253.48万元和103.36万元。主要是奥普特加强海外市场的开拓及维护，并增加信息系统建设投入所致。

4.6.3　研发费用

（1）奥普特研发费用构成情况

表3-31　奥普特研发费用构成情况表

项目	2020年1—6月		2019年		2018年		2017年	
	金额（万元）	占比	金额（万元）	占比	金额（万元）	占比	金额（万元）	占比
职工薪酬	2,599.68	80.55%	4,326.09	74.35%	3,109.72	62.30%	2,154.84	46.38%

续表

项目	2020年1—6月		2019年		2018年		2017年	
	金额(万元)	占比	金额(万元)	占比	金额(万元)	占比	金额(万元)	占比
物料消耗	148.77	4.61%	560.11	9.63%	859.52	17.22%	1,941.29	41.78%
差旅费	320.46	9.93%	503.35	8.65%	369.97	7.41%	399.63	8.60%
技术转让	—	0.00%	—	—	313.24	6.28%	—	—
设计及咨询费	42.11	1.30%	195.11	3.35%	242.76	4.86%	76.73	1.65%
折旧与摊销	51.47	1.59%	95.05	1.63%	62.43	1.25%	52.61	1.13%
办公费	44.99	1.39%	81.18	1.40%	26.31	0.53%	15.26	0.33%
维修检测费	7.81	0.24%	9.42	0.16%	5.21	0.10%	4.28	0.09%
其他	12.27	0.38%	48.07	0.83%	2.45	0.05%	1.68	0.04%
合计	3,227.57	100.00%	5,818.38	100.00%	4,991.60	100.00%	4,646.33	100.00%
研发费用率	13.43%		11.09%		11.82%		15.35%	

奥普特的研发费用主要由职工薪酬、物料消耗和差旅费组成。报告期内,上述费用合计占当期研发费用的比例分别为96.76%、86.93%、92.63%和95.08%。

①职工薪酬

研发费用中的职工薪酬主要核算研发部门产品研发、应用研发的相关人员的薪酬费用。报告期内,研发费用中的职工薪酬呈持续上涨态势,分别为2,154.84万元、3,109.72万元、4,326.09万元和2,599.68万元,主要是由于奥普特研发和技术团队的规模持续扩大所致。

②物料消耗

研发费用中的物料消耗主要核算产品研发、应用研发过程中消耗的原材料和成品。在产品研发方面,硬件产品的研发相比软件产品的研发所消耗的物料多;在应用研发方面,对新行业、新功能、新机型进行的应用研发,较对原方案进行升级优化的应用研发，需要消耗更多的物料。因此，研发费用中物料消耗的波动与当期研发的主要方向和成熟度有关。

报告期内，奥普特研发费用中的物料消耗分别为1,941.29万元、859.52万元、560.11万元和148.77万元，呈下降趋势，主要由于：①报告期初，奥普特投入大量资源在消费电子和新能源领域的应用研发，消耗了较多的物料，随着奥普特相应领域技术的成熟，后续需要消耗的物料减少；②奥普特加大在视觉算法、相机软件方面的研发投入，相关的研发主要依靠人力资源，物料投入较少；③随着研发经验的积累，奥普特不断优化研发流程，产品设计方案更加精确，后期试制成功率提升，物料消耗减少。

③差旅费

研发费用中的差旅费主要核算研发及技术人员出差产生的餐费、交通费、住宿费等。报告期内，研发费用中的差旅费分别为399.63万元、369.97万元、503.35万元和320.46万元。2019年，奥普特研发费用中的差旅费增加较大，主要是奥普特业务规模扩大、技术人员增加，相应差旅费支出增加所致。

（2）研发投入的确认依据及核算方法

报告期内，研发投入的确认依据、核算方法如下：

报告期内，奥普特研发投入均为费用化研发费用，无资本化开发支出。奥普特财务系统中设置"研发费用"科目，并下设工资薪金、材料、差旅费、设计费、折旧、无形资产摊销等二级科目用以归集研发项目中发生的各项研发费用。

奥普特的研发支出包括直接用于研究开发活动和可以计入的间接用于研究开发活动所发生的各项费用支出。主要科目核算方法如下：职工薪酬按照研发技术人员所归属的研发项目进行归集核算，物料消耗按照领用材料所归属的研发项目进行归集核算，差旅费按照各研发项目的人工和耗料权重占比进行分摊，设计及咨询费按照费用所归属的研发项目进行归集核算，折旧与摊销按照各研发项目的人工和耗料权重占比进行分摊。

4.6.4　奥普特研发项目情况

报告期内，奥普特主要研发项目的明细情况如下：

表3-32 奥普特研发项目情况表

项目	费用支出金额(万元)				实施进度
	2020年1—6月	2019年	2018年	2017年	
1000万像素级机器视觉定焦和变倍镜头	—	—	—	400.50	已完成
用于远距离检测的高亮平行线性光源	—	—	—	270.69	已完成
基于多角度反射合成的高清晰度线性光源	—	—	—	314.27	已完成
高速多通道自动检流光源控制器	—	—	—	202.61	已完成
高速可扩展增亮自动检测电流大功率光源控制器研发	—	—	—	145.90	已完成
集成式高精度视觉控制器的研发	—	—	—	408.79	已完成
智能视觉检测系统的研发	—	—	—	125.53	已完成
跨平台多线程机器视觉开发包的研发	—	—	—	138.14	已完成
图形化智能视觉在线开发系统的研发	—	—	156.96	—	已完成
基于深度学习的机器视觉算法库的研发	—	429.90	287.89	—	已完成
250万LUX超高亮控制集成光纤点光源的研发	—	—	149.84	—	已完成
8波段4方向均匀照明的表面特征分析光源的研发	—	—	157.17	—	已完成
3方向聚集照射的非平面工件固化紫外光源的研发	—	—	84.99	—	已完成
平场线扫描机器视觉镜头的研发	—	—	293.34	—	已完成
远心光路平行光源的研发	—	—	131.31	—	已完成
机器视觉的锂电池极片涂布缺陷检测系统研发	—	—	193.44	—	已完成
3D贴合高精度定位系统的研发	—	—	158.51	—	已完成
高速环境下视觉点胶控制技术的研发	—	—	129.38	—	已完成

续表

项目	费用支出金额(万元)				实施进度
	2020年1—6月	2019年	2018年	2017年	
新型恒流驱动电路及自动检测光源电压电流控制器的研发	—	—	142.57	—	已完成
集成式高精度视觉控制器的研发	—	—	277.11	—	已完成
相机研发技术储备	—	—	321.83	—	已完成
高分辨率机器视觉远心镜头研发	—	111.92	—	—	已完成
大靶面高分辨率线扫镜头研发	—	246.32	—	—	已完成
基于机器视觉的圆环侧壁检测系统研发	—	184.05	—	—	已完成
自动检测光源负载的控制器研发	—	99.59	—	—	已完成
运动控制系统核心控制套件研发	82.02	144.11	—	—	进行中
太阳能硅晶片隐裂检测专用光源研发	—	192.07	—	—	已完成
智能视觉系统研发	—	406.42	—	—	已完成
多光谱多通道表面检测专用光源研发	—	240.08	—	—	已完成
微型集成化机器视觉智能相机研发	210.04	361.48	—	—	进行中
高精度三维传感器研发	64.17	201.61	—	—	进行中
一键式影像测量仪研发	32.09	227.29	—	—	进行中
多类型在线高速检测光源的研发	111.69	—	—	—	进行中
高速高精度自动检测电压电流控制器研发	79.78	—	—	—	进行中
高性能小型视觉控制器研发	23.26	—	—	—	进行中
高分辨率系列机器视觉镜头研发	75.00	—	—	—	进行中
高速高精度工业读码器研发	49.26	—	—	—	进行中

续表

项目	费用支出金额(万元)				实施进度
	2020年1—6月	2019年	2018年	2017年	
一种工业自动化视觉检测系统的研发	132.02	—	—	—	进行中
基于工业大数据的深度学习算法研发	62.91	—	—	—	进行中
面向精密制造三维机器视觉算法研发	65.33	—	—	—	进行中
跨平台高精度机器视觉算法库的研发	148.04	—	—	—	进行中
用于颜色识别与多工位整合的多色光源的研发	30.08	—	—	—	进行中
集成通讯与控制的智能照明光源的研发	91.12	—	—	—	进行中
3C电子领域视觉应用研究	1,054.89	1,436.28	1,362.93	1,759.69	进行中
新能源领域视觉应用研究	452.85	662.71	401.92	457.04	进行中
其它领域应用研究	463.02	874.55	742.43	423.16	进行中
合计	3,227.57	5,818.38	4,991.60	4,646.33	

4.6.5 财务费用

表3-33 奥普特财务费用情况表 (单位:万元)

项目	2020年1—6月	2019年	2018年	2017年
利息支出	-15.01	18.92	54.72	0.26
减:利息收入	98.77	331.69	110.70	37.21
加:手续费及其他	13.03	16.90	17.94	5.66
汇兑损益	-65.48	-434.01	-491.28	239.67
合计	-166.23	-729.88	-529.33	208.36

报告期内,奥普特财务费用分别为208.36万元、-529.33万元、-729.88万元和-166.23万元。奥普特的财务费用主要为利息收入和汇兑损益。奥普特2018年、2019年汇兑收益较高,主要是报告期内美元/人民币汇率走高,奥普特外销应收款及外币货币性项目产生的汇兑收益。2019年利息收入较高,主要系奥普

特业务规模扩大，自有资金量增加，奥普特为提高资金使用效率，办理定期存款产生的利息收入。

4.6.6　与同行业上市公司的期间费用比较

奥普特期间费用率与同行业上市公司对比如下：

表3-34　奥普特与同行业上市公司的期间费用比较情况表

费用类别	可比公司	2020年1—6月	2019年	2018年	2017年
销售及管理费用率	基恩士	34.16%	31.50%	25.49%	24.02%
	康耐视	38.44%	37.74%	32.58%	28.81%
	海康威视	17.66%	15.75%	14.58%	12.99%
	大恒科技	27.12%	15.31%	15.93%	16.04%
	海外同行业平均	36.30%	34.72%	29.04%	26.42%
	国内同行业平均	22.39%	15.53%	15.26%	14.52%
	同行业总体平均	29.35%	25.12%	22.15%	20.47%
	奥普特	16.62%	16.29%	20.52%	23.47%
研发费用率	基恩士	不适用	不适用	2.71%	2.51%
	康耐视	19.73%	16.46%	14.44%	12.95%
	海康威视	12.62%	9.51%	8.99%	7.62%
	大恒科技	10.60%	5.88%	5.48%	5.97%
	海外同行业平均	19.73%	16.46%	8.58%	7.73%
	国内同行业平均	11.61%	7.70%	7.24%	6.80%
	同行业总体平均	14.32%	10.62%	7.91%	7.26%
	奥普特	13.43%	11.09%	11.82%	15.35%

总体上看，奥普特的销售及管理费用率、研发费用率高于国内行业水平、低于海外同行业水平。与国内同行业公司相比，奥普特规模仍然较小、发展历史较短，在市场推广上需要更多的投入资源。相对海外同行业公司而言，国内的薪酬水平等要低于国际知名公司，因此奥普特及国内同行业的费用率低于海外同行业符合全球经济区域发展不同的特点。

4.7 奥普特资产质量分析

4.7.1 资产构成及变动情况

报告期内,奥普特资产构成情况如下:

表3-35 奥普特资产构成情况表 (单位:万元)

项目	2020年6月30日		2019年12月31日		2018年12月31日		2017年12月31日	
	金额	占比	金额	占比	金额	占比	金额	占比
流动资产	60,337.94	87.60%	58,280.24	90.24%	37,706.90	86.78%	22,989.52	85.56%
非流动资产	8,538.49	12.40%	6,303.21	9.76%	5,743.64	13.22%	3,881.40	14.44%
合计	68,876.43	100.00%	64,583.46	100.00%	43,450.54	100.00%	26,870.92	100.00%

(1)资产规模

报告期内,随着奥普特业务的发展和经营规模的扩大,奥普特资产总额不断增加。报告期各期末,奥普特的资产总额分别为26,870.92万元、43,450.54万元、64,583.46万元和68,876.43万元。截至2020年6月末,奥普特资产总额较2017年末增长156.32%;其中流动资产增幅162.46%,非流动资产增幅119.98%。奥普特资产总额的增加主要源于经营规模扩大、历年经营利得的积累及外部股权融资。

(2)资产结构

从资产结构分析,奥普特资产以流动资产为主,报告期各期末,奥普特流动资产占总资产的比例分别为85.56%、86.78%、90.24%和87.60%。这与行业特征和奥普特的发展阶段有关。奥普特主要从事工业设备用机器视觉核心软硬件产品的生产、研发和销售,其所处机器视觉行业属于知识密集型行业,核心竞争力体现在研发、服务等方面,具有“轻资产”的行业特征,因此固定资产占比较少。同时奥普特的主要生产经营场所系通过租赁取得,非流动资产投入较低。总体而言,奥普特资产结构与奥普特现有生产经营规模和业务特点相匹配。

4.7.2 流动资产分析

报告期各期末,奥普特流动资产的结构如下:

表3-36　奥普特流动资产情况表

项目	2020年6月30日		2019年12月31日		2018年12月31日		2017年12月31日	
	金额（万元）	占比	金额（万元）	占比	金额（万元）	占比	金额（万元）	占比
货币资金	10,481.78	17.37%	9,438.58	16.20%	16,394.40	43.48%	8,240.80	35.85%
交易性金融资产	16,250.00	26.93%	22,013.10	37.77%	—	—	—	—
应收票据	377.94	0.63%	420.71	0.72%	1,359.35	3.61%	912.58	3.97%
应收账款	23,200.29	38.45%	17,966.55	30.83%	12,979.44	34.42%	8,917.47	38.79%
应收款项融资	3,025.83	5.01%	2,589.72	4.44%	—	—	—	—
预付款项	133.16	0.22%	68.08	0.12%	176.46	0.47%	128.49	0.56%
其他应收款	438.27	0.73%	269.08	0.46%	231.50	0.61%	80.45	0.35%
存货	6,129.84	10.16%	5,380.90	9.23%	6,555.24	17.38%	4,652.92	20.24%
其他流动资产	300.83	0.50%	133.52	0.23%	10.51	0.03%	56.81	0.25%
合计	60,337.94	100.00%	58,280.24	100.00%	37,706.90	100.00%	22,989.52	100.00%

报告期各期末，奥普特的流动资产分别为22,989.52万元、37,706.90万元、58,280.24万元和60,337.94万元。随着经营规模的不断扩大，奥普特流动资产逐年增加。奥普特2017年末、2018年末流动资产主要由货币资金、应收账款和存货构成，前述三项资产合计占流动资产的比例分别为94.87%、95.29%；2019年末、2020年6月末流动资产主要由货币资金、交易性金融资产、应收账款和存货构成，前述四项资产合计占流动资产的比例分别为94.03%、92.91%。

4.7.3　非流动资产分析

报告期各期末，奥普特非流动资产构成情况如下：

表3-37　奥普特非流动资产构成情况表

项目	2020年6月30日		2019年12月31日		2018年12月31日		2017年12月31日	
	金额（万元）	占比	金额（万元）	占比	金额（万元）	占比	金额（万元）	占比
固定资产	1,211.30	14.19%	1,315.39	20.87%	1,305.01	22.72%	932.99	24.04%

续表

项目	2020年6月30日		2019年12月31日		2018年12月31日		2017年12月31日	
	金额（万元）	占比	金额（万元）	占比	金额（万元）	占比	金额（万元）	占比
无形资产	6,724.28	78.75%	4,433.46	70.34%	3,680.24	64.07%	34.43	0.89%
长期待摊费用	120.07	1.41%	145.91	2.31%	266.50	4.64%	241.51	6.22%
递延所得税资产	482.84	5.65%	408.45	6.48%	377.72	6.58%	203.55	5.24%
其他非流动资产	—	—	—	—	114.17	1.99%	2,468.91	63.61%
合计	8,538.49	100.00%	6,303.21	100.00%	5,743.64	100.00%	3,881.40	100.00%

报告期各期末，奥普特的非流动资产分别为3,881.40万元、5,743.64万元、6,303.21万元和8,538.49万元，随着经营规模的不断扩大，奥普特非流动资产呈上升趋势。

奥普特2017年末非流动资产主要由固定资产、其他非流动资产构成，该两项资产合计占非流动资产的比例为87.65%；2018年末、2019年末和2020年6月末，非流动资产主要由固定资产、无形资产构成，两项资产合计占非流动资产的比例分别为86.80%、91.21%、92.94%。报告期内，奥普特非流动资产结构变化，主要是奥普特购置土地及增加机器设备所致。

4.8 资产周转能力分析

报告期内，奥普特的资产周转能力指标如下：

表3-38 奥普特资产周转能力指标表 （单位：次/年）

项目	2020年1—6月	2019年度	2018年度	2017年度
应收账款周转率	1.17	3.39	3.86	4.96
存货周转率	1.29	2.32	2.16	2.20

4.8.1 应收账款周转能力分析

报告期内，奥普特应收账款周转率有所下降，主要原因是受整体经济增长放缓，部分客户所服务下游行业资金面较为紧张、回款速度相对较慢的影响。但整体上，奥普特的应收账款周转率仍保持在较高的水平。

报告期内，其他同行业上市公司的应收账款周转情况如下：

表 3-39　同行业上市公司的应收账款周转情况表　（单位：次/年）

同行业上市公司名称	2020 年 1—6 月	2019 年度	2018 年度	2017 年度
海康威视	1.14	3.04	3.18	3.23
大恒科技	1.20	4.81	5.52	5.21
康耐视	3.05	6.16	6.34	8.11
基恩士	0.73	3.33	3.57	3.66
平均值	1.53	4.34	4.65	5.05
奥普特	1.17	3.39	3.86	4.96

由于奥普特产品种类、客户类型与同行业公司存在差异，且与其他公司处在不同的发展阶段，奥普特与同行业上市公司应收账款周转率存在一定的差异。

4.8.2　存货周转率

报告期内，奥普特存货周转率处于比较稳定且小幅提高的状态。在存货管理上，奥普特根据生产实际情况，加强生产计划与供应采购计划的协调，充分发挥生产计划目标管理作用，使生产物料的供应做到提前组织、按时采购，在保证生产及销售的前提下，提高存货周转率。

报告期内，其他同行业上市公司的存货周转情况如下：

表 3-40　存货周转率对比情况表　（单位：次/年）

同行业上市公司名称	2020 年 1—6 月	2019 年度	2018 年度	2017 年度
海康威视	1.08	3.67	5.15	5.35
大恒科技	0.82	3.70	3.95	3.56
康耐视	1.62	2.64	2.73	3.56
基恩士	0.59	2.79	2.83	3.18
平均值	1.03	3.20	3.67	3.91
奥普特	1.29	2.32	2.16	2.20

奥普特存货周转率低于大多数可比上市公司,主要与生产经营特点相关。奥普特的生产、销售呈现小批量、多品种的特点,且需要备有一定量的库存以便对客户的需求做出快速反应,因此奥普特存货的存货规模较高、周转速度略慢。

5 知识产权与核心技术分析

5.1 奥普特知识产权情况

截至招股说明书签署日,奥普特发行人及其子公司共持有专利权151项,持有软件著作权47项。

5.2 核心技术体系分析

奥普特以光源技术、光源控制器技术、镜头技术、视觉分析技术为核心,在硬件和软件方面,分别建立了成像技术和视觉分析两大技术平台。在此基础上,结合多年积累的机器视觉在各下游行业应用的专有技术(Know-How),奥普特构造了包括基础核心技术、技术平台、应用技术在内的多层次的技术体系。

5.2.1 光源技术

表3-41 光源技术及对应知识产权情况表

技术类别		核心技术	技术来源	知识产权
高照度、高均匀的光源技术	高照度	散热优化设计技术	自主研发	CN201811167331.9、CN201910373350.5
		光路优化设计技术	自主研发	CN201610852506.4、CN201610944893.4、CN201810700558.9、ZL201821017547.2
	高均匀	LED分布设计技术	自主研发	/
		电流分配技术	自主研发	
		外壳结构设计	自主研发	
高性能复杂光源技术		精密投影成像技术	自主研发	CN201710415155.5
		远心光路设计技术	自主研发	CN201810946524.8
		同轴导光技术	自主研发	ZL201110331624.8

（1）高照度、高均匀的光源技术

与民用照明光源相比，机器视觉光源在照度、均匀性和稳定性三个核心指标上有较高的要求。能够满足机器视觉应用中的高照度、高均匀和高稳定性要求的光源，是奥普特的核心技术和竞争力之一。其中，照度和均匀性主要依托产品的设计能力，体现了光源产品的核心技术能力，而稳定性主要依托产品生产过程中的质量把控。

（2）高性能复杂光源技术

光源产品种类多样，常规光源之外的复杂高性能光源，是衡量高端光源企业技术能力的重要指标，奥普特基于光路设计和光源Know-How知识库、光学产品的协同设计、大量应用经验的整合，积累了多种高性能的光源技术。

5.2.2　光源控制器技术

表3-42　光源控制器技术及对应知识产权情况表

<table>
<tr><th colspan="2">核心技术</th><th>技术来源</th><th>知识产权</th></tr>
<tr><td rowspan="4">大电流高精度恒流技术</td><td>高精度线性恒流技术</td><td>自主研发</td><td rowspan="4">ZL201120416337.2、ZL201110331626.7、ZL201710495075.5、ZL201821064391.3、ZL201821404567.5、ZL201821064330.7</td></tr>
<tr><td>大电流驱动技术</td><td>自主研发</td></tr>
<tr><td>功率管压差控制技术</td><td>自主研发</td></tr>
<tr><td>瞬时过流（Overdrive）技术</td><td>自主研发</td></tr>
<tr><td rowspan="2">光源额定负载自动检测技术</td><td>光源额定电流自动检测技术</td><td>自主研发</td><td rowspan="2">ZL201120416337.2、ZL201110331626.7、JP3192402</td></tr>
<tr><td>光源额定电压自动检测技术</td><td>自主研发</td></tr>
<tr><td rowspan="2">高速稳定触发技术</td><td>恒流触发技术</td><td>自主研发</td><td rowspan="2">ZL201720861757.9、ZL201710438669.2、ZL201920685213.0</td></tr>
<tr><td>可编程触发技术</td><td>自主研发</td></tr>
<tr><td rowspan="2">高效率通信技术</td><td>OPT 控制器通信协议</td><td>自主研发</td><td rowspan="2">ZL201410760523.6、2019SR0441295、2019SR0443906</td></tr>
<tr><td>OPT_EPC 通信技术</td><td>自主研发</td></tr>
</table>

（1）大电流高精度恒流技术

该技术由高精度线性恒流技术、大电流驱动技术、功率管压差控制技术和瞬时过流（Overdrive）技术构成。

①高精度线性恒流技术

光源亮度的稳定性对于成像效果及成像一致性有重要影响,而光源亮度的稳定性与电流控制相关。奥普特的高精度线性恒流技术由运算放大器负反馈线性恒流电路和温漂抑制电路构成,可在0.01A~20A范围内调整输出电流,并在零下20℃~65℃的温度范围内,将电流波动控制在1%以内。

②大电流驱动技术

奥普特的大电流驱动主要由运算放大器负反馈线性恒流电路、温漂抑制电路和大功率管驱动电路构成,解决了采用多路输出的大电流光源需使用多个控制器驱动造成的空间、布线和调试困难,使输出电流提升至100A,并且将电流波动控制在1.5%以内。结合功率管压差控制技术,可以使光源控制器在大电流的情况下发热量有效减少。

③功率管压差控制技术

由于不同光源的额定电压具有差异,且光源的额定电压随温度的变化而变化,为避免温度漂移引起的电压不足,传统线性恒流技术的采用远高于额定电压的供电电压,造成光源控制器内部的功率管压差较大、发热量增大。同时,由于输出电流大导致无效的功率损耗增加,所需散热器件体积增大,从而导致光源控制器整体的体积增加。

奥普特的功率管压差控制技术,由高精度电压检测电路和可变电压的升降压电路构成。通过实时检测光源总电压的变化,实时改变恒流电路的供电电压,保证功率管的压差恒定,从而降低了功率管的发热量,使光源控制器的体积显著减小。

④瞬时过流(Overdrive)技术

瞬时过流技术实现光源增亮功能,最高可以同时输出48V电压和20A电流,持续时间≤1ms,并通过恒流控制,使光源亮度在极短时间内提高至其额定功率下的20倍。同时,该技术可实现对输出占空比和光源增亮瞬间电压的限制,从而避免瞬时增亮损坏光源或缩短光源寿命。瞬时过流技术可满足生产效率提升对视觉处理时间缩短、光源亮度增强的要求。

(2)光源额定负载自动检测技术

该技术由光源额定电流自动检测技术和光源额定电压自动检测技术构成。

①光源额定电流自动检测技术

该技术实时检测是否有光源接入控制器,若有光源接入则通过算法控制输出电流,同时检测光源两端电压,待光源两端电压升至预设电压时,当前电流值即为该光源额定电压下的额定电流,并且无需增加传感器,即可确定光源的额定电流,并以此作为光源控制器的最大输出电流。该技术既解决了额定电压相同电流不同的光源交叉使用易导致光源损坏的问题,又简化了光源的接线方式。

②光源额定电压自动检测技术

该技术实时检测是否有光源接入控制器,若有光源接入则通过算法控制输出电压,同时检测通过光源的电流大小和功率管两端的压差,待通过光源的电流提升至预设电流时,且功率管两端的压差在设定范围内,读取光源两端的电压,确定为该光源额定电流下的额定电压。

可自动检测出光源的额定电压,并据此自动调节光源控制器的输出电压,使光源可以在预设的电流或者自动检测出的电流下工作。

(3)高速稳定触发技术

该技术由恒流触发技术和可编程触发技术构成。

①恒流触发技术

该技术使线性恒流电路实现短触发响应时间——电流从0提升至预设电流的时间≤10μs,触发频率达40Khz,并保证0.01A~20A范围内的输出电流频闪形成的电流波形波动不超过1%,并且短响应时间和高触发频率,可提高应用场景下的生产效率,并延长光源的使用寿命。

此外,该技术使用普通的运算放大器,替代昂贵的高速运算放大器,在保证恒流精度及恒流稳定性的同时,降低物料成本。

②可编程触发技术

由于实际应用中工件的多样性和复杂性,常需要根据不同条件下的成像结果综合分析工件的完整性。这就需要光源控制器快速、多次改变亮度值和脉宽值。奥普特的可编程触发技术,可以预设多次成像对应的亮度值、脉宽值和触发源,通过外部触发信号完成光源控制器亮度值和脉宽值的高速切换,将光源亮度切换的响应时间从传统通信的技术下的1ms(100M网口通信)、12ms(9600bps串口通信),减少至最长不超过50μs。

(4)高效率高速通信技术

该技术由OPT控制器通信协议和OPT_EPC通信技术构成。

①OPT控制器通信协议

奥普特自定义的HEX形式通信协议,可实现单通道和多通道高效通信,从而减少通信时间。该协议扩展性强、通用性高、操作简便。

②OPT_EPC通信技术

奥普特的OPT_EPC(Expandable Parallel Communication)通信技术利用FPGA自定义了高速并行的数据总线,实现了多模块间的高速通信,通过标准的差分信号传输方式,增强传输距离和抗干扰性。

5.2.3 镜头技术

表3-43 镜头技术及对应知识产权情况表

核心技术	技术来源	知识产权
宽工作距离浮动对焦技术	自主研发	ZL201410711286.4、ZL201410711287.9、ZL201420737461.2、ZL201510544776.4、ZL201510544242.1、ZL201610603861.8、ZL201620803450、ZL201820018250.1、ZL201721438216.1、ZL201721746884.0、ZL201721439132.X、ZL201820018268.1、ZL201821943055.6、ZL201821336993.X、ZL201821453365.X、ZL201822083709.9、ZL201822083742.1、ZL201920577462.8
公差敏感度优化设计技术	自主研发	ZL201721439137.2、ZL201821797724.3、ZL201821695640.9、ZL201920495545.2、ZL201920434441.0、ZL201920918860.1、ZL201920918885.1、ZL201920496343.X、ZL201920768791.0
大靶面宽光谱平场消色差技术	自主研发	ZL201820950379.6、ZL201820950380.9、ZL201821185325.1、ZL201821044097.6、ZL201821073055.5、ZL201821695650.2、ZL201821695946.4、ZL201920331027.7、ZL201920331044.0、ZL201920331760.9、ZL201822223406.2
分辨率自动检测技术	自主研发	ZL201410711501.0、ZL201410711250.6、ZL201821339993.5、ZL201920197436.2、CN201920931725.0

(1)宽工作距离浮动对焦技术

传统的定焦镜头采用整组镜头对焦方式,即通过调节镜头后截距的方式对焦。这种对焦技术在生产良率和相机匹配通用性上具有优势,但是难以在宽工作距离范围内实现大光圈、低畸变、高分辨率的高成像要求。

奥普特的宽工作距离浮动对焦技术,在光学设计阶段便对整个光学系统进行合理的分组元优化设计和光学后焦敏感度优化:前者在设计上有效保证镜头有着较高的理论性能,为高性能镜头的生产制造提供可能性;后者则是通过多重组态的优化设计方法,降低对加工和装配上的敏感度。

(2)公差敏感度优化设计技术

由于光学镜片、机械件的加工公差和生产过程中的组装公差的累计,生产的成品镜头的成像质量并不能与理论设计水平完全一致。一个性能参数高但加工性差、公差敏感度高的镜头是不具备生产性的,公差敏感度的好坏直接影响着镜头生产后的性能、品质稳定。奥普特经过多年的产品研发设计经验、打样验证到批量试产,已总结归纳出一套适用于高分辨率光学系统设计的公差敏感度优化设计技术——在光学设计阶段进行合理的光焦度分配,并适当监控每个镜片表面的光线走向,与光焦度分配原则相互照应进行叠加约束,且兼顾高阶像差残量,从而降低公差敏感度,有效地保障镜头生产加工后的性能和批量生产的良率,在成本和性能上提高产品的综合竞争力。

(3)大靶面宽光谱平场消色差技术

随着技术的发展,大靶面、宽光谱、多波段的光学系统在机器视觉系统中得到了越来越多的应用。但大靶面、宽光谱、多波段的光学系统容易产生色差、场曲等光学问题。

色差是指光学上透镜无法将各种波长的色光都聚焦在同一点上,导致在图像传感器上形成大小不一致、位置不一致的光斑,影响镜头成像清晰度。场曲是指使垂直于主光轴的物平面上发出的光经透镜成像后,清晰的最佳实像面不是平面而是一个曲面的一种像差,此情况易导致镜头的中心和边缘部分无法同时清晰聚焦。

奥普特的大靶面宽光谱平场消色差技术,一方面通过在光学系统中加入特殊色散玻璃实现消色差设计,另一方面在光学设计上对各个透镜进行合理的光焦度分配,通过引入正负光焦度组合的透镜组校正场曲。此外,通过将特殊色散玻璃放在低光焦度镜片上,解决由于特殊色散玻璃导致的加工难度。从而实现一个特殊的光学结构和具有特殊色散特性的镜片组组合,再对成像光谱进行加权重优化,达到具有良好色差分布和低场曲的设计方案。

(4)分辨率自动检测技术

镜头分辨率检测是镜头品质检测中最重要的一个环节,为了避免存在漏判、误判等现象导致不良品进入市场,客观性、可靠性和稳定性对于分辨率检测环节至关重要。人工目视检测虽然方便、灵活,但却存在着一定的主观性,而且人工长时间判断会出现视觉疲劳,无法保证检测过程中长时间的可靠性和稳定性,难免会产生误判、错判等问题。

奥普特通过自主研发的SciSmart智能软件平台和自动分辨率检测算法,实现镜头分辨率检测环节的自动判断,保证产品检测的客观性、可靠性和稳定性。

5.2.4 视觉分析技术

表3-44 视觉分析技术及对应知识产权情况表

核心技术	技术来源	知识产权
2D视觉算法	自主研发	2019SR0034935、2019SR0034943、2019SR0034036、2019SR0033704、2019SR0034030、2019SR0033711、2016SR123601、2016SR123418、2019SR0797012、2019SR0909972、2019SR0909966、2019SR0904773、2019SR0673572、CN201810829369.1、CN201810839532.2、CN201910399025.6、CN201810985170.8、CN201810828154.8、CN201910027916.9、CN201910027912.0、CN201910226647.9、CN201910792021.4、CN201910747667.0、CN201910817095.9、CN201910818533.3、CN201910877969.X、CN201910817106.3
3D视觉算法	自主研发	2016SR049525、2016SR123420、201811617248.7、CN201810888929.0、CN201811617247.2、2019SR0909966、2019SR0673907
深度学习算法	自主研发	/
TBB多线程、指令集、异构并行计算加速技术	自主研发	2019SR0049554、2019SR1085366、2019SR1085194、CN201810829369.1、CN201910792021.4、CN201910747667.0
图形化编程技术	自主研发	2019SR1085366、2019SR1085194、2019SR1172414、2019SR1175159、2019SR1169657、2019SR0443906、CN201811020660.0
多线程技术	自主研发	2019SR1169665、2019SR1174683

(1)图像分析算法

①2D视觉算法

奥普特的2D视觉算法,包含基于先验点的随机采样一致性图像配准算法、基于梯度积分的多分辨率图像融合算法、多分辨率下亚像素精度的二维码识别算法、基于迭代权重分配的奇异值分解机器人手眼标定算法、基于游程编码的轮廓快速提取算法,以及基于偏离度的分类算法等,具有功能齐全、处理精度高的特点。

奥普特自主开发的2D视觉算法,可以实现图像增强、定位、测量、检测、分类识别等功能,具有较强的通用性,可以用于识别、测量、定位和检测等机器视觉应用的各个方面。

②3D视觉算法技术

与2D成像及分析技术相比,3D重构及分析技术具有适配性和抗干扰能力强、数据信息与结构丰富,但分析速度相对较慢的特点。奥普特的3D机器视觉算法技术包括多种3D重构算法和3D数据信息的分析、检测、测量算法。

a.3D重构算法

奥普特的3D重构算法覆盖面广,包括:a)基于线结构光和正弦结构光的3D重构算法;b)基于多聚焦图像3D重构算法;c)基于光度立体法的3D重构算法;d)基于双目视觉的3D重构算法。

基于线结构光的3D重构算法,是利用激光发生器发射结构光到待测物体表面形成激光条纹并根据三角测量原理获得其3D点云的3D重构方法。奥普特的基于激光三角3D重构算法,应用了图像动态范围平衡算法,提高了条纹检测的稳定性和抗干扰能力;运用了参数自适应策略,免除了不同环境下繁杂的参数设置而获得最佳测量效果。

基于正弦结构光的3D重构算法,是利用光栅条纹图像投影到被测物表面形成的携带物体表面三维信息的变形条纹图像,经过特定的解相和相位展开等技术,对变形图像进行分析处理最终求得物体表面三维数据的3D重构技术。

基于多聚焦图像3D重构算法,是在镜头聚焦原理的基础上,通过移动镜头对待测物体拍摄多幅聚焦图像,从而分析出每幅图像中的聚焦区域,并结合拍摄图像时镜头相应位置信息进行3D重构的方法。

基于光度立体法的3D重构算法,是利用物体表面的反射模型得出其表面朝向与亮度之间的关系,通过多幅图像来计算物体表面的法向量分布,然后根据所求得的法向量来还原三维信息。

基于双目视觉的3D重构算法,是利用两个相机从指定角度和位置分别获取待测物体的图像信息,通过特征提取和匹配算法计算出待测物体的三维信息。

b.3D数据信息的分析、检测、测量算法

奥普特研发的3D数据(点云和深度图)处理算法,具有高精度、稳定等特性,可实现3D数据的转换、筛选、分割、特征提取、形状拟合、坐标变换、几何关系、目标配准等处理,可用于高精度的3D测量与缺陷检测等。

基于加权局部最优投影WLOP技术和保边重采样技术,使用一种优先级驱动的法向量朝向传播策略,传播过程中若遇到薄表面特征则停止。可以使采集数据变得更加均匀、轮廓更加清晰,可显著增加点云数据的可靠性和算法的鲁棒性。

基于聚类算法、物理仿真算法的分割技术,采用K-Mean、Meanshift、CSF等不同算法,在不同应用场景下均可方便快捷地从采集数据中提取目标数据。

基于半窗口拉普拉斯的滤波技术,能在保留几何特征的同时去除噪声,提升测量精度。

③深度学习算法

奥普特的深度学习算法技术,结合了现有开源学习框架,建立了先验模型、自动化数据清理与扩展、迁移优化模型,具备完整的模型训练软件和算法库,提供多次训练、持续迁移的功能,克服了传统算法对于背景噪声敏感、参数设置复杂等不足,可用于复杂场景中的检测和识别算法。该技术主要包括:基于深度学习的缺陷检测、基于深度学习的目标定位与识别、基于深度学习的图像分类、基于深度学习的字符识别。

④TBB多线程、指令集、异构并行计算加速技术

TBB多线程和指令集加速技术,充分利用硬件性能提升图像的分析效率。GPU异构计算,一方面可以减轻CPU的负载,另一方面使算法性能得到全面的提升。

(2)智能视觉软件技术

①图形化编程技术

实现一个机器视觉应用,在完成软件架构及算法等的基础上,仍需要进行大量的程序调试及项目测试工作,导致开发周期长,且对操作人员的要求高。奥普特的智能视觉软件采用图形化编程技术,可以通过拖拉式的程序配置,所

见即所得，简化应用实现方式，大幅缩减实现时间，极大降低对实施人员的要求。

②多线程技术

奥普特的多线程技术可以充分利用多核多线程CPU的算力：一方面，当图像分析运算量成为性能瓶颈时，将任务分解成多个子任务，不同的子任务可以部署到不同的线程运行，可以充分发挥系统硬件性能，降低时间开销；另一方面，能够基于单台视觉主机，满足当前智能制造装备多工位并行作业的需求，从而节省了硬件成本，也使多工位间作业协调和数据交互更加方便高效。

5.3 研究开发情况

5.3.1 研发模式

奥普特所处行业为机器视觉行业，属于高科技行业，研发能力是关系奥普特行业竞争力的核心因素之一，奥普特的研发主要包括基于各机器视觉软硬件产品的研发和基于机器视觉解决方案的研发。

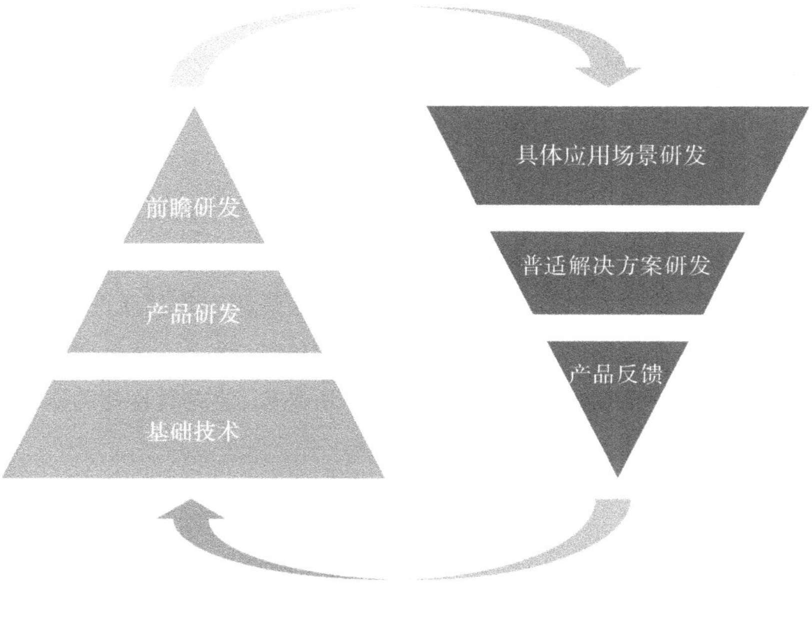

图3-10 奥普特研发模式示意图

对于基于各机器视觉软硬件产品的研发,奥普特坚持基础研发、产品研发与前瞻性研发并重。一方面奥普特通过对包括光学、物理学、深度学习、3D视觉技术、异构计算等基础技术的研究,为产品研究夯实了技术基础;另一方面,奥普特也贴近客户需求不断研发改进既有产品,有效地满足客户需求、提升用户体验。此外,奥普特根据业务发展规划,结合行业发展轨迹,进行前瞻性的产品研发和布局。

对于基于机器视觉解决方案的研发包括三个层次。第一个层次是针对客户具体的需求和应用场景进行的方案研发。机器视觉的应用场景千变万化,在实际应用过程中,需要考虑到各种各样的因素,如被摄目标自身的大小、形状,机器视觉所在设备的自身结构、速度等,对机器视觉系统的影响,才能设计出合适、可实现应用目标的方案。第二个层次是从若干客户的各种具体应用场景中对解决方案进行总结研发,提炼出在一定应用场景下相对普适性的解决方案,从而向客户提供更优化、简洁、高效的产品和服务。第三个层次是将应用数据反馈回具体的机器视觉软硬件层面,总结出产品改进和新品开发的路线,促进产品的研发。

奥普特的研发能力主要表现在两个方面,一是机器视觉全线主要软硬件产品的研发能力,二是满足下游客户实用需求的机器视觉解决方案的应用研发能力。

5.3.2　研究开发机构的设置

奥普特成立以来一直重视研发技术体系建设,充分利用内外部资源,通过多种渠道提升研发实力。报告期内,奥普特已建立研发中心,承担分析行业最新发展趋势及最新技术的应用,制定奥普特技术革新方向及新产品开发方向,并建立了产品研发和应用研发并行的研发技术体系,设立了三个研发基地。同时,为保证人才的持续性输入,奥普特联合多所高校,建立奥普特的研究生培养基地,以提升综合研发能力。

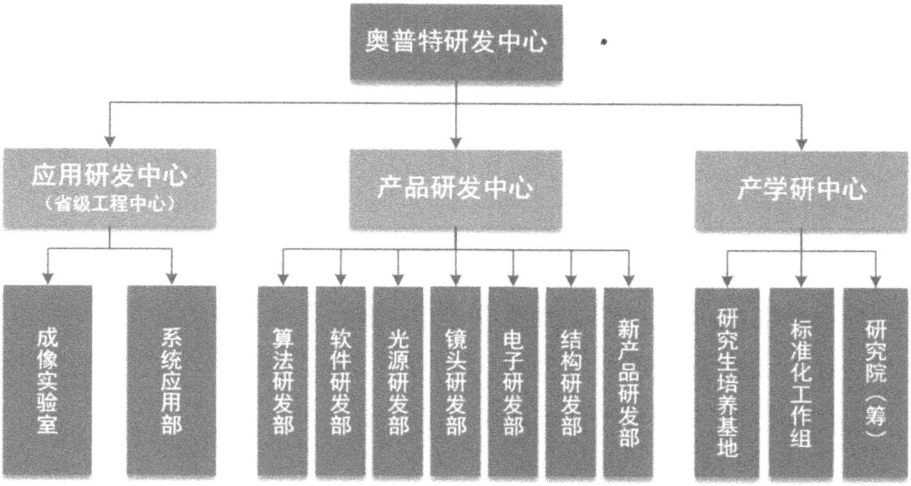

图3-11 奥普特研发中心组织架构

5.3.3 研究开发内控制度

报告期内，奥普特研发相关内控制度及其执行情况如下：

（1）研发需求及立项管理

奥普特制定《产品研发管理办法》《新产品开发控制程序》《应用研发中心技术支持规章制度》《应用研发中心工作流程》等规章制度及系列控制程序，强化产品研发项目立项管理及应用研发需求收集管理，立项应科学、规范，需求收集应及时、准确，并按规定流程审批。

在实际执行中，业务部负责新项目立项前期的市场需求分析及客户研发需求的收集；产品研发中心负责产品研发可行性分析，并出具立项申请报告，经技术总监和总经理审核后正式立项；应用研发中心负责应用研发需求的初步评估及任务分配。财务部根据立项结果及《技术支持需求申请表》设置研发台账，并按项目归集研发费用。

（2）研发项目过程管理

产品项目立项后，研发过程建立项目任务书及任务进度表，历经样品试制、小批量试制及系列测试，就研发中出现的问题进行总结及改善。PMC部、采购部、品质部、生产部、工程部等部门参与各阶段成果评审并提出建议。

应用研发项目启动后，研发过程历经方案设计评估、效果测试、反馈修正并确定最终方案,制作《评估报告》反馈至客户处。

(3)研发成果管理

奥普特制定《产品研发管理办法》《研发知识产权控制程序》,建立了严格的研发成果保护机制,明确研发成果的产权归属及保护责任,加强文件资料保密管理。

(4)研发支出核算管理

奥普特制定了《产品研发管理办法》《研发准备金管理制度》,开展研发项目年度计划及预算编制,并依据《财政部关于企业加强研发费用财务管理的若干意见》(财企〔2007〕194号),按照研发项目设立台账,归集核算研发支出,对研发项目进度和费用管理进行严格管控。

5.4 研发投入情况

报告期内,奥普特研发项目投入情况如下:

表3-45 研发项目投入情况表

序号	项目名称	研发内容及预期成果	研发阶段
1	基于工业大数据的深度学习算法研发	研究基于深度学习机器视觉的算法库,集成缺陷检测、目标定位、场景分类、图像分割、字符检测等一系列图像处理功能;基于工业现场大数据,研发针对不同任务形式下稳定精确快速的深度学习模型与快速高效的训练方法,为上层复杂应用场景提供黑盒形式的算法;基于工业大数据,实现对已有的2D算法的优化,提高工业现场应用处理速度;增加二维码、双目标定、光度立体、轮廓度、颜色匹配等深度学习算法功能	验证阶段
2	面向精密制造三维机器视觉算法研发	研究三维视觉测量和检测的基础库,如3D显示图像控件;优化三维扫描、特征提取、匹配、光照模型、OpenGL图像渲染、离散微分几何、表面参数化、纹理处理、三维重建、3D建模等三维视觉测量和检测算法等。 综合利用国内外学者提出的优秀算法,提高算法定位和测量精度;提高双目标定、手眼标定的准确率;具备二次开发功能	验证阶段
3	跨平台高精度机器视觉算法库的研发	研究视觉检测开发包跨平台下的整体封装;使用SSE、AVX等指令集,以及TBB、GPU显卡加速等技术对算法进行效率优化;增加集成GUI界面的工具级算法功能;开发COM接口标准。 实现多个图像处理功能,例如BLOB分析、匹配、图像增强、几何操作、图像测量;支持对界面无特殊要求情况下的快速程序开发,提升算法处理速度。支持C#、VB、C++等多种程序语言的跨平台二次开发	验证阶段

续表

序号	项目名称	研发内容及预期成果	研发阶段
4	一种工业自动化视觉检测系统的研发	研究图形化编程方式，按一定规则组合，取代基于各种程序语言的代码开发，降低行业对视觉应用人员的技术要求和缩短开发周期；研究异构并行加速及软硬件协同处理的方式，提高工业自动化视觉检测系统的工作效率；实现通过可编辑流程图改变的程序运行逻辑，来满足不同自动化视觉检测项目的特定需求，使自动化检测周期更加快速；具有在线调试功能，使自动化检测设备能在运行状态下进行参数和配置的微调修正，以增加设备的不间断产出	验证阶段
5	多类型在线高速检测光源的研发	研究适用于近场拍摄和远场拍摄的高亮度光源；适用于面阵拍摄和线阵拍摄的光源。 提升光源照射强度，降低相机曝光，减少图像拖影，提升检测速度	验证阶段
6	用于颜色识别与多工位整合的多色光源的研发	研究多色光源的重合度方法；研究单个颜色发光灯的照射模型及组合方式。 解决不同颜色光斑重合度不够的问题；提升单个颜色的照射强度，达到同类型单色光源的70%以上	验证阶段
7	集成通讯与控制的智能照明光源的研发	研究同一个光源不同发光区域照射强度的单独控制方法、通信与控制模块的集成方式。 实现可进行均匀性校正，解决物料差异、使用环境与方式差异等因素导致的均匀性不可控问题；解决不搭配光源控制器的情况下光源触发、分区、明暗的多样性照明问题	验证阶段
8	高速高精度自动检测电压电流控制器研发	研究高速高精度自动检测电压电流电路原理、安全通讯接口；研究高亮频闪电路设计。 实现控制器自动调节电源输出电压、检测光源电压电流、具备网口/串口通信功能、输出恒流波动值在±1%内、触发响应时间≤10μs、触发频率提高到40KHz，且具备高亮频闪功能	验证阶段
9	高分辨率系列机器视觉镜头研发	研究高分辨率光学镜头的光路设计和工艺组装技术，降低镜头的畸变，能匹配高分辨率成像传感器；实现高分辨率、低渐晕成像，与对应相机匹配时具有较高的相对照度；结构紧凑，具有良好的生产工艺性	开发阶段
10	微型集成化机器视觉相机研发	研究智能相机的微型化，使用CMOS传感器，采用GigE Vision兼容标准化接口且内置ISP算法。 智能相机支持PoE外部供电、可选卷帘曝光或全局曝光，具备固件在线升级功能	验证阶段
11	运动控制系统核心控制套件研发	研究机器视觉、运动控制和伺服系统的集成方法，设计一套全新的闭环实时自动纠偏方案。实现运动过程的实时反馈、自动纠偏，提高运动精度	开发阶段

续表

序号	项目名称	研发内容及预期成果	研发阶段
12	高精度三维传感器研发	研究高精度三维重建的算法、技术原理,利用飞行时间(ToF)技术和结构光(SL)技术结合实现高精度三维视觉建模。 实现高精度三维成像;支持PoE外部供电;高中低三种采集速度可选	开发阶段
13	一键式高精度影像测量仪研发	研究高精度影像测量仪软硬件整体集成,研究自动对焦评价方式和原点自动校正方式;开发界面友好的自动测量程序,无需客户进行二次开发;实现一键点击,自动调整焦点、识别边缘线并测量,测量精度≤5μm,重复精度±1μm	验证阶段
14	高性能小型视觉控制器研发	研发一种小型视觉控制器,结构紧凑,可安装Win7、Win10、Linux操作系统,灵活的跨平台软件支持;搭载体积更小发热量更少的mSATA接口硬盘,H310芯片组,2个U-DIMM,最大支持32GBDDR42400MHzSDRAM;实现高速图像处理,具备4个POE千兆以太网口,2个普通千兆以太网口通讯;提供一路RS232串口通迅,接口为DB9;4路DI输入电压为24V、4路DO输入电流1A	开发阶段
15	高速高精度工业读码器研发	研发一种高速高精度工业读码器,体积小巧,内置光源同时具备外置光源控制系统。 实现Data Matrix、QR Code、PDF417、Code39、Code93、Code128、EAN8、EAN13、UPC-A、UPC-E、ITF等条码的识别和解码;具备3个DI和3个DO,支持编码器输入;具备串口和网口通信;防护等级IP65级以上	开发阶段

奥普特报告期内研发费用及其占营业收入比重情况如下:

表3-46 研发费用占营业收入比重情况表

项目	2020年1—6月	2019年	2018年	2017年
研发费用(万元)	3,227.57	5,818.38	4,991.60	4,646.33
营业收入(万元)	24,035.16	52,461.86	42,213.10	30,261.19
占比	13.43%	11.09%	11.82%	15.35%

第四章 新材料案例分析
——以吉林省中研高分子材料股份有限公司为例

吉林省中研高分子材料股份有限公司(以下简称中研股份)是一家专注于聚醚醚酮(PEEK)研发、生产及销售的高新技术企业。经过十余年的自主研发,中研股份在PEEK合成、提纯、复合增强的理论和技术方面实现了多项创新和突破,掌握了包括原料选择、过程控制、设备设计、工艺优化、指标监测的全流程全国产化PEEK生产能力。经中国合成树脂协会组织评审认定,“中研股份产品主要性能指标已达到国际先进水平,填补了国内空白,在大规模工业生产领域,中研股份PEEK工业化生产技术处于国内领先水平”。

中研股份作为第一起草单位参与PEEK首个国家标准的起草,该标准《塑料 聚醚醚酮(PEEK)树脂》(GB/T 41873-2022)已经于2023年5月1日实施。并且中研股份利用自身对于PEEK的深入研究和深刻理解,逐步与下游应用单位和科研院所合作研发、联合攻关,探索面向国家重大需求的新材料开发应用模式。

本章涉及中研股份相应数据均截至招股说明书签署日。

1 公司基本情况

1.1 基本情况

公司名称:吉林省中研高分子材料股份有限公司

英文名称:Jilin Joinature Polymer Co.,Ltd.

注册资本:9126万元

法定代表人:谢怀杰

成立日期:2006年12月22日(2015年3月23日整体变更为股份有限公司)

公司住所:长春市绿园区绿园经济开发区先进制造业园区中研路1177号

中研股份前身为吉林省中研高性能工程塑料有限公司(简称中研有限)。中研有限成立于2006年12月22日,注册资本为500万元,由长春洁润科技有限公司以货币资金方式出资设立。

1.2 中研股份科创板定位相关情况

中研股份科创板行业领域要求:

表4-1 中研股份科创板行业领域

中研股份所属行业领域	□新一代信息技术	根据国家统计局《国民经济行业分类代码(GB/T4754-2017)》公司属于初级形态塑料及合成树脂制造(C2651),为国家发改委颁布的《产业结构调整指导目录(2019年本)》规定的鼓励类产业; 根据国家发改委发布的《战略性新兴产业重点产品和服务指导目录》(2016)和《战略性新兴产业分类(2018)》,公司的产品属于“3新材料产业”之“3.3先进石化化工新材料”之“3.3.1高性能塑料及树脂制造”中的“3.3.1.1工程塑料制造”[对应重点产品为“聚醚醚酮(PEEK)”],以及“3新材料产业”之“3.5高性能纤维及制品和复合材料”之“3.5.2高性能纤维复合材料制造”中的“3.5.2.2高性能热塑性树脂基复合材料制造”[对应重点产品为“非连续纤维增强复合材料(PEEK、PEI、PSU等)”]。 公司所属行业领域符合《上海证券交易所科创板企业发行上市申报及推荐暂行规定》中的“新材料”领域
	□高端装备	
	☑新材料	
	□新能源	
	□环保节能	
	□生物医药	
	□符合科创板定位的其他领域	

1.3 科创属性相关指标要求

表4-2 中研股份科创板属性指标

科创属性评价标准一	是否符合	指标情况
最近3年累计研发投入占最近3年累计营业收入比例≥5%,或最近3年累计研发投入金额≥6,000万元	是	最近3年中研股份累计研发投入金额为3,581.78万元,占累计营业收入比例为5.88%

续表

科创属性评价标准一	是否符合	指标情况
研发人员占当年员工总数的比例≥10%	是	截至2022年12月31日，中研股份的研发人员合计为38人，占员工总数的比例为15.26%
应用于公司主营业务的发明专利（含国防专利）≥5项	是	截至招股说明书签署日，中研股份共有发明专利12项，其中应用于主营业务的发明专利数量为8项
最近3年营业收入复合增长率≥20%，或最近一年营业收入金额≥3亿	是	最近3年中研股份营业收入分别为15，818.21万元、20，300.63万元和24，812.18万元，年均复合增长率为25.24%

注：截至招股说明书签署日，中研股份尚有4项发明专利未应用于公司主营业务，但以上专利均为围绕PEEK合成的相关专利，并作为技术储备，未来将应用至主营业务产品生产中。

2　公司股权结构

截至招股说明书签署日，中研股份股权结构如下图所示：

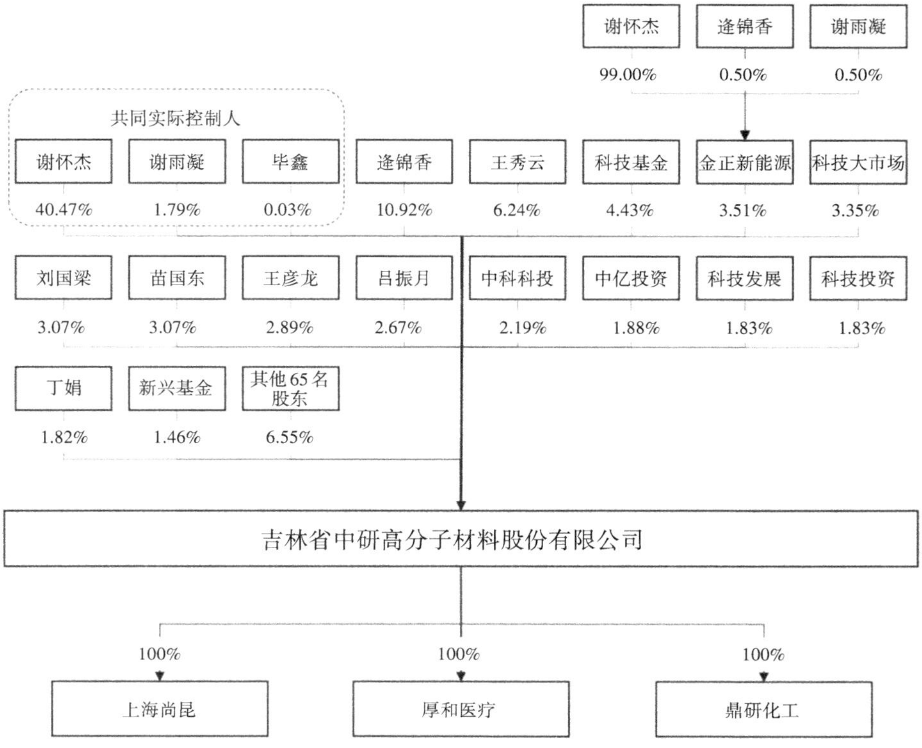

图4-1　中研股份股权结构图（招股说明书签署日）

2.1 主要股东及实际控制人的基本情况

2.1.1 实际控制人

谢怀杰直接持有公司40.47%的股份,通过金正新能源间接持有公司3.47%的股份,合计持有公司43.94%的股份并担任公司董事长兼总经理。

谢怀杰的女儿谢雨凝直接持有公司1.79%的股份,通过金正新能源间接持有公司0.02%的股份,合计持有公司1.81%的股份并担任公司董事。

谢怀杰的女婿毕鑫直接持有公司0.03%的股份并担任公司董事。

谢怀杰、谢雨凝和毕鑫合计持有公司45.78%的股份并对公司经营管理具有重要影响,因此谢怀杰、谢雨凝、毕鑫为公司的共同实际控制人。

2.1.2 谢怀杰一致行动人的基本情况

(1)金正新能源

表4-3 金正新能源企业情况表

企业名称	吉林金正新能源科技有限公司
成立时间	2009年1月20日
注册资本	200万元
实收资本	200万元
统一社会信用代码	912201026826232476
公司地址	吉林省长春市南关区岳阳街52-10号4楼406室
法定代表人	谢怀杰
股权结构	谢怀杰持股99.00%、逄锦香持股0.50%、谢雨凝持股0.50%
经营范围	新能源产品的研究、实验、新技术开发、技术转让。(依法须经批准的项目,经相关部门批准后方可开展经营活动)
主营业务	股权投资

(2)逄锦香

逄锦香直接持有中研股份10.92%的股份,通过金正新能源间接持有中研股份0.02%的股份,合计持有中研股份10.94%的股份,并曾经担任中研有限的董事长、总经理。为促进公司控制权稳定,2022年7月20日,逄锦香与谢怀杰签署《一致行动协议》,确定逄锦香为谢怀杰的一致行动人。

根据《一致行动协议》,谢怀杰、逄锦香在行使董事权利或股东权利前达成致意见，并按照该一致意见行使对中研股份的相关权利。若出现各方经过沟通仍然未达成一致意见的情况，在不违反相关法律及规定的前提下，逄锦香无条件依据谢怀杰所持意见为最终意见，并按照该最终意见行使对中研股份的相关权利。

2.1.3　其他持有公司5%以上股份的股东的基本情况

王秀云，截至招股说明书签署日，王秀云直接持有中研股份6.24%股份。

刘国梁，截至招股说明书签署日，刘国梁直接持有中研股份3.07%股份，与股东王秀云为夫妻关系，二人共同持有公司9.31%股份。

2.2　发行前后公司股本情况

发行前中研股份的股本总额为9126万股，公开发行股票数量为不超过3042万股，不低于发行后总股本的25%，不涉及原股东公开发售股份的情形。按公开发行股票3042万股计算，发行前后中研股份股权结构如下：

表4-4　中研股份发行前后股权结构表

序号	股东名称	发行前		发行后	
		持股数（万股）	持股比例（%）	持股数（万股）	持股比例（%）
1	谢怀杰	3,692.8382	40.47	3,692.8382	30.35
2	逄锦香	996.5019	10.92	996.5019	8.19
3	王秀云	569.1327	6.24	569.1327	4.68
4	科技基金	403.8461	4.43	403.8461	3.32
5	金正新能源	319.9300	3.51	319.9300	2.63
6	科技大市场	306.0923	3.35	306.0923	2.52
7	刘国梁	280.5050	3.07	280.5050	2.31
8	苗国东	280.0000	3.07	280.0000	2.30
9	王彦龙	264.0100	2.89	264.0100	2.17
10	吕振月	244.0100	2.67	244.0100	2.01
11	中科科投	200.0000	2.19	200.0000	1.64
12	中亿投资	171.9230	1.88	171.9230	1.41
13	科技发展	166.6670	1.83	166.6670	1.37
14	科技投资	166.6670	1.83	166.6670	1.37

续表

序号	股东名称	发行前		发行后	
		持股数(万股)	持股比例(%)	持股数(万股)	持股比例(%)
15	丁娟	166.0500	1.82	166.0500	1.36
16	谢雨凝	162.9579	1.79	162.9579	1.34
17	新兴基金	133.3330	1.46	133.3330	1.10
18	韩忠玲	99.9000	1.09	99.9000	0.82
19	杨丽萍	76.0700	0.83	76.0700	0.63
20	王和友	56.1000	0.61	56.1000	0.46
21	科域投资	51.9000	0.57	51.9000	0.43
22	徐峰	50.0000	0.55	50.0000	0.41
23	尹太荣	38.0000	0.42	38.0000	0.31
24	刘学忠	30.0300	0.33	30.0300	0.25
25	袁益雄	30.0000	0.33	30.0000	0.25
26	肖丽维	30.0000	0.33	30.0000	0.25
27	胡莹楠	28.9800	0.32	28.9800	0.24
28	李智亮	24.3750	0.27	24.3750	0.20
29	郭铁勇	20.0200	0.22	20.0200	0.16
30	高芳	18.4736	0.20	18.4736	0.15
31	李荣所	15.0000	0.16	15.0000	0.12
32	平仕衡	9.1650	0.10	9.1650	0.08
33	左金特	6.1100	0.07	6.1100	0.05
34	李振芳	3.2350	0.04	3.2350	0.03
35	毕鑫	3.0550	0.03	3.0550	0.03
36	刘亚鑫	2.0000	0.02	2.0000	0.02
37	谭万龙	2.0000	0.02	2.0000	0.02
38	刘鹤峰	1.1500	0.01	1.1500	0.01
39	秦振兴	1.0000	0.01	1.0000	0.01
40	高海	1.0000	0.01	1.0000	0.01
41	李志军	0.8999	0.01	0.8999	0.01
42	其余42名自然人股东	3.0724	0.03	3.0724	0.03
本次发行		—	—	3,042.0000	25.00

续表

序号	股东名称	发行前		发行后	
		持股数（万股）	持股比例（%）	持股数（万股）	持股比例（%）
合计		9,126.0000	100.00	12,168.0000	100.00

2.3 前十名自然人股东及其在中研股份担任的职务

截至招股说明书签署日，中研股份前十名自然人股东及其在中研股份的任职情况如下：

表4-5 中研股份前十名自然人股东任职情况表

序号	股东名称	持股数（万股）	持股比例（%）	在公司任职情况
1	谢怀杰	3,692.84	40.47	董事长、总经理
2	逄锦香	996.50	10.92	—
3	王秀云	569.13	6.24	—
4	刘国梁	280.51	3.07	—
5	苗国东	280.00	3.07	—
6	王彦龙	264.01	2.89	—
7	吕振月	244.01	2.67	—
8	丁娟	166.05	1.82	—
9	谢雨凝	162.96	1.79	董事
10	韩忠玲	99.90	1.09	—
合计		6,755.91	74.03	

3 主营业务及模式

3.1 中研股份主营业务

中研股份是继英国威格斯、比利时索尔维和德国赢创之后全球第4家PEEK年产能达到千吨级的企业，是继英国威格斯后全球第2家能够使用5000L反应釜进行PEEK聚合生产的企业，是目前PEEK年产量最大的中国企业。中研股份在国内市场持续实现进口替代，目前已经超越英国威格斯成为中国市场销量最大的公司。

中研股份是国家级专精特新“小巨人”企业,拥有吉林省工程研究中心,产品获得吉林省技术发明三等奖,中研股份作为第一起草单位牵头制定了PEEK的首套国家标准。中研股份已取得了欧盟REACH认证、RoHS认证、EU10/2011食品接触安全认证,美国UL认证、FDA的食品接触安全认证。中研股份PEEK产品的应用遍布电子信息、交通运输、高端制造等领域,市场占有率逐年提升。

3.2 PEEK简介

PEEK属于特种工程塑料的一种。特种工程塑料是20世纪60年代后期发展起来的一类高分子新材料。从1960年聚醚酰亚胺的最初问世到1978年PEEK问世的近二十年间,欧美各大公司先后投入了大量人力、财力对特种工程塑料进行研发,虽然论文发表的品种不下几十个,但最终真正有应用价值并实现产业化的不足十个。这些特种工程塑料在性能、商业价值上都处于工程塑料的顶端。

图4-2 常用普通塑料、工程塑料及特种工程塑料示意图

PEEK由英国帝国化学公司(ICI)于1978年最早开发出来,自问世后很长一段时间作为一种重要的战略国防军工材料被巴黎统筹委员会(COCOM组织)列为战略物资并实施严格的封锁和禁运。为了满足我国国防和民用科技发展的需求,我国将PEEK的研发连续列入“七五”“八五”“九五”“十五”国家重点科技攻关计划和“863”计划,开启了PEEK的自主研发之路。

PEEK具有机械特性好、耐热等级高、耐腐蚀等特点,具体如下:

表4-6 PEEK特性指标表

主要特性	特性说明	代表性指标
机械特性	PEEK兼具优异的刚性和较好的韧性,对交变应力下的抗疲劳性非常突出,可与合金材料相媲美	1.拉伸模量 2.缺口冲击强度 3.比强度
耐热特性	PEEK具有较高的玻璃化转变温度和熔点,其负载热变形温度和瞬时使用温度也较高	1.长期使用温度 2.导热系数
阻燃性	PEEK具有自身阻燃性,不加任何阻燃剂即可达到最高阻燃等级(UL94V-0)	阻燃等级
耐磨性	PEEK可在250℃的高温条件下保持较高的耐磨性	摩擦系数
耐腐蚀性	PEEK具有优异的耐化学药品性,在通常的化学药品中,能溶解或者破坏它的只有浓硫酸,其耐腐蚀性与镍钢相近	耐化学性能
耐水解	PEEK吸水率很小,23℃的饱和吸水率只有0.4%,且耐热水性好,可在200℃的高压热水和蒸汽中长期使用	吸水率
耐剥离性	PEEK与各种金属的黏附力与耐剥离性很好,因此可做成包覆很薄的电线、电缆和电磁线,并可在苛刻的条件下使用	剥离强度
生物相容性	PEEK具有优异的生物相容性,可作为医疗器械植入人体。此外,PEEK可被X射线穿透,具有良好的可视性,能够避免在X光片上造成伪影,同时可以实现在CT扫描或核磁共振成像辅助下进行手术,帮助医生在手术过程中调整植入体的位置,术后轻松跟踪愈合过程,从而能对骨生长和愈合实现良好的监控。同时,PEEK的弹性模量与骨骼更接近,可以有效缓解应力遮蔽效应,使骨骼更健康、更长久	—

除上述物理特性外,PEEK还具有易于注塑成型、挤出成型和切削加工等优异的加工特性。

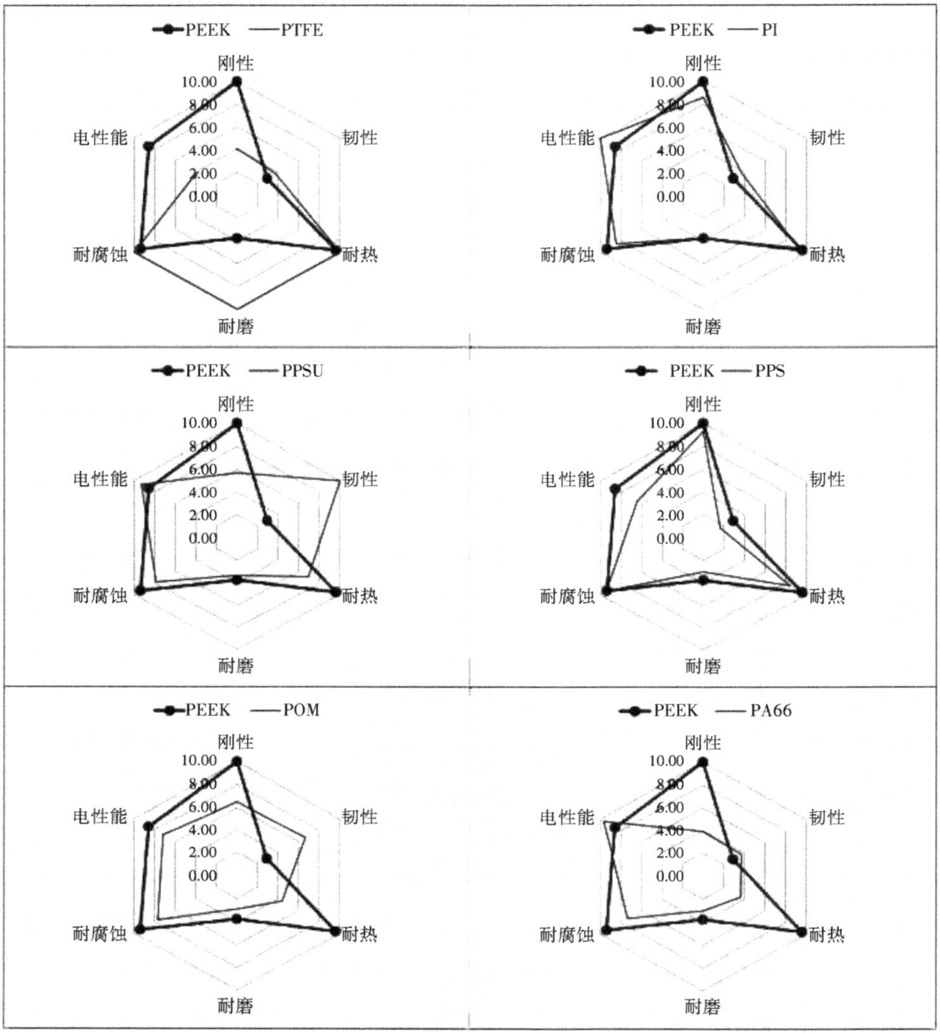

图4-3 PEEK与主要工程塑料、特种工程塑料指标对比图

从PEEK与主要工程塑料、特种工程塑料的对比情况可以看出,PEEK性能全面,在刚性方面优于绝大多数特种工程塑料的同时,也兼具韧性,展现了全面的机械性能,此外在耐热、耐磨、耐腐蚀等方面均表现优异。因此,PEEK是公认的全球性能最好的热塑性材料之一。

3.2.1 PEEK与通用金属材料指标对比情况

PEEK作为一种高分子新材料,主要用于替代金属材料,在"以塑代钢""轻量化”的大背景下，PEEK以其优异的性能在中高端领域逐步替换金属材料的使用。其与通用金属钢、铝合金性能指标对比情况如下：

表4-7 PEEK与通用金属能指标对比表

性能指标	指标含义说明	单位	PEEK	钢	铝合金
比强度	拉伸强度与密度的比值，值越大说明材料在相同密度情况下强度越好	N·m/kg	1500	70	190
介电常数	反映绝缘能力特性的一个系数	—	优	差	差
耐化学性	物体对酸液、碱水、有机溶剂浸泡的耐力	—	优	良	良

资料来源：GB/T20878-2007不锈钢和耐热钢、GB24511-2009承压设备用不锈钢钢板及钢带、铝合金及其加工手册。

从上表中可以看出，PEEK性能全面优于普通金属。PEEK比强度大，在满足强度要求的前提下，可以大幅度减小材料本身的自重，成为实现“轻量化”的解决方案。此外，PEEK在绝缘性、耐化学性方面均优于普通金属。

3.2.2 PEEK与医用金属材料指标对比情况

由于PEEK在密度、弹性模量方面与人体骨骼十分接近，正在快速替代部分医用金属。其与医用金属锆、钛合金性能指标对比情况如下：

表4-8 PEEK与医用金属能指标对比表

性能指标	指标含义说明	单位	PEEK	锆	钛合金
密度	与标准骨密度(约1.2g/cm³)做比较，越接近骨数值越好	g/cm³	1.3	6.5	4.5
弹性模量	人体颌骨弹性模量在2—12GPa之间，越接该范围数值越好	GPa	3.6	205	115
导热系数	耐热性能比较的主要参数，从植入材料应用角度，该值越低越好	—	低	低	高

资料来源：倍德恩(杭州)医疗产品有限公司产品手册。

从上表中可以看出，PEEK特性相对于锆、钛合金，更适合作为医用植入式材料，其密度、弹性均非常接近人体骨骼水平，且不易导热，增加了植入后的舒适性，并且PEEK作为非金属材料，可被X射线穿透和实现CT扫描，方便患者进行医疗检查。

3.2.3 PEEK应用情况简介

PEEK优异的综合性能使其在交通运输、航空航天、电子信息、能源及工业、医疗健康等多个领域得到广泛的应用,具体情况如下:

表4-9 PEEK应用领域情况表

应用领域	具体产品	性能特点	具体用途
交通运输	汽车	耐高温、耐摩擦、机械性能好,可替代金属	发动机内罩的材料、汽车轴承、垫片、密封件、离合器齿环、汽车传动、刹车和空调系统、无极变速器、真空泵叶片、ABS制动阀、方向转向系统、尾气排放系统、轴套、电动座椅齿轮
航空航天	飞机 火箭	耐受恶劣环境、轻质、化学惰性、阻燃、易加工	可以直接加工成精细度要求高的大型部件,如整流罩、飞机内部零件、火箭用电池槽、螺栓、螺母及火箭发动机的零部件等
电子信息	消费电子零部件	尺寸稳定、高纯度、高机械性能、加工过程无废气产生、电气性能优异	扬声器震动薄膜、戴森吸尘器V10马达叶轮、手机天线等
	电子产品、半导体生产线零部件	电绝缘性能优异、加工和化学性能良好、耐高温腐蚀	300毫米晶片承载器、CMP保持环、晶圆吸盘、绝缘膜、连接器、印刷电路板、高温接插件、选镀环等
能源及工业	石油勘探及核工业产品	耐辐射、低吸湿率、耐水解	PEEK衬管能够在原油输送时使钢制管材内表面免受原油中所携带的酸性物质腐蚀,并且PEEK衬管的光滑内表面有利于原油流动,且可以避免石蜡和沥青质的沉积,从而降低油气输送管道的日常维护成本
	高端制造零部件	力学性能好、耐化学腐蚀	管道、阀门、泵、喷枪部件、螺纹扣钉、轴承、接插件、真空吸盘等
医疗健康	医疗器械	纯度高、无毒、耐化学性、易于成型加工、耐消毒性	医疗和化学工业的分析仪器中的导管和连接装置、液体输送系统、蒸汽消毒部件、医疗仪器手柄等
	人工关节	放射线透过性好、磁共振扫描不产生伪影、良好的生物相容性、与骨骼相近的弹性模量	应用于整形外科、硬组织损伤、脊椎植入及心脏瓣膜、人工关节(髋、膝关节等)、颅骨缺损修复、颌骨缺损修复、脊柱/腰椎修复、口腔修复和其他骨缺损修复等
其他	3D打印	高强度、高稳定性、高耐温性、可定制化生产	3D打印车用燃料进气流道、3D打印肋骨假体、腰椎融合器标准件、3D打印颅骨等

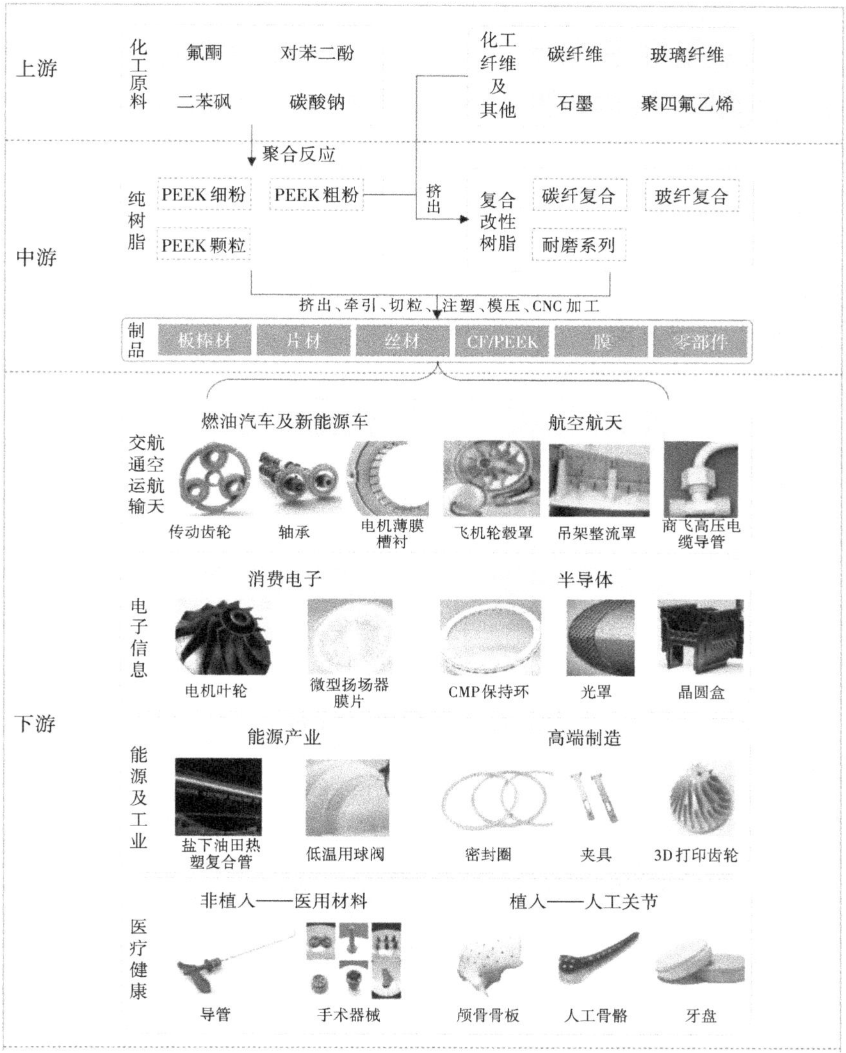

图4-4 PEEK产业链上下游简图

3.3 中研股份主要产品

中研股份的主要产品为树脂形态的PEEK，形成现有的“两大类、三大牌号、六大系列”共52个规格牌号的产品体系。中研股份的主要产品根据是否添加玻璃纤维、碳纤维进行物理改性分为纯树脂和复合增强类树脂两大类；按产品熔体流动性由低至高分为770、550、330三大主要牌号;按照不同的表观形态及再加工方式分为纯树脂粗粉(P系列)、纯树脂细粉(PF系列)、纯树脂颗粒(G系列)、玻纤增强颗粒(GL系列)、碳纤增强颗粒(CA系列)、耐磨增强颗粒(FC系列)六大系列,此外还包括少量PEEK制品。中研股份产品适用于注塑、挤出、模压、喷涂等加工方式,可满足下游客户对PEEK的多种应用场景需要。

表4-10 PEEK应用领域情况表

产品类别(两大类)	产品系列(六大系列)	产品特点
纯树脂系列	纯树脂粗粉(P系列)	纯树脂粗粉是经过聚合、提纯和干燥工艺后得到的初步产品,既可以单独出售,又是加工其他产品的主要原材料。纯树脂粗粉可经过熔体过滤制成未填充颗粒,经过研磨制成细粉末或者添加多种填充物制成复合增强树脂
	纯树脂细粉(PF系列)	纯树脂细粉是PEEK纯树脂粗粉经过研磨制成的细粉末。纯树脂细粉的主要客户是模压和喷涂加工商,可以将PEEK纯树脂细粉熔融压制成预设定形状的制件,该制件经过再加工可以应用于密封环、密封垫、齿轮等;也可以将PEEK纯树脂细粉配制成粉末涂料或水基涂料应用在化工管道、轴承保持架、不粘锅涂层、纺织品滚筒、食品加工模具等方面
	纯树脂颗粒(G系列)	纯树脂颗粒是以PEEK纯树脂粗粉作为原料经过高温熔融挤出后,经熔体过滤得到的产品。纯树脂颗粒具有颗粒均匀、凝胶含量低、杂质少等特点,主要下游客户是挤出和注塑加工商,通过挤出和注塑工艺可以将PEEK制成丝材、线缆、膜、型材、制品,主要用于制造手机加工卡具、耳机振膜、齿轮、检测仪器管道、线缆卡扣等
复合增强类树脂系列	玻纤增强颗粒(GL系列)	玻纤增强颗粒采用玻璃纤维与PEEK粗粉进行复合,具有强度高、韧性好的特点,主要用于制造压缩机阀片、活塞环、密封环和各种化工用泵体、阀门等部件
	碳纤增强颗粒(CA系列)	碳纤增强颗粒采用特定牌号的碳纤维与PEEK粗粉进行复合,具有强度高、耐磨性优良、导热性好的特点。该产品的应用领域非常广泛:在汽车行业,用于制造内部的功能件,如高性能垫圈、各种泵体、变速箱部件、高低压输变电部件、轴承、阀片;在化学工艺及运输领域,用于制造与化学物质接触的制件,如化学容器、管道、阀门等;在机械领域,用于制造压缩机部件;此外,还可以被应用于制造纺织机械、医疗等领域的关键零部件

续表

产品类别（两大类）	产品系列（六大系列）	产品特点
	耐磨增强颗粒（FC系列）	耐磨增强颗粒采用特定牌号的碳纤维、聚四氟乙烯、石墨与PEEK粗粉进行复合，不仅结合了聚四氟乙烯、石墨的耐磨性能，还结合了碳纤维优异的增强特性，使材料兼具自润滑性、耐磨性和高强度。与碳纤维增强颗粒相比较，该产品的强度略低，但耐磨性更加优异，应用领域主要集中于轴承和轴瓦

3.4　主要业务经营情况

报告期内，中研股份的主要产品为PEEK纯树脂和PEEK复合增强类树脂，同时也有少量的PEEK制品。

报告期内，中研股份主营业务收入分类构成如下表：

表4-11　中研股份主营业务收入分类构成表

产品名称	2022年度		2021年度		2020年度	
	金额（万元）	比例	金额（万元）	比例	金额（万元）	比例
纯树脂系列	18,934.18	76.31%	15,791.15	77.79%	13,314.74	84.17%
其中：纯树脂颗粒	16,674.04	67.20%	13,690.78	67.44%	12,127.18	76.67%
纯树脂细粉	1,351.37	5.45%	1,400.78	6.90%	916.69	5.80%
纯树脂粗粉	908.77	3.66%	699.59	3.45%	270.87	1.71%
复合增强类树脂系列	5,796.10	23.36%	4,482.38	22.08%	2,490.59	15.75%
PEEK制品及其他	81.62	0.33%	27.10	0.13%	12.82	0.08%
合计	24,811.90	100.00%	20,300.63	100.00%	15,818.15	100.00%

报告期内，中研股份主要产品下游应用领域销售收入及占比情况如下：

表4-12　中研股份主要产品下游应用领域明细表

应用领域	2022年度		2021年度		2020年度	
	销售收入（万元）	占比	销售收入（万元）	占比	销售收入（万元）	占比
型材	16,699.00	67.30%	13,332.50	65.68%	11,166.84	70.60%
工业机械	3,152.44	12.71%	2,573.61	12.68%	1,767.38	11.17%
汽车	1,916.60	7.72%	1,402.37	6.91%	902.16	5.70%

续表

应用领域	2022年度		2021年度		2020年度	
	销售收入（万元）	占比	销售收入（万元）	占比	销售收入（万元）	占比
能源	430.89	1.74%	523.15	2.58%	1,052.41	6.65%
电子信息	944.38	3.81%	514.59	2.53%	154.61	0.98%
科研院所	138.41	0.56%	304.44	1.50%	114.61	0.72%
医疗	176.62	0.71%	210.38	1.04%	67.24	0.43%
航空航天	150.07	0.60%	165.99	0.82%	105.77	0.67%
其他	1,203.48	4.85%	1,273.60	6.27%	487.16	3.08%
合计	24,811.90	100.00%	20,300.63	100.00%	15,818.15	100.00%

报告期内,中研股份产品下游客户主要为型材客户,该类客户通过采购树脂加工成板材、棒材等型材,然后出售给零部件加工企业,将各类型材加工成零部件。除型材类客户外,中研股份部分客户直接采购公司树脂通过注塑、模压或其他加工方式加工成零部件并用于工业机械、汽车、能源、电子信息、医疗、航空航天等领域。同时,中研股份有部分客户为科研院所,其采购PEEK树脂主要用于科学研究。

对于型材客户,由于其所生产的板材、棒材等产品需要进行再次加工,因此其产品应用领域也较为广泛,根据主要型材客户最主要下游应用领域的统计,中研股份型材客户下游应用领域销售收入及占比情况如下:

表4-13 中研股份型材客户下游应用领域销售明细表

应用领域	2022年度		2021年度		2020年度	
	销售收入（万元）	占比	销售收入（万元）	占比	销售收入（万元）	占比
电子信息	9,063.64	54.28%	7,640.48	57.31%	6,674.55	59.77%
工业机械	5,994.98	35.90%	4,129.07	30.97%	2,121.38	19.00%
能源	1,247.47	7.47%	886.03	6.65%	619.17	5.54%
其他	392.92	2.35%	676.93	5.08%	1,751.74	15.69%
合计	16,699.00	100.00%	13,332.50	100.00%	11,166.84	100.00%

中研股份型材客户主要应用领域为电子信息领域,工业机械、能源领域也

是中研股份型材客户加工PEEK树脂后应用的主要下游领域。

3.5 中研股份主要经营模式

3.5.1 盈利模式

报告期内，中研股份主要通过为客户提供不同系列、不同牌号的PEEK纯树脂（粗粉、细粉、颗粒）及复合增强类树脂（碳纤系列、玻纤系列等）来实现收入和利润。

3.5.2 采购模式

中研股份采购的主要原材料包括：①PEEK聚合反应所需要的原材料，具体包括氟酮（DFBP）、对苯二酚、碳酸钠等；②生产复合增强类产品所需要的添加材料，具体包括碳纤维、玻璃纤维、PTFE等。中研股份制定了严格的采购、验收、付款流程，既可确保原材料的质量和供货时间要求，又可最大程度获得优惠的采购价格，降低采购成本。各类主要原材料的作用、占产品成本的比例及原材料市场供应情况如下：

表4-14 原材料市场供应情况表

原材料	主要作用及成本占比	市场供应情况
氟酮	聚合反应的核心材料，占粗粉成本比例50%左右	全球氟酮产能集中在我国，国内产能充足，供应商包括：营口兴福、新瀚新材、中欣氟材
对苯二酚	聚合反应的主要材料，占粗粉成本比例15%左右	大宗化学品，处于产能过剩状态。公司通过贸易商进口，主要系进口的对苯二酚的杂质更少；如果不采用进口原料，转而使用国产产品，对公司的生产经营不会产生重大影响
碳酸钠	聚合反应的主要材料，占粗粉成本比例1%左右	大宗化学品，市场供应充足。公司通过贸易商进口纯净度更高的碳酸钠，有利减少杂质含量，将有助于粗粉精细过滤环节节省滤芯，更有成本优势。如采购国内材料，对碳酸钠做提纯处理即可
碳纤维、玻璃纤维、PTFE	复合增强类产品材料，占复合增强类产品成本比例约20%，占全部产品成本比例5%左右	碳纤维通过贸易商从我国台湾地区、韩国进口；随着国产碳纤维性能提升，具有国产替代的可行性。玻璃纤维、PTFE等其他材料国内供应充足

中研股份建立了一系列完善的采购管理制度，包括《采购管理制度》《存货验收入库管理办法》等，严格执行供应商准入管理、采购申请及审批、采购合同

及订单审批、验收及质量检验、采购付款管理等。

3.5.3 生产模式

中研股份生产过程包括:①半成品(粗粉)生产:将氟酮、对苯二酚、碳酸钠等原材料熔融混合后加入5000L聚合釜,加热至280℃~340℃状态下进行聚合反应,聚合反应持续(8—12小时)至理想状态(PEEK聚合的分子量达到预定区间)后,通过封端技术停止聚合反应,生成PEEK粗粉和碱金属盐的混合物;混合物经冷却、粉碎、提纯、萃取、干燥等工序分离出PEEK粗粉。②产成品生产:粗粉通过挤出、深度过滤、切粒工序生成纯树脂颗粒;粗粉通过磨粉、筛分、磁选工序生成细粉;粗粉通过与碳纤维、玻璃纤维、PFTE混合后经熔融挤出、切粒、磁选工序生成各类复合增强类产品。

PEEK粗粉及各类产成品的生产工序、流程如下:

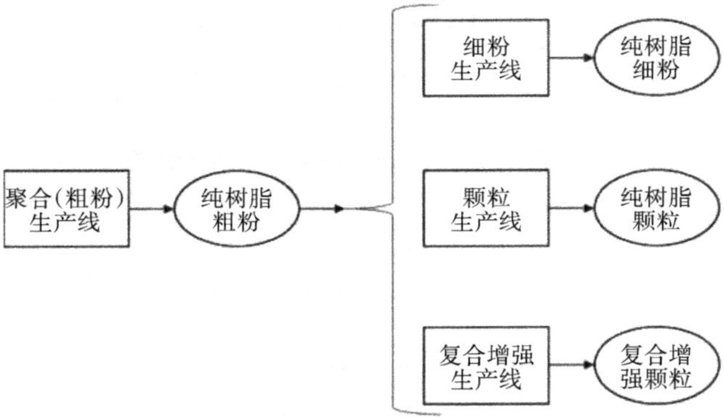

图4-5 PEEK粗粉及各类产成品生产示意图

PEEK粗粉及各类产成品生产相关核心工艺、核心技术情况如下:

表4-15 PEEK生产相关核心工艺、技术对应表

产品及生产线	核心生产工艺	对应核心技术
粗粉:聚合车间	化学合成:聚合反应、提纯、干燥	1.聚醚醚酮的合成技术; 2.聚醚醚酮的提纯技术
树脂颗粒:纯树脂生产线	物理挤出:喂料、挤出、深度过滤	1.聚醚醚酮的合成技术; 2.聚醚醚酮的提纯技术; 3.高纯聚醚醚酮生产技术

续表

产品及生产线	核心生产工艺	对应核心技术
复合增强类:复合生产线	物理挤出:添加玻纤/碳纤、挤出、深度过滤	聚醚醚酮复合改性技术
细粉:细粉车间	物理研磨:研磨、筛分、磁选	聚醚醚酮超微精粉生产技术

3.5.4　销售模式

中研股份通过行业展销会、主动拜访潜在客户等方式,收集市场需求和客户信息,开拓新客户。报告期内,中研股份下游客户包括以下三类:

(1)型材客户

报告期内,中研股份型材客户收入占比在65%~70%,占比较高。型材客户以宁波哲能、江苏君华、浙江科赛等特种工程塑料型材加工商为主,上述企业是国内最主要的PEEK型材加工商。通过型材进行下游应用符合国内PEEK行业惯例,从长期看,中研股份型材终端客户收入占比将逐步提升,具体情况如下:

①PEEK型材的下游应用场景

PEEK型材主要应用场景包括两类:一是电子信息领域,由于半导体、精密电子产线配套的工装治具、载具对尺寸精度要求高(0.01mm级别),一般的注塑工艺无法满足,一般通过型材CNC加工相关部件;二是在某类PEEK零件大规模应用之前,通过型材CNC加工少量部件用于前期性能测试和工艺验证(大规模应用多通过注塑进行加工),因此型材类亦少量应用于医疗、汽车、工业机械、能源等领域。

②型材客户占比较高符合行业特点

以鹏孚隆为例,其PEEK相关的前五大客户江西耐格美、广东正浩、瑞安宏丰等均为型材客户;英国威格斯第一、第二大客户恩欣格、劳士领为型材客户;英国威格斯向下游客户中VAR类客户(主要包括型材、改性类客户)每年销售数量在1,900吨左右,占其全部销售的比重约40%,是其最大的客户群体。

③中研股份型材客户收入占比将趋近于国际型材商

报告期内,中研股份型材客户收入占比较高,主要系中研股份于2016年率先在型材领域实现对威格斯等国际PEEK厂商的替代,在国内型材领域具有先发优势,市场占有率较高。

同时,中研股份持续在汽车、医疗和风电轴承等领域进行注塑类终端客户的开发,随着相关客户逐步通过材料验证并放量采购,中研股份型材客户收入比例将逐步降低,并逐步趋近国际PEEK厂商的收入结构。

(2)注塑类(非型材)终端客户

报告期内,中研股份注塑类(非型材)终端客户公司主要通过注塑、模压等方式加工PEEK部件,报告期内注塑类客户收入占比在25%~30%。典型的注塑类客户包括新能源汽车领域(亿纬锂能、余姚亚杰)、半导体领域(上海赛瑾)、汽车轴承(嘉善双飞、长盛轴承)、工业机械领域(台州天环)。

报告期内中研股份组建了专业的战略客户服务团队,针对下游注塑类终端客户进行PEEK应用端开发,包括汽车领域、植入级医疗领域、新能源风电领域及通信领域等。

(3)贸易商/经销商客户

针对众多零散客户及对销售服务本地化要求高的客户,通过贸易商/经销商进行销售,报告期内贸易商/经销商客户收入占比在5%以内。

3.6 行业内主要企业情况

PEEK在1978年被发明后,迄今只有英国、德国、中国、比利时、印度等少数国家真正掌握PEEK合成、提纯和干燥技术。在PEEK树脂生产领域,中研股份的主要竞争对手包括英国威格斯、比利时索尔维、德国赢创、长春吉大特塑、浙江鹏孚隆、山东浩然等。

3.6.1 英国威格斯(Victrex)

英国威格斯的PEEK树脂研发起步最早,其开发出的VICTREX PEEK系列树脂已成为行业标杆,目前为全球最大的PEEK生产企业,是伦敦证券交易所上市公司。

英国威格斯的VICTREX PEEK系列树脂涵盖了纯树脂(粗粉、细粉、颗粒),复合增强树脂(玻纤增强、碳纤增强、耐磨、超耐磨、抗静电)及深度纯化粒料等品种。此外,英国威格斯还陆续开发出PEEK制品,如涂料专用料VICTREX VI-COTE系列和PEEK薄膜VICTREX APTIV系列等产品。

英国威格斯是PEEK领域的龙头企业,其全球市场占有率超过60%,并且其专注于PEEK产业,其绝大部分营收来自于PEEK树脂及相关制品的销售,2021

年威格斯营业收入约为266,787.30万元,净利润为64,279.80万元。

3.6.2　比利时索尔维(Solvay)

比利时索尔维是全球第二大PEEK生产商。其历史悠久,2021年位列全球化工五十强第二十八位,在欧洲的化工集团中名列第十位,是比利时第二大企业,PEEK是其众多化工新材料产品中的一类。比利时索尔维在2006年收购了印度Gharda化学公司的聚合物分部后,拥有了PEEK的生产能力,目前在电子信息、航空航天等领域具有一定优势。由于比利时索尔维与苹果公司的战略合作伙伴关系,苹果手机在生产过程中大量使用比利时索尔维的PEEK材料。

比利时索尔维主要生产和销售Keta Spire PEEK系列和Zeniva PEEK系列树脂,包括纯树脂(粗粉、细粉、极细粉、超细粉)、复合增强树脂(玻纤增强、碳纤增强、耐磨增强),以及植入级和润滑级树脂等产品。比利时索尔维的PEEK产能小于英国威格斯,其产品主要出口欧洲和日本。2020年比利时索尔维营业收入约为719.44亿元。

3.6.3　德国赢创(Evonik)

德国赢创是全球第三大PEEK生产商,是一家全球大型特种化工企业,2021年位列全球化工五十强第十九位。德国赢创在中国投资控股的吉大赢创系其生产PEEK的主要实体,主要生产和销售多种系列的PEEK树脂,现拥有包括纯树脂(粗粉、细粉、颗粒)、复合增强树脂(玻纤增强、碳纤增强、陶瓷增强、耐磨、高耐磨)以及医用粗粉、医用粒料、医用棒料等品种,此外还包括PEEK薄膜产品。德国赢创的产品主要出口欧洲,在中国市场销售较少,2021年德国赢创营业收入约为1079.71亿元。

3.6.4　长春吉大特塑工程研究有限公司

长春吉大特塑成立于2002年,其前身是国家863计划特种工程塑料长春研究开发中心和吉林大学特种工程塑料教育部工程研究中心,是一家从事特种工程塑料(PEEK和PES为主)、高性能改性材料及相关制品研发、生产和销售的高科技企业。

该公司产品包括高耐热等级特种工程塑料、特种工程塑料基增强材料及合金、特种工程塑料型材和注塑制品等。

3.7 技术先进性对行业的贡献

PEEK作为最晚被发现和商业化的特种工程塑料之一，其在国内的发展时间也较短，国内PEEK行业不仅缺乏上下游的相关配套企业，而且缺乏相关的检测方法和行业标准。作为国内PEEK产能、产量最大的中国企业，中研股份通过对PEEK合成技术的深入研究和长时间的生产实践，对国内PEEK行业做出了以下贡献：

①中研股份通过独立设计大型反应器（5000L反应器）并投入使用，实现了PEEK聚合、提纯、干燥、造粒、复合增强等生产环节设备的国产化应用，带动了国内PEEK行业设备制造等配套产业的发展。

②通过原材料控制技术创新，目前可准确分析不同供应商提供的不同品质原材料并进一步加工，以满足合成需要。此项技术创新拓展了中研股份原材料供应商选择的范围，为PEEK合成原材料逐步实现国产替代提供了基础，带动了国内PEEK行业上游原材料产业的发展。

③中研股份通过建立PEEK产品的检测与评价体系，不仅解决了普通检测设备无法对PEEK进行检测的难题，带动了检测设备等配套产业的发展，而且通过建立评价体系，使得PEEK的特性被更好的展示，带动了PEEK在更多领域的应用。

④中研股份通过对生产技术和检测体系的深入研究，在国内PEEK行业缺乏国家标准的背景下，受全国塑料标准化技术委员会工程塑料分会的委派，作为第一起草单位牵头制定了PEEK的首套国家标准，推动了国内PEEK行业标准的形成。

⑤中研股份通过挤出、注塑工艺的系统化研究提升下游PEEK制品的生产技术，通过与西安交通大学、康拓医疗联合在医用PEEK原材料国产化项目进行研发推进医用PEEK材料的国产替代，通过与东华大学就CF/PEEK在商用大飞机领域的应用进行研发解决CF/PEEK领域的卡脖子问题。中研股份通过不断提升自身核心技术能力拓展了PEEK下游的应用方式和应用领域。

4 财务与会计分析

4.1 中研股份近三年财务总览

4.1.1 中研股份资产负债表

表 4-16 中研股份近三年一期资产负债表 （单位:元）

项目	2022年12月31日	2021年12月31日	2020年12月31日
流动资产：			
货币资金	117,446,375.83	108,389,142.92	31,945,375.75
交易性金融资产	—	—	10,019,972.61
应收票据	46,011,038.11	50,384,706.89	46,352,254.59
应收账款	10,055,730.13	8,961,819.91	9,222,421.74
应收款项融资	8,365,268.44	6,025,178.05	16,723,512.23
预付款项	35,888,425.88	25,772,818.64	8,032,887.08
其他应收款	651,215.62	181,115.43	162,624.99
存货	91,291,849.53	54,473,910.62	49,606,730.20
其他流动资产	5,084,880.27	78,024.25	—
流动资产合计	314,794,783.81	254,266,716.71	172,065,779.19
非流动资产：			
固定资产	105,375,926.15	64,476,151.34	73,720,209.92
在建工程	13,127,357.95	30,211,063.67	9,175,900.25
使用权资产	117,046.69	76,669.88	—
无形资产	35,552,869.65	38,093,441.45	40,615,758.41
递延所得税资产	189,997.26	163,279.71	164,391.99
其他非流动资产	6,266,354.20	5,140,228.95	1,138,507.20
非流动资产合计	160,629,551.90	138,160,835.00	124,814,767.77
资产总计	475,424,335.71	392,427,551.71	296,880,546.96
流动负债：			
短期借款	69,229,024.42	51,754,934.83	9,010,875.00
应付账款	1,746,235.81	298,408.04	468,837.50
预收款项		—	—
合同负债	2,244,647.48	3,390,376.25	178,092.46
应付职工薪酬	7,334,971.30	2,579,122.23	3,450,386.38
应交税费	9,557,178.21	4,503,401.37	2,188,444.57

续表

项目	2022年12月31日	2021年12月31日	2020年12月31日
其他应付款	929,747.89	360,055.35	913,581.60
一年内到期的非流动负债	128,043.74	52,112.71	—
其他流动负债	34,683,481.93	28,899,450.25	21,118,817.46
流动负债合计	125,853,330.78	91,837,861.03	37,329,034.97
非流动负债:			
长期借款	12,300,000.00	—	—
递延收益	5,749,977.48	5,488,942.93	4,481,164.05
递延所得税负债	4,245,629.96	3,662,371.14	3,753,430.34
非流动负债合计	22,295,607.44	9,151,314.07	8,234,594.39
负债合计	148,148,938.22	100,989,175.10	45,563,629.36
股东权益:			
股本	91,260,000.00	91,260,000.00	91,260,000.00
资本公积	118,091,282.27	118,091,282.27	118,091,282.27
盈余公积	16,703,736.06	11,147,884.70	6,289,047.44
未分配利润	101,220,379.16	70,939,209.64	35,676,587.89
归属于母公司股东的所有者权益合计	327,275,397.49	291,438,376.61	251,316,917.60
少数股东权益	—	—	—
股东权益合计	327,275,397.49	291,438,376.61	251,316,917.60
负债和股东权益总计	475,424,335.71	392,427,551.71	296,880,546.96

4.1.2 中研股份合并利润表

表4-17 中研股份合并利润表 (单位:元)

项目	2022年度	2021年度	2020年度
一、营业总收入	248,121,782.18	203,006,300.76	158,182,071.95
减:营业成本	137,387,310.64	105,623,420.19	81,734,680.94
税金及附加	1,261,527.31	2,135,037.15	1,406,280.69
销售费用	8,821,672.39	8,584,371.89	8,994,594.80
管理费用	25,106,404.89	21,554,215.56	26,250,340.84
研发费用	16,877,099.45	13,262,693.33	13,094,213.03
财务费用	-1,865,301.76	-1,210,039.63	127,216.84
加:其他收益	3,134,824.64	3,404,304.12	1,288,685.70

续表

项目	2022年度	2021年度	2020年度
投资收益 （损失以“-”号填列）	-113,072.04	-11,908.08	169,905.66
公允价值变动收益 （损失以“-”号填列）	—	—	19,972.61
信用减值损失 （损失以“-”号填列）	-358,392.97	-24,213.49	381,223.91
资产减值损失 （损失以“-”号填列）	—	—	—
资产处置收益 （损失以“-”号填列）	—	—	-1,348.85
二、营业利润	63,196,428.89	56,424,784.82	28,433,183.84
加：营业外收入	27,832.71	34,957.72	9,580.52
减：营业外支出	382,540.11	45,787.47	349,948.24
三、利润总额	62,841,721.49	56,413,955.07	28,092,816.12
减：所得税费用	6,927,500.61	6,284,455.37	3,427,520.16
四、净利润	55,914,220.88	50,129,499.70	24,665,295.96
归属于母公司股东的净利润	55,914,220.88	50,129,499.70	24,665,295.96
少数股东损益	—	—	—
五、其他综合收益的税后净额	—	—	—
六、综合收益总额	55,914,220.88	50,129,499.70	24,665,295.96
归属于母公司股东的综合收益总额	55,914,220.88	50,129,499.70	24,665,295.96
归属于少数股东的综合收益总额	—	—	—
七、每股收益			
（一）基本每股收益	0.61	0.55	0.27
（二）稀释每股收益	0.61	0.55	0.27

4.1.3　中研股份合并现金流量表

表4-18　中研股份合并现金流量表　（单位：元）

项目	2022年度	2021年度	2020年度
一、经营活动产生的现金流量			
销售商品、提供劳务收到的现金	124,807,708.39	133,486,534.95	103,927,253.63
收到的税费返还	1,863,491.30	2,007,236.75	600,194.75

续表

项目	2022年度	2021年度	2020年度
收到其他与经营活动有关的现金	8,299,601.46	6,461,393.93	1,160,313.38
经营活动现金流入小计	134,970,801.15	141,955,165.63	105,687,761.76
购买商品、接受劳务支付的现金	59,012,869.69	30,919,050.06	24,199,250.41
支付给职工以及为职工支付的现金	36,565,591.99	37,150,609.85	28,456,343.09
支付的各项税费	11,928,321.24	20,993,901.11	12,454,987.38
支付其他与经营活动有关的现金	14,979,458.55	15,102,716.24	19,083,411.95
经营活动现金流出小计	122,486,241.47	104,166,277.26	84,193,992.83
经营活动产生的现金流量净额	12,484,559.68	37,788,888.37	21,493,768.93
二、投资活动产生的现金流量			
收回投资所收到的现金	—	50,000,000.00	39,000,000.00
取得投资收益收到的现金	—	101,547.94	223,817.80
处置固定资产、无形资产和其他长期资产收回的现金净额	—	—	1,165.05
投资活动现金流入小计	—	50,101,547.94	39,224,982.85
购建固定资产、无形资产和其他长期资产支付的现金	32,031,718.68	19,490,424.76	13,050,713.89
投资支付的现金	—	40,000,000.00	43,000,000.00
支付其他与投资活动有关的现金	—	—	—
投资活动现金流出小计	32,031,718.68	59,490,424.76	56,050,713.89
投资活动产生的现金流量净额	-32,031,718.68	-9,388,876.82	-16,825,731.04
三、筹资活动产生的现金流量			
吸收投资收到的现金	—	—	33,465,000.00
取得借款所收到的现金	81,364,461.00	44,000,000.00	9,000,000.00
收到其他与筹资活动有关的现金	27,333,697.82	24,159,828.28	—
筹资活动现金流入小计	108,698,158.82	68,159,828.28	42,465,000.00
偿还债务所支付的现金	53,064,461.00	9,000,000.00	9,000,000.00
分配股利、利润或偿付利息所支付的现金	22,777,412.37	10,496,213.89	10,465,057.50
支付其他与筹资活动有关的现金	4,295,872.67	572,830.19	207,757.64
筹资活动现金流出小计	80,137,746.04	20,069,044.08	19,672,815.14
筹资活动产生的现金流量净额	28,560,412.78	48,090,784.20	22,792,184.86
四、汇率变动对现金及现金等价物的影响	43,979.13	-47,028.58	-15,347.48
五、现金及现金等价物净增加额	9,057,232.91	76,443,767.17	27,444,875.27
加:期初现金及现金等价物余额	108,389,142.92	31,945,375.75	4,500,500.48
六、期末现金及现金等价物余额	117,446,375.83	108,389,142.92	31,945,375.75

4.2　主要财务指标

4.2.1　主要财务指标

表 4-19　中研股份主要财务指标表

项目	2022年12月31日	2021年12月31日	2020年12月31日
流动比率(倍)	2.50	2.77	4.61
速动比率(倍)	1.78	2.18	3.28
资产负债率(合并)	31.16%	25.73%	15.35%
资产负债率(母公司)	31.47%	26.19%	15.40%
归属于母公司股东的每股净资产(元/股)	3.59	3.19	2.75
项目	2022年度	2021年度	2020年度
应收账款周转率(次)	26.09	22.33	11.81
存货周转率(次)	1.89	2.03	1.73
息税折旧摊销前利润(万元)	7,732.38	6,956.28	4,106.80
利息保障倍数(倍)	22.71	80.32	67.15
归属于公司普通股股东的净利润(万元)	5,591.42	5,012.95	2,466.53
扣除非经常性损益后归属于公司普通股股东的净利润(万元)	5,356.96	4,718.45	2,369.42
研发投入占营业收入的比例	5.81%	5.32%	6.72%
每股经营活动产生的现金流量净额(元/股)	0.14	0.41	0.24
每股净现金流量(元/股)	0.10	0.84	0.30

4.2.2　净资产收益率和每股收益

按照《公开发行证券公司信息披露编报规则第9号——净资产收益率和每股收益的计算及披露》计算的公司净资产收益率和每股收益如下表所示：

表4-20　中研股份净资产收益率和每股收益明细表

时间	利润	加权平均净资产收益率(%)	每股收益(元/股)	
			基本每股收益	稀释每股收益
2022年度	归属于公司普通股股东的净利润	18.07	0.61	0.61
	扣除非经常性损益后归属于公司普通股股东的净利润	17.32	0.59	0.59
2021年度	归属于公司普通股股东的净利润	18.53	0.55	0.55
	扣除非经常性损益后归属于公司普通股股东的净利润	17.44	0.52	0.52
2020年度	归属于公司普通股股东的净利润	10.26	0.27	0.27
	扣除非经常性损益后归属于公司普通股股东的净利润	9.86	0.26	0.26

4.3　经营业绩分析

4.3.1　报告期内经营业绩概述

报告期内，中研股份经营业绩情况如下：

表4-21　中研股份经营业绩情况表　（单位：万元）

项目	2022年度	2021年度	2020年度
营业收入	24,812.18	20,300.63	15,818.21
营业成本	13,738.73	10,562.34	8,173.47
营业毛利	11,073.45	9,738.29	7,644.74
营业利润	6,319.64	5,642.48	2,843.32
利润总额	6,284.17	5,641.40	2,809.28
净利润	5,591.42	5,012.95	2,466.53
归属于母公司所有者净利润	5,591.42	5,012.95	2,466.53
扣除非经常性损益后归属于母公司股东的净利润	5,356.96	4,718.45	2,369.42

报告期内，中研股份营业收入分别为15,818.21万元、20,300.63万元

和24,812.18万元,净利润分别为2,466.53万元、5,012.95万元和5,591.42万元。最近三年中研股份营业收入及归属于母公司所有者净利润持续增长,体现出良好的盈利能力和成长性。

4.3.2 报告期内经营成果逻辑分析

报告期内,中研股份营业收入、净利润呈持续增长态势,主要由于:①“双碳”背景下,轻量化、可回收的热塑性特种工程塑料市场需求持续增加,PEEK作为具有“轻量化、可回收”特征的特种新型材料,其下游应用领域不断拓展,在交通运输、电子信息和航空等领域替代金属和其他塑料材料的应用日益深入,国内工程塑料生产、改性和应用技术的不断提升,PEEK产业配套不断完善,其加工方式日益丰富,市场规模持续扩大。②凭借长期在PEEK树脂生产领域的持续研发投入和技术创新,中研股份PEEK产品性能优良、品质优异、供应稳定,产品丰富,客户的黏性较高,下游客户群体不断扩大。中研股份的PEEK产品满足了下游客户的需求,使得公司营业收入、净利润呈持续增长态势。

报告期内,中研股份营业收入和净利润整体规模尚小,特别与竞争对手英国威格斯相比仍存在差距,主要由于:①国内PEEK市场仍在不断发展壮大的过程中,市场潜力远未被完全开发。PEEK作为一种新型材料,目前国内处于大范围产业化应用的早期阶段,市场对PEEK的理解、认识和应用需要一定的时间周期,市场空间尚未完全打开。②前期国内的PEEK供应主要以英国威格斯等国外企业为主,下游客户虽然有较为强烈的国产替代需求,但出于对其自身产品稳定性的考虑,引入新供应商需要较长的验证周期。虽然中研股份通过长期的积累已经在国内市场占有了一定的市场份额,但对竞争对手产品的替代过程仍需要一定的时间周期。③PEEK作为高端特种工程塑料,市场价格一般高于其他高分子材料,一定程度上限制了其在相关应用领域的拓展速度。

4.3.3 纯树脂颗粒下游应用领域及增长分析

报告期内,中研股份纯树脂颗粒产品占主营业务收入比例维持在70%左右,下游应用包括型材、工业机械及能源、电子信息、汽车等领域,具体应用情况如下:

表 4-22 纯树脂颗粒产品应用情况表

产品名称	2022 年度		2021 年度		2020 年度	
	金额（万元）	比例	金额（万元）	比例	金额（万元）	比例
型材	14,527.34	87.13%	11,787.99	86.10%	10,182.46	83.96%
工业机械及能源	799.82	4.80%	611.42	4.47%	1,330.03	10.97%
电子信息	168.78	1.01%	123.21	0.90%	86.67	0.71%
汽车	357.47	2.14%	114.67	0.84%	139.27	1.15%
其他	820.63	4.92%	1,053.50	7.69%	388.75	3.21%
合计	16,674.04	100.00%	13,690.78	100.00%	12,127.18	100.00%

上表中型材客户的下游终端应用集中在电子信息、工业机械及能源等领域,具体情况如下:

表 4-23 型材客户终端应用情况表

产品名称	2022 年度		2021 年度		2020 年度	
	金额（万元）	比例	金额（万元）	比例	金额（万元）	比例
电子信息	8,924.48	61.43%	7,512.29	63.73%	6,646.83	65.28%
工业机械及能源	5,413.54	37.26%	3,817.60	32.39%	1,987.84	19.52%
其他	189.32	1.30%	458.10	3.89%	1,547.78	15.20%
合计	14,527.34	100.00%	11,787.99	100.00%	10,182.46	100.00%

4.3.4 复合增强类产品下游应用领域及增长分析

中研股份复合增强类产品主要用于工业机械及能源、汽车、型材等领域,具体构成如下:

表 4-24 复合增强类产品应用情况表

产品名称	2022 年度		2021 年度		2020 年度	
	金额（万元）	比例	金额（万元）	比例	金额（万元）	比例
工业机械及能源	1,807.77	31.19%	1,548.89	34.56%	913.44	36.68%

续表

产品名称	2022年度		2021年度		2020年度	
	金额（万元）	比例	金额（万元）	比例	金额（万元）	比例
型材	1,519.06	26.21%	1,050.59	23.44%	632.45	25.39%
汽车	1,220.53	21.06%	722.22	16.11%	617.00	24.77%
电子信息	775.40	13.38%	385.61	8.60%	63.30	2.54%
其他	473.33	8.17%	775.08	17.29%	264.40	10.62%
合计	5,796.10	100.00%	4,482.38	100.00%	2,490.59	100.00%

其中，型材下游终端应用领域情况如下：

表4-25　型材客户终端应用情况表

产品名称	2022年度		2021年度		2020年度	
	金额（万元）	比例	金额（万元）	比例	金额（万元）	比例
工业机械及能源	1,291.60	85.03%	834.73	79.45%	481.58	76.15%
电子信息	139.16	9.16%	98.98	9.42%	27.72	4.38%
其他	88.30	5.81%	116.87	11.12%	123.14	19.47%
合计	1,519.06	100.00%	1,050.59	100.00%	632.45	100.00%

4.3.5　收入增长的驱动因素

报告期内，中研股份营业收入持续增长，收入增长的驱动因素如下：

表4-26　收入增长的驱动因素表

序号	驱动因素	因素类型	具体影响
1	对材料的理解、接受度	行业需求	下游对PEEK材料的理解加深，PEEK应用领域不断拓展，行业需求增加
2	PEEK材料价格变化		PEEK材料价格降低，PEEK将在更多领域实现对金属、一般工程塑料的替代，行业需求增加
3	国内制造业的发展		国内制造业如电子信息、汽车、工业机械、能源等领域蓬勃发展，带动了对PEEK材料的需求
4	PEEK产品的质量	技术实力	产品性能指标优良，批次稳定性高，市场竞争力强

续表

序号	驱动因素	因素类型	具体影响
5	新产品开发能力		新产品开发满足客户特定需求,有利于获取新客户,扩大下游客户群体
6	客户的技术服务能力		良好的技术服务能力,有利于拓展新客户同时增强原有客户的稳定性
7	客户群体及下游客户发展状况	产业链	随着下游主要客户发展壮大及群体扩大,有利于营业收入持续增长

4.4 营业收入分析

4.4.1 营业收入总体情况分析

报告期内,中研股份营业收入构成如下:

表4-27 中研股份营业收入构成明细表

项目	2022年度		2021年度		2020年度	
	金额(万元)	比例	金额(万元)	比例	金额(万元)	比例
主营业务收入	24,811.90	99.999%	20,300.63	100.00%	15,818.15	100.00%
其他业务收入	0.28	0.001%	—	—	0.06	0.00%
合计	24,812.18	100.00%	20,300.63	100.00%	15,818.21	100.00%

报告期内,中研股份主营业务收入占比分别为100.00%、100.00%和99.999%,占比较高。中研股份少量其他业务收入主要是为客户提供的PEEK造粒加工服务收入。

4.4.2 主营业务收入产品构成

中研股份销售的PEEK产品包括纯树脂系列产品(树脂颗粒、树脂细粉和树脂粗粉)、复合增强系列产品及少量PEEK制品。中研股份各类产品的收入占比情况如下:

表4-28　中研股份各类产品的收入占比情况表

产品名称	2022年度		2021年度		2020年度	
	金额（万元）	比例	金额（万元）	比例	金额（万元）	比例
纯树脂系列	18,934.18	76.31%	15,791.15	77.79%	13,314.74	84.17%
其中：纯树脂颗粒	16,674.04	67.20%	13,690.78	67.44%	12,127.18	76.67%
纯树脂细粉	1,351.37	5.45%	1,400.78	6.90%	916.69	5.80%
纯树脂粗粉	908.77	3.66%	699.59	3.45%	270.87	1.71%
复合增强系列	5,796.10	23.36%	4,482.38	22.08%	2,490.59	15.75%
PEEK制品及其他	81.62	0.33%	27.10	0.13%	12.82	0.08%
合计	24,811.90	100.00%	20,300.63	100.00%	15,818.15	100.00%

2020至2022年，中研股份纯树脂系列产品收入持续增长，分别为13,314.74万元、15,791.15万元和18,934.18万元，占主营业务收入的比例分别为84.17%、77.79%和76.31%；复合增强系列产品收入分别为2,490.59万元、4,482.38万元和5,796.10万元，占主营业务收入的比例分别为15.75%、22.08%和23.36%，收入持续增长，占比有所提升。报告期内，纯树脂系列产品以纯树脂颗粒为主，占主营业务收入比例在70%左右，纯树脂细粉和纯树脂粗粉收入相对较小，合计占主营业务收入比例在10%左右。

4.4.3　主营业务收入地区构成

报告期内，中研股份主营业务收入按地区分类的构成情况如下：

表4-29　主营业务收入地区分类情况表

项目	2022年度		2021年度		2020年度	
	金额（万元）	比例	金额（万元）	比例	金额（万元）	比例
华东	20,116.50	81.08%	16,560.55	81.58%	12,152.85	76.83%
华南	1,973.74	7.95%	1,810.80	8.92%	1,361.32	8.61%
其他地区	1,816.91	7.32%	1,217.21	6.00%	867.89	5.49%
境内小计	23,907.15	96.35%	19,588.56	96.49%	14,382.06	90.92%
境外销售	904.75	3.65%	712.07	3.51%	1,436.10	9.08%
合计	24,811.90	100.00%	20,300.63	100.00%	15,818.15	100.00%

报告期内，中研股份营业收入主要来自内销收入，内销收入分别为14，382.06万元、19，588.56万元和23，907.15万元，占主营业务收入比例分别为90.92%、96.49%和96.35%；2020年至2022年，中研股份内销收入高速增长，复合增长率达28.93%。

中研股份内销收入主要集中在华东、华南两大区域，主要是PEEK下游主要应用于电子信息、交通运输、工业等领域，华东和华南在上述领域形成了一定的产业集群，客户集中在上述区域。

报告期内，中研股份外销收入分别为1436.10万元、712.07万元和904.75万元，占当期主营业务收入的比例分别为9.08%、3.51%和3.65%。2021年，中研股份外销收入减少，主要受海运成本上升等因素影响，境外客户SABIC等采购需求减少。报告期内，中研股份外销收入整体较小，一是因为中国PEEK市场快速增长且公司产能有限，目前全球PEEK市场中增长最快的是中国市场，其增速远高于全球平均增速，同时中研股份现有产能为1，000吨/年，2021年中国市场消费量已经接近2，000吨/年，在此背景下，中研股份优先将产能向中国投放，抢占中国市场新兴的下游需求，优先解决国内市场被国外PEEK生产企业垄断的情况。二是因为国外PEEK市场已经被英国威格斯、比利时索尔维和德国赢创经营多年，其与下游配套企业（如PEEK板棒材加工企业）合作紧密，中研股份抢占国际市场需要下游企业对公司产品进行长时间的验证，因此短期内中研股份外销收入增长有限。

4.4.4　主营业务收入销售模式构成

报告期内，中研股份以对终端客户的直销为主，具体情况如下：

表4-30　主营业务收入销售模式情况表

项目	2022年度		2021年度		2020年度	
	金额（万元）	比例	金额（万元）	比例	金额（万元）	比例
终端客户	23，541.38	94.88%	19，038.10	93.78%	15，423.21	97.50%
非终端客户：贸易商	1，196.16	4.82%	1，135.76	5.59%	381.65	2.41%
非终端客户：经销商	74.36	0.30%	126.77	0.62%	13.28	0.08%
合计	24，811.90	100.00%	20，300.63	100.00%	15，818.15	100.00%

中研股份销售以对终端客户的直销为主，对非终端客户销售为辅助。报告期内中研股份对终端客户的销售金额分别为15,423.21万元、19,038.10万元和23,541.38万元，占主营业务收入的比例分别为97.50%、93.78%和94.88%。报告期内，中研股份对非终端客户（包括贸易商、经销商）收入占比低于10%。

4.4.5　主营业务收入季节性变动

报告期内，中研股份各季度主营业务收入情况如下：

表4-31　主营业务收入季节性变动情况表

项目	2022年度		2021年度		2020年度	
	金额（万元）	比例	金额（万元）	比例	金额（万元）	比例
1季度	5,039.45	20.31%	4,404.07	21.69%	2,875.91	18.18%
2季度	5,894.85	23.76%	5,613.59	27.65%	4,252.26	26.88%
3季度	6,959.55	28.05%	5,448.62	26.84%	4,366.30	27.60%
4季度	6,918.04	27.88%	4,834.35	23.81%	4,323.69	27.33%
合计	24,811.90	100.00%	20,300.63	100.00%	15,818.15	100.00%

如上表所示，报告期内，中研股份主营业收入不存在明显的季节性，一般而言，受春节假期影响，一季度的主营业务收入会低于同一会计年度的其他季度。

4.4.6　销售退货、换货情况

表4-32　销售退货、换货情况表

项目	2022年度	2021年度	2020年度
退货（万元）	54.37	1.22	24.36
换货（万元）	267.59	209.83	137.90
合计（万元）	321.95	211.05	162.26
营业收入（万元）	24,812.18	20,300.63	15,818.21
退换货占比	1.30%	1.04%	1.03%

报告期内，中研股份存在少量退换货的情形（以换货为主），主要是部分批次产品无法满足下游客户的设备、工艺要求，中研股份一般选择适配性更强的

型号和批次进行换货。2022年度,退换货略有提升,主要由于部分注塑类的客户对产品的颜色、杂质方面要求较高,对个别批次产品提出换货要求,中研股份更换了产品批次重新发货。

4.5 营业成本分析

4.5.1 营业成本的构成

报告期内,中研股份营业成本构成如下:

表4-33 中研股份营业成本构成情况表

项目	2022年度		2021年度		2020年度	
	金额(万元)	比例	金额(万元)	比例	金额(万元)	比例
主营业务成本	13,738.73	100.00%	10,562.34	100.00%	8,173.47	100.00%
其他业务成本	—	—	—	—	—	—
合计	13,738.73	100.00%	10,562.34	100.00%	8,173.47	100.00%

总体上,中研股份营业成本均为主营业务成本,营业成本变化趋势与收入变动趋势基本一致。

4.5.2 主营业务成本按产品构成分析

报告期内,中研股份主营业务成本分产品明细情况如下:

表4-34 主营业务成本按产品构成情况表

产品名称	2022年度		2021年度		2020年度	
	金额(万元)	比例	金额(万元)	比例	金额(万元)	比例
纯树脂系列	10,662.73	77.61%	8,377.90	79.32%	6,958.75	85.14%
其中:纯树脂颗粒	9,444.82	68.75%	7,326.70	69.37%	6,349.59	77.69%
纯树脂细粉	697.98	5.08%	662.19	6.27%	467.23	5.72%
纯树脂粗粉	519.93	3.78%	389.01	3.68%	141.93	1.74%
复合增强系列	3,041.24	22.14%	2,164.43	20.49%	1,205.32	14.75%
PEEK制品及其他	34.76	0.25%	20.01	0.19%	9.40	0.12%
合计	13,738.73	100.00%	10,562.34	100.00%	8,173.47	100.00%

报告期内，中研股份各项产品营业成本结构与主营业务收入结构基本一致，变动趋势与主营业务收入的变动趋势相符。

4.5.3　主营业务成本结构情况

报告期内，中研股份主营业务成本结构相对稳定，具体构成情况如下：

表4-35　主营业务成本结构表

具体构成	2022年度		2021年度		2020年度	
	金额（万元）	比例	金额（万元）	比例	金额（万元）	比例
直接材料	10,371.56	75.49%	7,146.94	67.66%	5,619.34	68.75%
直接人工	1,031.84	7.51%	972.30	9.21%	715.94	8.76%
制造费用	1,492.55	10.86%	1,772.98	16.79%	1,342.80	16.43%
能源动力	669.02	4.87%	521.39	4.94%	385.63	4.72%
运输费	173.77	1.26%	148.74	1.41%	109.76	1.34%
合计	13,738.73	100.00%	10,562.34	100.00%	8,173.47	100.00%

报告期内，直接材料成本占中研股份主营业务成本的比重分别为68.75%、67.66%和75.49%，在主营业务成本中占比最大，制造费用占主营业务成本比例分别为16.43%、16.79%和10.86%，两类成本合计占主营业务成本比例在80%以上。

报告期内，随着产量提升，规模效应逐步显现。2022年度，主营业务成本中直接材料占比有所提升，直接人工和制造费用有所下降，主要由于：①2022年氟酮等原材料采购价格上涨；②部分生产设备在2021年底折旧年限到期导致2022年度制造费用中折旧费减少；③2022年中研股份产销规模同比增加，规模效应进一步降低了直接人工和制造费用的占比。

4.6　主营业务毛利及毛利率分析

4.6.1　毛利率构成分析

报告期内，中研股份各期间营业毛利构成及毛利率情况如下：

表 4-36 毛利率构成情况表

项目	2022 年度	2021 年度	2020 年度
主营业务毛利(万元)	11,073.16	9,738.29	7,644.68
主营业务毛利率	44.63%	47.97%	48.33%
综合毛利率	44.63%	47.97%	48.33%

中研股份营业毛利主要来自主营业务。报告期内,主营业务毛利率与综合毛利率基本一致。

4.6.2 毛利率变动分析

报告期内,中研股份主营业务中各类产品的毛利、毛利率情况如下:

表 4-37 各类产品毛利率构成情况表

项目	2022 年度			2021 年度			2020 年度		
	毛利（万元）	占比	毛利率	毛利（万元）	占比	毛利率	毛利（万元）	占比	毛利率
纯树脂颗粒	7,229.23	65.29%	43.36%	6,364.08	65.35%	46.48%	5,777.59	75.58%	47.64%
纯树脂细粉	653.39	5.90%	48.35%	738.59	7.58%	52.73%	449.46	5.88%	49.03%
纯树脂粗粉	388.84	3.51%	42.79%	310.58	3.19%	44.39%	128.95	1.69%	47.60%
复合增强类	2,754.86	24.88%	47.53%	2,317.95	23.80%	51.71%	1,285.27	16.81%	51.61%
型材产品	46.85	0.42%	57.40%	7.09	0.07%	26.15%	3.42	0.04%	26.67%
合计	11,073.16	100.00%	44.63%	9,738.29	100.00%	47.97%	7,644.68	100.00%	48.33%

报告期内,中研股份主营业务毛利率分别为48.33%、47.97%和44.63%,毛利率整体相对稳定;2022年度,中研股份毛利率小幅下滑,主要受上游原材料氟酮、对苯二酚价格上涨影响,产品的单位成本上升幅度超过销售价格上涨幅度所致。报告期内,纯树脂颗粒、复合增强类产品对毛利贡献维持在90%左右,是中研股份主营业务毛利的主要来源。

4.6.3　不同销售模式下的毛利率

报告期内，中研股份不同销售模式下的毛利率情况如下：

表4-38　不同销售模式下的毛利率情况表

项目	2022年度	2021年度	2020年度
终端客户毛利率	44.51%	47.77%	48.28%
非终端客户：贸易商毛利率	46.60%	51.19%	50.16%
非终端客户：经销商毛利率	48.95%	48.49%	51.73%

报告期内，中研股份不同销售模式下毛利率存在一定差异，其中终端客户毛利率稍低于贸易商和经销商，主要是公司以对终端客户直接销售为主，对采购量较大的终端客户的价格略低于其他客户，导致终端客户的毛利率水平整体略低。

2022年度，经销商较贸易商和终端客户的毛利率相对较高，主要由于2022年度对经销商的销售中复合增强类产品占比较高，复合类产品毛利水平较高；同时经销商采购规模较小，定价相对较高。

4.6.4　不同销售区域的毛利率分析

报告期内，中研股份不同销售区域的毛利率情况如下：

表4-39　不同销售区域下的毛利率情况表

项目	2022年度	2021年度	2020年度
华东	44.03%	47.63%	48.60%
华南	47.73%	50.83%	49.33%
其他	49.03%	50.68%	48.92%
境内小计	44.71%	48.12%	48.68%
境外销售	42.42%	43.91%	44.76%
合计	44.63%	47.97%	48.33%

如上表所示，报告期内中研股份不同销售区域内毛利率不存在重大差异，其中华东地区毛利率相对略低原因是公司主要客户集中在华东，针对部分采购规模较大的客户公司给予小幅的价格优惠；外销毛利率略低于境内销售毛利率，主要是出口退税等因素，公司对境外销售的价格略低于内销价格。

4.6.5 毛利率的同行业比较

2020—2022年,中研股份与同行业可比公司合成树脂产品毛利率对比情况如下:

表4-40 同行业毛利率对比情况表

项目	合成树脂	2022年度	2021年度	2020年度
彤程新材	酚醛树脂	25.89%	26.43%	35.95%
昊华科技	特种橡塑产品	35.18%	34.44%	40.75%
道恩股份	热塑性弹性体	17.99%	19.96%	42.10%
瑞华泰	PI薄膜	38.24%	44.86%	45.57%
海正生材	聚乳酸	13.78%	15.73%	26.34%
优巨新材	聚芳醚砜	42.27%	39.28%	37.75%
算术平均值	—	28.89%	30.12%	38.08%
中研股份	聚醚醚酮	44.63%	47.97%	48.33%

4.7 期间费用项目分析

报告期内,中研股份期间费用的构成情况如下:

表4-41 中研股份期间费用构成情况表

项目	2022年度		2021年度		2020年度	
	金额(万元)	占营业收入的比重	金额(万元)	占营业收入的比重	金额(万元)	占营业收入的比重
销售费用	882.17	3.56%	858.44	4.23%	899.46	5.69%
管理费用	2,510.64	10.12%	2,155.42	10.62%	2,625.03	16.60%
研发费用	1,687.71	6.80%	1,326.27	6.53%	1,309.42	8.28%
财务费用	-186.53	-0.75%	-121.00	-0.60%	12.72	0.08%
合计	4,893.99	19.72%	4,219.12	20.78%	4,846.64	30.64%

4.7.1 销售费用

报告期内,中研股份销售费用的构成情况如下:

表4-42　中研股份销售费用构成情况表

项目	2022年度		2021年度		2020年度	
	金额（万元）	比例	金额（万元）	比例	金额（万元）	比例
职工薪酬	683.45	77.47%	720.68	83.95%	582.33	64.74%
业务宣传展览费	91.27	10.35%	35.13	4.09%	176.97	19.67%
业务招待费	19.14	2.17%	56.61	6.59%	81.82	9.10%
差旅费	26.29	2.98%	33.42	3.89%	45.55	5.06%
样品费用	11.13	1.26%	6.30	0.73%	4.84	0.54%
材料费用	17.86	2.02%	1.39	0.16%	1.59	0.18%
其他	33.04	3.75%	4.91	0.57%	6.35	0.71%
合计	882.17	100.00%	858.44	100.00%	899.46	100.00%

报告期内，中研股份的销售费用主要为职工薪酬、业务宣传展览费和业务招待费等，上述费用占销售费用的比例分别93.51%、94.64%和89.99%。报告期内，销售费用保持相对稳定。

4.7.2　可比公司销售费用率比较情况

报告期内，中研股份销售费用占营业收入的比例与同行业上市公司对比如下：

表4-43　可比公司销售费用率比较情况表

项目	2022年度	2021年度	2020年度
彤程新材	2.91%	3.00%	2.23%
昊华科技	1.74%	1.98%	2.46%
道恩股份	0.71%	0.65%	0.55%
瑞华泰	2.07%	1.94%	2.65%
海正生材	0.75%	0.73%	1.67%
优巨新材	2.81%	4.76%	4.77%
算术平均值	1.83%	2.18%	2.39%
中研股份	3.56%	4.23%	5.69%

报告期内，中研股份销售费用占营业收入的比例高于同行业上市公司，主要原因为：①公司目前阶段销售收入规模低于可比公司；②相比可比公司的相

关产品,PEEK国内市场处于成长阶段,新市场的培养和潜在客户的开发需要公司投入更多的人力和资源;③公司以直销为主,因业务拓展和客户维护需要,发生的销售费用相对较多。

4.7.3 管理费用

报告期内,中研股份管理费用明细如下:

表4-44 中研股份管理费用情况表

项目	2022年度		2021年度		2020年度	
	金额(万元)	比例	金额(万元)	比例	金额(万元)	比例
职工薪酬	1,265.30	50.40%	998.43	46.32%	813.15	30.98%
业务招待费	205.68	8.19%	180.51	8.37%	277.34	10.57%
无形资产摊销	11.14	0.44%	11.22	0.52%	10.04	0.38%
折旧费	202.59	8.07%	150.86	7.00%	163.54	6.23%
中介服务费	297.29	11.84%	373.47	17.33%	846.74	32.26%
交通差旅费	256.04	10.20%	196.15	9.10%	176.10	6.71%
办公费	73.41	2.92%	102.41	4.75%	58.91	2.24%
停工损失	—	—	—	—	90.86	3.46%
认证费	6.55	0.26%	26.59	1.23%	7.81	0.30%
物料消耗	88.29	3.52%	17.93	0.83%	16.92	0.64%
租赁费	—	—	—	—	10.48	0.40%
修理费	36.26	1.44%	22.24	1.03%	16.93	0.64%
知识产权服务费	41.69	1.66%	45.26	2.10%	110.00	4.19%
其他	26.40	1.05%	30.36	1.41%	26.22	1.00%
合计	2,510.64	100.00%	2,155.42	100.00%	2,625.03	100.00%

报告期内,中研股份管理费用主要为职工薪酬、中介服务费、业务招待费、交通差旅费、折旧费等。

4.7.4 可比公司管理费用率比较情况

报告期内,中研股份管理费用占营业收入的比例与同行业上市公司对比如下:

表4-45　可比公司管理费用率比较情况表

项目	2022年度	2021年度	2020年度
彤程新材	6.78%	6.87%	6.36%
昊华科技	6.59%	8.21%	9.48%
道恩股份	1.81%	1.71%	2.24%
瑞华泰	12.45%	12.67%	9.40%
海正生材	4.35%	3.68%	4.43%
优巨新材	6.81%	6.18%	6.48%
算术平均值	6.46%	6.55%	6.40%
中研股份	10.12%	10.62%	16.60%

报告期内，中研股份管理费用占营业收入的比例显著高于同行业上市公司，主要是公司PEEK产品处于市场大范围应用早期，虽然销售增长率较高，但销售收入的绝对金额相对较小，使得管理费用占营业收入比例较高；同时2020年公司启动科创板上市，中介服务费金额较大。未来，随着收入规模的提升，管理费用占营业收入比例有望逐步向可比公司平均值靠拢。

4.7.5　研发费用

表4-46　中研股份研发费用构成情况表

项目	2022年度		2021年度		2020年度	
	金额（万元）	比例	金额（万元）	比例	金额（万元）	比例
职工薪酬	706.52	41.86%	585.77	44.17%	448.50	34.25%
直接材料	426.53	25.27%	319.34	24.08%	394.71	30.14%
折旧摊销	377.83	22.39%	330.07	24.89%	314.92	24.05%
技术服务费	105.85	6.27%	68.09	5.13%	126.71	9.68%
其他	70.98	4.21%	23.01	1.73%	24.57	1.88%
合计	1,687.71	100.00%	1,326.27	100.00%	1,309.42	100.00%

报告期内，中研股份的研发费用分别为1309.42万元、1326.27万元和1687.71万元，占营业收入的比重分别为8.28%、6.53%和6.80%。报告期内，中研股份研发费用持续上升；随着收入规模的提升，2021年研发费用占比有所下降。

4.7.6 中研股份研发项目情况

报告期内,中研股份主要研发项目的明细情况如下:

表4-47 中研股份研发项目情况表 (单位:万元)

项目名称	整体预算	2022年度投入金额	2021年度投入金额	2020年度投入金额	合计	项目实施进度
一种医疗级聚醚醚酮复合材料及其制备方法	1,664.70	178.37	110.14	111.99	400.50	研发进行中
一种航空级聚醚醚酮复合材料及其制备方法	693.00	—	—	14.59	14.59	中止1
低黏热稳聚醚醚酮产品研究	1,200.00	639.81	478.60	447.52	1,565.93	研发进行中
用于精密注塑的复合材料	884.50	273.91	258.29	202.63	734.83	研发进行中
挤出、注塑工艺的系统化研究	767.00	102.46	90.40	127.57	320.43	研发进行中
F4422产品研发	924.4	138.07	101.01	—	239.08	研发进行中
抗辐射PEEK材料研发	2,000.00	20.51	8.62	—	29.13	研发进行中
丙酮回收研发项目	150.00	—	32.00	108.00	140.00	已经完成
HA增强聚醚醚酮产品开发研究项目	/	—	—	43.78	43.78	中止2
齿科应用聚醚醚酮产品	/	—	—	6.14	6.14	中止2
碳纤维聚醚醚酮复合材料研发	300.00	87.38	—	—	87.38	研发进行中
自行研发无形资产摊销	/	247.21	247.21	247.21	741.63	—
合计	8,583.60	1,687.71	1,326.27	1,309.42	4,323.41	—

1:一种航空级聚醚醚酮复合材料及其制备方法研发项目目前为中止状态,拟后续上海研发中心启动后,配合上海研发中心继续开展该项目研究;HA增强聚醚醚酮产品开发研究项目、齿科应用聚醚醚酮产品项目后续将在医疗级PEEK产品量产后启动。

2:HA增强聚醚醚酮产品开发研究项目、齿科应用聚醚醚酮产品项目系医疗级聚醚醚酮复合材料及其制备方法研发项目的子项目,预算纳入一种医疗级聚醚醚酮复合材料及其制备方法项目。

4.7.7　可比公司研发费用率对比情况

报告期内,中研股份研发费用占营业收入的比例与同行业上市公司对比如下:

表4-48　可比公司研发费用率对比情况表

项目	2022年度	2021年度	2020年度
彤程新材	6.33%	6.35%	4.04%
昊华科技	7.08%	7.31%	7.80%
道恩股份	3.64%	3.67%	4.11%
瑞华泰	8.96%	8.34%	6.60%
海正生材	3.14%	2.42%	3.54%
优巨新材	5.09%	4.69%	4.03%
算术平均值	5.71%	5.46%	5.02%
中研股份	6.80%	6.53%	8.28%

报告期内,中研股份研发费用占营业收入的比例略高于同行业上市公司,主要原因是报告期内中研股份收入规模小于可比公司,同时重视技术创新和产品研发,紧密围绕市场需求,不断进行技术储备和新产品的研发,持续优化生产工艺并加强研发部门的自主创新能力,并通过产学研合作创新机制,不断提升公司研发实力和技术创新能力。

4.7.8　财务费用

表4-49　中研股份财务费用情况表　（单位:万元）

项目	2022年度	2021年度	2020年度
利息支出	261.84	71.12	42.47
减:利息收入	448.71	200.63	29.94
汇兑损益	-2.52	3.79	-3.06
银行手续费	2.23	2.91	3.25
其他	0.63	1.81	—
合计	-186.53	-121.00	12.72

报告期内，中研股份财务费用分别为12.72万元、-121.00万元和-186.53万元，占营业收入的比例分别为0.08%、-0.60%和-0.75%。报告期内中研股份财务费用主要为利息支出、利息收入、汇兑损益等。2021年和2022年，中研股份财务费用为净收益状态，主要是公司银行存款增加，利息收入增加。

4.7.9 所得税费用分析

（1）所得税费用情况

表4-50 中研股份所得税费用情况表 （单位：万元）

项目	2022年度	2021年度	2020年度
当期所得税费用	637.10	637.44	191.05
递延所得税费用	55.65	-8.99	151.70
合计	692.75	628.45	342.75

（2）所得税费用与会计利润的关系

表4-51 所得税费用与会计利润关系表 （单位：万元）

项目	2022年度	2021年度	2020年度
利润总额	6,284.17	5,641.40	2,809.28
按法定/适用税率计算的所得税费用	942.63	846.21	421.39
子公司适用不同税率的影响	-3.68	-15.80	-14.40
调整以前期间所得税的影响	-10.08	-8.63	42.09
不可抵扣的成本、费用和损失影响	13.97	5.61	42.33
本期未确认递延所得税资产的可抵扣暂时性差异或可抵扣亏损的影响	1.09	—	—
研发费用加计扣除的影响	-251.17	-198.94	-148.66
所得税费用	692.75	628.45	342.75

4.8 中研股份资产质量分析

4.8.1 资产构成及变动情况

报告期内，中研股份资产构成情况如下：

表4-52　中研股份资产构成情况表

项目	2022年12月31日		2021年12月31日		2020年12月31日	
	金额(万元)	比例	金额(万元)	比例	金额(万元)	比例
流动资产	31,479.48	66.21%	25,426.67	64.79%	17,206.58	57.96%
非流动资产	16,062.96	33.79%	13,816.08	35.21%	12,481.48	42.04%
资产总计	47,542.43	100.00%	39,242.76	100.00%	29,688.05	100.00%

报告期内,中研股份资产规模不断扩大。2020年末、2021年末和2022末,资产总额分别为29,688.05万元、39,242.76万元和47,542.43万元,随着业务的持续发展,资产规模保持增长,资产规模与公司生产经营相适应,保证了正常发展的需要。

2020年末、2021年末和2022年末,中研股份流动资产金额分别为17,206.58万元、25,426.67万元和31,479.48万元,主要由货币资金、应收票据、应收账款、应收款项融资、预付账款、存货等构成;非流动资产金额分别为12,481.48万元、13,816.08万元和16,062.96万元,主要由固定资产、在建工程、无形资产等构成。

4.8.2　流动资产分析

中研股份的流动资产主要由货币资金、应收票据、应收账款、应收款项融资、预付账款、存货等构成。报告期内,中研股份的流动资产情况如下:

表4-53　中研股份流动资产情况表

项目	2022年12月31日		2021年12月31日		2020年12月31日	
	金额(万元)	比例	金额(万元)	比例	金额(万元)	比例
货币资金	11,744.64	37.31%	10,838.91	42.63%	3,194.54	18.57%
交易性金融资产	—	—	—	—	1,002.00	5.82%
应收票据	4,601.10	14.62%	5,038.47	19.82%	4,635.23	26.94%
应收账款	1,005.57	3.19%	896.18	3.52%	922.24	5.36%
应收款项融资	836.53	2.66%	602.52	2.37%	1,672.35	9.72%
预付款项	3,588.84	11.40%	2,577.28	10.14%	803.29	4.67%
其他应收款	65.12	0.21%	18.11	0.07%	16.26	0.09%
存货	9,129.18	29.00%	5,447.39	21.42%	4,960.67	28.83%
其他流动资产	508.49	1.62%	7.80	0.03%	—	—
流动资产合计	31,479.48	100.00%	25,426.67	100.00%	17,206.58	100.00%

(1)货币资金

报告期各期末,中研股份货币资金余额构成情况如下:

表4-54　中研股份货币资金余额构成情况表

项目	2022年12月31日		2021年12月31日		2020年12月31日	
	金额(万元)	比例	金额(万元)	比例	金额(万元)	比例
银行存款	11,732.79	99.90%	10,831.52	99.93%	3,185.20	99.71%
其他货币资金	11.85	0.10%	7.39	0.07%	9.34	0.29%
合计	11,744.64	100.00%	10,838.91	100.00%	3,194.54	100.00%

2020年末、2021年末和2022年末,中研股份货币资金余额分别为3,194.54万元、10,838.91万元和11,744.64万元,占流动资产的比例分别为18.57%、42.63%和37.31%。

(2)交易性金融资产

报告期各期末,中研股份交易性金融资产余额构成情况如下:

表4-55　交易性金融资产情况表　(单位:万元)

项目	2022年12月31日	2021年12月31日	2020年12月31日
理财产品	—	—	1,002.00
合计	—	—	1,002.00

2020年末交易性金融资产为中研股份出于资金管理需要购买的招商银行"点金公司理财之步步生金8688号保本理财计划",持有份额分别为600.00万份和1,000.00万份,每份投资成本1元。

(3)应收款项

①应收款项基本情况

中研股份应收票据、应收账款、应收款项融资账面金额(净额)合计及占营业收入比重变动情况如下表所示:

表 4-56　应收款项基本情况表　（单位：万元）

项目	2022年12月31日/2022年度	2021年12月31日/2021年度	2020年12月31日/2020年度
应收票据（①）	4,601.10	5,038.47	4,635.23
应收账款（②）	1,005.57	896.18	922.24
应收款项融资（③）	836.53	602.52	1,672.35
合计（④=①+②+③）	6,443.20	6,537.17	7,229.82
营业收入（⑤）	24,812.18	20,300.63	15,818.21
应收票据占比（①/⑤）	18.54%	24.82%	29.30%
应收账款占比（②/⑤）	4.05%	4.41%	5.83%
应收款项融资占比（③/⑤）	3.37%	2.97%	10.57%
合计占比（④/⑤）	25.97%	32.20%	45.71%

报告期各期末，中研股份应收票据、应收账款、应收款项融资合计金额分别为7,229.82万元、6,537.17万元和6,443.20万元。报告期各期末，中研股份应收票据、应收账款、应收款项融资合计占营业收入比例分别为45.71%、32.20%和25.97%，整体呈下降趋势，主要是收入规模不断增长，同时保持相对稳定的信用政策，销售回款状况良好。

②应收票据/应收款项融资

应收票据/应收款项变动情况如下表所示：

表 4-57　应收票据/应收款项变动情况表　（单位：万元）

项目	2022年12月31日	2021年12月31日	2020年12月31日
应收票据	4,601.10	5,038.47	4,635.23
其中：银行承兑汇票	4,579.20	5,001.16	4,516.88
商业承兑汇票	21.90	37.31	118.35
应收款项融资	836.53	602.52	1,672.35
其中：银行承兑汇票	836.53	602.52	1,672.35
商业承兑汇票	—	—	—
合计	5,437.63	5,640.99	6,307.58
占流动资产比例	17.27%	22.19%	36.66%

报告期各期末，中研股份应收票据、应收款项融资合计账面价值分别为

6,307.58万元、5,640.99万元和5,437.63万元,占流动资产比重分别为36.66%、22.19%和17.27%,占比较高的原因主要是部分客户主要采用票据进行结算,使得应收票据余额较高。

(4)其他应收款

报告期各期末,其他应收款金额分别为16.26万元、18.11万元和65.12万元,占流动资产的比例分别为0.09%、0.07%和0.21%。其他应收款主要系公司为员工代扣代缴的公积金、医疗保险等款项,以及员工备用金。

(5)存货

报告期各期末,中研股份的存货构成情况如下:

表4-58 中研股份存货构成情况表

项目	2022年12月31日		2021年12月31日		2020年12月31日	
	金额(万元)	比例	金额(万元)	比例	金额(万元)	比例
原材料	5,671.92	62.13%	2,561.58	47.02%	1,661.37	33.49%
在产品	118.12	1.29%	136.99	2.51%	74.52	1.50%
半成品	1,398.89	15.32%	1,095.11	20.10%	1,112.34	22.42%
库存商品	1,731.66	18.97%	1,425.59	26.17%	1,855.96	37.41%
发出商品	42.80	0.47%	45.34	0.83%	2.36	0.05%
委托加工物资	—	—	—	—	99.42	2.00%
周转材料	165.79	1.82%	182.77	3.36%	154.71	3.12%
合计	9,129.18	100.00%	5,447.39	100.00%	4,960.67	100.00%

4.8.3 非流动资产分析

报告期各期末,中研股份非流动资产构成情况如下:

表4-59 中研股份非流动资产构成情况表

项目	2022年12月31日		2021年12月31日		2020年12月31日	
	金额(万元)	比例	金额(万元)	比例	金额(万元)	比例
固定资产	10,537.59	65.60%	6,447.62	46.67%	7,372.02	59.06%
在建工程	1,312.74	8.17%	3,021.11	21.87%	917.59	7.35%
使用权资产	11.70	0.07%	7.67	0.06%	—	—

续表

项目	2022年12月31日		2021年12月31日		2020年12月31日	
	金额（万元）	比例	金额（万元）	比例	金额（万元）	比例
无形资产	3,555.29	22.13%	3,809.34	27.57%	4,061.58	32.54%
递延所得税资产	19.00	0.12%	16.33	0.12%	16.44	0.13%
其他非流动资产	626.64	3.90%	514.02	3.72%	113.85	0.91%
非流动资产合计	16,062.96	100.00%	13,816.08	100.00%	12,481.48	100.00%

（1）同行业可比公司固定资产与产品产量对比情况

报告期内，中研股份及同行业可比公司机器设备原值与产品产量之比的情况如下：

表4-60　同行业固定资产与产品产量对比情况表　（单位：万元/吨）

公司	2022年	2021年	2020年
彤程新材	0.72	0.56	0.33
道恩股份	0.17	0.19	0.16
瑞华泰	72.05	62.01	77.76
海正生材	0.86	0.89	1.49
优巨新材	1.64	1.78	3.13
可比公司平均值	15.09	13.09	16.58
中研股份	5.66	5.87	6.42

（2）在建工程

报告期各期末，中研股份在建工程构成情况如下：

表4-61　中研股份在建工程构成情况表　（单位：万元）

项目	2022年12月31日	2021年12月31日	2020年12月31日
5000吨PEEK（二期）项目	1,096.97	2,044.28	581.18
研发中心建设项目	—	548.73	164.72
待安装设备及其他在建项目	215.76	428.09	171.69
合计	1,312.74	3,021.11	917.59

报告期各期末,中研股份在建工程账面余额分别为917.59万元、3,021.11万元和1,312.74万元,占非流动资产的比重为7.35%、21.87%和8.17%。公司在建工程主要为5000吨PEEK(二期)项目建设项目、研发中心建设项目及待安装设备。

4.9 无形资产

4.9.1 无形资产构成情况

报告期各期末,中研股份无形资产构成情况如下:

表4-62 中研股份无形资产构成情况表 (单位:万元)

资产类型	账面原值	累计摊销	减值准备	账面价值
2022年12月31日				
土地使用权	230.99	49.33	—	181.65
专利权及专有技术	4,944.12	1,613.82	—	3,330.29
软件	70.89	27.56	—	43.34
合计	5,246.00	1,690.71	—	3,555.29
2021年12月31日				
土地使用权	230.99	44.60	—	186.38
专利权及专有技术	4,944.12	1,366.62	—	3,577.50
软件	66.60	21.14	—	45.46
合计	5,241.71	1,432.36	—	3,809.34
2020年12月31日				
土地使用权	230.99	39.65	—	191.34
专利权及专有技术	4,944.12	1,119.41	—	3,824.71
软件	60.41	14.87	—	45.54
合计	5,235.51	1,173.94	—	4,061.58

由上表可见,2020年末、2021年末和2022年末,中研股份无形资产的账面价值分别为4,061.58万元、3,809.34万元和3,555.29万元,占非流动资产的比例分别为32.54%、27.57%和22.13%,主要由专利权、土地使用权、软件等项目构成。

4.9.2　研发支出资本化情况

表 4-63　中研股份研发支出资本化情况表

序号	项目名称	研究内容	研究成果	进度	资本化起始时间	完成时间	经济利益产生方式	资本化确定依据	资本化金额（万元）
1	高纯聚醚醚酮项目	超纯聚醚醚酮树脂产品研发。最终目标是纯度接近或超过英国威格斯同等产品，同时保持优异的机械性能和热性能等，旨在提高公司产品的竞争力	1.形成聚醚醚酮纯树脂颗粒系列产品； 2.获得"一种高纯聚醚醚酮的制备方法"发明专利	完成	2013年1月	2015年12月	形成产品，对外销售	1.成功完成该技术开发工作，不存在技术上的障碍或其他不确定性； 2.市场对该项目产品具有迫切需求，项目形成了无形资产，且有意愿、有能力使用无形资产形成产品，对外销售； 3.项目开发阶段的支出能够可靠地计量	2，199.72
2	防静电聚醚醚酮项目	防静电改性产品研发。包括所有的具有防静电功能的产品，对应英国威格斯产品为CA、FC和ESD产品。最终目标是接近甚至超过英国威格斯同等产品，提高公司产品的竞争力	1.形成复合增强系列新产品，分别为碳纤维改性系列、玻璃纤维改性系列、耐磨改性系列及防静电系列； 2.获得"一种防静电聚醚醚酮复合材料及其制备方法"发明专利	完成	2011年1月	2016年12月	形成产品，对外销售	1.成功完成该技术开发工作，不存在技术上的障碍或其他不确定性； 2.市场对该项目产品具有迫切需求，项目形成了无形资产，且有意愿、有能力使用无形资产形成产品，对外销售； 3.项目开发阶段的支出能够可靠地计量	1，575.03
3	喷涂级聚醚醚酮项目	细粉喷涂级聚醚醚酮研发	1.形成聚醚醚酮粉末涂料级产品，即聚醚醚酮细粉3个系列产品； 2.获得了"一种聚醚醚酮粉末涂料及其制备方法"发明专利	完成	2013年1月	2016年12月	形成产品，对外销售	1.成功完成该技术开发工作，不存在技术上的障碍或其他不确定性； 2.市场对该项目产品具有迫切需求，项目形成了无形资产，且有意愿、有能力使用无形资产形成产品，对外销售； 3.项目开发阶段的支出能够可靠地计量	1，169.36

4.9.3 资本化形成无形资产摊销年限分析

报告期前,中研股份三个资本化项目形成了无形资产包括三个发明专利及相关产品的专有制备技术。上述无形资产的摊销年限为20年,主要基于相关专利技术预计在较长时间内为公司持续带来经济效益,具体理由如下:①资本化形成的PEEK合成、制备及改性技术,具有较高的技术门槛;②相关专利权及专有技术对应的产品系目前市场上主流的PEEK产品,市场空间较大,下游应用广泛,市场需求持续增长;③材料的替代是漫长而复杂的过程,预计中短期内出现对PEEK形成替代的材料可能性较小。

同行业可比企业相关无形资产的摊销年限如下:

表4-64 同行业可比企业无形资产摊销年限情况表

	无形资产类别	摊销年限
彤程新材	专利权	10年
昊华科技	专利权、非专利技术	10—15年
道恩股份	专利权、非专利技术	5—10年
瑞华泰	专利权	项目
中研股份	专利权及专有技术	

注:昊华科技未披露专利权及非专利技术的摊销年限,根据其年报中年摊销金额推算,专利权及非专利技术的整体摊销年限约12年;海正生材、优巨新材无专利权、专有技术类无形资产,故未作列示。

如上表所示,同行业可比公司的专利权、非专利技术摊销年限集中在5—15年,其中以10年最为常见。如中研股份对资本化形成的无形资产按照10年进行摊销,对报告期各期净利润及期末净资产的影响如下:

表4-65 无形资产资本化摊销情况表

项目	2022年度	2021年度	2020年度
对净利润影响(调减)	173.04	173.04	182.31
占当期净利润比例	3.09%	3.45%	7.39%

如上表所示,如按照10年摊销,对报告期内公司净利润、净资产影响相对

较小，不会导致公司不符合上市发行条件（最近两年公司扣非前后孰低口径净利润合计分别为4,718.45万元、5,356.96万元），亦不会导致公司产生累计亏损。

4.10　资产周转能力分析

4.10.1　应收账款周转率

中研股份应收账款周转率与同行业上市公司对比如下：

表4-66　应收账款周转率对比情况表

项目	应收账款周转率（次/年）		
	2022年度	2021年度	2020年度
彤程新材	4.00	4.28	3.85
昊华科技	6.12	5.96	4.74
道恩股份	5.76	6.07	8.05
瑞华泰	4.18	4.47	5.20
海正生材	121.47	253.18	95.68
优巨新材	10.69	7.93	7.67
算术平均值	25.37	46.98	20.87
中研股份	26.09	22.33	11.81

报告期内，中研股份应收账款周转率分别为11.81次、22.33次和26.09次，维持较高水平，且高于除海正生材外的其他可比上市公司，回款情况较好，主要是中研股份对外销售产品时，除给予部分采购量持续稳定的客户一定信用额度外，其他客户采用款到发货的形式为主。同时，严格执行信用政策，重视应收款项回笼工作，因此能够在销售收入持续增长的同时有效控制应收账款的增长幅度。

4.10.2　存货周转率

中研股份存货周转率与同行业上市公司对比如下：

表 4-67 存货周转率对比情况表

可比上市公司	存货周转率(次/年)		
	2022 年度	2021 年度	2020 年度
彤程新材	6.31	8.52	7.23
昊华科技	7.04	6.57	5.98
道恩股份	8.35	8.93	8.92
瑞华泰	3.10	5.11	3.74
海正生材	4.08	5.13	4.27
优巨新材	4.20	4.67	3.81
算术平均值	5.51	6.49	5.66
中研股份	1.89	2.03	1.73

报告期内,中研股份存货周转率低于国内同行业可比上市公司,主要原因是:①报告期内中研股份处于快速发展期,日常经营中储备一定规模的原材料及纯树脂粗粉系列半成品以保证生产的连续性;②PEEK材料价格相对较高,下游客户一般按照订单采购PEEK产品,客户日常持有PEEK库存数量相对较少,为快速响应客户需求,对部分型号产成品需保留一定库存;③中研股份目前销售规模小于可比公司,且以销售自产产品为主,部分可比公司如彤程新材等存在一定的贸易性业务,存货周转率较快。

相比较而言,英国威格斯最近三年(2019年10月1日—2020年9月30日、2020年10月1日—2021年9月30日、2021年10月1日—2022年9月30日)存货周转率分别为1.28、1.73、2.08,与中研股份的存货周转率更为接近。

4.10.3 偿债能力、流动性与持续经营能力分析

(1)负债构成及变动情况

报告期各期末,中研股份负债构成情况如下:

表 4-68 中研股份负债构成情况表

项目	2022 年 12 月 31 日		2021 年 12 月 31 日		2020 年 12 月 31 日	
	金额(万元)	比例	金额(万元)	比例	金额(万元)	比例
短期借款	6,922.90	46.73%	5,175.49	51.25%	901.09	19.78%
应付账款	174.62	1.18%	29.84	0.30%	46.88	1.03%

续表

项目	2022年12月31日		2021年12月31日		2020年12月31日	
	金额（万元）	比例	金额（万元）	比例	金额（万元）	比例
合同负债	224.46	1.52%	339.04	3.36%	17.81	0.39%
应付职工薪酬	733.50	4.95%	257.91	2.55%	345.04	7.57%
应交税费	955.72	6.45%	450.34	4.46%	218.84	4.80%
其他应付款	92.97	0.63%	36.01	0.36%	91.36	2.01%
一年内到期的非流动负债	12.80	0.09%	5.21	0.05%	—	—
其他流动负债	3,468.35	23.41%	2,889.95	28.62%	2,111.88	46.35%
流动负债合计	12,585.33	84.95%	9,183.79	90.94%	3,732.90	81.93%
长期借款	1,230.00	8.30%	—	—	—	—
递延收益	575.00	3.88%	548.89	5.44%	448.12	9.83%
递延所得税负债	424.56	2.87%	366.24	3.63%	375.34	8.24%
非流动负债合计	2,229.56	15.05%	915.13	9.06%	823.46	18.07%
负债合计	14,814.89	100.00%	10,098.92	100.00%	4,556.36	100.00%

报告期各期末，中研股份负债总额分别为4,556.36万元、10,098.92万元和14,814.89万元，其变动趋势与生产经营规模扩大相一致。流动负债由短期借款、合同负债、应付职工薪酬、应交税费及其他流动负债构成。非流动负债占负债的比例相对较低，主要包括长期借款、递延收益和递延所得税负债。

（2）应交税费

报告期各期末，中研股份应交税费主要由增值税、企业所得税、城市维护建设税和教育费附加构成，应交税费余额分别为218.84万元、450.34万元和955.72万元，占负债总额的比例分别为4.80%、4.46%和6.45%。

报告期各期末，中研股份应交税费明细如下：

表4-69　中研股份应交税费明细表　（单位：万元）

项目	2022年12月31日	2021年12月31日	2020年12月31日
增值税	464.04	279.85	188.66
企业所得税	446.54	131.85	9.89
城市维护建设税	24.46	18.82	8.74
印花税	3.03	6.33	4.89

续表

项目	2022年12月31日	2021年12月31日	2020年12月31日
教育费附加	10.59	8.09	4.00
地方教育费附加及其他	7.06	5.39	2.67
合计	955.72	450.34	218.84

(3)主要偿债能力指标分析

报告期内,中研股份主要偿债能力指标如下:

表4-70 主要偿债能力指标表

财务指标	2022年12月31日	2021年12月31日	2020年12月31日
流动比率(倍)	2.50	2.77	4.61
速动比率(倍)	1.78	2.18	3.28
资产负债率(合并)	31.16%	25.73%	15.35%
资产负债率(母公司)	31.47%	26.19%	15.40%
财务指标	2022年度	2021年度	2020年度
息税折旧摊销前利润(万元)	7,732.38	6,956.28	4,106.80
利息保障倍数(倍)	22.71	80.32	67.15

①流动比率与速动比率

报告期各期末,公司流动比率分别为4.61、2.77和2.50,速动比率分别为3.28、2.18和1.78,流动比率及速动比率较高,具有良好的短期偿债能力,中研股份的流动性风险较低。

②资产负债率

报告期各期末,中研股份合并资产负债率分别为15.35%、25.73%和31.16%,母公司资产负债率分别为15.40%、26.19%和31.47%,资产负债率较低,偿债能力较强。

③息税折旧摊销前利润和利息保障倍数

报告期内,公司息税折旧摊销前利润分别为4,106.80万元、6,956.28万元和7,732.38万元,呈持续增长态势;利息保障倍数分别为67.15倍、80.32倍和22.71倍,公司偿债能力较强。

(4)与同行业公司比较分析

报告期各期末，中研股份短期偿债能力与同行业上市公司对比如下：

表4-71　短期偿债能力对比分析表

项目	可比上市公司	2022年12月31日	2021年12月31日	2020年12月31日
流动比率	彤程新材	1.12	1.01	1.10
	昊华科技	1.69	2.02	2.58
	道恩股份	2.40	3.48	3.53
	瑞华泰	2.30	1.45	0.57
	海正生材	3.59	1.25	1.72
	优巨新材	3.56	7.22	3.09
	算术平均值	2.44	2.74	2.10
	中研股份	2.50	2.77	4.61
速动比率	彤程新材	0.94	0.91	0.99
	昊华科技	1.50	1.72	2.25
	道恩股份	2.02	2.71	2.87
	瑞华泰	1.97	1.27	0.53
	海正生材	3.14	0.91	1.54
	优巨新材	2.85	6.33	2.43
	算术平均值	2.07	2.31	1.77
	中研股份	1.78	2.18	3.28

报告期各期末，中研股份长期偿债能力指标与同行业上市公司对比如下：

表4-72　长期偿债能力对比分析表

可比上市公司	资产负债率(合并口径)		
	2022年12月31日	2021年12月31日	2020年12月31日
彤程新材	54.20%	52.47%	43.00%
昊华科技	46.69%	37.89%	34.79%
道恩股份	37.16%	30.54%	32.65%
瑞华泰	55.47%	49.50%	47.66%
海正生材	24.68%	44.73%	47.00%
优巨新材	27.67%	17.80%	28.94%
算术平均值	40.98%	38.82%	39.01%
中研股份	31.16%	25.73%	15.35%

报告期各期末,中研股份流动比率、速动比率下降,其中2022年末公司的流动比率和速动比率低于可比上市公司平均水平,资产负债率(合并口径)略低于可比上市公司平均水平,2022年资产负债率上升主要是报告期内随着公司加大二期厂房、研发中心建设的资金投入,银行借款等负债有所增加,中研股份资产负债率相对较低,整体偿债能力良好。

5 知识产权与核心技术分析

5.1 中研股份专利情况

截至招股说明书签署日,中研股份共有23项专利,其中国内专利21项,国际专利2项,具体情况如下:

5.1.1 国内专利

表4-73 中研股份国内专利明细表

序号	名称	专利类别	取得方式	专利号	专利申请日
1	一种聚醚醚酮的制备方法	发明专利	受让取得	ZL200810000647.9	2008年1月11日
2	有效降低聚醚醚酮中金属含量的方法	发明专利	受让取得	ZL200910009128.3	2009年2月19日
3	一种防静电聚醚醚酮复合材料及其制备方法	发明专利	原始取得	ZL201510201801.9	2015年4月27日
4	一种高纯聚醚醚酮的制备方法	发明专利	原始取得	ZL201510202390.5	2015年4月27日
5	一种聚醚醚酮粉末涂料及其制备方法	发明专利	原始取得	ZL201510202173.6	2015年4月27日
6	一种轴承用聚醚醚酮复合材料及其制备方法	发明专利	原始取得	ZL201810234644.5	2018年3月21日
7	一种高强度、低色度的聚醚醚酮及其制备方法	发明专利	原始取得	ZL202110928553.3	2021年8月13日
8	纳米碱金属碳酸盐的制备及其在制备聚(芳基醚酮)中的应用	发明专利	原始取得	ZL202110928567.5	2021年8月13日
9	一种聚(芳基醚酮)的制备方法及聚(芳基醚酮)	发明专利	原始取得	ZL202110935527.3	2021年8月16日

续表

序号	名称	专利类别	取得方式	专利号	专利申请日
10	聚醚醚酮及其制备方法	发明专利	原始取得	ZL202111088630.5	2021年9月16日
11	一种耐低温聚芳醚酮聚合材料及其制备方法	发明专利	原始取得	ZL202111215737.1	2021年10月19日
12	一种耐辐射的聚醚醚酮聚合物及其制备方法	发明专利	原始取得	ZL 202111360308.3	2021年11月17日
13	一种PEEK中间体破碎机	实用新型专利	原始取得	ZL201520908797.5	2015年11月16日
14	光缆电缆扒皮器	实用新型专利	原始取得	ZL201520907613.3	2015年11月16日
15	刀片组合破碎机	实用新型专利	原始取得	ZL201520923176.4	2015年11月19日
16	一种轴流锚式桨	实用新型专利	原始取得	ZL201520907931.X	2015年11月16日
17	一种针对中等生产规模使用的细粉磁选机	实用新型专利	原始取得	ZL201520907590.6	2015年11月16日
18	一种双锥真空头	实用新型专利	原始取得	ZL201520923132.1	2015年11月19日
19	一种高黏度过滤器	实用新型专利	原始取得	ZL201520907589.3	2015年11月16日
20	一种超细粉碎机模块	实用新型专利	原始取得	ZL201520907615.2	2015年11月16日
21	包装箱	外观设计	原始取得	ZL 202130357669.7	2021年6月10日

注：上表中所述两项受让取得的国内发明专利的转让方均为公司控股股东、实际控制人谢怀杰控制的企业金正新能源。公司的主要研发活动均在中研股份主体上进行研发投入和开展实验活动。历史上金正新能源曾经作为上述两项专利的专利权人，在确定以公司作为PEEK相关经营和融资主体后，金正新能源将上述专利无偿转让给中研股份，转让过程清晰，不存在争议和纠纷。

5.1.2 国际专利

表4-74 中研股份国际专利明细表

序号	生效地	专利名称/申请专利名称	专利类型	取得方式	专利权人	专利号	申请日	有效期限	法律状态	他项权利
1	美国	一种聚醚醚酮的制备方法	发明专利	受让取得	中研股份	8236919	2010年11月30日	2010年11月30日—2030年11月29日	有效	无
2	德国、意大利、荷兰、法国、英国、比利时、奥地利	一种聚醚醚酮的制备方法	发明专利	申请取得	中研股份	2292673	2008年12月25日	2008年12月25日—2028年12月24日	有效	无

注:《一种聚醚醚酮的制备方法》的美国专利和欧洲专利为同一专利在中国提出发明专利申请后,在国外提出了相应的专利保护,其中美国专利系金正新能源无偿转让给中研股份。

5.2 核心技术体系分析

5.2.1 核心技术及技术来源

(1)核心技术来源

中研股份自2006年设立以来一直致力于PEEK的研究和开发,是国内最早从事PEEK生产的企业之一。当时全球范围内都缺乏PEEK产业化的经验,唯一的成功案例仅有英国威格斯。因此,中研股份投入了大量资金用于探索掌握PEEK从实验室合成到最终产业化的全流程生产能力,包括合成和提纯理论、制备技术、生产工艺、设备设计等。经过多年的技术积累,中研股份掌握了PEEK树脂千吨级产业化生产的关键技术,核心技术均来自于自主研发。中研股份主要研发历程如下:

①实验室研发阶段

在设立之初,中研股份针对制备PEEK最为关键的合成技术、提纯技术和干燥技术开展研发。2007—2008年,经过大量的实验和研发,成功合成出PEEK树脂并掌握了相关提纯、干燥技术,掌握了在实验室条件下制备PEEK的方法和工艺，形成了一条独立于英国威格斯、比利时索尔维、吉林大学及吉大赢创等机构的PEEK合成技术路线。

②小试研发阶段

在实验室研究成果的基础上，中研股份开展小试阶段的研究，具体包括：合成步骤、设备设计、原料替代（用工业级原料代替化学试剂）、原料和溶剂的回收等。2010年公司完成小试阶段的研发，掌握了50L反应釜的PEEK合成、提纯、设备设计的全套技术。

③中试研发阶段

2010年开始，中研股份开展中试阶段的研究，具体包括：设备设计，合成、提纯技术放大，原材料放大，设备材质和型号的选择，确定各步反应对传热和传质的要求，搅拌器型式和搅拌速度，加热/冷却载体的类型及要求（蒸汽、热水、冷盐水等），"三废"的处理方案，原材料、中间体的物理性质和化工常数的测定等。2014年底中研股份初步掌握了5000L反应釜的合成、提纯、设备设计的技术。

④产业化研究阶段

在产业化阶段，中研股份在原有技术的基础上不断创新升级，以"一种高纯聚醚醚酮的制备方法"和"一种高强度、低色度的聚醚醚酮及其制备方法"两大新专利技术完成了对原有专利技术"一种聚醚醚酮的制备方法"和"有效降低聚醚醚酮中金属含量的方法"的全面提升；逐步完善了高纯度PEEK、复合增强PEEK、PEEK细粉产品的研发，不断拓展产品线，研发不同黏度PEEK树脂，推出了更高品质、更优性能的产品。此外，中研股份开展高端领域产品的研发，针对医疗级、航空级PEEK逐步展开研发工作。

中研股份通过16年的持续研究投入，逐步形成了围绕PEEK聚合生产的自主知识产权。中研股份目前已获得21项国内专利（其中12项为发明专利）、2项国际专利（均为发明专利）、9项国际认证。

专利技术是中研股份的重要无形资产，但仅仅是公司所掌握的专有技术的一部分，中研股份的核心技术在一定程度上是以技术秘密的形式存在的。PEEK是问世数十年的尖端材料，其真正壁垒在于生产工艺的长期探索和反应过程控制的反复调整所积累的技术细节。在偏重技术的精细化工领域，反应过程涉及大量参数优化和合成操作工艺与技术诀窍（know-how），需要持续投入、长期积累才能获得，不是短期的大额资本投入所能弥补的。由于物料处理量的大小悬殊,化学实验室和化工生产之间差别巨大,实验室成果不能全面反映工业生产的实际情况,很难对大型工业设备中的诸多工程因素(如传热、传质、流动与混合等)做充分考虑。在连续运转的工业应用上,如何保证产品质量、设备运行的稳定性是PEEK行业共同的难题。中研股份经过长期研发所形成的千吨级产能,是对大量的理论路线、工艺环节、技术难点、控制细节、设备设计等进行反复实验才逐步形成的。

中研股份通过集中力量组织科技攻关,基于自身小试、中试技术经验,经过10余年的反复实验,在PEEK大规模工业化化工合成过程中积累了大量的理论创新点、设备设计方法、关键控制技术和复杂工艺参数,形成了5项核心技术、12项发明专利,并与主要产品一一对应,具体情况如下:

表4-75　中研股份核心技术情况表

核心技术	所处阶段	主要应用产品系列	专利名称	专利类型
聚醚醚酮的合成技术	大批量生产阶段	纯树脂粗粉(P系列) 纯树脂颗粒(G系列)	一种聚醚醚酮的制备方法	发明专利
			一种高纯聚醚醚酮的制备方法	发明专利
			一种高强度、低色度的聚醚醚酮及其制备方法	发明专利
			聚醚醚酮及其制备方法	发明专利
			纳米碱金属碳酸盐的制备及其在制备聚(芳基醚酮)中的应用	发明专利
			一种聚(芳基醚酮)的制备方法及聚(芳基醚酮)	发明专利
			一种耐辐射的聚醚醚酮聚合物及其制备方法	发明专利
			刀片组合破碎机	实用新型
聚醚醚酮的提纯技术	大批量生产阶段	纯树脂粗粉(P系列)	有效降低聚醚醚酮中金属含量的方法	发明专利
		纯树脂颗粒(G系列)	一种轴流锚式桨	实用新型
高纯聚醚醚酮的生产技术	大批量生产阶段	纯树脂颗粒(G系列)	一种高黏度过滤器	实用新型
聚醚醚酮复合改性技术	批量生产阶段	复合增强类(GL系列、CA系列、FC系列)	一种防静电聚醚醚酮复合材料及其制备方法	发明专利
			一种轴承用聚醚醚酮复合材料及其制备方法	发明专利

续表

核心技术	所处阶段	主要应用产品系列	专利名称	专利类型
			一种耐低温聚芳醚酮聚合材料及其制备方法	发明专利
聚醚醚酮超微精粉生产技术	大批量生产阶段	纯树脂细粉(PF系列)	一种聚醚醚酮粉末涂料及其制备方法	发明专利
			一种针对中等生产规模使用的细粉磁选机	实用新型

其中,一种高强度、低色度的聚醚醚酮及其制备方法、聚醚醚酮及其制备方法、一种耐低温聚芳醚酮聚合材料及其制备方法、纳米碱金属碳酸盐的制备及其在制备聚(芳基醚酮)中的应用和一种聚(芳基醚酮)的制备方法及聚(芳基醚酮)五项发明专利,均是针对相应核心技术的提升与改进,以上五项专利中涉及的技术是中研股份为应对未来市场对PEEK更高的要求所进行的技术储备(五项发明专利中一种耐低温聚芳醚酮聚合材料及其制备方法已经应用于主营业务)。

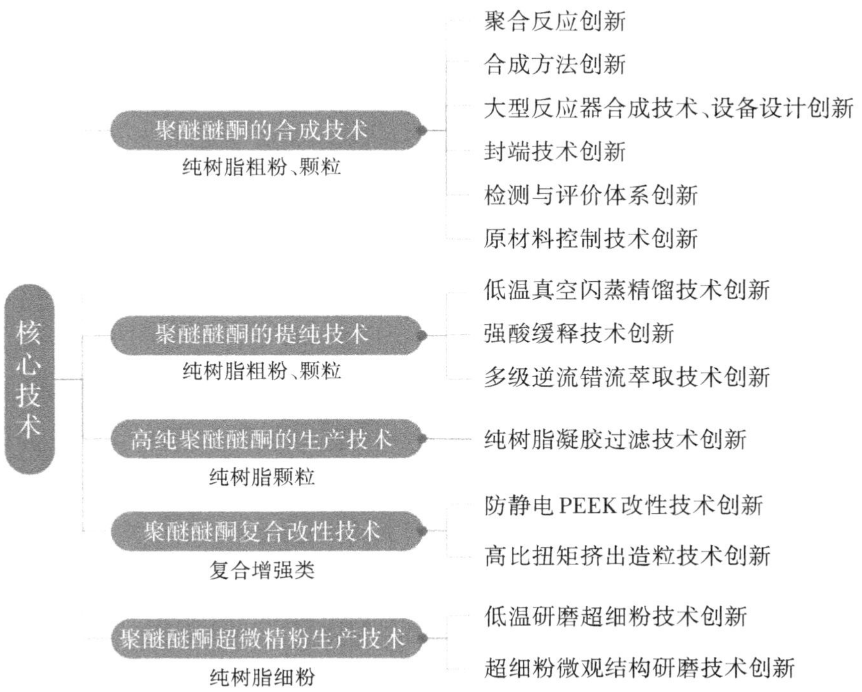

图4-6　中研股份核心技术明细

(2)核心技术先进性

中研股份经过多年的技术研发,形成了包括PEEK合成技术、提纯技术、复合增强技术的全套生产技术,并形成了多项专利,实现了PEEK从原料处理、关键工艺优化、关键设备设计、过程控制、参数补偿、指标监测,一直到质量检验的全流程全国产化自主生产,在PEEK树脂合成、提纯、复合增强等方面提供了理论创新、技术创新和工艺改进贡献。

5.2.2 中研股份技术先进性的具体表征

基于以上核心技术,中研股份所生产的PEEK树脂凭借质量优势获得了市场认可,具体体现在良好的熔体稳定性、合适的熔指和黏度平衡、良好的批次稳定性、优秀的结晶性能。

(1)良好的熔体稳定性

PEEK的加工温度高,通常会设置在360℃以上,甚至接近于400℃。在PEEK制品生产常见的挤出工艺中(如挤出板棒等型材)为了获得良好的内部结构通常挤出速率较慢,或者挤出量较小,PEEK需要长时间在机筒内停留。当PEEK长时间保持高温熔融状态时容易发生降解或者交联,影响生产加工和产成品质量。

中研股份的PEEK产品具有出色的熔体稳定性,能够在长期熔融状态下保持初始的流动性,并且不会发生过度的降解或者交联,可以满足长时间稳定加工的需要,使得客户在加工使用环节可以保持长期的工艺稳定性,不需要频繁的调整工艺。此外,产品在反复加工后仍然能够保持其优异的性能,可以循环利用,对于降低生产成本具有重要意义。

(2)合适的熔指和黏度平衡

PEEK作为一种线性高分子材料,其熔融态是一种非牛顿流体,具有剪切变稀的特点,在高剪切速率下黏度会变小。而黏度又与熔体强度关联,低黏度表现为产品强度的降低。在挤出型材时,要求物料在机筒中保持较高的流动性(高剪切速率);而在模腔内则保持较低的流动性(低剪切速率)用于保持压力,使制品更加密实。在挤出线缆、细丝或薄膜时,要求PEEK具有较高的流动性以挤出很细或者很薄的制件,同时要求材料具有较高的熔体强度,可以保持熔体状态下易被拉伸。中研股份的PEEK树脂能够很好地平衡熔指和黏度这两个指标,使客户在使用过程中更加顺畅,也能满足更细、更薄、更精密的产品要求。

(3)良好的批次稳定性

PEEK的聚合工艺使得每一釜都是一个批次,每釜之间需要相同且精准的控制,才能保证材料的一致性。中研股份采用5000L聚合反应釜进行生产,这是全球同行业所使用的最大反应釜之一。同时,中研股份注重不断提高自动化水平,最大限度地减少人为误差。从原材料到工艺控制,从聚合过程到提纯干燥,中研股份已经充分掌握各环节的关键控制节点,形成了一套完善的控制体系。公司产品批次间稳定性好,指标一致性高,质量控制严格,可以有效地减少不合格品的产生。即便客户提出严苛的质量要求,依然可以保持稳定的供货能力。

(4)优秀的结晶性能

PEEK作为一种半结晶型聚合物,其优异性能源于其中的结晶部分(PEEK的结晶度通常在30%左右)。结晶度高代表着更优秀的机械性能、更强的耐磨性、更好的耐腐蚀性、更高的使用温度。PEEK加工过程需要在十几秒内从熔融态迅速降到凝固态完成结晶,在相同时间内结晶速率快可以得到更高的结晶度。中研股份PEEK树脂的结晶速率快,支化水平低,凝胶数量少,分子链规整,结晶度更高。

5.3　研究开发情况

5.3.1　研发模式

中研股份制定了完善的研发制度体系,包括《研发管理制度》《科研技术人员薪酬管理制度》《技术服务人员激励制度》等相关制度。

中研股份注重对于PEEK相关产业趋势的跟踪和科技前沿信息的搜集,通过与下游客户及合作研发单位的交流与协作,组织内外部专家探讨和确定公司的研发方向,审慎论证并确定研发整体计划和具体研发项目。研发部门根据公司战略发展需要,兼顾现有客户需求、目标市场渗透与产业前瞻布局,在对现有技术进行完善和升级的基础上,不断进行新产品的开发和新技术的储备。

5.3.2　研究开发机构的设置

中研股份设立有独立的研发中心,负责公司新牌号PEEK纯树脂、复合改性树脂、PEEK制品的研究开发,以及对现有生产工艺与生产装备的升级改造。

中研股份研发中心下设四个部门,分别是合成研发部、复合研发部、技术研发部、工艺研发部。四个研发部研发方向分别为PEEK合成方向、复合材料改性技术的研发和应用、PEEK应用研发方向、生产工艺及生产设备升级改造方向。

5.3.3 主要在研项目及进展情况

中研股份主要在研项目及进展情况如下:

表4-76 在研项目及进展情况表

序号	项目名称	进展情况	拟达到目标	参与人员
1	一种医疗级聚醚醚酮复合材料及其制备方法	生产车间建设阶段,已通过主要医疗级检测,质量体系基本建立	1.解决医疗级PEEK的自主生产问题;2.产品性能满足相关的法律法规要求;3.产品工艺稳定,可以工业化生产	谢怀杰、童艳玲等
2	一种航空级聚醚醚酮复合材料及其制备方法	中止,后续上海研发中心启动后,配合上海研发中心继续开展该项目研究	1.确定CF/PEEK预浸料的产品标准,并掌握该CF/PEEK预浸料的稳定生产工艺;2.CF/PEEK预浸料的机械性能应接近国际产品同等水平,可满足航空对预浸料的性能要求	谢怀杰、秦振兴等
3	低黏热稳聚醚醚酮产品研究	小试研究	得到低黏热稳聚合物的聚合方法,产品生产工艺可以广泛应用到生产实际	谢怀杰、平仕衡、毕鑫等
4	用于精密注塑的复合材料	产品机械性能达到预期要求,正在开展制品性能影响因素研究	1.确定精密注塑对材料的具体要求;2.确定精密注塑用复合材料的生产工艺;3.形成精密注塑复合材料的加工指南	谢怀杰、边疆等
5	挤出、注塑工艺的系统化研究	完成注塑制品的工艺研究,正在开展挤出工艺、型材后处理工艺的研究	1.掌握PEEK制品中注塑生产技术,提升技术服务能力;2.得到影响挤出和注塑效果的全部影响因素,形成工艺指南	谢怀杰、王晓敏等
6	F4422产品研发	小试研究	获得F4422生产的关键制备技术和稳定工艺	谢怀杰、董波等
7	抗辐射PEEK材料研发	小试研究	1.解决核电领域PEEK的应用问题;2.获得适用于核电领域应用的防辐射PEEK材料以及制品的生产工艺	谢怀杰、卢继革等
8	HA增强聚醚醚酮产品开发研究项目	中止	1.得到材料可作为骨修复材料,达到国外同等标准;2.产品通过生物相容性检测;3.开发可产业化连续生产的关键技术、工艺	谢怀杰、平仕衡等

续表

序号	项目名称	进展情况	拟达到目标	参与人员
9	齿科应用聚醚醚酮产品项目	中止	1.开展了白色、黄色、粉色等多款产品的研发,可以满足不同用途齿科材料的要求; 2.产品通过生物相容性检测; 3.开发可产业化连续生产的关键技术、工艺	谢怀杰、童艳玲等
10	碳纤维聚醚醚酮复合材料研发	小试研究	1.研究国产CF/PEEK预浸料制备工艺; 2.研究预浸带的自动铺放原位成型技术; 3.研究拉挤工艺制备骨科植入CF/PEEK的工艺技术	谢怀杰、童艳玲等

注:一种航空级聚醚醚酮复合材料及其制备方法研发项目目前为中止状态,拟后续上海研发中心启动后,配合上海研发中心继续开展该项目研究;HA增强聚醚醚酮产品开发研究项目、齿科应用聚醚醚酮产品项目后续将在医疗级PEEK产品量产后启动。

5.4　研发投入情况

报告期内,中研股份研发项目投入情况如下:

表4-77　研发项目投入情况表　(单位:万元)

项目名称	整体预算	2022年度投入金额	2021年度投入金额	2020年度投入金额	合计	项目实施进度
一种医疗级聚醚醚酮复合材料及其制备方法	1,664.70	178.37	110.14	111.99	400.5	研发进行中
一种航空级聚醚醚酮复合材料及其制备方法	693	/	/	14.59	14.59	中止注1
低黏热稳聚醚醚酮产品研究	1,200.00	639.81	478.6	447.52	1,565.93	研发进行中
用于精密注塑的复合材料	884.5	273.91	258.29	202.63	734.83	研发进行中
挤出、注塑工艺的系统化研究	767	102.46	90.4	127.57	320.43	研发进行中
F4422产品研发	924.4	138.07	101.01	—	239.08	研发进行中

续表

项目名称	整体预算	2022年度投入金额	2021年度投入金额	2020年度投入金额	合计	项目实施进度
抗辐射PEEK材料研发	2,000.00	20.51	8.62	—	29.13	研发进行中
丙酮回收研发项目	150	—	32	108	140	已经完成
HA增强聚醚醚酮产品开发研究项目注2	/	/	/	43.78	43.78	中止注1
齿科应用聚醚醚酮产品项目注2	/	/	/	6.14	6.14	中止注1
碳纤维聚醚醚酮复合材料研发	300	87.38	/	/	87.38	研发进行中
自行研发无形资产摊销	/	247.21	247.21	247.21	741.63	—
合计	8,583.60	1,687.71	1,326.27	1,309.42	4,323.41	—

注1:一种航空级聚醚醚酮复合材料及其制备方法研发项目目前为中止状态,拟后续上海研发中心启动后,配合上海研发中心继续开展该项目研究;HA增强聚醚醚酮产品开发研究项目、齿科应用聚醚醚酮产品项目后续将在医疗级PEEK产品量产后启动。

注2:HA增强聚醚醚酮产品开发研究项目、齿科应用聚醚醚酮产品项目系医疗级聚醚醚酮复合材料及其制备方法研发项目的子项目,预算纳入一种医疗级聚醚醚酮复合材料及其制备方法项目。

中研股份报告期内研发费用及其占营业收入比重情况如下:

表4-78　研发费用占营业收入比重情况表

项目	2022年度	2021年度	2020年度
研发费用	1,687.71	1,326.27	1,309.42
研发投入	1,440.50	1,079.06	1,062.22
营业收入	24,812.18	20,300.63	15,818.21
研发费用占比	6.80%	6.53%	8.28%
研发投入占比	5.81%	5.32%	6.72%

第五章　新能源案例分析
——以深圳威迈斯新能源股份有限公司为例

深圳威迈斯新能源股份有限公司（以下简称威迈斯）专注于新能源汽车领域，主要从事新能源汽车相关电力电子产品的研发、生产、销售和技术服务，主要产品包括车载电源的车载充电机、车载DC/DC变换器、车载电源集成产品，电驱系统的电机控制器、电驱总成，以及液冷充电桩模块等。

威迈斯在车载电源行业深耕多年，取得了领先的市场份额，积累了大量具有战略合作关系的整车厂客户资源。根据NE Times数据，2020—2021年期间，威迈斯连续两年在中国乘用车车载充电机市场出货量排名第一。在国内新能源汽车市场，威迈斯积极践行“进口替代”战略，已成为小鹏汽车、理想汽车、合众新能源、零跑汽车等造车新势力，以及上汽集团、吉利汽车、奇瑞汽车、长安汽车等众多知名车企的核心供应商，与之建立起长期的战略合作关系，并成功开拓东风日产、上汽通用等合资品牌客户。报告期内，威迈斯多次获得了理想汽车、合众新能源、上汽集团、奇瑞汽车、吉利汽车等主要客户颁发的各项奖项荣誉。在海外市场，威迈斯积极践行“走出去”战略，参与全球新能源汽车市场的竞争，已向海外知名车企Stellantis集团量产销售车载电源集成产品，并取得雷诺、通用汽车等海外车企定点，是行业内最早实现向境外知名品牌整车厂商出口的境内厂商之一。

本章涉及威迈斯相应数据均截至为招股说明书签署日。

1 公司基本情况

1.1 基本情况

公司名称:深圳威迈斯新能源股份有限公司

英文名称:Shenzhen VMAX New Energy Co.,Ltd.

注册资本:37,885.71万元

法定代表人:万仁春

成立日期:2005年8月18日(2018年12月14日整体变更为股份有限公司)

公司住所:深圳市南山区北环路第五工业区风云科技大楼501之一

威迈斯设立简要情况和报告期内股本、股东变化简要情况如下表所示:

表5-1 威迈斯设立简要情况和报告期内股本、股东变化简要情况表

事件	时间	具体情况	股本变化情况	股东变化情况
有限公司设立情况	2005年8月	威迈斯有限设立	注册资本为30万美元,实缴注册资本为0美元	有限公司设立时股东为:威迈斯(开曼)100%
	2006年7月	威迈斯有限增加实收资本	增加实收资本至20万美元	股东及持股比例未发生变化
	2007年7月	威迈斯有限增加实收资本	增加实收资本至30万美元	股东及持股比例未发生变化
股份公司设立情况	2018年12月	股份公司设立	股本由2,805.73万元变更为7,500.00万元	本次整体变更前后股东及持股比例未发生变化
报告期内股本、股东变化简要情况	2021年3月	股份公司第一次股权转让	本次股权转让前后公司股本为36,400.00万元,未发生变化	新增股东佛山尚颀
	2021年11月至12月	股份公司第四次增资、第二次股权转让	股本由36,400.00万元增加至37,885.71万元	新增股东辰途华迈、辰途十三号、辰途十四号、辰途十五号、谢广银、三花弘道、丰北天一,原股东广州智造退出

1.2 威迈斯科创板具体上市标准

威迈斯选择的上市标准为《上海证券交易所科创板股票上市规则》第二章2.1.2中规定的第一条上市标准第二款，即预计市值不低于人民币10亿元，最近一年净利润为正且营业收入不低于人民币1亿元。

威迈斯2022年度营业收入为383，276.55万元，扣除非经常性损益后归母净利润为26，907.37万元；威迈斯于2021年末的最近一次引入外部投资者对应的投后估值为约61亿元，结合可比公司在境内证券市场的估值情况，预计威迈斯本次发行完成后总市值不低于10亿元，符合前述科创板上市标准。

1.3 威迈斯行业领域要求

公司所属行业领域	□新一代信息技术	根据《上海证券交易所科创板企业发行上市申报及推荐暂行规定(2022年12月修订)》(上证发〔2022〕171号)第四条的规定，并结合公司主要产品和核心生产技术情况，威迈斯产品属于新能源业务领域，符合《上海证券交易所科创板企业发行上市申报及推荐暂行规定》的“节能环保领域”中“新能源汽车关键零部件”领域，符合科创板的行业范围
	□高端装备	
	□新材料	
	□新能源	
	☑节能环保	
	□生物医药	
	□符合科创板定位的其他领域	

1.4 威迈斯科创属性要求

科创属性评价标准一	是否符合	指标情况
最近三年累计研发投入占最近三年累计营业收入比例≥5%，或最近三年累计研发投入金额≥6000万元	√是□否	最近三年累计研发投入为41，369.17万元，最近三年累计研发投入占最近三年累计营业收入的比例为6.69%
研发人员占当年员工总数的比例≥10%	√是□否	截至2022年12月31日，共有研发人员524人，占员工总人数的比例为20.02%
应用于公司主营业务的发明专利5项以上	√是□否	截至2022年12月31日，拥有发明专利52项，其中应用于公司主营业务的发明专利为48项
最近三年营业收入复合增长率≥20%，或最近一年营业收入金额≥3亿	√是□否	最近三年营业收入复合增长率141.49%，最近一年营业收入金额为38.33亿元

2 公司股权结构

截至招股说明书签署日,威迈斯股权结构如下图(见下页)所示:

2.1 主要股东及实际控制人的基本情况

2.1.1 控股股东

威迈斯的控股股东是万仁春。截至招股说明书签署日,万仁春直接持有威迈斯8,093.4338万股股份,占总股本的比例为21.3625%。此外,万仁春作为执行事务合伙人控制倍特尔、特浦斯、森特尔三个员工持股平台,间接控制威迈斯21.4099%的表决权。综上,万仁春直接和间接控制威迈斯42.7724%的表决权,为威迈斯的控股股东、实际控制人。

2.1.2 其他持有公司5%以上股份的股东的基本情况

截至招股说明书签署日,其他持有威迈斯5%以上股份的法人股东为倍特尔、特浦斯、同晟金源,持有威迈斯股份的比例分别为8.57%、8.57%和5.54%;另外森特尔持有威迈斯股份的比例为4.27%,与倍特尔、特浦斯同受实际控制人万仁春控制,三者合计持有威迈斯21.41%股份;另外广州广祺、辰途华迈、辰途六号、辰途十五号、辰途十三号、辰途十四号、谢广银同一控制下合并后合计持有威迈斯6.35%股份;其他持有威迈斯5%以上股份的自然人股东为刘钧、蔡友良、胡锦桥。

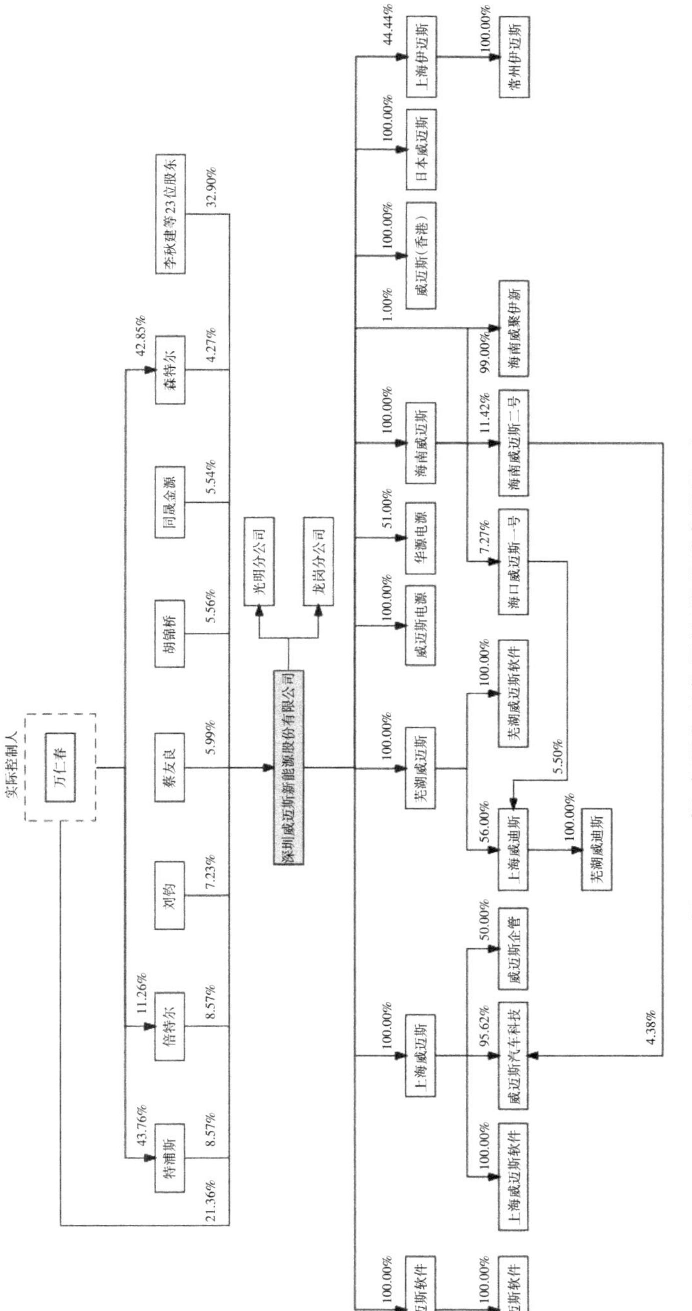

图5-1　威迈斯股权结构图（招股说明书签署日）

(1)倍特尔

截至招股说明书签署日,倍特尔的基本情况如下:

表5-2 倍特尔基本情况表

企业名称	深圳倍特尔企业管理合伙企业(有限合伙)
统一社会信用代码	91440300MA5EKW3G53
出资额	1,153.93万元
实际出资额	1,153.93万元
执行事务合伙人	万仁春
成立日期	2017年6月21日
主要经营场所	深圳市南山区西丽街道高新园北区新西路5号风云大厦501之5
经营范围	企业管理咨询服务;企业信息咨询服务(不含限制项目)
主营业务及其与发行人主营业务的关系	公司员工持股平台,无其他对外投资及经营业务,与威迈斯的主营业务不存在关系

截至招股说明书签署日,倍特尔各合伙人的合伙权益比例如下表所示:

表5-3 倍特尔合伙权益比例表

序号	姓名	合伙人类别	出资金额(万元)	出资比例	公司职务
1	万仁春	执行事务合伙人	129.93	11.26%	董事长
2	刘钧	有限合伙人	490.31	42.49%	董事、总经理
3	李莹莹	有限合伙人	92.31	8.00%	副总经理
4	马春红	有限合伙人	92.31	8.00%	软件平台部经理
5	刘骥	有限合伙人	92.31	8.00%	硬件开发部总监
6	徐金柱	有限合伙人	92.31	8.00%	硬件开发部总监
7	姚顺	有限合伙人	57.70	5.00%	董事、副总经理
8	许文香	有限合伙人	11.54	1.00%	质量部总监
9	李荣华	有限合伙人	7.50	0.65%	董事会秘书、财务总监
10	冯颖盈	有限合伙人	7.50	0.65%	董事、副总经理
11	冯仁伟	有限合伙人	6.92	0.60%	监事、硬件专家兼硬件产品经理
12	曾云香	有限合伙人	6.92	0.60%	IT信息部主管
13	张胜东	有限合伙人	5.77	0.50%	质量部经理
14	吴秦	有限合伙人	5.77	0.50%	系统模块副总监
15	李峥	有限合伙人	4.61	0.40%	系统设计与软件开发部总监

续表

序号	姓名	合伙人类别	出资金额（万元）	出资比例	公司职务
16	石倩	有限合伙人	3.46	0.30%	软件工程师
17	曹威威	有限合伙人	3.46	0.30%	生产一部经理
18	李晓	有限合伙人	3.46	0.30%	工厂人力资源部副经理
19	李敏	有限合伙人	3.46	0.30%	质量部副经理
20	张蔺	有限合伙人	3.46	0.30%	硬件工程师
21	胡飞	有限合伙人	3.46	0.30%	硬件工程师
22	张恒	有限合伙人	2.31	0.20%	市场技术部总监
23	来斗星	有限合伙人	2.31	0.20%	曾任销售总监
24	何长春	有限合伙人	2.31	0.20%	硬件工程师
25	覃艺	有限合伙人	2.31	0.20%	硬件工程师
26	黄泽旺	有限合伙人	2.31	0.20%	工装工程师
27	高力军	有限合伙人	2.31	0.20%	质量部经理
28	黎英	有限合伙人	2.31	0.20%	质量部体系经理
29	舒良锋	有限合伙人	2.31	0.20%	MES工程师
30	庄贵炳	有限合伙人	2.31	0.20%	硬件工程师
31	荣鑫	有限合伙人	1.15	0.10%	硬件工程师
32	吴冬宝	有限合伙人	1.15	0.10%	仓库主任
33	杨乐军	有限合伙人	1.15	0.10%	测试验证高级经理
34	蒋从发	有限合伙人	0.58	0.05%	物流部班长
35	孙艳红	有限合伙人	0.58	0.05%	生产一部班长
36	张小莉	有限合伙人	0.58	0.05%	质量部QC
37	张令	有限合伙人	0.58	0.05%	生产一部老化员
38	曾焕辉	有限合伙人	0.58	0.05%	质量控制员
39	唐才旺	有限合伙人	0.58	0.05%	生产一部班长
40	韦文韩	有限合伙人	0.58	0.05%	生产一部班长
41	蒋礼	有限合伙人	0.58	0.05%	生产一部班长
42	徐家文	有限合伙人	0.58	0.05%	生产运营总监

（2）特浦斯

截至招股说明书签署日，特浦斯的基本情况如下：

表5-4 特浦斯基本情况表

企业名称	深圳特浦斯企业管理合伙企业(有限合伙)
统一社会信用代码	91440300MA5EKW291R
出资额	1,153.94万元
实际出资额	1,153.94万元
执行事务合伙人	万仁春
成立日期	2017年6月21日
主要经营场所	深圳市南山区西丽街道高新园北区新西路5号风云大厦502之3
经营范围	企业管理咨询服务;企业信息咨询服务(不含限制项目)
主营业务及其与发行人主营业务的关系	公司员工持股平台,无其他对外投资及经营业务,与威迈斯的主营业务不存在关系

截至招股说明书签署日,特浦斯各合伙人的合伙权益比例如下表所示:

表5-5 特浦斯合伙权益比例表

序号	姓名	合伙人类别	出资金额(万元)	出资比例	公司职务
1	万仁春	执行事务合伙人	504.95	43.76%	董事长
2	冯颖盈	有限合伙人	135.01	11.70%	董事、副总经理
3	李谋清	有限合伙人	115.39	10.00%	行政副总监
4	刘钧	有限合伙人	89.31	7.74%	董事、总经理
5	张昌盛	有限合伙人	57.70	5.00%	监事、硬件总工程师兼硬件产品经理
6	陈红升	有限合伙人	57.70	5.00%	副总经理、运营总监
7	罗耀文	有限合伙人	23.08	2.00%	结构开发部经理
8	丛艳华	有限合伙人	14.43	1.25%	人力资源部总监
9	李荣华	有限合伙人	14.43	1.25%	董事会秘书、财务总监
10	李杰	有限合伙人	13.85	1.20%	销售总监
11	来斗星	有限合伙人	11.54	1.00%	曾任销售总监
12	唐益望	有限合伙人	11.54	1.00%	高级硬件工程师
13	张晓卫	有限合伙人	11.54	1.00%	物流部经理
14	屈定波	有限合伙人	11.54	1.00%	项目管理部总监
15	唐春龙	有限合伙人	11.54	1.00%	监事、市场销售部经理
16	陈丽	有限合伙人	11.54	1.00%	资金经理
17	刘勇	有限合伙人	11.54	1.00%	IT信息部经理
18	刘芬芬	有限合伙人	11.54	1.00%	采购部经理

续表

序号	姓名	合伙人类别	出资金额（万元）	出资比例	公司职务
19	曹云	有限合伙人	11.54	1.00%	产品应用经理
20	陈颖玉	有限合伙人	8.08	0.70%	软件工程师
21	刘豪	有限合伙人	8.08	0.70%	曾任销售工程师
22	唐锋	有限合伙人	8.08	0.70%	硬件工程师

（3）森特尔

表5-6　森特尔基本情况表

企业名称	深圳森特尔企业管理合伙企业（有限合伙）
统一社会信用代码	91440300MA5EKW304F
出资额	574.82万元
实际出资额	574.82万元
执行事务合伙人	万仁春
成立日期	2017年6月21日
主要经营场所	深圳市南山区西丽街道高新区北区新西路5号风云大厦501之4
经营范围	企业管理咨询服务；企业信息咨询服务（不含限制项目）
主营业务及其与发行人主营业务的关系	公司员工持股平台，无其他对外投资及经营业务，与威迈斯的主营业务不存在关系

截至招股说明书签署日，森特尔各合伙人的合伙权益比例如下表所示：

表5-7　森特尔合伙权益比例表

序号	姓名	合伙人类别	出资金额（万元）	出资比例	公司职务
1	万仁春	执行事务合伙人	246.30	42.85%	董事长
2	冯仁伟	有限合伙人	50.59	8.80%	监事、硬件专家兼硬件产品经理
3	郑必伟	有限合伙人	45.98	8.00%	软件开发部副总监
4	郭珏	有限合伙人	34.49	6.00%	工业工程部经理
5	冯颖盈	有限合伙人	26.45	4.60%	董事、副总经理
6	刘钧	有限合伙人	25.00	4.35%	董事、总经理
7	黄海	有限合伙人	22.99	4.00%	曾任结构部经理
8	敖华	有限合伙人	22.99	4.00%	软件产品经理

续表

序号	姓名	合伙人类别	出资金额（万元）	出资比例	公司职务
9	韩永杰	有限合伙人	22.99	4.00%	副总经理、上海研发中心总监
10	张贤虎	有限合伙人	17.24	3.00%	研发工艺部经理
11	吴秦	有限合伙人	9.20	1.60%	系统模块副总监
12	张恒	有限合伙人	8.05	1.40%	市场技术部总监
13	丛艳华	有限合伙人	6.90	1.20%	人力资源部总监
14	谢智开	有限合伙人	5.75	1.00%	研发产品管理副总监
15	刘剑	有限合伙人	5.75	1.00%	硬件工程师
16	黎兆安	有限合伙人	4.60	0.80%	硬件工程师
17	叶丽敏	有限合伙人	4.60	0.80%	物料品质部经理
18	张远昭	有限合伙人	4.60	0.80%	高级硬件工程师
19	黄田生	有限合伙人	2.30	0.40%	工艺工装室主管
20	曾繁荣	有限合伙人	2.30	0.40%	工程师
21	邓修伟	有限合伙人	1.15	0.20%	计划部经理
22	黎振金	有限合伙人	1.15	0.20%	软件工程师
23	谭昕	有限合伙人	1.15	0.20%	工艺室主管
24	周娟	有限合伙人	1.15	0.20%	质量控制员
25	廖俊锋	有限合伙人	1.15	0.20%	设备工程师

(4)同晟金源

截至招股说明书签署日,同晟金源的基本情况如下:

表5-8 同晟金源基本情况表

企业名称	深圳市同晟金源投资合伙企业(有限合伙)
统一社会信用代码	91440300MA5EQM6GXJ
出资额	4,039万元人民币
执行事务合伙人	深圳市同晟创业投资管理有限公司
成立日期	2017年9月18日
主要经营场所	深圳市南山区粤海街道南山区科技南十二路18号长虹科技大厦10楼2单元
经营范围	投资兴办实业(具体项目另行申报);投资咨询。(以上不含证券、金融项目,法律、行政法规、国务院决定规定在登记前须经批准的项目除外,限制的项目须取得许可后方可经营)

续表

主营业务及其与发行人主营业务的关系	股权投资，与威迈斯的主营业务不存在关系

截至招股说明书签署日，同晟金源各合伙人的合伙权益比例如下表所示：

表5-9　森特尔合伙权益比例表

序号	合伙人名称	出资金额（万元）	出资比例	合伙人类型
1	深圳市同晟创业投资管理有限公司	39.00	0.96%	普通合伙人
2	牟琳虹	2,000.00	49.52%	有限合伙人
3	宁波梅山保税港区捷创股权投资合伙企业（有限合伙）	2,000.00	49.52%	有限合伙人
合计		4,039.00	100.00%	

（5）广州广祺、辰途华迈、辰途六号、辰途十五号、辰途十三号、辰途十四号、谢广银［广州谢广银创业投资基金合伙企业（有限合伙）］

截至招股说明书签署日，广州广祺、辰途华迈、辰途六号、辰途十五号、辰途十三号、辰途十四号、谢广银均受同一控制人控制，合计持有威迈斯6.35%股权，实际控制人为广州谢诺投资集团有限公司。

2.2　发行前后威迈斯股本情况

发行前，威迈斯总股本为37,885.71万股，本次拟发行新股不超过4,210.00万股，发行数量不低于发行后公司总股本的10.00%，不涉及原股东公开发售股份的情形。按公开发行股票4,210.00万股计算，本次发行前后威迈斯股权结构如下：

表 5-10 威迈斯发行前后股权结构表

序号	股东名称	发行前股本结构		发行后股本结构	
		持股数量(万股)	持股比例	持股数量(万股)	持股比例
1	万仁春	8,093.43	21.36%	8,093.43	19.23%
2	倍特尔	3,246.94	8.57%	3,246.94	7.71%
3	特浦斯	3,246.94	8.57%	3,246.94	7.71%
4	刘钧	2,737.93	7.23%	2,737.93	6.50%
5	蔡友良	2,269.94	5.99%	2,269.94	5.39%
6	胡锦桥	2,107.60	5.56%	2,107.60	5.01%
7	同晟金源	2,099.68	5.54%	2,099.68	4.99%
8	森特尔	1,617.40	4.27%	1,617.40	3.84%
9	李秋建	1,426.70	3.77%	1,426.70	3.39%
10	丰图汇瑞	1,296.84	3.42%	1,296.84	3.08%
11	洪从树	1,053.97	2.78%	1,053.97	2.50%
12	韩广斌	973.00	2.57%	973.00	2.31%
13	扬州尚颀	787.39	2.08%	787.39	1.87%
14	三花弘道	742.86	1.96%	742.86	1.76%
15	广州广祺	692.53	1.83%	692.53	1.65%
16	孙一藻	682.40	1.80%	682.40	1.62%
17	人才基金	630.00	1.66%	630.00	1.50%
18	辰途华迈	619.05	1.63%	619.05	1.47%
19	冯颖盈	607.75	1.60%	607.75	1.44%
20	杨学锋	583.73	1.54%	583.73	1.39%
21	辰途六号	506.54	1.34%	506.54	1.20%
22	姚顺	367.03	0.97%	367.03	0.87%
23	佛山尚颀	260.00	0.69%	260.00	0.62%
24	辰途十五号	247.62	0.65%	247.62	0.59%
25	丰北天一	203.94	0.54%	203.94	0.48%
26	辰途十三号	185.71	0.49%	185.71	0.44%
27	万斌龙	170.60	0.45%	170.60	0.41%
28	深创投集团(CS)	154.00	0.41%	154.00	0.37%
29	辰途十四号	123.81	0.33%	123.81	0.29%
30	黎宇菁	119.42	0.32%	119.42	0.28%
31	谢广银	30.95	0.08%	30.95	0.07%
32	拟发行社会公众股	—	—	4,210.00	10.00%
合计		37,885.71	100.00%	42,095.71	100.00%

2.3　前十名自然人股东情况及其在公司任职情况

截至招股说明书签署日，威迈斯共有13名自然人股东，其中前十名自然人股东及其在公司具体任职情况如下：

表5-11　前十名自然人股东任职情况表

序号	自然人股东名称	持股数量（万股）	持股比例	职务
1	万仁春	8,093.43	21.36%	董事长
2	刘钧	2,737.93	7.23%	董事、总经理
3	蔡友良	2,269.94	5.99%	无
4	胡锦桥	2,107.60	5.56%	无
5	李秋建	1,426.70	3.77%	无
6	洪从树	1,053.97	2.78%	无
7	韩广斌	973.00	2.57%	无
8	孙一藻	682.40	1.80%	无
9	冯颖盈	607.75	1.60%	董事、副总经理
10	杨学锋	583.73	1.54%	董事、深圳研发中心总监
合计		20,536.45	54.21%	

3　主营业务及模式

3.1　威迈斯主营业务

深圳威迈斯新能源股份有限公司专注于新能源汽车领域，主要从事新能源汽车相关电力电子产品的研发、生产、销售和技术服务，主要产品包括车载电源的车载充电机、车载DC/DC变换器、车载电源集成产品，电驱系统的电机控制器、电驱总成，以及液冷充电桩模块等。

自2013年以来，威迈斯在电梯电源和通信电源业务基础上，逐步专注于发展新能源汽车车载电源产品。2017年，威迈斯成功量产车载电源集成产品，成为业内最早实现将车载充电机、车载DC/DC变换器和其他相关部件集成的厂商之一。威迈斯车载电源集成产品是其车载电源产品业务的主要构成，产品在功率密度、重量、体积、成本控制等核心指标上具有较强的竞争力，其中磁集成控制解耦技术、输出端口电路集成控制技术等磁集成相关技术已获得欧洲、美国、韩国、日本等13项境外专利。威迈斯800V车载集成电源产品已获得小鹏汽车、理想汽车、岚图汽车等客户的定点,其中小鹏G9车型已于2022年第三季度上市,为国内首批基于800V高压平台的新能源汽车车型之一。在新能源汽车车载电源、电驱系统集成化程度越来越高的发展趋势下,威迈斯积极向电驱系统领域进行拓展和产业布局,已取得上汽集团、通用汽车、长城汽车、三一重机等多家境内外知名企业的定点,实现了电机控制器、电驱三合一总成产品和"电源+电驱"电驱多合一总成产品的量产出货,其中电驱系统产品2022年出货量达到6.25万台。

威迈斯及子公司深圳威迈斯软件、上海威迈斯是国家级高新技术企业,建设有CNAS实验室、广东省新能源汽车电力电子与电力传动工程技术研究中心、深圳新能源汽车电力电子与电力传动技术产业化工程实验室以及深圳市级博士后创新实践基地,并参与起草《电动汽车用传导式车载充电机》(GB/T 40432-2021)和《电动汽车DC/DC变换器》(GB/T 24347-2021)等国家标准。威迈斯先后承担并完成了"大功率、高效率、高可靠碳化硅双向车载充电机开发""重2021020新能源汽车高压电控系统集成关键技术研发""新能源汽车高功率密度高可靠车载电源""电动汽车车载双向充电机产业化"等省、市级科研项目。其中"新能源汽车高功率密度高可靠车载电源项目"获得了2018年度深圳市科技进步奖二等奖。通过不断的技术研发与创新,形成了16项具有自主知识产权的核心技术,截至2022年12月31日,威迈斯取得授权专利301项(其中境内发明专利39项、境外发明专利13项),以及计算机软件著作权194项。

3.2 主要产品情况

3.2.1 新能源汽车核心系统介绍

从燃油车到新能源汽车,汽车整车核心零部件发生了革命性的变化,主要体现是:燃油车以石油产品作为能源,通过内燃机产生动力;新能源汽车通过车载电源对动力电池进行充电作为动力来源,由电驱系统驱动行进。燃油车的油箱、发动机、变速箱等被新能源汽车的电源、电池、电驱等所取代。

其中,新能源汽车的电驱系统产品主要指电机控制器、驱动电机和减速器,电源产品主要指车载充电机(OBC)和车载DC/DC变换器等。新能源汽车核心零部件简介及对应的燃油车部件比较情况如下表所示:

表5-12　新能源汽车/燃油车部件比较情况表

新能源汽车零部件		简介	与相应燃油车部件的比较情况	
动力电池		为新能源汽车动力的能量来源	油箱	相比起燃油车的油箱，新能源汽车电池的能量密度仍低于燃油，因此存在续航里程短的缺点
电驱系统产品	电机控制器	根据整车控制需求，对驱动电机的工作状态进行实时控制，实现驱动或者发电等功能	发动机控制器	由于新能源汽车新增了电池管理、动能回收甚至自动驾驶等功能，电机控制器成为重要的控制器件，对于新能源汽车的重要性显著上升
	驱动电机	将电能转化为转子转动的机械能，并通过减速器向下传导，进而驱动车辆行驶；或根据整车需要，将机械能转换为电能进行能量回收	发动机	相比起燃油车30%~40%的热效率，新能源汽车驱动电机的转化效率一般可达80%以上，而且控制更精确，响应速度更快
	减速器	通过齿轮组降低输出转速提高输出扭矩，以保证电驱动系统持续运行在高效区间	变速箱	相比起燃油车的变速箱，新能源汽车的减速器存在结构简单、成本较低的优点
车载电源产品	车载充电机	为动力电池充电，将外界交流电转化为高压直流电	—	车载充电机为新能源汽车特有的零部件，作为新能源汽车整流充电和逆变放电的部件，使新能源汽车具备了充电和V2X功能
	车载DC/DC变换器	为车内的低压用电设备（车灯、音箱等）以及低压蓄电池提供电能，将动力电池中的高压直流电转化为低压直流电	小型发电机	传统燃油汽车依靠发动机带动小型发电机发电，为低压设备供电；新能源汽车通过车载DC/DC变换器，将动力电池中的高压直流电转化为低压直流电，向蓄电池及低压用电设备供电，能量转换效率更高、电压输出控制更精确

3.2.2　新能源汽车电源产品介绍

（1）总体情况

新能源汽车电源产品中的车载充电机和车载DC/DC变换器，一般被统称为车载电源，其安装位置及主要功能原理示意如下：

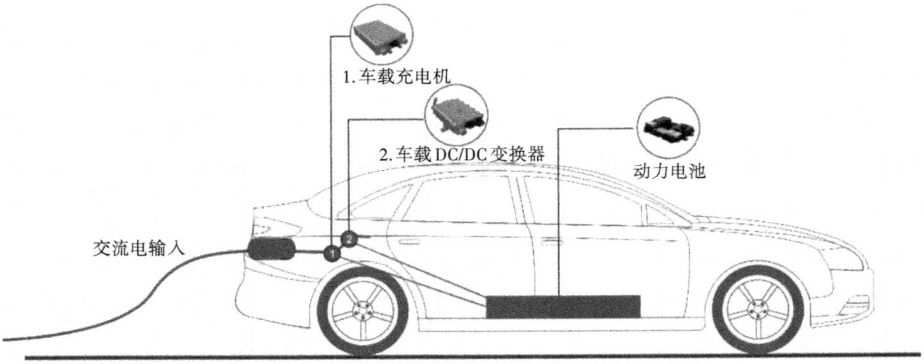

图5-2　车载电源示意图

(2)车载充电机

车载充电机(On-board charger,OBC)是指固定安装在新能源汽车上的充电机,实现为新能源汽车动力电池充电,其输入端口与交流充电口相连,输出端口与动力电池相连,车载充电机的工作原理及功能示意如下:

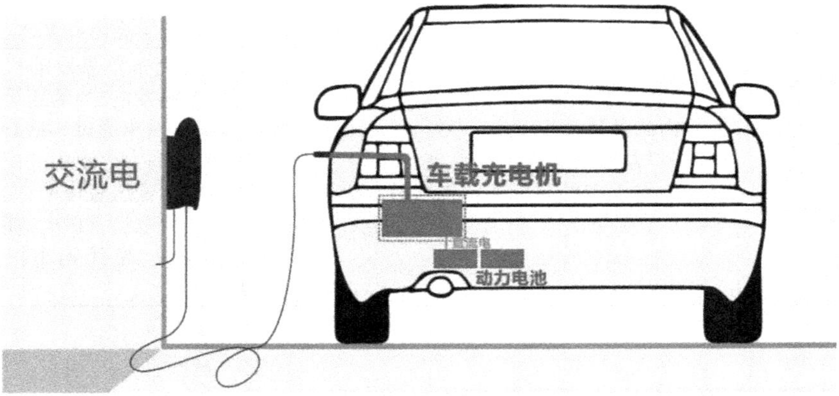

图5-3　车载充电机示意图

车载充电机主要应用于交流电充电方式的场景中,即通过交流电源给新能源汽车充电。在充电过程中,车载充电机依据电池管理系统(BMS)的控制信号,将单相交流电(220V)或三相交流电(380V)转换为动力电池可以使用的高压直流电,从而实现对新能源汽车动力电池的充电。

新能源汽车的充电方式主要包括交流电充电和直流电充电两种，一是当新能源汽车使用交流电充电时，由于动力电池输入端口要求为直流电，需使用车载充电机将交流电转换为直流电；二是当新能源汽车使用直流电充电时，直流电可直接适配动力电池输入端口，此时无需使用车载充电机。新能源汽车两种充电方式示意如下：

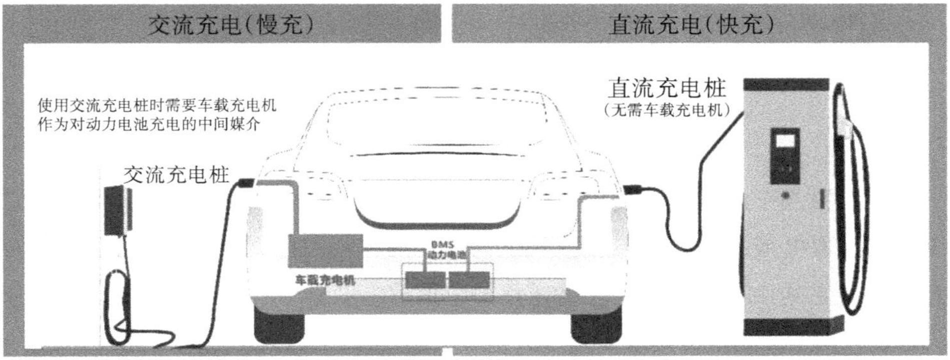

图5-4　新能源汽车两种充电方式示意图

其中，交流电由于充电设施具有占地面积小、布点灵活，配电要求低、安全性高等优点，且占据了日常充电场景的绝大多数，具有广阔的应用空间；从整车厂的角度而言，为满足用户充电场景的多样性，整车配备交流充电装置仍为重要充电方案。

（3）车载DC/DC变换器

新能源汽车的车载DC/DC变换器是电压变换装置，主要是将动力电池高电压侧能量转换为低电压侧能量，给全车低压用电设备及低压蓄电池供电。

车载DC/DC变换器的输入端为动力电池，输出端口连接整车低压用电设备和低压蓄电池，工作原理及功能示意如下：

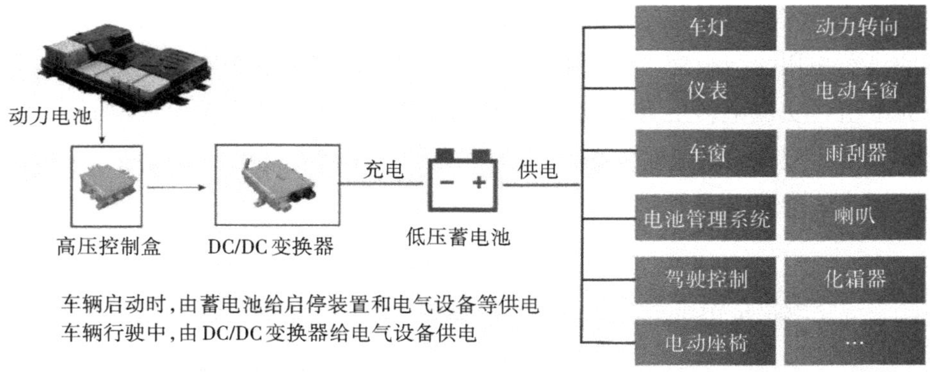

图5-5 车载DC/DC变换器工作原理及功能示意图

新能源汽车低压用电设备运行时无法直接从高压动力电池取电,而是从低压蓄电池取电或通过DC/DC变换器从高压动力电池取电;低压蓄电池中储存的能量亦是通过DC/DC变换器从高压动力电池取电获得。

(4)车载电源集成产品

车载电源集成产品是指将车载充电机、车载DC/DC变换器等独立式车载电源产品进行综合性集成的车载电源系统产品,以实现降本、降重和降体积的集成化要求。

随着新能源汽车在汽车轻量化和优化空间布局等指标上要求越来越高,车载电源集成产品逐步成为车载电源系统的主流产品。

3.2.3 新能源汽车电驱类产品介绍

新能源汽车电驱系统产品主要包括电机控制器、驱动电机和减速器,又称为"电驱动系统",其主要工作原理及功能是电机控制器基于整车控制指令和实时响应的软件算法,高频精确地控制电力电子元器件的开关动作,实现对驱动电机的控制,最终通过减速器中精密机械零部件实现对外传输动力。新能源汽车电驱类产品图例如下:

图5-6 新能源汽车电驱类产品示意图

(1)驱动电机

驱动电机的主要功能是将电能转化为转子转动的机械能,并通过减速器向下传导,进而驱动车辆行驶。驱动电机的主要构成包括定子、转子,以及传感器、连接件、壳体等,工作原理是电磁感应定律,利用通电线圈(定子绕组)产生旋转磁场并作用转子,形成磁电动力,从而产生旋转扭矩驱动车辆行驶。

(2)电机控制器

电机控制器是电驱动系统的核心控制单元,将来自动力电池的直流电转换成三相交流电,根据整车控制指令来控制驱动电机的运转,或者将电机制动时的动能转换为直流电,为动力电池充电。电机控制器主要由主控板、驱动板、功率器件、薄膜电容、电流传感器等构成,本质是集成电路,通过主动工作来控制电机按照设定的方向、速度、角度、响应时间等进行工作,包含了大量的控制理论、滤波算法、空间矢量控制、PID控制器、传感器理论、电磁兼容等技术。电机控制器是电驱系统产品中的核心部件。

(3)减速器

减速器的主要功能是通过齿轮组降低输出转速、提高输出扭矩。减速器也被称为传动系统,主要由传动零件(齿轮或蜗杆)、轴、轴承、差速器、箱体及其附件组成,一般安装于驱动电机后方,或与驱动电机集成为“驱动+传动”二合一集成产品。

(4)电驱系统集成产品

电驱系统集成产品是指将电机控制器、驱动电机、减速器等产品进行综合性集成而形成的“驱动+传动”集成的电驱二合一产品、“电机控制器+驱动+传动”集成的电驱三合一总成产品等，并在此基础上逐步与车载充电机、车载DC/DC变换器等车载电源产品进行功能集成，从而实现“电驱+电源”的电驱多合一总成产品。

随着新能源汽车在汽车轻量化和优化空间布局等指标上要求越来越高，电驱系统集成产品逐步成为行业发展趋势。

3.2.4 威迈斯产品系列

（1）威迈斯产品总体情况

截至2022年12月31日，威迈斯现有主要产品矩阵图如下：

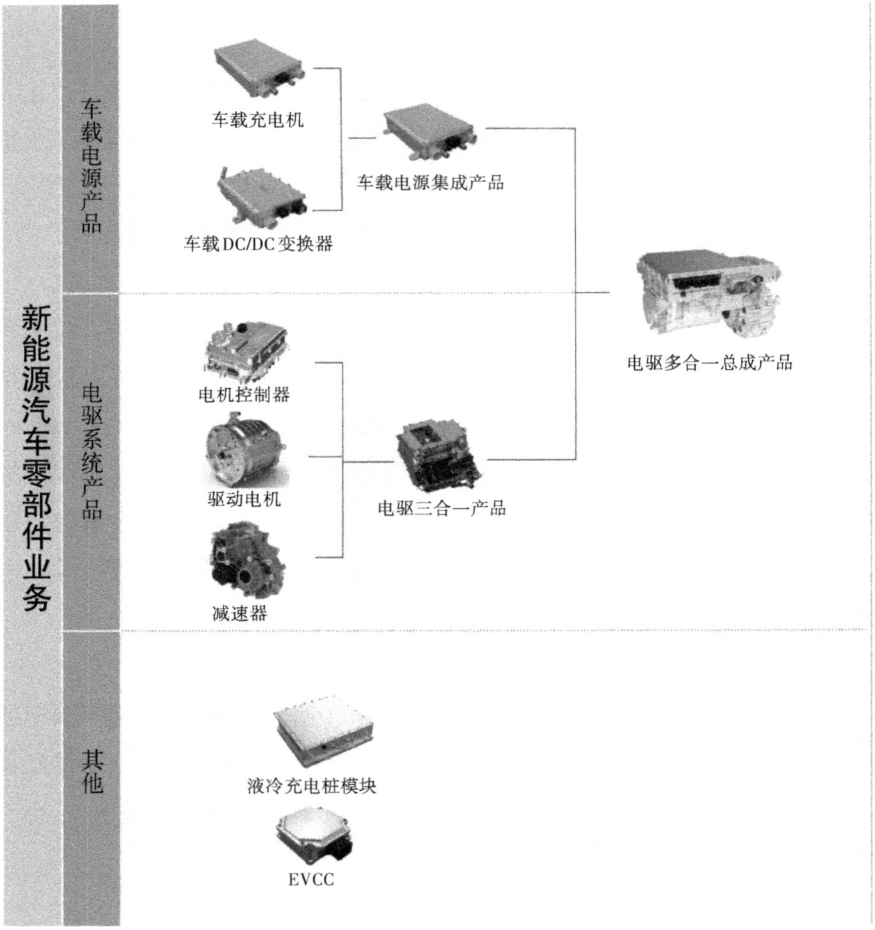

图5-7 威迈斯主要产品矩阵图

威迈斯在车载电源领域取得了行业领先的市场地位。在新能源汽车车载电源、电驱系统集成化程度越来越高的发展趋势下，威迈斯积极向电驱系统领域进行拓展和产业布局，已取得上汽集团、通用汽车、长城汽车、三一重机等多家境内外知名企业的定点，实现了电机控制器、电驱三合一总成产品和“电源+电驱”电驱多合一总成产品的量产出货，其中电驱系统产品2022年出货量达到6.25万台。

（2）新能源汽车核心零部件产品情况

①车载电源

威迈斯车载电源产品可分为车载充电机、车载DC/DC变换器和车载电源集成产品。其中，车载电源集成产品是在车载充电机、车载DC/DC变换器等前期独立式产品研发、量产的基础上，通过集成设计、共用变压器、散热装置等零部件，达到减小体积、减轻重量、降低成本、提高可靠性等目的。威迈斯围绕车载电源集成产品成功研发了3.3kW、6.6kW、11kW、22kW不同功率等级的系列产品，以及144V、400V和800V不同电压等级的系列产品，满足不同客户对不同车型的使用需求。

威迈斯车载电源产品具体介绍如下：

表5-13　威迈斯车载电源产品具体介绍表

主要产品		电压平台	产品简介
车载电源集成产品	单相集成产品3.3kW OBC+2.5kW DC/DC）	支持400V动力电池电压平台	（1）将车载充电机和DC/DC的功能进行集成，输出功率分别可达3.3kW和2.5kW； （2）具备专利保护的立体水道设计以满足高效散热要求； （3）采用全DSP数字控制，软件可FOTA在线升级
	单相集成产品（6.6kW OBC+2.5kW DC/DC）	支持400V和800V动力电池电压平台	（1）具备专利保护的磁集成方案，将车载充电机和DC/DC功能集成，输出功率分别可达6.6kW和2.5kW； （2）具备专利保护的立体水道设计以满足高效散热要求； （3）支持逆变输出，可应用于V2X对外供电场景； （4）采用全DSP数字控制，软件可FOTA在线升级

续表

主要产品		电压平台	产品简介
	单相集成产品(6.6kW OBC+1.5kW DC/DC)	支持144V动力电池电压平台	(1)具备专利保护的磁集成方案,将车载充电机和DC/DC功能集成,输出功率分别达6.6kW和1.5kW,主要面向A00级车市场; (2)具备专利保护的立体水道设计以满足高效散热要求; (3)采用全DSP数字控制,软件可FOTA在线升级
	三相集成产品(11kW OBC+3kW DC/DC)	支持400V和800V动力电池电压平台	(1)将车载充电机和DC/DC的功能进行集成,输出功率分别可达11kW和3kW; (2)具备专利保护的立体水道设计以满足高效散热要求; (3)兼容单相220V、三相380V充电; (4)支持逆变输出,可应用于V2X对外供电场景; (5)采用全DSP数字控制,软件可FOTA在线升级
	三相集成产品(22kW OBC+3.5kW DC/DC)	支持400V动力电池电压平台	(1)将车载充电机和DC/DC的功能进行集成,输出功率分别可达22kW和3.5kW; (2)具备专利保护的立体水道设计以满足高效散热要求; (3)具备专利保护的无电解电容设计算法,大幅提升了产品寿命; (4)兼容单相220V、三相380V充电; (5)支持逆变输出,可应用于V2X对外供电场景; (6)采用全DSP数字控制,软件可FOTA在线升级
独立式车载电源	车载充电机(OBC)	支持400V动力电池电压平台	(1)输出功率达3.3kW、6.6kW等; (2)采用全DSP数字控制,软件可在线升级
	车载DC/DC变换器	支持400V动力电池电压平台	(1)输出功率达2.5kW; (2)采用高频开关控制,软件可在线升级

其中,车载电源集成产品是目前代表行业集成化和多功能化发展趋势的行业主流产品,也是威迈斯具有核心技术优势的重点产品。在集成化方面,威迈斯车载电源集成产品在功率密度、重量、体积、成本控制等核心指标中具有较强的竞争力;在多功能化方面,威迈斯车载电源集成产品支持逆变输出功能,可应用于V2X对外供电场景。

②电驱系列

目前,威迈斯电驱系列包括电机控制器、电驱三合一总成产品和电驱多合一总成产品，均实现了量产出货。

表5-14　电驱系列产品明细表

主要产品		产品简介	所处阶段
电机控制器	电机控制器（144V）	(1)适用整车144V低压电气架构； (2)开关频率高，可优化系统噪声，提高NVH水平； (3)装配灵活，可与电机和减速器进行集成装配	量产
	双电机控制器	(1)可应用于增程式电动车和双电机混动车型； (2)采用双面水冷设计散热，体积较小，可灵活与电机、变速箱集成； (3)功率扩展灵活，可以实现60kW~150kW的电机功率配置； (4)满足高功能安全等级和网络安全设计目标	在研
	低压电机控制器(48V)	(1)适用整车48V低压电气架构； (2)开关频率高，可优化系统噪声，提高NVH水平； (3)支持轮毂系统电机控制	在研
电驱三合一总成产品		将电机控制器、驱动电机和减速器进行高度集成，大幅降低产品的体积、重量和成本	量产
电驱多合一总成产品		将车载电源和电驱系统高度集成，大幅降低产品的体积、重量和成本	量产

③其他产品

目前，威迈斯新能源汽车业务其他产品包括液冷充电桩模块和EVCC等，具体如下：

表5-15　新能源汽车业务其他产品明细表

主要产品	产品简介	所处阶段
液冷充电桩模块	(1)应用于超级直流充电桩系统，单模块支持40kW快速充电，并可支持任意多模块并联以拓展超充功率； (2)应用第三代半导体原材料； (3)采用液冷高效散热方案，兼具噪声低的优势； (4)采用无电解电容方案，产品寿命较长	量产
EVCC	(1)针对海外市场，将欧美充电标准中的充电信号转换为产品接口所需的国标通信信号，为出口至海外市场的新能源汽车提供简单易行的信号转接方案； (2)软件可FOTA在线升级	量产

3.2.5 新能源汽车业务产品配套车型

威迈斯新能源汽车零部件产品配套的主要车型如下:

表5-16 新能源汽车配套的主要车型明细表

序号	车型	公司配套产品
1	小鹏汽车G9	车载电源集成产品
2	理想汽车L9	车载电源集成产品
3	理想汽车ONE	车载电源集成产品
4	合众新能源哪吒V	车载电源集成产品
5	小鹏P5	车载电源集成产品
6	零跑汽车C11	车载电源集成产品
7	上汽集团荣威	车载电源集成产品
8	Stellantis Ami	车载电源集成产品
9	Smart精灵#1	车载电源集成产品
10	长安汽车奔奔	车载电源集成产品
11	奇瑞汽车EQ1	车载电源集成产品
12	吉利汽车几何C	车载电源集成产品

3.3 主营业务收入的主要构成、特征及主要业务经营情况

表5-17 主营业务收入情况表

项目	2022年		2021年		2020年	
	金额(万元)	占比	金额(万元)	占比	金额(万元)	占比
1.新能源汽车领域业务	376,099.30	98.45%	163,978.12	96.99%	55,495.87	84.67%
(1)车载电源	339,626.75	88.90%	148,426.65	87.79%	52,928.85	80.75%
①车载电源集成产品	325,985.49	85.33%	137,028.67	81.05%	39,902.26	60.88%
②车载充电机	10,014.73	2.62%	8,309.95	4.92%	12,084.95	18.44%
③车载DC/DC变换器	3,626.53	0.95%	3,088.02	1.83%	941.64	1.44%
(2)电驱系统	21,711.73	5.68%	10,434.71	6.17%	27.29	0.04%
(3)其他	14,760.82	3.87%	5,116.77	3.03%	2,539.72	3.87%
2.工业电源	5,917.11	1.55%	5,093.83	3.01%	10,048.66	15.33%
合计	382,016.41	100.00%	169,071.95	100.00%	65,544.52	100.00%

报告期内,威迈斯主营业务收入主要来源于新能源汽车领域业务产品的销

售,合计收入分别为55,495.87万元、163,978.12万元和376,099.30万元,占比分别为84.67%、96.99%和98.45%。

其中,车载电源集成产品是目前代表行业集成化和多功能化发展趋势的行业主流产品,也是威迈斯具有核心技术优势的重点产品。报告期内,威迈斯车载电源集成产品收入分别为39,902.26万元、137,028.67万元和325,985.49万元,占主营业务收入的比例分别为60.88%、81.05%和85.33%,收入及占比均呈快速增长趋势,主要原因是威迈斯车载电源集成产品在功率密度、重量、体积、成本控制等核心指标中具有较强的竞争力。

3.4 威迈斯主要经营模式

3.4.1 采购模式

(1)主要采购模式

威迈斯主要采用“以产定采,适度备货”的采购模式。威迈斯根据生产计划、原材料库存等情况,制定原辅材料的采购计划,采购部门会根据市场整体供需情况、价格变动情况及供应商的交货周期等因素进行综合考虑,对生产计划所需要的主要原材料建立适当的安全库存。

威迈斯建立了《采购与结算管理制度》《采购控制程序》《采购成本管理程序》等制度,对采购行为进行规范管理。为保证原材料库存充足,威迈斯设置缺料预防及预警机制,储备相应的缓冲库存,防止由于客户突发性增加需求、供方市场原因导致的采购周期延长等不确定因素造成生产缺料,保障生产交付。

(2)主要采购流程

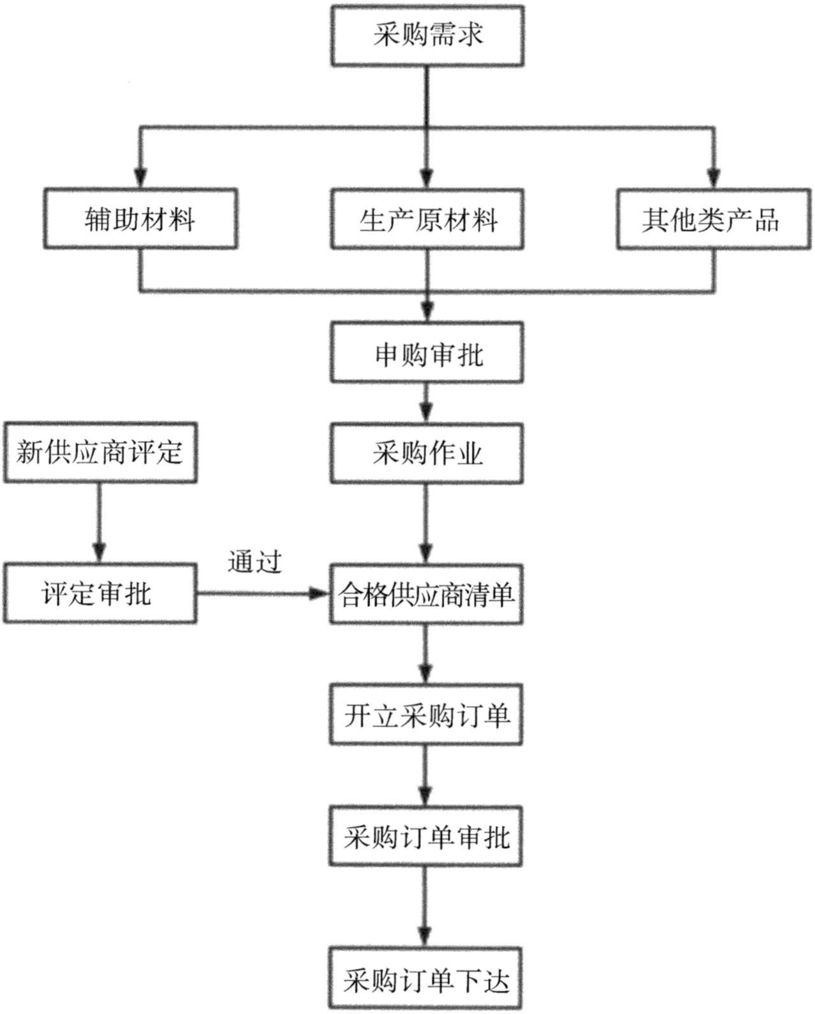

图5-8 主要采购流程图

(3)供应商开发与管理

为保证生产性物料渠道畅通、质量稳定,威迈斯制定了《供应商管理程序》《供应商招标管理程序》等制度对供应商的认证、管理进行规范。威迈斯成立了由采购部、质量部、研发部等部门组成的供应商认证小组,负责供应商引进、考核、稽查和评价工作,并制定了《合格供应商清单》。

威迈斯实行供应商分级管理:A(优选)、B(合格)、C(慎选)、D(不合格)。考核评价分为质量考核和交付考核:质量考核包括来料检验、物料上线、客户反馈、异常响应/退换货/分析与改善等;交付考核内容包括准时交货、整体配合度、报价时效及合理性、奖励和扣分项等。根据考核结果,威迈斯每季度对供应商等级转换和采购份额进行调整。

3.4.2　生产模式

(1)主要生产模式

威迈斯主要采用"以销定产,适度备货"的模式进行生产安排。生产管理部门主要根据销售部门的销售订单安排生产计划,同时会根据销售计划及市场需求预测进行适量的备货。

在具体生产安排上,威迈斯采取自主生产为主、委托加工为辅的方式进行。其中,针对部分产品的表面贴装(SMT)、插件(DIP)等工序,威迈斯实行委托外协厂商加工生产。威迈斯与外协厂商签订了《加工合同》《外协工装及设备托管协议》《外协加工质量保证协议》《供应商保密协议》《加工PCN操作协议》《供应商文件管理协议》等,对质量要求、接收准则、过程控制要求、过程监视、服务要求、双方权利义务、知识产权说明等进行了规定。威迈斯外协管理部对外协厂商的生产工艺、生产过程等进行监督和控制,确保外协加工物料的品质。

(2)主要生产流程

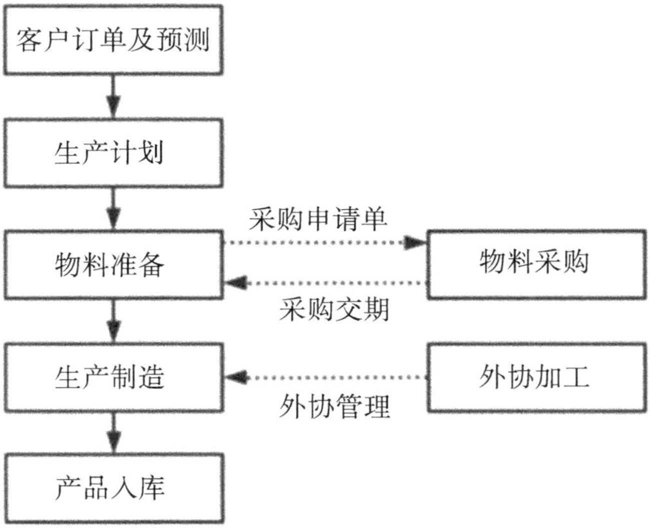

图5-9　主要生产流程图

3.4.3 销售模式

(1)主要销售模式

威迈斯产品采取直销的销售模式,下游客户主要为新能源汽车行业的国内外知名整车厂商。

①1)订单获取方式

威迈斯主要通过同步开发的方式获取订单,即威迈斯为新能源汽车整车厂新开发的车型项目协同开发配套的车载电源、电驱系统等相关产品,通过客户的测试认证之后开始批量生产并销售,即在量产销售前需要通过客户的同步开发的产品认证。

威迈斯若要参与下游新能源汽车整车厂新车型的配套车载电源和电驱系统等的同步开发,一般需要进入客户的合格供应商目录,即通过客户的合格供应商认证。威迈斯的主要客户建立了严格的供应商认证和管理机制,其对供应商认证的考核主要包括供应商的研发技术能力、生产制造能力、检测试验能力、质量管控能力和经营管理能力等,通过认证后的供应商才能进入客户的合格供应商目录。威迈斯通过客户的合格供应商资质认证后,才有资格参与客户新项目开发的招投标程序。

综上,威迈斯获取新客户订单主要涉及两方面的客户认证,一是合格供应商资质认证,二是同步开发的产品认证。

②订单的主要结算方式

在直销模式下,威迈斯与整车厂商客户主要存在两种结算方式,包括寄售方式和非寄售方式。其中,在寄售方式下,威迈斯根据客户要求将货物运送至其指定的VMI仓,并按月根据客户从VMI仓领用的产品情况与客户核对确认销售数量及结算金额,核对无误后确认销售收入;在非寄售方式下,威迈斯按月根据产品的到货签收情况与客户核对确认销售数量及结算金额,核对无误后确认销售收入。

(2)主要销售流程

威迈斯主要销售流程节点如下:

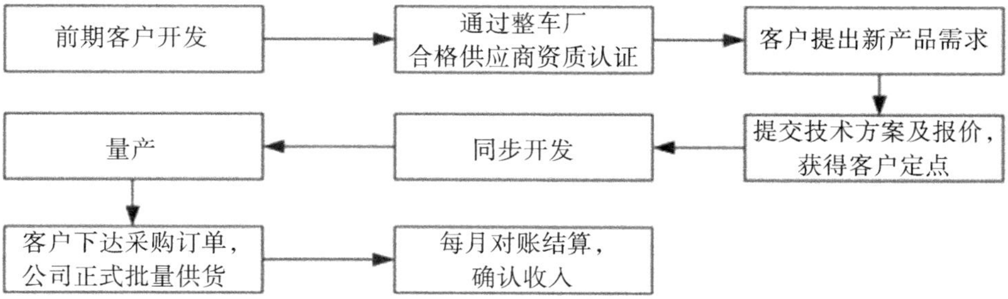

图5-10　主要销售流程节点图

(3)工艺生产流程

威迈斯主要产品的生产工艺流程主要包括表面贴装、插件、装配测试三个环节，生产工艺流程如下图所示：

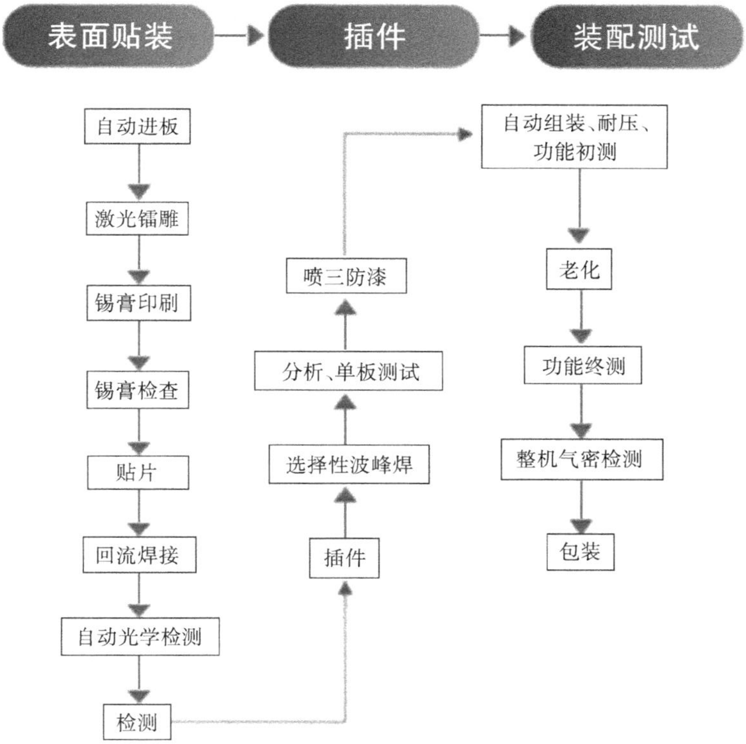

图5-11　工艺生产流程图

4 财务与会计分析

4.1 威迈斯近三年财务总览

4.1.1 威迈斯合并资产负债表

表5-18 威迈斯合并资产负债表 (单位:元)

资产	2022年12月31日	2021年12月31日	2020年12月31日
流动资产:			
货币资金	532,929,203.65	277,002,132.46	145,114,384.48
应收票据	246,866,674.79	126,585,818.46	21,376,308.62
应收账款	934,398,487.49	393,481,246.82	238,935,800.72
应收款项融资	282,112,472.48	326,401,466.67	131,687,665.54
预付款项	14,389,824.73	31,072,569.02	3,294,669.75
其他应收款	44,133,408.45	8,893,484.23	7,926,558.84
存货	1,000,878,242.54	523,826,827.38	189,367,647.98
其他流动资产	39,812,390.67	90,007,882.82	9,604,719.67
流动资产合计	3,095,520,704.80	1,777,271,427.86	747,307,755.60
非流动资产:			
长期股权投资	114,844,402.18	97,171,975.43	60,769,884.79
固定资产	485,441,014.24	309,270,995.37	115,532,228.78
在建工程	144,143,563.48	3,695,536.94	106,829,399.17
使用权资产	39,761,357.28	15,997,738.57	—
无形资产	61,765,558.73	55,473,703.79	43,405,775.22
商誉	4,156,325.18	4,156,325.18	—
长期待摊费用	28,005,059.78	6,847,062.43	3,770,105.46
递延所得税资产	—	—	—
其他非流动资产	84,761,022.30	50,953,520.46	13,265,695.00
非流动资产合计	962,878,303.17	543,566,858.17	343,573,088.42
资产总计	4,058,399,007.97	2,320,838,286.03	1,090,880,844.02
流动负债:			
短期借款	234,295,197.22	74,870,352.78	81,097,362.22
应付票据	479,612,173.50	389,345,432.26	141,979,075.01
应付账款	1,604,362,985.85	793,488,615.67	294,597,185.61

续表

资产	2022年12月31日	2021年12月31日	2020年12月31日
合同负债	104,498,763.41	40,821,506.07	14,671,155.68
应付职工薪酬	77,882,154.61	44,696,376.96	19,718,359.80
应交税费	12,607,048.53	16,993,967.23	11,826,150.88
其他应付款	124,092,078.68	12,332,267.47	9,363,120.37
一年内到期的非流动负债	19,673,009.98	7,284,620.14	1,599,817.52
其他流动负债	10,074,314.37	3,395,356.35	1,062,587.44
流动负债合计	2,667,097,726.15	1,383,228,494.93	575,914,814.53
非流动负债:			
长期借款	249,246,334.19	153,584,434.11	87,226,570.74
租赁负债	14,065,670.35	5,693,302.75	—
预计负债	48,148,385.48	15,487,523.87	—
递延收益	28,514,484.28	25,949,410.95	25,460,527.48
递延所得税负债	2,788,663.52	3,140,608.47	—
非流动负债合计	342,763,537.82	203,855,280.15	112,687,098.22
负债合计	3,009,861,263.97	1,587,083,775.08	688,601,912.75
股东权益:			
股本	378,857,142.00	378,857,142.00	364,000,000.00
资本公积	261,377,300.89	253,637,328.93	16,793,363.84
盈余公积	34,633,948.54	18,607,988.15	6,283,975.61
未分配利润	356,690,752.56	77,920,655.70	15,201,591.82
归属于母公司股东权益合计	1,031,559,143.99	729,023,114.78	402,278,931.27
少数股东权益	16,978,600.01	4,731,396.17	—
股东权益合计	1,048,537,744.00	733,754,510.95	402,278,931.27
负债和股东权益总计	4,058,399,007.97	2,320,838,286.03	1,090,880,844.02

4.1.2　威迈斯合并利润表

表5-19　威迈斯合并利润表　（单位:元）

项目	2022年度	2021年度	2020年度
一、营业收入	3,832,765,501.06	1,695,103,208.69	657,223,226.80
减:营业成本	3,075,501,010.74	1,324,052,691.25	485,758,374.19
税金及附加	9,123,862.93	6,108,481.56	3,172,151.44
销售费用	87,216,899.23	47,166,241.16	27,870,681.59

续表

项目	2022年度	2021年度	2020年度
管理费用	95,688,453.59	76,234,824.05	52,398,049.68
研发费用	191,409,555.24	145,718,204.35	76,563,977.25
财务费用	31,784,039.93	3,229,102.42	506,147.32
其中:利息费用	16,580,778.84	4,360,025.64	2,673,700.06
利息收入	4,359,277.20	908,240.36	1,333,597.53
加:其他收益	55,342,782.25	38,048,873.31	24,841,314.20
投资收益	-817,012.90	-1,012,070.76	-1,543,500.15
信用减值损失	-32,136,400.22	-11,451,629.96	-5,805,124.28
资产减值损失	-31,497,586.69	-13,618,120.90	-7,453,340.88
资产处置收益	-287,502.88	-31,150.57	—
二、营业利润	332,645,958.96	104,529,565.02	20,993,194.22
加:营业外收入	232,986.49	232,074.65	308,700.00
减:营业外支出	679,721.90	735,379.72	212,534.44
三、利润总额	332,199,223.55	104,026,259.95	21,089,359.78
减:所得税费用	38,379,994.26	32,655,355.66	15,578,150.36
四、净利润	293,819,229.29	71,370,904.29	5,511,209.42
归属于母公司股东的净利润	294,796,057.25	75,043,076.42	5,511,209.42
少数股东损益	-976,827.96	-3,672,172.13	—
五、综合收益总额	293,819,229.29	71,370,904.29	5,511,209.42
归属于母公司股东的综合收益总额	294,796,057.25	75,043,076.42	5,511,209.42
归属于少数股东的综合收益总额	-976,827.96	-3,672,172.13	—
六、每股收益			
(一)基本每股收益	0.78	0.21	0.02
(二)稀释每股收益	0.78	0.21	0.02

4.1.3 威迈斯合并现金流量表

表5-20 威迈斯合并现金流量表 (单位:元)

项目	2022年度	2021年度	2020年度
一、经营活动产生的现金流量:			
销售商品、提供劳务收到的现金	2,296,904,283.01	997,917,223.71	555,237,803.41
收到的税费返还	71,764,480.49	37,139,729.54	7,152,732.35
收到其他与经营活动有关的现金	166,088,364.29	28,502,761.66	22,152,047.98

续表

项目	2022 年度	2021 年度	2020 年度
经营活动现金流入小计	2,534,757,127.79	1,063,559,714.91	584,542,583.74
购买商品、接受劳务支付的现金	1,759,463,695.08	545,052,549.77	331,861,748.06
支付给职工以及为职工支付的现金	366,880,400.50	203,610,207.81	119,011,291.64
支付的各项税费	111,673,524.74	68,428,486.70	30,764,437.33
支付其他与经营活动有关的现金	200,389,547.38	91,867,608.68	61,011,711.36
经营活动现金流出小计	2,438,407,167.70	908,958,852.96	542,649,188.39
经营活动产生的现金流量净额	96,349,960.09	154,600,861.95	41,893,395.35
二、投资活动产生的现金流量：			
取得投资收益收到的现金	695,929.77	—	—
处置固定资产、无形资产和其他长期资产收回的现金净额	42,200.00	8,600.00	—
收到其他与投资活动有关的现金	148,000,000.00	13,527,020.00	—
投资活动现金流入小计	148,738,129.77	13,535,620.00	—
购建固定资产、无形资产和其他长期资产支付的现金	367,049,798.77	132,302,751.22	83,651,589.26
投资支付的现金	19,000,000.00	37,627,000.00	2,250,000.00
取得子公司及其他营业单位支付的现金净额	—	14,830,857.55	—
支付其他与投资活动有关的现金	86,000,000.00	144,520,000.00	—
投资活动现金流出小计	472,049,798.77	329,280,608.77	85,901,589.26
投资活动产生的现金流量净额	-323,311,669.00	-315,744,988.77	-85,901,589.26
三、筹资活动产生的现金流量：			
吸收投资收到的现金	4,601,273.81	245,000,000.00	—
取得借款收到的现金	438,985,900.08	274,668,016.68	153,493,826.92
筹资活动现金流入小计	443,587,173.89	519,668,016.68	153,493,826.92
偿还债务支付的现金	184,104,000.00	214,709,852.58	53,350,000.00
分配股利、利润或偿付利息支付的现金	14,207,340.96	10,506,096.74	5,457,419.91
支付其他与筹资活动有关的现金	15,455,775.14	7,858,825.35	1,504,131.24
筹资活动现金流出小计	213,767,116.10	233,074,774.67	60,311,551.15
筹资活动产生的现金流量净额	229,820,057.79	286,593,242.01	93,182,275.77
四、汇率变动对现金及现金等价物的影响	-284,462.85	-128,382.68	-26,166.46
五、现金及现金等价物净增加额	2,573,886.03	125,320,732.51	49,147,915.40
加：期初现金及现金等价物余额	227,539,532.43	102,218,799.92	53,070,884.52
六、期末现金及现金等价物余额	230,113,418.46	227,539,532.43	102,218,799.92

4.2　主要财务指标

4.2.1　主要财务指标

表 5-21　威迈斯主要财务指标表

财务指标	2022 年度	2021 年度	2020 年度
流动比率(倍)	1.16	1.28	1.30
速动比率(倍)	0.79	0.91	0.97
资产负债率(母公司)	76.49%	70.13%	69.39%
归属于发行人股东的每股净资产(元/股)	2.72	1.92	1.11
应收账款周转率(次)	3.20	2.63	1.71
存货周转率(次)	3.88	3.56	2.87
息税折旧摊销前利润(万元)	41,173.53	14,550.49	4,556.50
归属于公司股东的净利润(万元)	29,479.61	7,504.31	551.12
利息保障倍数	21.04	24.86	8.89
归属于公司股东扣除非经常性损益后的净利润(万元)	26,907.37	6,494.05	-866.92
研发投入占营业收入的比例	4.99%	8.60%	11.65%
每股经营活动产生的现金流量(元)	0.25	0.41	0.12
每股净现金流量(元)	0.01	0.33	0.14

4.2.2　净资产收益率和每股收益

根据中国证监会《公开发行证券的公司信息披露规范问答第1号——非经常性损益》和《公开发行证券的公司信息披露编报规则第9号——净资产收益率和每股收益的计算及披露》(2010年修订)的要求,报告期内公司加权平均净资产收益率、基本每股收益及稀释每股收益如下:

表 5-22　威迈斯净资产收益率和每股收益明细表

项目		加权平均净资产收益率(*)	每股收益(元)	
			基本每股收益	稀释每股收益
归属于公司普通股股东的净利润	2022年度	33.47	0.78	0.78
	2021年度	16.07	0.21	0.21
	2020年度	1.39	0.02	0.02

续表

项目		加权平均净资产收益率(＊)	每股收益(元)	
			基本每股收益	稀释每股收益
扣除非经常性损益后归属于公司普通股股东的净利润	2022年度	30.55	0.71	0.71
	2021年度	13.91	0.18	0.18
	2020年度	-2.19	-0.02	-0.02

4.3　营业收入分析

4.3.1　营业收入总体情况分析

报告期内，威迈斯营业收入总体情况如下表所示：

表5-23　威迈斯营业收入构成明细表

项目	2022年度		2021年度		2020年度	
	金额(万元)	比例	金额(万元)	比例	金额(万元)	比例
主营业务收入	382,016.41	99.67%	169,071.95	99.74%	65,544.52	99.73%
其他业务收入	1,260.14	0.33%	438.37	0.26%	177.80	0.27%
合计	383,276.55	100.00%	169,510.32	100.00%	65,722.32	100.00%

报告期内，威迈斯主营业务收入分别为65,544.52万元、169,071.95万元和382,016.41万元，占营业收入比例分别为99.73%、99.74%和99.67%，威迈斯主要产品为车载电源及电驱系统产品，主营业务突出，是威迈斯营业收入和利润的主要来源。

报告期内，威迈斯营业收入总体呈增长趋势，其中2020—2022年期间，威迈斯营业收入年均复合增长率为141.49%，主要是受益于新能源汽车市场的快速发展、新能源汽车国产化“弯道超车”的历史机遇等因素影响，威迈斯车载电源及电驱系统产品销量持续增加。

报告期内，威迈斯其他业务收入分别为177.80万元、438.37万元和1,260.14万元，主要为材料销售收入及其他零星收入，占比较低。

4.3.2 按产品及服务类别分析

表5-24 威迈斯营业收入按产品类型构成明细表

项目	2022年度		2021年度		2020年度	
	金额(万元)	占比	金额(万元)	占比	金额(万元)	占比
产品销售收入	378,404.63	99.05%	167,091.08	98.83%	63,945.20	97.56%
技术开发收入	3,611.78	0.95%	1,980.87	1.17%	1,599.32	2.44%
合计	382,016.41	100.00%	169,071.95	100.00%	65,544.52	100.00%

报告期内,威迈斯主营业务收入主要由产品销售收入和技术开发收入构成。其中,产品销售收入分别为63,945.20万元、167,091.08万元和378,404.63万元,占比分别为97.56%、98.83%和99.05%;技术开发收入分别为1,599.32万元、1,980.87万元和3,611.78万元,占比分别为2.44%、1.17%和0.95%。

4.3.3 按产品类别分析

报告期内,威迈斯主营业务收入按产品类别分类如下:

表5-25 主营业务收入产品类别情况表

项目	2022年		2021年		2020年	
	金额(万元)	占比	金额(万元)	占比	金额(万元)	占比
1.新能源汽车领域业务	376,099.30	98.45%	163,978.12	96.99%	55,495.87	84.67%
(1)车载电源	339,626.75	88.90%	148,426.65	87.79%	52,928.85	80.75%
①车载电源集成产品	325,985.49	85.33%	137,028.67	81.05%	39,902.26	60.88%
②车载充电机	10,014.73	2.62%	8,309.95	4.92%	12,084.95	18.44%
③车载DC/DC变换器	3,626.53	0.95%	3,088.02	1.83%	941.64	1.44%
(2)电驱系统	21,711.73	5.68%	10,434.71	6.17%	27.29	0.04%
(3)其他	14,760.82	3.87%	5,116.77	3.03%	2,539.72	3.87%
2.工业电源	5,917.11	1.55%	5,093.83	3.01%	10,048.66	15.33%
合计	382,016.41	100.00%	169,071.95	100.00%	65,544.52	100.00%

报告期内,威迈斯主营业务收入主要来源于新能源汽车领域业务产品的销售,合计收入分别为55,495.87万元、163,978.12万元和376,099.30万元,占比分别为84.67%、96.99%和98.45%。

4.3.4　按销售模式构成分析

报告期内，威迈斯产品采取直销的销售模式，包括寄售和非寄售两种结算方式，具体情况如下：

表5-26　主营业务收入按销售模式构成分析情况表

项目	2022年度		2021年度		2020年度	
	金额（万元）	占比	金额（万元）	占比	金额（万元）	占比
寄售方式	138,069.12	36.14%	61,618.63	36.45%	21,350.59	32.57%
非寄售方式	243,947.29	63.86%	107,453.32	63.55%	44,193.93	67.43%
合计	382,016.41	100.00%	169,071.95	100.00%	65,544.52	100.00%

报告期内，威迈斯寄售方式销售收入分别为21,350.59万元、61,618.63万元和138,069.12万元，占比分别为32.57%、36.45%和36.14%，总体呈下降趋势，主要原因是随着威迈斯行业地位的提升，非寄售方式的销售占比有所提升。

4.3.5　按销售区域分析

报告期内，威迈斯主营业务收入按区域分布情况如下：

表5-27　主营业务收入按按区域分布情况表

区域	2022年度		2021年度		2020年度	
	金额（万元）	占比	金额（万元）	占比	金额（万元）	占比
境内	359,157.88	94.02%	166,971.79	98.76%	65,467.60	99.88%
境外	22,858.53	5.98%	2,100.16	1.24%	76.93	0.12%
合计	382,016.41	100.00%	169,071.95	100.00%	65,544.52	100.00%

报告期内，威迈斯主要以境内销售为主，占比分别为99.88%、98.76%和94.02%，占比较高。

报告期内，威迈斯积极践行“走出去”战略，参与全球新能源汽车市场的竞争，已向海外知名车企Stellantis量产销售车载电源集成产品，并取得雷诺、通用汽车等海外车企定点，是行业内最早实现向境外知名品牌整车厂商出口的境内厂商之一，从而逐步形成境外销售收入。

4.3.6 主营业务收入按季节性分类

报告期内,威迈斯主营业务收入按季节性分布情况如下:

表5-28 主营业务收入按季节性分布情况表

项目	2022年度		2021年度		2020年度	
	金额(万元)	占比	金额(万元)	占比	金额(万元)	占比
第一季度	67,457.45	17.66%	23,423.73	13.85%	10,281.79	15.69%
第二季度	82,285.25	21.54%	33,850.78	20.02%	15,147.84	23.11%
第三季度	104,961.24	27.48%	45,639.09	26.99%	10,583.82	16.15%
第四季度	127,312.47	33.33%	66,158.35	39.13%	29,531.07	45.05%
合计	382,016.41	100.00%	169,071.95	100.00%	65,544.52	100.00%

报告期内,威迈斯主营业务收入呈现一定的季节性特征,其中第一、二季度为淡季,第三、四季度为旺季,主要原因是:一是在生产端,受元旦、春节等假期影响,第一季度国内物流及生产能力有所下降,行业厂商产销量亦受到一定影响;二是在消费端,汽车终端市场存在"金九银十"的消费特征及春节期间消费者购车意愿上升,使得汽车产业的终端整车销量在每年第四季度及次年1月大幅增加,为提前备货,新能源汽车整车厂商一般在第三、四季度的产量有所增加,使得相应的核心零部件采购亦大幅增加。

4.4 营业成本分析

4.4.1 营业成本变动分析

报告期内,威迈斯的营业成本构成及变动情况如下:

表5-29 营业成本构成及变动情况

项目	2022年度		2021年度		2020年度	
	金额(万元)	占比	金额(万元)	占比	金额(万元)	占比
主营业务成本	306,745.24	99.74%	132,091.48	99.76%	48,473.27	99.79%
其他业务成本	804.86	0.26%	313.79	0.24%	102.57	0.21%
合计	307,550.10	100.00%	132,405.27	100.00%	48,575.84	100.00%

报告期内，威迈斯的营业成本分别为48,575.84万元、132,405.27万元和307,550.10万元，营业成本结构及变动趋势与营业收入基本保持一致。

2021年和2022年威迈斯营业成本分别较2020年和2021年增加83,829.43万元和175,144.83万元，同比增长172.57%和132.28%，主要原因是2021年和2022年销售规模大幅上升。

4.4.2　主营业务成本分析

（1）主营业务成本按产品类别分析

报告期内，威迈斯主营业务成本按产品类别分类的构成情况如下：

表5-30　主营业务成本按产品类别分析情况表

项目	2022年		2021年		2020年	
	金额（万元）	占比	金额（万元）	占比	金额（万元）	占比
1.新能源汽车领域业务	302,256.72	98.54%	128,440.56	97.24%	39,760.75	82.03%
（1）车载电源	271,689.70	88.57%	115,836.47	87.69%	38,026.65	78.45%
①车载电源集成产品	259,362.65	84.55%	106,894.08	80.92%	28,677.03	59.16%
②车载充电机	9,042.89	2.95%	6,012.67	4.55%	8,456.35	17.45%
③车载DC/DC变换器	3,284.17	1.07%	2,929.71	2.22%	893.27	1.84%
（2）电驱系统	19,873.32	6.48%	9,056.29	6.86%	24.08	0.05%
（3）其他	10,693.70	3.49%	3,547.80	2.69%	1,710.03	3.53%
2.工业电源	4,488.52	1.46%	3,650.92	2.76%	8,712.52	17.97%
合计	306,745.24	100.00%	132,091.48	100.00%	48,473.27	100.00%

报告期内，威迈斯主营业务成本主要为新能源汽车领域业务产品的销售成本，合计成本分别为39,760.75万元、128,440.56万元和302,256.72万元，占比分别为82.03%、97.24%和98.54%，与主营业务收入构成相匹配。

其中，威迈斯车载电源产品主营业务成本分别为38,026.65万元、115,836.47万元和271,689.70万元，占主营业务成本的比例分别为78.45%、87.69%和88.57%，与其产品收入占比相匹配。

威迈斯电驱系统产品主营业务成本分别为24.08万元、9,056.29万元和19,873.32万元，占主营业务成本的比例分别为0.05%、6.86%和6.48%，与其产品收入占比相匹配。

(2)主营业务成本按费用类别分析

报告期内,威迈斯主营业务成本构成情况如下:

表5-31 主营业务成本按产品类别分析情况表

项目	2022年度		2021年度		2020年度	
	金额(万元)	比例	金额(万元)	比例	金额(万元)	比例
直接材料	267,649.65	87.25%	116,804.56	88.43%	39,883.81	82.28%
直接人工	16,696.23	5.44%	7,267.38	5.50%	3,842.72	7.93%
间接费用	9,051.66	2.95%	4,322.17	3.27%	2,698.45	5.57%
外协加工费	11,014.35	3.59%	2,071.60	1.57%	1,666.56	3.44%
运输费用	2,333.36	0.76%	1,625.77	1.23%	381.73	0.79%
合计	306,745.24	100.00%	132,091.48	100.00%	48,473.27	100.00%

报告期内,威迈斯主营业务成本中直接材料成本分别为39,883.81万元、116,804.56万元和267,649.65万元,占比分别为82.28%、88.43%和87.25%。其中,2021年威迈斯直接材料费相比2020年增加76,920.75万元,同比增长192.86%,2022年威迈斯直接材料费相比2021年增加150,845.09万元,同比增长129.14%,主要原因是2021年和2022年主营业务收入大幅增加所致。

4.5 毛利率分析

4.5.1 毛利及毛利率情况

报告期内,威迈斯综合毛利及毛利率情况如下:

表5-32 具体毛利情况表 (单位:万元)

项目	2022年度	2021年度	2020年度
营业收入	383,276.55	169,510.32	65,722.32
营业成本	307,550.10	132,405.27	48,575.84
综合毛利	75,726.45	37,105.05	17,146.49
综合毛利率	19.76%	21.89%	26.09%
主营业务收入	382,016.41	169,071.95	65,544.52
主营业务成本	306,745.24	132,091.48	48,473.27
主营业务毛利	75,271.17	36,980.47	17,071.26
主营业务毛利率	19.70%	21.87%	26.05%

报告期内，威迈斯综合毛利率分别为26.09%、21.89%和19.76%，主营业务毛利率分别为26.05%、21.87%和19.70%，主要受到产品价格、单位成本、产品结构等因素影响。

4.5.2　主营业务毛利及毛利率分析

（1）主营业务毛利构成

报告期内，威迈斯主营业务毛利来源按产品类别分类情况如下：

表5-33　主营业务毛利来源按产品类别分类情况表

项目	2022年		2021年		2020年	
	金额（万元）	占比	金额（万元）	占比	金额（万元）	占比
1.新能源汽车领域业务	73,842.58	98.10%	35,537.56	96.10%	15,735.12	92.17%
（1）车载电源	67,937.04	90.26%	32,590.18	88.13%	14,902.21	87.29%
①车载电源集成产品	66,622.84	88.51%	30,134.59	81.49%	11,225.24	65.76%
②车载充电机	971.84	1.29%	2,297.28	6.21%	3,628.60	21.26%
③车载DC/DC变换器	342.36	0.45%	158.30	0.43%	48.37	0.28%
（2）电驱系统	1,838.42	2.44%	1,378.41	3.73%	3.21	0.02%
（3）其他	4,067.12	5.40%	1,568.97	4.24%	829.70	4.86%
2.工业电源	1,428.59	1.90%	1,442.91	3.90%	1,336.14	7.83%
总计	75,271.17	100.00%	36,980.47	100.00%	17,071.26	100.00%

报告期内，威迈斯主营业务毛利额分别为17,071.26万元、36,980.47万元和75,271.17万元，总体呈上升趋势。其中，车载电源产品对毛利额贡献最大，占主营业务毛利总额的比例分别为87.29%、88.13%和90.26%。

（2）主营业务毛利率分析

报告期内，威迈斯主营业务毛利率按产品类别区分具体如下：

表5-34　主营业务毛利率情况表

项目	2022年		2021年		2020年	
	毛利率	收入占比	毛利率	收入占比	毛利率	收入占比
1.新能源汽车领域业务	19.63%	98.45%	21.67%	96.99%	28.35%	84.67%
（1）车载电源	20.00%	88.90%	21.96%	87.79%	28.16%	80.75%
①车载电源集成产品	20.44%	85.33%	21.99%	81.05%	28.13%	60.88%

续表

项目	2022年		2021年		2020年	
	毛利率	收入占比	毛利率	收入占比	毛利率	收入占比
②车载充电机	9.70%	2.62%	27.64%	4.92%	30.03%	18.44%
③车载DC/DC变换器	9.44%	0.95%	5.13%	1.83%	5.14%	1.44%
(2)电驱系统	8.47%	5.68%	13.21%	6.17%	11.77%	0.04%
(3)其他	27.55%	3.86%	30.66%	3.03%	32.67%	3.87%
2.工业电源	24.14%	1.55%	28.33%	3.01%	13.30%	15.33%
合计	19.70%	100.00%	21.87%	100.00%	26.05%	100.00%

报告期内,威迈斯主营业务毛利率分别为26.05%、21.87%和19.70%。其中,2022年较2021年下降4.18个百分点,主要原因是,在新能源车主力市场逐步向三四线城市甚至农村市场扩展的背景下,配合客户的市场销售策略,积极开发新产品,毛利率较低产品占比增加。2021年较2020年提高2.17个百分点,主要原因是,在功率器件、磁元件等主要原材料价格有所上涨的背景下,威迈斯主要产品毛利率有所下降。

4.5.3 同行业可比上市公司比较分析

报告期内,威迈斯主营业务毛利率与同行业公司毛利率的比较情况如下:

表5-35 同行业公司毛利率比较情况表

公司名称	2022年度	2021年度	2020年度
欣锐科技	7.10%	13.29%	1.91%
英搏尔	10.55%	17.36%	19.27%
汇川技术	20.92%	21.89%	23.53%
精进电动	-6.08%	-5.23%	1.89%
均值	8.12%	11.83%	11.65%
威迈斯	19.70%	21.87%	26.05%

威迈斯主营业务毛利率高于同行业可比上市公司主要是受产品结构差异、可比公司年度经营情况及公司自身经营情况等因素影响。威迈斯是业内最早实现将车载充电机、车载DC/DC变换器和其他相关部件集成的厂商之一,车载电源集成产品在功率密度、重量、体积、成本控制等核心指标中具有较强的竞争

力，是威迈斯车载电源产品业务的主要构成。威迈斯在车载电源行业深耕多年，取得了领先的市场份额，根据NE Times数据，2020—2021年期间，威迈斯连续两年在中国乘用车车载充电机市场出货量排名第一。

4.6　期间费用项目分析

报告期内，威迈斯期间费用构成情况如下：

表5-36　期间费用构成情况表

项目	2022年度		2021年度		2020年度	
	金额（万元）	占营业收入比	金额（万元）	占营业收入比	金额（万元）	占营业收入比
销售费用	8,721.69	2.28%	4,716.62	2.78%	2,787.07	4.24%
管理费用	9,568.85	2.50%	7,623.48	4.50%	5,239.80	7.97%
研发费用	19,140.96	4.99%	14,571.82	8.60%	7,656.40	11.65%
财务费用	3,178.40	0.83%	322.91	0.19%	50.61	0.08%
合计	40,609.90	10.60%	27,234.83	16.07%	15,733.88	23.94%

报告期内，威迈斯期间费用总额分别为15,733.90万元、27,234.83万元和40,609.88万元，总体是随着业务规模的扩张保持增长趋势。2020—2022年期间，期间费用占比呈下降趋势，主要原因是受营业收入增加所致。

4.6.1　销售费用

报告期内，威迈斯销售费用的构成情况如下：

表5-37　威迈斯销售费用构成情况表

项目	2022年度		2021年度		2020年度	
	金额(万元)	占比	金额(万元)	占比	金额(万元)	占比
售后服务费	5,420.08	62.14%	2,382.92	50.52%	1,305.13	46.83%
职工薪酬	2,207.40	25.31%	1,606.08	34.05%	997.66	35.80%
业务招待费	344.49	3.95%	284.50	6.03%	243.74	8.75%
差旅费	106.77	1.22%	121.98	2.59%	81.40	2.92%
办公、租赁及水电费	108.55	1.24%	70.55	1.50%	47.16	1.69%
咨询服务费	39.15	0.45%	14.90	0.32%	15.30	0.55%
运输费	—	—	—	—	—	—
其他	495.26	5.68%	235.70	5.00%	96.67	3.47%

续表

项目	2022年度		2021年度		2020年度	
	金额(万元)	占比	金额(万元)	占比	金额(万元)	占比
合计	8,721.70	100.00%	4,716.63	100.00%	2,787.06	100.00%

报告期内,威迈斯销售费用主要为职工薪酬、售后服务费、差旅费、业务招待费等,金额分别为2,787.06万元、4,716.63万元和8,721.70万元,占营业收入的比例分别为4.24%、2.78%和2.28%,占比呈下降趋势,主要系受营业收入逐年增加所致。

4.6.2　可比公司销售费用率比较情况

报告期内,威迈斯销售费用占营业收入的比例与同行业上市公司对比如下:

表5-38　可比公司销售费用率比较情况表

公司名称	2022年度	2021年度	2020年度
欣锐科技	2.94%	4.24%	23.69%
英搏尔	1.93%	3.81%	4.85%
汇川技术	5.08%	5.85%	7.57%
精进电动	5.27%	7.04%	6.55%
均值	3.81%	5.23%	10.66%
威迈斯	2.28%	2.78%	4.24%

报告期内,威迈斯销售费用率分别为4.24%、2.78%和2.28%,变动趋势与同行业可比上市公司平均水平基本一致,总体低于同行业可比上市公司平均水平。

4.6.3　管理费用

报告期内,威迈斯管理费用明细如下:

表5-39　威迈斯管理费用情况表

项目	2022年度		2021年度		2020年度	
	金额(万元)	占比	金额(万元)	占比	金额(万元)	占比
职工薪酬	4,633.43	48.42%	2,924.90	38.37%	2,137.18	40.79%
股份支付	861.37	9.00%	1,410.47	18.50%	625.91	11.95%
业务招待费	581.63	6.08%	924.39	12.13%	450.99	8.61%
办公、租赁及水电费	931.48	9.73%	706.26	9.26%	260.08	4.96%

续表

项目	2022年度		2021年度		2020年度	
	金额(万元)	占比	金额(万元)	占比	金额(万元)	占比
折旧摊销费	750.45	7.84%	572.05	7.50%	368.42	7.03%
中介机构费	769.40	8.04%	439.97	5.77%	680.12	12.98%
差旅费	229.71	2.40%	200.05	2.62%	86.85	1.66%
其他	811.38	8.48%	445.39	5.84%	630.25	12.03%
合计	9,568.85	100.00%	7,623.48	100.00%	5,239.80	100.00%

报告期内，威迈斯管理费用主要为职工薪酬、折旧摊销费、业务招待费、办公费、租赁及水电费以及股份支付等，金额分别为5,239.80万元、7,623.48万元和9,568.85万元，占营业收入的比例分别为7.97%、4.50%和2.50%，占比呈下降趋势，主要系营业收入逐年增加所致。

4.6.4　可比公司管理费用率比较情况

报告期内，威迈斯管理费用扣除股份支付后的管理费用率与同行业上市公司对比如下：

表5-40　可比公司管理费用率比较情况表

公司名称	2022年度	2021年度	2020年度
欣锐科技	7.49%	10.73%	17.93%
英搏尔	2.88%	3.91%	4.92%
汇川技术	5.44%	4.83%	5.04%
精进电动	19.56%	19.43%	14.60%
均值	8.84%	9.73%	10.62%
威迈斯	2.50%	4.50%	7.97%

报告期内，威迈斯管理费用率分别为7.97%、4.50%和2.50%，变动趋势与同行业可比上市公司平均水平基本一致，总体低于同行业可比上市公司平均水平。

4.7　威迈斯资产质量分析

4.7.1　资产构成及变动情况

报告期内，威迈斯资产构成情况如下：

表5-41 威迈斯资产构成情况表

项目	2022年12月31日		2021年12月31日		2020年12月31日	
	金额(万元)	占比	金额(万元)	占比	金额(万元)	占比
流动资产	309,552.07	76.27%	177,727.14	76.58%	74,730.78	68.50%
非流动资产	96,287.83	23.73%	54,356.69	23.42%	34,357.31	31.50%
合计	405,839.90	100.00%	232,083.83	100.00%	109,088.08	100.00%

从资产规模上看,报告期各期末,威迈斯总资产分别是109,088.08万元、232,083.83万元和405,839.90万元,呈快速增长趋势,主要是随着威迈斯经营规模扩张,威迈斯货币资金、应收款项融资、应收票据、应收账款、存货等流动资产增长较快所致。

从资产结构上看,报告期各期末,威迈斯流动资产占资产总额的比例分别为68.50%、76.58%和76.27%,流动资产是威迈斯资产的主要组成部分,这一资产结构与威迈斯的生产经营特点和规模相适应。

4.7.2 流动资产分析

报告期各期末,威迈斯的流动资产主要为货币资金、应收款项融资、应收票据、应收账款、存货等,具体构成情况如下:

表5-42 威迈斯流动资产情况表

项目	2022年12月31日		2021年12月31日		2020年12月31日	
	金额(万元)	占比	金额(万元)	占比	金额(万元)	占比
货币资金	53,292.92	17.22%	27,700.21	15.59%	14,511.44	19.42%
应收票据	24,686.67	7.97%	12,658.58	7.12%	2,137.63	2.86%
应收账款	93,439.85	30.19%	39,348.12	22.14%	23,893.58	31.97%
应收款项融资	28,211.25	9.11%	32,640.15	18.37%	13,168.77	17.62%
预付款项	1,438.98	0.46%	3,107.26	1.75%	329.47	0.44%
其他应收款	4,413.34	1.43%	889.35	0.50%	792.66	1.06%
存货	100,087.82	32.33%	52,382.68	29.47%	18,936.76	25.34%
其他流动资产	3,981.24	1.29%	9,000.79	5.06%	960.47	1.29%
合计	309,552.07	100.00%	177,727.14	100.00%	74,730.78	100.00%

4.7.3　非流动资产分析

报告期各期末，威迈斯的非流动资产主要为长期股权投资、固定资产、在建工程和无形资产等，具体构成情况如下：

表5-43　威迈斯非流动资产构成情况表

项目	2022年12月31日		2021年12月31日		2020年12月31日	
	金额	占比	金额	占比	金额	占比
长期股权投资	11,484.44	11.93%	9,717.20	17.88%	6,076.99	17.69%
固定资产	48,544.10	50.42%	30,927.10	56.90%	11,553.22	33.63%
在建工程	14,414.36	14.97%	369.55	0.68%	10,682.94	31.09%
使用权资产	3,976.14	4.13%	1,599.77	2.94%	—	—
无形资产	6,176.56	6.41%	5,547.37	10.21%	4,340.58	12.63%
商誉	415.63	0.43%	415.63	0.76%	—	—
长期待摊费用	2,800.51	2.91%	684.71	1.26%	377.01	1.10%
递延所得税资产	—	—	—	—	—	—
其他非流动资产	8,476.10	8.80%	5,095.35	9.37%	1,326.57	3.86%
合计	96,287.84	100.00%	54,356.68	100.00%	34,357.31	100.00%

4.8　资产周转能力分析

威迈斯主要资产周转能力指标如下表所示：

表5-44　威迈斯资产周转能力指标情况表　（单位：次）

财务指标	2022年度	2021年度	2020年度
应收账款周转率	3.20	2.63	1　.71
存货周转率	3.88	3.56	2.87

4.8.1　应收账款周转率分析

报告期内，威迈斯应收账款周转率分别为1.71、2.63和3.20，总体保持在较高水平，主要原因是：威迈斯销售收入增长较快的同时，注重对应收账款的管理，制定了有效的管理制度，确保应收账款回款情况保持在合理水平，较好地保证了销售款项的及时收回。

4.8.2　存货周转率

报告期内，威迈斯存货周转率分别为2.87、3.56和3.88，总体保持在较高水平。报告期内，威迈斯制定了“以销定产，适度库存”的政策、严格有效的仓库管理制度、采购制度，实现了与生产经营活动相适应的存货规模。

5　知识产权与核心技术分析

5.1　威迈斯知识产权情况

截至2022年12月31日，威迈斯持有的已授权境内外专利301项，其中境内发明专利39项，实用新型专利209项，外观专利37项；境外专利16项。

5.2　核心技术体系分析

5.2.1　核心技术

威迈斯研发活动始终围绕客户需求及市场发展趋势进行，以实现技术产业化为目的。威迈斯通过持续的研发投入和技术创新，形成了16项具有自主知识产权的核心技术，涵盖电路拓扑、算法控制、结构工艺和生产工艺四个领域，与主营业务产品密切相关。威迈斯主要核心技术如下：

表5-45　核心技术情况表

序号	核心名称	类型	技术保护措施	技术来源	在业务中的运用	所处阶段
1	磁集成控制解耦技术	电路拓扑、算法控制	已授权发明专利10项，实用新型10项	自主研发	车载电源产品	大批量生产
2	输出端口电路集成控制技术	电路拓扑、算法控制	已授权发明专利13项，实用新型11项	自主研发	车载电源产品	大批量生产
3	兼容单相三相充电控制技术	电路拓扑、算法控制	已授权发明专利5项，实用新型11项	自主研发	车载电源产品	大批量生产
4	车载充电机V2X技术	电路拓扑	已授权发明专利3项，实用新型3项	自主研发	车载电源产品	大批量生产
5	OBC逆变安全控制技术	电路拓扑	已授权发明专利2项，实用新型4项	自主研发	车载电源产品	大批量生产

续表

序号	核心名称	类型	技术保护措施	技术来源	在业务中的运用	所处阶段
6	反向预充电技术	电路拓扑、算法控制	已授权发明专利2项,实用新型3项	自主研发	车载电源产品、电驱系统产品	大批量生产
7	高效率冷却车载结构设计技术	结构工艺	已授权发明专利2项,实用新型28项	自主研发	车载电源产品、电驱系统产品	大批量生产
8	多合一动力域控制器技术	电路拓扑、结构工艺、算法控制	已授权发明专利3项,实用新型17项	自主研发	电驱三合一总成产品、电驱多合一总成产品	在研
9	双电机控制技术	电路拓扑、结构工艺	已授权发明专利2项,实用新型12项	自主研发	电机控制器	在研
10	超级充电桩液冷技术	电路拓扑	已授权实用新型7项	自主研发	液冷充电桩模块产品	大批量生产
11	软件快速在线升级技术	算法控制	软件著作权7项	自主研发	车载电源产品、电驱系统产品	大批量生产
12	电动汽车通信控制技术(EVCC)	算法控制	软件著作权6项	自主研发	车载电源产品	大批量生产
13	半导体开关器件先装后焊的设计技术	结构工艺、生产工艺	已授权发明专利1项,实用新型9项	自主研发	车载电源产品、电驱系统产品、液冷充电桩模块产品	大批量生产
14	第三代半导体材料应用技术	结构工艺	已授权发明专利1项,实用新型7项	自主研发	车载电源产品、电驱系统产品、液冷充电桩模块产品	大批量生产
15	800V高压平台产品开发技术	电路拓扑、结构工艺	已授权发明专利2项,实用新型4项	自主研发	车载电源产品、电驱系统产品	大批量生产
16	车载电源全自动化组装技术	生产工艺	已授权实用新型19项	自主研发	车载电源产品、电驱系统产品、液冷充电桩模块产品	大批量生产

在研发设计环节,威迈斯不断对电路拓扑、软件控制算法和产品结构进行研究和创新,应用具有自主知识产权的核心技术,开发出满足客户要求的最佳性能、功率密度、体积、重量等指标的产品设计方案。威迈斯产品的核心竞争力是在核心技术积累和应用的基础上形成定制化的产品研发设计方案。在产品研发设计过程中,威迈斯产品的功能、性能并非主要由生产工艺决定,而是主要

取决于设计方案中的硬件电路拓扑、软件控制算法和产品结构等。即使相同的生产工艺,应用于不同的产品研发设计方案,将呈现不同的功能和性能。

在生产环节,威迈斯主要是围绕生产工艺方面开展研发创新,主要包括车载电源全自动化组装技术、半导体开关器件先装后焊的设计技术等2项。随着新能源汽车市场的发展,整车厂商对供应商的大批量稳定供货能力提出更高要求,亦将产能规模作为考察供应商的重要因素,推行自动化生产技术成为行业趋势。自动化机器设备是实现高水平自动化生产组装能力的基础,但自动化生产并非只是简单购置使用自动化生产设备,也对行业厂商的产品设计开发、产线柔性切换及产线操作维护等方面的能力提出了更高的要求。

综上,威迈斯通过研发设计环节、生产环节核心技术的积累和应用,支持满足产品的性能和可靠性要求的目标产品的快速开发、量产,可快速、高效满足众多客户、众多新开发车型的多样化、定制化同步开发需求。

5.2.2 科技成果与产业深度融合的具体情况

威迈斯前述新技术新产品商业化情况主要体现在以下四个方面,一是产品集成化方面,二是产品高压化方面,三是产品多功能化方面,四是第三代半导体应用方面。

行为发展趋势	公司科技成果与产业深度融合情况:核心技术	公司科技成果与产业深度融合情况:产业化情况
产品集成化的发展趋势	磁集成控制解耦技术、OBC输出端口的电路集成控制技术、高效率冷却车载结构设计技术等	2020—2021年期间公司连续两年在中国乘用车车载充电机市场出货量排名第一,车载电源集成产品是公司车载电源业务业务的主要构成
产品高压化的发展趋势	用于车载充电机或电压交换器的散热站构、插件开关管的安装结构和安装方法等专利,功能安全的产品设计流程,漏电保护技术等	公司800V车载集成电源产品已获得小鹏汽车、理想汽车等客户的定点,其中小鹏G9车型已于2022年第三季度上市,为国内首批基于800V高压平台的新能源汽车车型之一
产品多功能化的发展趋势	车载充电机V2X技术	公司在车载充电机V2X技术已量产应用于公司车载电源集成产品和车载充电机中,产品递交输出功率达6.6kW,客户包括理想汽车、小鹏汽车等
功率器件新材料应用的发展趋势	为解决碳化硅在实际应用中的器件对驱动控制极其敏感、瞬态热管理难度大、EMC问题更加严重等问题,公司通过针对第三代半导体器件出台各项设计规范、测试规范	公司在11KW车载电源产品、22KW车载电源产品及40KW超级电液冷模块上,成功应用了第三代半导体的碳化硅MOSFET,并实现量产发货

图5-12 科技成果与产业深度融合示意图

(1)产品集成化方面

新能源汽车在汽车轻量化和优化空间布局等指标上要求越来越高,力求实现在汽车动力性与降低能耗、乘坐舒适性与储物便利性等方面的提升，从而对上游相关核心零部件产品降重、降体积和降本的集成化发展提出了更高的要求。基于对行业发展趋势的研判，以及对车载电源和电驱系统前述"三降"技术路径的研发，威迈斯车载电源和电驱系统的集成化取得了丰硕的成果，并实现了与新能源汽车产业的深度融合。

在车载电源产品方面，威迈斯积累了磁集成控制解耦技术、输出端口电路集成控制技术、高效率冷却车载结构设计技术、兼容单相三相充电控制技术、反向预充电技术等5项核心技术，推出了更轻量、更小体积、更低成本的车载电源集成产品，有效集成车载充电机、DC/DC变换器等功能。基于前述核心技术，威迈斯主要通过磁集成方案实现功率级整合，其重要特征是共用一个高频变压器及在高压电池侧共用功率器件，解决了磁耦合造成的能量耦合问题。在产业化方面，相比行业内常见的物理集成方案，威迈斯磁集成方案在保证输出性能不变的情况下，大幅减少功率器件、驱动芯片、控制芯片、高压接插件、壳体等材料用量，实现重量降低、体积减小、成本降低。基于前述核心技术实力，威迈斯已成为新能源汽车车载电源产品出货量最大的供应商。根据NE Times数据，2020—2021年期间，威迈斯连续两年位于中国乘用车车载充电机市场出货量排名第一。

威迈斯车载电源产品已成功应用于小鹏汽车、理想汽车、合众新能源、零跑汽车等造车新势力，以及上汽集团、上汽通用、吉利汽车、奇瑞汽车、长安汽车等知名企业的众多车型中，取得了良好的产业化成果。

在电驱系统产品方面，受益于在车载电源领域相关集成技术的积累，在新能源汽车电源、电驱系统集成化程度越来越高的发展趋势下，威迈斯积极向电驱系统领域进行拓展和产业布局，已取得上汽集团、通用汽车、长城汽车、三一重机等多家境内外知名企业的定点，实现了电机控制器、电驱三合一总成产品和"电源+电驱"电驱多合一总成产品的量产出货，其中电驱系统产品2022年出货量达到6.25万台。

(2)产品高压化方面

为了解决新能源汽车面临的动力电池充电慢问题，车载电源的高压化逐渐成为行业发展趋势之一。基于对行业发展趋势的研判，以及对车载电源和电驱系统高压化技术路径的研发，威迈斯车载电源和电驱系统的高压化取得了丰硕的成果,并实现了与新能源汽车产业的深度融合。

威迈斯积累形成了800V高压平台产品开发技术、第三代半导体应用技术、磁集成控制解耦技术等核心技术,成功解决了高绝缘耐压、高转换效率及低开关电磁干扰等高难度技术要求。其中,在高绝缘耐压方面,威迈斯积极应用第三代半导体功率器件,发挥其高耐压特性,并结合800V高压电气安全距离的技术要求,开展硬件电路结构与PCB板的设计匹配,成功实现兼顾高压安全与产品整体尺寸小型化的系统匹配优化。在高转换效率方面,威迈斯积极应用第三代半导体功率器件,发挥其高转换效率特性,充分考虑EMC性能、器件开关损耗及各关联器件能耐受的电压变化速率等技术因素,开展高压部件内部的系统匹配设计;同时结合磁集成相关核心技术,大幅复用功率器件,将高压化产品的电气架构简单化,实现更高效率的功率转换和更高的可靠性。

在低开关电磁干扰方面,为实现高压部件内部开关电磁干扰抑制的系统性优化,威迈斯通过专利保护的EMC滤波器件,以及主动EMC抑制技术,优化开关电磁干扰源头,并通过优化高低压布局、高低压屏蔽,实现更优的开关电磁干扰路径控制及耦合串扰抑制。

基于前述核心技术实力,威迈斯已在800V产品开发方面取得了良好的产业化成果。在车载电源产品方面,威迈斯800V车载集成电源产品已获得小鹏汽车、理想汽车、岚图汽车等客户的定点,其中小鹏G9车型已于2022年第三季度上市,为国内首批基于800V高压平台的新能源汽车车型之一。在电驱系统产品方面,威迈斯800V电驱多合一总成产品已获由雷诺、三菱、日产共同设立的阿利昂斯集团的定点采购。

(3)产品多功能化方面

随着新能源汽车技术的发展,其零部件的功能多样化逐渐成为行业重要的发展趋势。在车载电源产品方面,威迈斯掌握了兼容单相三相充电控制技术、车载充电机V2X技术、OBC逆变安全控制技术、反向预充电技术等核心技术,通过将兼容单相三相充电控制技术与车载充电机逆变技术结合,从而使得车载电源产品具备向外界逆变输出大功率交流电的功能,可使用整车的动力电池作为能量源向其他电器供电,紧急情况下可为医院、消防等安防场所应急供电,提高了产品的适应能力,丰富了产品的使用场景。同时,威迈斯掌握了反向预充电技术,借助原有的车载DC/DC变换器电路,通过短路预判阶段、缓启阶段、升压阶段的分段控制算法，在不影响现有硬件架构和正常工作的同时，使得现有DC/DC变换器实现了反向预充电的功能，降低了核心零部件系统成本，提高了系统可靠性。

基于前述核心技术实力，威迈斯已在产品多功能化方面取得了良好的产业化成果。威迈斯向小鹏汽车、理想汽车、合众新能源、零跑汽车等造车新势力，以及上汽集团、上汽通用、吉利汽车、奇瑞汽车、长安汽车等众多知名车企量产销售的车载电源产品均具有逆变功能，其中威迈斯车载电源量产产品的逆变输出功率可达6.6kW。

(4)第三代半导体应用方面

在车载电源和电驱系统产品领域，第三代半导体碳化硅功率器件取代传统硅基功率器件已成为行业发展趋势之一。为解决碳化硅功率器件在实际应用中面临的驱动控制敏感、瞬态热管理、EMC电磁干扰等难点，威迈斯通过针对第三代半导体功率器件出台各项设计规范、测试规范，针对不同品牌的差异采用不同的参数和控制方式，形成了标准设计规范。其中，在驱动控制敏感方面，威迈斯研究评估不同厂商的第三代半导体器件的参数，通过功率地和驱动地回路独立控制的硬件电路设计解决功率回路中等效串联电感对驱动电压的影响；在瞬态热管理方面，威迈斯通过建立瞬态热仿真模型、晶圆直接温度标定等方法，获得瞬态下的热分布数据，并基于此数据形成系统级的瞬态热管理策略；在EMC设计方面，为实现部件内部开关电磁干扰抑制的系统性优化，威迈斯通过专利保护的EMC滤波器件及主动EMC抑制技术，优化开关电磁干扰源头，并通过优化高低压布局、高低压屏蔽，实现更优的开关电磁干扰路径控制及耦合串扰抑制。

基于前述核心技术实力，威迈斯已在第三代半导体功率器件的应用方面取得了良好的产业化成果。威迈斯在11kW车载电源产品及40kW液冷充电桩模块产品，成功应用了第三代半导体功率器件MOSFET，并实现量产发货，已于2022年实现销售收入14,579.97万元。在前述车载电源产品中，威迈斯通过使用高耐压的碳化硅MOSFET替代硅基MOSFET，使得MOSFET器件数量大幅缩减，从而减小了产品的体积和重量，并提升了产品的转换效率。

5.2.3　威迈斯承担的科研项目情况

威迈斯自成立以来，先后承担了一系列政府机关、行业协会等的重大科研

项目,具体情况如下:

表5-46 核心技术情况表

序号	项目类别	项目名称	项目来源	主管单位	起止时间	公司负责的主要内容
1	广东省重点领域研发计划项目	大功率、高效率、高可靠碳化硅双向车载充电机开发	省科技创新战略专项资金	广东省科学技术厅	2020—2024年	围绕第三代半导体碳化硅器件在车载电源方面的运用开展研究,拟新增申请多项国内发明和国际PCT专利。其中,专利技术方案将达到国际水平、填补国内空白、突破行业制约,形成技术首创
2	深圳市技术攻关面上项目	重2021020新能源汽车高压电控系统集成关键技术研发	深圳市科技研发资金	深圳市科技创新委员会	2021—2023年	研究高集成度的车载电源集成产品,采取大功率车载充电机EMC屏蔽方案设计、磁解耦控制设计、立体水道冷却方案和高效散热技术和高效导热绝缘材料方案设计
3	深圳市科学技术项目	新能源汽车高功率密度高可靠车载电源		深圳市人民政府	2018年	结合汽车厂家的电动汽车技术和核心部件的需求,提供车载AC/DC充电机和车载DC/DC充电机的一体化解决方案,为整车厂的量产化提供核心部件的配套供货
4	产业化事前扶持计划	电动汽车车载双向充电机产业化	深圳市战略性新兴产业和未来产业发展专项资金2017年第三批扶持计划(新能源汽车产业类)	深圳市发展与改革委员会	2017—2019年	改建场地1,500平方米,购置网络管理层Autosar软件、老化柜、CAN测试系统等先进软硬件设备,推动V2X车载充电机产业化
5	战略性新兴产业项目	新能源汽车电力电子与电力传动技术产业化工程实验室提升项目	深圳市战略性新兴产业发展专项资金2017年第一批扶持计划(新能源产业类)	深圳市发展与改革委员会	2016—2018年	围绕车载充电机和车载DC/DC变换器产品环境与可靠性测试号、EMC检测、数字化等方向开展研究

续表

序号	项目类别	项目名称	项目来源	主管单位	起止时间	公司负责的主要内容
6	生物互联网新能源产业项目	新能源汽车电力电子与电力传动技术产业化工程实验室	深圳市生物互联网新能源产业发展专项资金2012年第一批扶持计划	深圳市发展与改革委员会	2012—2014年	开展新能源汽车电力电子与电力传动核心技术攻关和关键工艺研究以及产业化技术开发,建立和完善研发平台,参与制定相关技术标准,培养工程技术创新人才,促进科技成果应用,推动产业发展
7	战略性新兴产业项目	电动汽车高效高可靠性车载电源的产业化	深圳市战略性新兴产业发展专项资金2013年第六批扶持计划(新能源产业类)	深圳市发展与改革委员会	2013—2015年	购置IQC成套检测设备、ROHS检测仪等先进设备,推动新能源汽车车载充电机和车载DC/DC变换器的产业化

5.3　研究开发情况

5.3.1　研发模式

(1)主要研发模式

鉴于威迈斯车载电源、电驱系统产品是面向新能源汽车行业众多整车厂商、众多新开发车型的应用,具有需求定制化和多样化的特征,威迈斯建立了以客户定制化需求为导向和以技术平台为基础相结合的研发模式。

①以客户定制化需求为导向的同步开发模式

威迈斯的产品研发主要采用以客户定制化需求为导向的同步开发模式。威迈斯研发活动主要是结合新能源汽车行业下游整车厂商新开发的具体车型项目的定制化需求,同步开发配套的车载电源和电驱系统等相关产品,通过客户的测试认证之后完成研发活动。同时,威迈斯结合新能源汽车相关电力电子产品发展趋势及市场需求情况,与下游整车厂商保持紧密的技术交流,把握新能源汽车发展趋势、技术动态,以及客户潜在需求,进行前瞻性研发,储备创新性的技术和产品平台。

②以技术平台为基础的产品开发模式

威迈斯围绕电力电子技术在新能源汽车领域的应用,在硬件开发、软件开发、产品结构和生产工艺等方面构建了系统性的电力电子产品共性技术体系和扎实丰富的技术平台，并积累了16项具有自主知识产权的核心技术，支持满足目标产品的快速开发、量产，可高效满足众多客户、众多车型的多样化同步开发需求。

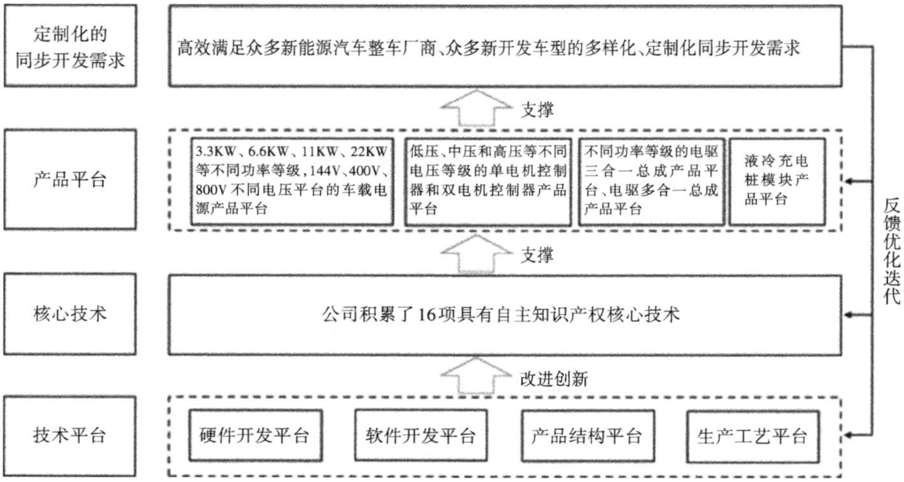

图5-13　产品开发模式示意图

其中，威迈斯技术平台主要包括硬件开发、软件开发、产品结构和生产工艺四大技术平台，具体情况如下：

表5-47　技术平台情况表

序号	技术平台	概要情况
1	硬件开发平台	针对相关电力电子产品硬件开发方面的共性技术，在硬件电路方面，威迈斯不断改进完善形成了电力电子拓扑标准电路库、标准化接口电路库、标准化功能电路库等； 在器件设计方面，针对器件的不同应用场景，威迈斯建立了包括功率器件、IC芯片、无源器件等各类器件的设计与降额规范、测试规范等
2	软件开发平台	针对相关电力电子产品软件开发方面的共性技术，威迈斯基于ASPICE开发流程和AUTOSAR开发架构，按照规范化软件功能划分，采用模块化编程方式，建立了基础软件、功能逻辑及控制算法等标准模块化软件开发库，积累形成了专门的软件需求规范、软件架构设计规范、软件概要及详细设计规范、测试规范等

续表

序号	技术平台	概要情况
3	产品结构平台	针对相关电力电子产品的产品结构方面共性技术，威迈斯基于多年的产品开发和产品应用，形成了不断改进完善的产品结构设计规范、材料选型及应用规范、结构强度设计及仿真规范、热设计及仿真规范、模具设计规范、测试规范等
4	生产工艺平台	针对相关电力电子产品的高水平自动化生产工艺，威迈斯形成了不断改进完善的PCB设计规范、器件加工工艺规范、整机组装工艺规范、工装设备设计规范、测试规范等

在前述技术平台的基础上，威迈斯以电力电子产品共性技术为依托，根据客户需求和市场趋势在具体产品开发过程中进行综合应用、改进创新、提炼总结形成具有自主知识产权的创新性的核心技术。

威迈斯产品平台是利用技术平台和核心技术研发完成的并经提炼总结的、符合客户共性需求的产品或产品方案储备，包括不同功率等级的车载电源集成产品平台，不同电压等级的单电机控制器和双电机控制器产品平台，不同功率等级的电驱三合一总成产品平台、电驱多合一总成产品平台及液冷充电桩模块产品平台等。

在前述技术平台、核心技术及产品平台基础上，威迈斯在进行新车型同步开发时可快速的进行模块拆分重组及改进创新，可高效满足众多客户、众多车型的多样化、定制化需求，从而提高开发效率、降低开发成本。

（2）主要研发流程

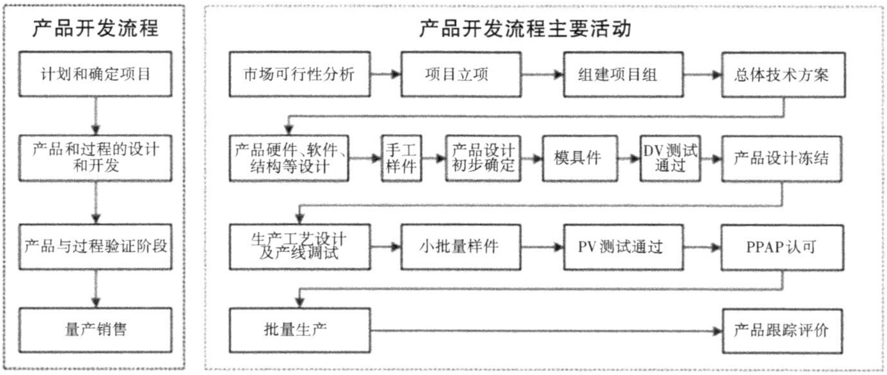

图5-14　主要研发流程示意图

5.3.2 核心技术先进性及其具体表征

威迈斯核心技术先进性及其具体表征如下表所示：

表5-48 威迈斯技术先进性及其具体表征情况表

序号	核心名称	行业技术的发展情况	技术先进性的具体表现
1	磁集成控制解耦技术	行业内主要为物理集成或简单的印刷电路板集成，节省了部分结构件和端口配线，但仍存在集成化程度低、体积大、成本高等缺点。针对前述问题，行业内提出集成化程度较高的磁集成方案，但该方案容易产生磁耦合问题，从而引起整车低压电池亏电	威迈斯通过磁集成方案实现功率级整合，其重要特征是共用一个高频变压器及在高压电池侧共用功率器件，结合“Phase_delay”算法控制，可实现产品内部车载充电机模块和车载DC/DC转换模块两路功率任意设定，提高了产品的功率密度、可靠性，节省了成本
2	输出端口电路集成控制技术	传统物理集成方案下，车载充电机模块和车载DC/DC变换器模块的功率器件部分未重复利用，并采用两套独立的控制算法对输出端口的电压和电流进行分别调控，仍存在集成化程度低、体积大、成本高等缺点	威迈斯控制算法平台基于AUTOSAR架构开发，并基于模型设计定制化开发不同场景下的特殊状态机，同时采用分时复用处理器技术，灵活控制能量在交流端口、高压端口、低压端口之间的流动，实现了在磁集成方案中利用同一套控制算法对复用功率器件在全应用场景下进行有效的独立控制，提高了产品的功率密度、可靠性，节省了成本
3	兼容单相三相充电控制技术	为满足新能源汽车对不同充电方式的多样化需求，行业提出可兼容单相和三相两种工况下的车载充电机的应用方案。但是，要解决兼容单相和三相充电方式、具备逆变放电功能，且避免使用大量功率器件和控制电路，同时满足以上条件的难度较大，需要特定的硬件电路和控制软件算法，行业内具备相应研发能力的厂商数量较少	威迈斯以三相六开关电路拓扑为基础，配合创新性的软件算法，自动识别单相和三相输入电网，并实现逆变功能；为避免大量使用功率器件和控制电路，威迈斯通过引入交流继电器的切换，调用对应的软件方法，复用功率器件，进而达到兼容单相与三相充电的同时，功率器件数量使用的降低，有效控制了成本，提升了功率密度
4	车载充电机V2X技术	目前，行业内部分车载电源产品已经逐步集成交流逆变放电功能，实现了小功率的V2L，为户外旅游或办公场景下的照明、微波炉、烤箱、咖啡机等各种小功率设备提供用电来源。受制于体积重量，现有大部分车载电源产品未能实现大功	威迈斯在兼容单相三相充电控制电路及控制算法中，通过三相六开关在车载充电机充电时为有源功率因数校正电路，放电时成为全桥逆变电路，实现了充电与放电功能的电路共用，集成了逆变功能。同时，通过组合控制方式，解决了集

续表

序号	核心名称	行业技术的发展情况	技术先进性的具体表现
		率逆变放电输出实现 V2V 和 V2G 功能	成产品反向逆变工作模式下增益与变压器变比设计困难的问题，使得威迈斯车载电源集成产品能够适用于多功率场景下的 V2X 功能
5	OBC 逆变安全控制技术	为解决车载充电机对外逆变时的安全性问题，行业内提出通过已有的电路拓扑实现安全防护功能的集成。但是，在不影响原有产品功能的前提下，利用已有的电路模块整合具有安全防护功能的控制模块，需要特定的电路和控制算法设计，具有较高的技术难度	威迈斯通过增加适当的采样电阻分别采集逆变输出的零线和火线的共模电压，实现高低压隔离采样，并利用已有的数字处理器对逆变输出的零线和火线的绝缘状态进行实时监测，在绝缘状态出现异常时立即关闭逆变输出功能，实现安全防护
6	反向预充电技术	为保证车载高压用电设备的正常运作，行业内通常选择在动力电池和高压端口电容之间，额外增加反向预充电回路，存在元件多、体积大、成本高等缺点	威迈斯反向预充电技术在借用现有的 DC/DC 变换器拓扑及器件的基础上，通过短路预判阶段、缓启阶段、升压阶段的分段控制算法，不影响现有硬件架构和正常工作的同时，使得现有 DC/DC 变换器实现了反向预充电的功能
7	高效率冷却车载结构设计技术	目前，行业内车载电源产品的散热方式主要采用平面水道散热，即将散热水道平面布置在产品中，将功率元器件与散热水道进行传导式散热设计，存在产品结构受限、散热效率低等问题，导致成本增加	威迈斯将散热水道从平面水道创新设计为立体水道，将需要散热的功率元器件中的半导体开关器件布置在内部“U”形散热槽的左右两侧，将需要散热的功率元器件中的磁元件布置在“U”形槽的中间，从而使得液冷的散热面由传统的单面增加至三面，大幅提高了散热效率
8	多合一动力域控制器技术	车载电源与电驱系统集成为电驱多合一总成产品是重要的行业发展趋势，但面临较高的技术门槛，包括开发新的高度集成化硬件拓扑、解决电磁干扰问题、提升车载电源抗振等级难度较高、可靠性要求高等	威迈斯将车载电源和电驱系统的各模块在方案设计阶段即从硬件拓扑结构统一考虑，并使用最新的 AUTOSAR 底层软件，通过结温估算模型和旋转变压器软解码等技术提高信号采集及控制精度，使得车载电源和电驱系统集成为电驱多合一总成产品，结构相对简单，并提升了产品可靠性
9	双电机控制器技术	作为整个混合动力系统关键控制器，双电机控制器的开发技术挑战较大：一是结构复杂，散热难度和设计难度较大；二是工作环境恶劣，	威迈斯双电机控制器技术的技术路径如下：一是开发了增强型水冷散热翅片和焊接技术，以及平面压装和导热硅脂喷涂工艺，以保证散

续表

序号	核心名称	行业技术的发展情况	技术先进性的具体表现
		对可靠性要求高;三是软件控制策略开发的挑战较多	热的高效、均匀和可靠,解决了散热问题;二是采用一体化设计,提高产品集成度;三是采用温度估算模型等,提高设计的可靠性;四是采用变频控制、谐波注入等技术,解决电磁兼容问题
10	超级充电桩液冷技术	目前,行业内对于充电桩的冷却降温方式主要为风冷模式,存在开关损耗高、易损坏、寿命受限、噪声大等缺点	威迈斯超级充电桩模块产品方案采用三相六开关硬件拓扑,使用液冷散热方案,去除了电解电容和风扇,从而大幅提升了散热能力、使用寿命,降低了噪声,同时具备逆变输出能力
11	软件快速在线升级技术	目前,行业内现有的对车载电源产品进行FOTA升级方式存在传输效率较低问题,升级时间长严重影响终端客户用车体验	威迈斯软件快速在线升级技术的先进性体现在:一是先将数据导入暂存缓冲区,再通过主控芯片分配,利用有限的芯片资源缓存所有刷新数据,从而大幅缩短前期刷新的数据传输时间;二是把所缓存的数据通过并行数据分发的处理方式传输至所有从芯片,有效提升了后期刷新效率
12	电动汽车通信控制技术(EVCC)	目前行业内的产品大部分只能支持一种协议转换,国产新能源汽车要满足多个充电协议需配备不同标准的通信转接模块,存在成本高、管控烦琐等缺点	威迈斯开发出基于MCU的PLC电动汽车充电通信软件,将通信转接功能集成至车载电源中,可将欧标中的充电信号转换为产品接口所需的国标通信信号,出口的新能源汽车只需安装一个协议转接盒,即可兼容欧洲市场的ISO15118和DIN70121协议
13	半导体开关器件先装后焊的设计技术	目前,行业内对插件封装半导体开关器件的装配普遍采用先焊后装的装配方案,即将半导体开关器件先焊接在电路板上,再用压片或者螺钉对其进行固定按压至机壳上导热,容易引起器件或焊点失效、散热不良甚至热失效等问题	威迈斯按照先装后焊的思路来开展产品设计,对多个半导体开关器件进行预组装,其后统一同印刷电路板进行组装,再结合业内领先的选择性波峰焊工艺,实现了先组装后焊接的工艺加工方式。威迈斯半导体开关器件先装后焊的设计技术有效避免了装配完成后长期工作中的潜在失效,提升了产品的生产一致性及长期可靠性,提高了生产效率

续表

序号	核心名称	行业技术的发展情况	技术先进性的具体表现
14	第三代半导体材料应用技术	在车载电源和电驱系统产品领域，碳化硅功率器件取代传统硅基功率器件已成为行业发展趋势。要实现碳化硅功率器件的全面应用，通常面临着较高的使用壁垒，主要表现为驱动控制敏感、瞬态热管理难度大，设计不当将导致产品失效等问题	威迈斯通过针对第三代半导体功率器件出台各项设计规范、测试规范，针对不同品牌的差异采用不同的参数和控制方式，在碳化硅功率器件驱动设计、瞬态结温评估、稳态及瞬态热降额、EMC设计等方面形成了标准设计规范，并且11kW、22kW车载电源集成产品和40kW液冷充电桩模块产品已实现量产出货
15	800V高压平台产品开发技术	为了解决新能源汽车面临的动力电池充电慢问题，车载电源的高压化逐渐成为行业发展趋势之一。目前，车载电源电压平台提升至800V具有较高的技术门槛，主要体现为要达到高绝缘耐压、高转换效率及低开关电磁干扰等高难度技术要求	威迈斯通过使用碳化硅功率器件、对定制化磁性器件及滤波电容器件采用小型化和散热高效化设计、进行800V产品高耐压、高频率工作的寿命与可靠性研究等，达到了800V产品的高绝缘耐压要求；通过使用碳化硅功率器件和高性能的磁性材料，结合磁集成技术，有效达到了800V产品的高转换效率要求；通过优化开关电磁干扰源头，研发出更合理的高低压布局、更优化的高低压屏蔽、更高效的EMC滤波器件及有源EMC滤波电路，有效解决了电压提高带来的高开关电磁干扰问题。 威迈斯通过上述技术手段，成功达到了800V高压平台带来的高绝缘耐压、高转换效率及低开关电磁干扰等高难度技术要求，所配套的小鹏G9车型已于2022年第三季度上市，为国内首批基于800V高压平台的新能源汽车车型之一
16	车载电源全自动化组装技术	目前，行业内主要采取半自动化生产方式，其生产效率低、产能扩张稳定性风险大，推行自动化组装技术成为行业趋势。行业厂商推进自动化组装面临以下门槛：一是对生产线设计和产品设计的协同进行能力提出要求，二是定制化产品对自动化生产设备的兼容性要求高，产线运行过程中快速切换难度	威迈斯在产品开发阶段即将自动化组装所需的条件纳入产品开发的设计覆盖点，定制改造自动螺丝枪螺钉连续供给系统等设备，进行适配性调试，并导入信息化工厂制造执行系统，最终实现了产品高精度的自动化生产，处于业内领先地位。威迈斯车载电源全自动化组装技术具有以下优点：一是避免了

续表

序号	核心名称	行业技术的发展情况	技术先进性的具体表现
		大,三是对生产组织能力提出了较高的要求	人工组装中的人员失误,提高了产品一致性;二是实现了多品种、多批次的产品生产不停线柔性切换,提高了生产效率;三是降低了人工成本

5.3.3 主要在研项目及进展情况

截至2022年12月31日,威迈斯正在从事的主要研发项目情况如下表所示:

表5-49 在研项目及进展情况表 (单位:万元)

序号	项目类型	所处阶段及进展情况	拟达到的目标
1	多合一电驱动产品开发项目	持续进行中	满足行业内对于“电驱+电源”集成化产品的需求,基于车载电源产品的技术优势,向电驱动系统总成领域整合,将车载电源产品和电机控制器、驱动电机和减速器整合为多合一产品
2	电机控制器产品开发项目	持续进行中	满足不同客户、不同车型的同步开发需求,丰富集成产品系列
3	6.6kW及以下车载电源集成产品开发项目	持续进行中	满足不同客户、不同车型的同步开发需求,丰富威迈斯车载集成产品系列
4	车载充电机及车载DC/DC单体产品开发项目	持续进行中	满足不同客户、不同车型的对车载充电机和车载DC/DC变换器单体产品的需求,丰富产品系列
5	11kW及以上车载电源集成产品开发项目	持续进行中	满足客户对功率11kW和22kW等高功率的技术要求,引领市场技术趋势,丰富产品系列
6	800V车载电源集成产品开发项目	持续进行中	配合客户新能源汽车动力电池电压平台从400V升级至800V的技术需求,引领市场技术趋势,丰富产品系列
7	EVCC产品开发项目	持续进行中	满足不同客户的不同海外销售车型需求,丰富产品系列
8	液冷充电桩模块开发项目	持续进行中	满足客户对充电桩高效率散热的需求,引领市场技术趋势,丰富产品系列

续表

序号	项目类型	所处阶段及进展情况	拟达到的目标
9	PTC控制器产品开发项目	持续进行中	满足不同客户的不同车型的需求,丰富产品系列
10	无线充电产品开发项目	持续进行中	满足多样化充电方式的需求,丰富产品系列

5.4 研发投入情况

5.4.1 研发费用

报告期内,威迈斯研发费用构成情况如下:

表5-50 威迈斯研发费用构成情况表

项目	2022年度		2021年度		2020年度	
	金额（万元）	占比	金额（万元）	占比	金额（万元）	占比
职工薪酬	12,676.12	66.23%	9,211.05	63.21%	5,034.65	65.76%
材料费	2,552.34	13.33%	2,469.37	16.95%	781.91	10.21%
折旧摊销费	1,033.92	5.40%	1,001.25	6.87%	605.48	7.91%
办公、租赁及水电费	540.50	2.82%	663.40	4.55%	601.47	7.86%
认证检测费	1,680.80	8.78%	736.42	5.05%	329.55	4.30%
差旅费	230.98	1.21%	159.08	1.09%	96.99	1.27%
其他	426.30	2.23%	331.25	2.27%	206.36	2.70%
合计	19,140.96	100.00%	14,571.82	100.00%	7,656.40	100.00%

报告期内,威迈斯研发费用主要为职工薪酬、材料费、折旧摊销费及办公、租赁及水电费等,金额分别为7,656.40万元、14,571.82万元和19,140.96万元,占营业收入的比例分别为11.65%、8.60%和4.99%,占比呈下降趋势,主要是受营业收入逐年增加所致。

5.4.2 可比公司研发费用率对比情况

报告期内,威迈斯研发费用占营业收入的比例与同行业上市公司对比如下:

表5-51 可比公司研发费用率对比情况表

公司名称	2022年度	2021年度	2020年度
欣锐科技	7.47%	7.32%	22.78%
英搏尔	8.43%	9.42%	10.06%
汇川技术	9.66%	9.39%	8.89%
精进电动	19.00%	21.06%	22.11%
均值	11.14%	11.80%	15.96%
威迈斯	4.99%	8.60%	11.65%

报告期内,威迈斯研发费用率分别为11.65%、8.60%和4.99%,总体低于同行业可比上市公司平均水平,主要原因是同行业可比上市公司中精进电动的研发费用率较高。

报告期内,剔除精进电动后,同行业可比上市公司研发费用率平均水平分别为13.91%、8.71%和8.52%。其中,2020年—2021年,剔除精进电动后同行业可比上市公司研发费用率平均水平与威迈斯研发费用率较为接近,不存在重大差异。2022年,威迈斯研发费用率略低,主要原因是,在国内新能源汽车市场快速发展的背景下,威迈斯配合整车厂客户的定制化同步开发项目量产后的销售规模增加较多,营业收入增长较快。

第六章　节能环保案例分析

——以赛恩斯环保股份有限公司为例

赛恩斯环保股份有限公司(以下简称赛恩斯)是一家专业从事重金属污染防治的高新技术企业,以成为重金属污染防治领域的领航者为核心发展目标,业务涵盖重金属污酸、废水、废渣治理和资源化利用、环境修复、药剂与设备生产销售、设计及技术服务、环保管家、环境咨询、环境检测等领域。赛恩斯长期坚持研发与创新,以“资源化、减量化、无害化、经济适用”四项技术研发原则,瞄准“源头预防、过程控制、末端治理”全工艺过程,始终专注于重金属污染防治技术研发与应用推广。

赛恩斯坚持以解决有色金属“采、选、冶”企业重金属污染问题为目标,以技术研发作为业务驱动力,针对不同客户的实际需求,开展科学实验研究和工程实践论证,以自有的核心技术基础,开发有针对性的产品及工艺技术,为客户打造出“一企一策、量身定制、运行稳定、治污高效、技术先进、经济合理”的重金属污染防治的综合解决方案。赛恩斯是我国少数能够在有色金属行业提供全方位重金属污染防治综合解决方案的企业之一,赛恩斯开发的重金属污染防治系列技术及其产业化推广应用,填补了我国多项重金属污染防治技术和产业化的空白,推动了多项技术的升级。主要服务客户包括中国五矿-株冶集团、中国铝业-驰宏锌锗、中国有色-大冶有色、国投集团-金城冶金、洛阳钼业、江西铜业、紫金矿业、金川集团、铜陵有色、中金岭南、豫光金铅、湖南黄金、白银有色等大型有色金属集团,为整个有色金属行业环保事业做出了突出贡献。

本章涉及赛恩斯相应数据均截至招股说明书签署日。

1 公司基本情况

1.1 基本情况

公司名称:赛恩斯环保股份有限公司

英文名称:Science Environmental Protection Co.,Ltd.

注册资本:7,112万元

法定代表人:高伟荣

成立日期:2009年7月9日(2017年5月17日整体变更为股份有限公司)

公司住所:湖南省长沙市岳麓区学士街道学士路388赛恩斯科技园办公楼

1.2 赛恩斯科创板定位相关情况

1.2.1 选择的上市标准

赛恩斯选取的上市标准为《上海证券交易所科创板股票发行上市审核规则》第二十二条规定的第(一)条标准:

预计市值不低于人民币10亿元,最近两年净利润均为正且累计净利润不低于人民币5000万元,或者预计市值不低于人民币10亿元,最近一年净利润为正且营业收入不低于人民币1亿元。

1.2.2 赛恩斯科创板行业领域要求

表6-1 赛恩斯科创板行业领域

公司所属行业领域	□新一代信息技术	根据中国证监会《上市公司行业分类指引》(2012年修订),赛恩斯所处行业为“生态保护和环境治理业(N77)”;根据国家统计局颁布的《国民经济行业分类》(GB/T 4754-2017),所处行业为“生态保护和环境治理业(N77)”中的“环境治理业(N772)”。根据国家统计局发布的《战略性新兴产业分类(2018)》,赛恩斯业务领域的行业归属为“7.2先进环保产业”中的“7.2.5环境保护及污染治理服务”行业。根据《上海证券交易所科创板企业发行上市申报及推荐暂行规定(2021年4月修订)》,赛恩斯属于“节能环保领域”中“先进环保技术装备、先进环保产品、资源循环利用”的科技创新企业
	□高端装备	
	□新材料	
	□新能源	
	□节能环保	
	□生物医药	
	□符合科创板定位的其他领域	

1.2.3　科创属性要求

表6-2　赛恩斯科创属性要求

科创属性评价标准一	是否符合	指标情况
最近三年累计研发投入占最近三年累计营业收入比例≥5%,或最近三年累计研发投入金额≥6000万元	□是□否	2019年、2020年及2021年赛恩斯研发费用分别为2,349.44万元、2,326.60万元、2,521.52万元,三年累计研发费用7,197.56万元,占近三年累计营业收入的比例为5.96%
研发人员占当年员工总数的比例不低于10%	□是□否	2021年末,赛恩斯研发人员为107人,占当年员工总数15.83%
形成主营业务收入的发明专利(含国防专利)≥5项	□是□否	赛恩斯共计拥有发明专利41项,其中29项发明专利已经形成主营业务收入
最近三年营业收入复合增长率≥20%,或最近一年营业收入金额≥3亿	□是□否	2021年,赛恩斯营业收入为38,463.24万元,超过3亿元

1.2.4　赛恩斯例外标准适用情况

赛恩斯符合《上海证券交易所科创板企业发行上市申报及推荐暂行规定(2021年4月修订)》第六条第2项规定的例外标准,具体情况如下:

表6-3　赛恩斯例外标准适用情况

科创属性相关指标二	是否符合	主要依据
拥有的核心技术经国家主管部门认定具有国际领先、引领作用或者对于国家战略具有重大意义。	□是□否	—
作为主要参与单位或者核心技术人员作为主要参与人员,获得国家自然科学奖、国家科技进步奖、国家技术发明奖,并将相关技术运用于公司主营业务。	□是□否	赛恩斯与中南大学合作研发的“冶炼多金属废酸资源化治理关键技术”获得2018年国家技术发明二等奖。赛恩斯作为主要参与单位,赛恩斯核心技术人员高伟荣、蒋国民作为主要参与人员,该技术已经运用于主营业务
独立或者牵头承担与主营业务和核心技术相关的国家重大科技专项项目。	□是□否	—
依靠核心技术形成的主要产品(服务),属于国家鼓励、支持和推动的关键设备、关键产品、关键零部件、关键材料等,并实现了进口替代。	□是□否	—

续表

科创属性相关指标二	是否符合	主要依据
形成核心技术和主营业务收入相关的发明专利(含国防专利)合计50项以上。	□是□否	—

2 公司股权结构

截至招股说明书签署日,赛恩斯股权结构如下图所示:

2.1 主要股东及实际控制人的基本情况

2.1.1 实际控制人

截至招股意向书签署之日,高伟荣直接持有赛恩斯33.37%的股份,高亮云直接持有赛恩斯8.75%的股份,高时会直接持有赛恩斯2.15%的股份,三人系兄弟姐妹关系,合计持有赛恩斯44.27%的股份。并且高伟荣、高亮云和高时会兄妹三人已经签署了《一致行动协议》,主要约定三人在涉及董事会或股东大会投票、公司经营决策等一致行动事项时对外采取一致行动,如果意见不一致时以高伟荣的意见为准。

报告期内,高伟荣担任赛恩斯董事长,高亮云担任赛恩斯董事、副总经理,高时会担任赛恩斯项目管理部副经理,实际控制人全面负责赛恩斯的运营工作,在经营管理层决策过程中起主导作用。最近两年内,高伟荣、高亮云和高时会为赛恩斯实际控制人,且未发生变更。

2.1.2 其他持有赛恩斯5%以上股份的股东的基本情况

截至招股意向书签署之日,除控股股东、实际控制人外,持有赛恩斯5%以上股份的主要股东还包括紫峰投资、谭晓林,其中,紫峰投资直接持有赛恩斯28.29%股份,谭晓林直接持有赛恩斯5.74%股份。

(1)紫峰投资

截至本招股说明书签署日,紫峰投资直接持有赛恩斯2,012万股股份,占发行人总股本的28.29%。紫峰投资是上市公司紫金矿业(股票代码601899)的全资子企业,其基本情况如下:

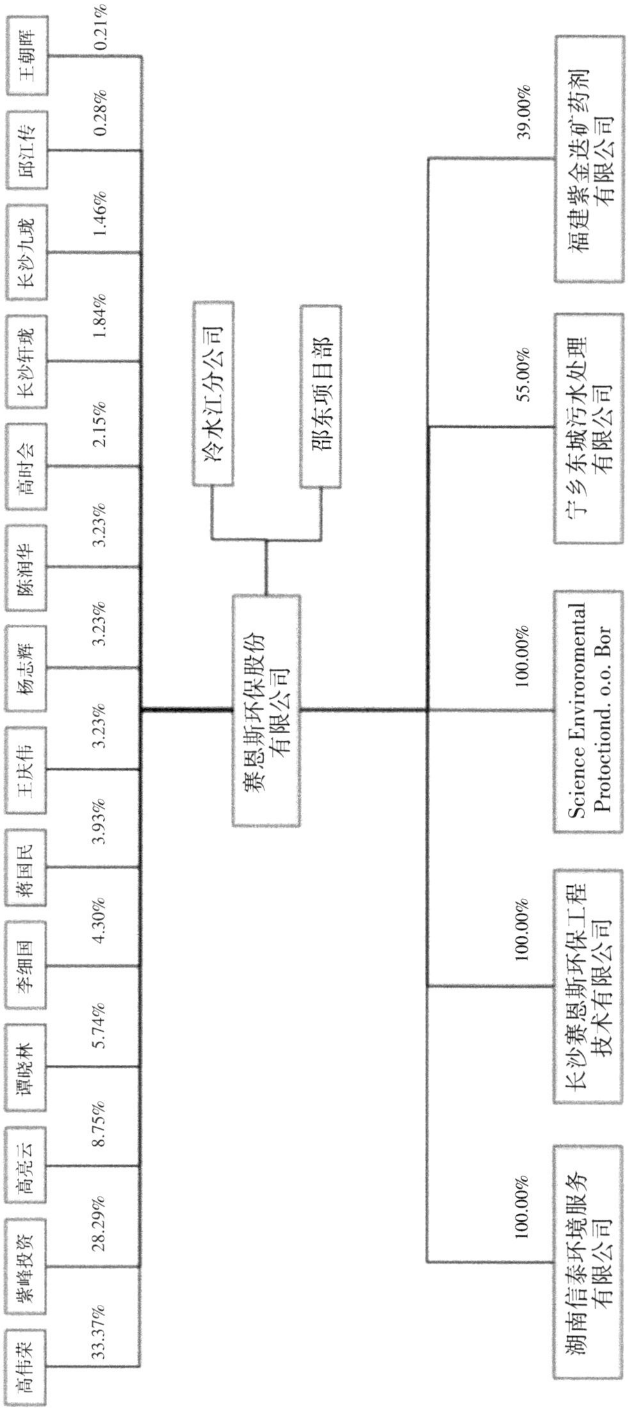

图6-1　赛恩斯股权结构图(招股说明书签署日)

表6-4 紫峰投资基本情况表

项目	内容		
公司名称	紫金矿业紫峰(厦门)投资合伙企业(有限合伙)		
公司类型	非法人商事主体(有限合伙企业)		
统一社会信用代码	91350200MA33KG0K1H		
成立日期	2020年2月28日		
出资额	12,000万元		
执行事务合伙人	紫金矿业股权投资管理(厦门)有限公司(委派代表:黄希哲)		
注册地和主要生产经营地	中国(福建)自由贸易试验区厦门片区象屿路93号厦门国际航运中心C栋4层431单元H		
经营范围	对第一产业、第二产业、第三产业的投资(法律、法规另有规定除外);依法从事对非公开交易的企业股权进行投资,以及相关咨询服务;投资咨询(法律、法规另有规定除外);其他未列明的专业咨询服务(不含需经许可审批的项目)		
股权结构	合伙人	合伙份额(万元)	出资比例(%)
	紫金矿业集团资本投资有限公司	4,000.00	33.33
	紫金矿业股权投资管理(厦门)有限公司	4,000.00	33.33
	紫金矿业集团股份有限公司	4,000.00	33.33
	合计	12,000.00	100.00

(2)谭晓林

截至招股意向书签署之日,谭晓林直接持有赛恩斯408万股股份,持股比例为5.74%,2014年5月至2020年3月,先后任赛恩斯董事、副总经理;2020年3月,因身体原因辞职。

2.2 发行前后赛恩斯股本情况

本次发行前,赛恩斯总股本为7,112万股,本次拟发行不超过2,370.67万股,占发行后总股数的比例不低于25%。公开发行前后赛恩斯股本结构及其变动情况如下:

表6-5　赛恩斯发行前后股权结构表

序号	股东名称	本次发行前		本次发行后	
		持股数量(股)	股权比例(%)	持股数量(股)	股权比例(%)
1	高伟荣	23,730,000	33.37	23,730,000	25.02
2	紫峰投资	20,120,000	28.29	20,120,000	21.22
3	高亮云	6,220,000	8.75	6,220,000	6.56
4	谭晓林	4,080,000	5.74	4,080,000	4.30
5	李细国	3,060,000	4.30	3,060,000	3.23
6	蒋国民	2,795,000	3.93	2,795,000	2.95
7	王庆伟	2,295,000	3.23	2,295,000	2.42
8	杨志辉	2,295,000	3.23	2,295,000	2.42
9	陈润华	2,295,000	3.23	2,295,000	2.42
10	高时会	1,530,000	2.15	1,530,000	1.61
11	长沙轩珑	1,310,000	1.84	1,310,000	1.38
12	长沙九珑	1,040,000	1.46	1,040,000	1.10
13	邱江传	200,000	0.28	200,000	0.21
14	王朝晖	150,000	0.21	150,000	0.16
15	社会公众股	—	—	23,706,667	25.00
合计		71,120,000	100.00	94,826,667	100.00

2.3　前十名自然人股东及其在赛恩斯担任的职务

截至招股意向书签署之日,自然人股东在赛恩斯任职情况如下:

表6-6　赛恩斯前十名自然人股东任职情况表

序号	股东	持股数量(股)	持股比例(%)	目前在公司任职情况
1	高伟荣	23,730,000	33.37	董事长、核心技术人员
2	高亮云	6,220,000	8.75	董事、副总经理
3	谭晓林	4,080,000	5.74	—
4	李细国	3,060,000	4.30	—
5	蒋国民	2,795,000	3.93	董事、总经理、核心技术人员
6	王庆伟	2,295,000	3.23	—
	杨志辉	2,295,000	3.23	—
	陈润华	2,295,000	3.23	—
7	高时会	1,530,000	2.15	项目管理部副经理
8	邱江传	200,000	0.28	董事、副总经理、董事会秘书
9	王朝晖	150,000	0.21	副总经理、财务总监
合计		48,650,000	68.42	—

3　主营业务及模式

3.1　赛恩斯主营业务

赛恩斯是一家专业从事重金属污染防治的高新技术企业,以成为重金属污染防治领域的领航者为核心发展目标,业务涵盖重金属污酸、废水、废渣治理和资源化利用、环境修复、药剂与设备生产销售、设计及技术服务、环保管家、环境咨询、环境检测等领域。

重金属一般是指密度大于4.5g/cm^3的金属元素,从环境学标准来看,重金属主要是指铜(Cu)、汞(Hg)、镉(Cd)、铅(Pb)、铬(Cr)、锌(Zn)、银(Ag)、钒(V)、锰(Mn)、镍(Ni)、钴(Co)、铊(Tl)、锑(Sb)等金属元素,还包括类金属砷(As)等生物毒性显著的元素。重金属元素在地壳中广泛存在,在天然情形下重金属通常以稳定矿物的形式存在,不容易逸散到环境中,因此不会直接形成环境污染。但由于人类采矿、冶炼、制造产品、排放废水废气、处置固体废物,以及使用含重金属产品等环节,重金属从稳定矿物形态中被释放,在未经安全处理的情况下逸散到周边环境中,就会形成重金属污染。重金属污染一般以重金属离子形态出现,可以在水、气、土壤、生物体等各种介质中存在,在低浓度时就足以形成危害。较低浓度时重金属离子一般无色无味,在不使用仪器检测时很难察觉,具有隐蔽性强的特点。重金属离子的化学活性较强,非常容易和生物体内蛋白质上的有机化学活性基团(羟基、羧基、醛基、胺基、巯基)等形成比较稳定的配位化合物,因此重金属离子不仅难以被生物降解排出体外,相反还会与植物、动物等生物体牢固结合并随时间逐步富集起来,并通过食物链向下迁移,在生物放大作用下,最终可成百上千倍地富集,因此重金属污染具有迁移性和累积性的特点。比如,土壤或水受到重金属污染,水和土壤中的重金属会被土壤上种植的粮食、蔬菜、水果、茶叶等作物吸收并富集,其重金属浓度会远高于原始土壤和水中的浓度。

而人或家畜家禽食用这些植物农产品后,重金属将在人体和家畜家禽体内进一步富集,人食用家畜后,家畜体内富集的重金属也将进入人体。重金属进入人体与人体中的蛋白质、酶等发生强烈的相互作用,使其失去活性,也可能在人体的某些器官中累积,造成慢性中毒,具有致癌、致畸及致突变作用,破坏人体免疫系统，严重威胁人体健康和食品安全。

赛恩斯早洞察了我国重金属污染的严重性、治理的必要性、环境标准提升的迫切性，深知有色金属行业是重金属污染的重要源头之一，而传统的重金属污染防治技术难以满足日益严格的环保标准和快速增长的环保需求。正是基于这种认知，赛恩斯首先从源头治理的理念出发，抓住有色金属行业采矿、选矿、冶炼各环节等重金属污染主要源头和关键领域，长期致力于解决有色金属行业含重金属污酸、重金属废水、含砷危废治理及重金属污染环境修复的痛点、难点，取得了重要成果，有效地在源头上解决重金属污染的问题。其次，赛恩斯非常重视在环保技术上对重金属污染物的总量过程控制，不满足于单纯解决达标排放的问题，而是追求在达标排放的同时，有效降低废水废渣的总量，部分技术可以将废渣总量减少90%，使得最终逸散到环境中的重金属总量大幅度下降。赛恩斯非常重视通过回收技术开展资源化利用，通过配套回收技术，将重金属污染物中有价金属、酸、水等进行回收利用，变废为宝，同时也有效地降低环保成本。最后，由于中国有色金属行业加工金属的总量巨大，接近全球总量的50%，因此中国的有色金属行业不太适合国际上普遍使用的多段中和法等高成本治理技术，必须研究出适应中国企业的合理成本方案，赛恩斯在开发环保技术的同时，特别注重研究创新技术，有效降低使用成本。赛恩斯通过自主研发、产学研合作等模式，坚持不断创新，先后攻克了有色冶炼行业污酸资源化治理、重金属废水深度处理与回用和含砷危废安全处置等行业难题。赛恩斯目前的四大核心技术简要介绍如下：

表6-7　赛恩斯核心技术情况表

序号	技术名称	主要原理	核心优势与先进性	主要奖励荣誉
1	污酸资源化治理系列技术	揭示了低溶度积多组分气液硫化反应规律、发明了硫化氢分压调控实现多金属分离方法、稀散金属的高选择性吸附材料制备技术等核心技术，实现废酸中有价金属、硫酸等梯级回收	与传统的以达标排放为目标的污酸处理工艺相比，危废渣量减少约90%，实现了污酸资源化回收利用和“零排放”，化害为利，变废为宝，该技术经中国有色金属协会组织的科技成果鉴定，达到国际领先水平	2018年国家技术发明二等奖；中国有色金属工业科学技术一等奖；中国专利优秀奖

续表

序号	技术名称	主要原理	核心优势与先进性	主要奖励荣誉
2	重金属废水深度处理与回用系列技术	以基于"复合配位体"的系列生物制剂产品为支撑,其有效功能基团与重金属等污染物形成复合配位体,配位体水解絮凝后沉淀分离以实现污染物去除的目的。 协同氧化技术中生物制剂和氧化剂相互促进激发,释放出大量的活性氧和高价无机化合物促使氧化还原反应高效进行,从而彻底降解废水中有机类污染物。 在重金属、COD、总硬度等因子深度脱除保障下,通过膜工艺科学组合,确保膜系统高效稳定运行,并有效提升膜系统产水率	克服了传统技术单一配位体难以实现多种重金属同步达标的瓶颈,可深度脱除多种重金属(如铅、汞、镉、铜、砷、锑、铊等);可实现重金属和COD、总磷等有机污染物同步脱除;在保证脱除效果的同时,有效降低成本;高效预处理确保膜系统高效稳定运行,提升产水率,可将废水回用率提升至90%以上,经有色金属协会组织的科技成果鉴定,达到国际先进水平	国家先进污染防治示范技术名录;环境保护科学技术二等奖;中国有色金属工业科学技术一等奖;环保部环保技术国际智汇平台百强环保技术
3	含砷危废矿化解毒系列技术	在外加机械力场的协同作用下,通过物理化学吸附、形态诱导转变等物理化学作用,使废渣中不稳定形态的砷转变为具有天然矿物化学稳定性的化合物,从而降低废渣中砷的浸出毒性,达到含砷危废"解毒"的目的	原渣中高达10000mg/L以上浸出毒性的砷经过处理后能稳定低于1.2mg/L,满足《危险废物填埋污染控制标准》(GB18598-2019),具有安全高效、砷固化率高、长期稳定性好等优点。相关处理物可作为未来砷资源储存。经有色金属协会组织的科技成果鉴定,该技术达到国际领先水平	国家先进污染防治示范技术名录;湖南省环境保护实用技术名录;湖南省环境保护产业协会评为"先进技术"
4	重金属污染环境修复系列技术	通过添加微生物或修复剂与土壤中的重金属发生氧化还原、吸附、共沉淀等作用改变重金属存在形态,从而降低其活性及迁移性能;再利用生态修复技术阻隔人群与重金属污染土壤的接触,降低土壤污染对人体的健康风险	可实现多种重金属离子同步稳定化,处理后土壤重金属浸出浓度可稳定达到《地表水环境质量标准》(GB3838-2002)III类水标准,大大降低场地的环境风险;采用的生物修复技术环境友好,二次污染风险小。其中含铬重污染土壤修复技术经湖南省科技厅组织的科技成果鉴定,达到国际领先水平	国家先进污染防治示范技术名录;中国有色金属工业科学技术一等奖;湖南省环境保护实用技术名录

赛恩斯坚持以解决有色金属企业重金属污染问题为目标导向，针对不同客户的实际需求，开展科学实验研究和工程实践论证，开发有针对性的产品及工艺技术，为客户打造出“一企一策、量身定制、运行稳定、治污高效、技术先进、经济合理”的重金属污染防治的综合解决方案。作为国内领先的重金属污染防治综合服务商，赛恩斯是我国少数能够在有色金属行业提供全方位重金属污染防治综合解决方案的企业之一。赛恩斯开发的重金属污染防治系列技术及其产业化推广应用，填补了我国多项重金属污染防治技术和产业化的空白。

根据中国有色金属学会出具的《技术与应用前景评价证明》，赛恩斯是国内较早提出利用“复合配位体”药剂处理重金属废水的企业；是我国较早实现含铍废水处理技术产业化应用的企业；是国内较早参与并完成有色金属冶炼厂废水“零排放”处理的企业；是我国较早进行有色行业含铊废水处理技术研究并成功实现工业化应用的企业；是我国较早进行有色冶炼高浓度含砷废渣处理技术研究并实现工业化应用的企业；是我国最早进行有色冶炼污酸梯级资源化技术研究并成功工业化应用，将污酸浓缩到70%以上并用于湿法冶炼浸出的企业之一。赛恩斯的产品和服务在全国上百家采、选、冶等大中型企业应用，主要服务客户包括中国五矿-株冶集团、中国铝业-驰宏锌锗、中国有色-大冶有色、国投集团-金城冶金、洛阳钼业、江西铜业、紫金矿业、金川集团、铜陵有色、中金岭南、豫光金铅、湖南黄金、白银有色等大型有色金属集团，中国有色金属市值排名前10的企业中大部分为公司客户，赛恩斯的环保技术取得了显著的成效，被市场高度认可，为整个有色金属行业环保事业做出了突出贡献。

综上所述，赛恩斯以自有核心技术为支撑，不断整合技术、产品、装备、生产与服务，构建起重金属污染防治综合解决方案、药剂产品研发与生产销售、运营服务“三位一体”的经营体系，形成了相对完善的重金属污染综合防治能力，以及以新工艺、新技术、新装备开发推广为核心的产业链和以技术创新能力为主导的市场竞争力，是国内领先的重金属污染防治技术研发、应用和服务为一体的高科技创新型企业。

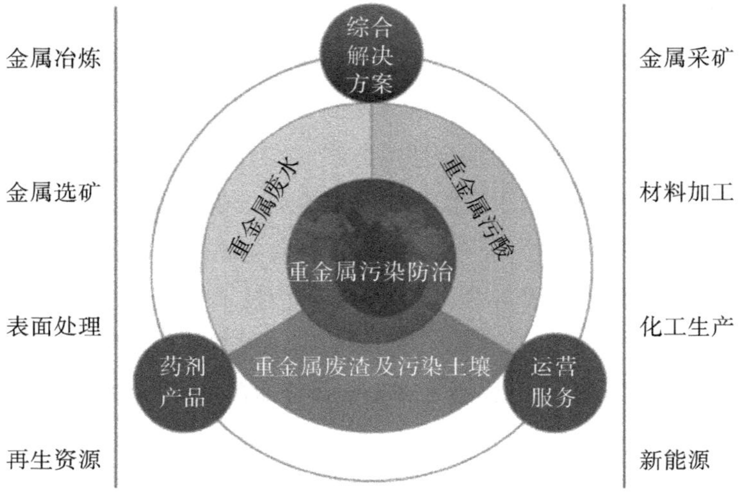

图6-2　赛恩斯主营业务示意图

3.2　赛恩斯主要产品与服务

赛恩斯自成立以来一直专注于重金属污染防治领域,主营业务对应的产品及服务分别为重金属污染防治综合解决方案、药剂产品、运营服务,体系如下图所示:

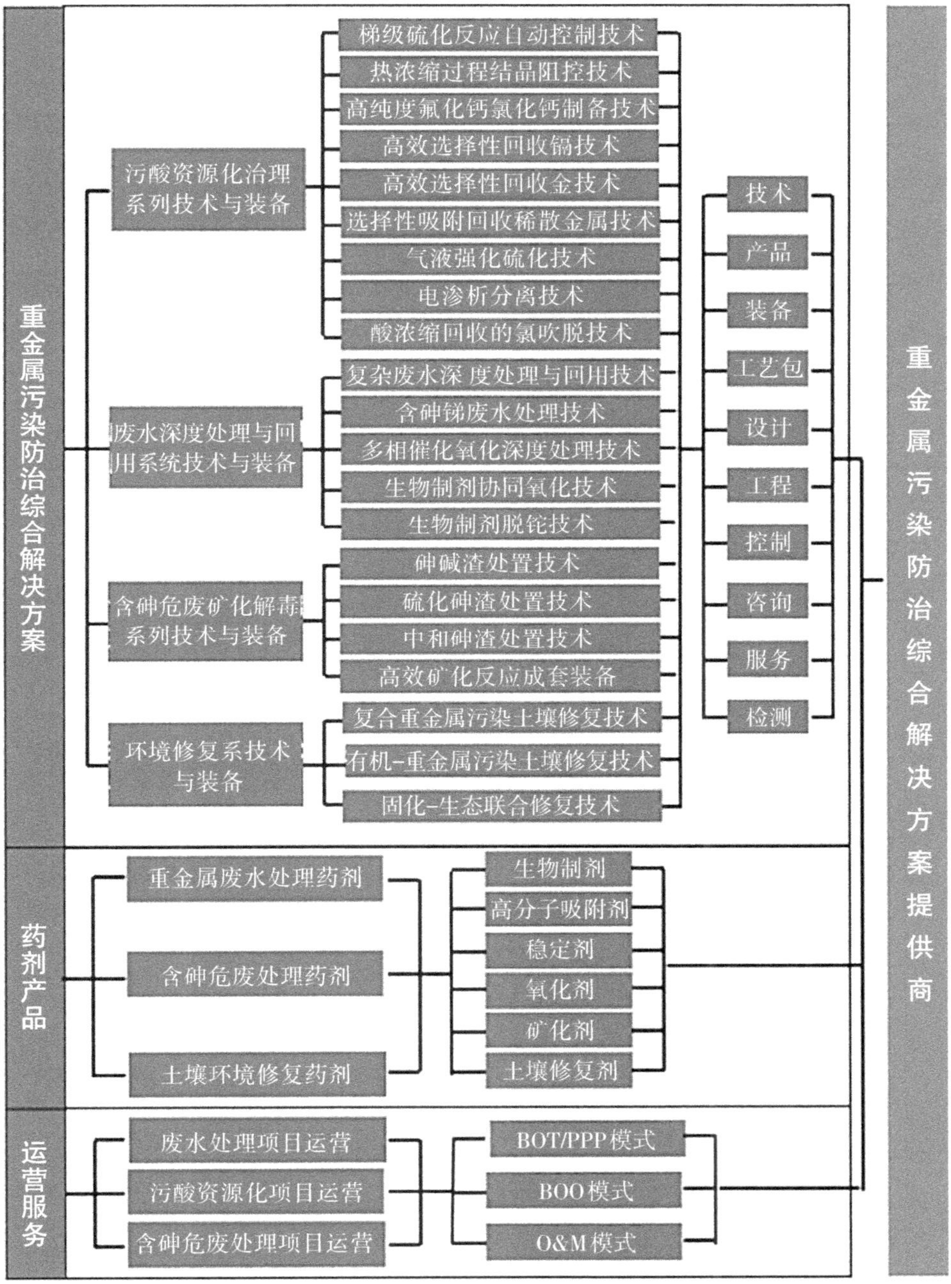

图6-3　赛恩斯主要产品与服务示意图

3.2.1 重金属污染防治综合解决方案

该产品主要针对规模相对较大的有色金属采、选、冶等企业产生的重金属污酸、废水和废渣的治理需求,以及各地政府为解决历史遗留的重金属污染场地的治理修复需求,为客户提供技术方案、设计、治理装备加工制造、工程施工、系统集成、安装、调试运行和售后维护等全流程或若干阶段服务。赛恩斯提供的重金属污染防治综合解决方案广泛应用于重金属污酸资源化治理、重金属废水深度处理与回用、含砷危废处置、重金属污染环境修复等领域。具体如下:

表6-8 重金属污染防治技术情况表

<table>
<tr><th rowspan="2">序号</th><th rowspan="2" colspan="2">产品名称</th><th rowspan="2">主要适用对象</th><th rowspan="2">产品主要组成（可选配）</th><th colspan="2">典型案例</th></tr>
<tr><th>项目名称</th><th>项目概况</th></tr>
<tr><td rowspan="2">1</td><td rowspan="2" colspan="2">污酸资源化治理系列技术与装备</td><td rowspan="2">铜、铅、锌等金属冶炼、加工工程中产生的高浓度污酸</td><td rowspan="2">(1)工艺包
(2)药剂智能投加系统
(3)梯级硫化统
(4)选择性电渗析系统
(5)热浓缩蒸发系统
(6)催化吹脱系统
(7)氟氯分盐系统
(8)智能控制系统
(9)工程施工包
(10)服务包</td><td>中国五矿集团公司湖南株冶有色金属有限公司污酸治理与资源化项目</td><td>湖南株冶有色金属有限公司前身是原国内最大的锌冶炼基地株洲冶炼集团,2019年绿色升级搬迁,30万吨/年锌冶炼厂采用该产品进行污酸资源化治理,已实现年回收硫酸约6000吨,年减排危险废渣1万多吨,是我国锌冶炼行业第一个污酸完全“零排放”项目</td></tr>
<tr><td>江铜集团山东恒邦冶炼股份有限公司污酸治理项目</td><td>山东恒邦是国家重点黄金、铜冶炼企业,其污酸含砷、铜等,为有效处理该废水并实现铜回收,采用该产品进行项目设计建设,可实现铜砷分离,铜渣品位达55%以上,铜回收率大于99%</td></tr>
<tr><td>2</td><td>重金属废水深度处理与回用毓技术与装备</td><td>生物制剂协同氧化技术与装备</td><td>有色金属采选矿产生的含重金属、COD等废水</td><td>(1)工艺包
(2)药剂智能投加系统
(3)高效反应系统
(4)高效澄清系统
(5)高效过滤系统
(6)脱钙系统
(7)脱盐系统</td><td>深圳市中金岭南有色金属股份有限公司凡口铅锌矿选矿废水处理项目</td><td>凡口铅锌矿始建于1958年,是亚洲单一铅锌产能最大的矿山,其选矿废水处理系统2013年开始使用该产品,系统运行良好,各项指标稳定满足要求</td></tr>
</table>

续表

序号	产品名称		主要适用对象	产品主要组成（可选配）	典型案例	
					项目名称	项目概况
		生物制剂脱铊技术与装备	铅、锌、锂、钢铁等行业在生产过程中产生的含铊重金属废水	(8)污泥脱水系统 (9)智能控制系统 (10)施工包 (11)服务包	河南豫光金铅集团有限责任公司冶炼重金属废水处理项目	河南豫光金铅集团有限责任公司成立于1957年，是中国最大的铅冶炼基地，其生产废水处理系统2010年起使用该产品，各项指标稳定满足标准要求
3	含砷危废矿化解毒系列技术与装备		铜、铅、锌、锑等行业冶炼生产过程中产生的含砷危废，如中和砷渣、砷碱渣、硫化砷渣等	(1)工艺包 (2)药剂智能投加系统 (3)物料输送系统 (4)矿化反应系统 (5)卸料包装系统 (6)智能控制系统 (7)施工包 (8)服务包	紫金铜业有限公司（福建上杭）硫化砷渣处理项目	紫金铜业是紫金矿业的全资子公司、国内大型铜冶炼企业。采用该产品建成工程示范，硫化砷渣处理后的砷浸出毒性达到《危险废物填埋污染控制标准》(GB18598-2019)要求
					冷水江锑都环保锡矿山历史遗留砷碱渣无害化处理项目	锡矿山是世界上最大的锑矿，上百年锑生产遗留大量砷碱渣，对当地环境构成严重威胁。项目采用该产品进行设计建设，渣处理后砷浸出毒性稳定满足《危险废物填埋污染控制标准》(GB18598-2019)要求
4	重金属污染环境修复系列技术与装备		受铜、铅、锌、镉、砷、铬等重金属污染的土壤	(1)工艺包 (2)药剂智能投加系统 (3)物料输送系统 (4)生物修复系统 (5)化学修复系统 (6)智能控制系统 (7)施工包 (8)服务包	蜂巢化工厂含重金属废渣及污染土壤综合治理项目	长沙蜂巢颜料化工有限公司是由长沙颜料化工厂依法改制成立的公司，生产过程中产生的污染主要包括镉、砷、锌、铅、铬及少量的铜和汞污染，长达近百年的化工生产，对当地土壤造成严重污染。项目采用该产品进行修复治理，利用富含铁、磷羟基的稳定剂中的多基团与重金属结合，可实现多金属如镉、铅和砷的同步稳定化；处理后土壤重金属浸出浓度稳定达到地表Ⅲ类水标准；该

续表

序号	产品名称	主要适用对象	产品主要组成(可选配)	典型案例	
				项目名称	项目概况
					项目实施以后,目前已经在原场地建设起长沙市湘江女神公园

3.2.2 药剂产品

赛恩斯药剂产品主要有用于水处理的专用药剂,具体包括生物制剂、高分子吸附剂、稳定剂、氧化剂等;用于含砷危废解毒的矿化剂;用于土壤修复的多种土壤修复剂等。赛恩斯的药剂销售通常是在对客户的污染情况进行科学试验的基础上,在为客户提供技术服务、装备的前提下,向客户销售与之配套的专用药剂,系赛恩斯重金属污染防治核心技术的重要组成部分。其中主要药剂产品介绍如下:

(1)用于重金属废水处理的系列生物制剂产品

重金属离子特别容易与生物大分子蛋白质等活性物质结合且形成特别稳定的配位化合物,因此从重金属的亲生物性原理出发,生物制剂是以氧化亚铁硫杆菌、氧化硫杆菌等为主的复合功能菌群形成的大分子代谢产物(各类蛋白质酶)与其他化合物进行组分设计,合成制备含有大量羟基、巯基、羧基、氨基等功能基团组的大分子重金属废水复合配位体处理药剂,可同步深度处理多种重金属离子,在良好的脱除效果的同时具有很好的成本优势。

(2)用以处理含砷废渣的矿化剂产品

将废渣中非常容易形成污染的游离状态的砷元素重新转变为不容易形成污染的类矿物性质的稳定态,矿化处理后砷渣虽然含砷量很高,但在自然环境中非常稳定,不会向外界释放砷元素,不仅通过填埋等方式可以安全处理,而且矿化处理后砷渣还可以作为砷资源储备,如果未来发现砷的新用途需要使用砷,可以将其挖掘出来用于提取砷资源。

表6-9　赛恩斯药剂产品情况表

序号	名称	主要功能	优势
1	生物制剂	深度脱除废水中重金属，如铅、锌、镉、铜、砷、铊、锑、汞等污染物	可同时深度处理多种重金属离子；抗冲击负荷强，净化高效；渣水分离效果好，出水清澈；水解渣量少，利于有价金属资源化；运行成本低。协同作用下可同步脱除COD、钙、氟化物、磷等污染因子
2	高分子吸附剂	高效吸附絮凝废水中较低浓度重金属如铅、镉、铜、砷、锑、磷、COD、SS等污染物	
3	稳定剂	协同生物制剂一起深度脱除废水中铊污染因子	和铊离子反应效率高，抗冲击能力强，对不同浓度、形态铊离子均有稳定的协同脱除效果
4	氧化剂	在生物制剂的激发和催化作用下，释放羟基自由基，深度降解废水中有机物	得电子能力强，氧化效果好，对于有机物降解效率高，效果彻底，无二次污染
5	矿化剂	深度固化、稳定化含砷危废中的砷元素，实现砷渣中砷的浸出毒性满足标准	稳定化效果好，使用方便，增容比小，对于不同砷含量的含砷危废均有稳定的处置效果
6	土壤修复剂	稳定化土壤中铅、锌、镉、砷、铬等重金属，降低重金属的活性及迁移性能	环境友好，二次污染风险低；使用操作简便，成本低；修复稳定性好

3.2.3　运营服务

运营服务是赛恩斯接受客户委托，托管客户的环境污染治理设施，通过在托管期间提供创新环保技术，持续改进工艺，优化环保运行参数，为客户提高环保治理质量，降低环保设施运营成本，为客户持续提供增值服务，属于国家大力推广的环境污染第三方治理的新服务模式。赛恩斯运营服务主要模式及部分典型运营服务情况如下：

表6-10　赛恩斯运营服务情况表

序号	客户名称	类型、模式	项目概述
1	国投集团金城冶金有限责任公司	污酸项目运营/O&M模式	金城冶金冶炼产生的污酸成分复杂，处理难度大，2018年由赛恩斯与业主共同出资建设，赛恩斯负责项目的整体运营，实现了污酸污水零排放，至今服务稳定良好

续表

序号	客户名称	类型、模式	项目概述
2	中国有色集团大冶有色金属集团公司	含砷危废处理项目/O&M模式	2017年赛恩斯以BT模式承建该项目,并接手运营,至今服务稳定良好,经过处理后的中和渣各类指标满足《危险废物填埋污染控制标准》GB18598-2019)要求
3	紫金矿业巴彦淖尔紫金有色金属有限公司	高盐废水零排放项目/O&M模式	该项目废水为生产废水,处理工艺包括预处理+膜浓缩+电渗析系统+蒸发结晶系统,2019年接手运营,至今服务良好

3.3 主要业务经营情况

赛恩斯专注于重金属污染防治领域,主营业务是为客户提供重金属污染防治综合解决方案、药剂销售、运营服务等。其中,赛恩斯在有色金属行业中提供重金属污染防治综合解决方案,以解决方案为依托,不断开拓具有长期收益的药剂销售和运营服务,取得了良好的效果,报告期内药剂销售及运营服务的收入金额和占比出现逐步提升趋势。

3.3.1 赛恩斯主营业务收入构成分析

报告期内,赛恩斯营业收入构成情况如下:

表6-11 赛恩斯主营业务收入构成表

项目	2021年度		2020年度		2019年度	
	金额(万元)	占比	金额(万元)	占比	金额(万元)	占比
主营业务收入	38,431.69	99.92%	35,623.09	99.96%	46,670.84	99.93%
其他业务收入	31.54	0.08%	14.24	0.04%	31.10	0.07%
合计	38,463.24	100.00%	35,637.33	100.00%	46,701.94	100.00%

报告期内,赛恩斯主营业务收入包括为客户提供重金属污染防治综合解决方案、药剂销售、运营服务、施工分包等,占比在99%以上,主营业务突出。其他业务收入主要为维修费、厂房临时租赁收入及水电费收入等,占比较低。

2019年至2021年,赛恩斯主营业务收入分别为46,701.94万元、35,637.33万元及38,463.24万元,呈现先小幅下降后小幅上升的波动趋势,2019年至2021年主营业务收入的复合增长率为-9.26%。

3.3.2　主营业务收入按业务类别构成分析

报告期内，赛恩斯主营业务收入构成具体情况如下：

表6-12　赛恩斯主营业务收入构成情况表

项目	2021年度		2020年度		2019年度	
	金额（万元）	比例	金额（万元）	比例	金额（万元）	比例
重金属污染防治综合解决方案	15,634.69	40.68%	17,078.93	47.94%	33,306.30	71.36%
药剂销售	9,426.15	24.53%	9,306.84	26.13%	9,169.71	19.65%
运营服务	11,583.36	30.14%	7,197.87	20.21%	4,167.52	8.93%
其他	1,787.49	4.65%	2,039.45	5.73%	27.31	0.06%
合计	38,431.69	100.00%	35,623.09	100.00%	46,670.84	100.00%

报告期内，重金属污染防治综合解决方案业务、药剂销售、运营服务业务是赛恩斯的主要收入来源，三者合计占比分别99.94%、94.27%和95.35%。

报告期内，赛恩斯主营业务收入细分结构有一定变化，其中重金属污染防治综合解决方案收入从2019年度的33,306.30万元下降至2021年度的15,634.69万元，相应地，收入占比从71.36%下降为40.68%，而运营服务收入从2019年度的4,167.52万元上升至2021年的11,583.36万元，与此同时，运营服务收入占比从8.93%上涨至30.14%，药剂销售收入在报告期内整体有小幅度增加，收入占比因主营业务收入金额变化略有波动。

3.4　赛恩斯主要经营模式

3.4.1　盈利模式

赛恩斯以拥有的核心技术为支撑，不断整合技术、产品、生产与服务，构建起重金属污染防治综合解决方案、药剂产品、运营服务三位一体的经营体系，通过三大业务的开展获取收入和利润。赛恩斯订单一般通过公开招投标、邀请招标、竞争性谈判、单一来源采购等方式获得。

（1）提供重金属污染防治综合解决方案服务获得收入

重金属污染防治综合解决方案是依托赛恩斯核心技术和产品，以方案设计+设备销售+技术服务、工程项目建设或EPC的形式提供的综合性服务,即赛恩斯与客户签订项目合同,对项目的技术方案、设计、定制、采购、建设施工、系统集成、调试、试运行等提供全流程或部分阶段的服务以完成项目,通过提供"专业定制化"综合解决方案获得收入和利润。

报告期内,赛恩斯重金属污染防治综合解决方案的主要业务模式如下:

表6-13 重金属污染防治综合解决方案主要业务模式情况表

主营业务	核心技术	主要模式	具体内容	业务收入(万元)		
				2021年	2020年	2019年
重金属污染防治综合解决方案	1.污酸资源化治理系列技术;2.重金属废水深度处理与回用系列技术;3.含砷危废矿化解毒系列技术;4.重金属污染环境修复系列技术	1.技术方案设计(E)	赛恩斯根据客户重金属污染物的具体情况,运用核心技术进行实验分析、技术论证,编制技术方案及进行项目设计,并获取业务收入	1,532.60	468.10	809.43
		2.技术方案设计+系统集成(EP)	赛恩斯运用核心技术对客户重金属污染物情况进行实验分析、技术论证,编制技术方案,并根据技术方案的要求运用核心技术进行项目设计、药剂产品的生产或定制采购、设备的加工制造或定制采购及系统集成等,由此获取业务收入	7,295.73	8,335.99	16,252.05
		3.技术方案设计+环保工程施工+系统集成(EPC或PC)	赛恩斯运用核心技术对客户重金属污染物情况进行实验分析、技术论证,编制技术方案,并根据技术方案的要求运用核心技术进行项目设计、药剂产品的生产或定制采购、设备的加工制造或定制采购、环保工程施工及系统集成、调试运行等,由此获取业务收入	6,806.36	8,274.84	16,244.82
合计				15,634.69	17,078.93	33,306.30

(2)销售药剂产品获得收入

赛恩斯的药剂销售通常是在对客户的污染情况进行科学试验的基础上,在为客户提供技术服务、装备的前提下,向客户销售与之配套的专用药剂,是赛恩斯重金属污染防治核心技术的重要组成部分。

在重金属废水处理方面，赛恩斯基于细菌代谢产物与功能基团嫁接技术，开发了深度净化铜、铅、锌、镉、汞、砷、铊、锑等多金属离子的系列生物制剂，实现了有色金属行业废水中复杂重金属污染因子协同深度处理。同时，赛恩斯开发出配套使用的氧化剂、稳定剂等辅助药剂，通过配合其他辅助药剂可实现废水中COD、氟、钙等污染因子的同步脱除，大大提升了有色金属工业生产废水回用率。

在含砷危废治理方面，赛恩斯通过研究砷在自然界中的存在形态，结合机械力活化、形态转变、氧化还原、物理吸附等过程与原理，发明了含砷危废矿化解毒技术，并开发出用于不同种类含砷危废处理的矿化剂系列产品，具有成本低、效果稳定等特点。

在土壤修复方面，针对重金属污染场地污染成分复杂、重金属易迁移等特点，从先降低重金属活性和迁徙性能、再切断人群与重金属污染场地接触的途径角度出发，赛恩斯开发出不同种类的重金属污染场地修复的土壤修复剂系列产品，对受铅、锌、镉、砷、铬等重金属污染的土壤均有显著的修复效果，具有修复效果稳定、成本经济、环境友好等特点。

赛恩斯主要通过与有色金属工业企业签署药剂销售合同，直接销售药剂获得收入和利润。

报告期内，赛恩斯药剂产品销售的主要业务模式如下：

表6-14　药剂产品销售业务模式情况表

主营业务	核心技术	主要模式	具体内容	业务收入（万元）		
				2021年	2020年	2019年
药剂销售	1.重金属废水深度处理与回用系列技术； 2.含砷危废矿化解毒系列技术； 3.重金属污染环境修复系列技术	在解决方案业务或运营服务业务中专项使用的药剂产品	在为客户提供解决方案业务或运营服务业务中，赛恩斯按照已经为客户制定的技术方案和项目设计要求，运用核心技术由全资子公司赛恩斯工程进行生物制剂、矿化剂等药剂产品的生产或定制采购，并在赛恩斯解决方案或运营服务项目中使用，由此获取业务收入。该种情形为赛恩斯药剂产品销售业务的主要模式。	8,866.41	8,649.28	8,679.70

续表

主营业务	核心技术	主要模式	具体内容	业务收入(万元)		
				2021年	2020年	2019年
		独立对外销售的药剂产品	客户已经建设环境污染治理设施,希望使用赛恩斯药剂产品进行重金属污染物处理。赛恩斯进行实验分析和技术论证后编制技术方案,要求客户对环境污染治理设施进行必要的技术升级改造后,运用核心技术进行药剂产品生产或定制采购,通过销售药剂产品获取业务收入。	559.74	657.57	490.01
合计				9,426.15	9,306.85	9,169.71

(3)第三方运营模式获得收入

赛恩斯通过提供专业废酸、废水、废渣处理运营服务获得收入和利润。根据客户的不同需求,主要采用BOT(建设—经营—移交)、O&M(委托运营)、BOO(建设—拥有—运营)等模式。

BOT模式下,赛恩斯与客户签定协议,特许赛恩斯承担污水/污酸等处理设施的投资、建设、经营与维护,在协议规定的期限内,赛恩斯向客户定期收取运营费用,以此回收项目的投资、融资、建设、运营和维护成本并取得合理回报;特许经营期结束后,赛恩斯将设施所有权移交给客户。O&M模式下,客户将建成后的污水/污酸等治理项目委托赛恩斯提供专业污水/污酸等治理运营服务,并向赛恩斯支付委托运营费。BOO模式下,赛恩斯与客户签定协议,特许赛恩斯承担污水/污酸等处理设施的投资、建设、经营与维护,建成后产权归赛恩斯所有。运营期内,赛恩斯向客户按照事先约定的标准定期收取运营费用,以此回收项目的投资、融资、建设、运营和维护成本并取得合理回报;运营期结束后,设施不移交给客户,赛恩斯拥有所有权。

报告期内,赛恩斯运营服务的主要业务模式如下:

表6-15　药剂产品销售业务模式情况表

主营业务	核心技术	主要模式	具体内容	业务收入(万元)		
				2021年	2020年	2019年
运营服务	1. 污酸资源化治理系列技术; 2. 重金属废水深度处理与回用系列技术; 3. 含砷危废矿化解毒系列技术。	承接解决方案业务的运营服务(BOT、O&M、BOO等)	赛恩斯为客户提供解决方案服务后,受客户委托托管整体污染治理的运营,双方已经在运营合同中具体约定项目工艺过程控制及保证指标数据等技术指标,赛恩斯仍然需要根据技术方案要求,在运营服务过程中运用核心技术进行重金属污染物处理,由此获取业务收入。在这种情况下,赛恩斯核心技术的应用具有延续性和一致性。该种情形为赛恩斯运营服务业务的主要模式。	9,246.39	6,440.85	4,004.80
		独立承接的运营服务(O&M)	客户已经具有较为完善的环境污染治理设施,赛恩斯运用核心技术进行实验分析、调研评估以后编制运营方案,要求客户对环境污染治理设施进行必要的技术升级改造后接管运营服务,在运营服务过程中运用核心技术进行重金属污染物处理,由此获取业务收入。	2,336.97	757.02	162.72
合计				11,583.36	7,197.87	4,167.52

3.4.2　采购模式

赛恩斯注重产品质量和过程控制,建立了完善的采购流程和管理制度。赛恩斯对外采购内容主要分为三类,第一类是原材料和辅助标准设备的采购,原材料主要包括重金属污染防治综合解决方案实施过程中,核心技术工程化所需的设备和生物制剂等药剂产品生产所需的原材料,辅助标准设备包括泵、压滤机等。第二类是定制采购,主要包括重金属污酸治理业务中的电渗析设备、重金属废水治理业务中膜设备等,以及矿化剂、氧化剂等部分药剂产品,由于生产成本、生产资质、生产条件等方面的原因,赛恩斯会根据项目具体情况先对产品或设备进行设计,然后选择专业的供应商进行定制采购。第三类是分包服务,主要包括项目实施过程中的土建、安装和劳务。

(1)供应商管理

赛恩斯制定了《供应商管理办法》,建立了严格的供应商考察、准入、动态管理评估及淘汰机制。采购员及时收集供应商信息,对其经营资质、产品质量、质保能力、价格因素等进行调查与评估。对于重要物资采购,采购员必须组织技术部等相关部门进行实地考察。符合要求的供应商,采购人员填写供应商准入表,经部门经理审核后方可进入合格供应商名录。每类物资必须保证三家以上的合格供应商,并建立供应商档案。供应部对核心供应商进行动态管理,每半年进行合格供应商评估,坚决淘汰不合格供应商,及时引进优质供应商资源,保证供应链持续稳定。

(2)物料采购

赛恩斯对采购环节制定了规范的《采购业务管理制度》,主要的采购流程包括:物料需求(采购计划、采购清单)—供应商比选—采购签批—签订合同—物资验收。物资需求由技术部、工程部或生产部门提交采购计划和采购清单,采购需求经部门领导审批后提交至供应部;供应部进行严格的供应商比选,采购员对比选后供应商的询比价进行价格谈判并作出比较和分析,以签批单的形式报相关领导审批;按制度需要进行招标的采购业务严格按相关制度执行。合同签订需按照赛恩斯的合同模板执行,物资验收由物料需求部门进行到货验收或调试验收。

(3)分包服务采购

赛恩斯主要专注于重金属污染防治的核心工艺与系统集成,赛恩斯与客户签订总承包合同后,项目的相关配套防腐施工、工程测绘等辅助性工作,及土建施工、管道铺设等简单劳务,交由具备相关专业资质或相应劳务资质的分包单位实施,以保证项目的合理分工与高效执行。该类工作仅为常规的辅助性工作或简单劳务,不涉及重金属污染物处理核心工艺及系统集成。赛恩斯是项目主导方和主要负责方,根据合同的权利义务约定对分包方的工作,特别对安全生产、职业卫生和环境保护等进行严格监督、管理。

3.4.3　生产模式

赛恩斯公司主要生产基地位于湖南省宁乡市高新区，由赛恩斯的全资子公司赛恩斯工程具体负责定制化配件、设备等产品和药剂产品的生产。

赛恩斯主要采用“以销定产”的方式生产重金属污染防治定制化配件和设备，根据项目的实际情况与待执行合同安排生产；药剂产品的生产为备货型生产也称存货型生产，在对市场需求量进行合理预测的基础上，再结合客户的需求及赛恩斯的库存情况，通过年度计划到月度计划的分解，确定每个月要生产的产品型号和相应的数量，有计划地安排生产。

（1）赛恩斯解决方案中涉及的主要设备的生产情况

赛恩斯重金属污染防治综合解决方案业务中涉及的主要设备，根据其在解决方案中的功能和发挥作用的不同，主要分为三类：

一是核心设备，指在解决方案中起关键作用，需要运用赛恩斯的核心技术进行专门设计制造，通常在市场上没有结构和功能都与其相同，其他人也难以根据设备外观结构尺寸进行仿制的设备，如污酸治理业务中的气体发生设备、硫化反应设备、控制设备及重金属废水治理业务中的药剂储存、配制设备等，该类设备主要由赛恩斯全资子公司赛恩斯工程组织生产。其他核心设备如重金属废水治理业务中的膜系统设备及污酸治理业务中的电渗析设备，以及部分零部件（如压力容器、压力管道、防腐衬胶等），由于生产条件、生产资质等方面的限制，赛恩斯无法自行生产，或者自行生产难以形成规模效应，也没有成本优势。赛恩斯会根据项目技术方案要求自主设计后出具设计图纸，向设备供应商定制采购，并与供应商签订保密协议。

二是辅助非标设备，指需要根据具体方案做专项设计并在解决方案中使用，但基本不涉及核心技术的辅助设备，如污酸治理业务中的药剂储存、配制设备及含砷危废处理和环境修复中的给料设备等，该类设备主要由赛恩斯全资子公司赛恩斯工程组织生产。其他辅助非标设备如重金属废水处理过程中的反应设备、沉淀设备等，由赛恩斯根据项目特点自主设计，部分设备由赛恩斯子公司赛恩斯工程组织生产，部分设备由于生产条件、生产成本等原因向供应商定制采购。

三是辅助标准设备，指在解决方案中使用但不涉及核心技术，市场上有规模化生产，只进行简单选型以后就能够采购到的相对标准化的辅助设备，如泵、压滤机等,根据设计选型直接外购。

(2)药剂产品生产情况

药剂产品可以分为常规药剂和专用药剂两类。

常规药剂为一般市场常见的化学产品,如氢氧化钙、氧化钙、氢氧化钠、硫酸亚铁、硫化钠、硫氢化钠等,赛恩斯可以根据技术方案确定的药剂选型直接外购,或者由客户自行采购。由于常规药剂市场供应充足,赛恩斯本身又不生产,如果按赛恩斯技术方案建设的环保设施由客户自己运营,大部分情况都是由客户自行采购。如果按赛恩斯技术方案建设的环保设施客户交由赛恩斯运营,一般根据运营合同通常由运营方赛恩斯采购。

专用药剂指赛恩斯使用核心技术自行生产或定制生产的特殊药剂,除赛恩斯外通常无其他市场供应商,如生物制剂、高分子吸附剂、稳定剂、土壤修复剂、矿化剂、氧化剂等,该类药剂产品主要由赛恩斯运用核心技术自行生产,部分专用药剂产品如矿化剂、氧化剂,由于生产资质、生产条件、生产成本等原因,赛恩斯会根据项目技术方案要求向供应商提供配方、产品特定参数、生产工艺等后定制采购,并与供应商签订保密协议。

3.4.4 销售模式

依据具体业务类型不同,赛恩斯获取业务合同的方式也有所不同。赛恩斯重金属污染防治综合解决方案的主要服务客户为大型有色采选矿及冶炼企业、工业园区和政府,涉及建设工程方面的业务,如果项目符合《中华人民共和国招投标法》《必须招标的工程项目规定》《必须招标的基础设施和公用事业项目范围规定》《政府采购法》等相关法律法规的规定,需要进行公开招投标或者邀请招标。赛恩斯运营项目一般来源于赛恩斯已有的重金属污染防治综合解决方案业务客户及药剂销售客户,或通过公开招标等公开方式及赛恩斯与客户商务谈判的方式获得。药剂销售客户一般是大型有色采选矿及冶炼企业,赛恩斯主要通过竞争性谈判、单一来源采购、商务谈判等方式获得。

赛恩斯主要业务的销售流程为:赛恩斯营销部通过招标网站、展会、点对点拜访、合作伙伴介绍等渠道获取项目信息,并及时跟进;然后进行项目现场勘察及交流,从客户现场取废水(废渣)等样品返回赛恩斯进行小试实验论证,评估项目技术可行性,确定项目技术可行后编制技术投标文件;项目管理部根据要求编制商务报价及投标商务文件,并提交赛恩斯管理层审核批准;项目中标后,赛恩斯与客户谈判，签订合同；项目管理部组织设计部、工程部、供应部等部门根据合同要求负责项目的执行。

3.5　赛恩斯在行业中的竞争情况

3.5.1　赛恩斯的行业地位

赛恩斯是一家专业从事重金属污染防治的高新技术企业，长期专注于解决含重金属污酸、废水、废渣治理及重金属污染环境修复的痛点、难点，攻克了有色金属行业污酸资源化治理、重金属废水深度处理与回用、含砷危废无害化处置等难题。赛恩斯的重金属污染防治技术已广泛推广应用于全国上百家采、选、冶大中型企业，取得显著成效，被市场高度认可。

赛恩斯以自有核心技术为依托、配套自主开发的成套化技术装备，提供的重金属污染防治综合解决方案具有工艺稳定且效果好、运行成本低、资源化效果显著、集成度高、工艺简单等优势。赛恩斯提供的重金属污染防治综合解决方案自推向市场以来，目前已建成多项有代表性的重点环境保护应用工程，在市场上拥有较高的知名度，市场占有率逐年增长。

赛恩斯成立以来，多次积极参与重金属污染环境突发事件应急工作，包括广东北江铊污染事件、广西贺江铊污染事件、萍乡-醴陵渌江铊污染事件、黑龙江鹿鸣矿业尾矿库泄露钼污染事件、嘉陵江上游跨省铊污染事件、江西某工业园和湖南某工业园铊污染事件等应急工作，得到了当地政府和相关环保监管部门的高度认可与好评。

赛恩斯获得了“工信部专精特新小巨人企业”“湖南省专精特新小巨人企业”“湖南省高新技术企业”“固废细分领域领跑及单项能力领跑企业”“湖南省守合同重信用企业”“长沙市守合同重信用企业”“年度十佳环保企业”等多项荣誉。

3.5.2　技术地位

作为国内领先的重金属污染防治综合解决方案提供商，赛恩斯自创立以来，始终深耕于重金属污染防治领域，不断开拓，努力引领行业发展新方向。赛恩斯承担了国家重点研发计划——有色冶金大气多污染物全过程控制耦合技术与示范、湖南省重点研发计划——高盐废水深度净化及资源化技术与装备等多项国家、省部、市级课题，作为参编单位参与编制了三项国家、行业标准。

赛恩斯先后攻克有色金属行业污酸资源化治理、重金属废水深度处理与回用、含砷危废无害化处置等难题,形成了污酸资源化治理系列技术、重金属废水深度处理与回用系列技术、含砷危废矿化解毒系列技术、重金属污染环境修复系列技术等核心技术。

赛恩斯的核心技术先后获得了诸多奖项与荣誉,主要包括一项国家技术发明二等奖、三项中国有色金属工业科学技术一等奖、一项环境保护科学技术二等奖、一项中国战略性新兴环保产业先进工程技术奖、第二十二届中国专利优秀奖等奖项。部分核心技术先后被列入《国家先进污染防治示范技术名录》(2009年、2020年)、《国家涉重金属重点行业清洁生产先进适用技术推荐名录》(2017年)、《2017年湖南省环境保护实用技术目录》《2018年湖南省环境保护实用技术目录》等国家级、省部级先进技术目录。

3.5.3 赛恩斯与同行业可比公司比较情况

目前环保行业涌现出了一批先进的科技型企业,其致力于核心技术研发,经营机制灵活,形成了以装备研制和系统集成为主导的业务模式,取得了较快发展。但是,就主营业务和核心技术研发而言,赛恩斯始终致力于重金属污染防治技术和产品研发与推广,综观目前国内整个环保行业,只专注做重金属污染防治的企业较少,环保行业上市公司中还没有和赛恩斯在主要产品、业务模式、技术实力等各方面可比性较高的公司,其中与赛恩斯在某些业务方面有一定可比性的上市公司有永清环保、金科环境、金达莱、三达膜、卓锦股份和艾布鲁,具体情况如下:

(1)永清环保股份有限公司(股票代码为300187)

永清环保股份有限公司成立于2004年,已形成集研发、咨询、设计、制造、工程总承包、营运、投融资为一体的完整的环保产业链,并发展为以土壤修复为工程核心、以固废处置(包含危废)为运营核心、大气污染治理、固废处置、环境咨询、新能源业务协调发展的综合性环保产业平台。

永清环保土壤修复业务和赛恩斯重金属污染土壤修复业务有一定相似性。

(2)金科环境股份有限公司(股票代码为688466)

金科环境股份有限公司成立于2004年,是从事水深度处理及污废水资源化的国家高新技术企业,主营业务是依托自主研发的膜通用平台装备技术、膜系统应用技术、膜系统运营技术三大核心技术,为客户提供水处理技术解决方案、运营服务及资源化产品。业务的市场领域主要包括市政饮用水深度处理、市政污水和工业废水的深度处理及资源化等。

金科环境工业废水深度处理及资源化业务和赛恩斯重金属废水处理业务有一定相关性。

(3)江西金达莱环保股份有限公司(股票代码为688057)

江西金达莱环保股份有限公司成立于2004年,是国内先进的创新型水环境治理综合服务商,长期专注于解决生活污水、工业废水处理的痛点、难点,立足自主创新,先后攻克碳氮磷同步深度去除、污泥源头减量等技术难题,独立开发出具有自主知识产权的氟MBR污水处理新工艺和JDL重金属废水处理新工艺,并在全国村镇污水处理、市政污水处理、黑臭水体外源截污治理、工业废水处理等领域广泛推广应用。

金达莱重金属废水处理新工艺技术和工业废水处理领域业务和赛恩斯部分业务有一定相似性。

(4)三达膜环境技术股份有限公司(股票代码为688101)

三达膜环境技术股份有限公司成立于2005年,是中国膜技术开发与应用领域的开拓者,早在20世纪90年代,三达膜就开始在中国从事过程工业先进膜分离应用工艺开发,将国外先进膜技术引入国内并进行大规模工业化应用。三达膜主要业务涉及工业料液分离、产品分离纯化、废水资源化、饮用水安全保障等领域,应用于食品饮料、医药化工、生物发酵、冶金石化、水质净化、环境保护等多个行业,面向实体制造业、市政管理部门和终端净水家庭用户等,是国内知名的集先进膜材料研发、特种分离膜技术应用、膜法水处理和水务投资运营为一体的科技创新型企业。

三达膜在工业废水资源化方面的业务和赛恩斯部分业务有一定相关性。

(5)浙江卓锦环保科技股份有限公司(股票代码为688701)

浙江卓锦环保科技股份有限公司成立于2003年,是一家从事环保综合治理服务、环保产品销售与服务的高新技术企业。卓锦环保拥有一系列围绕生态环境保护领域的核心技术,主营业务覆盖环保综合治理服务、环保产品销售与服务两类,其中环保综合治理服务主要包括土壤及地下水修复、水污染治理、水体修复、废气处理、固废处理与处置五大业务条线,环保产品销售与服务主要向下游客户提供产品销售及维护服务。

卓锦股份在土壤及地下水修复、水污染治理方面和赛恩斯部分业务有一定相关性。

(6)湖南艾布鲁环保科技股份有限公司(股票代码为301259)

湖南艾布鲁环保科技股份有限公司成立于2013年,致力于解决农业农村中的污水、固废、土壤污染及生态问题,开展农村生活污水处理、生活垃圾处理、农村水生态及工矿区生态治理、农业面源污染治理、污染耕地管控修复等业务,在农村生活环境、生态环境和生产环境治理三大领域提供投融资、咨询设计、工程承包、装备制造及销售、药剂和修复类植物生产及销售、运营等全产业链系统服务。

艾布鲁在土壤污染修复业务方面和赛恩斯部分业务有一定相关性。

4 财务与会计分析

4.1 赛恩斯近三年财务总览

4.1.1 赛恩斯资产负债表

表6-16 赛恩斯近三年一期资产负债表 (单位:元)

资产	2021年12月31日	2020年12月31日	2019年12月31日
流动资产:			
货币资金	186,749,672.88	132,053,956.90	90,670,578.74
应收票据	8,639,163.31	4,878,275.81	10,641,947.66
应收账款	206,128,871.43	182,640,140.65	164,711,980.68
应收款项融资	363,875.39	—	—
预付款项	20,879,542.96	4,106,397.83	2,291,672.66
其他应收款	7,104,125.52	19,065,308.74	7,527,725.39
存货	42,036,806.79	31,624,965.71	73,248,571.32
合同资产	7,960,641.85	22,835,950.35	—
一年内到期的非流动资产	6,181,807.50	5,898,091.86	5,867,114.01
其他流动资产	8,065,120.41	9,635,191.34	17,978,779.94
流动资产合计	494,109,628.04	412,738,279.19	372,938,370.40
非流动资产:			
长期应收款	8,119,044.70	14,300,852.20	20,198,944.06
长期股权投资	47,602,914.01	43,407,949.37	40,269,841.37

续表

资产	2021年12月31日	2020年12月31日	2019年12月31日
其他权益工具投资	2,376,545.97	—	—
固定资产	89,678,558.20	94,763,717.43	98,122,626.57
在建工程	88,854.71	—	10,509,810.37
无形资产	185,530,508.16	189,348,329.25	196,776,089.87
递延所得税资产	5,410,076.03	5,946,422.31	4,990,199.93
其他非流动资产	2,177,509.75	—	—
非流动资产合计	340,984,011.53	347,767,270.56	370,867,512.17
资产总计	835,093,639.57	760,505,549.75	743,805,882.57
负债和股东权益			
流动负债：			
短期借款	—	31,033,362.91	11,015,950.00
应付票据	22,068,818.50	2,509,489.70	9,443,762.19
应付账款	138,008,614.46	128,324,081.18	131,073,590.06
预收款项	—	—	44,687,842.58
合同负债	62,822,129.45	23,465,652.81	—
应付职工薪酬	11,924,201.29	11,282,308.11	6,889,150.50
应交税费	5,146,614.74	5,494,581.64	6,329,563.61
其他应付款	9,175,690.40	5,416,280.60	13,683,550.59
一年内到期的非流动负债	6,047,162.50	14,068,206.00	18,094,269.22
其他流动负债	10,199,923.82	10,636,679.97	12,523,200.00
流动负债合计	265,394,069.63	232,230,310.40	253,740,878.75
非流动负债：			
长期借款	21,000,000.00	27,000,000.00	41,000,000.00
预计负债	15,844,028.77	15,068,025.46	14,330,028.97
递延收益	77,152,206.52	82,335,444.36	90,289,237.17
非流动负债合计	113,996,235.29	124,403,469.82	145,619,266.14
负债合计	379,390,304.92	356,633,780.22	399,360,144.89
股东权益：			
股本	71,120,000.00	71,120,000.00	71,120,000.00
资本公积	183,070,110.64	180,300,510.64	180,300,510.64
其他综合收益	496,264.89	—	—
盈余公积	8,169,673.64	5,541,604.25	2,709,564.21
未分配利润	151,303,771.46	109,302,645.79	66,147,865.66
归属于母公司股东权益合计	414,159,820.63	366,264,760.68	320,277,940.51
少数股东权益	41,543,514.02	37,607,008.85	24,167,797.17

续表

资产	2021年12月31日	2020年12月31日	2019年12月31日
股东权益合计	455,703,334.65	403,871,769.53	344,445,737.68
负债和股东权益总计	835,093,639.57	760,505,549.75	743,805,882.57

4.1.2 赛恩斯合并利润表

表6-17 赛恩斯合并利润表 (单位:元)

项目	2021年度	2020年度	2019年度
一、营业收入	384,632,376.45	356,373,260.53	467,019,345.12
减:营业成本	264,802,275.19	237,188,043.99	341,689,351.51
税金及附加	3,374,647.08	3,256,683.42	3,493,233.17
销售费用	19,362,970.99	20,661,250.27	24,504,817.09
管理费用	29,264,347.88	24,088,170.11	24,614,554.93
研发费用	25,215,210.06	23,265,996.73	23,494,378.17
财务费用	893,993.83	2,723,340.32	3,227,067.93
其中:利息费用	2,016,587.34	3,945,789.78	4,035,325.11
利息收入	-2,360,938.33	-2,060,359.78	-1,387,176.75
加:其他收益	7,932,220.59	8,165,256.62	9,232,002.99
投资收益	6,384,498.57	3,561,327.72	2,593,925.69
信用减值损失(损失以"-"号填列)	-3,360,370.77	-6,610,909.20	-15,520,595.13
资产减值损失(损失以"-"号填列)	652,781.45	-1,201,892.13	—
资产处置收益(损失以"-"号填列)	479.06	6,440,170.60	-9,313.04
二、营业利润(亏损以"-"填列)	53,328,540.32	55,543,729.30	42,291,962.83
加:营业外收入	1,028,961.06	26,681.42	39,026.55
减:营业外支出	882,680.45	9,714.35	20,146.52
三、利润总额	53,474,820.93	55,560,696.37	42,310,842.86
减:所得税费用	4,909,120.70	5,838,564.52	4,086,179.32
四、净利润	48,565,700.23	49,722,131.85	38,224,663.54
归属于母公司所有者的净利润	44,629,195.06	45,986,820.17	36,094,858.88
少数股东损益	3,936,505.17	3,735,311.68	2,129,804.66

续表

项目	2021年度	2020年度	2019年度
五、其他综合收益的税后净额	496,264.89	—	—
六、综合收益总额	49,061,965.12	49,722,131.85	38,224,663.54
其中:归属于母公司所有者的综合收益总额	45,125,459.95	45,986,820.17	36,094,858.88
归属于少数股东综合收益总额	3,936,505.17	3,735,311.68	2,129,804.66
七、每股收益			
(一)基本每股收益	0.63	0.65	0.52
(二)稀释每股收益	0.63	0.65	0.52

4.1.3　赛恩斯合并现金流量表

表6-18　赛恩斯合并现金流量表　（单位:元）

项目	2021年度	2020年度	2019年度
一、经营活动产生的现金流量			
销售商品、提供劳务收到的现金	409,004,918.63	310,500,818.18	286,124,697.88
收到的税费返还	—	—	841,397.30
收到的其他与经营活动有关的现金	13,376,914.18	29,010,524.28	21,130,844.77
经营活动现金流入小计	422,381,832.81	339,511,342.46	308,096,939.95
购买商品、接受劳务支付的现金	187,524,905.54	165,387,628.94	182,023,751.46
支付给职工以及为职工支付的现金	77,731,515.41	52,640,724.44	52,255,901.05
支付的各项税费	22,995,293.62	23,567,743.91	19,465,680.29
支付其他与经营活动有关的现金	50,479,924.17	56,695,784.20	38,108,143.53
经营活动现金流出小计	338,731,638.74	298,291,881.49	291,853,476.33
经营活动产生的现金流量净额	83,650,194.07	41,219,460.97	16,243,463.62
二、投资活动产生的现金流量			
取得投资收益收到的现金	708,400.57	423,219.72	1,105,984.32
处置固定资产、无形资产和其他长期资产收回的现金净额	13,201,000.00	40,000.00	21,000.00
收到其他与投资活动有关的现金	233,402,837.29	138,000,000.00	116,572,000.00
投资活动现金流入小计	247,312,237.86	138,463,219.72	117,698,984.32
购建固定资产、无形资产和其他长期资产所支付的现金	1,579,216.40	4,504,239.02	5,817,682.38

续表

项目	2021年度	2020年度	2019年度
投资支付的现金	—	—	7,800,000.00
支付其他与投资活动有关的现金	233,000,000.00	138,000,000.00	116,572,000.00
投资活动现金流出小计	234,579,216.40	142,504,239.02	130,189,682.38
投资活动产生的现金流量净额	12,733,021.46	-4,041,019.30	-12,490,698.06
三、筹资活动产生的现金流量			
吸收投资收到的现金	—	9,703,900.00	218,100.00
取得借款收到的现金	—	31,000,000.00	34,000,000.00
筹资活动现金流入小计	—	40,703,900.00	34,218,100.00
偿还债务支付的现金	45,000,000.00	29,000,000.00	34,000,000.00
分配股利、利润或偿付利息支付的现金	2,270,993.75	5,585,820.31	4,041,919.03
筹资活动现金流出小计	47,270,993.75	34,585,820.31	38,041,919.03
筹资活动产生的现金流量净额	-47,270,993.75	6,118,079.69	-3,823,819.03
四、汇率变动对现金及现金等价物的影响额	-283,601.27	—	—
五、现金及现金等价物净增加额	48,828,620.51	43,296,521.36	-71,053.47
加:期初现金及现金等价物余额	129,678,252.57	86,381,731.21	86,452,784.68
六、期末现金及现金等价物余额	178,506,873.08	129,678,252.57	86,381,731.21

4.2 主要财务指标

4.2.1 主要财务指标

表6-19 赛恩斯主要财务指标表

项目	2021年12月31日	2020年12月31日	2019年12月31日
流动比率(倍)	1.86	1.78	1.47
速动比率(倍)	1.70	1.64	1.18
资产负债率(母公司)	43.64%	40.10%	45.49%
资产负债率(合并)	45.43%	46.89%	53.69%
归属于赛恩斯股东的每股净资产(元)	5.82	5.15	4.50
项目	2021年度	2020年度	2019年度
应收账款周转率(次)	1.65	1.71	2.73
存货周转率(次)	5.83	3.93	3.54

续表

项目	2021年度	2020年度	2019年度
息税折旧摊销前利润(万元)	7,005.13	7,430.48	5,924.64
归属于赛恩斯股东的净利润(万元)	4,462.92	4,598.68	3,609.49
归属于赛恩斯股东扣除非经常性损益后的净利润(万元)	3,782.29	3,453.81	3,108.19
研发投入占营业收入的比例	6.56%	6.53%	5.03%
每股经营活动产生的现金流量(元)	1.18	0.58	0.23
每股净现金流量(元)	0.69	0.61	0.00

4.2.2　净资产收益率和每股收益

根据中国证券监督管理委员会《公开发行证券的公司信息披露编报规则第9号——净资产收益率和每股收益的计算及披露》(2010年修订)的规定,赛恩斯加权平均间资产收益率及每股收益计算如下:

表6-20　赛恩斯净资产收益率

报告期利润	加权平均净资产收益率(%)		
	2021年度	2020年度	2019年度
归属于公司普通股股东的净利润	11.45	13.40	12.63
扣除非经常性损益后归属于公司普通股股东的净利润	9.71	10.06	10.87

表6-21　赛恩斯每股收益明细表

报告期利润	每股收益(元/股)					
	基本每股收益			稀释每股收益		
	2021年度	2020年度	2019年度	2021年度	2020年度	2019年度
归属于公司普通股股东的净利润	0.63	0.65	0.52	0.63	0.65	0.52
扣除非经常性损益后归属于公司普通股股东的净利润	0.53	0.49	0.45	0.53	0.49	0.45

4.3 营业收入分析

4.3.1 营业收入总体情况分析

报告期内,赛恩斯营业收入构成如下:

表6-22 赛恩斯营业收入构成明细表

项目	2021年度		2020年度		2019年度	
	金额(万元)	比例	金额(万元)	比例	金额(万元)	比例
主营业务收入	38,431.69	99.92%	35,623.09	99.96%	46,670.84	99.93%
其他业务收入	31.54	0.08%	14.24	0.04%	31.10	0.07%
合计	38,463.24	100.00%	35,637.33	100.00%	46,701.93	100.00%

报告期内,赛恩斯主营业务收入包括为客户提供重金属污染防治综合解决方案、药剂销售、运营服务、施工分包等,占比在99%以上,主营业务突出。其他业务收入主要为维修费、厂房临时租赁收入及水电费收入等,占比较低。

2019年至2021年,赛恩斯主营业务收入分别为46,701.93万元、35,637.33万元及38,463.24万元,呈现先下降后上升的波动趋势,2019年至2021年主营业务收入的复合增长率为-9.26%。

4.3.2 主营业务收入产品构成

赛恩斯报告期内,主营业务收入按产品类别区分的构成情况如下:

表6-23 赛恩斯各类产品的收入占比情况表

项目	2021年度		2020年度		2019年度	
	金额(万元)	比例	金额(万元)	比例	金额(万元)	比例
重金属污染防治综合解决方案	15,634.69	40.68%	17,078.93	47.94%	33,306.30	71.36%
药剂销售	9,426.15	24.53%	9,306.84	26.13%	9,169.71	19.65%
运营服务	11,583.36	30.14%	7,197.87	20.21%	4,167.52	8.93%
其他	1,787.49	4.65%	2,039.45	5.73%	27.31	0.06%
合计	38,431.69	100.00%	35,623.09	100.00%	46,670.84	100.00%

报告期内,重金属污染防治综合解决方案业务、药剂销售、运营服务业务是赛恩斯的主要收入来源,三者合计占比分别99.94%、94.27%和95.35%。

报告期内,赛恩斯主营业务收入细分结构有一定变化,其中重金属污染防治综合解决方案收入从2019年度的33,306.30万元下降至2021年度的15,634.69万元,相应地,收入占比从71.36%下降为40.68%,而运营服务收入从2019年度的4,167.52万元上升至2021年的11,583.36万元,与此同时,运营服务收入占比从8.93%上涨至30.14%,药剂销售收入在报告期内整体有小幅度增加,收入占比因主营业务收入金额变化略有波动。

4.3.3　主营业务收入地区构成

报告期内,赛恩斯主营业务收入按地区分类的构成情况如下:

表6-24　主营业务收入地区分类情况表

项目	2021年度		2020年度		2019年度	
	金额(万元)	比例	金额(万元)	比例	金额(万元)	比例
华中	23,350.61	60.76%	21,233.55	59.61%	35,188.82	75.40%
华南	5,165.22	13.44%	2,513.62	7.06%	666.80	1.43%
西南	4,114.66	10.71%	1,288.81	3.62%	826.78	1.77%
华东	2,166.71	5.64%	3,313.23	9.30%	1,843.47	3.95%
东北	1,577.53	4.10%	770.30	2.16%	1,108.38	2.37%
华北	934.77	2.43%	512.67	1.44%	4,143.60	8.88%
西北	643.50	1.67%	5,990.90	16.82%	2,756.18	5.91%
境外	478.69	1.25%	—	—	136.79	0.29%
合计	38,431.69	100.00%	35,623.08	100.00%	46,670.82	100.00%

报告期内,赛恩斯的主营业务收入主要集中在华中地区,占比达59%以上,主要原因一是赛恩斯经营地点在长沙,在华中尤其是湖南、江西、湖北地区有较强的资源地缘优势;二是赛恩斯下游客户有色金属采选冶等企业,具有明显的区域性,主要集中于华中区域,如湖南有色、湖南黄金、湖北大冶、江西铜业等。赛恩斯积极开拓全国市场,已逐步延伸至全国27个省市地区。

4.3.4　主营业务收入季节性变动

报告期内,赛恩斯各季度主营业务收入情况如下:

表6-25 主营业务收入收入季节性变动情况表

项目	2021年度		2020年度		2019年度	
	金额(万元)	比例	金额(万元)	比例	金额(万元)	比例
第一季度	6,676.64	17.37%	3,688.17	10.35%	8,470.51	18.15%
第二季度	8,118.43	21.12%	8,363.63	23.48%	12,222.60	26.19%
第三季度	7,011.34	18.24%	7,488.51	21.02%	9,328.55	19.99%
第四季度	16,625.28	43.26%	16,082.78	45.15%	16,649.18	35.67%
合计	38,431.69	100.00%	35,623.09	100.00%	46,670.84	100.00%

根据上表,报告期内,赛恩斯主营业务收入存在一定的季节波动,主要是由于重金属污染防治综合解决方案业务产生的收入存在一定的季节波动。

赛恩斯重金属污染防治综合解决方案业务的下游客户以国企和政府为主。国企和政府客户在内部投资审批决策、项目管理流程、付款结算流程等都有较强的计划性,体现为项目实施时间上具有一定的季节性特性,通常每年前两个季度国企和政府客户开始分批逐步开展项目招标和项目启动工作,下半年尤其第四季度现场作业强度较大。同时,EP项目提供的设备及连带的安装及指导安装工作均服务于业主的整体工程,受行业的惯例影响,验收工作一般在第四季度开展。因此,赛恩斯重金属污染防治综合解决方案业务的收入和利润实现主要集中在第四季度,业绩呈现季节性不均衡的特点。剔除重金属污染防治综合解决方案业务,赛恩斯药剂销售和运营服务的收入季节波动性表现并不十分明显。

4.4 营业成本分析

4.4.1 营业成本的构成

报告期内,赛恩斯的营业成本构成情况如下:

表6-26 营业成本构成情况表

项目	2021年度		2020年度		2019年度	
	金额(万元)	比例	金额(万元)	比例	金额(万元)	比例
主营业务成本	26,467.39	99.95%	23,711.94	99.97%	34,161.71	99.98%
其他业务成本	12.84	0.05%	6.87	0.03%	7.22	0.02%
合计	26,480.23	100.00%	23,718.80	100.00%	34,168.94	100.00%

报告期内，赛恩斯主营业务成本占比均在99%以上，与赛恩斯主营业务收入基本匹配。

4.4.2　主营业务成本按业务类别分析

报告期内，赛恩斯主营业务成本按业务类别情况如下：

表6-27　主营业务成本按业务类别情况表

项目	2021年度		2020年度		2019年度	
	金额（万元）	比例	金额（万元）	比例	金额（万元）	比例
重金属污染防治综合解决方案	11,142.28	42.10%	12,410.65	52.34%	27,114.46	79.37%
药剂销售	5,459.22	20.63%	5,072.66	21.39%	4,239.56	12.41%
运营服务	8,325.05	31.45%	4,399.04	18.55%	2,791.35	8.17%
其他	1,540.85	5.82%	1,829.59	7.72%	16.34	0.05%
合计	26,467.39	100.00%	23,711.94	100.00%	34,161.71	100.00%

报告期内，赛恩斯各类业务的主营业务成本与赛恩斯主营业务收入、经营规模相匹配，呈现先下降后增长的波动趋势。报告期内，重金属污染防治综合解决方案业务的成本是赛恩斯主营业务成本的主要组成部分，占比分别为79.37%、52.34%及42.10%，运营业务逐年快速增长。

4.4.3　主营业务成本结构情况

报告期内，赛恩斯主营业务成本结构相对稳定，具体构成情况如下：

表6-28　主营业务成本结构表

项目	2021年度		2020年度		2019年度	
	金额（万元）	比例	金额（万元）	比例	金额（万元）	比例
直接材料	14,250.69	53.84%	13,030.05	54.95%	21,040.25	61.59%
直接人工	3,754.76	14.19%	2,038.13	8.60%	2,039.36	5.97%
制造费用及其他	3,841.74	14.51%	3,156.77	13.31%	1,669.27	4.89%
分包成本	3,691.45	13.95%	4,635.08	19.55%	9,412.84	27.55%
运费	928.76	3.51%	851.92	3.59%	—	—
合计	26,467.39	100.00%	23,711.94	100.00%	34,161.71	100.00%

报告期内，赛恩斯的主营业务成本包括直接材料、直接人工、制造费用及其他、分包成本和运费。其中，直接材料包括赛恩斯生产过程中直接耗用的原材

料、低值易耗品等,及项目上直接耗用的物料和设备。直接人工主要为生产员工工资薪金等;制造费用及其他主要为生产环节相关的折旧摊销、差旅费、维修费、技术服务费、动力费等;分包成本包括重金属污染防治综合解决方案业务实施中发生的专业分包和劳务分包等。

4.5 主营业务毛利及毛利率分析

4.5.1 毛利率构成分析

报告期内,赛恩斯营业毛利的具体情况如下:

表6-29 营业毛利情况表

项目	2021年度		2020年度		2019年度	
	金额(万元)	比例	金额(万元)	比例	金额(万元)	比例
重金属污染防治综合解决方案	4,492.41	37.55%	4,668.28	39.19%	6,191.84	49.50%
药剂销售	3,966.93	33.16%	4,234.19	35.55%	4,930.15	39.41%
运营服务	3,258.31	27.23%	2,798.83	23.50%	1,376.17	11.00%
其他	246.65	2.06%	209.86	1.76%	10.97	0.09%
合计	11,964.30	100.00%	11,911.15	100.00%	12,509.12	100.00%

报告期内,赛恩斯主营业务毛利金额呈总体平稳小幅波动的情形。

4.5.2 毛利率变动分析

2019年至2021年赛恩斯的综合毛利率分别为26.84%、33.44%和31.15%,其中2020年度较2019年度上升6.61个百分点,2021年度较2020年度下降2.29个百分点。

报告期内,赛恩斯主营业务分业务类别毛利率情况如下表所示:

表6-30 各类产品毛利率构成情况表

项目	2021年度	2020年度	2019年度
重金属污染防治综合解决方案	28.73%	27.33%	18.59%
药剂销售	42.08%	45.50%	53.77%
运营服务	28.13%	38.88%	33.02%

续表

项目	2021年度	2020年度	2019年度
其他	13.80%	10.29%	40.17%
主营业务毛利率	31.13%	33.44%	26.80%

报告期各期，赛恩斯重金属污染防治综合解决方案业务毛利率分别为18.59%、27.33%及28.73%，波动较为明显，主要是赛恩斯重金属污染防治综合解决方案项目多为定制化、非标准化的服务，受项目所处地域、技术的成熟度、重金属污染物的具体参数、施工难易程度、紧急程度、业主方议价能力等诸多因素影响，项目耗用材料、人工存在差异，进而导致不同项目的毛利率存在差异。

报告期各期，赛恩斯药剂销售业务毛利率分别为53.77%、45.50%及42.08%，呈现逐年下降趋势。2020年以来，赛恩斯执行新收入准则，将药剂销售相关的运费计入主营业务成本，进而拉低了药剂销售业务的毛利率。

剔除运费成本后，2019年、2020年及2021年，赛恩斯药剂销售业务毛利率分别为53.77%、54.65%及51.94%，整体相对稳定。

报告期各期，赛恩斯运营服务业务毛利率分别为33.02%、38.88%及28.13%，呈现一定的波动。报告期内各期，赛恩斯的运营服务业务毛利率受污水处理类型、运营模式、处理规模、技术难度、成本构成、双方议价能力等诸多因素影响，具体运营服务项目的毛利率存在一定差异。

4.5.3　毛利率的同行业比较

2019—2021年，赛恩斯与同行业可比公司产品毛利率对比情况如下：

表6-31　同行业毛利率对比情况表

股票代码	公司简称	2021年度	2020年度	2019年度
688101.SH	三达膜	32.21%	37.14%	41.30%
688057.SH	金达莱	65.32%	65.60%	68.43%
300187.SZ	永清环保	26.89%	27.98%	25.87%
688466.SH	金科环境	32.40%	30.90%	34.02%
688701.SH	卓锦股份	40.99%	38.09%	44.99%
301259.SZ	艾布鲁	28.39%	27.41%	27.26%
平均值		37.70%	37.85%	40.31%
剔除金达莱后的平均值		32.17%	32.31%	34.69%

续表

股票代码	公司简称	2021年度	2020年度	2019年度
赛恩斯		31.15%	33.44%	26.84%

同行业可比上市公司中,金达莱综合毛利率最高,主要是金达莱收入占比较高的水污染治理装备业务产品集成度及标准化程度高,在成本控制方面具有明显优势。2019年赛恩斯的综合毛利率略低于剔除金达莱后的平均值,自2020年以来,赛恩斯的综合毛利率与剔除金达莱后的平均值较为接近,2019年略微存在差异是赛恩斯与可比企业不同业务板块收入占比、毛利率等有所差异导致。

4.6 期间费用项目分析

报告期内,赛恩斯期间费用的构成情况如下:

表6-32 赛恩斯期间费用构成情况表

项目	2021年度		2020年度		2019年度	
	金额(万元)	占营业收入比例	金额(万元)	占营业收入比例	金额(万元)	占营业收入比例
销售费用	1,936.30	5.03%	2,066.13	5.80%	2,450.48	5.25%
管理费用	2,926.43	7.61%	2,408.82	6.76%	2,461.46	5.27%
研发费用	2,521.52	6.56%	2,326.60	6.53%	2,349.44	5.03%
财务费用	89.40	0.23%	272.33	0.76%	322.71	0.69%
合计	7,473.65	19.43%	7,073.88	19.85%	7,584.09	16.24%

报告期各期,赛恩斯2019年至2021年期间费用分别为7,584.09万元、7,073.88万元和7,473.65万元,占营业收入的比例分别为16.24%、19.85%及19.43%。

4.6.1 销售费用

报告期内,赛恩斯销售费用的构成情况如下:

表6-33　赛恩斯销售费用构成情况表

项目	2021年度		2020年度		2019年度	
	金额（万元）	比例	金额（万元）	比例	金额（万元）	比例
职工薪酬	1,051.45	54.30%	1,090.81	52.79%	824.84	33.66%
差旅费	307.85	15.90%	262.74	12.72%	237.46	9.69%
业务招待费	228.82	11.82%	213.84	10.35%	162.17	6.62%
设备及物料消耗	93.23	4.81%	171.88	8.32%	119.35	4.87%
劳务费	65.89	3.40%	95.18	4.61%	61.09	2.49%
运输费	17.93	0.93%	21.06	1.02%	867.15	35.39%
办公费	29.47	1.52%	46.62	2.26%	17.80	0.73%
检测费	4.74	0.24%	11.71	0.57%	—	—
修理费	4.99	0.26%	54.48	2.64%	34.18	1.39%
招标代理费	33.67	1.74%	49.92	2.42%	72.27	2.95%
其他	98.25	5.07%	47.89	2.32%	54.15	2.21%
合计	1,936.30	100.00%	2,066.13	100.00%	2,450.48	100.00%

2019年至2021年各年度，赛恩斯销售费用主要由职工薪酬、差旅费、业务招待费、设备及物料消耗、运输费等构成，上述五项费用合计占销售费用的比例分别为90.23%、85.20%及87.76%。其中，运输费主要是药剂销售业务相关的运输费用。赛恩斯自2020年1月1日起执行新收入准则，根据准则相关要求，将销售费用中运输费等由销售费用调整至营业成本科目核算，剔除按照2020年新收入准则要求应计入成本科目的运输费的影响，2019年至2021年各年度，赛恩斯的销售费用分别为1,601.76万元、2,066.13万元和1,936.30万元，销售费用率分别为3.43%、5.80%和5.03%。2020年销售费用率和销售费用金额较高，主要原因一是销售人员人数增加导致职工薪酬有所增加；二是赛恩斯加大市场开拓力度，积极参加全国各类专业展会推广产品和服务，差旅费和业务招待费等费用随之增长；三是赛恩斯重金属污染防治综合解决方案类项目在验收通过并处于质保期内产生的设备维修、人工费用、配件更换费用较高。2021年销售费用率和销售费用金额均有所下降，主要原因是处于质保期内项目的维修费用支出减少。

4.6.2 管理费用

报告期内,赛恩斯管理费用明细如下:

表6-34 赛恩斯管理费用情况表

项目	2021年度		2020年度		2019年度	
	金额（万元）	比例	金额（万元）	比例	金额（万元）	比例
职工薪酬	1,536.41	52.50%	1,311.02	54.43%	1,234.50	50.15%
折旧摊销	357.73	12.22%	363.66	15.10%	367.69	14.94%
股份支付	198.96	6.80%	—	—	182.60	7.42%
差旅费	92.63	3.17%	99.25	4.12%	137.77	5.60%
中介机构服务费	332.30	11.36%	309.23	12.84%	156.37	6.35%
业务招待费	122.83	4.20%	88.47	3.67%	77.35	3.14%
办公费	115.48	3.95%	89.81	3.73%	83.18	3.38%
修理费	19.59	0.67%	28.60	1.19%	34.37	1.40%
水电费	41.86	1.43%	32.47	1.35%	28.54	1.16%
其他	108.65	3.71%	86.30	3.58%	159.09	6.46%
合计	2,926.43	100.00%	2,408.82	100.00%	2,461.46	100.00%

2019年至2021年各年度,赛恩斯管理费用分别为2,461.46万元、2,408.82万元及2,926.43万元,主要由职工薪酬、折旧及摊销、中介机构服务费、差旅费、股份支付等构成。2019年和2021年,分别存在股份支付182.60万元和198.96万元。剔除股份支付的影响因素,在报告期内,管理费用金额逐年增加,主要原因一是赛恩斯经营规模不断扩大,管理人员的职工薪酬增加所致;二是赛恩斯积极筹备上市,中介服务费有所增加。

4.6.3 研发费用

(1)赛恩斯研发费用构成情况

表6-35 赛恩斯研发费用构成情况表

项目	2021年度		2020年度		2019年度	
	金额（万元）	比例	金额（万元）	比例	金额（万元）	比例
职工薪酬	1,343.60	53.29%	1,280.02	55.02%	1,272.30	54.15%

续表

项目	2021年度		2020年度		2019年度	
	金额（万元）	比例	金额（万元）	比例	金额（万元）	比例
技术服务费	164.67	6.53%	268.35	11.53%	156.45	6.66%
差旅费	345.48	13.70%	287.69	12.37%	292.84	12.46%
设备及物料消耗	376.32	14.92%	212.96	9.15%	362.41	15.43%
折旧与摊销	239.42	9.50%	232.86	10.01%	209.64	8.92%
办公费	9.01	0.36%	12.16	0.52%	11.74	0.50%
劳务费	—	—	17.47	0.75%	16.31	0.69%
会议费	2.43	0.10%	2.65	0.11%	0.42	0.02%
其他	40.60	1.61%	12.44	0.53%	27.32	1.16%
合计	2,521.52	100.00%	2,326.60	100.00%	2,349.44	100.00%

2019年至2021年各年度，赛恩斯研发费用分别为2,349.44万元、2,326.60万元及2,521.52万元，占营业收入的比例分别为5.03%、6.53%和6.56%，主要由职工薪酬、差旅费、设备及物料消耗、折旧摊销费及技术服务费组成，前述五项费用合计占研发费用的比例分别为97.63%、98.08%及97.94%。

①职工薪酬

研发人员职工薪酬分别为1,272.30万元、1,280.02万元和1,343.60万元，金额占比较高，赛恩斯重视对研发工作的投入和对研发人员的激励，报告期内，研发人员数量和平均薪酬呈逐年稳步上涨趋势。

②设备及物料消耗

研发费用设备及物料消耗金额分别为362.41万元、212.96万元和376.32万元。2019年，赛恩斯研发费用设备及物料消耗较高，主要是“蒸发吹脱工艺优化及工程推广应用”这一研发项目消耗材料费用173.94万元，该工艺研究于2018年立项，历时两年，通过前期的理论研究、实验室小试及现场中试，于2019年开始工程化试验，并取得较大突破，对污酸项目工程化推广具有重要意义。2021年，赛恩斯研发费用设备及物料消耗较高主要原因是存在部分研发项目在以前年度已经取得工艺路线及参数、完成小试验证等阶段性成果的基础上，进行中试及扩大化研究与完善，因此在中试、工业放大实验等研究过程中消耗的设备耗材金额较高。

③差旅费

差旅费分别为292.84万元、287.69万元和345.48万元。赛恩斯研发人员差旅支出较高,一方面因研发人员数量多,差旅需求整体较高;另一方面,赛恩斯的研发活动与实践高度结合,在前期调研、实验室研究、现场中试研究、工程化研究和产业化研究等多个阶段都需出差至企业现场进行相关研究。

(2)研发投入的确认依据及核算方法

报告期内,研发投入的确认依据、核算方法如下:

报告期内,赛恩斯研发投入均为费用化研发费用,无资本化开发支出。赛恩斯财务系统中设置"研发费用"科目,并下设工资薪金、材料、差旅费、设计费、折旧、无形资产摊销等二级科目用以归集研发项目中发生的各项研发费用。

赛恩斯的研发支出包括直接用于研究开发活动和可以计入的间接用于研究开发活动所发生的各项费用支出。主要科目核算方法如下:职工薪酬按照研发技术人员所归属的研发项目进行归集核算;物料消耗按照领用材料所归属的研发项目进行归集核算;差旅费按照各研发项目的人工和耗料权重占比进行分摊;设计及咨询费按照费用所归属的研发项目进行归集核算;折旧与摊销按照各研发项目的人工和耗料权重占比进行分摊。

4.6.4 赛恩斯研发项目情况

报告期内,赛恩斯主要研发项目的明细情况如下:

表6-36 赛恩斯研发项目情况表 (单位:万元)

研发主体	项目	整体预算	2021年度	2020年度	2019年度	实施进度
赛恩斯	高浓度重金属电镀废水资源化回收工程化应用研究	100.00	—	—	92.12	已结项
赛恩斯	冶炼烟气洗涤废酸中铼的回收工艺研究	110.00	—	—	104.01	已结项
赛恩斯	蒸发吹脱工艺优化及工程推广应用	280.00	—	—	300.13	已结项
赛恩斯	采选矿废水协同氧化技术基于ORP的反应终点控制研究	210.00	—	—	212.40	已结项
赛恩斯	复杂多组分砷滤饼铜砷分离的优化及工程化	150.00	—	—	140.25	已结项

续表

研发主体	项目	整体预算	2021年度	2020年度	2019年度	实施进度
赛恩斯	高、低浓度氨氮及含磷废水处理工程应用研究	95.00	—	—	106.55	已结项
赛恩斯	高盐、高COD废水处理1-电氧化/电吸附技术工程化应用研究	120.00	—	—	134.86	已结项
赛恩斯	高盐、高COD废水处理2-以树脂吸附为主的集成工艺工程化应用研究	90.00	—	—	94.79	已结项
赛恩斯	铬污染场地土壤修复技术研究	180.00	—	—	175.43	已结项
赛恩斯	甲醇裂解制氢与硫磺反应制备硫化氢中试设备应用	100.00	—	—	109.96	已结项
赛恩斯	双极膜法硫酸钠废水资源化回收	100.00	—	—	107.90	已结项
赛恩斯	重金属污染土壤修复药剂筛选与复配研究	200.00	—	—	193.96	已结项
赛恩斯	气液强化硫化后液中硫化氢的控制及高效处理方法研究	270.00	—	139.52	136.52	已结项
赛恩斯	砷渣矿化解毒工艺优化及工业化应用研究	260.00	—	129.48	133.48	已结项
赛恩斯	铜矿含硫化钠选矿废水预处理以降低协同氧化进水COD的研究	120.00	—	126.56	—	已结项
赛恩斯	电氧化技术工程化应用研究	120.00	—	123.94	—	已结项
赛恩斯	高氨氮废水气态膜处理技术工程化应用研究	100.00	—	96.92	—	已结项
赛恩斯	含氟废水混凝沉淀法深度处理—脱氟剂开发研究	160.00	—	156.40	—	已结项
赛恩斯	硫磺制硫化氢气体优化及工程化应用研究	120.00	—	123.90	—	已结项
赛恩斯	硫酸钠清洁生产制备硫化钠工程化应用研究	120.00	—	107.37	—	已结项
赛恩斯	冶炼烟气洗涤废酸中铼回收项目工程化应用	145.00	—	137.50	—	已结项
赛恩斯	一体化高效澄清设备在生物制剂技术中的应用研究	60.00	—	63.18	—	已结项

续表

研发主体	项目	整体预算	2021年度	2020年度	2019年度	实施进度
赛恩斯	有色冶炼含盐含酸废水中膜系统的优化与工程化应用研究	120.00	—	135.35	—	已结项
赛恩斯	战略新兴环保技术及装备的研究(2020年)	300.00	—	277.08	—	已结项
赛恩斯	重金属污染土壤修复药剂及技术应用研究	180.00	—	178.22	—	已结项
赛恩斯	高盐废水深度净化及资源化技术与装备	230.00	80.07	117.24	—	已结项
赛恩斯	地下水多污染物协同修复技术与装备的研究	441.00	216.98	—	—	进行中
赛恩斯	氟氯混酸高效分离及资源回收技术及装备研究	120.00	114.86	—	—	已结项
赛恩斯	铬污染土壤异位纳米材料强化生物淋洗处理技术及装备示范验证	165.00	61.37	—	—	进行中
赛恩斯	含氰复杂重金属废水的深度处理技术研究	180.00	101.66	—	—	已结项
赛恩斯	含重金属废酸净化回用关键技术及装备的研究	220.00	231.47	—	—	已结项
赛恩斯	基于5G技术的智能模块化高效重金属处理成套装备的开发	120.00	138.43	—	—	已结项
赛恩斯	铜钼选矿废水有价资源回收技术研究	170.00	165.41	—	—	已结项
赛恩斯	污酸及砷烟灰中有价金属的资源回收技术开发	180.00	140.48	—	—	已结项
赛恩斯	有色行业复杂重金属废水“近零排放”处理关键技术研究	200.00	205.35	—	—	已结项
赛恩斯	有色行业高盐难降解有机废水深度净化及资源化利用关键技术研究	247.00	89.59	—	—	进行中
赛恩斯	战略新兴环保技术及装备的研究(2021年)	340.00	352.99	—	—	已结项
赛恩斯	重金属废水处理用新型环保药剂制备	130.00	111.05	—	—	已结项

续表

研发主体	项目	整体预算	2021年度	2020年度	2019年度	实施进度
赛恩斯	重金属危险固废安全处置关键技术及应用	315.00	62.87	144.64	—	进行中
赛恩斯	重金属污染农田修复及超富集植物研究	319.00	154.85	—	—	进行中
赛恩斯	铜钼选矿废水资源回收与智能控制新技术应用研究	204.00	—	—	—	进行中
赛恩斯	表面处理废水处理工艺研究及工程化应用	185.00	—	—	—	进行中
赛恩斯	臭葱石合成工艺优化及资源化利用	149.00	—	—	—	进行中
赛恩斯	高氟氯废酸湿法工艺深度处理及资源化新技术	135.00	—	—	—	进行中
赛恩斯	高纯度硫化氢合成及连续硫化工艺研究及工程化应用	202.00	—	—	—	进行中
赛恩斯	卤水净化提锂实用工艺研究	249.00	—	—	—	进行中
赛恩斯	基于数字孪生智慧环保可视化决策系统的探索	152.00	—	—	—	进行中
赛恩斯	矿产资源开发利用遗留重金属污染地块原位基质生物修复技术与示范项目	55.00	—	—	—	进行中
赛恩斯	高性能电驱动离子膜制备技术及应用示范	90.00	—	—	—	进行中
赛恩斯	重金属污水新型高效处理设备研究及探索	135.00	—	—	—	进行中
赛恩斯	新型选矿药剂的合成及应用研究	122.00	—	—	—	进行中
赛恩斯	铜萃取剂在有色冶炼污酸废水资源化回收中的应用研究	112.00	—	—	—	进行中
赛恩斯	战略新兴环保技术及装备的研究（2022年）	323.00	—	—	—	进行中
赛恩斯工程	钨冶炼行业废水深度处理新技术研究	63.00	—	—	64.56	已结项
赛恩斯工程	锂电池行业废水深度处理与回用技术研究	60.00	—	—	53.86	已结项
赛恩斯工程	生物制剂处理电镀废水的成套装备研究	55.00	—	—	54.03	已结项

续表

研发主体	项目	整体预算	2021年度	2020年度	2019年度	实施进度
赛恩斯工程	双极膜处理硫酸钠盐溶液的设备研究	72.00	—	—	69.11	已结项
赛恩斯工程	基于物联网的智能环保远程监测管理系统开发	112.00	—	39.22	65.53	已结项
赛恩斯工程	低压抽出式开关柜研发	33.00	—	30.41	—	已结项
赛恩斯工程	低压无功功率补偿装置研发	32.00	—	29.21	—	已结项
赛恩斯工程	分体搅拌桨叶及其焊接工装的设计与研发	33.00	—	30.48	—	已结项
赛恩斯工程	PAM三腔式制备投加系统的研发	42.00	—	40.13	—	已结项
赛恩斯工程	周边传动刮泥机的研发与设计	32.00	—	32.51	—	已结项
赛恩斯工程	基于云平台一体化智能系统的开发	38.00	—	35.99	—	已结项
赛恩斯工程	应急照明系统与控制系统的集成开发	33.00	—	31.36	—	已结项
赛恩斯工程	一体化高效沉淀池	47.00	37.78	—	—	已结项
赛恩斯工程	基于物联网PH自动调节装置	53.00	40.76	—	—	已结项
赛恩斯工程	基于物联网生物制剂自动加药装置	60.00	58.92	—	—	已结项
赛恩斯工程	MBBR生活污水一体化成套装备	52.00	47.05	—	—	已结项
赛恩斯工程	自动焊机优化应用研究	43.00	40.04	—	—	已结项
赛恩斯工程	行车式刮泥机优化	44.00	33.30	—	—	已结项
赛恩斯工程	液体混合搅拌装置应用研究	50.00	36.25	—	—	已结项
赛恩斯工程	高效一体化重金属废水处理设备的优化设计	51.10	—	—	—	进行中
赛恩斯工程	一体化重金属废水处理设备智能控制系统	60.40	—	—	—	进行中
赛恩斯工程	立体货柜装置的开发	65.70	—	—	—	进行中
赛恩斯工程	脱钙剂产品的研发	64.70	—	—	—	进行中
赛恩斯工程	云平台一体化智能生活污水处理设备的研究	51.50	—	—	—	进行中
赛恩斯工程	搅拌机实验平台的开发	59.60	—	—	—	进行中
合计			2,521.52	2,326.60	2,349.44	—

4.6.5 财务费用

表6-37　赛恩斯财务费用情况表　（单位：万元）

项目	2021年度	2020年度	2019年度
利息支出	201.66	394.58	403.53
汇兑差异	27.01	—	—
减：利息收入	236.09	206.04	138.72
手续费及其他	96.83	83.79	57.89
合计	89.41	272.33	322.70

2019年至2021年各年度，赛恩斯财务费用分别为322.70万元、272.33万元及89.41万元，主要为利息支出。2021年，因赛恩斯成立海外子公司Science Environmental Protection d.o.o.Bor，确认汇兑差异27.01万元。

4.7 赛恩斯资产质量分析

4.7.1 资产构成及变动情况

报告期内，赛恩斯资产构成情况如下：

表6-38　赛恩斯资产构成情况表

项目	2021年12月31日		2020年12月31日		2019年12月31日	
	金额（万元）	比例	金额（万元）	比例	金额（万元）	比例
流动资产	49,410.96	59.17%	41,273.83	54.27%	37,293.84	50.14%
非流动资产	34,098.40	40.83%	34,776.73	45.73%	37,086.75	49.86%
资产总计	83,509.36	100.00%	76,050.55	100.00%	74,380.59	100.00%

（1）资产规模

截至2019年12月31日、2020年12月31日和2021年12月31日，赛恩斯总资产分别为74,380.59万元、76,050.55万元及83,509.36万元。报告期内，随着赛恩斯投资和经营规模的扩大，总资产整体呈上升趋势。

（2）资产结构

截至2019年12月31日、2020年12月31日和2021年12月31日，赛恩斯非流动资产占总资产的比例分别为49.86%、45.73%及40.83%,处于较高水平,主要是部分特许经营权项目形成无形资产金额较大所致。

4.7.2 流动资产分析

报告期各期末,赛恩斯流动资产的结构如下:

表6-39 赛恩斯流动资产情况表

项目	2021年12月31日		2020年12月31日		2019年12月31日	
	金额(万元)	比例	金额(万元)	比例	金额(万元)	比例
货币资金	18,674.97	37.80%	13,205.40	31.99%	9,067.06	24.31%
应收票据	863.92	1.75%	487.83	1.18%	1,064.19	2.85%
应收账款	20,612.89	41.72%	18,264.01	44.25%	16,471.20	44.17%
应收款项融资	36.39	0.07%	—	—	—	—
预付账款	2,087.95	4.23%	410.64	0.99%	229.17	0.61%
其他应收款	710.41	1.44%	1,906.53	4.62%	752.77	2.02%
存货	4,203.68	8.51%	3,162.50	7.66%	7,324.86	19.64%
合同资产	796.06	1.61%	2,283.60	5.53%	—	—
一年内到期的非流动资产	618.18	1.25%	589.81	1.43%	586.71	1.57%
其他流动资产	806.51	1.63%	963.52	2.33%	1,797.88	4.82%
流动资产合计	49,410.96	100.00%	41,273.84	100.00%	37,293.84	100.00%

2019年至2021年,赛恩斯的流动资产主要由货币资金、应收账款、存货等项目构成,三项资产合计占流动资产的比例分别为88.12%、83.91%及88.02%。

4.7.3 非流动资产分析

报告期各期末,赛恩斯非流动资产构成情况如下:

表6-40 赛恩斯非流动资产构成情况表

项目	2021年12月31日		2020年12月31日		2019年12月31日	
	金额(万元)	比例	金额(万元)	比例	金额(万元)	比例
长期应收款	811.90	2.38%	1,430.09	4.11%	2,019.89	5.45%
长期股权投资	4,760.29	13.96%	4,340.79	12.48%	4,026.98	10.86%
其他权益工具投资	237.65	0.70%	—	—	—	—

续表

项目	2021年12月31日		2020年12月31日		2019年12月31日	
	金额(万元)	比例	金额(万元)	比例	金额(万元)	比例
固定资产	8,967.86	26.30%	9,476.37	27.25%	9,812.26	26.46%
在建工程	8.89	0.03%	—	—	1,050.98	2.83%
无形资产	18,553.05	54.41%	18,934.83	54.45%	19,677.61	53.06%
递延所得税资产	541.01	1.59%	594.64	1.71%	499.02	1.35%
其他非流动资产	217.75	0.64%	—	—	—	—
合计	34,098.40	100.00%	34,776.73	100.00%	37,086.75	100.00%

报告期各期末，赛恩斯非流动资产主要由长期应收款、长期股权投资、固定资产、无形资产、在建工程和递延所得税资产组成，其中无形资产、固定资产是非流动资产的主要组成部分。

4.8　资产周转能力分析

报告期内，赛恩斯的资产周转能力指标如下：

表6-41　赛恩斯资产周转能力指标表　(单位：次)

项目	2021年度	2020年度	2019年度
应收账款周转率	1.65	1.71	2.73
存货周转率	5.83	3.93	3.54

4.8.1　应收账款周转能力分析

2019年度、2020年度及2021年度，赛恩斯应收账款周转率分别为2.73、1.71及1.65。报告期内，赛恩斯应收账款周转率逐年有所下降，一方面是赛恩斯重金属污染防治综合解决方案业务收入有所下降，另一方面是应收账款(包括合同资产和其他非流动资产中应收质保金)余额上升，导致重金属污染防治综合解决方案业务的应收账款周转率下降，从而使得赛恩斯整体的应收账款周转率下降。

4.8.2　存货周转率

2019年度、2020年度及2021年度，赛恩斯存货周转率分别为3.54、3.93及

5.83,总体呈现逐年上升的趋势,主要是赛恩斯业务结构变化所致,重金属污染综合解决方案的业务结构占比下降,使得整体存货周转率上升。

5 知识产权与核心技术分析

5.1 赛恩斯知识产权情况

截至招股说明书签署日,赛恩斯及子公司共获得专利65项,其中发明专利41项(赛恩斯自主拥有16项、与中南大学共同拥有25项)、实用新型专利24项,软件著作权10项。另外,赛恩斯拥有独占许可使用专利9项、非专利专有技术9项。

赛恩斯与中南大学共有的专利,是赛恩斯与中南大学产学研合作的共同研发成果,双方已经就相关产学研合作事项签订了《产学研合作框架协议书》。并且,赛恩斯和中南大学就双方共有专利签订了《共有专利合同》,主要约定"双方作为本合同项下共有专利的共有人,未经本合同一方书面同意,另一方无权将前述共有专利进行传授、转让、出资、设置质押或担保、以任何方式许可第三方实施或与第三方合作用于生产经营,形式包括但不限于普通实施许可、独占实施许可及排他实施许可","作为本合同项下共有专利的共有人,甲乙双方均可以单独实施共有专利,取得的经济利益属于实施方所有,另一方不得参与、干涉实施方的收益分配","甲乙任意一方均有权利用共有专利涉及的研发成果进行后续改进,由此产生的具有实质性或创造性技术进步特征的新的技术成果及权利归属,由完成方所有"。

赛恩斯与中南大学已经于2011年4月、2012年8月和2015年1月,分别签订专利实施许可协议,主要约定赛恩斯对中南大学的9项发明专利具有独占使用权,许可费用共计600万元。由于许可期限已经到期或即将期满,2021年1月,赛恩斯已经与中南大学续签了《专利实施许可合同》,许可费用(含税金额)共计400万元。

该9项独占许可使用的专利主要为中南大学研发的第1代生物制剂技术,赛恩斯在大规模产业化、工程化的研发攻关后,自主研发出第2代及特殊用途的生物制剂系列产品。上述第1代生物制剂技术目前在赛恩斯主营业务中应用较少,出于保证赛恩斯生物制剂系列技术完整性的考虑,防止因中南大学授权第三方可能形成赛恩斯竞争对手的情形，同时继续保持赛恩斯在生物制剂技术领域的领先地位和核心竞争能力，赛恩斯与中南大学继续签订了《专利实施许可合同》。

5.2　核心技术体系分析

5.2.1　赛恩斯的核心技术及其来源

作为国内领先的重金属污染防治综合解决方案提供商，赛恩斯始终专注于重金属污染防治，致力于成为重金属污染防治领域的领航者。针对有色金属冶炼行业产生的污酸、废水、含砷危废和重金属污染场地环境等，赛恩斯研发了污酸资源化治理系列技术、重金属废水深度处理与回用系列技术、含砷危废矿化解毒系列技术、重金属污染环境修复系列技术等核心技术，实现了规模化、产业化应用，为生态环境保护与资源循环利用提供强有力的技术支撑。赛恩斯相关的核心技术、先进性、主要专利等具体情况如下：

表6-42　核心技术先进性表征情况表

核心技术系列	核心技术	技术来源	应用情况	技术保护措施
污酸资源化治理系列技术	梯级硫化反应自动控制技术	自主研发	已应用于重金属污染处理	已形成非专利专有技术
	污酸热浓缩过程结晶阻控技术	自主研发	已应用于重金属污染处理	已形成非专利专有技术
	氟氯混酸高纯度氟化钙氯化钙制备技术	自主研发	已应用于重金属污染处理	已成功申请2项专利
	高效选择性回收镉技术	自主研发	已应用于重金属污染处理	已成功申请1项专利
	高效选择性回收金技术	自主研发	已应用于重金属污染处理	已成功申请1项专利
	选择性吸附回收稀散金属技术	合作研发	已应用于重金属污染处理	已成功申请6项专利
	气液强化硫化技术	合作研发	已应用于重金属污染处理	已成功申请5项专利
	电渗析分离技术	合作研发	已应用于重金属污染处理	已成功申请3项专利
	酸浓缩和氟氯吹脱技术	合作研发	已应用于重金属污染处理	已成功申请3项专利

续表

核心技术系列	核心技术	技术来源	应用情况	技术保护措施
重金属废水深度处理与回用系列技术	复杂重金属废水深度处理与回用技术	自主研发	已应用于重金属污染处理	已成功申请8项专利
	铜钼采选矿废水多相催化氧化深度处理技术	自主研发	已应用于重金属污染处理	已成功申请1项专利
	含砷锑废水处理技术	合作研发	已应用于重金属污染处理	已成功申请2项专利
	生物制剂协同氧化技术	合作研发	已应用于重金属污染处理	已成功申请1项专利
	生物制剂脱铊技术	合作研发	已应用于重金属污染处理	已成功申请2项专利
含砷危废矿化解毒系列技术	硫化砷渣处置技术	自主研发	已应用于重金属污染处理	已成功申请1项专利
	砷碱渣处置技术	自主研发	已应用于重金属污染处理	已形成非专利专有技术
	高效矿化反应成套设备	自主研发	已应用于重金属污染处理	已形成非专利专有技术
	中和砷渣处置技术	合作研发	已应用于重金属污染处理	已成功申请1项专利
重金属污染环境修复系列技术	多组分重金属污染场地修复技术	自主研发	已应用于重金属污染处理	已形成非专利专有技术
	有机物-重金属复合污染土壤定向修复技术	自主研发	已应用于重金属污染处理	已形成非专利专有技术
	重金属污染场地固化-生态联合修复技术	合作研发	已应用于重金属污染处理	已成功申请2项专利

(1)污酸资源化治理系列技术的先进性及具体表征

①技术概况

我国是有色金属冶炼大国,根据中国有色金属学会出具的《技术与应用前景评价证明》,污酸(也称废酸)主要产生于有色冶炼二氧化硫烟气制备硫酸工艺过程中的烟气净化洗涤工序,具有酸浓度高、波动大、组分复杂、氟氯浓度高、腐蚀性强、毒性大等特点,其污染负荷占冶炼厂重金属污染负荷的70%~80%,属于有色行业污染治理的顽症痼疾,是国际上行业公认的技术难题。据统计,

2021年我国有色行业矿产有色金属铜、铅、锌总量约2,350万吨，年产多金属冶炼污酸约1,200万立方米。目前，在重金属污染治理细分领域中，对污酸主要采用传统硫化-中和法处理，该方法以“达标排放”为目标，不但造成有价金属和酸等资源的浪费，而且产生了大量的危险固废，存在较大的环境二次污染风险，严重制约了有色冶炼行业的绿色可持续发展。

赛恩斯联合中南大学立足国家污染治理与资源利用的重大需求，突破传统思路与工艺的束缚，以资源最大化、污染最小化为目标，开发了“选择性吸附—气液硫化—电场强化净化—酸浓缩与氟氯分盐”污酸治理新工艺和废酸资源化治理模块化大型成套设备，适用于高浓度强腐蚀性复杂多金属废酸资源化处理，实现了有价金属、酸和水等资源的回收利用，整体经济效益和社会效益显著。

②技术先进性

与传统石灰铁盐法、硫化-石灰法相比，赛恩斯污酸资源化治理系列技术的技术特点如下：

表6-43　污酸资源化治理技术特点情况表

项目	石灰铁盐法	硫化-石灰法	资源化处理新技术
能否稳定达标	难以达到新的行业标准排放要求	难以达到新的行业标准排放要求	能达到国家新颁布的行业标准如《铜、镍、钴工业污染物排放标准》、《铅锌工业污染物排放标准》等
处理效果稳定性	不稳定	不稳定	稳定
药剂消耗量	主要消耗种类：石灰、硫酸亚铁等，消耗量大	主要消耗种类：硫化钠、石灰、铁盐等，消耗量较大	主要消耗种类：硫化氢、碱等，酸直接分离回收，避免碱的大量加入，药剂消耗量较小
渣量	中和渣大于40kg/m³，无有效处理方法，处理费用高	硫化渣和中和渣大于30kg/m³，渣量大，处理费用高	无中和渣产生，硫化渣量2kg/m³~3kg/m³，避免了中和渣的处理处置和二次污染的风险
渣中重金属浓度	小于5%	小于25%	50%~60%
有价金属单独分离	无	无	有
重金属、酸资源利用	中和渣中重金属含量低，难以综合回收，酸被中和	硫化渣可回收，但存在铜砷共存，酸被中和	渣中重金属含量高，可将铜与砷分离，铜可直接作原料回收，砷单独开路，酸回收利用
二次污染	有	存在硫化氢污染	采用全密闭装置，无二次污染

续表

项目	石灰铁盐法	硫化-石灰法	资源化处理新技术
回收效益	中和渣无有价金属回收,无效益	硫化渣回收难度大,无效益	梯级硫化渣便于有价金属回收,酸浓缩回收
对后续处理的影响	药剂投加量大,处理后盐分高,影响废水回用	药剂投加量大,处理后盐分高,影响废水回用	硫化氢中的氢经反应后生成水,酸分离后回收,不用大量碱进行中和,处理后盐分低,对废水回用影响较小

与传统治理方法相比,赛恩斯污酸资源化治理系列技术能够将污酸中有价金属、硫酸、水等资源进行回收利用,可以实现污酸的"零排放",并且药剂消耗量较小,无中和渣产生,硫化渣可以运用赛恩斯的硫化砷渣处置技术进行无害化处理,避免了危废渣的处理处置和二次污染风险。根据中国金属有色工业协会出具的《行业发展前景证明》,由于历史原因,有色行业重金属污酸、废水处理存量市场整体以传统治理方法为主,占比达到90%以上,一般由有色冶金设计院整体设计后,有色冶炼企业自行建设环保设施并自主运营处理。而赛恩斯污酸资源化治理系列技术,会根据客户重金属污染物具体情况编制技术方案,并选用针对性的工艺模块、设计制造专门的污酸处理装置及进行系统集成,项目初始建设投入较传统方法初始建设投入大,后续运营也需要较为专业的人员。由于药剂消耗量较小,不需要处置危废渣,还可以对污酸中的有价金属、硫酸、水等资源进行回收利用,因此污酸项目建成后,赛恩斯污酸资源化治理系列技术不仅重金属污染治理效果突出,而且整体经济效益和社会效益显著。

③污酸资源化治理系列技术的经济性

根据中国有色金属学会出具的《技术与应用前景评价证明》,赛恩斯研发的"污酸资源化治理系列技术"适用于高浓度强腐蚀性复杂多金属废酸资源化处理,通过"选择性吸附—气液强化硫化—电渗析分离—酸浓缩与氟氯吹脱"主体工艺模块,可实现有价金属回收率99%以上,酸及水回收率90%以上,危废渣量较传统工艺减少90%以上,硫酸浓缩到70%后回用于浸出工序资源化利用,与传统方法相比综合处理成本可降低约40%~70%。该技术已经先后在紫金矿业集团股份公司、株洲冶炼集团股份公司、山东恒邦冶炼股份公司等国内大型有色冶炼企业成功应用。

2018年,株洲冶炼集团股份公司采用赛恩斯污酸资源化治理系列技术,在水口山30万吨电锌搬迁项目中同步建设了一条全新的污酸处理生产线。项目建成投产后运行稳定，指标先进，成本合理。该工艺与株冶原有工艺相比，自动化程度高，操作简单，重金属脱除率高，可回收硫酸、氟、氯，大幅度减少渣量，废水实现零排放和废渣零堆放，为铅锌冶炼厂实现无废渣冶金扫清了重大技术障碍。项目实施后，年减少危险固废11,437吨，按危险固废2,000元/吨计算，年减少危险固废处置费为2,287.4万元，同时，回收资源如硫酸、回用水、氯化钙和氟化钙等资源价值约250万元。由于新工艺实现了硫酸回收，年减少石灰用量约0.6万吨，按石灰400元/吨计算，年减少石灰费用约240万元。因此，新工艺扣除运行费用每年产生效益约1,642万元，经济效益显著。

（2）重金属废水深度处理与回用系列技术的先进性及具体表征

我国是有色金属冶炼大国，每年产生的重金属废水数量巨大。根据中国有色金属学会出具的《技术与应用前景评价证明》，有色行业重金属废水一般包括铅、锌、铜、镉、汞、砷、铊、铍等两种或多种重金属元素，其成分复杂、硬度高、深度处理难、回用难度大。目前，在重金属污染治理细分领域中，传统的重金属废水处理方法以石灰中和法、硫化法、铁盐-石灰法等为主，其中尤以铁盐-石灰法应用最为广泛。这些传统方法普遍存在不能同步脱除多种重金属、无法有效协同多污染物处理、处理效果不稳定、无法稳定达到日益严格的污染物排放控制标准、产生的渣量大、二次污染风险大等问题。同时，上述技术处理的出水如果配套膜处理脱盐回用模块，由于硬度高、重金属脱除效果不稳定等因素，会导致回用模块运行效率低、回收率低、运行成本高。因此，迫切需要开发重金属废水污染防治深度处理与回用新技术。

赛恩斯研发的“重金属废水深度处理与回用系列技术”，早期主要是以生物制剂1代产品和技术为依托的单纯重金属废水处理技术。生物制剂1代产品和技术是中南大学研发，独家授权赛恩斯产业化推广和持续研发升级。随着赛恩斯业务不断发展和技术的持续拓展升级，并实施大规模产业化、工程化的研发攻关对该技术有了深度理解后，赛恩斯通过持续的独立研发及与中南大学开展合作研发，开发出一系列拥有自主知识产权的第2代及特殊用途的系列生物制剂产品，形成了针对不同行业、不同水质、不同处理要求重金属废水处理与回用的一系列技术，处理对象从单纯重金属污染废水延伸到受重金属和COD、氟化物、总磷、总硬度等多种污染物复合污染的废水。

生物制剂是从重金属的亲生物性原理出发,以氧化亚铁硫杆菌、氧化硫杆菌等为主的复合功能菌群形成的大分子代谢产物(各类蛋白质酶)与其他化合物进行组分设计,合成制备的含有大量羟基、巯基、羧基、氨基等功能基团组的大分子重金属废水复合配位体处理药剂。

生物制剂高效脱除重金属离子主要原理是,生物制剂富含的多种有效功能基团和废水中重金属离子接触时能够快速“抱团”,生成稳定的配位体,配位体在调节废水酸碱度条件下沉降,再通过固液分离实现废水中重金属脱除的目的。一方面,基于如前所述的重金属“亲生物性”特征,重金属和功能基团之间的结合力强于一般的物理化学沉淀、混凝、吸附等作用,稳定性更好;另一方面,因为多种功能基团的存在,“多拳出击”,对多种不同重金属离子能做到同步配位结合,确保多种重金属离子一步深度脱除。

赛恩斯的重金属废水深度处理与回用技术主要包括两个模块,一是深度处理模块,是以生物制剂处理核心技术为支撑,通过一种核心技术工艺或多种技术的有机结合,对工业废水中重金属(铅、锌、镉、汞、砷、铊、锑等)、COD、硫化物、氟化物、总硬度、总磷等进行深度脱除,满足客户达标排放或低质回用的需求。二是回用模块,主要是针对需要高质量回用水的客户,通过深度预处理,废水中重金属、COD等都脱除到较低水平,总硬度也能够可控脱除到50mg/L以下,这是膜工艺能够正常稳定高效运行的重要前提,然后根据不同性质的废水通过研发进行回用单元膜系统的专业定制,对纳滤、反渗透、电渗析、双极膜电渗析等技术进行科学组合,并优化各子单元运行参数,确保技术指标的前提下兼顾经济性和运行操作便利性,提升膜系统在有色金属行业应用效果和效率,提高产水率,降低运行成本。

(3)含砷危废矿化解毒系列技术的先进性及具体表征

①技术概况

有色冶炼过程中产生的含砷危废主要包含中和砷渣、砷碱渣、硫化砷渣等。根据中国有色金属学会出具的《技术与应用前景评价证明》,有色行业年排放砷量约占全国砷排放总量的一半,且排放的砷90%以上以固废形态储存。据统计,有色行业每年产生含砷废渣50余万吨,简单堆存会造成二次污染,危害周边人民群众的身体健康,因此含砷废渣的无害化处理已经刻不容缓。目前,在重金属污染治理细分领域中,传统的含砷危废无害化处置技术以石灰/水泥固化法为主，该技术增容比大、处置成本高、稳定性差，难以达到国家标准，尤其难以满足2019年修订的《危险废物填埋污染控制标准》（GB18598-2019）新标准，迫切需要开发含砷危废安全处置新技术。

赛恩斯研发的“含砷危废矿化解毒系列技术”，可应用于不同砷含量的含砷危废（中和砷渣、砷碱渣、硫化砷渣）处理，通过专有矿化剂和废渣中的砷反应使其转变为具有类含砷矿物稳定性的形态，从而使处理后砷渣中砷的浸出毒性能稳定低于1.2mg/L，达到《危险废物填埋污染控制标准》（GB18598-2019）的限值要求。该技术先后在国内大型有色金属企业中国有色集团—大冶有色金属股份公司、湖南辰州矿业股份公司、紫金矿业集团股份公司等多家企业成功应用，已列入生态环境部《砷渣稳定化处置工程技术规范》（HJ1090-2020）。

②技术先进性

与含砷危废处理传统技术相比，赛恩斯含砷危废矿化解毒系列技术特点如下：

表6-44　含砷危废矿化解毒系列技术特点表

序号	技术名称		主要原理	主要优势	主要不足
1	含砷危废矿化解毒系列技术		砷渣中的砷及其他重金属通过化学药剂与机械力的协同作用形成稳定的化合物，利用药剂对砷及重金属进行物理包裹，结合化学吸附、沉淀反应等作用，使其具有天然矿物的化学稳定性，浸出毒性和腐蚀性达到相关标准要求，实现稳定化处理。	固化效果好，可稳定满足新标准；自动化程度高，操作简单；增容比小，运行成本低。	对配套设备材质性能要求高。
2	传统处理技术	石灰/水泥固化法	利用惰性材料（石灰/水泥）包裹住含砷废渣中砷，使其拥有良好的密封性或改变废渣中砷存在形式使其以砷酸盐等化学性质稳定的形式存在，通过固化稳定使含砷废渣的化学性质更加稳定，降低了砷等重金属的浸出率。	料廉价易得，工艺对设备要求不高、工业操作也很方便、生产成本相对较低。	存在耐久性不好的缺陷，易造成二次污染，此外增容比较高。
3		火法焙烧法	通过氧化焙烧、还原焙烧和真空焙烧等方式使砷以氧化物形式产出得到粗白砷。	适合处理砷含量在10%以上的含砷废渣，并且每次处理物料的量会十分大，效率高。	成本较高，并且由于是高温操作，易造成砷的挥发，形成二次污染。

(4)重金属污染环境修复系列技术的先进性及具体表征

①技术概况

根据中国有色金属学会出具的《技术与应用前景评价证明》，我国工业发展进程中，土壤污染形势严峻，根据国土资源部和环境保护部发布的《全国土壤污染状况调查公报》(2014年)显示，全国污染土壤总的超标率为16.1%，污染类型以无机型为主、有机型次之、复合型污染比重较小，其中无机污染物超标点位数占比高达82.8%。从污染分布看，镉、汞、砷、铅四种无机污染物含量分布呈现从西北到东南、从东北到西南方向逐渐升高的态势。重金属污染场地修复传统方法以稳定化技术、淋洗法、换土法等为主，不同程度地存在二次污染风险大、成本高，难以经济安全地恢复土壤功能等问题，重金属污染场地严重影响社会和谐健康发展。

赛恩斯研发的"重金属污染环境修复系列技术"，采用微生物或化学药剂与植物联合修复原理对污染土壤进行处理，直接分离大部分重金属后处置或降低重金属的活性及迁移性能，达到土壤修复的目的。该技术先后在国内典型重金属污染场地修复项目，如湖南长沙湘江女神公园蜂巢颜料化工厂含重金属废渣及污染土壤综合治理、原湖南铁合金厂及周边区域土壤及地下水重金属污染综合治理等项目成功应用，不同种类(铅、锌、镉、砷、铬等)和浓度重金属污染的场地经新技术修复处理后，土壤重金属浸出浓度可稳定达到《地表水环境质量标准》(GB/3838-2002)III类标准限值，大大降低场地的环境风险，从而恢复场地使用功能。该技术已获得中国有色金属工业科学技术一等奖，入选"绿色'一带一路'技术储备库"技术名单及适用范围。赛恩斯也是我国最早将微生物用于重金属污染场地修复技术开发的企业之一。

②技术先进性

重金属污染场地修复传统技术和赛恩斯环境修复系列技术特点如下表：

表6-45　环境修复系列技术特点表

<table>
<tr><th>序号</th><th colspan="2">技术名称</th><th>主要原理</th><th>主要优势</th><th>主要不足</th></tr>
<tr><td>1</td><td colspan="2">固化—生态联合修复新技术</td><td>采用微生物或化学药剂对污染土壤进行处理，直接分离大部分重金属后处置或降低重金属的活性及迁移性能，再利用生态修复技术阻隔人群与重金属污染土壤的接触，降低土壤污染对人体的健康风险</td><td>效果稳定，适用范围广，环境友好，成本合理</td><td>生态修复周期较长</td></tr>
<tr><td>2</td><td rowspan="4">传统处理技术</td><td>稳定/固化修复技术</td><td>运用物理或化学的方法将土壤中有害污染物固定起来，或将污染物转成化学性质不活泼的形态，阻止其在环境中迁移、扩散等活动，从而降低污染物质的毒害程度</td><td>是原位修复，简单易行</td><td>不是一种永久的修复措施，因只改变了重金属的存在形态，重金属元素仍保留在土壤中，容易再度活化产生二次污染</td></tr>
<tr><td>3</td><td>换土/客土法</td><td>客土法即在污染土壤中添加一层未污染的土壤与原土壤混合，降低土壤中重金属的含量。换土法是指去除表面上的受重金属污染的土壤，并用干净的土来代替</td><td>见效快、效果好</td><td>工程量较大、投资较高，并且容易降低土壤中的肥力等</td></tr>
<tr><td>4</td><td>淋洗技术</td><td>土壤淋洗浸出技术是将化学浸出剂与土壤相混合，以溶解土壤中的污染因子，将其与土壤分离，然后将浸出液回收提取出重金属，达到污染土壤修复的一种技术</td><td>土壤淋洗技术是一种快速、高效的方法</td><td>高效淋洗剂价格昂贵，洗脱废液可能造成土壤和地下水的二次污染</td></tr>
<tr><td>5</td><td>生物修复技术</td><td>生物修复是指利用特定的生物吸收、转化、清除或降解环境污染物，实现环境净化、生态效应恢复的生物措施，主要包括植物修复、微生物修复和动物修复</td><td>成本低、操作简单、无二次污染、处理效果好且能大面积推广应用</td><td>多数超富集植物生长缓慢，富集量小；微生物不能直接降解重金属，其菌种接种培育较困难，效率低</td></tr>
</table>

2014年3月19日，湖南省科技厅出具“湘科鉴字〔2014〕第010号”《科学技术成果鉴定证书》，经专家评定，赛恩斯“铬渣堆场重污染土壤微生物修复技术”，技术工艺简单、修复高效、投资成本及运行费用低、适用范围广，具有产业化推广应用前景；该技术在铬渣堆场重污染土壤修复领域居国际领先水平，其中首次筛选驯化的高效还原菌，应用于铬污染土壤修复达到国际领先水平。

赛恩斯“重金属废渣堆场土壤治理与生态修复技术”，于2016年获得中国有色金属工业科学技术一等奖。

综上，赛恩斯研发的“重金属污染环境修复系列技术”，可以直接分离大部分重金属后处置或降低重金属的活性及迁移性能,可以同步处理受多种重金属污染的土壤,修复效率高,长期稳定性好;改善或克服了传统技术二次污染风险大、成本高,难以经济安全地恢复土壤功能等问题,具有技术先进性。

5.2.2 赛恩斯取得的科研成果与产业深度融合的情况

赛恩斯的重金属废水深度处理系列技术、污酸资源化治理系列技术、砷渣矿化解毒系列技术在产业融合过程中以相关的方式演进,促成整个重金属水污染治理产业结构的系统化、合理化。

(1)促进了重金属污染治理产业与资源回收产业的融合

赛恩斯基于细菌代谢产物与功能基团嫁接技术开发的深度净化铅、镉、汞、砷等多金属离子的生物制剂系列技术具有去除重金属效果稳定,极大地提升了有色金属工业废水的治理效率,也大大提高了废水回用率;污酸资源化治理系列技术实现了污酸的资源化处理,污酸中重金属的梯级硫化分离,铜砷分离效率可达99%以上,渣中铜、砷含量可达50%以上,便于有价金属的资源化回收,实现了污酸中硫酸、杂质元素氟、氯及重金属的定向迁移,硫酸的回收率达到90%以上,水资源回用,可达到零排放的水平。赛恩斯取得的科研成果缓解了我国严峻的重金属污染问题;收集了硫酸等资源,变有害污染物为可用资源;有效提取铼、铜等有价金属,缓解不可再生的矿产资源稀缺问题。赛恩斯在科研技术的应用过程中,将可用资源转化为高附加值产品或生产原料,有效促进了资源回收产业的发展,延伸了重金属污染治理的产业链。

(2)促进了与装备制造业的融合

赛恩斯为使重金属废水深度处理与回用系列技术、污酸资源化治理系列技术等更好地发挥作用,同步研发了“生物制剂系列”重金属废水处理成套装备、污酸资源化治理成套装备等配套装备,有力推动装备制造业中相关环保装备的发展,使得重金属治理产业延伸和渗透到工业产业领域,促进了产业间的延伸融合和新型产业体系的形成。

5.3 研究开发情况

5.3.1 研究开发内控制度

赛恩斯是国家高新技术企业,由总经理分管的技术中心负责赛恩斯的研发业务,以确保研发体系的有序运行。技术中心负责研发立项,组织研发项目实施，形成内部技术规范，申报知识产权，以及对研发成果的持续改进。

赛恩斯采用循序渐进的研发模式，技术中心结合赛恩斯业务发展需要，提出研发需求，通过立项评审确保研发目标符合市场需要和行业发展趋势。在研发项目实施过程中，分阶段对研发成果进行评估，确保研发成果符合研发目标。并建立相关制度，不断完善创新机制，持续关注国内外行业的新技术、新工艺和新产品的发展动态，积极与科研机构、相关企业建立长期的合作伙伴关系，保持赛恩斯技术的竞争力。

（1）研发制度

赛恩斯建立了完善的研发管理制度和程序，明确了技术中心的责任，对需求、立项、实施过程、费用、成果管理等进行了详细的规定，研发过程具有可追溯性，研发进度可控，研发质量有保证。

赛恩斯根据《企业会计准则》的相关规定，制定了《研发科研经费管理暂行办法》《研发管理制度》《科技创新类奖励制度》《薪酬管理制度》《绩效管理制度》等内部控制管理制度，从研发项目立项程序、研发项目实施、研发经费管理、保密和知识产权管理等方面，规范了赛恩斯研发活动及相关研发费用的归集管理。

（2）研发历程

赛恩斯始终注重重金属污染防治前沿技术研发的投入和知识产权的积累，坚持培育自己的研发团队。自成立以来，赛恩斯的研发模式主要经历了三个阶段：第一阶段（2009年—2011年）：技术许可使用阶段，赛恩斯成立初期，以中南大学授权许可技术为主，赛恩斯进行技术推广应用，在应用过程中进行摸索，初步积累了研发人员、研发思路和一定的研发能力，具备了一定的研发基础；第二阶段（2012年—2015年）：合作研发阶段，随着赛恩斯的业务发展和研发能力的提升，进入到合作研发阶段，本阶段中南大学主要进行理论方面的论证工作，同时在成果鉴定、专利申报、奖励申请等方面给予支持，赛恩斯全面负责技术的小试、中试和工业化试验的开展，专用设备的设计制造，新技术的应用推广等，通过第二阶段的积累赛恩斯逐步具备了独立研发的实力；第三阶段（2016年至今）：独立研发为主阶段，赛恩斯已经组建了独立的研发团队，并开展核心技术的研发工作，形成了以独立研发为主、产学研合作为助力的研发模式。

(3)研发流程

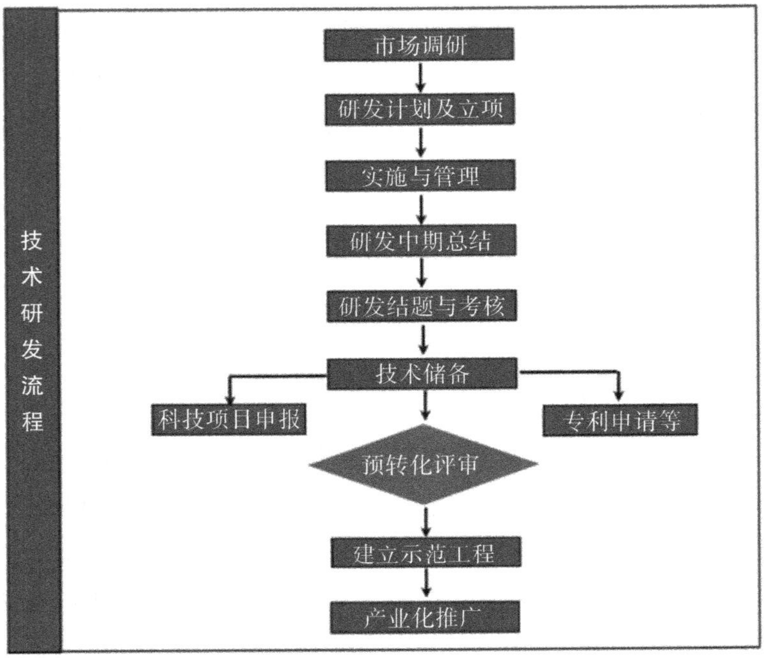

图6-4 赛恩斯研发流程示意图

(4)创新激励

为调动员工对创新的热情和积极性,赛恩斯制定了相关激励制度,设置了针对研发成果的奖励措施,完善了绩效评价体系,把研发投入、研发预算、人员培养和创新成效等作为评价的主要内容。

(5)研发合作

赛恩斯时刻关注行业新技术、新工艺和新产品的发展动态,与具有技术优势的高校、研究院、企业积极寻求合作,建立长期的合作关系,通过委托、合作等方式进行联合研发,实现优势互补,加快研发进度,确保研发质量。

5.4 研发投入情况

5.4.1 赛恩斯科研项目情况

赛恩斯围绕解决有色金属冶炼行业产生的废水、污酸、废渣治理及土壤环境修复的痛点、难点，将根据市场需求和行业技术发展趋势，持续加大对技术进行研发升级及创新。截至招股说明书签署日，赛恩斯有11项国内发明专利已进入实质审核阶段或受理阶段，非专利专有技术9项，另有18项主要研发项目正在开展。

赛恩斯目前正在研发的主要项目如下：

表6-46　赛恩斯在研项目情况表

序号	项目名称	应用领域	应用前景	研发进度
1	重金属污染农田修复及超富集植物研究	土壤环境修复	通过筛选最佳的药剂或药剂组合，针对多种重金属污染的土壤、农田修复进行研究，同时开发简单实用的工程设备，对于诸多历史遗留的采矿、冶炼等场地污染土壤和重金属污染农田的修复应用具有重要意义	中试研究
2	重金属危险固废安全处置关键技术及应用	重金属废渣	研究有色冶炼含铍、含铊等工业重金属危险废渣稳定化处理技术，确定铍、铊等有害元素稳定化处理工艺路线体系，并升级、优化工艺参数，降低处理成本，对于该类废渣的高效稳定化处理工程应用具有重要的指导作用	小试研究
3	地下水多污染物协同高效修复技术与装备	地下水修复	研究涉重金属污染地下水的污染特征，多污染物协同处理工艺技术，开发配套的高效修复成套装备，为地下水污染修复提供技术支撑	小试研究
4	有色行业高盐难降解有机废水深度净化及资源化利用关键技术研究	重金属废水	针对有色行业中高盐、高COD难降解有机废水进行深度净化新工艺、新技术的开发，同时对废水中有价金属实现资源回收利用	中试研究
5	新型选矿药剂的合成及应用研究	选矿废水	合成新型选矿药剂，研究新型选矿药剂的应用，提高选矿金属回收率，降低选矿废水的COD脱除成本，提高回用水率，减少选矿药剂使用过程中的气味	理论研究阶段
6	铜萃取剂在有色冶炼污酸废水资源化回收中的应用研究	有价金属回收	应用量子力学的基本原理和方法，阐明铜离子和其他离子分子构成和原子的空间排布等特征，根据离子特点深入理解萃取反应的发生机制及内在规律，设计微观结构和宏观性质相联系的萃取剂，开发出适合高酸和高氟氯萃取溶液的萃取剂产品并进行应用	理论研究阶段
7	战略新兴环保技术及装备的研究（2022年）	重金属废水	行业前瞻技术的研究，新能源行业废水废酸资源回收工艺研究，新型环保药剂，药剂优化（复配、共聚、共混等）提高药剂性能，达到一种药剂实现协同脱除重金属及COD，重金属及F，重金属及钙镁等	小试研究

续表

序号	项目名称	应用领域	应用前景	研发进度
8	铬污染土壤异位纳米材料强化生物淋洗处理技术及装备示范验证	土壤环境修复	针对我国铬渣堆放和铬盐厂遗留场地铬污染问题,在土壤异位生物淋洗方面,突出开发新型改性铁基纳米矿物料和生物-改性铁基纳米材料复配菌剂宏量制备装置等,筛选高效淋洗剂,研究Cr(Ⅵ)还原产物在淋溶体系的界面现象及沉降性能,开发Cr(Ⅵ)还原产物分离工艺,实现淋出液中铬的回收	小试研究
9	铜钼选矿废水资源回收与智能控制新技术应用研究	重金属废水	在2021年度研发项目《铜钼选矿废水有价资源回收技术研究》的基础上,扩充智能控制系统的研究,提高处理系统运行参数的控制精准度,降低人工成本,杜绝环保风险,具有广阔的应用前景	小试研究
10	表面处理废水处理工艺研究及工程化应用	重金属废水	深入研究含重金属表面处理类废水的性质及深度处理技术,拓展赛恩斯技术储备及业务范围;提高工艺技术的先进性和竞争性;具有良好的应用前景和战略意义	小试研究
11	臭葱石合成工艺优化及资源化利用	重金属废渣	通过技术开发,将含砷危险废物转化为自然界天然存在的臭葱石矿物,减少对环境的污染,作为砷资源化减量化技术储备	小试研究
12	高氟氯废酸湿法工艺深度处理及资源化新技术	重金属废酸	针对现有污酸工艺在处理高氟氯污酸中存在的设备腐蚀问题,探索研究通过吸附及萃取进行湿法净化污酸中氟氯的工艺研究及工程化应用,补充完善赛恩斯污酸技术体系	小试研究
13	高纯度硫化氢合成及连续硫化工艺研究及工程化应用	重金属废酸	优化甲醇裂解-硫磺合成法制备硫化氢工艺,通过设备设计优化实现连续硫化处理污酸,进一步降本增效,提高污酸技术的先进性和竞争力	中试研究
14	卤水净化提锂实用工艺研究	新能源	针对新能源领域做技术储备,采用膜分离及树脂吸附等工艺组合,从含锂天然卤水及含锂废水中回收有价金属锂,实现锂金属的资源化回收,拓展赛恩斯业务板块	小试研究
15	基于数字孪生智慧环保可视化决策系统的探索	智慧环保装备	通过数字孪生技术在虚拟的应用场景为技术创新、设计、制造提高效能;为赛恩斯产品赋能、为智慧环保决策提供数字依据,具有时代的发展意义	小试研究
16	矿产资源开发利用遗留重金属污染地块原位基质生物修复技术与示范项目	土壤环境修复	开发遗留矿山污染地块修复基质生物技术,研发性能适配、功能互补、绿色高效的矿物改性材料和生物基材料	小试研究
17	高性能电驱动离子膜制备技术及应用示范	重金属废酸	高性能电驱动离子膜的制备技术研究,新型膜材料的优化研究,以及相关膜元件设备在冶炼废酸废水处理领域的应用示范	小试研究

续表

序号	项目名称	应用领域	应用前景	研发进度
18	重金属污水新型高效处理设备研究及探索	重金属废水	提高现有重金属污水处理设备处理效率,优化设备设计,提高设备性能,同时优化投资成本,以达到降本增效的目的	小试研究

赛恩斯制定了《产品研发管理办法》《研发准备金管理制度》,开展研发项目年度计划及预算编制,并依据《财政部关于企业加强研发费用财务管理的若干意见》(财企〔2007〕194号),按照研发项目设立台账归集核算研发支出,对研发项目进度和费用管理进行严格管控。

5.4.2　承担重大科研项目情况

截至本招股书签署日,赛恩斯参与了国家重点研发计划4项,承担了多项国家级、省部级等研究课题,在技术攻关中发挥关键或主导作用,取得了一系列技术成果,牵头或独立完成的项目具体列示如下:

表6-47　赛恩斯科研课题情况表

序号	项目/课题名称	下达单位	时间	项目性质	公司在其中所起的作用
1	重金属脱除用高分子复合凝胶吸附剂	工信部	2014年	2015年工业转型升级强基工程	该项目由赛恩斯独立承担,负责建设年产5000吨重金属脱除用高分子复合材料吸附剂生产线以及车间厂房
2	重金属废水处理用S系列生物制剂	科技部	2011年	科技型中小企业技术创新基金	该项目由赛恩斯独立承担,负责产品生产、销售及产业化应用
3	湘江流域重点有色冶炼企业铊污染防治关键技术	湖南省科技厅	2015年	湖南省科技重点研发计划	该项目由赛恩斯牵头,中南大学协作完成。赛恩斯主要负责开发新型含铊废水净化药剂、处理新工艺及模块化成套装备
4	含砷重金属废水处理用药剂产业化研究	湖南省科学技术厅	2010年	湖南省科学技术厅科技计划	该项目由赛恩斯独立承担,负责产业化技术开发和工艺研究
5	"一湖四水"重点水污染源资源化深度治理关键技术及示范	湖南省科技厅	2017年	长株潭国家自主创新示范区专项(湖南省重点专项)	该项目由赛恩斯牵头,中南大学、湖南大学、盖亚中南环保科技有限公司参与。赛恩斯主要负责建立该技术的示范工程及装备的生产示范线

续表

序号	项目/课题名称	下达单位	时间	项目性质	公司在其中所起的作用
6	生物制剂制备及处理重金属废水产业化关键技术与推广应用	湖南省科学技术厅	2011年	湖南省战略性新兴产业科技攻关与重大科技成果转化项目	该项目由赛恩斯牵头,中南大学协作完成。赛恩斯主要负责成套设备的研制、生物制剂生产线的建设及推广应用
7	高浓度酸性重金属废水深度净化成套设备产业化	湖南省科学技术厅	2013年	国家科技重大专项成果转化专项	该项目由赛恩斯独立承担,负责建立并完善电渗析—生化物化—"双膜"工艺成套设备生产线及设备的推广应用
8	冶炼多金属污酸资源化治理关键技术研发与产业化	湖南省科技厅	2020年	湖南省高新技术产业科技创新引领计划	该项目由赛恩斯独立承担,负责新技术的开发,及中试设备的研制
9	采选废水深度处理与回用技术研究	湖南省环保厅	2014年	湖南省科研课题申报项目	该项目由赛恩斯独立承担,负责项目的研发及后续的工程化应用
10	含铊重金属废水深度处理工艺研究	湖南省环保厅	2016年	湖南省环保科研项目	该项目赛恩斯独立承担,负责工艺的研究及产品的开发
11	电渗析在污酸废水治理中的应用研究	湖南省环保厅	2016年	湖南省环保科研项目	该项目由赛恩斯独立承担,负责新工艺的开发,及中试设备的研制
12	含铊多重金属废水处理关键技术与药剂产业化	湖南省经信委	2013年	湖南省推进新型工业化专项引导资金	该项目由赛恩斯独立承担,负责除铊药剂的产业化生产,推广及工程化应用
13	重金属废水生物制剂法深度处理与回用技术	湖南省两型办	2014年	湖南省两型社会建设专项资金项目(清洁低碳技术推广)	该项目由赛恩斯独立承担,负责开展项目技术产品的综合环境服务试点、市场推广
14	高浓度含砷废水深度净化新工艺开发	长沙市科技局	2012年	长沙市科技计划重点项目	该项目由赛恩斯牵头,中南大学协作完成。赛恩斯负责新工艺的推广及工程化应用
15	重金属污染物减排与综合利用关键技术及工程示范	长沙市科技局	2014年	长沙市科技计划项目(重大专项)	该项目由赛恩斯独立承担,负责关键技术的研发,设备的研制及工程化应用

赛恩斯报告期内研发投入及其占营业收入比例情况如下:

表6-48　研发投入占营业收入比例情况表

项目	2021年度	2020年度	2019年度
研发投入(万元)	2,521.52	2,326.60	2,349.44
营业收入(万元)	38,463.24	35,637.33	46,701.93
研发投入占营业收入的比例(%)	6.56	6.53	5.03

第七章　生物医药案例分析
——以哈尔滨思哲睿智能医疗设备股份有限公司为例

哈尔滨思哲睿智能医疗设备股份有限公司(以下简称思哲睿)是一家专注于手术机器人研发、生产和销售的高新技术企业,致力于为医生打造智能手术工具,为患者提供综合诊疗方案,让各类外科手术更为精准、便捷。

思哲睿自成立以来始终坚持自主创新、力求打破国外产品垄断,经过近十年的探索和积累,在手术机器人领域形成了一系列核心技术和独创性成果,研发构建了腔镜手术机器人、经尿道柔性手术机器人、经口腔手术机器人、人工耳蜗手术机器人、脊柱内镜手术机器人等丰富的手术机器人产品矩阵,适用于泌尿外科、妇科、普外科、胸外科、耳鼻咽喉头颈外科、骨科等科室。思哲睿核心产品康多机器人®是行业内首个在泌尿外科领域进入国家创新医疗器械特别审批程序(绿色通道)的腔镜手术机器人,已于2022年6月获得第三类医疗器械注册证。康多机器人®也是首个在单家医院开展手术达到100台(临床试验手术)的国产腔镜手术机器人。

本章涉及思哲睿相应数据均截止为招股说明书签署日。

1　公司基本情况

1.1　基本情况

公司名称:哈尔滨思哲睿智能医疗设备股份有限公司

英文名称:Harbin Sagebot Intelligent Medical Equipment Co.,Ltd.

注册资本:15,000万元人民币

法定代表人:闫志远

成立日期:2013年09月17日(2022年05月25日整体变更为股份有限公司)

公司住所:哈尔滨经开区哈平路集中区大连北路8号

1.2　思哲睿科创板定位相关情况

1.2.1　选择的上市标准

哈尔滨思哲睿拟适用科创板第五套标准申请发行上市,可不适用营业收入的相关指标。

预计市值不低于人民币40亿元,主要业务或产品需经国家有关部门批准,市场空间大,目前已取得阶段性成果。医药行业企业需至少有一项核心产品获准开展二期临床试验,其他符合科创板定位的企业需具备明显的技术优势并满足相应条件。

1.2.2　思哲睿科创板行业领域要求:

表7-1　思哲睿科创板行业领域

<table>
<tr><td rowspan="7">公司所属行业领域</td><td>□新一代信息技术</td><td rowspan="7">根据国家统计局颁布的《国民经济行业分类》(GB/T4754-2017)分类标准,思哲睿所处行业属于第35大类“专用设备制造业(分类代码C35)”中的“医疗仪器设备及器械制造(分类代码C358)”之“医疗诊断、监护及治疗设备制造(分类代码C3581)”。根据《战略性新兴产业分类(2018)》,思哲睿所属行业为“4.2生物医学工程产业”之“4.2.1先进医疗设备及器械制造”。因此,根据《上海证券交易所科创板企业发行上市申报及推荐暂行规定》,思哲睿属于其中规定的“生物医药领域”之“高端医疗设备与器械及相关服务”行业</td></tr>
<tr><td>□高端装备</td></tr>
<tr><td>□新材料</td></tr>
<tr><td>□新能源</td></tr>
<tr><td>□节能环保</td></tr>
<tr><td>☑生物医药</td></tr>
<tr><td>□符合科创板定位的其他领域</td></tr>
</table>

1.2.3　科创属性要求

思哲睿2020年至2022年经审计的研发费用分别为2,889.53万元、6,062.97万元和15,381.91万元,累计24,334.41万元,满足最近3年累计研发投入金额在6,000万元以上的要求。

思哲睿2022年末拥有员工总数465人,其中研发人员240人,占比51.61%,符合研发人员占当年员工总数的比例≥10%的要求。

思哲睿共计拥有43项发明专利,拟适用科创板第五套标准申请发行上市,目前尚未形成主营业务收入,满足应用于公司主营业务的发明专利达5项以上的要求。

表7-2 思哲睿科创属性要求

科创属性相关指标	是否符合	指标情况
最近三年研发投入占营业收入比例≥5%,或最近三年累计研发投入金额≥6,000万元	☑是□否	2020年—2022年,研发投入分别为2,889.53万元、6,062.97万元和15,381.91万元,累计24,334.41万元,符合最近3年累计研发投入金额在6,000万元以上的要求
研发人员占当年员工总数的比例不低于10%	☑是□否	2022年末拥有员工总数465人,其中研发人员240人,占比51.61%,符合研发人员占当年员工总数的比例≥10%的要求
应用于公司主营业务的发明专利(含国防专利)≥5项	☑是□否	目前共计拥有43项发明专利,均可应用于主营业务。拟适用科创板第五套标准申请发行上市
最近三年营业收入复合增长率≥20%,或最近一年营业收入金额≥3亿	不适用	采用《上市规则》第2.1.2条第(五)项上市标准申报科创板发行上市,故不适用

2 公司股权结构

截至招股说明书签署日,思哲睿股权结构如下图所示:

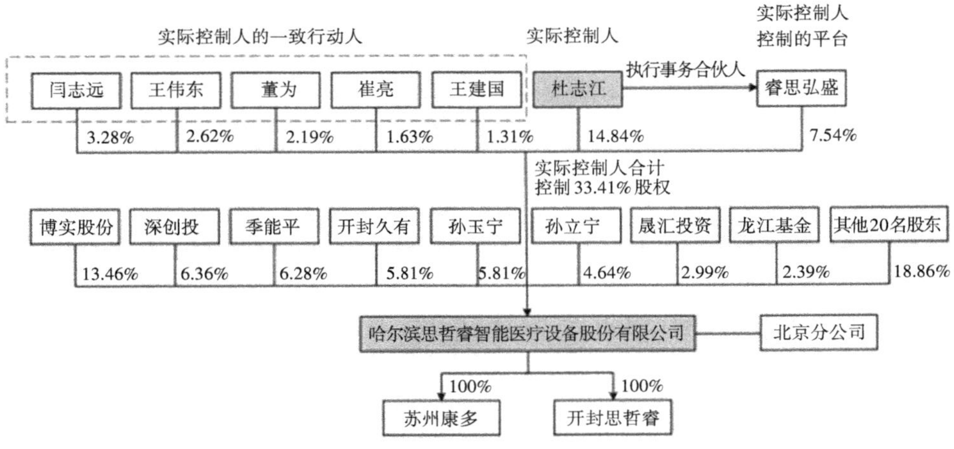

图7-1 思哲睿股权结构图(招股说明书签署日)

2.1　主要股东及实际控制人的基本情况

2.1.1　实际控制人

截至招股说明书签署日，思哲睿无控股股东，实际控制人为杜志江，闫志远、王伟东、董为、崔亮和王建国与实际控制人杜志江先生为一致行动人。思哲睿的实际控制人报告期内未发生变更。

（1）杜志江控制的股份情况

截至招股说明书签署日，杜志江直接持有思哲睿14.84%股份；其一致行动人闫志远持有公司3.28%股份，王伟东持有公司2.62%股份，董为持有公司2.19%的股份，崔亮持有公司1.63%的股份，王建国持有公司1.31%的股份；杜志江另通过担任睿思弘盛执行事务合伙人控制公司7.54%股份。杜志江合计控制思哲睿33.41%股份。

（2）一致行动协议的具体情况

杜志江与闫志远、王伟东、董为、崔亮、王建国于2017年11月签署了《一致行动协议》，各方约定：

①各方作为思哲睿有限的股东，将在处理有关公司经营发展议题，及《公司法》等有关法律法规和公司章程所规定的需要由公司股东（大）会或董事会作出决议时均采取一致行动。

②在本协议的有效期内，在任一方拟就有关公司经营发展的重大事项向股东（大）会或董事会提出议案或行使股东（大）会或董事会等事项的表决权之前，一致行动人内部应先对相关议案或表决事项进行协调，达成一致意见，出现各方意见无法协调一致的情况时，以杜志江的意见作为一致意见。

③在股东（大）会、董事会上采取杜志江的意思作为表决意见，作为各方共同的对外意见，实施一致行动，协议有效期内，各方将就一致行动事项始终保持一致意见。

④协议自签署之日起生效，公司存续期间一直有效，如果有效期内任何一方不再为公司股东，则协议对其他各方仍有效。

⑤经杜志江同意，协议于有效期内不因任何原因（包括但不限于任何一方所持公司股权发生变动、于公司的任职发生变动或公司整体变更设立股份有限公司等）而提前终止或解除。

2.1.2 其他持有公司5%以上股份的股东的基本情况

截至招股说明书签署日,除实际控制人杜志江外,其他持有发行人5%以上股份或表决权的主要股东为博实股份、睿思弘盛、深创投(及红土科力、汇恒红土、励恒红土、红土创投、瑞恒红土)、季能平、开封久有(及甘肃张江、佳浚投资、川久愿景)和孙玉宁。该等股东的基本情况如下:

(1)博实股份

博实股份为A股上市公司,股票代码为002698.SZ,博实股份直接持有思哲睿13.46%的股份,其基本情况如下:

企业名称	哈尔滨博实自动化股份有限公司
成立时间	1997年9月12日
注册资本	102,255万元人民币
实收资本	102,255万元人民币
法定代表人	邓喜军
实际控制人	邓喜军、张玉春、王春钢、蔡鹤皋
注册地	哈尔滨开发区迎宾路集中区东湖街9号
主要生产经营地	哈尔滨市
经营范围	许可项目:电气安装服务;道路货物运输(不含危险货物)。一般项目:工业自动控制系统装置制造;通用设备制造(不含特种设备制造);专用设备制造(不含许可类专业设备制造);工业机器人制造;工业机器人安装、维修;工业机器人销售;特殊作业机器人制造;智能机器人销售;智能机器人的研发;软件开发;技术服务、技术开发、技术咨询、技术交流、技术转让、技术推广;信息系统集成服务;普通机械设备安装服务;信息技术咨询服务;专用设备修理;通用设备修理;包装服务;普通货物仓储服务(不含危险化学品等需许可审批的项目);装卸搬运;技术进出口;货物进出口;塑料制品销售;化工产品销售(不含许可类化工产品);电工仪器仪表销售;软件销售;电子产品销售;智能仪器仪表销售;电力电子元器件销售;智能仓储装备销售;橡胶制品制造;合成材料制造(不含危险化学品)
主营业务与发行人主营业务的关系	智能制造装备的研发、生产和销售等,与发行人主营业务不同

(2)睿思弘盛

睿思弘盛直接持有思哲睿7.54%的股份,其基本情况如下:

企业名称	哈尔滨睿思弘盛智能设备研发企业(有限合伙)		
成立时间	2017年10月30日		
执行事务合伙人	杜志江		
注册地	黑龙江省哈尔滨市平房区联盟街506楼3层40—41号		
主要生产经营地	哈尔滨市		
经营范围	工程和技术研究和试验发展		
主营业务与发行人主营业务的关系	未开展实际经营,与发行人主营业务无关		
出资结构	合伙人名称	合伙人类型	出资比例(%)
	杜志江	普通合伙人	31.81
	高奕昂	有限合伙人	34.81
	睿思众博	有限合伙人	15.98
	熊凤彬	有限合伙人	11.60
	于洪健	有限合伙人	5.80
	合计		100.00

(3)深创投、红土科力、汇恒红土、励恒红土、红土创投及瑞恒红土

深创投为红土科力、红土创投的控股股东,红土科力、红土创投的私募基金管理人的实际控制人均为深创投;汇恒红土、励恒红土、瑞恒红土的执行事务合伙人及私募基金管理人均为深创投实际控制的企业。上述各方合计持有思哲睿14.18%的股份。其中,深创投直接持有6.36%的股份,红土科力直接持有2.32%的股份,汇恒红土直接持有1.91%的股份,励恒红土直接持有1.91%的股份,红土创投直接持有1.20%的股份,瑞恒红土直接持有0.48%的股份,深创投基本情况如下:

企业名称	深圳市创新投资集团有限公司
成立时间	1999年8月25日
注册资本	1,000,000万元人民币
实收资本	1,000,000万元人民币
法定代表人	倪泽望
实际控制人	深圳市人民政府国有资产监督管理委员会
注册地	深圳市南山区粤海街道海珠社区海德三道1066号深创投广场5201
主要生产经营地	深圳市

续表

经营范围	创业投资业务;代理其他创业投资企业等机构或个人的创业投资业务;创业投资咨询业务;为创业企业提供创业管理服务业务;参与设立创业投资企业与创业投资管理顾问机构;股权投资;投资股权投资基金;股权投资基金管理、受托管理投资基金(不得从事证券投资活动;不得以公开方式募集资金开展投资活动;不得从事公开募集基金管理业务);受托资产管理、投资管理(不得从事信托、金融资产管理、证券资产管理及其他限制项目);投资咨询(根据法律、行政法规、国务院决定等规定需要审批的,依法取得相关审批文件后方可经营);企业管理咨询;企业管理策划;全国中小企业股份转让系统做市业务;在合法取得使用权的土地上从事房地产开发经营业务	
主营业务与发行人主营业务的关系	股权投资,与发行人主营业务无关	
出资结构	股东名称	持股比例(%)
	深圳市人民政府国有资产监督管理委员会	28.20
	深圳市星河房地产开发有限公司	20.00
	深圳市资本运营集团有限公司	12.79
	上海大众公用事业(集团)股份有限公司	10.80
	深圳能源集团股份有限公司	5.03
	深圳市立业集团有限公司	4.89
	七匹狼控股集团股份有限公司	4.89
	广东电力发展股份有限公司	3.67
	深圳市亿鑫投资有限公司	3.31
	深圳市福田投资控股有限公司	2.44
	深圳市盐田港集团有限公司	2.33
	广深铁路股份有限公司	1.40
	中兴通讯股份有限公司	0.23
	合计	100.00

(4)季能平

截至本招股说明书签署日,季能平持有思哲睿6.28%股份。

(5)开封久有、甘肃张江、佳浚投资及川久愿景

开封久有、甘肃张江、佳浚投资、川久愿景的执行事务合伙人均为刘小龙实际控制的企业,各方合计持有7.88%的股份。其中,开封久有直接持有5.81%的股份,甘肃张江直接持有1.12%的股份,佳浚投资直接持有0.48%的股份,川久愿景直接持有0.47%的股份,开封久有基本情况如下:

企业名称	开封久有产业股权投资基金合伙企业(有限合伙)		
成立时间	2016年12月29日		
执行事务合伙人	上海久有私募基金管理有限公司		
注册地	开封市郑开大道30号市民之家1117室		
主要生产经营地	开封市		
经营范围	从事非证券股权投资活动及相关咨询业务		
主营业务与发行人主营业务的关系	股权投资,与发行人主营业务无关		
出资结构	合伙人名称	合伙人类型	出资比例(%)
	上海久有私募基金管理有限公司	普通合伙人	30.20
	河南新惠资产管理有限公司	有限合伙人	69.80
	合计		100.00

(6)孙玉宁

截至招股说明书签署日,孙玉宁持有思哲睿5.81%股份。

2.2　发行前后公司股本情况

思哲睿发行前总股本15,000.00万股,本次拟向社会公众发行不超过5,000.00万股普通股,占发行后股份比例不低于25%,最终实际发行数量以中国证监会同意注册的发行数量为准。

假设本次发行的股票数量为5,000.00万股,则本次发行前后,思哲睿股本结构如下:

表7-3　思哲睿发行前后股权结构表

序号	股东名称	本次发行前		本次发行后	
		持股数(万股)	持股比例(%)	持股数(万股)	持股比例(%)
1	杜志江	2,225.27	14.84	2,225.27	11.13
2	博实股份	2,018.39	13.46	2,018.39	10.09
3	睿思弘盛	1,130.81	7.54	1,130.81	5.65
4	深创投(CS)注	953.52	6.36	953.52	4.77
5	季能平	942.21	6.28	942.21	4.71
6	开封久有	871.50	5.81	871.50	4.36
7	孙玉宁	871.14	5.81	871.14	4.36

续表

序号	股东名称	本次发行前		本次发行后	
		持股数（万股）	持股比例（%）	持股数（万股）	持股比例（%）
8	孙立宁	695.88	4.64	695.88	3.48
9	闫志远	491.98	3.28	491.98	2.46
10	晟汇投资(SS)注	448.56	2.99	448.56	2.24
11	王伟东	393.59	2.62	393.59	1.97
12	龙江基金	358.85	2.39	358.85	1.79
13	红土科力	348.60	2.32	348.60	1.74
14	董为	327.99	2.19	327.99	1.64
15	汇恒红土	287.08	1.91	287.08	1.44
16	励恒红土	287.08	1.91	287.08	1.44
17	上海联一	248.80	1.66	248.80	1.24
18	崔亮	244.45	1.63	244.45	1.22
19	云栖创投	215.31	1.44	215.31	1.08
20	王建国	196.80	1.31	196.80	0.98
21	红土创投	179.43	1.20	179.43	0.90
22	甘肃张江	167.47	1.12	167.47	0.84
23	启元开泰	143.54	0.96	143.54	0.72
24	合嘉思哲	143.54	0.96	143.54	0.72
25	杨文龙	143.54	0.96	143.54	0.72
26	刘美霞	131.19	0.87	131.19	0.66
27	袁嘉	88.03	0.59	88.03	0.44
28	佳浚投资	71.77	0.48	71.77	0.36
29	瑞恒红土	71.77	0.48	71.77	0.36
30	田艳	71.77	0.48	71.77	0.36
31	川久愿景	69.86	0.47	69.86	0.35
32	中互国科	66.99	0.45	66.99	0.33
33	恒汇创富	53.82	0.36	53.82	0.27
34	胡李娜	21.53	0.14	21.53	0.11
35	潘玉梅	17.94	0.12	17.94	0.09
36	社会公众股	—	—	5,000.00	25.00
合计		15,000.00	100.00	20,000.00	100.00

注:“SS”代表 State-owned Shareholder,即国有股股东;“CS”代表 Controlling State-owned Shareholder,即国有实际控制企业。

2.3　前十名自然人股东及其在思哲睿担任的职务

发行前，思哲睿前十名自然人股东在公司任职及直接持股情况具体如下：

表7-4　思哲睿前十名自然人股东任职情况表

序号	股东名称	持股数(万股)	持股比例(%)	发行人任职情况
1	杜志江	2,225.27	14.84	董事长
2	季能平	942.21	6.28	监事
3	孙玉宁	871.14	5.81	顾问
4	孙立宁	695.88	4.64	顾问
5	闫志远	491.98	3.28	董事、总经理
6	王伟东	393.59	2.62	顾问
7	董为	327.99	2.19	顾问
8	崔亮	244.45	1.63	董事、顾问
9	王建国	196.80	1.31	事业部总监
10	杨文龙	143.54	0.96	董事、副总经理
合计		6,532.84	43.55	

3　主营业务及模式

3.1　思哲睿主营业务

思哲睿是一家专注于手术机器人研发、生产和销售的高新技术企业。自成立以来始终坚持自主创新、力求打破国外产品垄断，经过近十年的探索和积累，在手术机器人领域形成了一系列核心技术和独创性成果。

机器人辅助手术已经成为外科手术发展的重要方向，手术机器人是将机器人技术与微创外科手术相结合的高端医疗装备，具有技术难度高、涉及学科多、临床应用广等特点，机器人辅助手术可实现更精准的手术操作、更低的出血量及更短的术后恢复周期。凭借精准、灵活、滤抖、易操控等优势，手术机器人极大地提升了外科医生的手术能力，有效解决了传统微创手术面临的各种问题。中国拥有空间大、增速快的手术机器人市场，机器人辅助手术相比于传统手术的多方面优势已在国内取得广泛共识。

思哲睿自主研发的核心产品康多机器人®是一款腔镜手术机器人，可辅助医生在泌尿外科、妇科、普外科和胸外科等领域开展微创手术,具备精准智能的控制能力和流畅舒适的操作体验,康多机器人®SR1000(注册型号:KD-SR-01)已在国内顶尖医院开展并完成了针对肾部分切除术的临床试验,并于2022年6月通过国家药监局审批获得第三类医疗器械注册证,用于泌尿外科上尿路腔镜手术操作。

思哲睿已于2022年8月完成康多机器人® SR1000在泌尿外科下尿路领域针对前列腺癌根治术的临床试验,康多机器人® SR1000与对照组达芬奇手术机器人在主要有效性终点手术成功率方面均达到100%。在试验的主要及次要有效性评价指标、安全性评价指标方面,康多机器人® SR1000与达芬奇手术机器人相比均无统计学差异,表明康多机器人® SR1000已和达芬奇手术机器人在临床使用的安全性、有效性上实质性等同。

上述两项临床试验的主要评价指标摘录如下:

表7-5　康多机器人临床试验数据表

临床试验主要评价指标	肾部分切除术			前列腺癌根治切除术		
	试验组(SR1000)(n=49)	对照组(达芬奇Si)(n=50)	P值	试验组(SR1000)(n=40)	对照组(达芬奇Si)(n=39)	P值
手术成功率	100%	100%	—	100%	100%	—
术中出血量(毫升)	57.63±125.91	55.60±87.06	0.719	122.25±90.93	122.56±119.84	0.463
机械臂操作时间(分钟)	69.55±30.87	61.45±19.70	0.310	126.41±43.98	116.48±54.83	0.075
NASA-TLX任务负荷评估	脑力需求、体力需求、时间需求、任务完成情况、努力程度5个指标试验组均优于对照组;受挫程度指标两组无差异			在脑力需求、任务完成情况、努力程度、受挫程度的负荷评估中,试验组明显优于对照组;在体力需求、时间需求的负荷评估中,两组无明显差异		
术中操作感受	两者在术中操作感受无统计学差异,说明试验设备和对照设备的操作性能相当			术中操作感受评分的组间比较分析表明,与对照组相比,试验组的操作感受评分明显更优		

3.2　思哲睿主要产品

思哲睿是国内少有的覆盖多科室的综合性手术机器人公司。自成立以来,通过持续自主研发构建了腔镜手术机器人、经尿道柔性手术机器人、经口腔手术机器人、人工耳蜗手术机器人、脊柱内镜手术机器人等丰富的手术机器人产品矩阵，适用于泌尿外科、妇科、普外科、胸外科、耳鼻咽喉头颈外科、骨科等科室。

3.2.1　腔镜手术机器人（康多机器人®）

（1）概述

康多机器人®是公司针对各类复杂的微创外科手术打造的一款腔镜手术机器人，在精确操作、消除震颤、提高医生舒适度等方面较传统腔镜手术存在显著优势。康多机器人®适配自有及国内外主流三维高清内窥镜系统，能够让手术医生通过内窥镜实时获取手术视野，在复杂的手术环境中精准触及手术区域，并通过主从控制系统在患者的手术区域完整复现医生的操作意图。康多机器人® SR1000是国内首个在泌尿外科领域进入创新医疗器械特别审查程序（绿色通道）的腔镜手术机器人，该产品于2022年6月在泌尿外科领域获得第三类医疗器械注册证。

传统腔镜手术操作难度较高。手术过程中，医生将手术器械和内窥镜通过患者体表的切口伸入患者体内获取手术视野并开展手术操作。受限于患者体表固定的切口位置，医生手部操作方向与器械末端移动方向相反，这种“筷子效应”进一步增加了传统腔镜手术的操作难度。

康多机器人®针对传统腔镜手术的不足进行了若干创新性设计，具备显著的临床价值。其主从控制模式使得医生手部操作方向与手术器械末端移动方向一致，使医生在腔镜手术中获得了直觉操作体验。其三维高清内窥镜系统可以将手术视野稳定清晰地呈现在医生眼前的显示屏上，还能根据医生需求调整视野范围和大小。其机械臂末端的手术器械可以实时复现医生的手术动作，在精准执行医生切开、缝合、打结、抓取、夹持和分离等一系列动作的同时，智能识别并过滤医生手部震颤，最大限度地保证手术的精准与安全。相较于传统腹腔镜手术，康多机器人®一方面可使患者的术中出血量更少、减少术中及术后并发症、缩短术后恢复时间；另一方面，可缩短医生学习曲线、降低医生在手术中的疲劳度、延长医生执业时间。

康多机器人®为思哲睿自主研发的技术成果，思哲睿设计了全新的机械臂系统，确保手术器械在术中始终安全可靠地围绕患者体表切口做远心不动点运动。根据医生手术操作习惯研发了开放式医生控制台，与进口同类产品的暗箱式医生控制台设计相比，可以显著减少医生在术中的视觉疲劳，同时避免了医生术中长期保持颈部屈曲姿势而导致的颈部僵硬等不适症状。

思哲睿开发了主操作手和基于EtherCAT总线的运动控制器,实现了主从实时控制。根据自主研发的机械臂结构,结合各类术式和患者情况总结出康多机器人®腔镜手术最优的患者体位和打孔位置,并基于机械臂柔顺力控制,实现了不同术式下的快速摆位。思哲睿还根据产品特性和中国医生手术习惯开发了系列手术器械,适用于更多手术操作场景,在手术方案制定过程中给予医生更多选择空间。

(2)产品形态和功能

思哲睿核心产品康多机器人®是一款腔镜手术机器人,用于辅助医生开展各类复杂的微创外科手术。康多机器人®由医生控制台、患者手术平台、影像台车、内窥镜系统、手术器械和附件构成。

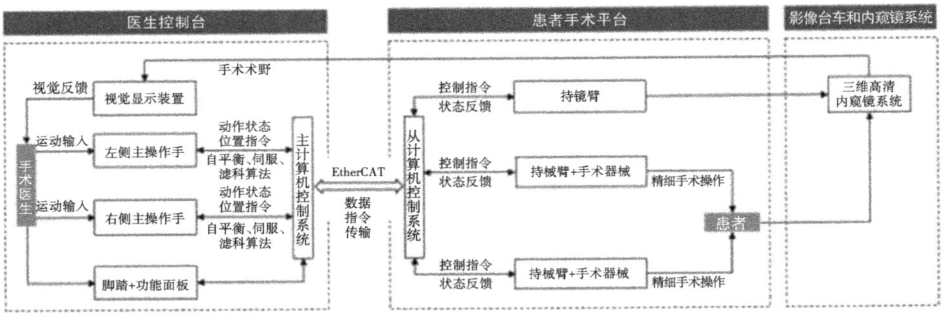

图7-2 康多机器人®运行原理图

(3)产品型号

思哲睿针对不同临床需求和市场定位,推出了SR1000、SR1500和SR2000三款不同配置的康多机器人®,可以更好地覆盖腔镜手术机器人的各类临床需求。截至招股说明书签署日,康多机器人® SR1000已经获得第三类医疗器械注册证,用于泌尿外科腹腔镜手术操作,康多机器人® SR1500已启动泌尿外科注册临床试验,康多机器人® SR2000已完成型式检验,准备启动注册临床试验。这三款产品的配置情况如下:

项目	康多机器人® SR1000	康多机器人® SR1500	康多机器人® SR2000
三臂患者手术平台	√	√	—
四臂患者手术平台	—	—	√
医生控制台	KD-SRA-01	SC1500	SC2000
双控制台模式	—	可支持	可支持
信息交互系统	KD-UI-01	UI1500	UI2000
影像台车	√	√	√
康多内窥镜(选配)	√	√	√
进口内窥镜(选配)	√	√	√
远程背包(选配)	√	√	√

(4)临床需求

腔镜手术机器人能满足医生和患者在多个手术领域的需求。对于医生而言,腔镜手术机器人可以提供清晰、放大的三维手术视野和便捷直观的操作体验。腔镜手术机器人让医生在坐姿状态下开展手术,降低医生在手术过程中的疲乏感,在精确操作、消除震颤等方面较传统腔镜手术存在显著优势。多自由度的手术器械延展了医生的手部功能,使医生手术意图和动作更易实现、更精准。对于患者来说,腔镜手术机器人可以将手术创口最小化,使得患者术中失血少、术后恢复快,并发症风险降低。

腔镜手术机器人可应用于泌尿外科、妇科、普外科、胸外科等科室手术中。在泌尿外科方面,腔镜手术机器人可应用于前列腺癌根治术、膀胱癌根治术、肾部分切除术等手术。在妇科方面,腔镜手术机器人可应用于子宫切除术、子宫肌瘤剔除术、子宫内膜异位症手术、宫颈癌手术、卵巢癌手术等手术。在普外科方面,腔镜手术机器人可应用于结直肠手术、胆囊切除术、胃旁路手术、甲状腺切除术等手术。在胸外科方面,腔镜手术机器人可应用于肺、食管、纵膈、膈肌等部位的手术。

腔镜手术机器人为外科医生提供了超越人手和普通腔镜器械所能达到的灵活性、精确性,明显缩短学习曲线,使得微创手术能更加完美。随着国内机器人辅助腹腔镜手术陆续开展,各种手术类型逐渐完善,手术技巧及效果逐渐提高,越来越多的患者将从腔镜手术机器人辅助手术中获益。

(5)市场竞争情况

腔镜手术机器人的研发在中国起步较晚,但在关键技术和核心部件的研究上已经有了丰富的成果积累。目前,美国直观外科公司的达芬奇Si系统和Xi系统已经获批上市。国产腔镜手术机器人中,思哲睿的康多机器人®、威高机器人的妙手S、微创机器人的图迈®和精锋医疗的MP1000四款产品已获得第三类医疗器械注册证,具体情况如下:

关键表征	直观外科公司		威高	微创	精锋医疗	思哲睿
	达芬奇Si系统	达芬奇Xi系统	妙手S	图迈®	MP1000	康多机器人®
国内首次获批时间(年)	2011	2018	2021	2022	2022	2022
获批注册证适用科室	泌尿外科、妇科、普外科、胸外科	泌尿外科、妇科、普外科、胸外科	普外科	泌尿外科	泌尿外科	泌尿外科
国家创新医疗器械特别审批	/	/	2017年9月普外科	2019年10月泌尿外科	2021年4月泌尿外科	2019年6月泌尿外科

3.2.2 经尿道柔性手术机器人

思哲睿的经尿道柔性手术机器人属于经自然腔道手术机器人,是为解决经尿道入路手术适应证而设计的手术机器人,经尿道入路的手术适应证主要包括良性前列腺增生、膀胱结石及肿瘤、输尿管及肾盂检查及治疗等。经尿道柔性手术机器人可针对不同术式更换手术器械,完成相应的适应证治疗,该产品的研发针对的主要术式为良性前列腺增生的铥激光剜切术(ThuLEP)。

经尿道柔性手术机器人可辅助医生开展铥激光前列腺剜切术。在医生的操控下,经尿道柔性手术机器人通过机械臂将内窥镜、铥激光光纤等手术器械伸入患者尿道并到达患者前列腺,内窥镜实时采集手术视野并成像在显示器上,医生根据显示器上的手术视野控制铥激光光纤切除前列腺增生部分。

3.2.3 经口腔手术机器人

针对头颈部肿瘤的临床诊疗需求,思哲睿开发了用于头颈部肿瘤切除和损伤修复等手术的经口腔手术机器人。该产品属于经自然腔道手术机器人，机械臂经由患者口腔入路触及患处，能够助力医生在徒手难以触及的人体组织区域开展复杂的手术操作，有助于解决传统头颈部手术在患者面部留下术后瘢痕的问题，具备较高的临床价值，并且经口腔手术机器人还可扩展应用至单孔腔镜手术。

3.2.4　人工耳蜗手术机器人

人工耳蜗手术机器人可辅助手术医生进行人工耳蜗微创植入手术，构建从乳突表面经过面神经隐窝直达耳蜗圆窗的微创植入路径。人工耳蜗植入是治疗和康复重度感音神经性聋且助听器无效患者有效的方法之一。

人工耳蜗可以恢复或重建失聪者的听觉功能，声音通过人工耳蜗内的处理器转化成编码形式的电信号，借助植入体内的电极系统直接刺激听觉神经产生声音信号，再经过神经冲动传入听觉中枢形成听觉。传统人工耳蜗植入手术中，医生需要借助手术工具将人工耳蜗的电极系统通过耳蜗圆窗手动插入耳蜗中。由于电极非常柔软且耳蜗结构复杂，人工耳蜗植入的手术过程难度较大且容易对耳蜗残余听力造成损伤。

面对人工耳蜗植入手术临床需求，思哲睿采用手术机械臂与医学影像的一体化设计方法构建人工耳蜗微创植入机器人系统。人工耳蜗手术机器人可以结合术中多源信息，在颞骨无需大范围磨削的情况下，保护神经组织的安全并保证电极植入效果，以此提高手术安全性、降低并发症的发生率、加快患者恢复速度。人工耳蜗手术机器人机械臂具有高精度和高刚度特点，在植入通道钻制过程中能保证手术精确性和稳定性，从而保证手术的安全性；电极植入器械根据耳蜗内结构进行了精细化设计，对患者听觉细胞的作用力更加稳定可控，有助于保证患者听力的恢复效果。此外，通过柔性植入机器人结构设计，可有效解决人手稳定性不佳的问题。

3.2.5　脊柱内镜手术机器人

针对经皮脊柱内镜手术的临床需求，思哲睿开发了兼具手术入路规划导航功能与精准灵巧的主从操作手术功能的脊柱内镜手术机器人，可用于治疗椎间盘突出、椎管狭窄等脊柱退行性病变。

思哲睿开发的脊柱内镜手术机器人能够触及空间狭小、结构复杂的人体脊柱部位，通过柔性器械实现更便捷、更精细的手术操作，有效解决传统经皮脊柱内镜手术的各类临床痛点,并提升手术的安全性。该产品还能减少医生在手术中对放射源辐射剂量的吸收,降低医源性脊柱神经损伤的风险。

脊柱内镜手术机器人可基于手术导航技术实现术中精准入路,通过机械臂经皮远心运动在保障安全的前提下,实现内镜及器械方向的调整,通过主从操作控制方式实现手术操作控制。该产品利用连续体机器人技术构建手术操作器械,构建髓核钳、组织钳、电凝及磨钻等手术器械,有效提升了镜下操作的灵活性与可及性。脊柱内镜手术机器人还利用了现实增强技术实现内镜视觉影像增强引导,该增强系统具备较强的可操作性及较高的安全性。

除此之外,脊柱内镜手术机器人凭借其精准性与可操控性可以缩短医生学习曲线、减少术中时长和手术并发症,切实解决经皮脊柱内镜手术中医生和患者的临床需求。

3.3 思哲睿主要经营模式

3.3.1 采购模式

(1)采购流程

思哲睿制定了完备的采购控制制度,严格控制了原材料的质量,在采购过程中严格落实标准化采购操作程序,建立了《采购控制程序》《供应商审核管理规范》《质量控制和产品放行控制程序》等采购操作程序,对供应商的管理与选择、采购流程等重要环节提出了标准化要求,从而保证了采购流程的高效率与合理性。

根据采购物料对产品质量影响的重要程度、技术含量、价值等因素对采购物料进行分类管理,采购部根据各部门提出的采购申请在公司合格供应商名单中选择供应商并编制采购订单。采购物料到货后,质量部对来料进行检验,在检验合格后将来料入库,对于检验不合格的产品,采购部将进行退换货处理。

(2)供应商管理

思哲睿对原材料建立了严格的质量管理体系,并据此制定了完善的供应商准入和考核机制。为了规范供应商管理,制定了《供应商审核管理规范》等操作规程,对供应商的市场竞争、交货速度、供货能力、质量水平、技术水平等综合能力进行科学评估,并结合供应商选择、评价和重新评价等流程,建立《合格供方名录》。

思哲睿对供应商开展定期评估与日常跟踪，根据物品质量、技术水平、交货能力对供应商每年进行综合评价，并建立合格供应商档案。报告期内，思哲睿与主要原材料供应商维持着良好的商业合作关系，从而保证了原材料的稳定供应和较为有利的采购价格。

3.3.2 生产模式

报告期内，思哲睿的主要产品尚未实现商业化销售。为了同时兼顾发货的及时性和库存的合理性，思哲睿主要遵循以销售计划主导生产计划的模式，结合市场需求情况对产品制定浮动安全库存，并据此确定原材料采购需求和具体的生产作业计划。对于通用性较强的产品，会根据订单情况安排备货，及时调整库存水平，保证发货的及时性。

生产过程中，在接收客户的发货计划及预期需求后，下达内部订单、根据销售订单编制生产主计划，并根据供应商的生产及供货周期确定采购周期，待生产主计划下达后，开始调配和组织生产。在此过程中，会及时对生产现场技术问题进行判定和处理，并不断对生产工艺过程进行优化和改善。思哲睿建立了与生产流程对应的质量控制流程，确保生产过程可控、产品质量达标。

此外，基于成本效益原则，思哲睿会将生产工艺相对简单、附加值较低的部分机械零部件、机身壳体等交由委托加工商进行加工；根据委托加工商的生产能力、工艺水平、报价和交货的及时性等方面选择合作的委托加工商，并对其生产的产品进行严格把控，确保产品的质量满足公司的要求。

3.3.3 销售模式

报告期内，思哲睿主要产品尚未实现商业化销售。

未来，思哲睿拟采用经销和直销相结合的销售模式，两种销售模式下产品的终端客户主要为医院等医疗机构。在经销模式下，思哲睿会与经销商建立长期合作伙伴关系，充分利用经销商的区位优势与业务网络，缩短终端医院的开发周期，提高对终端医院的响应速度，提升后续维护能力。对于直销模式，通过自建销售团队，负责商机挖掘、意向确认、条款谈判、招投标流程等一系列销售活动。在直销模式下，思哲睿与医院直接沟通合作内容，便于把控服务质量、稳定客户关系、树立品牌形象。

在推广模式方面，思哲睿将以自主推广为主。主要通过自行举办经销商会议、定期培训和手术演示等，以及参与其他机构举办的国家级及省级行业展会、学术会议进行产品宣传和推介。

在售前和售后服务方面,思哲睿为增强市场拓展力度和提高产品交付前后的服务质量,制定了各类销售规章制度,以及规范操作销售、培训、维修、定期维护、反馈处理等服务流程,从而为客户提供整体售前售后一体化服务方案。

3.3.4 经营模式的原因、影响因素及未来变动趋势

思哲睿所采用的经营模式是根据公司的实际情况、在运营过程中逐渐形成的、符合当前公司发展现状的合理模式,同时也顺应了当前医疗器械行业的发展趋势。当前的经营模式符合其长期发展战略的需要,有利于公司提高经营效率,实现快速发展。

影响公司经营模式的关键因素不仅包含公司经营战略、生产销售体系等内在因素,还包括医疗器械行业的政策变化、新法律法规的出台、行业上下游的现状和市场竞争等外在因素,思哲睿当前的经营模式在报告期内未发生显著变动,属于医疗器械行业的惯例。

4 财务与会计分析

4.1 思哲睿近三年财务总览

4.1.1 思哲睿资产负债表

表7-6 思哲睿近三年一期资产负债表 (单位:元)

项目	2022年12月31日	2021年12月31日	2020年12月31日
资产			
流动资产:			
货币资金	229,997,188.54	172,210,083.47	240,930,959.11
交易性金融资产	—	44,167,323.07	67,197,095.79
应收账款	—	127,137.35	67,500.00
预付款项	20,424,871.84	9,797,465.67	2,170,451.31
其他应收款	3,420,930.82	3,529,284.84	6,260,831.29
存货	46,481,603.02	9,327,501.74	1,674,129.86
其他流动资产	12,012,297.21	9,425,864.96	598,895.78
流动资产合计	312,336,891.43	248,584,661.10	318,899,863.14
非流动资产:			

续表

项目	2022年12月31日	2021年12月31日	2020年12月31日
固定资产	176,188,336.70	10,141,194.48	5,652,337.88
在建工程	—	97,718,512.12	—
使用权资产	5,687,560.75	4,326,403.22	—
无形资产	19,996,391.44	19,426,153.58	329,427.20
长期待摊费用	903,502.86	459,645.34	14,182.45
其他非流动资产	4,959,913.12	10,362,160.11	4,197,430.22
非流动资产合计	207,735,704.87	142,434,068.85	10,193,377.75
资产总计	520,072,596.30	391,018,729.95	329,093,240.89
负债及股东权益			
流动负债:			
短期借款	19,900,000.00	5,000,000.00	—
应付账款	36,963,989.83	19,152,702.07	4,691,295.89
应付职工薪酬	15,196,026.64	7,403,443.76	4,358,126.44
应交税费	1,382,671.46	656,515.90	578,165.68
其他应付款	16,294,382.58	9,285,388.10	1,796,720.80
一年内到期的非流动负债	3,404,688.17	2,098,564.98	—
流动负债合计	93,141,758.68	43,596,614.81	11,424,308.81
非流动负债:			
租赁负债	639,321.18	1,746,985.99	—
递延收益	4,540,087.89	9,893,983.06	15,255,177.32
非流动负债合计	5,179,409.07	11,640,969.05	15,255,177.32
负债合计	98,321,167.75	55,237,583.86	26,679,486.13
股东权益:			
股本/实收资本	150,000,000.00	19,108,455.00	18,872,548.00
资本公积	564,536,553.53	515,340,251.25	415,576,158.25
未分配利润	-292,785,124.98	-198,667,560.16	-132,034,951.49
归属于母公司股东权益合计	421,751,428.55	335,781,146.09	302,413,754.76
股东权益合计	421,751,428.55	335,781,146.09	302,413,754.76
负债及股东权益总计	520,072,596.30	391,018,729.95	329,093,240.89

4.1.2 思哲睿合并利润表

表7-7 思哲睿合并利润表 （单位:元）

项目	2022年度	2021年度	2020年度
一、营业收入	59,392.09	1,038,919.21	663,076.76
减:营业成本	36,339.17	606,491.82	290,591.97
税金及附加	526,869.83	141,694.20	70,441.37
销售费用	12,592,465.72	1,025,802.28	—
管理费用	117,955,027.75	18,947,065.98	10,326,112.84
研发费用	153,819,125.80	60,629,714.90	28,895,335.58
财务费用	-4,984,085.05	-1,790,303.96	-716,040.79
其中:利息费用	1,068,299.61	112,714.42	—
利息收入	6,065,113.15	1,914,668.11	723,396.14
信用减值损失	206,981.23	-86,236.67	244,097.83
资产减值损失	70,455.95	—	—
加:其他收益	11,617,690.56	10,052,235.13	6,427,464.24
投资收益	-71,454.09	678,175.64	434,117.31
公允价值变动收益	689,628.16	1,929,904.71	97,095.79
资产处置收益	27,296.41	—	—
二、营业利润	-267,900,627.27	-65,774,993.86	-31,488,784.70
加:营业外收入	10,424.67	50,000.84	0.16
减:营业外支出	2,779,054.07	907,615.65	800,129.18
三、利润总额	-270,669,256.67	-66,632,608.67	-32,288,913.72
减:所得税费用	—	—	—
四、净利润	-270,669,256.67	-66,632,608.67	-32,288,913.72
归属于母公司股东的净利润	-270,669,256.67	-66,632,608.67	-32,288,913.72
五、其他综合收益的税后净额	—	—	—
六、综合收益总额	-270,669,256.67	-66,632,608.67	-32,288,913.72
归属于母公司股东的综合收益总额	-270,669,256.67	-66,632,608.67	-32,288,913.72
七、每股收益			
基本每股收益	-1.80	—	—
稀释每股收益	-1.80	—	—

4.1.3　思哲睿合并现金流量表

表7-8　思哲睿合并现金流量表　　(单位:元)

项目	2022年度	2021年度	2020年度
一、经营活动使用的现金流量			
销售商品、提供劳务收到的现金	193,220.88	980,090.42	3,628,076.76
收到的税费返还	26,950,820.54	786,649.16	65,801.61
收到其他与经营活动有关的现金	19,859,783.34	14,579,882.21	18,845,342.45
经营活动现金流入小计	47,003,824.76	16,346,621.79	22,539,220.82
购买商品、接受劳务支付的现金	131,219,677.55	55,468,469.57	7,816,860.18
支付给职工以及为职工支付的现金	74,739,064.68	37,086,627.11	17,238,838.32
支付的各项税费	435,441.72	125,144.50	59,724.65
支付其他与经营活动有关的现金	27,930,371.05	13,936,900.75	7,917,420.83
经营活动现金流出小计	234,324,555.00	106,617,141.93	33,032,843.98
经营活动使用的现金流量净额	-187,320,730.24	-90,270,520.14	-10,493,623.16
二、投资活动使用的现金流量			
收回投资收到的现金	89,000,000.00	144,930,000.00	41,020,000.00
取得投资收益所收到的现金	1,785,497.14	1,537,853.07	434,117.31
处置固定资产、无形资产和其他长期资产收回的现金净额	40,497.97	—	—
收到其他与投资活动有关的现金	500,000.00	1,653,084.77	—
投资活动现金流入小计	91,325,995.11	148,120,937.84	41,454,117.31
购建固定资产、无形资产和其他长期资产支付的现金	65,267,998.07	113,371,226.62	3,464,579.30
投资支付的现金	46,000,000.00	115,330,000.00	103,620,000.00
支付其他与投资活动有关的现金	500,000.00		
投资活动现金流出小计	111,767,998.07	228,701,226.62	107,084,579.30
投资活动使用的现金流量净额	-20,442,002.96	-80,580,288.78	-65,630,461.99
三、筹资活动产生的现金流量		—	—
吸收投资收到的现金	260,000,000.00	100,000,000.00	150,000,000.00
取得借款收到的现金	19,900,000.00	5,000,000.00	—
筹资活动现金流入小计	279,900,000.00	105,000,000.00	150,000,000.00
偿还债务支付的现金	5,000,000.00	—	—
偿付利息支付的现金	890,873.79	112,714.42	—
支付其他与筹资活动有关的现金	8,459,287.94	2,757,352.30	—
筹资活动现金流出小计	14,350,161.73	2,870,066.72	—

项目	2022年度	2021年度	2020年度
筹资活动产生的现金流量净额	265,549,838.27	102,129,933.28	150,000,000.00
四、汇率变动对现金及现金等价物的影响	—	—	—
五、现金及现金等价物净增加额	57,787,105.07	-68,720,875.64	73,875,914.85
加:期/年初现金及现金等价物余额	172,210,083.47	240,930,959.11	167,055,044.26
六、期/年末现金及现金等价物余额	229,997,188.54	172,210,083.47	240,930,959.11

4.2 主要财务指标

4.2.1 主要财务指标

表7-9 思哲睿主要财务指标表

主要财务指标	2022年度	2021年度	2020年度
流动比率(倍)	3.35	5.70	27.91
速动比率(倍)	2.73	5.27	27.72
资产负债率(合并)	18.91%	14.13%	8.11%
资产负债率(母公司)	10.52%	8.40%	3.83%
应收账款周转率(次)	不适用	不适用	不适用
存货周转率(次)	不适用	不适用	不适用
息税折旧摊销前利润(万元)	-26,533.17	-6,427.09	-3,093.46
利息保障倍数(倍)	-252.36	-590.16	不适用
归属于发行人股东的净利润(万元)	-27,066.93	-6,663.26	-3,228.89
归属于发行人股东扣除非经常性损益后的净利润(万元)	-24,997.65	-7,832.83	-3,838.17
研发投入占营业收入比例	不适用	不适用	不适用
每股经营活动产生的现金流量(元)	-1.25	不适用	不适用
每股净现金流量(元)	0.39	不适用	不适用
归属于发行人股东的每股净资产(元)	2.81	不适用	不适用

4.2.2 净资产收益率和每股收益

根据中国证券监督管理委员会《公开发行证券的公司信息披露编报规则第9号——净资产收益率和每股收益的计算及披露》(2010年修订)的规定,思哲睿加权平均间资产收益率及每股收益计算如下:

表7-10　思哲睿净资产收益率和每股收益明细表

报告期利润		加权平均净资产收益率	每股收益(元)	
			基本每股收益	稀释每股收益
2022年度	归属于公司普通股股东的净利润	−54.47%	−1.80	−1.80
	扣除非经常性损益后归属于公司普通股股东的净利润	−50.31%	−1.67	−1.67
2021年度	归属于公司普通股股东的净利润	−24.76%	不适用	不适用
	扣除非经常性损益后归属于公司普通股股东的净利润	−29.11%	不适用	不适用
2020年度	归属于公司普通股股东的净利润	− 15.67%	不适用	不适用
	扣除非经常性损益后归属于公司普通股股东的净利润	− 18.63%	不适用	不适用

4.3　营业收入分析

报告期内,思哲睿营业收入构成如下:

表7-11　思哲睿营业收入构成明细表

项目	2022年度		2021年度		2020年度	
	金额(万元)	占比	金额(万元)	占比	金额(万元)	占比
主营业务收入	—	—	—	—	—	—
其他业务收入	5.94	100.00%	103.89	100.00%	66.31	100.00%
其中:销售实物	2.65	44.70%	49.94	48.07%	—	—
技术服务	—	—	40.57	39.05%	66.31	100.00%
设备租赁及培训	3.28	55.30%	13.38	12.88%	—	—
合计	5.94	100.00%	103.89	100.00%	66.31	100.00%

4.4　营业成本分析

报告期内,思哲睿营业成本的构成情况如下:

表7-12 思哲睿营业成本的构成情况表

项目	2022年度		2021年度		2020年度	
	金额（万元）	占比	金额（万元）	占比	金额（万元）	占比
主营业务成本	—	—	—	—	—	—
其他业务成本	3.63	100.00%	60.65	100.00%	29.06	100.00%
其中:销售实物	2.62	72.18%	33.22	54.77%	—	—
技术服务	—	—	25.25	41.64%	29.06	100.00%
设备租赁 及培训	1.01	27.82%	2.18	3.60%	—	—
合计	3.63	100.00%	60.65	100.00%	29.06	100.00%

报告期内,思哲睿营业成本分别为29.06万元、60.65万元及3.63万元,主要包括职工薪酬及材料成本。

4.5 期间费用项目分析

报告期内,思哲睿期间费用的构成情况如下:

表7-13 思哲睿期间费用构成情况表

项目	2022年度		2021年度		2020年度	
	金额（万元）	期间费用占比	金额（万元）	期间费用占比	金额（万元）	期间费用占比
销售费用	1,259.25	4.51%	102.58	1.30%	—	—
管理费用	11,795.50	42.22%	1,894.71	24.04%	1,032.61	26.82%
研发费用	15,381.91	55.06%	6,062.97	76.93%	2,889.53	75.04%
财务费用	-498.41	- 1.78%	- 179.03	-2.27%	-71.60	- 1.86%
合计	27,938.25	100.00%	7,881.23	100.00%	3,850.54	100.00%
其中:股份支付费用	9,663.95	34.59%	—	—	—	—
剔除股份支付后的期间费用合计	18,274.30	65.41%	7,881.23	100.00%	3,850.54	100.00%

报告期内,思哲睿剔除股份支付后的期间费用分别为3,850.54万元、7,881.23万元及18,274.30万元,以管理费用与研发费用为主。

4.5.1 销售费用

报告期内,思哲睿销售费用的构成情况如下:

表7-14 思哲睿销售费用构成情况表

项目	2022年度		2021年度		2020年度	
	金额(万元)	占比	金额(万元)	占比	金额(万元)	占比
职工薪酬	862.69	68.51%	57.68	56.23%	—	—
会议费及业务招待费	197.28	15.67%	31.31	30.53%	—	—
差旅费	78.36	6.22%	10.01	9.76%	—	—
股权激励	24.69	1.96%	—	0.00%	—	—
折旧与摊销	21.07	1.67%	—	0.00%	—	—
业务宣传费	12.73	1.01%	2.04	1.99%	—	—
其他	62.43	4.96%	1.53	1.50%	—	—
合计	1,259.25	100.00%	102.58	100.00%	—	—

2021年度及2022年度发生销售费用102.58万元及1,259.25万元,主要为职工薪酬、会议费及业务招待费等。报告期内,思哲睿经营活动主要为手术机器人产品的研发,2020年未成立销售部门开展销售活动;2021年随着部分产品临近商业化,为满足未来产品上市后的销售需求,思哲睿逐步组建销售团队开展商业化前的市场调研、行业会议等活动;2022年,思哲睿销售团队进一步扩张,积极参与行业会议等市场营销活动,不断建设广泛的销售渠道,故销售费用有较大增长。

4.5.2 管理费用

报告期内,思哲睿管理费用金额分别为1,032.60万元、1,894.73万元和11,795.50万元,具体构成如下:

表7-15 思哲睿管理费用情况表

项目	2022年度		2021年度		2020年度	
	金额(万元)	占比	金额(万元)	占比	金额(万元)	占比
职工薪酬	2,193.09	18.59%	1,138.95	60.11%	594.40	57.56%
股权激励	7,954.95	67.44%	—	—	—	—

续表

项目	2022年度		2021年度		2020年度	
	金额(万元)	占比	金额(万元)	占比	金额(万元)	占比
中介服务费	492.04	4.17%	115.48	6.09%	37.83	3.66%
办公费	459.33	3.89%	242.36	12.79%	57.36	5.55%
业务招待费	269.78	2.29%	178.55	9.42%	113.23	10.97%
折旧与摊销	139.15	1.18%	61.57	3.25%	35.11	3.40%
物流服务费	53.99	0.46%	11.45	0.60%	13.09	1.27%
租赁费	48.46	0.41%	55.92	2.95%	82.06	7.95%
交通费	28.85	0.24%	29.82	1.57%	20.46	1.98%
差旅费	22.78	0.19%	44.82	2.37%	37.84	3.66%
其他	133.08	1.13%	15.81	0.83%	41.22	3.99%
合计	11,795.50	100.00%	1,894.73	100.00%	1,032.60	100.00%

思哲睿管理费用主要由职工薪酬、股权激励、中介服务费、办公费、业务招待费等构成,2022年度管理费用大幅增长主要是由于当期产生了股权激励费用。

4.5.3 研发费用

报告期内,思哲睿研发费用金额分别为2,889.53万元、6,062.97万元和15,381.91万元,具体构成如下:

表7-16 思哲睿研发费用构成情况表

项目	2022年度		2021年度		2020年度	
	金额(万元)	占比	金额(万元)	占比	金额(万元)	占比
材料款	4,642.97	30.18%	1,610.47	26.56%	584.47	20.23%
职工薪酬	5,035.15	32.73%	2,807.69	46.31%	1,185.90	41.04%
股权激励	1,684.32	10.95%	—	—	—	—
临床试验费	1,548.07	10.06%	422.09	6.96%	102.68	3.55%
折旧与摊销	492.43	3.20%	370.96	6.12%	100.32	3.47%
专利费	714.77	4.65%	65.61	1.08%	13.45	0.47%
技术服务费	319.30	2.08%	441.67	7.28%	500.06	17.31%
差旅费	231.02	1.50%	108.45	1.79%	86.33	2.99%
检验费	188.69	1.23%	22.49	0.37%	22.82	0.79%
租赁费	55.85	0.36%	50.02	0.82%	133.11	4.61%

续表

项目	2022年度		2021年度		2020年度	
	金额(万元)	占比	金额(万元)	占比	金额(万元)	占比
其他	469.34	3.05%	163.52	2.70%	160.38	5.55%
合计	15,381.91	100.00%	6,062.97	100.00%	2,889.53	100.00%

研发费用主要由材料款、职工薪酬费用、股权激励费用、临床试验费、技术服务费等构成，占研发费用的比例分别为82.13%、87.12%及86.01%，为保持未来产品技术与质量优势，提高公司核心竞争力，思哲睿一直注重持续的研发投入。报告期内，研发费用持续增长，主要原因为：

①随着在研项目的研发数量、研发进程不断推进及研发人员人数不断增长，报告期内思哲睿职工薪酬、材料款等相关费用稳定增长。报告期各期末，研发人员人数分别为86人、165人及240人。

②2022年思哲睿确认股份支付费用按照被授予员工的工作岗位、职责范围分摊至当期研发费用的金额为1,684.32万元。

③伴随研发项目的顺利推进，思哲睿主要研发项目在报告期内取得了实质性的进展。康多机器人® SR1000项目已在国内顶尖医院开展并完成了针对肾部分切除术及前列腺癌根治术的注册临床试验，于2022年6月通过国家药监局审批获得第三类医疗器械注册证，用于泌尿外科上尿路腔镜手术操作；并于2023年2月通过国家药监局审批变更第三类医疗器械注册证，其应用范围拓展至泌尿外科腹腔镜手术操作。截至2022年末，该项目针对妇科子宫内膜癌分期术及普外科结直肠癌切除术的临床试验已开始入组，故而思哲睿临床试验费用支出增加较多。

④技术服务费主要为研发活动中支付的合作研发、模块定制开发、外观设计等费用。报告期内，技术服务费有所减少，主要是随着思哲睿规模和研发人员的增加，逐步减少对于外部的委托研发需求。

报告期内，思哲睿不存在研发费用资本化的情形。

4.5.4　思哲睿研发项目情况

报告期内，思哲睿主要研发项目的明细情况如下：

表7-17 思哲睿研发项目情况表 (单位:万元)

序号	项目名称	预算	研发投入金额			项目进度
			2022年度	2021年度	2020年度	
1	康多机器人® SR1000项目	45,000.00	8,854.92	4,866.19	2,520.66	泌尿外科已获批注册证,妇科、普外科和胸外科处于注册临床试验阶段
2	康多机器人® SR1500/SR2000项目	41,000.00	4,169.54	253.20	—	SR1500已启动泌尿外科注册临床试验,SR2000准备启动注册临床试验
3	经自然腔道及其他专科手术机器人项目	53,000.00	1,528.74	256.74	119.87	产品样机开发阶段
4	内窥镜项目	500.00	242.92	—	—	已提交注册申请
5	电动内窥镜持针钳项目	1,500.00	—	—	157.84	已获批注册证
6	通用及前沿技术研究	—	585.79	686.85	91.17	—
合计		—	15,381.91	6,062.97	2,889.53	—

报告期内,思哲睿主要研发投入项目为康多机器人® SR1000、SR1500及SR2000项目,研发投入金额占报告期研发投入总额的80%以上。

4.5.5 财务费用

表7-18 思哲睿财务费用情况表 (单位:万元)

项目	2022年度	2021年度	2020年度
利息支出	106.83	11.27	—
减:利息收入	606.51	191.47	72.34
手续费	1.19	1.16	0.74
汇兑损益	0.09	—	—
合计	-498.40	-179.04	-71.60

报告期内,思哲睿财务费用金额分别为-71.60万元、-179.04万元及-498.40万元,主要为银行利息收入。

4.6 思哲睿资产质量分析

4.6.1 资产构成及变动情况

报告期内，思哲睿资产构成情况如下：

表7-19 思哲睿资产构成情况表

项目	2022年12月31日		2021年12月31日		2020年12月31日	
	金额（万元）	占比	金额（万元）	占比	金额（万元）	占比
流动资产	31,233.69	60.06%	24,858.47	63.57%	31,889.99	96.90%
非流动资产	20,773.57	39.94%	14,243.41	36.43%	1,019.34	3.10%
资产总计	52,007.26	100.00%	39,101.88	100.00%	32,909.33	100.00%

报告期各期内，思哲睿资产结构中流动资产分别占比96.90%、63.57%和60.06%，流动资产主要由流动性较高的货币资金等构成，非流动资产主要为固定资产及在建工程等。

4.6.2 流动资产分析

报告期各期末，思哲睿流动资产的结构情况如下：

表7-20 思哲睿流动资产情况表

项目	2022年12月31日		2021年12月31日		2020年12月31日	
	金额（万元）	占比	金额（万元）	占比	金额（万元）	占比
货币资金	22,999.72	73.64%	17,221.01	69.28%	24,093.10	75.55%
交易性金融资产	—	0.00%	4,416.73	17.77%	6,719.71	21.07%
应收账款	—	0.00%	12.71	0.05%	6.75	0.02%
预付款项	2,042.49	6.54%	979.75	3.94%	217.05	0.68%
其他应收款	342.09	1.10%	352.93	1.42%	626.08	1.96%
存货	4,648.16	14.88%	932.75	3.75%	167.41	0.52%
其他流动资产	1,201.23	3.85%	942.59	3.79%	59.89	0.19%
流动资产合计	31,233.69	100.00%	24,858.47	100.00%	31,889.99	100.00%

报告期各期末，思哲睿流动资产主要由货币资金、交易性金融资产、预付款项和存货构成。

报告期各期末,思哲睿存货的构成情况如下:

项目	2022年12月31日		2021年12月31日		2020年12月31日	
	金额(万元)	占比	金额(万元)	占比	金额(万元)	占比
原材料	3,964.71	85.17%	902.28	96.73%	167.41	100.00%
委托加工物资	28.36	0.61%	30.47	3.27%	—	—
半成品	28.30	0.61%	—	—	—	—
在产品	633.84	13.62%	—	—	—	—
存货余额合计	4,655.21	100.00%	932.75	100.00%	167.41	100.00%
减:存货跌价 准备	7.05	0.15%	—	—	—	—
存货账面价值	4,648.16	99.85%	932.75	100.00%	167.41	100.00%

报告期各期末,原材料账面余额分别为167.41万元、902.28万元及3,964.71万元,委托加工物资账面余额分别为0元、30.47万元及28.36万元,均呈增加趋势,主要是随着业务活动的增加,考虑到物料使用的及时性要求及规模采购的经济性,思哲睿对一些常用物料进行备货采购。

核心产品康多机器人®SR1000于2022年6月通过国家药监局审批获得第三类医疗器械注册证,思哲睿为商业化推广进行一定的生产备货,半成品和在产品于2022年末的账面余额分别为28.30万元及633.84万元。

4.6.3 非流动资产分析

报告期各期末,思哲睿非流动资产构成情况如下:

表7-21 思哲睿非流动资产构成情况表

项目	2022年12月31日		2021年12月31日		2020年12月31日	
	金额(万元)	占比	金额(万元)	占比	金额(万元)	占比
固定资产	17,618.83	84.81%	1,014.12	7.12%	565.23	55.45%
在建工程	—	—	9,771.85	68.61%	—	—
使用权资产	568.76	2.74%	432.64	3.04%	—	—
无形资产	1,999.64	9.63%	1,942.62	13.64%	32.94	3.23%
长期待摊费用	90.35	0.43%	45.96	0.32%	1.42	0.14%
其他非流动资产	495.99	2.39%	1,036.22	7.28%	419.74	41.18%
非流动资产合计	20,773.57	100.00%	14,243.41	100.00%	1,019.34	100.00%

（1）固定资产

报告期各期末，思哲睿固定资产账面价值分别为562.23万元、1,014.12万元和17,618.83万元，各期末固定资产的构成情况如下：

表7-22　思哲睿固定资产构成情况表

项目	2022年12月31日		2021年12月31日		2020年12月31日	
	金额（万元）	占比	金额（万元）	占比	金额（万元）	占比
房屋建筑物	14,980.64	81.91%	—	—	—	—
机器设备	1,790.93	9.79%	451.03	32.49%	317.48	40.69%
电子设备	1,189.92	6.51%	735.55	52.98%	330.01	42.30%
工具器具	195.82	1.07%	70.88	5.11%	39.07	5.01%
运输设备	131.17	0.72%	130.79	9.42%	93.60	12.00%
账面原值合计	18,288.48	100.00%	1,388.24	100.00%	780.17	100.00%
房屋建筑物	34.30	5.12%	—	—	—	—
机器设备	216.33	32.30%	115.74	30.94%	50.08	23.30%
电子设备	315.84	47.16%	188.46	50.37%	117.48	54.66%
工具器具	42.75	6.38%	26.27	7.02%	18.14	8.44%
运输设备	60.44	9.02%	43.66	11.67%	29.23	13.60%
累计折旧合计	669.65	100.00%	374.12	100.00%	214.94	100.00%
房屋建筑物	14,946.34	84.83%	—	—	—	—
机器设备	1,574.60	8.94%	335.29	33.06%	267.40	47.31%
电子设备	874.09	4.96%	547.09	53.95%	212.53	37.60%
工具器具	153.07	0.87%	44.61	4.40%	20.93	3.70%
运输设备	70.74	0.40%	87.13	8.59%	64.37	11.39%
账面价值合计	17,618.83	100.00%	1,014.12	100.00%	565.23	100.00%

思哲睿的固定资产包括与日常经营相关的房屋建筑物、机器设备、电子设备、工具器具及运输设备等，随着公司业务活动的增加，报告期各期末公司固定资产账面价值逐步上升。

（2）无形资产

报告期各期末，思哲睿无形资产的构成情况如下：

表7-23 思哲睿无形资产构成情况表-

项目	2022年12月31日		2021年12月31日		2020年12月31日	
	金额(万元)	占比	金额(万元)	占比	金额(万元)	占比
土地使用权	1,869.00	89.34%	1,869.00	94.25%	—	—
软件	223.04	10.66%	113.96	5.75%	45.22	100.00%
账面原值合计	2,092.04	100.00%	1,982.96	100.00%	45.22	100.00%
土地使用权	59.19	64.05%	21.81	54.05%	—	—
软件	33.21	35.95%	18.53	45.95%	12.27	100.00%
累计摊销合计	92.40	100.00%	40.34	100.00%	12.27	100.00%
土地使用权	1,809.82	90.51%	1,847.20	95.09%	—	—
软件	189.82	9.49%	95.42	4.91%	32.94	100.00%
账面价值合计	1,999.64	100.00%	1,942.62	100.00%	32.94	100.00%

报告期各期末,思哲睿无形资产账面价值分别为32.94万元、1,942.62万元和1,999.64万元,主要包括土地使用权及软件,2021年末余额上涨较大,主要是本期新增土地使用权1,869.00万元。

5 知识产权与核心技术分析

5.1 思哲睿知识产权情况

思哲睿长期坚持自主研发和技术创新,具备手术机器人创成技术、手术机械臂技术、主操作手技术、手术器械技术、主从遥操作技术、手术导航技术等多项核心技术。截至2022年12月31日,思哲睿已取得169项专利授权,包括发明专利43项、实用新型专利109项、外观专利17项,软件著作权合计19项,构建了独立、完整的知识产权体系。

5.2 核心技术体系分析

思哲睿经过多年研发和积淀,在手术机器人领域形成了多项核心技术,涉及六大技术类别,包括手术机器人创成技术、手术机械臂技术、主操作手技术、手术器械技术、主从遥操作技术、手术导航技术。

5.2.1 手术机器人创成技术

思哲睿的核心技术团队在掌握了通用性的机器人系统建模和分析技术的

基础上，践行“医工结合”的宝贵经验，发展并总结了一套成熟的手术机器人产品实现方法论和通用基础技术。

表7-24　手术机器人创成技术具体表征

技术类别	核心技术	技术先进性及具体表征	技术应用	技术来源
手术机器人创成技术	手术机器人临床适用性设计技术	1.思哲睿在医疗设备通用设计需求的基础上，结合手术机器人临床有效性、安全性和禁忌症的研究，归纳了典型的临床适用性设计指标； 2.思哲睿进一步在产品实现流程中应用优化设计、可靠性设计、人因设计、TRIZ等理论或方法，有效保证设计指标的实现	腔镜手术机器人、经尿道柔性手术机器人、人工耳蜗手术机器人、脊柱内镜手术机器人、经口腔手术机器人	自主研发
	手术机器人机械系统建模和优化设计技术	1.思哲睿总结并发展了典型术式的结构化分析方法，通过系统化地表征和描述临床适用性设计指标来指导机械系统的优化设计； 2.思哲睿针对机器人手术应用场景构建了“人-机”系统仿真模型，以支撑多种综合性设计过程	腔镜手术机器人、经尿道柔性手术机器人、人工耳蜗手术机器人、脊柱内镜手术机器人、经口腔手术机器人	自主研发
	分布式手术机器人驱控系统设计技术	1.思哲睿基于高速现场总线技术自主开发了高集成度、易扩展的分布式驱控系统，实现了高精度力位混合控制； 2.该技术满足手术操作的高精度和高实时性要求，以及产品结构异型、电磁兼容和电气安全等设计需求	腔镜手术机器人、经尿道柔性手术机器人、人工耳蜗手术机器人、脊柱内镜手术机器人、经口腔手术机器人	自主研发

(1)手术机器人临床适用性设计技术

手术机器人是医学和机器人两个专业领域深度融合的产物，思哲睿有机结合医疗装备设计技术、机器人系统设计技术和机器人临床手术应用经验，总结发展了手术机器人临床适用性设计技术。

思哲睿在医疗设备通用设计需求的基础上，结合手术机器人临床有效性、安全性和禁忌症的研究，归纳了典型的临床适用性要素，如机电功能性、机电安全性、电磁兼容性、可靠性、可用性、易用性、生物相容性、临床有效性、临床禁忌症和人机工程学等,并在此基础上进一步构建科学、有效且可度量的设计指标,进一步在产品实现流程中应用优化设计、可靠性设计、人因设计、TRIZ等方法或理论,有效保证设计指标的实现。

临床有效性设计技术可应用于思哲睿所有产品,以开放式医生控制台为例,思哲睿基于人机工程学临床调研结果,采用开放式医生控制台的技术路线。与“暗箱式”医生控制台相比,“开放式”设计不会强制医生在术中维持固定工作姿态,极大减轻医生的疲劳感。

手术机器人临床适用性设计技术涉及知识产权如下:

一种用于水平移动机构的制动结构(201611261925.7);

一种用于医疗设备中控轮的控制机构(201610480167.1);

一种脊柱微创手术机器人主端操作台(201611032100.8);

台车调试软件V1.0(2021SR0804287)。

(2)手术机器人机械系统建模和优化设计

手术机器人机械系统建模和优化设计是在设计需求确认的前提下,通过构建机械系统的运动学、动力学等模型来指导具体结构设计和动力选型匹配的过程。

一方面,思哲睿在机械系统设计的通用方法的基础上,总结发展了典型术式的结构化分析方法,通过系统化地表征和统计临床适用性需求,归纳手术机器人的关键设计指标,指导机械系统设计。另一方面,思哲睿在运动学、动力学仿真分析方法的基础上,针对机器人手术应用场景构建了“人-机器人”系统仿真模型。该模型可支撑手术机器人系统的多种综合性设计过程,如灵巧工作空间与典型术式病灶区域的覆盖性仿真与优化、术前摆位的模拟仿真与优化、主从控制算法的仿真优化、关键结构安全性分析等。

手术机器人机械系统建模和优化设计涉及知识产权如下:

一种腹腔镜手术机器人的滑台运动控制方法及装置(202110405332.8);

一种腔镜手术机器人的手术臂初始位姿规划方法及装置(202110143688.9)。

(3)分布式手术机器人驱控系统设计技术

手术机器人驱控系统由机器人驱动系统和控制系统组成,驱动系统主要指驱动机械系统动作的驱动装置,控制系统则根据机器人的作业指令程序及从传感器反馈回来的信号控制机器人的驱动系统,使其完成规定的运动和功能。

为了满足手术操作的高精度和高实时性要求，思哲睿采用EtherCAT总线技术，设计制造了自主可控的机器人驱控系统。在此系统的支撑下，思哲睿设计了高精度力位混合控制算法，实现了控制算法各模块在EtherCAT主站和从站之间的最优配置，既满足了传感器高采样精度和高采样频率的要求，又满足了控制器高控制频率的要求，解决了通用第三方驱控系统开放性、兼容性不足，二次开发拓展困难等问题。

分布式手术机器人驱控系统设计技术涉及知识产权如下：

一种伺服电机复位方法(201711310439.4)；

手术机器人单机械臂调测软件V1.0(2022SR0635412)；

医用手术机器人三臂信息交互软件V1.0(2022SR1446010)。

5.2.2 手术机械臂技术

思哲睿围绕手术机械臂在各类手术场景中的应用需求开发了一系列手术机械臂技术，包括远心点机构设计技术、连续体机构设计技术、机械臂力交互与控制技术等。

表7-25 手术机械臂技术具体表征

技术类别	核心技术	技术先进性及具体表征	技术应用	技术来源
手术机械臂技术	远心点机构设计技术	1.远心点机构是实现腔镜机器人手术操作的重要安全保障，该技术保证手术器械或内窥镜在体表切口点处不产生位移； 2.思哲睿使用双级平行四边形连杆的方式实现远心不动点运动，保证了系统传动精度、结构刚度与控制稳定性，防止手术操作过程中由体表切口点运动所造成的损伤风险	腔镜手术机器人、脊柱内镜手术机器人、经口腔手术机器人	自主研发
	连续体机构设计技术	1.思哲睿基于刚性导盘与多切口柔性体，构建刚柔耦合连续体机器人结构，连续体机器人末端具有更灵活的运动自由度，形成更大的弯曲角度，可在不借助外部机械臂运动的情况下，实现狭小空间手术操作控制；		

续表

技术类别	核心技术	技术先进性及具体表征	技术应用	技术来源
		2.连续体机器人可通过口腔等自然腔道或腔镜手术的单孔入路,辅助医生开展更多术式	腔镜手术机器人、经尿道柔性手术机器人、脊柱内镜手术机器人、经口腔手术机器人	自主研发
	机械臂力交互与控制技术	1.力交互是机械臂操作与控制过程中最普遍的人机交互形式,涉及机器人与患者间的交互、医生与机器人间的控制交互; 2.在机器人动力学建模的基础上,基于力传感器集成方案及力提取算法,实现手术器械与手术场景的交互作用力、医生与机器人交互控制力解析,并基于柔顺控制方法实现手术操作保护与机器人自由拖曳控制	腔镜手术机器人、经尿道柔性手术机器人、人工耳蜗手术机器人、脊柱内镜手术机器人、经口腔手术机器人	自主研发

(1)远心点机构设计技术

远心点机构是实现机器人在患者体表切口限制下做微创手术操作的重要保障机构。该技术将手术器械或内窥镜的运动约束在体表切口点,防止手术操作过程中由体表切口点运动所造成的损伤与风险。其技术的难点在于远心点运动机构的创新设计,该设计既要满足临床实施方式要求,又要在大范围运动的前提下实现远心点控制的稳定性。

思哲睿基于双级平行四边形连杆原理,针对每级平行四边形采用双支链的结构传动方式,并根据刚性传动结构构建器械滑台,保证系统传动精度、动力刚性与控制稳定性。从而实现了精准稳定的远心不动点运动,保证了机器人手术中体表切口处组织不受损伤。

远心点机构设计技术涉及知识产权如下:

一种可实现空间远心点运动的并联机构(201510243307.9);

一种用于微创手术操作的近似远心不动点机构(201510001744.X)。

(2)连续体机构设计技术

采用连续体机构设计的手术机器人末端具有更多运动自由度,能够形成更大的弯曲角度,在狭小空间内实现更灵活的手术操作。连续体机构适用于微创手术操作，可以经由口腔等自然腔道或腔镜手术的单孔入路来辅助医生开展手术。其技术难点包括连续体结构的设计与集成、柔性体单元的构建、驱动导丝的导向与保护等。连续体结构运动学建模、集成感知单元、实现力与形位的实时感知也是该技术需要解决的问题。

思哲睿基于离散刚性导盘和多切口柔性体的刚柔耦合连续体机器人结构设计，突破了基于单元变形叠加法的连续体正运动学求解方法和基于形位感知的逆运动学拟合方法，有效解决了连续体机器人运动学解算难题，实现了柔性结构机器人位姿精准控制，构建基于光纤与柔性体结构相结合的感知单元，实现对操作力及形位感知，并重点解决导丝驱动摩擦力建模与连续体机器人动力学建模，实现连续体机器人柔顺操作控制，保障了手术操作的安全性。

连续体机构设计技术涉及知识产权如下：

一种四自由度手术器械的走丝装置及其走丝方法（201611259465.4）；

一种面向喉部手术的模块化绳驱动切口式连续体机械臂（202011406726.7）；

一种用于微创手术的多自由度手术器械（201410788732.1）。

（3）机械臂力交互与控制技术

力交互是机械臂操作与控制过程中最普遍的人机交互形式，涉及机器人与患者、机器人与医生间的操作交互或控制交互。力是人机交互过程中最直接的要素之一，其难点在于交互过程的复杂性使得力学建模过程中不可避免地存在建模误差、不确定性，影响交互控制的实时性。

思哲睿通过分析力控制技术在机器人手术过程中的典型应用，对操作过程中可能遇到的工作状态进行归类提取，结合操作过程中各阶段的控制需求建立对应的控制模型，采用控制策略自主识别医生的控制意图并同步完成对应模型的切换，实现快速、准确的机械臂随动响应，以满足力交互过程的控制预期，使医护人员可以更加直观、轻松地完成术前准备、术中调整及术后撤离阶段的协作任务；还通过提高机器人主动顺应控制的反应速度与精度，并结合腔镜手术特点开发了用于实现手术机器人人机协作的力控制技术。

机械臂力交互与控制技术涉及知识产权如下：

一种手术微器械的末端执行机构（201510632132.0）；

一种单孔手术机械臂的展开机构（202011402446.9）；

一种微创手术机器人用模块化柔性器械臂（202011402477.4）。

5.2.3 主操作手技术

思哲睿围绕主操作手在各类手术场景中的应用需求研发了一系列主操作手技术,包括主操作手机构综合技术、主动安全约束控制技术、主操作手动态自平衡技术等。

表7-26 主操作手技术具体表征

技术类别	核心技术	技术先进性及具体表征	技术应用	技术来源
主操作手技术	主操作手机构综合技术	1.主操作手是腔镜手术机器人等各类主从式手术机器人的重要组成部分,在术中实时采集解析医生的手术操作意图,并同步发送至患者手术平台。通过主操作手机构综合技术,实现了医生术中柔顺操作; 2.通过设计多轴汇交冗余机构,实现了类似于人手腕部的姿态调节机构,保障了医生术中操作的灵活性。实现了主操作手灵巧工作空间和人手舒适操作空间的良好匹配,保证了医生术中操作的舒适性	腔镜手术机器人、人工耳蜗手术机器人、脊柱内镜手术机器人、经口腔手术机器人	自主研发
	主动安全约束控制技术	1.主动安全约束控制技术是指当医生在术中出现非正常的或存在安全风险的操作时,能够实时保障手术安全的控制策略; 2.主动安全约束控制技术能够降低手术风险,保证手术的安全性; 3.采用滤抖算法,能够滤除医生术中的手部生理性颤动; 4.采用基于"软弹簧"的主从操作约束引导算法,能够实现对极限或危险位置的主动避让; 5.采用手术器械术野位置实时计算算法,能够实现当手术器械脱离术野区域情况下的实时监控	腔镜手术机器人、人工耳蜗手术机器人、脊柱内镜手术机器人、经口腔手术机器人	自主研发
	主操作手动态自平衡技术	思哲睿基于主、被动控制技术实现了术中主操作手在任意位姿状态下的动态自平衡,保证医生灵活、柔顺地进行手术动作,避免了外力对医生操作的影响,解决了医生术中的手部疲劳问题	腔镜手术机器人、人工耳蜗手术机器人、脊柱内镜手术机器人、经口腔手术机器人	自主研发

(1)主操作手机构综合技术

主操作手是腔镜手术机器人等主从式手术机器人的重要组成部分,它能够采集医生的手术操作意图。在术中,主操作手实时采集医生的手部动作信息并将其传输至患者手术平台,患者手术平台的手术器械复现医生动作以执行手术操作,主操作手自由度多、复杂程度高,不仅设计难度大,而且难以保证较高的操作柔顺性和操作舒适性。同时,因受多参数制约,主操作手灵巧工作空间和人手舒适操作空间难以实现良好匹配,影响手术效果。

思哲睿从临床应用角度出发,通过主操作手机构综合技术,以主操作手操作柔顺性、操作舒适性和主操作手灵巧工作空间与人手舒适操作空间匹配度为优化目标,完成了主操作手机构综合设计;通过合理的位置调整机构设计,实现了主操作手重力矩的机构补偿,降低了关节摩擦力矩,提升了医生术中操作的柔顺性。

通过多轴汇交冗余机构设计,实现了类似于人手腕部的姿态调节机构,提升了医生术中操作的灵活性。此外,思哲睿还通过优化设计算法,实现了主操作手灵巧工作空间和人手舒适操作空间的良好匹配,提升了医生术中操作的舒适性。

主操作手机构综合技术涉及知识产权如下:

一种人机工程操纵手柄装置(201710268860.7);

一种用于外科手术的摇杆型多自由度手术器械(201410788746.3);

一种全被动型六自由度主操作手(201410284253.6);

一种主从一体型外科手术机器人系统(201410284301.1)。

(2)主动安全约束控制技术

主动安全约束控制技术是指当医生在术中出现非正常的或存在安全风险的操作时,能够实时保障手术安全的控制策略。该技术能够通过滤颤算法使操作更稳定;能够通过力觉反馈实现对极限或危险位置的主动避让;能够通过视觉反馈实现异常信息提示。

思哲睿采用基于“软弹簧”的主从操作约束引导算法,实现了当患者手术平台主动关节临近限位时,引导操作者使患者手术平台的主动关节远离限位,并在主从姿态差异过大时重新进行主从匹配;采用滤抖算法,识别了医生术中的生理性颤动,并在主从操作过程中将其滤除;采用手术器械术野位置实时计算算法,实现了当手术器械脱离术野区域时,在医生控制台主显示器上显示离屏指示,通过图像信息提示医生手术器械在术野外的方向,有效引导医生调整内窥镜术野到合适位置,能够降低手术风险,保证了手术的安全性。

主动安全约束控制技术涉及知识产权如下:

一种带零点开关的扶手手柄装置(201710263955.X);

一种用于外科手术的带腕式微器械装置(201410788752.9);

一种微创手术机器人系统及人工耳蜗微创植入手术装置(202010928537.X);

一种腹腔镜手术机器人手术器械更换设备及更换方法(201811640633.3)。

(3)主操作手动态自平衡技术

主操作手动态自平衡技术是指能够在术中实现主操作手在任意位姿下自平衡的技术,利用该技术医生可以非常灵活、柔顺且无外力干扰感的控制主操作手完成术中所需手术动作。

主操作手的动力学特性具有多关节耦合、非线性的特点,其运动过程中各个关节的动力学附加力矩是变化的,如果主操作手的动态自平衡效果不佳,会导致医生手术操作过程中的手部疲劳,影响手术效果。

思哲睿构建了主操作手关节空间的动力学模型和关节摩擦模型,精确补偿了主操作手运动过程中各个关节的动力学附加力矩,从而实现了主操作手在任意位姿状态下的动态自平衡,保证了医生灵活、柔顺地利用主操作手进行手术操作,避免了医生术中长时间操作导致手部疲劳的问题。

主操作手动态自平衡技术涉及知识产权如下:

一种可实现平面二维定位和空间二维定向的双平面并联机构(201510419280.4);

一种手术机器人用主手控制夹(202010371771.7)。

5.2.4 手术器械技术

手术器械是手术机器人的核心部件,挂载于手术机械臂末端,在医生的控制下,完成切开、缝合、打结、抓取、夹持和分离等动作,是开展高效、精准、安全的机器人手术的关键保障之一。高质量的末端手术器械可以在手术中增强外科医生对组织操作的控制能力,扩展手术机器人进行复杂解剖组织的手术能力。

思哲睿面向泌尿外科、妇科、普外科、胸外科等临床实际需求,研制了包含持针钳类、抓取钳类、剪类、单极和双极能量器械等在内的十余种系列化手术器械，发明了器械与手术机械臂的专用接口，可实现器械的可靠连接、快速更换及术中快速释放，提高机器人手术操作效率。

表7-27 手术器械技术具体表征

技术类别	核心技术	技术先进性及具体表征	技术应用	技术来源
手术器械技术	手术器械刚柔耦合传动技术	1.开发了微型手术器械丝-杆混合的刚柔耦合传动技术，实现了狭小目标空间内长距离传动，建立了器械前端模拟人手腕部动作的4自由度配置方案，实现手术器械旋转、俯仰、偏摆、夹持等手术基本操作动作； 2.通过优化柔性传动路径及导向轮组结构和组成，降低了驱动损耗，提升了器械传动效率	腔镜手术机器人、经尿道柔性手术机器人、脊柱内镜手术机器人、经口腔手术机器人	自主研发
	手术器械精准控制技术	建立了刚柔耦合传动器械的损耗特性及扰动误差模型，基于手术器械位-力混合控制和位置前馈补偿控制，实现了手术器械的精准控制	腔镜手术机器人、经尿道柔性手术机器人、脊柱内镜手术机器人、经口腔手术机器人	自主研发
	高可靠性微器械制造及检测技术	1.开展了面向微小零件装配、铆接、表面处理、清洗烘干、精密传动组装等手术器械工艺研究； 2.开发了标准化的制造工艺，研制了系列化装配工装平台和检测平台，实现了手术机器人微手术器械的批量制造	腔镜手术机器人、经尿道柔性手术机器人、脊柱内镜手术机器人、经口腔手术机器人	自主研发
	器械快换接口技术	发明了器械快换接口技术，开发出器械驱动单元、无菌防护结构、末端器械的多级连接传动机构，实现器械的可靠挂接和传动、器械的快速识别和术中手术器械的快速更换及释放	腔镜手术机器人、经尿道柔性手术机器人、人工耳蜗手术机器人、脊柱内镜手术机器人、经口腔手术机器人	自主研发

(1)手术器械刚柔耦合传动技术

在手术过程中，末端手术器械辅助医生进行组织的切开、缝合、打结、抓取、夹持和分离等动作，既要满足微小切口入路，又要满足可多关节灵巧运动需求，这对手术器械的结构设计及传动方式提出了挑战。

为此,思哲睿开发了丝-杆混合的刚柔耦合传动的微型手术器械技术方案,建立了拟人化的多自由度配置方案和器械前端模拟人手腕部动作的自由度配置方案,实现了手术器械旋转、俯仰、偏摆、夹持等自由度运动,解决了狭小空间、长距离传动的问题。思哲睿还建立了末端器械柔性传动系统传输特性模型,通过优化柔性传动路径及导向轮组结构和组成,降低驱动损耗、提升了器械传动效率。

手术器械刚柔耦合传动技术涉及知识产权如下:

一种脊柱微创手术机器人末端工具快换机构(201611034653.7);

一种可实现空间三维定位和二维定向的五自由度混联机构(201510907179.3);

脊柱微创手术机器人实现空间运动串联的三自由度机构(201611034651.8);

一种脊柱微创手术机器人末端指向套筒(201611034655.6);

一种脊柱微创手术机器人磨钻夹持装置(201611034686.1)。

(2)手术器械精准控制技术

手术器械的控制精度是实现医生在腹腔镜视野下多自由度精准手术操作的前提,手术器械存在运动间隙、传动迟滞、装配误差、关节耦合、摩擦干扰等扰动因素,影响手术器械控制精度。

针对以上技术难点,思哲睿建立了刚柔耦合传动器械的控制损耗模型,应对刚柔耦合驱动器械的驱动损耗特性、扰动误差及关节解耦控制,在手术器械位-力混合控制和位置前馈补偿控制的基础上,补偿运动间隙、传动迟滞等扰动因素,建立了高精度的机器人手术器械主从控制模型,保证了手术器械精准控制。

手术器械精准控制技术涉及知识产权如下:

一种脊柱微创手术机器人(201611034687.6);

一种手术机器人机械臂的定位装置及定位方法(202010474025.0)。

(3)高可靠性微器械制造及检测技术

每个手术器械都是由几十甚至上百个微小零件组装而成,面向器械的生产制造工艺及器械检测技术是实现批量化生产的前提,也是实现手术器械一致性、可靠性所需要解决的关键技术。

在微型手术器械制造技术方面,思哲睿针对微小零件配合、铆接、表面处理、清洗烘干、精密传动装配等手术器械开展了相应的工艺研究，开发了标准化的清洗、焊接、压铆等制造工艺，研制了系列化装配工装平台和检测平台，实现了微手术器械的批量制造。

在微型手术器械检测技术方面，思哲睿研究并制定了面向微手术器械结构精度、传动精度、耐腐蚀性、操作功能等功能检测方法及标准化检测工艺，开发了覆盖全生产流程的检测平台，实现了手术器械生产全流程检测，保证了微手术器械的一致性和可靠性。

高可靠性微器械制造及检测技术涉及知识产权如下：

一种微创外科机器人手术用自锁持针器(201711310437.5)；

一种脊柱微创手术机器人末端置针机构(201611034654.1)；

一种用于微创外科手术机器人的导管夹锁机构(201610480540.3)。

(4)器械快换接口技术

手术过程中，手术器械需挂载于手术机械臂上，手术操作指令通过机械臂传递至手术器械末端。为了保证手术器械的术中运动的精度，末端手术器械与机械臂的连接需可靠稳定。为了满足不同的临床需求，手术器械还需具备可靠连接、快速更换及术中快速释放的功能。

思哲睿发明了一套多级器械快换接口解决方案，研制了器械驱动接口—无菌防护接口—末端器械接口的多级连接传动机构，开发出器械驱动单元、无菌防护结构、末端器械的多级连接传动机构，实现了结构简单、安全可靠的微手术器械挂接和传动、器械的快速识别和术中手术器械的快速更换及释放。

器械快换接口技术涉及知识产权如下：

一种用于腹腔镜手术机器人器械的连接机构(201611257011.3)；

一种用于腹腔镜手术机器人器械的连接机构(201610480169.0)；

一种快接组合件(201611214457.8)；

一种用于微创外科手术机器人的器械夹持手快换机构(201410265375.0)；

一种手术机器人器械的对接机构及对接方法(202110980013.X)。

5.2.5　主从遥操作技术

传统腹腔镜微创手术操作时的“筷子效应”一定程度上让医生缺乏手眼协调的直觉操作感受。手术机器人采用主从遥操作技术，通过机械臂带动手术器械完成手术，可以较好解决上述问题。医生还可以利用该技术让远在千里之外的手术微器械执行自己的手术意图。

表7-28 主从遥操作技术具体表征

技术类别	核心技术	技术先进性及具体表征	技术应用	技术来源
主从遥操作技术	主从直觉操作运动映射算法	1.发明了基于位姿分离的位置增量式主从异构映射算法,降低了机械臂主从位姿映射计算的复杂度,提高了主从控制的实时性; 2.设计了基于视觉的运动映射算法,从而适应医生的手眼协同需求,提升了"开放式控制台"的操作体验	腔镜手术机器人、脊柱内镜手术机器人、经口腔手术机器人	自主研发
	面向远程手术的安全处理机制	1.在医生与患者处于不同的地域位置环境的条件下,系统性地研究了远程手术涉及的信息安全问题、双控制台"控制权"问题、网络时延引起的主从操作失配问题,综合设计了面向远程手术的安全处理机制; 2.开发了模块化的"远程手术背包",该专用模块可以支持远程手术和双控制台使用场景	腔镜手术机器人、经尿道柔性手术机器人、人工耳蜗手术机器人、脊柱内镜手术机器人、经口腔手术机器人	自主研发

(1)主从直觉操作运动映射算法

主从直觉操作运动映射算法保障了主操作手运动与从操作手运动的映射关系,是为了让医生直接感受到"手术微器械的运动"与"医生手术意图"相一致而设计的算法。

思哲睿开发了基于位姿分离的位置增量式主从异构映射算法。该算法通过实现主从运动映射中的位置和姿态分离,将高复杂度的机械臂逆解问题简化为两个低复杂度的机械臂逆解问题,降低了机械臂主从位姿映射计算的复杂度,满足了主从控制器的高控制频率要求,提高了主从控制的实时性。

在此基础上,进一步在算法中引入了头部姿态估计算法,该算法能适应医生头部运动。基于该算法,思哲睿研制了"开放式医生控制台",在手术操作时,医生不再需要长时间限定头部姿态,可有效缓解医生肩颈部和眼部疲劳问题。

主从直觉操作运动映射算法涉及知识产权如下：

IOSSimulation数据仿真软件V1.0(2021SR1124260)；

ArmRotation三维仿真软V1.0(2021SR1375680)；

SurfaceHost仿真软件V1.0(2022SR0683696)；

四臂机器人用户系统软件V1.0(2022SR1393367)；

Surface数据仿真分析软件SR01.V01.S01.08(2022SR0971041)。

(2)面向远程手术的安全处理机制

远程手术是指医生通过控制台，控制远距离的机器人系统完成手术操作，是基于远程通信的主从遥操作技术在手术机器人领域的应用。它以5G、固网专线等现代通信技术作为医生控制指令和手术机器人状态信息、术野信息的数据传输媒介，实现医生对手术机器人的远程操作。

思哲睿系统性地研究了远程手术涉及的信息安全问题、双控制台“控制权”问题、网络时延引起的主从操作失配问题，综合设计了面向远程手术的安全处理机制，在此基础上开发了模块化的“远程手术背包”。远程手术背包具有很强的兼容性和扩展性，可以支撑双控制台使用场景。该技术已应用在康多机器人® SR1000、SR1500及SR2000中，实现了固网和5G网络条件下的远程手术应用，让手术专家远距离为患者实施外科手术，有助于医疗资源下沉，实现优质远程医疗资源的最大化利用。

面向远程手术的安全处理机制涉及知识产权如下：

一种碰撞检测方法、电子设备及主从手术机器人(202110958859.3)；

调测上位机软件V1.0(2021SR0785131)；

控制台调试系统V1.0(2021SR1172639)。

5.2.6　手术导航技术

手术导航技术是基于医学影像、计算机技术及空间定位技术实现术中精准定位、器械跟踪与操作引导，思哲睿公司开发了多模态影像融合、影像精准重建、器械跟踪等手术导航技术。

表7-29 手术导航技术具体表征

技术类别	核心技术	技术先进性及具体表征	技术应用	技术来源
手术导航技术	多模态影像融合与精准重建	1.搭建了影像处理模型,从术前图像中分割出关键信息进行三维模型重建。可快速获取更精准的、直观的病灶三维虚拟模型,方便手术导航与医生术中监测; 2.利用多模态图像在时空上的相关性及信息上的互补性,使融合后得到的图像对术区有更全面、清晰的描述,为手术操作提供更精准的三维模型	腔镜手术机器人、经尿道柔性手术机器人、人工耳蜗手术机器人、脊柱内镜手术机器人	自主研发
	手术导航与器械跟踪引导	1.通过构建虚拟现实交互与计算仿真相结合的个性化三维虚拟手术系统,实现术前方案论证与过程仿真、医生术前手术演练及术中实时监控与可视化导引; 2.通过光学定位跟踪系统捕获固定在手术器械和病灶附近跟踪工具的位姿,在手术过程中实时获取手术器械和患者之间的相对位置关系,并基于机器人术前规划路径做出调整,确保手术精准实施	腔镜手术机器人、经尿道柔性手术机器人、人工耳蜗手术机器人、脊柱内镜手术机器人	自主研发

(1)多模态影像融合与精准重建

医学影像信息是术中十分重要的信息来源,单一影像获得的信息量有限,利用多模态图像在时空上的相关性及信息上的互补性,使得融合后得到的图像对术区有更全面、清晰的描述。

思哲睿为提升手术操作精度,提供更优的医机交互模式,通过搭建迭代重建优化模型进行三维图像快速智能重建,为手术操作提供精准的三维模型。为快速获取精准、直观的病灶三维虚拟模型,利用多模态图像在时空上的相关性及信息上的互补性,基于深度学习方法,完成多源影像的图像分割和融合,使得融合后得到的图像对术区有更全面、清晰的描述,方便引导医生手术操作。

多模态影像融合与精准重建涉及知识产权如下:

一种基于模糊强化学习的机械臂柔顺力控制方法(201710263232.X);

腹腔镜三维监控系统(201310001619.X);

内窥镜手术机器人系统V1.0(2021SR0785135);

腹腔镜手术机器人远程传输操作界面系统V1.0(2021SR0785407);

MonitorHost手术机器人信息交互系统仿真控制软件V1.0(2022SR0899998)。

(2)手术导航与器械跟踪引导

思哲睿公司通过数字孪生技术,构建虚拟现实交互与计算仿真相结合的个性化三维虚拟手术系统,实现术前方案论证与过程仿真、医生术前手术演练,以及术中实时监控与可视化导引;还利用光学定位跟踪技术,通过捕获固定在手术器械和病灶附近跟踪工具的位姿,在手术过程中实时获取手术器械和患者之间的相对位置关系,并基于机器人术前规划路径做出调整,确保手术操作精准实施。

手术导航与器械跟踪引导涉及知识产权如下:

手术操作预估模型的训练及手术操作指示方法(202111484118.2);

手持式电动内窥镜手术器械系统V1.0(2016SR064376);

单机械臂调试PLC软件V1.0(2021SR0805063);

Surface数据仿真分析软件V1.0(2021SR0959355);

多控制台切换软件V1.0(2021SR0965302);

多控制台协同控制系统V1.0(2021SR0952664)。

5.3　研究开发情况

5.3.1　研发模式

思哲睿公司依据医疗器械监管要求和ISO质量体系标准,制定了《产品开发流程》等研发制度,采用以自主研发为主、合作研发为辅的研发模式。思哲睿拥有一支超200人的专业创新研发团队,拥有国家级人才等专家学者,主要成员毕业于哈工大机器人研究所(机器人技术与系统国家重点实验室)或曾就职于国际知名医疗器械公司,专业背景完整覆盖医学、机械学、生物力学、自动化控制、图像处理、电子技术和软件开发等手术机器人研发相关专业。

(1)自主研发方式

思哲睿公司制定了较为完善的研发流程,覆盖新产品从设计研发(方案设计、原理样机、产品样机)、型式检验、注册临床试验到注册申请的全部研发阶段。其中设计研发阶段分为方案设计、原理样机、产品样机三个子阶段。

方案设计阶段的工作包括产品需求采集、需求工程化表达、确定关键性能指标、分析仿真、制作图纸等;原理样机阶段的工作包括形成产品的原理样机、验证原理样机性能、改进设计、确定产品零部件型号等;产品样机阶段的工作主要为结合前期原理样机研发及临床需求,进一步开发更贴近商业化的型态产品、验证产品样机性能、完善性能与外观设计等。

型式检验阶段需要将定型后的产品样机提交医疗器械质量监督检验机构进行安全性、功能性、稳定性等检验,在检验通过后取得检验合格报告。注册临床试验阶段的工作主要是根据国家药品监督管理局的规定委托临床试验机构开展临床试验,验证产品的安全性、有效性等,并取得临床试验总结报告。注册申请阶段需要公司在注册临床试验完成后向国家或地方药品监督管理局提交产品注册申请材料,审批通过后将获得由国家或地方药品监督管理局颁发的医疗器械注册证。

思哲睿在产品研发过程中有机融合了项目管理和医疗器械质量管理,覆盖了产品设计和开发的策划、输入、输出、验证、转换和确认等各个阶段,并设立评审确保每个环节的交付满足要求,以提供符合法律规定、质量可靠和满足用户需求的产品为最终目标。

(2)合作研发方式

思哲睿在加强自主研发的同时,充分利用外部研究资源,与在手术机器人研发或临床方面具备一定实力的高校或医院通过共同参与科研课题项目等形式开展合作,快速推动微创手术机器人领域知识理论的转化,使思哲睿公司在微创手术机器人行业领域的技术水平保持行业领先地位的同时,与其他单位实现优势互补、资源共享,促进研发成果的转化。

5.3.2 研究开发机构的设置

思哲睿公司在哈尔滨、苏州、开封三地设立研发中心,三处研发中心统一管理,下设机械部、电控部、软件部、研究部、制造部等,致力于研究开发手术机器人相关核心技术与应用。

手术机器人行业是一个多学科交叉、技术门槛较高的行业,对稳定、高素质且具备复合学科背景的技术人才需求较高。思哲睿将内部培养和外部引进的方式相结合,针对不同层级的研发岗位针对性地制定人才引进及培养策略,一方面将加强现有培训体系建设,采用内部导师带教、外部专家指导及先进企业考察等多种培训方式提高员工技能,另一方面将积极吸纳符合业务发展需求的优秀人才，不断推进人才梯队建设、优化研发团队结构。

5.3.3　研究开发内控制度

思哲睿参照行业水平制定激励措施，为员工提供合理的薪酬方案，建立了目标明确、时效性强、公正有效的绩效评估体系，综合时间、成本和质量目标三方面因素对研发与技术人员进行考核，充分调动和发挥研发与技术团队的积极性、创造性，对保持核心研发与技术团队的稳定性发挥了重要作用。

此外，思哲睿公司还制定了严格的技术保密规章制度，与核心技术人员签订了《保密协议》及《竞业禁止协议》，规范涉密岗位人员的行为，防止核心技术泄密，根据具体情况对部分核心技术及产品采取专利保护，进一步防范核心技术泄密的风险。

思哲睿公司围绕产品设计研发、型式检验、注册临床试验和注册申请等各研发阶段建立了相应的专利保护机制。在早期设计研发阶段，通过专利检索、技术调研等方式提前布局基础性专利。在研发中后期，结合研发需求和产品架构，持续布局基础性专利和核心专利。专利保护机制与产品研发工作同步开展，及时保护思哲睿自主研发成果。

第八章　知识产权风险案例解析与风险提示

中国证监会已通过《科创属性评价指引》《科创板注册管理办法》及《公开发行证券的公司信息披露内容与格式准则第41号——科创板公司招股说明书》等规定，对科创板的定位、发行条件、上市条件及信息披露要求进行了细化。其中，除了上市条件之外，其他三项均涉及知识产权相关的审查要求。科创板定位中的知识产权相关规则与要求可以归纳为以下两个方面：首先，科创能力要突出，并掌握先进核心技术；其次，主要依靠核心技术开展生产经营。

在本章中，笔者通过深入研究和整理大量科创板问询回复案例，系统地总结了科创板常见的知识产权风险点。同时，结合对知识产权法律政策、IPO规则的全面理解，针对审核过程中可能涉及的相关问询问题，提出相应企业发展过程规避建议。旨在为科创板拟上市企业及相关领域的事务工作者提供有价值的参考和借鉴。

1　企业核心技术相关问题

1.1　主营业务与知识产权的相关性

科创板重点支持拥有关键核心技术等先进技术，科技创新能力突出、科技成果转化能力突出的企业。科技成果转化能力是指企业能够利用研发取得的核心技术形成主营业务收入。因此，除了关注企业披露的专利数量外，监管机构还会格外关注专利与主营业务的相关性。

1.问题出处

本部分问题出自《关于杭州奥泰生物技术股份有限公司首次公开发行股票并在科创板上市申请文件的审核问询函的回复》。

2.问题节选

问题:关于技术来源

根据招股书披露,发行人经过多年的技术积累,构建了生物原料技术平台、POCT快速诊断技术平台、生化技术平台三大技术平台,并形成了单克隆抗体制备技术、小分子抗原制备技术、纳米级免疫胶体金标记技术、时间分辨免疫荧光技术、干式化学分析技术等多项核心技术,均应用于自产产品并实现产业化。公司核心技术均为自主研发取得。

根据招股书披露,POCT产品研发周期长,研发周期一般需要1年以上,并且新产品研发成功后还必须经过产品标准审核、临床试验、质量管理体系考核、注册检测和注册审批等阶段后才能上市,注册周期一般为1年至2年,新产品取得产品认证或产品注册证书的周期较长。根据保荐工作报告披露,发行人2014年底开始从事体外诊断试剂业务,较快取得大量注册证书并开展业务。

请发行人披露:发行人拥有14项发明专利,其中有3项是2014年10月公司开始从事体外诊断试剂业务之前形成的,上述专利与发行人主营业务是否相关,披露为核心技术的合理性。

3.回复节选

发行人在招股说明书"第六节业务与技术"之"八、(三)核心技术与已取得的专利的对应关系,及在主营业务及产品或服务中的应用"中补充披露如下:

发行人拥有2014年10月之前的3项专利,其中2项系子公司傲锐生物取得,1项为发行人前身培乐生物取得,均为生物原料技术,与发行人主营业务具有相关性。虽然该3项专利取得时间早于2014年10月,但是发行人对该专利技术不断迭代,与生物原料的技术平台不断融合发展。因此将其披露为核心技术对应的专利具有合理性。

4.重点总结

发行人在招股说明书中补充披露了其拥有的3项在2014年10月之前取得的专利,这些专利均为生物原料技术,与发行人的主营业务具有相关性。虽然这些专利的取得时间早于2014年10月,但发行人对这些专利技术的不断迭代和融合发展,使其成为核心技术之一具有合理性。此外,发行人也强调了POCT产品研发周期长,新产品研发成功后还需经过多个阶段才能上市,因此取得大量注册证书并开展业务需要一定的时间。发行人拥有多项自主研发的核心技术,这些技术均应用于自产产品并实现产业化,从而为公司的主营业务提供了有力的支撑。

5.企业发展过程规避建议

在解读"主营业务与知识产权的相关性"这一风险点时,我们首先需要明确,并没有直接相关的知识产权法律和政策法规。因此,我们结合科创板IPO规则进行如下解读:

①主营业务与知识产权的相关性是科创板IPO审核中重要的风险点之一。尽管没有直接的法律和政策规定,但在实际操作中,相关机构会参考行业内的知识产权政策和法律法规及市场惯例进行评估。

②在评估主营业务与知识产权的相关性时,相关机构会考虑知识产权对主营业务的重要程度,知识产权的获取方式、使用方式,以及与主营业务的关系等因素。如果知识产权对主营业务有重大影响,那么申请人需要提供充分的证据来证明其合法性和可持续性。

③在科创板IPO过程中,对于主营业务与知识产权的相关性,申请人需要充分披露相关信息,包括知识产权的权属、使用情况、对主营业务的贡献等。同时,也需要证明其知识产权的稳定性和可持续性,以降低因知识产权问题导致的风险。

④尽管没有直接的法律和政策规定,但在实际操作中,相关机构仍会参考市场惯例进行评估。如果存在任何疑问或不确定因素,申请人应积极寻求专业机构的帮助和建议,以确保其知识产权和主营业务的稳定性和可持续性。

综上所述,尽管没有直接相关的知识产权法律和政策法规,但在科创板IPO过程中,主营业务与知识产权的相关性仍然是重要的风险点之一。申请人需要充分披露相关信息并证明其知识产权的稳定性和可持续性,以确保其IPO申请的成功。

而在被问询此类问题时,笔者结合多家科创板IPO企业回复重点,提供以下企业发展过程规避要点:

①在企业的运营过程中,为了确保企业的稳健发展,需要定期对企业所持

有的各项发明专利与企业的主营业务及核心技术进行逐项比对。如发现发明专利与主营业务或核心技术的匹配程度存在不完善之处,应及时进行补充性的专利布局,以保障企业的技术权益。

②应定期进行内部梳理,对收集到的发明专利进行分类,并对其来源、授权时间,以及所涉及的产业或业务领域进行分析。同时,应通过自我怀疑的方式多次论证发明专利与主营业务、核心技术的相关性。

③在企业技术不断更新过程中,企业内部需要定期进行梳理,以便更好地了解企业生产过程中的核心环节。通过深入分析发明专利和核心技术的具体体现,可以更好地理解生产、核心技术及专利之间的相互关系。

④针对较早取得的专利技术,经过不断的技术升级和迭代研发,论证其是否依然对应核心技术,并进行渐进性专利布局(渐进性技术创新是在已有技术基础上的创新或者是对其他技术创新的改进、移植和综合,从某种程度上来说,它是一个运用已有知识产生新知识的过程。根据渐进性技术创新所具有的特征,合理的专利布局可以实现以较小的成本付出获得企业技术创新的优势)。

1.2 核心技术缺少知识产权保护

科创板旨在服务于那些符合国家战略方向、具备突破性关键核心技术,并在市场上得到高度认可的科技创新企业。这些企业不仅需要具备强大的科技创新能力,还需要在行业中具备一定的市场竞争力。而这种科技创新能力的重要体现之一,便是企业拥有独立、自主、具有市场竞争力的核心技术。

如果一个企业的核心技术拥有专利保护,这意味着该企业在一段时间内对这项核心技术享有排他性的权利,从而对相关市场拥有一定的控制力。即使其他同行业企业通过反向工程、独立研发等方式获得了相同的技术,从理论上讲,也不会动摇持有该专利的企业的市场地位。因为这涉及法律层面的保护,使得该企业在一定时间内的市场竞争力得到增强。

然而,如果发行人的核心技术没有得到专利保护,这种情况通常会引起监管机构的关注和问询。因为这可能会影响到科创板的上市审核,甚至会影响到该企业在科创板上市后的市场表现,所以对于那些计划在科创板上市的企业来说,拥有具有市场竞争力的核心技术并获得专利保护,无疑是提高自身市场竞争力和降低风险的重要手段。

1.问题出处

本部分问题出自《关于杭州禾迈电力电子股份有限公司首次公开发行股票并在科创板上市申请文件的审核问询函》之回复报告。

2.问题节选

招股说明书披露,发行人存在以技术机密保护核心技术的情况。

请发行人说明:以技术机密保护核心技术的具体措施及其有效性,相关内控制度是否建立健全及其实际执行情况,是否存在核心技术泄密风险,并作针对性风险披露与重大事项提示。

3.回复节选

公司所在行业的主要核心技术为电路及控制算法的具体设计,部分核心技术若以专利形式公开后,存在竞争对手据此了解核心设计思路并通过一定的修改绕开专利保护的权利要求的可能,不利于公司核心技术的保护。因此,公司部分核心技术通过技术机密的方式保护。公司对于以技术机密形式保护的核心技术的具体保护措施如下:

第一,公司建立了一系列完善的内部控制流程及制度,包括《知识产权管理制度》《知识产权创造奖励制度》《技术合同管理办法》《商标管理制度》《公司保密管理制度》《专利工作管理制度》等,并对研发部门进行了严格的分工及差异化的权限分配。公司研发人员基本只负责总体设计中的部分模块,除核心技术人员外,公司其他技术人员无权访问全局设计。

第二,公司与核心技术人员签订了劳动合同、保密协议和竞业禁止协议,对其在保密义务、知识产权及离职后的竞业情况做出了严格的约定,以保护公司的合法权益。

公司已建立了较为完善的核心技术保护相关的内控制度,实际执行情况良好,能够有效保护公司以技术机密形式保存的核心技术。

4.重点总结

发行人公司在保护核心技术方面采取了多项措施,包括建立完善的内部控制流程和制度、与核心技术人员签订保密协议和竞业禁止协议等。同时,发行人公司也建立了较为完善的核心技术保护相关的内控制度,实际执行情况良好,能够有效保护公司以技术机密形式保存的核心技术。

5.企业发展过程规避建议

在解读“核心技术缺少知识产权保护”这一风险点时，根据科创板的定位标准，上市企业应具备关键核心技术，且其科技创新能力应突出。这些企业主要依赖核心技术开展业务，并具有稳定的商业模式，因而得到了市场的广泛认可。若核心技术未采取专利保护措施，监管机构可能会怀疑该核心技术的创新性和创造性，并判定其不属于先进技术。

而在被问询此类问题时，笔者结合多家科创板IPO企业回复重点，提供以下企业发展过程规避要点：

①随着公司的研发不断深入，及时将公司的核心技术进行专利布局，以保护创新成果。密切关注行业动态和竞争对手的动向，采取积极的专利策略，确保公司在未来的市场竞争中保持领先地位。

②确保专利的质量和价值，重视专利的精细研发和严格审查程序。确保每一项专利都是通过精心设计和严格审查后获得的，具有高质量和高价值。

③在专利保护方面，除了及时申请专利外，还需要加强专利的精细管理和维护。对于那些已经获得的专利，需要进行定期的审查和维护，确保其有效性和可持续性。同时，还需要建立完善的专利风险预警机制，及时发现和应对潜在的专利风险，以保护企业的核心利益和长远发展。

对于科创板上市企业而言，核心技术未采取专利保护措施是一种非常危险的情况。只有通过及时申请专利、精细管理和维护专利、建立完善的专利风险预警机制等措施，才能有效规避这一风险点，确保企业的核心技术和商业模式的创新性和可持续性。

当企业所在行业的主要核心技术涉及电路及控制算法的具体设计，且部分核心技术以专利形式公开可能导致泄密时，企业在发展过程中可采取以下规避要点：

①强化保密意识：企业应加强对员工的保密意识培训，确保员工了解保密工作的重要性和必要性，定期开展员工保密培训，加强员工对核心技术的保密意识。

②建立严格的保密制度：企业应建立健全保密管理制度，包括涉密人员的资格审查、涉密信息的分级管理、涉密活动的审批流程等，确保保密工作有章可循。

③实施技术机密管理:企业应对核心技术实施技术机密管理,只有经过授权的核心技术人员才能接触和使用核心技术。对核心技术资料的查阅、使用和复制进行严格限制,确保核心技术不泄露。

④与核心技术人员签订保密协议:企业应与核心技术人员签订保密协议,明确规定保密内容和保密期限,以及相应的违约责任。通过签订保密协议,进一步明确核心技术人员对核心技术的保密责任。

⑤控制信息传播范围:企业应严格控制涉密信息的传播范围,避免无关人员接触涉密信息。

⑥加强技术防范措施:企业应采取有效的技术防范措施,如加密技术、权限控制等,确保涉密信息的安全性。

⑦定期进行保密检查:企业应定期对涉密信息进行保密检查,及时发现并纠正存在的安全隐患。

⑧建立泄密应急机制:企业应制定泄密应急预案,明确应急处置流程和责任人,确保在发生泄密事件时能够迅速响应并采取有效措施。

⑨加强合作与交流:企业在业务合作与交流过程中,应选择可靠的合作伙伴,并签订保密协议,明确双方的权利和义务,避免核心技术泄密风险。

通过以上措施的实施,企业可以有效地规避发展过程中因部分核心技术公开而产生的泄密风险。

1.3 从第三方受让知识产权

专利作为科创板IPO企业至关重要的无形资产之一,不仅代表着企业的技术实力和创新能力,更是其未来发展的战略资源。专利的独立性和完整性对于企业而言,是衡量其技术实力和创新能力的重要标准,同时也是企业科技创新能力的重要体现之一。

在审核问询中,监管机构通常会十分关注发行人受让专利的情况。因为受让的专利可能涉及发行人知识产权的独立性和完整性,进而影响发行人是否具备独立持续经营能力,是否符合发行条件。因此,对于发行人而言,需要在申请IPO前确保其知识产权的完整性和独立性,以符合监管要求。

在评估发行人知识产权的独立性和完整性时,监管机构还会关注专利的来源和背景。如果发行人受让的专利来自于关联方或合作方,那么这些专利是否与发行人的主营业务相关，是否与发行人的技术实力和创新能力相符，都是监管机构需要重点考虑的问题。

1.问题出处

本部分问题出自《关于杭州当虹科技股份有限公司首次公开发行股票并在科创板上市申请文件的审核问询函》。

2.问题节选

截至2018年末，发行人共拥有14项国内专利及5项国外专利，86项软件著作权，6项域名，其中部分专利及软件著作权存在受让取得的情形。

请发行人披露：

(1)上述知识产权在发行人生产经营中的作用、对发行人业绩的贡献程度，是否用于核心技术或产品、服务；

(2)上述知识产权的形成过程，知识产权的归属是否存在纠纷或潜在纠纷；上述知识产权是否涉及研发人员在原单位的职务成果，研发人员是否违反竞业禁止的有关规定，是否存在违反保密协议的情形；

(3)发行人拥有的上述知识产权截至目前的法律状态，是否存在相关诉讼或仲裁、担保或其他权利限制，是否存在到期注销、终止等异常情况。

3.回复节选

(1)上述知识产权在发行人生产经营中的作用、对发行人业绩的贡献程度，是否用于核心技术或产品、服务。

公司的知识产权应用于实时转码、离线转码、快编等主要产品中，上述知识产权为公司产品提供关键功能且部分产品存在包含多种知识产权的情况，难以评估单项知识产权对营业收入的贡献。在剔除第三方外购产品和其他业务收入后，公司报告期内知识产权对应产品的营业收入合计贡献年均超过90%。公司的核心技术与无形资产及产品的对应关系具体参见问题十请发行人披露的“十、发行人主要产品与核心技术、专利、软件著作权、业务许可和资质的对应关系”回复内容。

发行人在招股说明书“第六节业务与技术”之“一、公司的主营业务及主要产品和服务情况”之“(二)主要产品和服务情况”处补充披露如下：

公司的核心技术和主要知识产权应用于实时转码、离线转码、快编等主要产品中，上述核心技术和知识产权为公司产品提供关键功能支持。在剔除第三方外购产品和其他业务收入后,公司报告期内核心技术和主要知识产权对应产品的营业收入合计贡献年均超过90%。

(2)上述知识产权的形成过程,知识产权的归属是否存在纠纷或潜在纠纷;上述知识产权是否涉及研发人员在原单位的职务成果,研发人员是否违反竞业禁止的有关规定,是否存在违反保密协议的情形。

针对上述知识产权中,发行人自主研发、原始取得的专利、软件著作权及域名,经保荐机构核查上述知识产权的权属证书、涉及研发人员的工作履历、发行人与其在职技术、研发人员签署的《当虹商业、技术保密及竞业禁止协议书》,并经研发人员书面确认,该等知识产权未涉及研发人员在原单位的职务成果,研发人员不存在违反原单位竞业禁止有关规定及保密协议的情形。

截至本报告出具之日,发行人已就该等知识产权完成注册、登记及备案手续,发行人未涉及该等知识产权相关的诉讼或纠纷。此外,发行人已与其在职技术、研发人员签署《当虹商业、技术保密及竞业禁止协议书》,就"因职务或与职务有关的业(事)务所产生、创作或完成的知识产权,或该知识产权全部或部分是因接触或利用当虹的设备、人力、机器、信息、仪器、材料或其他有形或无形的专有知识、经验、关系、物质技术条件或任何其他资源而完成,无论其是否在工作期间或受聘期间完成,无论是否独立或合作完成"应当归属于发行人作出明确约定。因此该等知识产权的形成过程、归属不存在纠纷或潜在纠纷。

针对上述知识产权中,发行人自虹软集团及其关联公司受让取得7项专利及7项软件著作权,发行人已与虹软集团及其关联公司签署知识产权转让协议并足额支付转让费用,虹软集团及其关联公司已签署《知识产权权属确认协议》,确认该等知识产权相关权益归属于发行人,虹软集团实际控制人邓晖确认虹软集团与发行人间不存在知识产权方面的纠纷或分歧。截至本报告出具之日,该等知识产权均已完成所有权人变更登记手续。因此,该等知识产权的归属不存在纠纷或潜在纠纷。

针对上述知识产权中,发行人自四川苍狼白鹿科技有限公司、上海成思信息科技有限公司、广州迎创科技有限责任公司等公司受让11项软件著作权,发行人已就该等软件著作权与出让主体签署《软件著作权转让合同》并依约支付转让对价,该等软件著作权均已完成过户手续。经保荐机构网络查询,截至本报告出具之日,未发现发行人因该等软件著作权涉及诉讼的情形。因此,该等软件著作权的归属不存在纠纷或潜在纠纷。

发行人在招股说明书“第六节业务与技术”之“五、主要资产情况”之“(二)无形资产”处补充披露如下:

公司上述知识产权的归属不存在纠纷或潜在纠纷,不涉及研发人员在原单位的职务成果。公司研发人员未违反竞业禁止的有关规定,不存在违反保密协议的情形。

(3)发行人拥有的上述知识产权截至目前的法律状态,是否存在相关诉讼或仲裁、担保或其他权利限制,是否存在到期注销、终止等异常情况。

经保荐机构查阅国家知识产权局出具的《专利证书》、国家版权局出具的《计算机软件著作权登记证书》及相关变更通知书,查询了国家知识产权局网站、国家版权局网站、裁判文书网、中国执行信息公开网,并向发行人确认,截至本报告出具之日,发行人已授权/登记的专利、软件著作权不存在涉及诉讼或仲裁、被设置担保或其他权利限制的情形,也不存在到期注销、终止等异常情况。

经保荐机构网络查询裁判文书网、中国执行信息公开网,并向发行人确认,截至本报告出具之日,发行人拥有的域名不存在涉及诉讼或仲裁、被设置担保或其他权利限制的情形,也不存在到期注销、终止等异常情况。

发行人在招股说明书“第六节业务与技术”之“五、主要资产情况”之“(二)无形资产”处补充披露如下:

公司上述知识产权的归属不存在纠纷或潜在纠纷,不涉及研发人员在原单位的职务成果。公司研发人员未违反竞业禁止的有关规定,不存在违反保密协议的情形。公司已授权的专利、软件著作权及拥有的域名不存在涉及诉讼或仲裁、被设置担保或其他权利限制的情形,也不存在到期注销、终止等异常情况。

4.重点总结

根据监管机构的问询,发行人就从第三方受让知识产权情况进行了说明:

发行人拥有多项核心技术和知识产权,这些技术和知识产权广泛应用于公司的产品和服务中,为公司的业务发展提供了重要支持。其中,公司的核心技术和主要知识产权应用于实时转码、离线转码、快编等主要产品中,上述核心技术和知识产权为公司产品提供关键功能支持。在剔除第三方外购产品和其他业务收入后,公司报告期内核心技术和主要知识产权对应产品的营业收入合计贡献年均超过90%。

对于上述知识产权的形成过程,知识产权的归属是否存在纠纷或潜在纠纷的问题,发行人表示该等知识产权未涉及研发人员在原单位的职务成果,研发人员不存在违反原单位竞业禁止有关规定及保密协议的情形。发行人已与虹软集团及其关联公司签署知识产权转让协议并足额支付转让对价,虹软集团及其关联公司已签署《知识产权权属确认协议》,确认该等知识产权相关权益归属于发行人。发行人已与四川苍狼白鹿科技有限公司、上海成思信息科技有限公司、广州迎创科技有限责任公司等公司签署《软件著作权转让合同》并依约支付转让对价,该等软件著作权均已完成过户手续。

发行人拥有的上述知识产权截至目前的法律状态,是否存在相关诉讼或仲裁、担保或其他权利限制,是否存在到期注销、终止等异常情况的问题,经保荐机构查阅相关证书和查询相关网站后,并经发行人确认,截至本报告出具之日,发行人已授权/登记的专利、软件著作权及拥有的域名不存在涉及诉讼或仲裁、被设置担保或其他权利限制的情形,也不存在到期注销、终止等异常情况。

综上所述,发行人的核心技术和知识产权为公司产品提供了关键功能支持,公司的知识产权形成过程合法,权属清晰,不存在纠纷或潜在纠纷。同时,发行人拥有的知识产权和域名不存在涉及诉讼或仲裁、被设置担保或其他权利限制的情形,也不存在到期注销、终止等异常情况。

5. 企业发展过程规避建议

在解读“从第三方受让知识产权”这一风险点时,需要关注以下几个方面:

①知识产权的来源和合法性:企业需要明确其知识产权的来源,是否是从第三方受让或者通过其他方式获得。同时,需要确认这些知识产权的合法性和有效性,是否存在任何纠纷或争议。

②受让过程和合同条款:企业需要了解受让知识产权的过程和相关合同条款。合同中应包括知识产权转让的方式、范围、权利义务等内容,并明确双方的权利和义务。如果合同中存在任何不确定或模糊的条款,企业需要寻求法律咨询以确保自身利益。

③知识产权与业务的相关性:企业需要评估受让的知识产权与自身业务的相关性。如果受让的知识产权与企业的核心业务不相关,那么受让该知识产权的意义就不大。企业需要关注的是与自身业务发展相关的知识产权,并确保这些知识产权的受让能够为企业带来实际利益。

④知识产权的价值和风险：企业需要评估受让的知识产权的价值和潜在风险。如果知识产权的价值较高，那么企业需要考虑如何降低风险并确保受让成功。如果知识产权的风险较大，那么企业需要考虑是否应该购买该知识产权或者寻找其他解决方案。

⑤披露和合规性：企业需要在IPO过程中充分披露涉及从第三方受让知识产权的情况，包括知识产权的来源、受让过程、价值评估等信息。同时，需要确保披露的内容符合相关法律法规和监管要求，以避免可能的风险和问题。

在被问询"科创板IPO涉及从第三方受让知识产权"问题时，笔者结合多家科创板IPO企业回复重点，提供以下企业发展过程规避要点：

①确定知识产权的来源和可靠性：在受让第三方知识产权前，企业需要对该知识产权的来源和可靠性进行深入调查。这包括了解该知识产权是否合法、有效、是否存在纠纷或潜在纠纷。同时，需要确认知识产权转让方是否具备合法的权属证明和授权证明。

②签订详细的转让协议：在受让知识产权时，企业需要与转让方签订详细的转让协议，明确双方的权利和义务。协议中应包括知识产权的具体内容、转让期限、使用范围、转让费用、支付方式、违约责任等条款。

③确认知识产权的合法性和有效性：在签订转让协议前，企业需要对拟受让的知识产权进行详细的法律审查，确保其合法性和有效性。这包括对知识产权的申请文件、审查文件、授权证书等进行审查，并咨询专业法律人士的意见。

④确认知识产权与企业的匹配度：在受让知识产权前，企业需要评估该知识产权与自身业务和发展需求的匹配度。如果该知识产权与企业的核心业务和发展方向不符，那么受让该知识产权可能会浪费企业的资源，甚至引发潜在的法律风险。

⑤重视知识产权的保密和保护：在受让和使用第三方知识产权时，企业需要重视知识产权的保密和保护工作。这包括与员工签订保密协议、建立知识产权管理制度、加强技术保密措施等措施，确保知识产权的安全和稳定。

⑥遵守相关法律法规和规定：在受让和使用第三方知识产权时，企业需要遵守相关法律法规和规定。这包括遵守《知识产权法》《反不正当竞争法》等相关法律法规，以及遵守科创板IPO相关规定和监管要求。

1.4 存在专利权无效纠纷

授权专利的法律状态并不是绝对稳定的,任何单位或个人都有可能对已授权的专利向国家知识产权局提起专利无效宣告请求。对于那些在科创板申请IPO的企业来说,在上市过程中遭遇竞争对手提出的专利无效请求的情况并不罕见。除了专利稳定性存在的问题之外,也存在竞争对手在没有任何充分理由的情况下恶意提出无效宣告的可能。

依照专利法第四十五条的规定,请求宣告专利权无效或者部分无效的,应当向专利复审委员会提交专利权无效宣告请求书和必要的证据一式两份。无效宣告请求书应当结合提交的所有证据,具体说明无效宣告请求的理由,并指明每项理由所依据的证据。

所称无效宣告请求的理由,是指被授予专利的发明创造不符合《专利法》第二条(发明、实用新型及外观设计的定义)、第二十条第一款(保密审查规定)、第二十二条(新颖性、创造性和实用性)、第二十三条(外观设计的不与在先设计及在先权利相冲突)、第二十六条第三款(说明书的要求)、第四款(权利要求书的要求)、第二十七条第二款(外观设计图片照片的要求)、第三十三条(修改不得超范围)或者本细则第二十条第二款(独权的要求)、第四十三条第一款(分案不超原申请范围)的规定,或者属于《专利法》第五条、第二十五条(不授予专利权的情况)的规定,或者依照《专利法》第九条(不重复授权,先申请原则)规定不能取得专利权。

如果专利被宣告无效,那么它将视同自始不存在。这可能会使企业的经营环境发生重大的变化,进而影响其独立持续经营能力。尤其对于那些专利数量较少的企业来说,如果它们的专利被宣告无效,可能会让它们的专利数量不符合科创板上市的要求,甚至可能导致其失去重要的竞争优势。

1.问题出处

本部分问题出自《关于珠海智融科技股份有限公司首次公开发行股票并在科创板上市申请文件第二轮审核问询函回复》。

2.问题节选

问题:关于知识产权纠纷

根据问询回复和招股说明书,①2022年5月新增英集芯起诉发行人侵权诉讼。英集芯认为公司侵害其发明专利"多口充电控制电路和方法、充电芯片及供电设备"(ZL202011064256.0)和其集成电路布图设计专有权"IP5328"(BS.175531811),诉求为公司停止销售侵权产品、销毁所有库存侵权产品,并赔偿英集芯经济损失及维权费用合计6,609.37万元。公司已收到法院出具的先行调解通知书,目前法院尚未安排调解,上述专利及集成电路布图设计专有权侵权纠纷在法院尚未转入正式立案程序。②公司共有发明专利27项,自2022年5月16日以来,已有26项发明专利被提起宣告无效请求,目前相关专利无效宣告请求尚在国家知识产权局审查过程中。

请发行人进一步说明:上述纠纷事项目前的进展情况,对发行人生产经营的影响,以及对本次发行上市的影响。

3.回复节选

自2022年5月以来,英集芯陆续对发行人提起3起诉讼,分别为侵害发明专利权纠纷案、侵害集成电路布图设计专有权纠纷案、侵害实用新型专利权纠纷案。截至本问询回复出具日,发行人上述诉讼纠纷事项的进展情况和对发行人生产经营的影响,以及对本次发行上市的影响说明如下:

(1)英集芯起诉发行人侵害其发明专利权案件

1)案件基本情况及进展

发行人于2022年5月18日收到英集芯邮寄的《告知函》,告知英集芯已向深圳市中级人民法院起诉发行人侵犯其发明专利权,并告知专利侵权案件的诉前调解案号为(2022)粤03诉前调3827号。发行人根据英集芯告知的案号信息,于2022年5月31日前往深圳市中级人民法院查询并取得案件资料。

根据英集芯起诉状及相关案件资料,英集芯于2022年5月11日提起诉讼,认为发行人的SW6206产品侵害其发明专利"多口充电控制电路和方法、充电芯片及供电设备"(ZL202011064256.0),诉求为发行人及另一被告(涉案终端产品销售商)停止生产、销售、许诺销售专利侵权产品,销毁专用于生产侵权产品的设备和模具,销毁所有库存侵权产品,赔偿英集芯经济损失及维权费用合计3,309.1928万元,并承担全部诉讼费用。

2022年7月13日,英集芯向深圳市中级人民法院提交《放弃起诉申请书》,英集芯已放弃上述专利侵权案件的起诉。英集芯在深圳中级人民法院立案前的调解阶段主动撤回了对上述案件的起诉,该发明专利侵权案因英集芯公司的撤诉,已经完结。

针对上述发明专利侵权案件的涉案英集芯专利“多口充电控制电路和方法、充电芯片及供电设备”(ZL202011064256.0),发行人于2022年7月20日向国家知识产权局提出无效宣告请求,截至本问询回复出具日,国家知识产权已受理该无效宣告请求。

2)发行人不侵权分析

涉案产品SW6206不存在侵犯英集芯涉案专利权的情形,具体分析如下:

①发行人涉案产品技术特征与英集芯涉案专利存在不同,未落入其专利保护范围。

根据《最高人民法院关于审理侵犯专利权纠纷案件应用法律若干问题的解释》第七条的规定,“人民法院判定被诉侵权技术方案是否落入专利权的保护范围,应当审查权利人主张的权利要求所记载的全部技术特征。被诉侵权技术方案包含与权利要求记载的全部技术特征相同或者等同的技术特征的,人民法院应当认定其落入专利权的保护范围;被诉侵权技术方案的技术特征与权利要求记载的全部技术特征相比,缺少权利要求记载的一个以上的技术特征,或者有一个以上技术特征不相同也不等同的,人民法院应当认定其没有落入专利权的保护范围”。

发行人已聘请北京德恒(深圳)律师事务所(简称“德恒律师”)就上述专利案件进行不侵权抗辩,并就英集芯涉案专利向国家知识产权局提出专利无效申请。德恒律师对涉案产品SW6206与英集芯涉案专利权利要求全部1—15的技术特征逐一进行比对,并出具《专利分析报告》。英集芯涉案专利的独立权利要求为权利要求1,2—14项权利要求为权利要求1的从属权利要求,存在直接或间接引用权利要求1的情形;涉案专利的权利要求1与SW6206产品中所采用的技术方案至少存在一个或以上的区别特征。

综上所述,涉案产品所使用的技术方案与涉案专利权利要求1—15所记载的全部技术特征相比,缺少权利要求记载的一个以上的技术特征,没有落入涉案专利权的保护范围。

②发行人的涉案产品系自主研发且在英集芯涉案专利申请日前已公开销售,属于现有技术。

根据《专利法》第六十七条的规定,在专利侵权纠纷中,被控侵权人有证据证明其实施的技术或者设计属于现有技术或者现有设计的,不构成侵犯专利权。

在上述发明专利侵权案件中,英集芯起诉发行人产品SW6206侵犯其专利号为ZL202011064256.0的发明专利,该涉案专利的具体情况如下:

专利权人:英集芯,专利名称:多口充电控制电路和方法、充电芯片及供电设备,授权专利号:ZL202011064256.0,申请日:2020-09-30,取得方式:原始取得,权利要求:15项。

涉案产品SW6206于2019年初在发行人官网公开,于2019年2月在业内专业网站充电头网(www.chongdiantou.com)被公开报道,以下为充电头网关于该产品的报道:

智融科技推出全新一代全集成超级快充移动电源SOC,https://www.chongdiantou.com/archives/32024.html。

智融SW6206/6208成功量产,一大批22.5W快充充电宝降临,https://www.chongdiantou.com/archives/41671.html。

综上所述,SW6206公开销售的日期早于英集芯涉案专利“多口充电控制电路和方法、充电芯片及供电设备”的申请日(2020年9月30日),发行人涉案产品所采用的技术属于现有技术,符合《专利法》第六十七条规定的情形。

③英集芯涉案专利不具有创造性,发行人已就该涉案专利提请宣告无效。

德恒律师对英集芯涉案发明专利进行检索分析并出具法律意见书,认为英集芯涉案发明专利的权利要求1—15不具备创造性,不符合专利法第二十二条第三款而被宣告全部无效的可能性较大。

发行人已于2022年7月20日向国家知识产权局提交英集芯涉案专利的无效宣告请求,专利无效复审部门已受理。

(3)对发行人生产经营的影响

报告期内,发行人上述发明专利侵权案件涉案产品的销售收入情况如下:

发行人涉案产品SW6206于2019年开始销售,报告期内销售收入合计为7,624.62万元,测算的营业利润合计为2,164.42万元,截至2022年6月30日,涉案产品SW6206的库存金额为17.46万元。

截至本问询回复出具日,英集芯已放弃该案件起诉,该发明专利侵权案件不会对发行人生产经营造成影响。假设英集芯重新起诉,如前文所述,发行人发明专利侵权案件败诉的可能性极低,即便发生对发行人极端不利的诉讼结果,则发行人需赔偿英集芯,且涉案产品不能继续销售,但赔偿金额一般不超过上述测算的涉案产品营业利润,且需扣除涉案产品中其他专利技术、商标、著作权、商业秘密等不同的知识产权对产品的贡献度,并且实际控制人已承诺承担全部赔偿金额,不会给发行人带来损失,同时发行人已推出涉案产品的升级迭代产品,在极端不利的诉讼结果下亦不会对锂电池快充放管理芯片未来的销售造成重大影响。

综上所述,发行人不存在侵犯英集芯涉案专利的情形,如英集芯重新就该案件起诉,发行人败诉可能性极低,即便发生对发行人极端不利的诉讼结果,亦不会对发行人生产经营造成重大不利影响,不会构成本次发行上市的实质性障碍。

4. 重点总结

根据监管机构的问询,发行人就存在专利权无效纠纷情况进行了说明:

①发行人涉案产品SW6206的技术方案与英集芯涉案专利权利要求1—15所记载的全部技术特征相比,缺少权利要求记载的一个以上的技术特征,没有落入涉案专利权的保护范围。

②发行人的涉案产品系自主研发且在英集芯涉案专利申请日前已公开销售,属于现有技术。

③英集芯涉案专利不具有创造性,发行人已就该涉案专利提请宣告无效。

④报告期内,发行人上述发明专利侵权案件涉案产品SW6206于2019年开始销售,报告期内销售收入合计为7,624.62万元,测算的营业利润合计为2,164.42万元,截至2022年6月30日,涉案产品SW6206的库存金额为17.46万元。

⑤截至本问询回复出具日,英集芯已放弃该案件起诉,该发明专利侵权案件不会对发行人生产经营造成影响。假设英集芯重新起诉,发行人发明专利侵权案件败诉的可能性极低,即便发生对发行人极端不利的诉讼结果,则发行人需赔偿英集芯,且涉案产品不能继续销售,但赔偿金额一般不超过上述测算的涉案产品营业利润,且需扣除涉案产品中其他专利技术、商标、著作权、商业秘密等不同的知识产权对产品的贡献度,并且实际控制人已承诺承担全部赔偿金额,不会给发行人带来损失,同时发行人已推出涉案产品的升级迭代产品,在极

端不利的诉讼结果下亦不会对锂电池快充放管理芯片未来的销售造成重大影响。

5.企业发展过程规避建议

在解读“存在专利权无效纠纷”这一风险点时，需要关注以下几个方面：

首先，我们需要关注该风险点涉及的专利权无效纠纷的具体内容。这包括但不限于纠纷涉及的专利类型、发明内容、专利权人及涉及的诉讼程序等。这些信息可以帮助我们更好地了解该风险点的具体情况和可能产生的影响。

其次，我们需要关注该风险点对拟科创板上市企业的具体影响。这包括但不限于该纠纷对企业的经营状况、财务状况、声誉及投资者信心等方面的影响。如果该纠纷可能导致企业的重要技术或产品受到限制或禁止，那么将对企业的未来发展产生重大影响。

再次，我们还需要关注该风险点相关的法律程序和结果。这包括但不限于相关法院的判决、仲裁机构的裁决及专利复审委员会的审查结果等。这些程序和结果将直接决定该风险点的最终影响和可能产生的后果。

最后，我们需要关注该风险点对科创板市场的影响。如果多个拟科创板上市企业存在类似的专利权无效纠纷，那么可能会对整个科创板市场的投资信心和稳定产生影响。因此，投资者在投资科创板市场时，需要更加关注这些风险点，并做出更加谨慎的投资决策。

而在被问询“拟科创板上市企业存在专利权无效纠纷”问题时，笔者结合多家科创板IPO企业回复重点，提供以下企业发展过程规避要点：

①做好专利申请前的排查工作：企业在申请科创板上市前，应当做好专利权的排查工作，确保所申请的专利权具有稳定性、可靠性和有效性。同时，对于可能存在纠纷的专利权，应当提前采取措施进行解决，避免在上市过程中出现纠纷。

②重视专利权保护和维权工作：企业应当重视专利权的保护和维权工作，建立健全的专利管理制度，加强内部管理，确保专利权的合法性和有效性。同时，对于侵犯自身专利权的行为，应当积极采取措施进行维权，维护企业的合法权益。

③加强与中介机构的沟通与合作：企业在申请科创板上市前，应当加强与中介机构的沟通与合作，共同排查可能存在的专利权纠纷问题，并制定相应的

解决方案。同时,对于中介机构提出的意见和建议,应当认真听取并积极改进,确保上市申请工作的顺利进行。

④保持合规经营和诚信守法:企业应当保持合规经营和诚信守法,遵守相关法律法规和规定,确保所申请的专利权合法、合规。同时,在上市后也应当继续保持合规经营和诚信守法的形象,为企业的长期发展奠定良好的基础。

1.5 合作研发中的技术依赖

为了实现企业的可持续发展,提高市场竞争力,企业需要不断推出具有创新性的新产品。然而,由于企业内部技术开发的局限性,企业需要寻求外部合作以充分利用高校的科研积累、研发队伍及科研工作条件。通过与高校的合作,企业可以充分发挥产学研的协作优势,加速高校科技成果的转化,实现科技人员与市场、高校成果与企业需求的双向对接。

如果企业存在与高校合作研发的情况,那么监管机构通常会要求企业对双方合作情况进行说明,以证明企业不存在对高校的技术依赖,并具备独立研发能力。因此,企业需要充分了解与高校的合作协议和合作进展情况,确保合作不会对企业的独立研发能力产生负面影响。同时,企业也需要积极探索其他合作模式,如与其他企业或研究机构的合作,以进一步增强自身的研发能力和市场竞争力。

1.问题出处

本部分问题出自《关于安徽容知日新科技股份有限公司首次公开发行股票并在科创板上市申请文件的审核问询函的回复》。

2.问题节选

问题:关于合作研发及专利

招股说明书披露,发行人与合肥工业大学合作开展基于云平台和大数据技术的工业设备预测性维护系统研发及产业化。根据约定,项目知识产权与成果由双方共有。其中论文、专利和申报时署名情况确定其知识产权归属;属于双方共有的研究成果,其转让、使用等应由双方共同商定,其收益由双方共有。

请发行人说明:双方承担的具体工作、发行人的人员及资金投入情况,结合工作内容说明发行人是否对外部单位存在技术依赖。

3.回复节选

(1)双方承担的具体工作、发行人的人员及资金投入情况

根据双方签订的协议,发行人为项目主持单位,主要负责项目申报工作、项目经费整体安排和使用、设备的购置和维护、关键技术研发与产业化等。合肥工业大学为参与单位,主要负责技术调研与初步的可行性评估,协助做好项目组织与实施工作。该项目预算投入500万元,资金由发行人自筹。项目团队以许××和贾××为主要成员,包括五名发行人员工。

(2)结合工作内容说明发行人是否对外部单位存在技术依赖

根据合作协议,在发行人与合作单位的合作研发过程中,发行人作为项目主持单位,主要负责项目申报与关键技术研发、产品开发与产业化工作,起主导作用,合作单位负责协助做好项目组织与实施,新技术调研及初步的可行性评估,发行人对其技术并不存在重大依赖。

发行人鼓励创新和研发工作,拥有完备的技术创新机制和较强的自主研发能力,独立开展研发工作。发行人拥有129人的专业化技术研发团队,占员工总数的比重为39.21%,其中核心技术人员5名,主要研发人员具有较强的自主研发和创新能力,专业涵盖精密机械、故障诊断、材料科学与工程、测控技术与仪器、机械设计与自动化、检测技术与应用、机电一体化、信号与信息处理、电气工程及自动化、检测技术与自动化装置、计算机科学与技术、软件工程等专业,足以支撑整个设备状态监测与故障诊断业务相关的所有技术开发工作。发行人具有独立的生产经营和研发场所,具有先进的机器设备和充足的研发经费用于研发活动。发行人拥有52项国内专利、1项美国专利、78项计算机软件著作权,独立拥有上述知识产权。

发行人选择与外部单位合作,主要基于以一种更加稳妥、聚焦的方式推进新技术预研与开发落地,从而为未来的业务发展进行技术布局。在具体的项目合作过程中,合作单位的工作主要是新技术调研、初步选型、可行性的初评估,在这个过程中,合作单位仍然需要发行人从数据提供、业务场景分析及行业知识等方面给予大力支持才能顺利推进。在完成技术的初评估后,发行人还需要对技术进行更加深入的可行性评估,涉及更加专业复杂的工程化工作,最终技术实现产品化仍然是由发行人自主完成。通过这种合作方式,发行人可以把资源集中投放在有确定性产出的工作当中,降低资源低效甚至无效使用的风险。

综上,发行人对外部单位不存在技术依赖。

4.重点总结

针对合作研发中的技术依赖问题,发行人详细说明了与合肥工业大学合作开展的工业设备预测性维护系统研发及产业化的具体工作、人员及资金投入情况。根据约定,项目知识产权与成果由双方共有,但发行人在整个项目中起主导作用,独立开展研发工作,不存在对外部单位的技术依赖。发行人鼓励创新和研发工作,拥有完备的技术创新机制和较强的自主研发能力,能够独立开展研发工作。因此,发行人对外部单位不存在技术依赖。

5.企业发展过程规避建议

在解读“合作研发中的技术依赖”这一风险点时,我们首先需要明确,并没有直接相关的知识产权法律和政策法规。因此,可以结合科创板IPO规则进行如下解读:

①我们需要了解科创板IPO规则中对合作研发中的技术依赖方面的规定。根据科创板上市规则,拟科创板上市企业存在合作研发中的技术依赖,应当对合作方的技术实力、研发能力和技术成果转化能力进行充分评估,并明确约定知识产权归属、技术转让或许可等事项。此外,对于存在重大依赖技术的业务模式,还需要充分披露其风险和影响。

②我们需要考虑知识产权法律和政策法规对合作研发中的技术依赖方面的影响。虽然没有直接相关的法律和政策法规,但是根据知识产权的一般法律原则,合作双方应当在合同中约定知识产权的归属、使用和转让等事项。此外,政策法规对技术转移和成果转化等方面也有规范和引导作用。

③我们需要综合分析拟科创板上市企业存在合作研发中的技术依赖的风险点。对于存在重大依赖技术的业务模式,企业需要充分披露其风险和影响,并对合作方的技术实力、研发能力和技术成果转化能力进行充分评估。

在被问询“合作研发中的技术依赖”问题时,笔者结合多家科创板IPO企业回复重点,提供以下企业发展过程规避要点:

①建立自主研发体系:在科创板IPO企业中,自主研发体系是技术依赖规避的重要一环。企业应该加强自主研发能力,通过不断的技术积累和创新,逐步减少对合作方的技术依赖。

②合作方协议条款的约束:在合作研发过程中,需要对合作方进行协议约

束，明确双方的权利和义务。协议中可以规定技术依赖的限制和禁止，以确保企业在自主研发过程中不受合作方的影响。

③多元化的合作方式：除了自主研发外，企业还可以通过多元化的合作方式，如技术引进、人才引进等，来降低对特定合作方的技术依赖。通过与多家合作伙伴建立合作关系，可以避免在单一合作伙伴中出现技术依赖问题。

④加强知识产权保护：知识产权是企业自主研发和创新的重要保障。在科创板IPO企业中，需要加强知识产权保护，通过专利、商标等方式，保护企业的技术成果和利益。

⑤建立风险评估机制：在合作研发过程中，企业需要建立风险评估机制，对合作方的技术能力和研发实力进行评估。同时，还需要对合作过程中可能出现的技术依赖风险进行预测和防范，以确保企业的自主研发和经营不受影响。

1.6 核心技术先进性

拥有先进性的核心技术是科技创新型企业的核心特质之一，这一点不仅体现了企业在科技创新方面的实力，也直接关系到企业在市场中的竞争力。先进性的核心技术意味着企业能够持续地推陈出新，不断地提高自身的产品和服务质量，从而在激烈的市场竞争中占据优势。

核心技术先进性也是此类企业在科创板上市的基本资质之一。科创板是专门为科技创新型企业提供融资和资本运作的平台，对于想要在科创板上市的企业来说，拥有先进性的核心技术是必备的资质之一。

对于拟科创板IPO企业来说，若无法充分展示其核心技术的先进性，可能会引发监管机构对其是否符合科创板定位的疑虑。科创板的定位是服务于那些拥有科技创新能力和发展潜力的企业，如果一个企业无法展示其核心技术的先进性，那么它的科技创新能力就会受到质疑，进而影响到它的定位。

1.问题出处

本部分问题出自《关于北京海天瑞声科技股份有限公司首次公开发行股票并在科创板上市申请文件审核问询函的回复》(2020-09-07版本)。

2.问题节选

问题：关于技术先进性

招股说明书披露，发行人已将其核心技术体系运用于设计、采集、加工、质检等训练数据生产相关的各个环节,构成了发行人业务持续经营的技术基础;发行人构筑了较为明显的核心技术先进性。

请发行人披露:发行人已构筑较为明显的核心技术先进性的依据。

3.回复节选

发行人已在招股说明书"第六节业务和技术"之"六、发行人的研发和技术"之"(一)核心技术整体概述"针对下述回复相关内容进行了补充披露:

海天瑞声拥有对人工智能核心算法的理解能力、前瞻性的专业数据集设计能力、丰富的语言覆盖能力及场景采集能力,以及AI辅助标注及精细标注能力。前述核心科技创新实力,使发行人显著区别于通过简单组织大量劳务人员进行原料数据采集、标注的企业。发行人的核心技术先进性主要体现在:

①算法与数据处理技术并用:公司已掌握12项核心技术,通过算法与数据处理技术并用,可以满足AI算法在不同应用场景下的训练数据需求,可对大规模数据进行高效的加工或质检。截至本招股说明书签署日,公司已积累拥有超过600个自有知识产权的训练数据产品,可提供超过150余种语言/方言的训练数据。

②工具和平台共建:公司自主开发了一体化数据处理平台,融入项目流程管理、质量把控、数据安全管理,嵌入生产所需的各类工具、软件模块,可实现高效、高质的AI训练生产,提升生产效率及质量控制水平。

③在语音语言学基础研究方面有深厚积累:公司建立了成熟的发音词典构建流程、积累了深厚的语音语言学基础研究成果。截至本招股说明书签署日,公司的产品/服务已覆盖150余种语言/方言,已积累超过100种语言/方言的发音词典,累计词条数超过1,000万条,可构建高质量的智能语音训练数据。

截至目前,公司已经取得20项发明专利、1项实用新型专利授权及1项外观设计专利授权,117项计算机软件著作权,另有6项专利已提交申请。专利储备情况与同行业竞争对手相比具备突出优势。多年积累的核心技术和专业服务能力,使得公司能够更大规模、更有效率、更加精准地生产训练数据,在提升自身产出效率的同时也有效提高了训练数据对于客户AI算法模型的改善、优化效果。

发行人的核心技术先进性得到了业内广泛认可:自2009年至今,海天瑞声连续荣获"国家高新技术企业"及"中关村高新技术企业"称号,并于2018年被评为国家规划布局内重点软件企业。公司是“中国人工智能产业发展联盟”“中国语音产业联盟”的理事单位,参与了行业标准的起草工作,在训练数据集的架构设计、开发标准、质检评测等领域,以专业性和创新性获得了行业的普遍认可。2017年,发行人被中国信息协会、信息化观察网评选为“年度人工智能数据服务领域领军企业”;2018年,中国语音产业联盟向发行人颁发了“智能语音创新大赛行业先锋奖”,中国信息协会、信息化和软件服务网向发行人颁发了“2018年人工智能行业最佳产品”奖项;2019年,发行人入选工业和信息化部“新一代人工智能产业创新重点任务入围揭榜单位”,技术实力得到行业的高度认可。

4.重点总结

监管机构在问询中对“核心技术先进性”问题提出针对性质疑,发行人从以下三个方面做出如下答复:

①算法与数据处理技术并用:发行人已掌握12项核心技术,通过算法与数据处理技术并用,可以满足AI算法在不同应用场景下的训练数据需求,可对大规模数据进行高效的加工或质检。同时,发行人自主开发了一体化数据处理平台,融入项目流程管理、质量把控、数据安全管理,嵌入生产所需的各类工具、软件模块,可实现高效、高质的AI训练生产,提升生产效率及质量水平。

②语音语言学基础研究方面有深厚积累:发行人建立了成熟的发音词典构建流程,积累了深厚的语音语言学基础研究成果。公司的产品/服务已覆盖150余种语言/方言,已积累下超过100种语言/方言的发音词典,累计词条数超过1,000万条,可构建高质量的智能语音训练数据。

③专利储备和行业认可:发行人已经取得20项发明专利、1项实用新型专利授权及1项外观设计专利授权,117项计算机软件著作权,另有6项专利已提交申请。多年积累的核心技术和专业服务能力,使得公司能够更大规模、更有效率、更加精准地生产训练数据,在提升自身产出效率的同时也有效提高了训练数据对于客户AI算法模型的改善、优化效果。此外,发行人还获得了多项行业奖项和认可,包括“国家高新技术企业”“中关村高新技术企业”,“中国人工智能产业发展联盟”“中国语音产业联盟”的理事单位等。

5.企业发展过程规避建议

在解读“核心技术先进性”这一风险点时,需要关注以下几个方面:

①技术的独特性和领先性:拟科创板上市公司是否拥有独特的技术,以及这些技术在相关领域中的领先程度。如果公司拥有核心专利、专有技术或独特的技术解决方案,那么这些技术是否具有竞争优势和可持续性。

②术研发能力:拟科创板上市公司是否具备强大的研发能力和技术创新能力。这包括公司的研发团队规模、背景,以及公司是否拥有先进的研发设备和设施。

③技术应用和市场前景:公司如何将核心技术应用于产品或服务中,以及这些产品或服务在市场中的前景。这涉及公司是否拥有完整的产业链,以及公司在相关领域中的市场份额和竞争地位。

④技术风险和稳定性:核心技术是否面临潜在的风险和挑战,以及这些风险的性质和程度。这可能涉及技术的稳定性、可靠性,以及是否存在技术替代的风险。

⑤技术与业务模式的结合:公司的核心技术和业务模式是否相互支持,以及这种结合是否具有可持续性。这涉及公司是否能够将技术优势转化为商业优势,以及公司是否能够持续地更新和升级其技术。

在被问询"核心技术先进性"问题时,笔者结合多家科创板IPO企业回复重点,提供以下企业发展过程规避要点:

①重视技术研发,不断优化产品:对于拟科创板上市企业而言,技术研发是保持核心竞争力的关键。在发展过程中,企业应始终重视技术研发,不断投入资源进行技术攻关和产品创新。同时,要关注技术研发的持续性,不断优化产品和服务,以满足市场需求。

②建立完善的技术管理体系:企业应建立完善的技术管理体系,确保技术的安全和稳定。要制定严格的技术管理制度和流程,规范技术研发、应用和转让等环节的操作,防止技术泄露和侵权行为。

③加强技术人才引进和培养:技术人才是企业发展的关键因素。拟科创板上市企业应加强技术人才引进和培养,建立完善的人才激励机制。要注重吸引高层次人才,提高技术研发水平和创新能力。

④保持与高校、科研机构的紧密合作:高校、科研机构是企业获取技术支持的重要渠道。拟科创板上市企业应保持与高校、科研机构的紧密合作,共同开展技术研发和成果转化。通过产学研合作,提高企业的技术水平和市场竞

争力。

⑤关注知识产权保护和管理：知识产权是企业的重要资产。拟科创板上市企业应关注知识产权保护和管理，加强专利申请和维权工作。要注重保护自身知识产权，防止侵权行为对企业造成损失。

⑥扩充核心技术先进性的体现：积极参与国家级、省部级等重大科研项目，参与指定国际、国家或行业标准，获得政府机关及第三方权威机构对企业核心技术的评定、认证或鉴定。

2 企业人员相关问题

2.1 核心技术人员的认定

企业的科技创新根基在于核心技术人员，而核心技术人员的认定是判断企业核心技术人员稳定性及是否存在相关风险的重要因素。对于拟科创板IPO企业，如果不能清晰、充分地披露其核心技术人员的认定情况、标准和合理性，监管机构将无法判断其是否符合科创板上市的相关要求。因此，核心技术人员的认定对于企业科技创新的稳定性和可持续性具有重要意义，同时也关乎企业在科创板上市的合规性和风险防控。

1.问题出处

本部分问题出自《康希诺生物股份公司首次公开发行股票并在科创板上市申请文件审核问询函之回复报告》。

2.问题节选

问题：关于核心技术人员认定

请发行人披露核心技术人员的认定依据。

请发行人说明：核心技术人员的认定是否符合公司实际情况，若未将公司技术负责人、研发负责人、研发部门主要成员、专利发明人等认定为核心技术人员，进一步说明原因和理由。

3.回复节选

截至本回复出具之日，公司核心技术人员为宇××、朱×、邱××、毛××及巢××五人。

根据《上海证券交易所科创板股票发行上市审核问答》第6问，原则上，核心技术人员通常包括公司技术负责人、研发负责人、研发部门主要成员、主要知识产权和非专利技术的发明人或设计人、主要技术标准的起草者等。

公司在参考上述认定原则的基础上,结合自己实际情况,对核心技术人员的具体认定标准定义如下:

①具备疫苗行业深厚的学习、研究经历及丰富的工作经验;

②具备良好的与研发、质量控制或经营相关的管理能力,在公司研发、质量控制、经营管理岗位担任重要职务,统筹领导公司研发、质量控制、经营管理工作;

③主导公司核心技术研发、质量控制体系建设或生产工艺流程开发等工作;

④理解公司完整的技术研究、质量控制、生产工艺原理,不局限于某一项具体的技术研究、质量控制、工艺开发工作。

公司核心技术人员认定满足上述认定标准。核心技术人员主要学习经历、工作经验及对公司主要贡献如下:

宇××,现任公司董事长、首席执行官兼总经理。1981年至1988年,于南开大学获得微生物学专业学士及硕士学位;1988年至1991年,任南开大学生物系微生物学教研室讲师;1991年至1997年,于加拿大麦吉尔(McGill)大学获得微生物学专业博士学位;1996年至1998年,任IBEX Technologies Inc.科学家;1998年至2009年,历任赛诺菲巴斯德(Sanofi Pasteur Limited.)产品开发部科学家、细菌疫苗开发全球总监、加拿大发酵开发总监;2009年至今,任康希诺生物股份公司董事长、首席执行官兼总经理。

自公司成立起至今,宇××主要负责公司研发中心(含500L发酵规模的中试车间)的建设,中心于2012年6月完成验证并投入使用,该中心已通过EMA(欧洲药品管理局)的QP(质量授权人)检查,并牵头完成公司对外的两项技术转让。

朱×,现任公司执行董事、首席科学官兼副总经理。1990年至1998年,于清华大学获得生物科学与技术专业学士学位、生物化工专业硕士学位;1998年至2003年,于美国匹兹堡大学获得化学工程博士学位;2002年至2004年,于美国卡内基梅隆大学从事博士后研究;2004年至2005年,任Integrated Genomics Inc科学家;2006年至2008年,历任赛诺菲巴斯德(Sanofi Pasteur Limited.)科学家、高级科学家;2009年至今,任康希诺生物股份公司执行董事、首席科学官兼副总经理。

自公司成立起至今,朱×主要负责研发工作,任职期间牵头MCV4及MCV2工艺开发、临床前研究、临床研究及新药申报等工作,亦牵头组分百白破、PBPV、PCV13i等疫苗的工艺开发、临床前研究等工作。其中,以组分百白破为基础开发出多种新型联合疫苗和PBPV已入选国家“十二五”和“十三五”“重大新药创制”重大科技专项。2018年当选第十三届全国政协委员。

邱××,现任公司执行董事、副总经理。1978年至1982年,于沈阳药科大学获得药学专业学士学位;1982年至1987年,于北京医科大学获得博士学位;1987年至1989年,任北京医科大学(现北京大学医学部)讲师;1989年至1991年,于德国Konstanz大学开展化学工程专业博士后研究;1991年至1992年,于加拿大蒙特利尔大学开展博士后研究;1993年至1998年,历任加拿大Biomira公司科学家、副主管;1998年至2000年,于西安大略大学获得工商管理硕士学位;1999年至2000年,任Altarex部门主管;2000年至2002年,任ARIUS Research科学运营主管;2003年至2005年,任MDS CAPITAL亚洲区总裁;2006年至2009年,任上海吉玛制药技术有限公司副总经理;2007年至2011年,任美国ChinaBio公司中国总经理;2009年至今,任康希诺生物股份公司执行董事、副总经理。

邱××发表科研论文36篇,会议论文9篇,获得国际授权专利1项。邱××博士期间研究方向为生物多糖合成,在加拿大Biomira公司负责新抗癌疫苗佐剂的研究。邱××深度参与公司多糖合成、疫苗佐剂研发等研究工作。

毛××,现任公司副总经理。1978年至1982年,于南昌大学获得化学工程专业学士学位;1982年至1988年,于中国科学院获得化学工程专业硕士及博士学位;1989年至1991年,于加拿大滑铁卢大学从事博士后研究;1990年至1999年,任美国奥布莱特公司开发工程师;2000年至2001年,任APOTEX设施及设备资质专家;2001年至2005年,任美国惠氏制药公司质量管理总监;2006年至2010年,任Endo Pharmaceuticals Inc.全球质量管理总监;2011年至今,历任康希诺生物股份公司董事,现任公司副总经理。

自公司成立起至今,毛××牵头公司的质量管理和质量控制体系建设工作以及海外产品批件的注册,为公司质量控制技术标准的起草者。

巢××,现任公司执行董事、首席运营官兼副总经理。1978年至1982年,于南昌大学获得无机化工学士学位;1983年至1985年,于中国科学院获得化学工程硕士学位;1987年至1993年,于加拿大滑铁卢大学获得生物化学工程博士学位;1992年至1993年,任Philom Bios公司生物工艺工程师;1993年至2000年,历任赛诺菲安万特集团细菌疫苗技术经理、质量保证经理;2000年,任基因泰克公司质量管理高级经理;2001年至2007年,任惠氏制药公司疫苗技术助理总经理;2008年至2018年,历任阿斯利康制药公司副总裁、高级副总裁;2018年至今,任康希诺生物股份公司执行董事、首席运营官兼副总经理。

巢××拥有超过30年的跨国制药公司工作经验,曾在阿斯利康、基因泰克担任高职级管理职位,负责全球生产和技术经验,并曾在惠氏制药(现被辉瑞收购)负责疫苗生产的全球技术运营工作。巢××主要负责公司运营管理相关工作。

综上,发行人的核心技术员认定符合具体标准。

请发行人说明:核心技术人员的认定是否符合公司实际情况,若未将公司技术负责人、研发负责人、研发部门主要成员、专利发明人等认定为核心技术人员,进一步说明原因和理由。

截至本回复出具之日,公司核心技术人员为宇××、朱×、邱××、毛××及巢××五人。核心技术人员主要学习经历、工作经验及对公司主要贡献请参见本题第一问回复。公司核心技术人员认定符合公司实际业务开展情况。

公司技术负责人、研发负责人为朱×,系公司核心技术人员。

公司研发部门主要成员判定标准为,报告期内担任公司研发部门高级总监以上职务的人员。报告期内,公司研发部门主要成员如下:

姓名	职务	是否离职	主要工作职责
邵××	副总裁	否	负责早期研发工作,并协助首席科学官管理研发工作
李××	研发中心高级总监	否	担任首席科学官助理工作,向首席科学官汇报,协助管理制剂及分析等部门
莘××	研发中心高级总监	否	向首席科学官汇报,负责新型疫苗产品技术评估、储备及疫苗效果评价等工作

公司已授权专利发明中,按照员工作为发明人发明的专利数量,公司主要

专利发明人如下：

姓名	职务	是否离职	作为发明人的发行人发明专利数量
毛××	副总经理	否	14
朱×	执行董事、首席科学官兼副总经理	否	12
宇××	董事长、首席执行官兼总经理	否	11
邱××	执行董事、副总经理	否	11

发行人研发部门主要成员，系在发行人核心技术人员的统筹安排下，负责技术研发、生产工艺等某一特定研发领域的工作，研发部门主要成员不能掌握公司完整的技术平台、工艺路径。研发部门主要成员为发行人的研发作出较大贡献，但未满足核心技术人员的具体认定标准，因而未被认定为核心技术人员。

4.重点总结

监管机构在问询中对“核心技术人员的认定”问题提出针对性质疑，发行人从以下方面做出如下答复：

①核心技术人员认定的标准。

发行人明确指出，核心技术人员需要具备疫苗行业的学习、研究经历及丰富的工作经验，并在公司研发、质量控制、经营管理岗位担任重要职务，统筹领导公司研发、质量控制、经营管理工作。此外，核心技术人员还需主导并参与公司核心技术平台的研发工作，并理解公司完整的技术研究、生产工艺原理，不局限于某一项具体的技术研究、工艺开发工作。

②核心技术人员认定的符合性。

发行人解释了核心技术人员宇××、朱×、邱××、毛××及巢××五人的学习、工作经历及对公司的贡献，表明这五人具备核心技术人员所需的能力和职责。同时，发行人强调，技术负责人、研发负责人为朱×，系公司核心技术人员。

③未将公司技术负责人、研发负责人等认定为核心技术人员的解释。

发行人指出，公司技术负责人、研发负责人为朱×，系公司核心技术人员。对于研发部门主要成员，发行人解释称这些成员是在核心技术人员的统筹安排下，负责技术研发、生产工艺等某一特定研发领域的工作。尽管他们为发行人的研发做出了较大贡献,但由于他们不能掌握公司完整的技术平台、工艺路径,因此未被认定为核心技术人员。

5.企业发展过程规避建议

在解读"核心技术人员的认定"这一风险点时,需要关注以下几个方面:

首先,我们需要关注的是拟科创板上市企业的核心技术人员的认定标准和程序是否清晰、公开、透明。在评估一个企业的核心技术实力时,核心技术人员是非常重要的指标之一。因此,对于这些人员的认定应当遵循公平、公正、公开的原则,避免出现信息不对称或暗箱操作的情况。

其次,我们需要关注的是拟科创板上市企业的核心技术人员的背景和资质是否符合要求。这些人员应当具备相关的教育背景、工作经历和研发成果,并且需要在企业的核心业务领域拥有丰富的经验和技能。同时,对于这些人员的背景和资质需要进行严格的审核和验证,避免出现虚假信息或欺诈行为。

再次,我们需要关注的是拟科创板上市企业的核心技术人员的流动性和稳定性。一个企业的核心技术人员如果频繁流动或缺乏稳定性,将会对企业的研发和生产经营产生不利影响。因此,对于这些人员的合同期限、离职率、薪酬待遇等方面也需要进行充分的考虑,以保证企业的研发和生产经营能够顺利进行。

最后,我们需要关注的是拟科创板上市企业的核心技术人员的认定与其研发实力的关系。虽然核心技术人员是非常重要的指标之一,但是企业的研发实力并不仅仅取决于技术人员的数量和质量。因此,在评估一个企业的核心技术实力时,还需要综合考虑企业的研发资金投入、研发成果转化能力、知识产权等方面的情况,以全面评估企业的技术实力和发展潜力。

在被问询"核心技术人员的认定"问题时,笔者结合多家科创板IPO企业回复重点,提供以下企业发展过程规避要点:

①认定核心技术人员时,需要关注其是否具备突出的技术能力、是否在研发团队中发挥关键作用、是否对企业技术成果产生重要贡献。

②关注核心技术人员是否与公司签订了劳动合同,是否拥有企业核心技术秘密,是否掌握公司技术研发方向,以及是否参与公司重要技术项目的研发。

③核心技术人员应当是公司研发团队中的骨干人员,且在公司的工作时间、职务和职责等方面均与公司核心技术有关。

④关注核心技术人员是否具有创新意识和创新能力，是否能够引领公司的技术发展方向，并能够将公司的技术成果转化为实际应用。

⑤核心技术人员应当具备较高的学历背景或专业资质，并拥有与公司核心技术相关的专业知识和技能。

⑥关注核心技术人员是否存在不良记录，如涉及知识产权纠纷、违法违规行为等。

⑦在认定核心技术人员时，应当结合公司的实际情况进行具体分析，并关注相关法律法规和政策的要求。

2.2　核心技术人员存在兼职

在“产学研结合”的大背景下，企业技术人员在高校、研究院等第三方科研机构兼职的情况越来越普遍。这些技术人员不仅具备丰富的实践经验，还拥有先进的技术知识和创新思维。对于拟科创板IPO企业而言，如果存在核心技术人员在外兼职的情况，监管机构通常会更加关注是否存在知识产权权属风险或纠纷的问题。

1.问题出处

本部分问题出自《关于哈尔滨新光光电科技股份有限公司首次公开发行股票并在科创板上市申请文件审核问询函的回复》。

2.问题节选

发行人董事长康××、董事康×Y曾分别任哈尔滨工业大学光学目标仿真与测试技术研究所所长、教授；发行人还聘请了9名来自哈尔滨工业大学等高校的专家，为公司科技创新提供技术支持。此外，发行人的多名高管、核心技术人员在发行人处任职前曾在科研院所工作。

请发行人充分披露：结合发行人董事、监事、高级管理人员及核心人员工作背景、工作兼职及对外投资情况，说明其与发行人经营业务是否相同或相似，是否存在竞业禁止、利益冲突及其解决措施。

3.回复节选

发行人董事、监事、高级管理人员及核心技术人员的简历及工作背景已在招股说明书“第五节发行人基本情况”之“七、发行人董事、监事、高级管理人员及核心技术人员”之“(一)董事、监事、高级管理人员及核心技术人员基本情况”

中披露。

截至本问询函回复出具日,发行人董事、监事、高级管理人员及核心技术人员兼职情况如下:

姓名	本公司职务	兼职情况	兼职单位主营业务
康××	董事长、总经理	飞天科技执行董事	自有房屋租赁
康×Y	董事	睿诚光电董事长、总经理	公司相关产品的研发及市场开拓
曲×	董事、副总经理	天悟检测执行董事	电力系统等行业的光电检测业务
		睿光光电执行董事	激光产品、民用光电智能监控产品的生产和销售
高××	独立董事	中国科学院上海微系统与信息技术研究所国防科技重点实验室学术委员会委员	开展信息微系统研究、集成微光机电系统研究、天地一体化通信技术研究、专用集成电路研究、新型半导体信息功能材料与器件研究、新型能源材料与微能源系统研究等
		中国兵器工业集团第212研究所国防科技重点实验室学术委员会委员	引信技术装备的研制和发开
		中国宇航学会无人飞行器分会战斗部与毁伤效率专业委员会荣誉委员	学术交流
齐××	独立董事	哈尔滨博实自动化股份有限公司独立董事	工业机器人、自动化成套装备及系统解决方案,并提供相关的增值服务
		海控复合材料科技有限公司监事	复合材料制品、复合材料装备、自动化设备的研发、销售
		广州智盈知识产权服务有限公司监事	知识产权相关服务
		广东科学技术职业学院副研究员	职业教育
		广东智洋律师事务所律师	法律服务
		北京联瑞联丰知识产权代理事务所专利代理人	知识产权相关服务
曹××	独立董事	中惠地热股份有限公司监事	地热采暖设备的设计、技术开发、生产、销售、安装服务,保温及地坪材料的经销
		中审亚太会计事务所(特殊普通合伙)黑龙江分所副所长	会计咨询、会计服务

续表

姓名	本公司职务	兼职情况	兼职单位主营业务
付××	总经理助理	睿光光电经理	激光产品、民用光电智能监控产品的生产和销售
		睿诚光电董事	公司相关产品的研发及市场开拓
徐××	核心技术人员	深圳数字星通光讯科技有限公司监事	计算机网络工程，计算机系统技术服务

截至本问询函回复出具日，发行人董事、监事、高级管理人员及核心技术人员的对外投资情况如下：

姓名	本公司职务	对外投资企业	对外投资企业主营业务
康××	董事长、总经理	飞天科技	自有房屋租赁
		哈博永新	自有资金投资
康×Y	董事	飞天科技	自有房屋租赁
曲×	董事、副总经理	盈新龙飞	自有资金投资
张××	董事、董事会秘书	盈新龙飞	自有资金投资
齐××	独立董事	广州智盈知识产权服务有限公司	知识产权相关服务
		海控复合材料科技有限公司	复合材料制品、复合材料装备、自动化设备的研发、销售
刘×	监事会主席	哈博永新	自有资金投资
张××	监事	哈博永新	自有资金投资
李××	监事	盈新龙飞	自有资金投资
康×	副总经理	哈博永新	自有资金投资
余×	财务总监	哈博永新	自有资金投资
付××	总经理助理	盈新龙飞	自有资金投资
龙××	核心技术人员	哈博永新	自有资金投资
杨××	核心技术人员	盈新龙飞	自有资金投资
赵××	核心技术人员	盈新龙飞	自有资金投资
徐××	核心技术人员	盈新龙飞	自有资金投资

发行人董事、监事、高级管理人员及核心技术人员已出具《承诺》，承诺其对外投资单位及兼职单位（除发行人子公司外，下同）不存在与公司经营业务相同或相近的情况，其在上述对外投资单位或兼职单位不存在签署竞业禁止协议或

与新光光电构成利益冲突的情形。

综上所述,发行人董事、监事、高级管理人员及核心技术人员的对外投资单位及对外兼职单位(除发行人子公司外)与发行人经营业务不存在相同或相似情况,不存在竞业禁止、利益冲突的情况。

4.重点总结

监管机构在问询中对“核心技术人员存在兼职”问题提出针对性质疑,发行人从以下方面做出如下答复:

①发行人董事、监事、高级管理人员及核心技术人员在兼职单位或对外投资单位的主营业务与发行人经营业务不存在相同或相似情况,不存在竞业禁止、利益冲突的情况。

②发行人董事、监事、高级管理人员及核心技术人员已出具《承诺》,承诺其对外投资单位及兼职单位(除发行人子公司外,下同)不存在与公司经营业务相同或相近的情况,其在上述对外投资单位或兼职单位不存在签署竞业禁止协议或与新光光电构成利益冲突的情形。

发行人针对监管机构对“核心技术人员存在兼职”问题的质疑,从主营业务方面和已出具的《承诺》两个方面做出了答复,证明其董事、监事、高级管理人员及核心技术人员在兼职单位或对外投资单位的主营业务与发行人经营业务不存在相同或相似情况,不存在竞业禁止、利益冲突的情况。

5.企业发展过程规避建议

在解读“核心技术人员存在兼职”这一风险点时,需要关注以下几个方面:

①兼职是否影响核心技术的保密性和独占性?对于一些涉及核心技术的岗位,如果核心技术人员在其他单位兼职,是否会导致相关技术泄露或被其他竞争对手获取?

②兼职是否影响企业的研发能力和创新性?核心技术人员在企业中扮演着重要的角色,如果他们在外兼职,是否会影响他们对企业的研发和创新投入的精力,从而降低企业的竞争力?

③兼职是否会导致企业与外部合作方的关系不稳定?如果核心技术人员在外兼职,可能会影响企业与合作伙伴之间的合作关系,因为合作伙伴可能会对核心技术的保密性和企业的诚信度产生怀疑。

④兼职是否符合相关法律法规的要求?根据中国证监会的相关规定,上市

公司的高管和核心技术人员不得在其他单位兼职。因此,对于拟科创板上市企业而言,需要确保核心技术人员不存在违规兼职的情况。

在被问询"核心技术人员存在兼职"问题时,笔者结合多家科创板IPO企业回复重点,提供以下企业发展过程规避要点:

①确保兼职不损害公司利益。在科创板IPO企业中,核心技术人员兼职的情况可能会对公司的利益产生影响。因此,企业在发展过程中应该确保兼职不会损害公司的利益。例如,公司可以通过与核心技术人员签订保密协议或者竞业禁止协议来保护公司的商业机密和核心竞争力。

②符合公司法等法律法规要求。在科创板IPO企业中,必须符合公司法等法律法规的要求。对于核心技术人员兼职的情况,企业应该确保符合相关法律法规的规定,如《中华人民共和国公司法》《中华人民共和国劳动合同法》等。

③明确权责利关系。在科创板IPO企业中,核心技术人员兼职可能会引发权责利关系不明确的问题。因此,企业应该明确核心技术人员与公司之间的权责利关系,如工作职责、知识产权归属、收益分配等方面。这样可以避免因权责利关系不明确而引发的风险。

④建立完善的管理体系。在科创板IPO企业中,建立完善的管理体系是必不可少的。对于核心技术人员兼职的情况,企业应该建立完善的管理体系,如人力资源管理、知识产权管理、风险控制等方面的管理体系。这样可以更好地管理和监督核心技术人员的工作,并确保公司的利益不受损害。

在科创板IPO企业的发展过程中,核心技术人员兼职是一个需要关注的问题。企业应该采取相应的措施,确保核心技术人员兼职不会损害公司的利益,符合相关法律法规的规定,明确权责利关系并建立完善的管理体系来规避风险。

2.3 专利发明人与核心技术人员不匹配

科创板中,核心技术人员通常涵盖公司的技术负责人、研发负责人、研发部门主要成员,以及主要知识产权和非专利技术的发明人或设计人,还有主要技术标准的起草者等。这些核心技术人员是公司研发团队的核心成员,他们负责公司的技术研发、创新及技术标准的制定,是公司技术创新和发展的重要推动力量。

因此,一般情况下,核心技术人员与专利的发明人应该具有一定的相符性或一致性。如果发行人的专利发明人与核心技术人员存在不匹配的情况,可能会引发监管机构的关注。监管机构会认为这可能揭示出发行人存在发明人登记错误、核心技术人员认定不合理或核心技术人员重大变动等问题。这些问题可能会对公司的研发实力和技术创新能力产生重大影响,因此需要引起发行人的高度重视。如果发行人出现这种情况,需要及时进行更正和披露,以避免对投资者造成误导和不必要的损失。

1.问题出处

本部分问题出自《关于征图新视(江苏)科技股份有限公司首次公开发行股票并在科创板上市申请文件审核问询函之回复报告》。

2.问题节选

问题:关于核心技术人员与研发人员

根据申报材料:①发行人实际控制人及部分核心技术人员曾于北京凌云光技术集团有限责任公司任职,凌云光为印刷领域机器视觉设备制造商;②相关人员竞业禁止可能涉及的违约金及赔偿金最高额相对较小,且目前已过诉讼时效;③发行人的专利技术均为自主研发,主要发明专利于报告期内申请;④发行人共有核心技术人员4名;⑤发行人存在三起作为原告的、尚未了结的竞业禁止诉讼案件。

请保荐机构核查:①核心技术人员在公司研发、取得专利、软件著作权、主要核心技术等方面的具体贡献;②结合公司研发部门主要成员、主要专利发明人、主要研发项目参与人等情况,核查核心技术人员的认定是否存在缩小范围的情况。

3.回复节选

(1)核查过程

①访谈核心技术人员,查阅核心技术人员填写的调查表,了解核心技术人员参与研发项目、参与专利及软件著作权等方面的情况;

②核查公司花名册、研发部门架构,抽查研发项目立项审批等相关文件,核查相关参与人情况;

③核查公司核心技术人员认定标准及任命文件;

④取得并查阅公司相关知识产权权属证书及其调档文件,并通过专利、版

权审查信息查询平台等渠道进行公开检索。

(2)核查情况

核心技术人员在公司研发、取得专利、软件著作权、主要核心技术等方面的具体贡献。公司核心技术人员在公司研发、取得专利、软件著作权、主要核心技术等方面的具体贡献如下：

①都××

作为发明人的专利情况	截至2020年12月31日 已授权专利:33项(发明专利13项,实用新型专利20项) 已申请未授权专利:13项(发明专利13项)
参与软件著作权的情况	征图FS-Lighting项目标准控制软件V1.0等38项软件著作权
研发成果及核心技术贡献	作为技术研发中心总监,全面参与公司技术平台的搭建,主持FS-Lighting软件平台、FS-AI Vision人工智能平台多个版本的研发,带领机器视觉传统算法、3D视觉技术的开发和版本迭代,主导完善公司光学成像库及运动控制平台,为公司多个新产品研发提供技术指导

②吴××

作为发明人的专利情况	截至2020年12月31日 已授权专利:7项(发明专利7项) 已申请未授权专利:5项(发明专利5项)
参与软件著作权的情况	征图视觉检测算法平台软件V1.0等19项软件著作权
研发成果及核心技术贡献	1.全面参与公司技术平台的搭建,对机器视觉常规算法技术有突出贡献,并利用算法技术支撑人工智能、3D视觉技术的开发完善,主持FS-Algorithm算法库开发并参与FS-Lighting软件平台、FS-AI Vision人工智能平台、FS-3D Measure软件平台多个版本的研发; 2.参与基于分时曝光成像技术、基于相位偏折成像技术、玻璃带膜产品成像等成像机制的研究,参与公司运动控制软件的开发; 3.为盖板玻璃外观检测设备、显示屏外观检测设备、中框外观检测设备、声学器件检测设备、动力电池外观检测设备等多个新产品的研发提供技术指导

③韩×

作为发明人的专利情况	截至2020年12月31日 已授权专利:2项(实用新型专利2项) 已申请未授权专利:8项(发明专利7项,外观设计专利1项)
参与软件著作权的情况	征图验证码字符识读检测算法软件等15项软件著作权
研发成果及核心技术贡献	1.基于公司软件平台开发了多模板检测、颜色测量、车牌检测、地板检测等常规检测算法; 2.开发了偏振成像技术并成功应用于车牌反光膜检测; 3.开发迭代了第二代高速同步控制盒,应用于10ms下的高速检测时位置跟踪控制,并可在不同速度下感速自适应控制; 4.主导完成Shark系列单张检测设备等产品的换代及升级,主导胶印在线检测设备、多光谱颜色测量设备、地板检测设备、车牌外观检测设备、中央数据管理软件、质量信息分析系统等项目开发。

④梁××

作为发明人的专利情况	截至2020年12月31日 已授权专利:4项(发明专利1项,实用新型2项,外观专利1项) 已申请未授权专利:4项(实用新型专利4项)
参与软件著作权的情况	征图一种偏光片辉点检查多工作联合检测算法软件等12项软件著作权
研发成果及核心技术贡献	1.主导了手机偏光片打痕成像系统设计和检测算法开发、手机偏光片光栅成像系统设计和检测算法开发、偏光片开孔品高精度高分辨率自动位移跟踪成像系统设计、偏光片开孔品外观检测算法开发、车载和TV偏光片外观瑕疵成像系统设计和算法开发;针对开孔产品,主导设计开发了自动对焦定位实时反馈成像系统,完成手机开孔偏光片产品的成像和算法检测;主导完成小片机系列、中片机系列、大片机系列、孔洞系列等多系列偏光片外观检测设备的新产品开发; 2.主导或参与FS-Lighting软件平台、摄像头仓体外观检测设备、显示屏模组外观检测项目、盖板玻璃外观检测设备、锂电池蓝膜、锂电池极片等项目开发。

……

核心技术人员认定的合理性情况如下:

根据《上海证券交易所科创板股票发行上市审核问答》的规定,原则上,核心技术人员通常包括公司技术负责人、研发负责人、研发部门主要成员、主要知识产权和非专利技术的发明人或设计人、主要技术标准的起草者等。公司认定的核心技术人员都××、吴××、韩×、梁××属于上述认定范围。

公司核心技术人员认定标准为：从事公司底层技术关键领域开发、支柱性产品开发的技术带头人。主要考虑①拥有深厚且与公司业务相匹配的资历背景和丰富的研发、技术经验；②公司技术负责人，底层技术或产品研发部门的主要成员；③主导完成多项核心技术、主要产品的研发。公司仅有都××、吴××、梁××、韩×符合上述认定标准。

除发行人认定为核心技术人员的都××、吴××、梁××、韩×外，发行人主要专利发明人中还包括王××、王×，上述二人在发行人发展初期曾负责具体的技术开发工作，参与了部分早期专利相关技术的开发，后续上述二人均已转变职能为事业部运营管理及大客户开拓，报告期内王××、王×均未负责技术研发部门，未参与技术研发工作，因此不认定为核心技术人员具有合理性。公司不存在缩小核心技术人员范围以减少核心技术人员变化比例的情况。

此外，发行人实际控制人、高级管理人员均已按相关规定作出锁定承诺，其他间接持有公司股份的研发人员均为征图投资的合伙人并已参照实际控制人的锁定期限作出锁定承诺，因此公司不存在通过缩小核心技术人员的认定范围的方式规避股份锁定或减持的情况。

4.重点总结

发行人公司在答复问询时，主要有以下重点：

第一，根据《上海证券交易所科创板股票发行上市审核问答》的规定，核心技术人员通常包括技术负责人、研发负责人、研发部门主要成员、主要知识产权和非专利技术的发明人或设计人、主要技术标准的起草者等。公司认定的核心技术人员都××、吴××、韩×、梁××属于上述认定范围。

第二，公司核心技术人员的认定标准为从事公司底层技术关键领域开发、支柱性产品开发的技术带头人，主要考虑资历背景和丰富的研发、技术经验，技术负责人或底层技术或产品研发部门的主要成员，以及主导完成多项核心技术、主要产品的研发。

第三，除发行人认定为核心技术人员的都××、吴××、梁××、韩×外，发行人主要专利发明人中还包括王××、王×。虽然上述二人在发行人发展初期曾负责具体的技术开发工作，参与了部分早期专利相关技术的开发，但后续二人均已转变职能为事业部运营管理及大客户开拓，报告期内未负责技术研发部门，未参与技术研发工作，因此不认定为核心技术人员具有合理性。

第四,公司不存在缩小核心技术人员范围以减少核心技术人员变化比例的情况。

第五,发行人实际控制人、高级管理人员均已按相关规定作出锁定承诺,其他间接持有公司股份的研发人员均为征图投资的合伙人并已参照实际控制人的锁定期限作出锁定承诺,因此公司不存在通过缩小核心技术人员的认定范围的方式规避股份锁定或减持的情况。

5.企业发展过程规避建议

在解读“专利发明人与核心技术人员不匹配”这一风险点时,我们需要明确科创板对于“专利发明人与核心技术人员不匹配”这一风险点的定位标准。科创板作为以科技创新和新兴产业为核心的资本市场,对于企业的科技实力和创新能力有着极高的要求。在科创板上市的企业中,专利发明人和核心技术人员是决定企业技术实力和创新能力的重要因素。

如果专利发明人与核心技术人员不匹配,可能会引发投资者对于企业技术实力和未来发展的担忧。专利发明人是企业技术创新的重要代表,而核心技术人员则是企业技术研发和生产管理的重要力量。如果这两者之间存在不匹配的情况,可能会引发监管机构的关注和问询,甚至可能导致企业被拒绝上市。

在解读这一风险点时,我们需要考虑以下几个方面:

①专利发明人与核心技术人员的能力和背景是否匹配?如果专利发明人缺乏相关的技术背景和实践经验,而核心技术人员缺乏创新思维和研发能力,那么这两者之间就可能存在不匹配的情况。

②专利发明人与核心技术人员之间的沟通和协作是否顺畅?如果两者之间存在沟通障碍或者协作不顺畅的情况,那么就可能影响企业的技术研发和生产管理,从而影响企业的市场竞争力。

③专利发明人与核心技术人员是否存在利益冲突或者权益纠纷?如果存在这样的情况,那么就可能影响企业的稳定性和未来发展。

④专利发明人与核心技术人员是否符合科创板的定位标准?如果两者都不符合科创板的定位标准,那么企业就需要重新审视自身的技术创新和研发能力,以及市场定位和发展战略。

而在被问询“专利发明人与核心技术人员不匹配”问题时,笔者结合多家科创板IPO企业回复重点,提供以下企业发展过程规避要点:

①企业在筹备上市过程中,应该对专利发明人和核心技术人员进行仔细的调查和核实,确保他们的身份和贡献是真实有效的。这意味着要对这些人员的背景、学历、工作经历等进行深入了解,并确认他们是否真正具备与所声称的技能和贡献相一致的能力。

②如果专利发明人与核心技术人员确实存在不匹配的情况,企业应该尽早采取措施进行整改。包括与发明人协商解决争议、提供证明材料等。例如,企业可以与发明人进行沟通,了解他们的需求和期望,并尝试达成一个双方都能接受的解决方案。如果争议无法解决,企业还可以考虑提供证明材料,如工作合同、研发记录等,以证明发明人的贡献和身份的真实性。

③此外,企业应该建立健全的内部管理制度,以避免类似问题的发生。这包括对专利发明人和核心技术人员的招聘、培训、考核等方面的管理,以及与发明人签订明确的协议和合同,确保双方的权益得到保障。

2.4　重要发明人离职

大多数在科创板IPO的企业都涉足高新技术产业和战略性新兴产业,科创板企业通常会投入大量的研发资源和资金来支持其技术创新和产品研发,这些产业中的技术竞争尤为激烈,技术团队人员往往具有高度的流动性,这给企业的研发带来了一定的风险。

监管部门在审核企业上市申请时,会特别关注发行人重要专利发明人的离职情况。这是因为专利发明人是企业技术创新的重要代表,他们的离职可能会影响企业的技术研发能力和市场竞争力。如果发行人核心技术人员不稳定,监管部门可能会认为该企业的独立持续经营能力存在风险,从而影响其上市审批的结果。

1.问题出处

本部分问题出自《关于华夏天信智能物联股份有限公司首次公开发行股票并在科创板上市申请文件的第二轮审核问询函回复》。

2.问题节选

问题:关于发行人的发明专利

根据招股说明书、问询回复和公开信息,发行人的发明专利有7项,其中4项为受让取得,1项为合作研发,仅有2项为发行人独立研发。其中,邓××为发行人核心专利之一的异步电动机直接转矩控制装置及其方法的发明人,邓××Y曾经为发行人发明专利矿用隔爆变频器交流输出负荷并机技术的发明人之一。此外,在发明专利中,一种光伏并网逆变器及其控制方法、一种新型电压器多电平逆变器、一种三相飞跨电容多电平光伏逆变器调制方法、一种三相飞跨电容多电平光伏逆变器调制方法均系华夏研究院于2018年3月自燕山大学处取得,变更登记时发行人的核心技术人员宇××等人同步变更为发明人,且上述发明研发出的时间比较早。

请发行人说明:发行人在发明人一项中删除邓××Y名字的原因,邓××和邓××Y的离职对发行人技术的影响。

3.回复节选

发行人在发明人一项中删除邓××Y名字的原因,邓××和邓××Y的离职对发行人技术的影响:

(1)发行人在发明人一项中删除邓××Y名字的原因

发行人在申请发明专利矿用隔爆变频器交流输出负荷并机技术的过程中,重要时间节点如下:

2012年12月,国家知识产权局受理该专利;

2015年12月,国家知识产权局下发该专利的第一次审查意见通知书;

2016年1月,邓××Y与发行人解除劳动合同;

2016年4月,国家知识产权局收到发行人关于第一次审查意见的陈述书;

2016年7月,国家知识产权局下发该专利的第二次审查意见通知书;

2016年9月,国家知识产权局收到发行人关于第二次审查意见的陈述书;

2016年11月,国家知识产权局下发该专利的第三次审查意见通知书;

2017年1月,国家知识产权局收到发行人关于第三次审查意见的陈述书,同时,发行人在该专利发明人中将邓××Y删除;

2017年4月,国家知识产权局下发该专利的第四次审查意见通知书;

2017年5月,国家知识产权局收到发行人关于第四次审查意见的陈述书;

2017年10月,该专利授权公告。

在发明专利“矿用隔爆变频器交流输出负荷并机技术”开发过程中,邓××Y参与了部分技术讨论。专利申请过程中,经国家专利局审核原有内容存在不符合专利法的创造性要求,被多次驳回修改。根据驳回意见,发行人工作人员进行了实质性修改，增加了多项创新性内容。由于邓×Y已经离职，后期专利的修改过程仅由最终专利发明人完成，未包含邓×Y的工作内容。因此，发行人将邓×Y从该专利的发明人中删除。

(2)邓××和邓×Y的离职对发行人技术的影响

发明专利“矿用隔爆变频器交流输出负荷并机技术”的发明人为陈×、宋××，目前均在发行人处任职，陈×为发行人的核心技术人员。

邓××和邓×Y在发行人工作期间，均从事管理工作，在技术开发方面主要提供一些指导意见和相关信息。

在邓××、邓×Y离职后，主要研发人员蒲××、陈×、张××、王×等人依旧在发行人处任职至今。同时，发行人不断扩充研发队伍，加大研发投入。因此，邓××和邓×Y的离职并未对发行人技术产生不利影响。

4.重点总结

发行人公司在答复问询时提出，发行人在发明人一项中删除邓×Y名字的原因，主要是因为邓×Y在专利申请过程中已经离职，且后期专利的修改过程仅由最终专利发明人完成，未包含邓×Y的工作内容。因此，发行人根据实际情况将邓×Y从该专利的发明人中删除。

邓××和邓×Y的离职对发行人技术的影响并不明显。虽然邓××和邓×Y在发行人工作期间从事管理工作，但在技术开发方面主要提供一些指导意见和相关信息。在邓××、邓×Y离职后，发行人核心技术人员陈×、宋××等依旧在发行人处任职至今，同时发行人不断扩充研发队伍，加大研发投入。因此，邓××和邓×Y的离职并未对发行人技术产生不利影响。

5.企业发展过程规避建议

在解读“重要发明人离职”这一风险点时，根据科创板的定位标准，我们需要考虑以下几个方面：

首先，重要发明人在公司中所担任的角色和职责。如果重要发明人是公司的核心技术人员或研发负责人，他们的离职可能会对公司的研发能力和技术水平产生重大影响。这可能会导致公司在技术创新、产品研发、市场竞争等方面面临更大的挑战。

其次，重要发明人的离职原因和去向。如果重要发明人的离职是因为个人原因或者寻求更好的发展机会，可能不会对公司的业务和研发产生太大影响。

但是,如果重要发明人的离职是因为对公司的不满或者对公司的未来发展存在担忧,就可能会对公司的稳定性和未来发展产生负面影响。

最后,公司对于重要发明人离职的应对措施也是需要考虑的因素之一。如果公司已经建立了完善的研发团队和技术管理体系,那么重要发明人的离职可能不会对公司的业务和研发产生太大的影响。但是,如果公司缺乏相应的应对措施,那么重要发明人的离职可能会对公司的业务和研发产生较大的风险。

而在被问询"重要发明人离职"问题时,笔者结合多家科创板IPO企业回复重点,提供以下企业发展过程规避要点:

①明确核心技术的传承和保护。对于任何一个科技企业来说,核心技术是其立足之本,是企业的核心竞争力。如果重要发明人离职,其带走的可能是企业的核心技术,这对企业的生存和发展将造成极大的威胁。因此,企业需要采取有效的措施,明确核心技术的传承和保护,防止核心技术被泄露或带走。

②建立健全的研发团队和研发体系。一个优秀的研发团队和研发体系,可以有效地降低对个别研发人员的依赖,提高企业的研发效率和创新能力。同时,建立健全的研发团队和研发体系,也可以有效地防止重要发明人离职后,企业的研发工作陷入停滞或瘫痪状态。

③加强知识产权保护。对于重要发明人的离职,企业可以通过加强知识产权保护的方式,来降低风险。比如,通过与重要发明人签订保密协议、技术转让协议等,来保护企业的商业机密和技术成果。同时,建立健全的知识产权管理制度,加强知识产权的保护和管理,防止核心技术被泄露或滥用。

④建立人才梯队和人才储备。企业应该建立人才梯队和人才储备,通过培养和引进多方面的人才,来降低对个别人才的依赖。同时,建立健全的人才培养机制和激励机制,提高员工的忠诚度和工作积极性,防止重要人才流失后对企业造成过大的影响。

2.5 新入职员工在发明创造过程中,是否存在侵占原职务发明

随着人才培养所需的时间周期越来越长,企业从外部引进研发能力突出的技术人才的现象越来越普遍。这些技术人才往往在进入企业后不久就能做出对企业具有重大意义的发明创造。他们凭借着丰富的经验和深厚的专业知识,为企业带来了新视角和创新思维,从而推动了企业的技术进步和业务发展。

然而，根据专利法的规定，退休、调离原单位或劳动、人事关系终止后一年内做出的，与其原单位承担的本质工作或原单位分配的任务有关的发明创造都属于职务发明。如果新进技术人员在本单位做出的发明创造与他们在原单位的工作内容有关，那么这个发明创造可能会被视为原单位的职务发明。这可能会给科创板IPO企业带来专利权权属的风险，使监管机构对其独立持续经营能力产生疑问。

因此，对于新进技术人员来说，清晰界定其发明创造的归属权是非常重要的。这也要求科创板IPO企业在引进外部技术人才时，要充分了解和遵守相关法律法规，以避免潜在的法律风险。

1.问题出处

本部分问题出自《关于南京万德斯环保科技股份有限公司首次公开发行股票并在科创板上市申请文件第二轮审核问询函的回复》。

2.问题节选

问题：关于核心技术人员

请发行人说明：①创始股东、董监高和核心技术人员是否与原单位签订竞业禁止协议或承诺，是否违反；②核心技术人员在发行人任职前在原单位的任职情况，原单位与发行人是否从事同类业务，是否存在原单位的职务发明等可能导致发行人存在知识产权纠纷的情形。

3.回复节选

(1)补充披露

明确回答创始股东、董监高和核心技术人员是否与原单位签订竞业禁止协议或承诺，是否违反。

发行人已在《招股说明书》“第五节发行人基本情况”之“十、董事、监事、高级管理人员与核心技术人员基本情况”之“(六)董事、监事、高级管理人员的任职资格及竞业禁止情况”中补充披露如下：

(六)董事、监事、高级管理人员的任职资格及竞业禁止情况上述公司董事、监事及高级管理人员均符合《公司法》及国家有关法律法规规定的任职资格条件。

公司的创始股东、董事、监事、高级管理人员和核心技术人员在发行人处任职均已超过3年，公司创始股东、董事、监事、高级管理人员和核心技术人员未与入职公司之前的原任职单位签订竞业禁止协议或承诺，亦未收到原任职单位支付的竞业禁止津贴,不存在违反竞业禁止协议或承诺的情形,也不存在因竞业禁止、知识产权等事项与原任职单位发生争议或纠纷的情形。

(2)说明与分析

进一步说明核心技术人员在发行人任职前在原单位的任职情况,原单位与发行人是否从事同类业务,是否存在原单位的职务发明等可能导致发行人存在知识产权纠纷的情形。

①核心技术人员在发行人任职前在原单位的任职情况,原单位与发行人是否从事同类业务。

发行人核心技术人员在原任职单位的任职情况、原单位主营业务情况如下:

核心技术人员姓名	原任职单位名称	在原单位职务	原单位主营业务情况
刘×	铁道部第一勘察设计院	工程师	工程勘察、设计业务
	南京东大能源环保工程有限公司	营销经理	电力行业脱硫、废水处理中设计及设备供货
宫××	江苏省第一工业设计院	工程师	煤矿设计、建筑工程设计业务
	南京东大能源环保工程有限公司	工程师	电力行业脱硫、废水处理中设计及设备供货
戴×	江苏省嘉庆水务发展有限公司	研发部主管	市政污水处理业务
	南京科盛环保科技有限公司	研发部经理	工业废水处理业务

注:上述原单位主营业务为发行人核心技术人员在原单位任职期间该单位的主营业务情况。

发行人主营垃圾污染削减及修复、高难度废水处理业务。核心技术人员原任职单位中,铁道部第一勘察设计院、江苏省第一工业设计院主营勘察设计业务,与发行人主营业务不相关;南京东大能源环保工程有限公司主营电力行业脱硫、废水处理中设计及设备供货业务,与发行人同属环保行业,业务部分相关;江苏省嘉庆水务发展有限公司、南京科盛环保科技有限公司主营污水、废水处理业务,与发行人主营业务之一的高难度废水处理业务属于同类业务。

②是否存在原单位的职务发明等可能导致发行人存在知识产权纠纷的情形。

发行人核心技术人员原任职单位中，与发行人主营业务存在相关性的包括南京东大能源环保工程有限公司、江苏省嘉庆水务发展有限公司、南京科盛环保科技有限公司。保荐机构与发行人律师就发行人核心技术人员是否与上述公司存在知识产权纠纷情形核查如下：

核心技术人员姓名	原单位名称	确认情况
刘×	南京东大能源环保工程有限公司	(1)南京东大能源环保工程有限公司出具书面确认函，确认：刘×不存在侵犯原单位商业秘密、专利、技术或其他权益等情形； (2)刘×出具书面确认函，确认：本人在发行人任职期间形成的专利成果均为执行发行人指派的工作任务，并利用了发行人的物质技术条件完成的，属于本人在发行人的职务发明。不存在属于完成原单位指派的工作任务或利用原单位的物质技术条件形成的专利成果。本人与原单位不存在知识产权、专利技术等事项的纠纷或潜在纠纷。
宫××	南京东大能源环保工程有限公司	(1)南京东大能源环保工程有限公司出具书面确认函，确认：宫××不存在侵犯原单位商业秘密、专利、技术或其他权益等情形； (2)宫××出具书面确认函，确认：本人在发行人任职期间形成的专利成果均为执行发行人指派的工作任务，并利用了发行人的物质技术条件完成的，属于本人在发行人的职务发明。不存在属于完成原单位指派的工作任务或利用原单位的物质技术条件形成的专利成果。本人与原单位不存在知识产权、专利技术等事项的纠纷或潜在纠纷。
戴×	江苏省嘉庆水务发展有限公司	(1)江苏省嘉庆水务发展有限公司出具书面确认函，确认：戴×、发行人与该公司不存在知识产权、专利技术等事项的纠纷或潜在纠纷； (2)戴×出具书面确认函，确认：本人在发行人任职期间形成的专利成果均为执行发行人指派的工作任务，并利用了发行人的物质技术条件完成的，属于本人在发行人的职务发明。不存在属于完成原单位指派的工作任务或利用原单位的物质技术条件形成的专利成本人与原单位不存在知识产权、专利技术等事项的纠纷或潜在纠纷。
	南京科盛环保科技有限公司	(1)戴×出具书面确认函，确认：本人在发行人任职期间形成的专利成果均为执行发行人指派的工作任务，并利用了发行人的物质技术条件完成的，属于戴×在发行人的职务发明。不存在属于完成原单位指派的工作任务或利用原单位的物质技术条件形成的专利成果。戴×与原单位不存在知识产权、专利技术等事项的纠纷或潜在纠纷； (2)发行人及戴×出具书面确认函，确认：戴×在原单位任职期间，主要负责技术方案参数设计与优化、指导项目技术研发工作；在万德斯任职期间，主要根据刘×、宫××制定的技术研究思路

续表

核心技术人员姓名	原单位名称	确认情况
		与方案,具体开展研发项目实验与试验验证工作。戴×在原单位与在发行人任职期间负责的工作侧重内容不同; (3)根据发行人专利技术的相关课题立项、研发计划、研发方案、研发输入清单、研究实验、专利申请、专利证书等相关资料,发行人核心技术人员作为发明人的专利技术相关课题立项、研发计划、研发方案、研究实验、专利申报资料及专利申请均系相关核心技术人员在发行人任职期间完成发行人指派的工作任务、利用发行人的物质技术条件形成,不属于其在原单位任职期间形成的职务发明。

经检索中国裁判文书网、全国法院失信被执行人信息查询平台等网站,并经核心技术人员确认,发行人核心技术人员不存在与原任职单位因知识产权发生争议或纠纷的情形。

综上,发行人核心技术人员在发行人任职期间形成的专利成果均为执行发行人指派的工作任务,并利用了发行人的物质技术条件完成的,属于其在发行人的职务发明;不存在属于完成原单位指派的工作任务或利用原单位的物质技术条件形成的专利成果,不属于其在原单位任职期间形成的职务发明。发行人及其核心技术人员与原单位之间不存在知识产权、专利技术等事项的纠纷或潜在纠纷。

4.重点总结

发行人公司在答复问询时指出,其核心技术人员在发行人任职期间形成的专利成果均为执行发行人指派的工作任务,并利用了发行人的物质技术条件完成的,属于其在发行人的职务发明。同时,发行人及其核心技术人员与原单位之间不存在知识产权、专利技术等事项的纠纷或潜在纠纷。

此外,发行人公司还提供了核心技术人员在原单位的离职证明、书面确认函等文件,以证明其核心技术人员与原单位之间不存在知识产权纠纷。

综上所述,发行人公司在答复问询时强调其核心技术人员在原单位形成的专利成果不属于职务发明,与原单位不存在知识产权、专利技术等事项的纠纷或潜在纠纷。同时提供了相关文件以证明其核心技术人员与原单位之间不存在知识产权纠纷。

5.企业发展过程规避建议

在解读“新入职员工在发明创造过程中，是否存在侵占原职务发明”这一风险点时，根据科创板的定位标准，我们需要考虑以下几个方面：

首先，我们需要明确新员工在离职前是否已经掌握了相关的发明创造，如果已经掌握，那么这些发明创造是否属于前公司的职务发明就需要进一步判断。如果新员工在离职前并未掌握相关发明创造，而是在离职后通过自己的研究或其他途径获得了相关的技术和知识，那么这些发明创造就不属于前公司的职务发明。

其次，我们需要考虑新员工在离职后是否利用了前公司的商业秘密或非公开信息来帮助新任职公司进行研发或其他工作。如果新员工在离职后利用了前公司的商业秘密或非公开信息来帮助新任职公司，那么这些发明创造就有可能被认定为前公司的职务发明。

最后，我们需要考虑新任职公司是否对相关发明创造进行了实质性的工作。如果新任职公司只是利用了新员工的个人技能和知识来进行研发或其他工作，那么这些发明创造就不太可能被认定为前公司的职务发明。

综上所述，对于科创板上市公司的新员工离职一年内作出发明创造是否属于前公司职务发明的问题，需要根据具体情况进行判断。如果新员工在离职前已经掌握了相关的发明创造，并在离职后利用了前公司的商业秘密或非公开信息来帮助新任职公司进行研发或其他工作，那么这些发明创造就有可能被认定为前公司的职务发明。

在被问询“新入职员工在发明创造过程中，是否存在侵占原职务发明”问题时，笔者结合多家科创板IPO企业回复重点，提供以下企业发展过程规避要点：

①确认发明创造是否与前公司的职务发明有关。如果新员工在前公司离职一年内，进入新公司后作出发明创造与前公司的职务发明相同或类似，那么该发明创造可能被视为前公司的职务发明。因此，新公司应该仔细审查该发明创造是否与前公司的职务发明有关，并采取相应的措施规避风险。

②避免侵犯知识产权。如果新员工在前公司离职后，其发明创造与前公司的职务发明相同或类似，那么新公司可能会面临侵犯知识产权的风险。因此，新公司应该采取措施确保其发明创造不侵犯任何第三方的知识产权。

③确认新员工的发明创造是否具有商业价值。如果新员工的发明创造与

前公司的职务发明无关,且不侵犯任何第三方的知识产权,那么新公司应该仔细评估该发明创造是否具有商业价值。如果该发明创造具有商业价值,那么新公司可以考虑将其用于商业用途,并采取相应的措施保护其商业利益。

④建立完善的员工背景调查和保密制度。为了避免类似的风险,科创板IPO企业应该建立完善的员工背景调查和保密制度。在招聘新员工时,应该对他们的背景进行全面的调查,并要求他们签署保密协议。

3 知识产权数量相关问题

3.1 知识产权数量明显少于同行业竞争对手

科创板是致力于推动科技创新和经济发展的重要平台,它优先支持那些掌握核心关键技术、科技创新实力雄厚的优质企业。这些企业不仅具备强大的研发能力和技术创新能力,还能够为国家的科技进步和产业发展做出重要贡献。

专利数量是衡量一个企业是否拥有先进技术和科技创新实力的重要指标之一。如果一个企业的专利数量较同行业竞争对手明显偏低,可能意味着该企业的科技创新能力和技术水平不够突出,不符合科创板的定位需求。因此,对于想要在科创板上市的企业来说,拥有一定数量的高质量专利是必不可少的条件之一。

通过专利数量这一指标,我们可以更加清晰地了解一个企业的科技实力和创新能力。在竞争激烈的市场环境中,拥有更多的专利意味着企业能够更好地保护自己的知识产权,掌握更多的核心技术,从而在竞争中占据优势地位。

1.问题出处

本部分问题出自《关于赛赫智能设备(上海)股份有限公司首次公开发行股票并在科创板上市申请文件的第一轮审核问询函的回复》。

2.问题节选

根据招股说明书,发行人共有发明专利1项(继受取得)、实用新型专利部分为共同申请,软件著作权45项。

请发行人说明:①结合产品或服务特点、所处产业链位置、同行业可比公司情况等,分析公司发明专利较少的原因及合理性;……④根据前述专利及非专利技术相关情况,论证发行人是否具有研发能力及创新能力,是否符合科创板定位。

3.回复节选

②结合产品或服务特点、所处产业链位置、同行业可比公司情况等,分析公司发明专利较少的原因及合理性。

公司从事的行业属于专用设备制造业,产品主要应用于汽车智能制造,具体划分为两个细分的类别,即检测设备类及装配设备类,其中车轮装配与检测设备、整车下线检测设备为检测设备类,车身连接与组装设备、整车总装设备为装配设备类。

(一)检测设备类

在检测设备领域,公司主要的技术机密性体现在以下三个方面:

一是检测算法与检测电路板,二是检测机械结构,三是检测精度校准相关的经验与知识。

第一类,检测算法与电子电路,行业内普遍做法是不申请专利,由于软件算法包含了企业最核心的竞争力,并且通过软件的办法可以很好地保证技术的安全性,不被同行抄袭,因此不需要通过公开换保护的方式进行保护,这也是行业内通行的做法,公司在此行业的竞争对手,包括德国杜尔、日本国际计测等公司,都没有申请核心设备算法的专利。

第二类,检测机械结构,各个公司的做法不同,这个也跟不同公司的设计思路与具体应用相关。由于最基本的传感器与检测原理基本相同,因此申请基础性专利难度很大,而各个公司特别之处,也是每个公司产品的亮点处,也分为易于辨别与复制及不易辨别与复制两种,对于较易于辨别与复制的,有些公司会选择申请专利以换取保护,比如一些特殊的工装夹具设计,像日本国际计测公司在中国申请的其用于平衡与跳动检测设备的工装夹具设计专利等,而对于不易辨别与复制的,则会选择不公开,比如相关检测硬件机构的设计与制造原理等。

第三类,关于精度校准相关的经验与技术,属于经验范畴,跟从业人员在此行业的多年经验相关联,很难以专利的形式表述。公司对检测设备类核心技术的保密进行了严格的分层管理制度和涉密申报制度,没有权限的员工无法接触公司相关的技术文件,从而有效防止相应的涉密技术文件外流。竞争对手想要取得公司检测相关的技术,需要同时获得软件算法,检测主板设计原理,机械设计原理,以及调试原理等所有技术进行消化吸收,从而使得完全复制非常困难。

(三)装配设备类

公司在并购Expert之前,在装配设备领域处于一个进入市场的过程,相对的销售额和项目规模较小,处于市场与产品的开发初期,因此形成专利数量较少。而Expert在被收购之前,主要集中于英国本土市场及轻量化车身生产线的开发与制造,由于在此市场与产品领域竞争对手较少,同时其核心竞争力更多取决于生产过程选取的工艺,以及设备相应的参数模型的模拟、分析与选择,较难被竞争对手复制,Expert没有对诸多专有技术进行专利申请,在公司完成并购以后,意识到了专利保护在此产品领域内对于开发中国市场的意义,因此已经开始了相关技术的专利申请流程,以保证本土化的过程中不会有技术被复制的风险。

……

④根据前述专利及非专利技术相关情况,论证发行人是否具有研发能力及创新能力,是否符合科创板定位。

发行人一贯重视科技创新,在车身连接与组装、车轮装配与检测、整车总装与整车下线检测等主要业务领域均形成了一系列具有自主知识产权的核心技术,有力支撑了公司的长期稳定发展。

截至本回复出具之日,公司及控股子公司已取得授权专利26项(其中发明专利7项),其中20项为自主研发申请取得;公司有18项境内专利(其中发明专利8项)正在申请中,也为公司自主研发成果。

截至本回复出具之日,公司拥有8项非专利技术,均为公司及子公司在生产经营过程中通过自主研发,结合对外部相关技术或专利授权进行吸收引进再创新所得。

公司的专利及非专利技术均与公司的核心技术对应,公司主要的生产经营以核心技术为基础,将核心技术进行成果转化,形成基于核心技术的产品,并产生销售收入。报告期内,发行人核心产品销售收入占营业收入比例分别为98.22%、97.21%、97.16%。

综上,发行人具备研发能力及创新能力,符合科创板定位。

4.重点总结

发行人主要从事专用设备制造业,产品主要应用于汽车智能制造,其中检

测设备类和装配设备类是主要的两类产品。在检测设备领域，发行人主要的技术机密性体现在检测算法与电子电路、检测机械结构和精度校准相关的经验与技术等方面。由于软件算法包含了企业最核心的竞争力，并且通过软件的办法可以很好地保证技术的安全性，不被同行抄袭，因此行业内普遍做法是不申请专利。对于较易于辨别与复制的，有些公司会选择申请专利以换取保护；而对于不易辨别与复制的，则会选择不公开。在装配设备领域，发行人在并购Expert之前处于市场与产品的开发初期，相对的销售额和项目规模较小，因此形成专利数量较少。而Expert在被收购之前主要集中于英国本土市场及轻量化车身生产线的开发与制造，由于在此市场与产品领域竞争对手较少，同时其核心竞争力更多取决于生产过程选取的工艺，以及设备相应的参数模型的模拟、分析与选择，较难被竞争对手复制，因此没有对诸多专有技术进行专利申请。在公司完成并购以后，已经开始了相关技术的专利申请流程，以保证本土化的过程中不会有技术被复制的风险。

综上所述，发行人发明专利较少的原因是由于其产品所处行业的特点及技术保密的需求。发行人具备研发能力及创新能力，符合科创板定位。

5.企业发展过程规避建议

在解读“知识产权数量明显少于同行业竞争对手”这一风险点时，我们首先需要明确，监管机构在评估企业时，不仅会考虑其专利的绝对数量，还会重视专利的相对数量，即与同行业竞争对手的专利数量进行比较。对于同一行业，企业的研发、经营、销售模式，以及对核心技术的保护方式通常具有相似性。若企业的专利数量明显低于同行业竞争对手，除非有特殊原因，否则监管机构可能会认为企业的科技创新能力较弱，不符合科创板定位中关于“科技创新能力突出、行业地位突出”的要求。

在被问询此类问题时，笔者结合多家科创板IPO企业回复重点，提供以下企业发展过程规避要点：

在规避“知识产权数量明显少于同行业竞争对手”这一风险点时，企业需要关注专利数量和质量的双重提升。

首先，企业可以加大对研发的投入，增强自主创新能力，努力提升技术实力和产品竞争力。通过研发创新，企业可以获得更多的专利成果，提高专利数量。同时，确保专利的质量，注重专利的实用性和创新性，使其在市场上具有更好的竞争优势。

其次,企业可以加强与同行业竞争对手的交流与合作,学习借鉴对方的先进技术和管理经验,提升自身的科技创新能力。通过合作研发、技术转移等方式,企业可以获得更多的专利技术和经验,进而提高自身的专利数量和质量。

最后,企业还可以通过购买、兼并等方式获取更多的专利技术和知识产权,以弥补自身专利数量和质量的不足。但是,这种方式需要企业具备足够的资金和管理能力,要避免出现资源浪费和重复投资的情况。

企业在规避“知识产权数量明显少于同行业竞争对手”这一风险点时,需要注重自主创新、合作共赢、资源整合等多方面的发展策略,不断提升自身的科技创新能力、市场竞争力及综合实力。

3.2 同族专利重复计算

根据最主流的定义,同族专利是指基于同一优先权文件,在不同国家或地区,以及地区间专利组织多次申请、多次公布或批准的内容相同或基本相同的一组专利文献。这些专利文献被称为专利族,其中的每件专利文献被称为专利族成员,同一专利族中每件专利互为同族专利。这个概念也可以扩展为包括对同一技术提出的所有相关专利申请所产生的专利文献。

同族专利布局是一种策略,许多企业会对其核心技术进行这样的布局,这可以在单一国家(地区)内从不同角度撰写权利要求,从而对核心技术进行充分保护,同时也可以进行跨国家(地区)的专利保护。通过这样的布局,企业可以更全面地保护其技术创新,并在全球范围内防止他人侵权。

然而,同族专利也存在一些问题。由于同族专利可能存在保护范围相同的情况,监管机构可能会要求在提出该部分专利后重新计算专利的数量,这可能导致发行人的专利数量不符合科创板的定位要求。

同族专利是一种重要的专利布局策略,它可以帮助企业保护其核心技术,并在全球范围内防止他人侵权。然而,企业也需要意识到同族专利可能存在的问题,并在制定专利战略时进行全面的考虑。

1.问题出处

本部分问题出自《关于贵州振华新材料股份有限公司首次公开发行股票并在科创板上市申请文件的审核问询函的回复》。

2.问题节选

问题:关于专利

招股说明书披露,公司相关产品和技术已申请发明专利47项、实用新型专利1项,获授权28项(其中国内发明专利14项、国外发明专利14项)。其中6个发明专利进行质押。部分境外专利正在办理权利人名称变更。"锂离子电池正极材料的制备方法"是从深圳振华无偿受让取得。发行人与巴斯夫签订《专利再许可协议》并在2019年、2020年1—9月支付巴斯夫专利再许可费用546.05万元、413.09万元。公司主要经营活动在中国,未直接向美国销售相关产品,间接向美国销售收入占比较小。

请发行人说明:部分境外专利权利人名称变更的办理进度,境外专利与境内专利是否仅申请地不同、申请内容相同,如是请重新计算并披露发行人专利数量。

3.回复节选

经自查,针对发行人现有的17项境外发明专利,除"锂离子二次电池钴酸锂正极材料及其制法和应用"(专利号:US15/498,527,申请地:美国)外,发行人境外专利与境内专利存在申请地不同、申请内容相同的情形,故剔除专利境内与境外重复专利后,发行人共计拥有境外专利1项。经重新计算,发行人于境内境外合计拥有15项发明专利,1项实用新型专利。发行人已在"招股说明书"相关章节修改披露发行人专利数量。

4.重点总结

发行人境内外的专利数量经过重新计算和披露后,专利数量从28项减少至15项,更加准确地反映了公司的实际情况。这些措施有助于投资者更好地了解公司的技术和知识产权情况,做出更准确的投资决策。

贵州振华新材的同族专利包括以下几种:

①钴酸锂制造方法:振华新材拥有一项关于钴酸锂制造方法的同族专利,该专利涉及一种以硫酸钴、氢氧化钠、碳酸锂等原料通过高温固相法合成钴酸锂的工艺。

②三元材料制备技术:振华新材还拥有一项关于三元材料制备技术的同族专利,该专利涉及一种以镍、钴、锰等金属盐为原料,通过高温固相法合成三元材料的工艺。

③锂离子电池正极材料制备技术:振华新材还拥有一项关于锂离子电池正极材料制备技术的同族专利,该专利涉及一种以锂盐、钴盐、镍盐、锰盐等为原料,通过高温固相法合成锂离子电池正极材料的工艺。

5.企业发展过程规避建议

在解读"科创板同族专利重复计算"这一风险点时,需要关注以下几个方面:

①重复计算的定义:在科创板同族专利中,重复计算是指对同一项创新成果的不同表现形式或者不同实现方式进行重复评估、重复授权或者重复认定。在专利申请中,同族专利可能会涉及申请地相同或不同的情形。对于申请地相同的同族专利,通常不会出现专利数量重复计算的情况。而对于申请地不同的同族专利,需要视具体情况而定:若同族专利存在某项权利要求相同的情况,则在披露发行人的境内外专利数量时,应将该同族专利视为同一专利,从数量上来说,无论同族专利的数量为多少,均计为一个;若同族专利的权利要求均不相同,则可以按照不同的专利进行累积计算数量。

②重复计算的来源:科创板同族专利的重复计算主要来源于两个方面,一是同一发明人在不同申请日、不同申请号下对同一发明创造的不同表现形式或者不同实现方式进行申请,导致在两个或者多个专利申请中存在重复内容;二是不同申请人就同一发明创造的不同表现形式或者不同实现方式分别进行申请,导致在两个或者多个专利申请中存在重复内容。

③重复计算的风险:如果允许重复计算,将会导致专利数量虚高,影响专利质量,损害创新成果的实际价值。同时,重复计算也会导致评估结果失真,使投资者难以做出准确的投资决策。

"科创板同族专利重复计算"这一风险点需要引起足够的重视,通过建立完善的制度和管理机制来避免重复计算的出现,保障科创板创新成果的实际价值和投资者的利益。

在被问询"同族专利重复计算"问题时,笔者结合多家科创板IPO企业回复重点,提供以下企业发展过程规避要点:

①重视专利的尽职调查。企业在筹备上市之前，应当认真对待专利的尽职调查工作。旨在全面了解企业自身的专利状况，以确保在上市过程中不会因同族专利的重复计算而引发不必要的法律问题和风险。通过深入的专利尽职调查，企业可以更加清晰地掌握自身专利的情况，确保上市过程的顺利进行。

②在上市过程中，企业需要加强与中介机构的沟通，以便更好地了解科创板的政策要求和专利重复计算的评判标准。这些中介机构包括专利代理机构、律师事务所和会计师事务所等。通过与这些机构的合作，企业可以更好地规避专利重复计算的风险，并确保自身的专利布局和保护策略符合相关法规和政策的要求。此外，与中介机构的沟通还可以帮助企业更好地了解专利重复计算的风险和漏洞，并为其提供相应的解决方案和建议。

③重视专利检索和评估。企业在研发新技术或新产品时，应该进行全面的专利检索和评估，了解该领域已经存在的专利情况，避免重复发明和创造。同时，对于已经存在的同族专利，企业应该认真评估其技术含量和市场价值，避免在后续的研发和申请过程中出现重复。

④加强与科研院所的合作。企业可以与科研院所建立紧密的合作关系，共同进行技术研发和专利申请。通过与科研院所的合作，企业可以及时了解最新的技术动态和趋势，避免在独自研发过程中出现重复发明的情况。

⑤注重技术更新和升级。企业在发展过程中，应该不断进行技术更新和升级，提高产品的质量和性能，增强自身的市场竞争力。同时，对于已经存在的同族专利，企业应该积极寻求新的技术突破和创新点，实现技术的升级换代。

⑥合理规划专利申请战略。企业在申请专利时，应该根据自身的实际情况和发展战略，制定合理的专利申请战略。对于已经存在的同族专利，企业应该认真分析其保护范围和有效期，避免在后续的申请过程中出现重复。

⑦加强知识产权保护意识。企业应该加强知识产权保护意识，尊重他人的知识产权成果，避免侵犯他人的专利权。同时，对于已经存在的同族专利，企业应该积极采取措施进行规避和防范，避免在后续的商业活动中出现纠纷和诉讼。

3.3　主营业务收入相匹配的发明专利数量的计算问题

准确计算科创板主营业务收入相匹配的发明专利数量，对于科创板上市企业的成功具有至关重要的影响。这一指标不仅反映了公司的技术实力,还与其市场地位和未来发展潜力密切相关。如果该项指标不达标,可能会对科创板上市企业的前景造成极大的负面影响,甚至可能导致其IPO失败。因此,科创板上市企业需要密切关注该项指标的计算方法和标准,认真分析自身的技术实力和市场情况,以确保自身符合相关要求,顺利实现上市目标。同时,监管部门也会对这项指标进行严格把关,确保上市企业的质量和市场的稳定发展。

根据《科创属性评价指引》中规定的"4+5"评价指标,第5项例外指标的内容为"形成核心技术和主营业务收入的发明专利(含国防专利)合计50项以上"。如果企业选择以此项指标来判断其科创属性,那么监管机构极有可能会要求科创板IPO企业对其发明专利数量的计算方法进行详细说明。企业需要确保其提供的发明专利数量计算方法符合相关规定,以便监管机构对其科创属性进行准确的判定。

1.问题出处

本部分问题出自《关于阿特斯阳光电力集团股份有限公司首次公开发行股票并在科创板上市申请文件的审核问询函之回复》。

2.问题节选

问题:关于科创属性

招股说明书披露,发行人科创属性选取第六条指标中的"形成核心技术和主营业务收入相关的发明专利(含国防专利)合计50项以上"。公司已获授权的发明专利中形成公司核心技术的专利超过50项,与主营业务收入相关的发明专利超过100项,但未说明具体专利数量。2020年12月31日,发行人及其控股子公司已获授权的主要专利共计2,016项,其中发明专利244项。请发行人说明:发明专利与主要核心技术的对应情况、发行人核心技术在主要业务环节的应用情况及提升产品性能情况,形成主营业务收入发明专利情况。

3.回复节选

发行人多年深耕光伏组件技术研发,围绕主营业务持续进行技术沉淀和专利布局,形成了现有的核心技术体系,并不断进行技术优化以提升核心竞争力。同时,发行人亦重视研发成果的转化,在中试阶段不断进行投入以达到产品量产标准,从而实现技术产业化。

截至2020年12月31日,发行人形成核心技术的发明专利共计97项,报告期内形成主营业务收入的发明专利共计114项，如按照与核心技术和主营业务收入中任何一方相关，即“或”的关系计算，发行人发明专利共计120项；如按照即同时属于核心技术且与主营业务收入相关，即“且”的关系计算，发行人发明专利共计91项。

截至2020年12月31日，形成核心技术的97项发明专利中，报告期内形成主营业务收入的发明专利共计91项。此外，未列入上表中的147项发明专利中，报告期内形成主营业务收入的共计23项。

综上所述，全部244项发明专利中，报告期内形成主营业务收入的发明专利共计114项。

4.重点总结

监管机构在问询中对核心技术的对应情况、核心技术应用情况及提升产品性能情况，形成主营业务收入发明专利情况提出了疑问（与主营业务收入相关的发明专利超过100项，但未说明具体专利数量），要求发行人对科创属性选取第六条指标中的“形成核心技术和主营业务收入相关的发明专利（含国防专利）合计50项以上”进行详细说明。

在问询函回复中，发行人对形成核心技术的发明专利、形成主营业务收入的发明专利进行了详细的说明，具体核心技术包括：大尺寸硅片技术、高效单晶PERC电池技术、HJT电池技术、多主栅+半片电池技术、双面电池及双玻组件技术、湿法黑硅技术、多晶P5技术、组件级电力电子技术、光伏并网逆变器技术。并通过“或”的关系、“且”的关系分别进行计算，最终得出全部244项发明专利中，报告期内形成主营业务收入的发明专利共计114项。

5.企业发展过程规避建议

在解读“主营业务收入相匹配的发明专利数量的计算问题”这一风险点时，需要关注以下几个方面：

①需要明确发明专利数量与主营业务收入之间的关联。发明专利数量通常被认为是公司技术实力和创新能力的体现，但并不直接与主营业务收入相匹配。因此，在计算科创板上市主营业务收入相匹配的发明专利数量时，需要考虑到主营业务的特点和市场需求等因素。

②需要确定发明专利数量的计算方法。一般来说，计算发明专利数量时需要考虑以下几个方面：一是专利的有效性和申请状态，只有有效的发明专利才

能被计算在内；二是专利的类型和质量，不同类型的专利所代表的技术水平和市场价值也有所不同；三是专利的申请时间和授权时间，这可以反映公司在技术研发方面的投入和成果。

③需要明确发明专利数量与主营业务收入之间的比例关系。一般来说，主营业务收入较高的公司所需要的发明专利数量也会相应较多。但是，这并不意味着所有的公司都需要相同的发明专利数量才能实现主营业务收入的增长。因此，在计算科创板上市主营业务收入相匹配的发明专利数量时，需要根据公司的具体情况和市场环境等因素进行综合考虑。

总之，在解读"主营业务收入相匹配的发明专利数量的计算问题"这一风险点时，我们需要明确发明专利数量与主营业务收入之间的关联、计算方法和比例的关系，并综合考虑公司的具体情况和市场环境等因素。以此避免由于专利数量指标不达标，对科创板上市企业的前景造成的负面影响。

而在被问询"主营业务收入相匹配的发明专利数量的计算问题"问题时，笔者结合多家科创板IPO企业回复重点，提供以下企业发展过程规避要点：

①确定主营业务收入与发明专利数量的匹配关系。在计算主营业务收入相匹配的发明专利数量时，首先要明确主营业务收入与发明专利之间的关联。通常，主营业务收入与发明专利数量之间存在一定的正相关关系，即拥有更多发明专利的企业通常会获得更高的主营业务收入。因此，在科创板上市过程中，企业需要关注主营业务收入与发明专利数量的匹配度，确保二者之间的匹配关系合理。

②关注发明专利的转化效率。发明专利的转化效率是指将发明专利转化为实际生产力的能力。在科创板上市过程中，企业需要关注自身发明专利的转化效率，确保拥有的发明专利能够在实际生产中得到有效应用。如果企业的发明专利转化效率低下，则可能会导致主营业务收入与发明专利数量之间的匹配度失衡。

③重视技术研发和专利申请。为了在科创板上市过程中规避主营业务收入与发明专利数量不匹配的问题，企业需要重视技术研发和专利申请工作。通过不断加强技术研发能力，提高自身的技术水平和创新能力，从而获得更多的发明专利。同时，企业还需要关注专利申请的策略和时机，确保申请的专利能够与主营业务收入相匹配。

④合规运营和规范管理。在科创板上市过程中，企业需要遵守相关法律法规和规范性文件的要求，确保自身的合规运营和规范管理。特别是在涉及主营业务收入和发明专利数量的计算时，企业需要严格按照相关规定进行操作，避免出现违规行为导致上市受阻。

⑤关注企业所处的行业特点。不同行业的企业在发展过程中对发明专利的依赖程度存在差异。例如，高科技行业对发明专利的依赖程度较高，而传统制造业则相对较低。因此，在计算主营业务收入相匹配的发明专利数量时，需要结合企业所处的行业特点进行分析。

⑥制定合理的规避策略。结合以上分析结果，制定合理的规避策略。如果企业发现自身在某些方面的发明专利数量较少，就可以考虑加大研发投入或收购其他企业的专利来提高自身的竞争力。

3.4　存在已申请未授权专利

根据科创板的定位要求，企业应具备在科技创新领域具备突出的能力和技术，并掌握先进的核心技术。这些核心技术的掌握往往通过拥有发明专利来体现。因此，企业拥有发明专利是掌握先进核心技术的重要表现之一。然而，由于发明专利的审查程序复杂、审查周期较长、审查标准较严格等原因，企业在上市审核过程中可能存在较多的已申请未授权专利。这些未授权专利尽管尚未获得专利权的保护，但仍然可能在一定程度上反映企业的技术实力和创新能力。

在审核过程中，监管机构不仅会关注发行人已获得授权的专利，同时也会关注已申请未授权的专利。对于已申请未授权的专利，监管机构会关注其技术含量、创新性、实用性及与主营业务的相关性。如果这些未授权专利与企业的主营业务密切相关，且具有较高的技术含量和创新性，那么这些专利的申请可能会对企业的上市审核产生积极影响。

因此，企业在准备上市申请时，不仅需要关注已获得授权的专利，也需要关注已申请未授权的专利。对于这些未授权专利，企业需要积极推进其审查进程，并尽可能提高其技术含量和创新性，以增加其在上市审核中的优势。

1.问题出处

本部分问题出自《关于北京神州细胞生物技术集团股份公司首次公开发行

股票并在科创板上市申请文件的审核问询函的回复》。

2.问题节选

招股说明书披露,发行人及其子公司共拥有7项已授权专利及25项正在申请中的专利,除发行人子公司与中国医学科学院肿瘤医院合作开发一项专利外,该等专利系发行人子公司在其开展创新药技术研发或创新药研发业务过程中独立自主开发并申请。

发行人实际控制人谢××博士首创化学计量控制的动物细胞高密度流加工艺技术。

请发行人说明:(5)部分申请专利长期未获批的原因,并结合同行业公司情况分析公司拥有专利及申请专利数量是否合理;(6)申报前集中申请22项专利的原因及审慎性,请删除招股说明书第237页至238页对尚未取得授权的专利的列示。

3.回复节选

部分申请专利长期未获批的原因,并结合同行业公司情况分析公司拥有专利及申请专利数量是否合理。

(一)部分申请专利长期未获批的原因及进展

根据《中华人民共和国专利法》等有关规定,发明专利申请审批流程一般分为受理、初审、公布、实质审查、授权五个阶段。国家知识产权局收到专利申请后进行审查,如果符合受理条件,国家知识产权局将确定申请日,给予申请号。此后经初步审查认为符合要求的,自申请日起满十八个月,即行公布。发明专利申请公布以后,如果申请人已经提出实质审查请求并已生效的,申请人进入实审程序。如果申请人从申请日起满三年还未提出实审请求,或者实审请求未生效的,该申请既被视为撤回。

除此之外,专利实质审查的审批的进度也取决于多种因素,例如国家知识产权局审查部门的审查负荷、负责的审查员的审慎程度等。因此,部分专利长期未获批是由专利本身复杂性和专利申请流程特点所导致的。

发行人首次申报的《招股书说明书(申报稿)》已披露,截至2019年9月8日,发行人有两项于2014年申请、申请号分别为201410081962.4及201410061977.4的专利申请尚未获批。该两项专利申请尚未获批的原因及其审批进度如下:

申请号为201410081962.4的发明专利申请日为2014年3月7日,于2016

年1月29日进入实质审查阶段。国家知识产权局分别于2018年1月31日、2018年9月14日、2019年3月4日和2019年6月13日发出第一次、二次、三次和四次审查意见通知书，针对审查意见通知书中对该申请专利的新颖性，创造性和单一性等问题，申请人（神州细胞工程）均予及时答复。2019年10月9日，国家知识产权局已向神州细胞工程下发关于该项专利申请的《授予发明专利权通知书》及《办理登记手续通知书》。截至本回复出具日，神州细胞工程已缴纳专利登记费用，尚待国家知识产权局颁发专利证书并予以公告。

申请号为201410061977.4的发明专利申请日为2014年2月21日，于2015年9月2日进入实质审查阶段。国家知识产权局分别于2017年8月29日、2018年5月23日、2018年11月14日发出第一次、二次、三次审查意见通知书，针对审查意见通知书中对该申请专利多次提到的创造性等问题，申请人（神州细胞工程）均予及时答复。自神州细胞工程对第三次审查意见回复提交之日（2019年1月9日）至本回复出具日，国家知识产权局尚未有进一步反馈。

（二）结合同行业公司情况分析公司拥有专利及申请专利数量是否合理

经检索同行业公司（君实生物、信达生物、基石药业、迈博药业）的已授权发明专利和发明专利申请，截至2019年11月21日，发行人与同行业公司拥有的境内发明专利及境内申请发明专利数量对比情况如下：

公司	发行人	君实生物(1877.HK)	信达生物(1801.HK)	基石药业(2616.HK)	迈博药业(2181.HK)	平均数量
境内申请发明专利数量	25	9	41	4	17	19
境内已授权发明专利	8(注)	2	11	0	5	5
合计	33	11	52	4	22	24

注：《招股说明书（申报稿）》中披露的申请专利201410081962.4已取得《授予发明专利权通知书》及《办理登记手续通知书》，因此将该专利计入上表中已授权专利。

根据发行人的知识产权保护策略及行业惯例，发行人在其5个核心技术平台（即①创新中和抗体候选药物发现技术体系；②生物药高效生产工艺技术体系；③生物药质量控制技术体系；④生物药成药性评价技术体系；⑤规模化生产及管理技术体系）中大部分核心技术通过专有技术（Know-how）的形式予以保护。发行人主要针对候选药物分子权利、关键药物功能检测方法及其他有实质性保护意义的内容申请专利。大部分以创新为特色的国内和国际生物制药研发企业都采取该等专利申请和知识产权保护策略。

从上表可知,发行人拥有的境内已授权专利和境内申请专利数量与上表同行业公司平均水平相当,处于合理的范围。随着发行人管线产品研发进展的逐步深入,发行人拟计划进行更多候选药物分子权利等专利申请。

(6)申报前集中申请22项专利的原因及审慎性,请删除招股说明书第237至238页对尚未取得授权的专利的列示

发行人于2019年申请了22项用于保护已在《招股说明书(申报稿)》中披露的管线产品专利,包括了临床阶段产品(SCT1000、SCT200)和临床前品种(SCT650A、SCT640A、SCT520F、SCT520FF及SCTB54)相关的专利。其中,发行人就SCT1000申请了保护14个药物分子专利和1个HPV16型药物的检测抗体和方法专利;就SCT200申请了保护临床给药剂量范围的专利。此外,就处于临床前研究工艺开发阶段的SCT520FF、SCT650A、SCT640A、SCT520F和SCTB54五个管线产品,发行人申请了保护药物分子专利。

发行人管线产品与22个申请专利的对应关系如下:

产品代码	专利名称	申请号或专利号
SCT1000	抗HPV16 L1蛋白单克隆抗体及应用该抗体的检测方法	201910556535.X
	嵌合的人乳头瘤病毒11型L1蛋白	201910657242.0
	嵌合的人乳头瘤病毒16型L1蛋白	201910657498.1
	嵌合的人乳头瘤病毒18型L1蛋白	201910656254.1
	嵌合的人乳头瘤病毒31型L1蛋白	201910656297.X
	嵌合的人乳头瘤病毒35型L1蛋白	201910656315.4
	嵌合的人乳头瘤病毒39型L1蛋白	201910657220.4
	嵌合的人乳头瘤病毒45型L1蛋白	201910656288.0
	嵌合的人乳头瘤病毒51型L1蛋白	201910656042.3
	嵌合的人乳头瘤病毒52型L1蛋白	201910656252.2
	嵌合的人乳头瘤病毒56型L1蛋白	201910656287.6
	嵌合的人乳头瘤病毒58型L1蛋白	201910656290.8
	嵌合的人乳头瘤病毒6型L1蛋白	201910666205.6
	嵌合的人乳头瘤病毒L1蛋白	201910656278.7

续表

产品代码	专利名称	申请号或专利号
	人乳头瘤病毒多价免疫原性组合物	201910657255.8
SCT200	用于治疗EGFR高表达的癌症的多变剂量方法	201910673607.9
SCT650A	人源化抗IL17A抗体及其应用	201910682988.7
SCT640A	人源化抗TNF-抗体及其用途	201910731669.0
SCT520FF	人源化抗VEGF Fab抗体片段及其用途	201910657311.8
SCT520F	人源化抗VEGF单克隆抗体	201910657497.7
SCTB54	一种人源化抗VEGFR2抗体及其应用	201910656339X
	一种人源化抗VEGFR2抗体及其应用	201910656666.5

注:《招股说明书(申报稿)》中披露的申请专利201410081962.4计入已授权专利。

SCT1000已获批临床、SCT200已处于临床研究阶段,发行人系按照原计划进行相关专利的申请。临床前品种SCT650A、SCT640A、SCT520FF、SCT520F及SCTB54五个管线产品已获得较明确的药理相关的药物优势,为了尽可能延长药物的专利保护周期,原计划将在药物临床申报阶段、药物信息公开时进行专利申请。鉴于发行人在《招股说明书(申报稿)》中披露该5项产品管线的敏感信息,为避免影响专利申请的新颖性,更好地保护发行人药物的知识产权,发行人决定在招股说明书首次披露前向国家知识产权局提交了该5项创新生物药产品的抗体分子专利申请。

发行人已删除《招股说明书》第237页至238页对尚未取得授权的专利的列示。

4.重点总结

监管机构在问询中对专利长期未获批的原因、专利及申请专利数量是否合理、集中申请22项专利的原因及审慎性,提出了质疑。在问询函回复中发行人对上述问题进行了解答,其中:

对于专利长期未获批的原因,发行人解释称是由于专利申请需要经过多个环节,审批时间较长,同时也会受到一些技术难题的影响(分别为四次、三次审查意见通知书,涉及新颖性、创造性、单一性等问题),导致部分专利长期未获批。

对于专利及申请专利数量是否合理的问题,发行人表示,大部分以创新为特色的国内和国际生物制药研发企业都采取了专利申请和知识产权保护策略。发行人拥有的境内已授权专利和境内申请专利数量与同行业公司平均水平相当,处于合理的范围。同时,发行人也指出,其专利数量会随着研发进度的推进和产品管线的增加而增加。

关于集中申请22项专利的原因及审慎性问题,发行人解释称,这些专利是与发行人管线产品相关的药物分子专利和检测方法专利。其中,SCT1000申请了14个药物分子专利和1个HPV16型药物的检测抗体和方法专利;SCT200申请了临床给药剂量范围的专利。此外,还有5个管线产品(SCT520FF、SCT650A、SCT640A、SCT520F和SCTB54)申请了药物分子专利。这些专利的申请是为了保护发行人药物的知识产权,并尽可能延长药物的专利保护周期。发行人表示,这些专利的申请是按照原计划进行的,符合相关规定和审慎性要求。

5.企业发展过程规避建议

在解读“存在已申请未授权专利”这一风险点时,企业可结合自身专利申请情况,关注以下几个方面:

①专利申请的内容。仔细研究专利申请的内容,包括其技术领域、发明点和创新之处等。这将帮助理解该专利的重要性和潜在影响。同时,还可以通过比较已申请的专利和现有技术,评估该专利的独特性和新颖性。

②未授权的原因。在了解了专利申请的内容后,需要进一步探究为什么该专利尚未获得授权。是因为技术问题、法律问题还是其他原因?这有助于评估该专利的风险和不确定性。

③潜在的法律纠纷。如果该专利涉及侵权或其他法律问题,那么未授权状态可能会引发潜在的法律纠纷。因此,需要对相关法律进行深入了解,并评估可能的风险和影响。

④竞争环境。如果同一领域的竞争对手已经拥有了类似的已授权专利,那么该未授权专利可能会对公司的业务产生不利影响。因此,需要对竞争对手的专利情况进行调查和分析。

在被问询“存在已申请未授权专利”问题时,笔者结合多家科创板IPO企业回复重点,提供以下企业发展过程规避要点:

①风险评估。企业应评估已申请未授权专利的风险,包括专利申请的授权前景、技术更新换代速度及市场竞争情况等。如果专利申请难以获得授权或在技术更新换代较快的行业中,该风险可能会对企业未来的发展产生不利影响。

②专利申请规划。企业应根据自身业务特点和技术领域,制定合理的专利

申请规划。在专利申请前，要对专利进行充分的技术评估和市场调研，以确保专利申请的针对性和实用性。

③风险控制。针对已申请未授权专利可能带来的风险，企业需要制定相应的风险控制措施。例如，通过购买专利、与第三方合作等方式来降低风险，或者在产品研发、市场营销等方面采取规避措施以降低风险对企业的影响。

④合理利用专利信息。企业可以通过查询和分析专利信息，了解行业内的技术动态和竞争对手的专利情况。通过合理利用专利信息，可以为企业制定更加科学合理的专利申请策略提供参考。

⑤重视专利申请文件的撰写。专利申请文件的撰写质量直接关系到专利申请的成功与否。因此，企业应该重视专利申请文件的撰写，确保文件内容准确、完整、清晰，并符合专利法规的要求。

⑥加强与专利代理机构的沟通合作。专利代理机构在专利申请过程中扮演着重要的角色。企业应该加强与专利代理机构的沟通合作，确保专利代理机构能够充分了解企业的技术和市场情况，并提供专业的建议和指导。

⑦关注竞争对手的专利情况。了解竞争对手的专利情况可以帮助企业更好地制定自身的专利申请策略。通过分析竞争对手的专利申请情况，企业可以发现竞争对手的技术优势和可能存在的威胁，从而更好地调整自身的专利申请策略。

3.5 同一技术重复申请知识产权

企业的科技创新能力与它所掌握的先进核心技术有着密切的联系。根据《科创属性评价指引》中规定的“4+5”评价指标，企业在其主营业务收入中所对应的发明专利数量需要达到一定的要求，才能符合科创属性的标准。

在审核问询过程中，监管部门通常会关注发行人是否存在对同一技术进行重复申请专利的情况。确保发行人没有为了增加专利数量而进行不必要的重复申请，从而考察发行人是否具备真正的科研能力，以及其是否符合科创板的定位，这也提醒发行人在进行专利申请时需谨慎对待，确保每一项专利申请都是具有实质性创新和价值。

1.问题出处

本部分问题出自《关于深圳市必易微电子股份有限公司首次公开发行股票并在科创板上市申请文件审核问询函之回复报告》。

2.问题节选

问题:关于科创属性

根据申报材料,(1)招股说明书未按照《上海证券交易所科创板企业发行上市申报及推荐暂行规定》(以下简称《申报及推荐暂行规定》)第十一条的要求披露科创属性相关内容,行业政策的分析与发行人产品关联性不强;(2)关于科创板定位的相关专项材料未充分论述发行人产品的技术先进性、发明专利与公司产品的对应关系;(3)国内LED驱动芯片设计企业均已达到国际领先。

请发行人补充披露:(4)12项发明专利与主要产品、主营业务收入的对应关系及运用情况,发明专利"恒流电路及其恒流控制器"(2016110262160)与"恒流电路及恒流控制器"(20161104330222)的差异,境外专利是否存在就一项专利重复申请的情形。

3.回复节选

发明专利"恒流电路及其恒流控制器"(2016110262160)与"恒流电路及恒流控制器"(2016110433022)的差异,境外专利不存在就一项专利重复申请的情形。

专利"恒流电路及其恒流控制器"(2016110262160)的主要保护点为采用比例采样电压模块,通过获取采样电压模块的比例系数和采样电压,并进一步基于续流时间判断是否开路并进一步进行开路保护;专利"恒流电路及恒流控制器"(2016110433022)的主要保护点为根据浮置电压源和过压保护管脚提供的过压保护信号生成时间信息,并进一步和消磁时间比较进行过压保护。"恒流电路及其恒流控制器"(2016110262160)中的比例系数和采样电压系通过和晶体管源极耦接的检测电阻并进一步通过电流检测管脚来获取;而"恒流电路及恒流控制器"(2016110433022)中的浮置电压源和过压保护信号分别通过供电管脚VDD及外接电路获取,供电管脚VDD及外接电路与和晶体管源极耦接的检测电阻和电流检测管脚均无任何关联,两者为不同的技术方案,具有不同的保护范围,可以覆盖不同的产品应用方案。

境外专利是电机驱动控制芯片相关的专利,专利的主要保护点是一种包含整流桥和H桥，通过H桥直接驱动交流电机的电机驱动方案及进一步保护根据整流桥输入的交流电源的极性形成对H桥的独特的驱动逻辑，与其他专利的保护点不存在重复，不存在就一项专利重复申请的情形。

发行人已在招股说明书"第六节业务与技术"之"六、主要资产情况"之"（二）主要无形资产"之"1.专利"中补充披露下述内容：

专利"恒流电路及其恒流控制器"（201611026216O）与专利"恒流电路及恒流控制器"（201611043302 2）为不同的技术方案，具有不同的保护范围，可以覆盖不同的产品应用方案。发行人境外专利不存在就一项专利重复申请的情形。

4.重点总结

监管机构在问询中对发明专利"恒流电路及其恒流控制器"（20161102262160）与"恒流电路及恒流控制器"（20161104330222）的差异，境外专利是否存在就一项专利重复申请的情形，发行人在回复中详细解释了这两项专利的主要保护点，并指出它们是不同的技术方案，具有不同的保护范围，可以覆盖不同的产品应用方案。此外，发行人还补充披露了境外专利是否存在就一项专利重复申请的情形，并指出境外专利不存在重复申请的情形。

5.企业发展过程规避建议

在解读"同一技术重复申请知识产权"这一风险点时，需要关注以下几个方面：

①在科创板上市问询中，对于同一技术的重复申请知识产权的问题，首先要明确何种技术被认定为重复申请。通常而言，若一项技术在不同的专利申请文件中被不同申请人或发明人申请保护，这些申请可能被视为重复申请。同时，相同申请人或发明人在不同申请文件中对同一技术的重复申请，亦可能被认定为重复申请。

②若一项技术被认定为重复申请，该申请可能会被驳回或撤销。此举可能对企业知识产权保护产生不利影响，导致企业在未来竞争中处于劣势地位。

③在科创板上市过程中，知识产权的重复申请不仅涉及法律问题，还容易引起不同企业间的纠纷。若一项技术在不同企业间被重复申请，这些企业可能会因知识产权的归属问题产生纠纷。此举可能对企业经营产生不利影响，甚至可能导致企业陷入法律诉讼。

在被问询"同一技术重复申请知识产权"问题时，笔者结合多家科创板IPO

企业回复重点,提供以下企业发展过程规避要点:

①在专利布局方面,应注重整体性,将相关技术整合为一个整体,避免将相同技术拆分成多个专利申请,以减少重复申请的可能性,杜绝为了提升专利数量而故意拆分申请。

②确保技术的原创性和独特性。在研发阶段,企业就应该开始进行全面的专利检索和侵权分析,以确保所研发的技术具有原创性和独特性,避免与已有的知识产权产生冲突。同时,也应该对所使用的技术进行充分的专利保护,确保在申请科创板上市前,不存在任何知识产权纠纷。

③重视技术保密工作。对于一些关键技术,企业应该采取有效的保密措施,防止技术泄露或被盗用。在与合作伙伴合作时,应该签订严格的保密协议,并确保在合作结束后仍能继续保密。

④在科创板上市审查过程中,如果被发现存在重复申请的情况,企业需要证明这些专利申请是基于不同的技术背景和需求,并且具有实质性的区别和创新点。

⑤定期进行同行业专利检索,了解其他公司的技术发展情况。如发现其他公司申请的专利与企业的技术特征相似,容易形成重复申请,及时联系专利代理公司和律师事务所,采取必要的侵权维护措施。

4 知识产权事务性问题

4.1 专利权因未缴纳年费而失效

根据我国《专利法》的规定,专利权人必须自被授予专利权的当年开始,在专利有效期内逐年向专利行政部门缴纳年费。若未按时缴纳年费,将导致专利权失效。这种失效情况可能会对企业的市场竞争产生严重的不良影响,使企业的经营环境发生重大变化。例如,一个企业若未按时缴纳年费,其专利权失效后,其竞争对手可能会利用这一机会,推出相同的产品,抢占市场份额,使该企业的市场地位受到威胁。

同时,专利权失效也会暴露出企业的专利管理制度可能存在严重漏洞。一旦这种情况发生,科创板监察机构会重点关注和问询,对企业进行严格的审查。如果审查结果认为企业的专利管理制度存在缺陷,不仅会对企业的声誉造成损害，还可能影响企业的上市计划和未来的发展前景。

因此，企业应加强对专利管理的重视，采取有效的措施，确保按时缴纳年费，避免因未缴纳年费而导致专利权失效的风险。同时，企业也应该建立健全的专利管理制度，加强对专利的保护和管理，以避免因专利权失效而带来的不良影响。

1.问题出处

本部分问题出自《关于广东希荻微电子股份有限公司首次公开发行人民币普通股(A股)股票并在科创板上市申请文件的审核问询函的回复》。

2.问题节选

问题:关于专利出资

根据申报材料:(1)2013年6月10日，唐×、郝××将共有的实用新型专利分别折合人民币24万元、16万元入股希荻有限，后因希荻有限未及时缴纳专利年费，该等实用新型专利权已于2015年10月全部终止，郝××、唐×于2020年8月27日将对应等额现金投入公司。

请发行人说明:(1)各项用于出资的专利在发行人产品、技术中的应用情况，形成收入的金额，是否对应发行人的核心技术;用于出资专利的评估价格合理性及入股价格公允性。

3.回复节选

1.各项用于出资的专利在发行人产品、技术中的应用情况，形成收入的金额，以及对应发行人的核心技术;用于出资专利的评估价格合理性及入股价格公允性。

(1)各项用于出资的专利在发行人产品、技术中的应用情况，以及对应发行人核心技术情况各项用于出资的专利在发行人产品、技术中的应用情况如下:

专利名称	专利号	专利类型	发明人	专利状态
一种改进的带隙基准电压源	ZL201120403666.3	实用新型专利	郝××、唐×	未缴年费终止失效
一种改进的电流镜	ZL201120403471.9	实用新型专利	郝××、唐×	未缴年费终止失效
一种阈值电压对电源电压波动不敏感的施密特触发器	ZL201120403517.7	实用新型专利	郝××、唐×	未缴年费终止失效

续表

专利名称	专利号	专利类型	发明人	专利状态
一种新型的基于电荷泵的稳压型驱动电路	ZL201120403669.7	实用新型专利	郝××、唐×	未缴年费终止失效
光强实时感应信号转换系统	ZL201120403688.X	实用新型专利	郝××、唐×	未缴年费终止失效

郝××、唐×用于出资的5项实用新型专利已于2015年10月终止,因此报告期内该等实用新型专利不涉及产品应用情况、技术应用情况及对应发行人的核心技术的情况。

2.用于出资专利的评估价格合理性及入股价格公允性

(2)唐×、郝××用于出资的实用新型专利的评估价格合理性及入股价格公允性

2012年10月18日,广东京华资产评估房地产土地估价有限公司对郝××、唐×共有的5项实用新型专利以2012年9月15日为评估基准日的市场价值进行了评估,出具了粤京资评字[2012]第0581号《资产评估报告书》(以下简称"0581号《资产评估报告》")。根据该资产评估报告,截至2012年9月15日,唐×、郝××所共有的以下5项实用新型专利:①专利号:ZL201120403666.3,专利名称为"一种改进的带隙基准电压源";②专利号:ZL201120403669.7,专利名称为"一种新型的基于电荷泵的稳压型驱动电路";③专利号:ZL201120403471.9,专利名称为"一种改进的电流镜";④专利号:ZL201120403517.7,专利名称为"一种阈值电压对电源电压波动不敏感的施密特触发器";⑤专利号:ZL201120403688.X,专利名称为"光强实时感应信号转换系统",合并评估值为40.25万元。

根据0581号《资产评估报告》,唐×、郝××用于出资的5项实用新型在评估时尚未投入生产使用,无法预测收入及其他财务数据,因此采用成本法进行评估。评估师在0581号《资产评估报告》中考虑了以下几方面的价值要素:由其开发研制过程中投入的相关活动费用,如研发人员的人工费用;物化劳动,如占用的相关计算机硬件设备、场所和耗费的水电能源等费用;相应的管理、文档资料的编制、评审等其他间接费用。

因希荻有限未及时缴纳专利年费,该等实用新型专利权已于2015年10月

21日全部终止。为了避免出资不实，郝××于2020年8月21日将对应该等实用新型专利出资16万元的等额现金投入公司；唐×于2020年8月27日将对应该等实用新型专利出资24万元的等额现金投入公司，该等股东现金投入已计入公司资本公积，不存在损害公司或其他公司股东利益的情形。

综上所述，唐×、郝××用于出资的5项实用新型在评估时尚未投入生产使用，无法预测收入及其他财务数据，采用成本法具有合理性，评估价格参考研发人员的劳务费用、硬件设施的费用等，评估价格具有合理性。该等出资专利作价投入至发行人的价格40万元低于专利的评估价值40.25万元，符合《公司法》的规定，入股价格具有公允性。该等出资专利失效后，唐×、郝××已分别以货币资金补足该部分对应专利出资，不存在损害公司或其他公司股东利益的情形。

4. 重点总结

监管机构在问询中对上述问题提出针对性质疑，发行人做出如下答复：

1. 各项用于出资的专利在发行人产品、技术中的应用情况，以及对应发行人核心技术情况：

(1)各项用于出资的专利在发行人产品、技术中的应用情况如下：

专利名称：一种改进的带隙基准电压源

专利号：ZL201120403666.3

实用新型专利：郝××、唐×

状态：未缴年费终止失效

专利名称：一种改进的电流镜

专利号：ZL201120403471.9

实用新型专利：郝××、唐×

状态：未缴年费终止失效

专利名称：一种阈值电压对电源电压波动不敏感的施密特触发器

专利号：ZL201120403517.7

实用新型专利：郝××、唐×

状态：未缴年费终止失效

专利名称：一种新型的基于电荷泵的稳压型驱动电路

专利号：ZL201120403669.7

实用新型专利:郝××、唐×

状态:未缴年费终止失效

专利名称:光强实时感应信号转换系统

专利号:ZL201120403688.X

实用新型专利:郝××、唐×

状态:未缴年费终止失效

由于上述5项实用新型专利已于2015年10月终止,因此报告期内该等实用新型专利不涉及产品应用情况、技术应用情况及对应发行人的核心技术的情况。

(2)唐×、郝××用于出资的实用新型专利的评估价格合理性及入股价格公允性

广东京华资产评估房地产土地估价有限公司对郝××、唐×共有的5项实用新型专利以2012年9月15日为评估基准日的市场价值进行了评估,出具了粤京资评字[2012]第0581号《资产评估报告书》(以下简称"0581号《资产评估报告》")。根据该资产评估报告,截至2012年9月15日,唐×、郝××所共有的以下5项实用新型专利合并评估值为40.25万元。因希获有限未及时缴纳专利年费,该等实用新型专利权已于2015年10月21日全部终止。为了避免出资不实,郝××于2020年8月21日将对应该等实用新型专利出资16万元的等额现金投入公司;唐×于2020年8月27日将对应该等实用新型专利出资24万元的等额现金投入公司,该等股东现金投入已计入公司资本公积,不存在损害公司或其他公司股东利益的情形。综上所述,唐×、郝××用于出资的5项实用新型在评估时尚未投入生产使用,无法预测收入及其他财务数据,采用成本法具有合理性,评估价格参考研发人员的劳务费用、硬件设施的费用等,评估价格具有合理性。该等出资专利作价投入至发行人的价格40万元低于专利的评估价值40.25万元,符合《公司法》的规定,入股价格具有公允性。该等出资专利失效后,唐×、郝××已分别以货币资金补足该部分对应专利出资,不存在损害公司或其他公司股东利益的情形。

5.企业发展过程规避建议

在解读"专利权因未缴纳年费而失效"这一风险点时,需要关注以下几个方面:

①我们需要关注科创板上市企业的专利权状态。一些科创板上市企业可能拥有重要的专利权,这些专利权是其业务发展的重要支撑。然而,如果这些专利权未按时缴纳年费,可能会导致专利权失效,从而给企业的业务发展带来风险。

②我们需要关注专利权失效的具体情况。如果专利权因未缴纳年费而失效,这就意味着该专利权不再受到法律保护。任何人都可以使用该专利技术,这会给企业的业务带来重大影响。此外,如果该专利技术是企业的核心专利,那么失效将会给企业的技术研发和市场竞争带来重大影响。

③我们需要关注专利权失效的风险防范。对于科创板上市企业而言,应当注重专利权的维护和管理。在专利权到期前,应当及时缴纳年费,确保专利权的有效性。同时,对于核心专利的维护和管理也应当加强重视,避免因管理不当而导致专利权的失效。

④在科创板上市过程中,企业可能会遇到一些低价值、淘汰技术相关的专利,这些专利可能已经失去了实际应用价值,或者与企业的核心业务无关。如果企业继续缴纳这些专利的年费,那么可能会增加不必要的成本。因此,为了节约成本并保持企业的财务稳健性,企业可以选择放弃缴纳这些专利的年费。

这种策略可以帮助企业在科创板上市过程中降低成本,提高企业的经营效率。此外,放弃缴纳专利年费还可以帮助企业避免一些潜在的法律纠纷和风险。如果企业继续缴纳这些专利的年费,那么可能会在未来的某个时候面临专利侵权诉讼或其他法律问题。因此,通过放弃缴纳专利年费,企业可以减少这些潜在的风险和不确定性。

⑤企业在决定是否放弃缴纳专利年费时,应该进行全面的权衡和评估。如果企业认为某个专利仍然具有实际应用价值或者与企业的核心业务有关,那么继续缴纳专利年费可能是必要的。此外,如果企业认为某个专利可能会成为企业未来发展的关键资产,那么也应该考虑继续缴纳专利年费。

在被问询“专利权因未缴纳年费而失效”问题时,笔者结合多家科创板IPO企业回复重点,提供以下企业发展过程规避要点:

①建立内部专利评估系统,对低价值和淘汰技术的专利进行详细甄别,并适时放弃。

②建立定期的专利审查机制,发现有未缴纳年费的专利及时补缴,防止专

利失效。

③加强与专利局的沟通,了解专利年费缴纳的最新政策和要求,避免因信息不对称导致专利失效。

④重视专利布局和申请策略,合理规划专利缴费时间,确保关键专利的有效性。

⑤加强企业内部培训,提高员工对专利保护和缴费的重视程度,避免因人为因素导致专利失效。

⑥对于高价值专利,可以考虑采用多种保护措施,如申请国际专利、进行保密处理等,提高专利的保护效果。

4.2 专利申请的时间趋势不合理

发明专利申请时间趋势体现了发行人的科技创新能力。在审核问询阶段,监管部门会密切关注发行人专利申请的趋势,这不仅是因为专利数量是衡量一个公司技术实力的重要指标,更是因为专利申请的趋势能够揭示公司的技术战略和发展动向。

如果发行人的专利申请数量呈现稳定增长,往往意味着该发行人具备持续创新的能力。这种稳定增长的趋势反映了公司对于技术研发的持续投入和对于创新的高度重视。它也表明了公司拥有一个健康和稳健的技术研发计划,以及一个能够支持其技术发展的强大团队。

相反,如果发行人在某段时间内专利申请数量较少甚至没有申请专利,那么这可能被视为公司缺乏自主创新及科研能力的表现。在这种情况下,监管部门可能会对公司的技术实力和创新能力产生疑虑,从而影响其上市审核的结果。

另外,如果发行人在某段时间内大量申请专利,那么这种情况可能被认定为是为了在科创板上市而增加专利数量。这种短时间内的大量专利申请可能并不是公司真实技术实力的反映,而是一种策略性的行为。因此,监管部门会对这种情况保持警惕,并可能要求公司提供更多的信息和解释。

1.问题出处

本部分问题出自《关于宁波均普智能制造股份有限公司首次公开发行股票并在科创板上市申请文件审核问询函的回复》。

2.问题节选

问题:关于核心技术及研发情况

招股说明书披露,公司充分依托海外子公司,特别是欧洲子公司在工业4.0领域的研发积淀,开展跨国协作和全球研发,为中国智能制造提供有效的技术支撑;截至2020年6月30日,公司总人数为1,668名,其中研发设计人员为528名,占员工总数的比例为31.65%;发行人在境内拥有95项注册专利,其中发明17项,大部分为原始取得,申请时间集中于2020年3月至4月。

请发行人说明:各发明专利开始研发的时间和团队,申请时间集中的原因,研发时长的合理性,是否为突击研发。

3.回复节选

公司十分重视技术整合过程中的海外核心技术的技术引进与吸收,并实现成果转化,公司2017年6月完成全球产业并购后,即着手全球技术整合。境内公司通过不断学习、吸收境外子公司多年自主研发设计、生产优化而总结积累的关于设计路线、设备集成、操作要点、性能指标控制等方面的Know How,并组织专门的研发团队开展专项的技术转化、技术攻关及研发再创新。公司境内公司已成熟掌握了海外子公司多年积累的汽车动力总成、汽车零部件、新能源汽车、高端日用品等智能制造装备相关核心技术,并承接了宝马中国全自动后桥总成系统智能制造装备、采埃孚中国的ADAS雷达系统智能制造装备、博泽集团中国新能源汽车电池热管理系统智能制造装备及座椅控制模块智能制造装备、宝洁集团中国区电动剃须刀智能制造装备等项目。

(1)发明专利开始研发的时间和团队

截至本问询回复签署日,公司合计拥有发明26项,其中境外发明8项,境内发明18项,公司境外发明主要由PIA巴城和PIA奥地利研发团队完成,申请时间在2003年至2008年之间,不存在突击研发的情况。

(2)公司发明申请集中的原因,公司不存在突击研发的情形

公司境内已授权发明申请时间较为集中,主要原因系公司自2017年6月完成全球产业并购后,需要一定周期的研发积累。报告期内公司取得的发明开始研发时间相对均匀分布在各年度。公司2017年、2018年、2019年、2020年在境内分别新增申请了2项、18项、7项、20项发明,公司正在审核的发明申请时间主要集中在2018年和2020年,其中2018年申请发明数量为18项。公司发明

获批时间与审核流程相关,部分发明直接向国家知识产权局申报,因国家知识产权局审批流程原因,仍在实际审查阶段;部分发明于2020年通过中国(宁波)知识产权保护中心(以下简称"宁波中心")开展专利预审工作,经宁波中心预审通过的发明提交国家知识产权局后快速审查并获授权。

截至本问询回复签署日,公司持续开展境内的技术研究和技术转化工作,合计申请发明数据47项,其中报告期内获得发明授权18项,仍处于审核过程中的数量为29项,公司获批发明的开始研发时间分布相对均匀,部分发明获批时间与审核流程相关,发行人的发明专利不存在突击研发情形。

4.重点总结

监管机构在问询中对各发明专利开始研发的时间和团队,申请时间集中的原因,研发时长的合理性,是否为突击研发提出了质疑。在问询函回复中发行人对上述问题进行了解答,重点总结如下。

公司发明专利开始研发的时间和团队:

①境外发明:主要由PIA巴城和PIA奥地利研发团队完成,申请时间在2003年至2008年之间。

②境内发明:主要涉及公司自2017年6月完成全球产业并购后的研发积累,申请时间集中在2018年和2020年。

公司发明申请集中的原因:

①公司自2017年6月完成全球产业并购后,需要一定周期的研发积累。

②部分发明直接向国家知识产权局申报,因国家知识产权局审批流程原因,仍在实际审查阶段。

③部分发明通过宁波中心开展专利预审工作,经宁波中心预审通过的发明提交国家知识产权局后快速审查并获授权。

公司不存在突击研发的情形:

①发行人持续开展境内的技术研究和技术转化工作,合计申请发明数据47项。

②部分发明获批时间与审核流程相关,发行人的发明专利不存在突击研发情形。

5.企业发展过程规避建议

在解读"专利申请的时间趋势不合理"这一风险点时,需要关注以下几个方面：

①专利申请的背景和目的。首先需要了解专利申请的背景和目的。这有助于我们更好地理解专利申请的时间趋势，并判断其是否合理。

②行业标准和惯例。不同行业对于专利申请的时间趋势有着不同的标准和惯例。在解读科创板上市公司的专利申请时间趋势时，需要了解和考虑相关行业标准和惯例，以判断其是否符合行业规范。

③技术创新的速度和趋势。科创板上市公司通常具有较高的技术创新能力和活力。因此，需要考虑技术创新的速度和趋势。这有助于我们更好地理解专利申请的背景和目的，并判断其是否符合市场和技术发展的趋势。

④公司的业务发展和市场策略。公司的业务发展和市场策略也会影响其专利申请的时间趋势。在解读科创板上市公司的专利申请时间趋势时，需要了解公司的业务发展和市场策略，以判断其是否与公司的战略目标和发展方向相符合。

⑤专利申请的质量和价值。尽管专利申请的时间趋势是重要的考虑因素之一，但最终决定专利申请的价值和影响力的还是其质量和价值。因此，在解读科创板上市公司的专利申请时间趋势时，需要考虑专利申请的质量和价值，以判断其是否具有实际意义和价值。

在被问询“专利申请的时间趋势不合理”问题时，笔者结合多家科创板IPO企业回复重点，提供以下企业发展过程规避要点：

①了解专利申请要求。在科创板上市前，企业需要充分了解专利申请的具体要求，包括申请条件、申请材料、申请流程等。这样可以确保企业在申请专利时能够符合相关规定，避免因材料不齐全或不规范导致的时间延误。

②提前规划专利布局。企业需要在研发初期就考虑专利布局，制定相应的专利申请计划。通过合理的专利布局，可以保护企业的核心技术，降低专利申请的时间成本。并且要避免由于研发人员的写作惯性等方面的原因，形成待申请专利的大量积压及集中申请。

③加强与中介机构的沟通。企业需要选择专业的中介机构协助办理专利申请。在申请过程中，加强与中介机构的沟通，确保申请材料准确无误，避免因材料问题导致的时间浪费。

④关注审查意见。在专利申请过程中，审查员会根据相关规定对企业提交

的材料进行审查。企业需要关注审查意见,及时回复审查意见通知书,并根据通知书中的要求进行修改和完善。这样可以确保申请材料符合相关规定,加快专利审批进程。

⑤注重技术保密。在科创板上市前,企业需要采取有效的技术保密措施,确保核心技术不会泄露。这样可以避免因技术泄露导致的时间成本增加和专利申请难度加大。

4.3 存在专利侵权诉讼

科创板发行条件明确要求企业应具备独立且持续经营的能力。这一要求的体现之一便是企业不涉及重大的知识产权诉讼。而专利侵权诉讼是科创板IPO企业面临的最常见的知识产权诉讼。

一方面,竞争对手往往通过专利狙击来阻碍企业的IPO进程,防止企业在成功上市后与其争夺市场份额。竞争对手可能会采取各种手段来获取企业的专利信息,并对其侵权行为进行举报或起诉。这些专利诉讼可能会耗费企业大量的时间和精力,并需要承担高额的诉讼费用和赔偿费用。如果专利侵权败诉,企业将无法使用相关技术进行经营并承担巨额赔偿的后果,就可能会严重影响企业的独立持续经营能力。

另一方面,市场上也存在一些“专利敲竹杠”的主体,他们利用企业在上市期间规避纠纷的心理,通过提起侵权诉讼等方式索取高额的和解费、许可费等。这些主体可能会在专利侵权诉讼中采取各种手段来索取高额赔偿,甚至威胁将提起诉讼或申请禁令等手段来逼迫企业支付巨额的和解费或许可费。这些费用可能会严重影响企业的财务状况和经营能力,甚至可能导致企业无法继续经营。

因此,监管机构对于发行人存在的专利侵权诉讼给予了高度关注。监管机构会要求发行人提供详细的专利信息披露报告,并对其中的专利侵权风险进行详细的分析和评估。如果发行人存在专利侵权风险,监管机构可能会要求其采取措施来消除风险,例如与竞争对手达成和解协议、支付高额的赔偿费用等。这些措施可能会严重影响企业的财务状况和经营能力,因此企业需要在申请上市前对其专利情况进行全面梳理和评估,并制定相应的应对策略以避免专利侵权风险对企业经营的影响。

1.问题出处

本部分问题出自《关于晶科能源股份有限公司首次公开发行股票并在科创板上市申请文件的审核问询函之回复报告》。

2.问题节选

问题:关于诉讼、仲裁招股书披露,发行人及其控股子公司作为被告,尚未了结的且未履行金额或涉案金额超过1,000万元或金额尚未确定的诉讼、仲裁案件共5起,包括韩华专利系列诉讼、美国双反诉讼、新加坡产品质量仲裁及西班牙销售合同纠纷仲裁。

请发行人说明:(1)对于韩华系列诉讼,分别列明涉及的发行人产品,报告期内在相应地区的销售收入及占比情况;前述诉讼结果对发行人在相关市场销售的影响。

3.回复节选

一、对于韩华系列诉讼,分别列明涉及的发行人产品,报告期内在相应地区的销售收入及占比情况;前述诉讼结果对发行人在相关市场销售的影响

(一)韩华系列诉讼涉及的发行人产品及报告期内在相应地区的销售收入及占比情况

2019年3月和4月,韩华先后向ITC、美国特拉华州地区法院、澳大利亚联邦法院、德国杜塞尔多夫地方法院提起专利侵权诉讼,宣称晶科能源及其下属控股子公司在上述所在地区销售的部分产品侵犯韩华专利权(在美国的US9893215专利及在欧洲和澳大利亚的同族专利EP2220689、AU2008323025),专利名称为“用于制造具有表面钝化介电双层的太阳能电池的方法以及对应的太阳能电池”。因韩华在不同国家或地区就同族专利所受到的保护范围本身不同,且在韩华系列诉讼过程中,该等涉案专利权的专利保护范围曾发生过修正,在不同国家及地区可能因落入涉案专利保护范围而被认定为构成侵权的产品范围各不相同。同时,案件在不同的阶段,根据当地的诉讼程序和案情发展,诉讼涉及的产品范围也可能会变化。

据发行人提供的相关诉讼文件、相应地区的销售收入明细、境外律师出具的法律意见书、尽调报告及法律函件,并经对发行人知识产权部门、法务部门负责人及财务总监访谈确认,根据目前美国、德国及澳大利亚专利诉讼现有发展情况,相关涉案侵权产品及报告期内在相应地区的销售收入及占比情况具体

如下:

1.美国专利诉讼

根据《晶科能源美国法律意见书》《美国专利案件法律函件》及美国专利诉讼相关诉讼文件,针对韩华就ITC裁决结果向联邦巡回上诉法院提起的上诉,联邦巡回上诉法院已于2021年7月12日作出判决,维持ITC作出的非侵权认定,晶科参与实体在该侵权纠纷案件中获得胜诉。

此前,韩华在美国特拉华州地区法院提起的诉讼因需待前述的ITC调查(包括上诉)完结后方继续审理,因此案件处于中止审理状态。截至本问询回复出具日,该案未恢复继续审理。根据《美国专利案件法律函件》,美国专利诉讼律师Fish&Richardson P.C.已收到了联邦巡回上诉法院关于ITC裁定结果准予简易裁定的确认书,确认ITC裁定晶科参与实体销售的产品不侵犯韩华专利权的裁定结果。该确认使ITC的专利范围解释对地区法院具有约束力,因此该确认书将阻却针对于基于"215专利"相关产品的后续诉讼案件于地区法院发生。并且,经美国专利诉讼律师Fish&Richardson P.C.的确认,若韩华在美国继续就前述专利权纠纷提起诉讼,仅可向美国最高法院提起诉讼,针对该专利在美国继续提起诉讼程序,美国最高法院受理审理该案件的可能性非常小。

截至本问询回复出具日,晶科参与实体于美国市场销售的产品已经ITC裁决及联邦巡回上诉法院判决认定不构成对韩华专利权的侵权。报告期内,发行人不存在于美国市场销售侵犯韩华专利产品的情形。

2.德国专利诉讼

根据德国专利诉讼律师CMS Hasche Sigle Partnerschaft von Rechtsanwltenund Steuerberatern mbB于2021年2月18日及2021年4月23日出具的关于德国专利诉讼事宜的法律函件(以下合称《德国专利诉讼法律意见书》),2020年6月,德国杜塞尔多夫地区法院出具一审判决公告,判决认定晶科德国侵犯韩华专利权,主要判决内容包括:①晶科德国涉诉产品禁止在德国市场销售;②晶科德国召回自2019年1月30日起面向商业客户销售的涉诉产品;及③销毁晶科德国直接或间接占有或所有的涉诉产品。截至本问询回复出具日,晶科德国已就前述一审判决结果提起上诉,德国专利诉讼案件的上诉程序最早于2021年底完结。

前述一审判决中明确认定晶科德国销售的侵犯韩华专利权的组件产品型

号为JKM295M-60。根据《德国专利诉讼法律意见书》,该被认定为侵犯韩华专利权的组件产品为使用第三方制造商的电池生产的组件产品。自2019年1月30日起,晶科德国已不再投放使用已被法院认定为涉案侵权产品的第三方制造商的电池生产的组件产品。因此,2019年及2020年,发行人均未于德国地区销售该型号组件产品并产生相应销售收入;2018年,发行人于德国地区销售JKM295M-60型号组件产品所产生的销售收入为187.40万元,占德国地区营业收入的比例为0.40%,占发行人当年度总营业收入比例为0.01%。

根据《德国专利诉讼法律意见书》,除上述诉讼程序外,2020年9月28日,韩华向杜塞尔多夫地方法院递交了罚款申请,主张晶科德国违反一审判决仍在继续销售侵权产品,并要求法院裁定晶科德国支付罚金(以下简称"罚款程序")。韩华于罚款程序中就晶科德国销售的具体型号组件产品及其以外的全部同系列产品(以下称"全系列产品")均构成侵权。根据《德国专利诉讼法律意见书》,截至本问询回复出具日,罚款程序所涉及的全部产品未经相关法院判决认定构成侵权,韩华亦未在相关诉讼程序中明确针对罚款程序所涉及的具体型号产品提出赔偿诉讼主张。另外,晶科德国目前在德国市场范围内正常销售的组件产品已不再使用上述罚款程序所涉产品结构,均不会涉及对上述涉案专利的侵权。截至本问询回复出具日,前述罚款程序正在进行中。

3.澳洲专利诉讼

根据澳洲专利诉讼相关诉讼材料、澳洲专利诉讼律师Corrs Chambers Westgarth于2021年1月15日出具的关于澳洲专利诉讼事宜的法律意见书(以下简称《澳洲专利诉讼法律意见书》),韩华于其提交的第四次修改的诉讼请求声明(No.NSD395 of 2019)中主张发行人的组件产品可能涉及侵犯韩华专利权,并就该等组件产品要求进行产品测试。截至2021年7月23日,韩华与晶科澳洲尚未就所有产品测试问题达成一致方案。

(二)案件诉讼结果对发行人在相关市场销售的影响

1.美国专利诉讼

如前文所述,截至本问询回复出具日,晶科参与实体于美国市场销售的产品已经ITC裁决及联邦巡回上诉法院判决认定不会构成对韩华专利权的侵权。因此,该案未影响发行人在美国市场的销售。

2.德国专利诉讼

(1)案件进展情况2020年6月,德国法院作出一审判决,认定晶科德国侵犯韩华专利权。2020年7月14日,晶科德国提起上诉。根据《德国专利诉讼法律意见书》,截至2021年7月30日,该案件正处于二审审理过程中,德国专利诉讼案件的审理程序完结时间取决于上诉法院是否将采纳更多的证据。

(2)诉讼涉及的发行人产品销售收入占比情况结合前述诉讼涉及的发行人产品在德国市场的销售收入占比较低。且如前文所述,目前德国专利诉讼及罚款程序均尚未完结,最终可能被相关法院支持认定为侵权的产品占发行人销售收入占比将进一步降低。

(3)相关诉讼是否影响发行人与主要客户间的合作关系经对发行人欧洲市场销售业务负责人、发行人于欧洲市场的主要客户访谈确认,"本公司向晶科能源采购的产品不存在侵犯他人知识产权的情况,本公司与晶科能源就韩华诉讼案的涉案产品不存在任何纠纷(包括但不限于产品质量、付款、较大金额的退货等方面的纠纷及各种诉讼、仲裁及其他已决或未决纠纷)"。

综上,截至本问询回复出具日,相关诉讼未对发行人与其于欧洲市场的主要客户间的合作关系产生重大不利影响。

(4)已采取或拟采取的保障未来在相关市场正常销售的措施。根据《德国专利诉讼法律意见书》,自2019年1月30日起,晶科德国已不再投放使用已被法院认定为涉案侵权产品的第三方制造商的电池生产的组件产品,晶科德国目前在德国市场范围内正常销售的组件产品已不再使用已被法院认定为涉案侵权产品的第三方制造商的电池生产的组件产品及罚款程序所涉产品的结构,晶科德国目前在德国市场范围内正常销售的组件产品均不会涉及对上述涉案专利的侵权。综上,晶科德国已经采取了有效的替代方案以保障未来在相关市场的正常销售。

综上,报告期内德国专利诉讼涉及的发行人产品销售收入占发行人营业收入的比例较低。截至本问询回复出具日,相关诉讼未对发行人与其于欧洲市场的主要客户间的合作关系产生重大不利影响,并且发行人已采取了有效替代方案以保障未来相关市场的正常销售。因此,该案诉讼结果不会对发行人在德国市场的销售产生重大不利影响。

3.澳洲专利诉讼

(1)案件进展情况根据《澳洲专利诉讼法律意见书》,截至2021年7月23日,该案件尚未进入正式庭审,最终判决将不早于2023年中作出。

(2)诉讼涉及的发行人产品销售收入占比情况结合前述诉讼涉及的发行人产品在澳洲市场的销售收入占比较低。且如前文所述,目前澳洲专利诉讼尚未完结,最终可能被相关法院支持认定为侵权的产品占发行人销售收入占比将进一步降低。

(3)相关诉讼是否影响发行人与主要客户间的合作关系经对发行人澳洲市场销售业务负责人及发行人于澳洲市场的主要客户访谈确认,"本公司向晶科能源采购的产品不存在侵犯他人知识产权的情况,本公司与晶科能源就韩华诉讼案的涉案产品不存在任何纠纷(包括但不限于产品质量、付款、较大金额的退货等方面的纠纷及各种诉讼、仲裁及其他已决或未决纠纷)"。综上,截至本问询回复出具日,相关诉讼未对发行人与其于澳洲市场的主要客户间的合作关系产生重大不利影响。

(4)已采取或拟采取的保障未来在相关市场正常销售的措施发行人及晶科澳洲的研发团队已具有足够的研发能力,并且就于澳洲市场销售的组件产品已制定备选技术方案,可独立、迅速地完成更换产品设计方案,以此保障未来在相关市场的正常销售。

综上,报告期内澳洲专利诉讼涉及的发行人产品销售收入占发行人营业收入的比例较低,截至本问询回复出具日,相关诉讼未对发行人与其于澳洲市场的主要客户间的合作关系产生重大不利影响,并且发行人已制定备选技术方案拟应对澳洲专利诉讼结果并保障未来相关市场的正常销售。因此,该案诉讼结果不会对发行人在澳洲市场销售产生重大不利影响。

4.重点总结

根据监管机构的问询,发行人就涉及侵犯韩华专利权的问题及产品情况进行了说明。

发行人进一步解释了案件诉讼结果对发行人在相关市场销售的影响。首先,美国专利诉讼已经由ITC裁决及联邦巡回上诉法院判决认定不会构成对韩华专利权的侵权,因此未影响发行人在美国市场的销售。

其次,德国专利诉讼目前处于二审审理过程中,且涉及的发行人产品销售收入占比较低,因此对发行人在德国市场的销售影响较小。此外,发行人已采取有效替代方案以保障未来在相关市场的正常销售。

最后,澳洲专利诉讼尚未进入正式庭审,且涉及的发行人产品销售收入占比较低,因此对发行人在澳洲市场的销售影响较小。发行人已制定备选技术方案拟应对澳洲专利诉讼结果并保障未来相关市场的正常销售。

综上所述,发行人已就涉及侵犯韩华专利权的问题及产品测试情况作出说明,并就案件诉讼结果对发行人在相关市场销售的影响进行了分析。根据监管机构的问询和发行人的答复,可以认为该案诉讼结果不会对发行人在相关市场的销售产生重大不利影响。

5.企业发展过程规避建议

在解读“存在专利侵权诉讼”这一风险点时,需要关注以下几个方面:

①专利侵权诉讼的具体内容。了解专利侵权诉讼的起因、涉及的专利和技术,以及诉讼的具体进展和结果等。这些信息可以帮助判断诉讼对于科创板上市企业的业务和经营状况的影响程度。

②涉诉企业的实力和背景。对涉诉企业的实力和背景进行深入了解,包括其专利申请情况、技术实力、市场地位等。这有助于评估专利侵权诉讼对于涉诉企业的影响及涉诉企业在诉讼中的应对能力。

③行业特点和竞争状况。分析专利侵权诉讼所处的行业特点和竞争状况,包括相关技术的更新换代速度、市场竞争激烈程度、法律法规和政策环境等。这有助于判断专利侵权诉讼对于整个行业的影响,以及涉诉企业在行业中的地位。

④投资者的风险承受能力。考虑投资者的风险承受能力,包括投资者的风险偏好、投资目的、资金实力等因素。对于一些重大专利侵权诉讼,投资者需要认真评估风险并谨慎决策。

⑤应对措施和未来发展。关注科创板上市企业在面对专利侵权诉讼时的应对措施及未来的发展计划。这些信息可以帮助投资者了解企业的应对能力和战略规划,从而更好地评估企业的未来发展前景。

在被问询“存在专利侵权诉讼”问题时,笔者结合多家科创板IPO企业回复重点,提供以下企业发展过程规避要点:

①重视知识产权保护。在科创板上市,企业必须重视知识产权的保护,尊

重他人的专利权。在产品研发、生产、销售等各个环节中,要严格遵守相关法律法规,避免侵犯他人的专利权。

②做好专利检索。在产品研发、生产和销售等环节中,要进行全面的专利检索,了解相关技术的专利情况,避免重复研发、生产、销售侵权产品。

③确认专利许可。如果需要使用他人的专利技术,要确认获得合法的专利许可。在签署相关协议时,要明确双方的权利和义务,避免日后出现纠纷。

④建立知识产权风险预警机制。企业应建立完善的知识产权风险预警机制,通过专业的知识产权律师团队进行风险评估和预警,及时发现和解决潜在的知识产权风险。

⑤重视研发团队建设。在科创板上市企业中,研发团队是核心力量。要重视研发团队的建设,提高研发人员的专业素质和技术水平。同时,要加强对研发成果的保护,避免出现专利侵权问题。

⑥加强与法务沟通。企业应加强与法务人员的沟通交流,及时解决潜在的知识产权风险问题。在处理知识产权纠纷时,要积极配合相关部门的调查和处理工作,维护企业的合法权益。

4.4 第三方授权使用专利

专利作为科创板IPO企业重要的无形资产之一,对于企业无形资产的独立性和完整性具有至关重要的影响。在第三方授权使用专利的情形中,由于发行人并非专利权人,仅通过合同约定获得使用许可,因此发行人对专利享有的权利存在一定的不稳定性。这意味着,如果专利权人在未来决定终止许可合同,或者专利权人在法律上或经济上出现问题,发行人可能会面临无法继续使用该专利的风险。

在审核问询过程中,监管机构往往高度关注发行人是否存在授权使用专利的情况,以考察发行人是否存在对授权方的重大依赖,是否影响其独立持续生产经营。监管机构会仔细审查发行人是否对专利授权使用相关问题进行了完整说明,从而确保发行人的独立持续经营能力满足科创板的上市要求。

因此,对于想要在科创板上市的企业来说,完整说明专利授权使用相关问题,证明自身的独立持续经营能力是非常重要的。企业需要清晰地说明专利授权使用的具体情况,包括但不限于授权范围、授权期限、授权费用等,并提供充分的证据来证明企业对专利的使用是稳定的、可持续的。此外,企业还需要证明其自身具备足够的研发能力和技术实力,能够独立自主地进行技术研发和创新,以保持其竞争优势和未来的发展潜力。

1.问题出处

本部分问题出自《关于江苏迈信林航空科技股份有限公司首次公开发行股票并在科创板上市申请文件的审核问询函的回复》。

2.问题节选

招股说明书披露,公司目前在航空航天领域拥有12项核心技术,其中1项系公司自南京航空航天大学引进、吸收取得。公司自南京航空航天大学引进、吸收取得的面向生产线的智能数控编程与在线检测技术,属于南京航空航天大学飞机复杂结构件数控加工动态特征技术与应用的重要组成部分。飞机复杂结构件数控加工动态特征技术与应用2014年通过国防科工局鉴定,鉴定结果为“成果总体技术达到国际先进水平,在动态加工特征建模方面达到国际领先水平”,2015年获得中国机械工业科学技术一等奖,2016年获得国家技术发明二等奖。公司对面向生产线的智能数控编程与在线检测技术进行引进、吸收、再创新,是国内首家掌握该技术并实际应用于航空航天核心零部件制造的民营企业。

请发行人说明:(5)公司自南京航空航天大学引进前述技术的背景和具体形式,南京航空航天大学是否将相关技术授权给发行人竞争对手,若是,请说明发行人与竞争对手的核心技术相比是否存在重大差异,发行人与各竞争方产品的性能差异,进一步说明发行人技术的先进性。

3.回复节选

(1)引进前述技术的背景

上述技术为南京航空航天大学机电学院航空宇航制造工程系研发。南京航空航天大学是国内航空航天领域最知名的高校之一,参与了我国大部分航空重要型号的预研、技术攻关、试验研究,为我国航空航天事业发展做出了重要贡献。在国民经济领域,学校积极推进政产学研合作,促进科技成果转化,为经济社会发展提供了有力支撑。学校机电学院航空宇航制造工程系学科研究方向主要包括飞机装配技术、飞机钣金成形技术、数字化设计与制造技术、智能制造技术、复合材料构件制造技术、航空维修技术等。航空宇航制造工程系在研发该技术后,希望推广该技术的产业应用。

公司当时已成为江苏省航空航天领域最有竞争力的民营企业之一,具备较强的技术储备与人才储备,并计划通过加强与高校、科研院所的产学研合作,进一步提升研发实力和成果转化能力,南京航空航天大学的该技术恰好能够满足公司提升技术水平的需要。

作为航空航天领域的知名高校和知名民营企业,双方于2017年起初步建立合作关系,共同探索产学研合作的模式,上述技术的产业化也成为双方共同的目标。

(2)引进前述技术具体形式

2017年,公司与南京航空航天大学开展产学研合作。

2018年4月,由公司主导申报了江苏省省级项目。项目执行过程中,公司应用南京航空航天大学相关技术小批量生产军用飞机零部件,取得了良好的效果,开始筹备全面引进该项技术。

2019年3月,双方决定将面向生产线的智能数控编程与在线检测技术产业化,由公司主导申报江苏省科技成果转化专项,南京航空航天大学为技术支持单位。公司在南京航空航天大学相关技术的基础上,结合自身多年的技术积累,对面向生产线的智能数控编程与在线检测技术进行产业化,对该项技术引进、吸收、再创新。

同时,针对该技术涉及的相关专利,发行人以专利转让的方式取得了8项专利所有权,以排他许可的方式取得了5项专利的使用权。

此外,公司还建立了南京航空航天大学的大学生实习实践基地、研究生工作站等,持续加强双方的产学研合作。

(3)南京航空航天大学是否将相关技术授权给发行人竞争对手

南京航空航天大学未将该技术授权给发行人竞争对手。

与该技术相关的专利共计13项,发行人已通过专利转让的方式取得了8项专利所有权,并通过独家许可的方式取得了剩余5项专利的排他使用权。根据双方签署的《专利权排他许可合同书》及其补充协议,在合同有效期内,南京航空航天大学不得在国内再特许其他单位使用相关专利,任何一方不得单方面解除合同。

4.重点总结

根据监管机构的问询，发行人就第三方授权使用专利情况进行了说明：

①公司与南京航空航天大学合作，通过引进、吸收、再创新的方式，掌握了面向生产线的智能数控编程与在线检测技术，该技术属于南京航空航天大学飞机复杂结构件数控加工动态特征技术与应用的重要组成部分。

②通过与南京航空航天大学的合作，公司成为国内首家掌握该技术并实际应用于航空航天核心零部件制造的民营企业。

③南京航空航天大学未将该技术授权给发行人竞争对手，发行人已通过专利转让和独家许可的方式取得了相关专利的所有权和使用权，保障了公司在该技术领域的竞争优势。

④发行人通过引进、吸收、再创新的方式，将该技术成功应用于航空航天核心零部件制造，与竞争对手相比，发行人产品的性能更加优异，技术水平更加领先。

5.企业发展过程规避建议

在解读"第三方授权使用专利"这一风险点时，需要关注以下几个方面：

首先，需要了解科创板IPO过程中，企业有第三方授权使用专利这一风险点的背景和相关情况。在科创板IPO过程中，企业需要向投资者展示其技术和商业模式的核心优势，而专利是其中非常重要的一个环节。然而，如果企业存在第三方授权使用专利的情况，就可能涉及一些风险点。

其次，需要分析这一风险点对企业的具体影响。如果企业没有获得第三方专利的合法授权或者授权范围不够明确，那么可能会导致企业在使用这些专利时出现侵权风险。此外，如果第三方授权使用的专利涉及企业的核心技术和商业模式，那么还可能会对企业的商业机密和竞争地位产生影响。

最后，需要结合具体案例进行分析。例如，假设某家科创板上市公司在IPO过程中存在第三方授权使用专利的情况，这些专利涉及企业的核心技术和商业模式。那么，投资者就需要关注这些专利的授权范围和使用情况，以评估企业的风险和潜在影响。如果该公司的授权范围不明确或者存在侵权风险，那么投资者就需要谨慎考虑该公司的投资价值。

在被问询"第三方授权使用专利"问题时，笔者结合多家科创板IPO企业回复重点，提供以下企业发展过程规避要点：

①确认专利权属及状态。在考虑第三方授权使用专利时，企业首先需要确认该专利的权属及状态。企业应与专利持有人进行核实，确保该专利确实由其授权使用，并了解该专利是否已被转让或质押。此外，企业还需确认该专利是否仍处于有效期内。

②签订正规合同。企业应与专利持有人签订正规的授权合同，明确双方的权利和义务。合同中应包括专利使用的范围、期限、费用及支付方式等条款，同时应约定违约责任及解决争议的方式。

③保证技术合法及保密性。企业在使用第三方授权的专利时，应确保该技术的合法性和保密性。企业应要求专利持有人提供相关证明文件，确保该技术不侵犯任何第三方权益。同时，企业应与专利持有人签订保密协议，防止技术泄露。

④确认第三方同意。企业在使用第三方授权的专利时，应确保该专利已经获得所有必要的第三方同意。这可能包括其他知识产权持有人、债权人、股东等。企业应要求专利持有人提供相关证明文件，以确保不存在任何法律纠纷。

⑤及时告知披露。企业在科创板IPO过程中，如涉及第三方授权使用专利的情况，应及时告知相关监管机构并进行披露。这有助于让投资者更好地了解企业的经营状况和潜在风险，也有助于企业遵守相关法规和规定。

4.5　存在专利权质押

专利权质押是指债务人或第三人将其所拥有的、高价值的专利权作为担保，以确保债务的履行。为了确保债务的履行，债务人或第三人会选择将其所拥有的专利权作为担保。这些专利权通常具有高价值，代表着创新和技术的进步。如果债务人未能履行其债务，债权人则有权对专利权进行折价、拍卖或变卖，并有权优先受偿于所得价款。这种机制可以保障债权人的利益，同时也可以促使债务人更加认真地履行其债务。

对于科创板IPO企业而言，专利权质押可能成为一项重大的风险。因为企业通常依赖于其专利权来保护其技术和创新。如果他们将专利权质押给债权人，他们可能会失去对专利的控制权，这将对他们无形资产的完整性和独立性产生影响。这可能会导致企业在技术领域中的竞争力下降，甚至可能影响到企业的独立持续经营能力。

因此,监管机构对于发行人存在的专利权质押问题给予了高度关注。需要确保发行人在专利权质押后仍能够保持其无形资产的完整性和独立性,并确保发行人的独立持续经营能力不会受到影响。同时,监管机构也需要对专利权质押的风险进行评估和管理,以确保投资者的利益得到保护。

1.问题出处

本部分问题出自《关于贵州航宇科技发展股份有限公司首次公开发行股票并在科创板上市申请文件的审核问询函之回复报告》。

2.问题节选

关于主要资产招股说明书披露,(1)发行人主要资产中存在较多抵押或质押等权属受限情形。其中,金阳科技产业园的2宗土地使用权处于抵押状态,发行人及子公司拥有的2处房产均处于抵押状态;(2)发行人现有发明专利中除与北京钢研高纳科技股份有限公司联合研发的专利号为ZL201510649497.4的专利外,均处于质押状态;(3)发行人部分生产设备存在融资租赁情形。

请发行人说明:(3)结合处于质押状态的发明专利在发行人核心技术和产品中的运用、质押用途及期限等具体情况,充分说明上述权属受限知识产权是否影响发行人对相关专利的使用,若债务到期无法偿还对发行人生产经营及核心技术的影响,并就相关事项作风险提示及重大事项提示。

3.回复节选

1.处于质押状态的发明专利在发行人核心技术和产品中的运用、质押用途及期限等具体情况

涉及质押的45项专利,主要运用于的技术如下:复杂薄壁异型环轧锻件精确稳定轧制成形关键技术、难变形材料环件轧制全流程低应力控制关键技术、环轧锻件制造过程精确控制技术、航空难变形金属材料组织均匀性控制技术、大型复杂异型环件成形成性一体化轧制关键技术等。

主要运用于的产品如下:薄壁环件、锥形环轧锻件、矩形截面环形件、环轧锻件、复杂薄壁环件、复杂异形截面环形件、大型锻件等。

2.上述权属受限知识产权是否影响发行人对相关专利的使用,若债务到期无法偿还对发行人生产经营及核心技术的影响,并就相关事项作风险提示及重大事项提示

发行人质押上述专利的目的是为公司向银行的借款提供担保,属于公司在

银行融资过程中常用的增信措施。根据发行人与相关银行签署的专利质押合同,相关银行并未对发行人在专利质押期间继续正常使用上述专利作出任何限制。因此,在借款期限内,上述权属受限知识产权不影响发行人对相关专利的使用。

上述被质押的专利主要来源于公司核心技术,且与发行人主营业务有关,若债务到期无法偿还,导致上述专利质押权实现,将会对发行人生产经营及核心技术造成重大不利影响。

发行人被质押的专利仅在公司无法按期足额偿还银行债务时面临被拍卖、变卖从而影响发行人对相关专利的使用。截至本问询函回复出具之日,发行人已按时足额偿还《贵阳银行流动资金借款合同》(编号:J11162017071 3003)项下2,800万元全部债权本金及利息、《贵阳银行流动资金借款合同》(编号:J111620170713004)项下2,800万元全部债权本金及利息、《贵阳银行流动资金借款合同》(编号:J111620170713005)项下2,900万元全部债权本金及利息,以及《贵阳银行固定资产(项目融资)借款合同》(编号:J111120150708005)项下5,000万元全部债权本金及利息,担保前述合同的质押专利权目前正在办理质押登记注销手续。其他以发行人专利权质押为担保方式的银行借款及授信合同尚未到期。发行人经营发展状况较好,具有良好的商业信誉,发行人发生银行债务到期无法偿还的风险较小。截至本问询函回复出具日,报告期内未发生到期债务逾期偿还或无法偿还的情形。

对于专利质押事宜,发行人已在招股说明书"重大事项提示"之"一、特别风险提示"之"(十二)发明专利质押风险"和"第四节风险因素"之"二、经营风险"之"(十四)发明专利质押风险"进行了补充披露,具体内容如下:

截至本招股说明书签署日,发行人质押专利45项,用于公司向银行的借款提供担保,被质押的专利主要来源于公司核心技术,且与发行人主营业务有关,在发行人的生产经营和核心技术中具有重要作用。若债务到期无法偿还,导致上述专利质押权实现,将会对发行人生产经营及核心技术造成重大不利影响。

4.重点总结

根据监管机构的问询,发行人就存在专利权质押情况进行了说明:

①发行人质押的专利主要来源于公司核心技术,且与主营业务有关,若债务到期无法偿还,将面临被拍卖、变卖的风险,从而影响发行人对相关专利的

使用。

②截至本问询函回复出具之日,发行人已按时足额偿还了部分银行债务的本金及利息,并正在办理质押登记注销手续。其他以发行人专利权质押为担保方式的银行借款及授信合同尚未到期。发行人经营发展状况较好,具有良好的商业信誉,发生银行债务到期无法偿还的风险较小。

③发行人在招股说明书中进行了重大事项提示和风险因素披露,提醒投资者关注专利质押风险。

综上所述,发行人已充分披露了权属受限知识产权的情况,并就可能存在的风险进行了提示和重大事项提示。

5.企业发展过程规避建议

在解读"存在专利权质押"这一风险点时,需要关注以下几个方面:

首先,关注专利权质押的背景和原因。专利权质押是企业将专利权作为担保物,向银行等金融机构申请贷款的行为。科创板企业通常处于高速发展阶段,资金需求较大,因此可能会出现专利权质押的情况。然而,如果企业过度依赖专利权质押,将导致企业的融资渠道过于单一,增加企业的财务风险。

其次,关注专利权质押的风险和影响。专利权质押的风险主要包括两个方面:一是专利权的价值风险,即专利权的价值可能会受到多种因素的影响,如技术更新换代、市场竞争等,从而导致专利权的价值下降;二是专利权的法律风险,即专利权的法律纠纷可能会导致企业无法按时还款,从而给银行等金融机构带来损失。此外,如果企业的专利权被强制执行,将导致企业的核心资产流失,对企业的经营和发展产生不良影响。

最后,关注专利权质押的合规性和透明度。银行等金融机构在审批专利权质押贷款时,应当严格遵守相关法律法规和监管要求,确保专利权质押的合规性和透明度。同时,科创板投资者也应当关注企业专利权质押的情况,评估企业的融资风险和经营风险。如果发现企业存在过度依赖专利权质押的情况,应当及时调整投资策略,降低投资风险。

在被问询"存在专利权质押"问题时,笔者结合多家科创板IPO企业回复重点,提供以下企业发展过程规避要点:

①企业在确定专利权质押方案时,需要充分考虑自身的实际情况和需求,确保方案合法、合规、可行。同时,在签订质押合同时,需要明确约定专利权质

押的相关条款和细节，以避免潜在的法律风险。

②企业需要关注专利权质押登记和公告的程序和要求，确保登记和公告的合法性和有效性。同时，在质押期间，需要妥善保管质押的专利权证书和其他相关文件。

③企业需要关注专利权质押对自身品牌形象和声誉的影响。如果专利权质押方出现违约情况，可能会对企业的声誉造成负面影响。因此，企业在选择专利权质押方时需要谨慎考虑，选择可靠的合作伙伴。

④企业需要关注专利权质押对自身未来发展的影响。如果专利权质押方出现违约情况，可能会导致企业无法继续使用该专利权，从而影响企业的未来发展。因此，企业在选择专利权质押方时需要谨慎考虑，确保自身的利益得到充分保障。

4.6　专利权即将到期

根据科创板的发行条件，发行人必须具备独立的持续经营能力，且不能发生重大的经营环境变化。这是为了确保发行人在未来能够独立地持续经营，从而对投资者形成可靠的商业前景。

在实践中，一些企业早已认识到专利的重要性，并在多年前就成功获得了专利授权。这些企业深知专利对于保护企业的核心技术和产品的重要性，因此及早采取了专利保护措施。然而，由于专利权的保护期是有限的，一般为20年，当这些企业向科创板申请IPO时，其已获得的专利权可能即将到期。这种情况可能会直接影响企业的市场环境，导致其经营环境发生重大变化。一旦专利权到期，企业可能会面临竞争对手的模仿和侵权风险，从而影响其市场份额和盈利能力。

因此，监管机构在审核发行人时，会重点关注其专利权即将到期的问题，仔细审查发行人的专利情况，包括专利的申请时间、保护范围及剩余保护期等，以确定其是否符合科创板的发行条件。如果发行人的专利权即将到期，监管机构会要求其提供相应的解决方案和措施，以保障其持续经营能力和未发生重大经营环境变化的要求。

1.问题出处

本部分问题出自《关于浙江天地环保科技股份有限公司首次公开发行股票

并在科创板上市申请文件的审核问询函之回复》。

2.问题节选

招股说明书披露,截至招股说明书签署日,公司及其子公司共计拥有255项授权专利,其中发明专利共45项,实用新型专利共210项。其中,部分专利为继受取得,部分专利存在权属共有的情况,部分专利即将到期。

请发行人说明:(4)即将到期的专利技术产生的营业收入金额,占报告期各期营业总收入的比例,该等专利技术到期后对公司持续经营的影响,拟采取的应对措施。

3.回复节选

(四)即将到期的专利技术产生的营业收入金额,占报告期各期营业总收入的比例,该等专利技术到期后对公司持续经营的影响,拟采取的应对措施;

截至2021年3月31日,公司在2021年12月31日到期的专利技术如下:

序号	专利名称	有效日期	申请号	取得方式	类型
1	脱硫石膏浆液密度和pH值测量装置	2011.11.15—2021.11.14	ZL201120451546.0	原始取得	实用新型
2	用于干式变压器降噪的阻尼减震装置	2011.12.22—2021.12.21	ZL201120540783.4	原始取得	实用新型

"脱硫石膏浆液密度和pH值测量装置"主要用于早期石灰石-石膏湿法脱硫系统,报告期内未形成营业收入。"用于干式变压器降噪的阻尼减震装置"主要用于噪音处理,报告期内公司已不再使用该项专利,亦未形成收入。上述技术不属于公司的核心技术,专利到期后,自动解除保护。

公司上述专利到期后,专利所涉及的相关技术进入公开领域,但不会影响公司继续使用该等技术,且公司产品需以多项不同专利为基础进行综合应用,不会因其中个别专利到期而出现产品技术优势或竞争优势明显下降的情形。此外,公司在生产经营过程中积累了大量实践经验,有助于公司灵活运用现有技术。因此,上述部分专利到期后不会对公司的持续经营能力产生较大不利影响。

4.重点总结

根据监管机构的问询,发行人就专利权即将到期情况进行了说明:

(1)专利名称、有效日期、申请号、取得方式、类型

根据发行人的说明,“脱硫石膏浆液密度和pH值测量装置”和“用于干式变压器降噪的阻尼减震装置”这两项专利即将到期,相关技术即将进入公开领域。

(2)营业收入金额及占报告期各期营业总收入的比例

根据发行人的说明,“脱硫石膏浆液密度和pH值测量装置”和“用于干式变压器降噪的阻尼减震装置”两项专利在报告期内未产生营业收入。因此,这两项专利的技术到期不会对公司的营业收入产生影响。

(3)该等专利技术到期后对公司持续经营的影响

发行人表示,上述两项专利不属于公司的核心技术,因此专利到期不会对公司的核心技术产生影响。同时,发行人也指出,公司在生产经营过程中积累了大量实践经验,这些经验有助于公司灵活运用现有技术。

5.企业发展过程规避建议

在解读“专利权即将到期”这一风险点时,需要关注以下几个方面:

首先,关注专利权到期的具体时间。这关系到企业何时会失去这一知识产权的保护,也关系到企业是否需要提前进行专利申请的续展或寻求其他保护措施。

其次,分析专利权到期对公司产品和业务的影响。如果公司的产品或技术依赖于该专利权,那么专利权的到期可能会对公司的市场地位和盈利能力产生重大影响。公司可能需要考虑在专利权到期前开发新的技术或产品,以减少潜在的市场风险。

此外,还需要考虑专利权到期后竞争对手可能采取的行动。如果竞争对手在同等技术领域拥有类似的专利权,可能会在专利权到期后立即发起侵权诉讼或其他法律行动,以打击该公司的市场地位。因此,该公司需要提前做好应对策略,例如与竞争对手协商、寻求和解或采取其他法律措施来保护自己的利益。

最后,关注专利权到期对投资者的影响。投资者需要认真分析专利权到期对企业的影响,并评估企业的未来发展前景。如果企业的主要专利权即将到期,投资者可能需要重新评估企业的价值和潜在风险,以便做出更明智的投资决策。

在被问询“专利权即将到期”问题时,笔者结合多家科创板IPO企业回复重点,提供以下企业发展过程规避要点:

①做好专利情报分析工作。企业应通过专利情报分析,了解相关技术的专利保护情况,为自身技术路线和产品研发提供参考。同时,要关注竞争对手的专利情况,防范潜在的专利风险。

②建立专利预警机制。对于即将到期的核心专利,企业应建立专利预警机制,提前做好应对措施。这包括与专利发明人协商续展事宜、开展技术研发规避侵权风险等。

③重视知识产权人才培养。企业应加强知识产权人才的培养和引进,提高自身的知识产权意识和能力。这有助于企业在专利权到期后,迅速采取应对措施,保障企业的持续发展。

④加强与其他企业的合作。在专利权到期后,企业可以加强与其他企业的合作,通过技术转让、许可等方式实现技术的持续创新和收益。同时,要关注合作伙伴的技术实力和信誉状况,确保合作的可靠性和稳定性。

⑤做好市场拓展和客户维护工作。对于以专利技术为主要竞争优势的企业,应注重市场拓展和客户维护工作。在专利权到期后,要继续保持和提升产品的质量和性能,吸引和留住客户,实现业务的持续发展。

4.7 知识产权管理的内控制度是否健全并有效运行

企业知识产权内控制度在知识产权的研发、申请、保护和管理等关键环节中扮演着至关重要的角色。这一制度不仅有助于确保企业知识产权的安全与完整,还可以提升企业内部的知识产权意识和保护能力。

为了更好地保护自有知识产权并鼓励发明创造与科技创新,企业需要从多个方面入手,制定并执行一套完善的知识产权内控制度。首先,企业需要明确知识产权的权属关系,建立科学合理的知识产权管理制度,确保每一项知识产权都能得到及时、准确、完整的记录和备案。其次,企业需要建立有效的知识产权保护机制,通过技术手段和管理措施,防止知识产权泄露、被侵犯或恶意使用。最后,企业还需要建立健全的知识产权评估机制,对自身的知识产权进行全面、客观的评估,以便更好地制定知识产权策略和进行科技创新活动。

特别是对于拟科创板IPO的企业来说,如果其知识产权管理内控制度不健全或未有效运行,可能会引发监管机构对其产生是否符合科创板上市要求的疑虑。因为科创板对企业的知识产权要求非常严格,如果企业的知识产权内控制度不健全或未有效运行，可能会被视为不符合科创板的上市要求，从而影响企业的上市计划。因此，建立健全且有效的知识产权内控制度，对于拟科创板IPO企业来说至关重要。

1.问题出处

本部分问题出自《关于中国铁路通信信号股份有限公司首次公开发行股票并在科创板上市申请文件的审核问询函的回复》。

2.问题节选

问题：招股说明书披露，截至2018年12月31日，发行人拥有境内商标164项、境外商标53项、境内专利1,421项、软件著作权938项；截至2019年3月18日，发行人拥有境外专利20项。

请发行人说明：(2)补充披露相关商标、专利、软件著作权等知识产权管理的内部控制制度是否建立健全并有效运行。

请保荐机构和发行人律师核查发行人拥有和使用的各项知识产权、非专利技术的来源和取得过程是否符合相关法律法规的规定，是否存在合作开发的情况，是否存在利用关联方或非关联方的职务发明的情形，核心技术对阿尔斯通等第三方是否存在依赖，是否存在诉讼、纠纷或其他引致权利不确定性的情况，是否影响发行人的资产完整性和独立持续经营能力，并发表明确核查意见。

3.回复节选

根据发行人提供《知识产权管理办法》等规章制度并经保荐机构和发行人律师访谈发行人相关负责人，发行人知识产权管理的内部控制制度及其运行情况如下：

1.发行人已制定《知识产权管理办法》《专利管理办法》《商标管理办法》《技术保密工作管理办法》等规章制度，建立了完善的知识产权内控制度。

专利管理制度主要包括专利申请、维持、运用及保护、专利激励、奖惩办法、专利权转让许可、专利相关数据统计与分析、专利预警分析与布局、专利纠纷解决等内容；商标管理制度主要包括商标注册申请管理、商标保护管理、商标档案管理、商标代理机构选聘和管理、商标纠纷解决等内容；软件著作权管理制度主要包括软件著作权申请、软件著作权研究开发、软件著作权保护等内容；技术保密制度主要包括技术保密事项报告制度、涉密事项、涉密人员管理、涉密移动存储介质管理、涉密文档的归档管理等内容。

2.发行人技术发展部负责专利、著作权等知识产权的管理,法律合规部负责商标的管理及知识产权纠纷应对等工作。

发行人技术发展部与知识产权管理相关的主要职责为组织制定发行人知识产权发展战略,组织开展专利布局;负责建立和完善发行人知识产权及专利管理制度和流程;制定专利、著作权等知识产权工作计划并组织实施;监督、检查、指导、评价所属企业的专利、著作权等知识产权工作;负责发行人本级专利、软件著作权的申请、维持、运用及保护;组织发行人专利、著作权等数据统计与分析。

发行人法律合规部与知识产权管理相关的主要职责包括负责知识产权法律相关事务的协调和管理,牵头组织应对知识产权相关法律纠纷;组织制定商标工作战略和工作计划,开展商标布局工作;负责建立和完善发行人商标管理制度和流程;负责发行人商标的检索、国内外商标注册、续展、许可、转让、变更、注销、驰名商标认定、监测等日常工作。

综上,发行人已制定了《知识产权管理办法》等知识产权管理制度,并设立了相应的知识产权管理部门,相关部门均能够有效履行其职能,发行人知识产权内控制度健全并得到有效执行。

以上内容已补充披露至招股说明书"第六节业务和技术"之"六、公司主要固定资产及无形资产"之"(五)无形资产(除土地使用权)"。

4.重点总结

针对监管机构提出的"知识产权管理的内控制度是否健全并有效运行"问题,发行人保荐机构做出如下答复:

根据发行人提供的《知识产权管理办法》等规章制度,以及保荐机构和发行人律师对发行人相关负责人的访谈,发行人已建立了完善的知识产权内控制度,并能够有效执行。发行人技术发展部和法律合规部分别负责专利、著作权等知识产权和商标的管理工作,并已制定了相应的管理制度和职责分工。

发行人技术发展部的主要职责包括组织制定知识产权发展战略,建立和完善知识产权及专利管理制度和流程,监督、检查、指导、评价所属企业的知识产权工作,以及负责发行人本级专利、软件著作权的申请、维持、运用及保护等。此外,发行人法律合规部也负责商标的管理及知识产权纠纷应对等工作,包括商标检索、国内外商标注册、续展、许可、转让、变更、注销、驰名商标认定、监测等日常工作。

保荐机构认为,发行人已制定了健全的知识产权管理制度,并设立了相应的管理部门来有效履行其职能。因此,发行人的知识产权内控制度健全并得到有效运行。

5.企业发展过程规避建议

在解读"知识产权管理的内控制度是否健全并有效运行"这一风险点时,需要关注以下几个方面:

第一,知识产权管理内控制度的完整性。

首先,我们需要考虑的是企业所建立的知识产权管理内控制度是否完整。一个完整的知识产权管理内控制度应该包括知识产权的申请、审查、维护、许可和维权等环节,同时还需要考虑知识产权的保密和档案管理。在审查知识产权管理内控制度的完整性时,我们需要关注企业是否针对每一个环节都制定了详细的控制措施,并且这些措施是否符合国家相关法规和政策。

第二,知识产权管理内控制度的有效性。

除了完整性之外,我们还需要关注知识产权管理内控制度的有效性。一个有效的内控制度应该能够确保每一个环节都得到了切实的执行,并且执行的效果良好。在审查知识产权管理内控制度的有效性时,我们需要关注企业是否定期对内控制度进行评估和更新,以及是否能够及时发现和解决内控制度中存在的问题。

第三,知识产权管理人员的专业能力。

除了知识产权管理内控制度的完整性和有效性之外,我们还需要关注知识产权管理人员的专业能力。一个优秀的知识产权管理人员应该具备丰富的专业知识和技能,并且能够熟练运用这些知识和技能来应对各种复杂情况。在审查知识产权管理人员的专业能力时,我们需要关注企业是否定期对管理人员进行培训和考核,以及管理人员是否能够胜任自己的工作。

第四,知识产权管理机构的独立性。

我们还需要关注知识产权管理机构的独立性。一个独立的知识产权管理机构应该能够独立行使职权,并且不会受到其他部门的干扰和影响。在审查知识产权管理机构的独立性时,我们需要关注企业是否设立了专门的知识产权管理机构,并且该机构是否具有足够的权力和独立性来行使职权。

在被问询"知识产权管理的内控制度是否健全并有效运行"问题时,笔者结合多家科创板IPO企业回复重点,提供以下企业发展过程规避要点:

①建立完善的知识产权管理制度。企业应建立完善的知识产权管理制度,明确知识产权的申请、审查、维护、保护等流程,以确保知识产权的有效管理和保护。

②定期进行知识产权审查。企业应定期进行知识产权审查,及时发现和解决潜在的知识产权问题,防止侵权行为的发生。

③重视知识产权保护。企业应重视知识产权的保护,采取有效的措施防止知识产权被侵犯,如加强专利申请的审查和维权、加强商标保护等。

④加强员工知识产权培训。企业应加强员工知识产权培训,提高员工的知识产权意识和保护意识,避免因员工疏忽导致知识产权受损。

⑤定期进行知识产权风险评估。企业应定期进行知识产权风险评估,及时发现和解决潜在的知识产权风险,保障企业的合法权益。

⑥建立知识产权信息管理系统。企业应建立知识产权信息管理系统,对知识产权信息进行全面、准确、及时的管理和保护,提高知识产权管理的效率和准确性。

⑦遵守相关法律法规。企业应遵守相关法律法规,如专利法、商标法等,不侵犯他人的知识产权,保障自身的合法权益。

4.8 合作研发中的知识产权权属问题

在科技领域,企业与高校、科研院所等进行紧密的产学研合作是一种常见的做法。这种合作模式旨在充分利用这些机构所拥有的研发人才和资源,以加速新科技成果的研发与转化。通过与高校、科研院所的合作,企业能够获取最新的技术成果,提高自身的研发能力,进而提升市场竞争力。

然而,这种合作模式并非毫无风险。在知识产权方面,由于产学研合作中涉及的科技成果属于共有知识产权或权属不清的情况,往往会导致监管机构对科创板IPO企业是否存在重大知识产权权属纠纷或风险等问题的关注。一旦出现知识产权纠纷,不仅会影响到企业的声誉,还可能对企业的经营和发展带来重大影响。

因此,科技型企业在与高校、科研院所进行产学研合作时,必须对知识产权问题进行深入细致的协商和规划。首先,双方应当明确合作的目标和范围,以及各自在合作中扮演的角色和责任。其次,应当对涉及的科技成果进行详细的知识产权评估,明确权属关系,并制定相应的保护措施。最后,应当建立有效的沟通机制,及时解决合作中出现的问题,确保合作的顺利进行。

通过深入细致的知识产权规划和协商,科技型企业可以确保在与高校、科研院所的产学研合作中权属清晰,避免未来的纠纷和风险。同时,这种合作模式还可以促进科技成果的转化和应用,推动科技型企业的可持续发展和创新能力的提升。

1.问题出处

本部分问题出自《关于深圳英集芯科技股份有限公司首次公开发行股票并在科创板上市申请文件审核问询函的回复》。

2.问题节选

7.关于诉讼事项根据招股说明书,发行人目前存在六起未决诉讼:(2)鑫恒富科技(富满电子子公司)诉黄××……及英集芯侵害技术秘密纠纷案,即原告认为黄××……及发行人违反其与原告签署的《合作开发协议书》,侵害了原告的技术秘密;上述发行人创始团队成员曾与深鑫恒富科技成立合资公司。

请发行人披露:(4)发行人创始团队成员与鑫恒富科技成立合资公司的基本情况,包括合作背景、成立时间、目前现状等;结合《合作开发协议书》的签署时间、背景、主要内容、实际研发成果、归属约定及交付情况等,进一步论证发行人是否存在侵犯商业秘密的行为,从原告处复制的数据材料是否返还并在返还后销毁,发行人报告期内使用合作开发成果或合作开发过程中获取的数据材料所产生的收入及毛利金额、占比,相关产品目前的库存情况。

3.回复节选

一、发行人创始团队成员与鑫恒富科技成立合资公司的基本情况,包括合作背景、成立时间、目前现状等

经核查,黄××等10人于2013年自炬力集成离职后拟在电源管理芯片领域进行独立创业,但创业初期需资金支持;同时富满电子拟通过子公司鑫恒富科技在电源管理芯片领域进行业务拓展,经双方接洽协商一致后共同设立芯亿满,同时黄××等人入职鑫恒富科技。

2013年3月8日,黄××等10人与鑫恒富科技的刘××、陆××签订《合作开发协议书》,共同出资设立芯亿满。2013年4月2日,芯亿满取得深圳市市监

局核发的注册号为440301107065591号的《企业法人营业执照》,注册资本为10万元人民币。

芯亿满成立后,由于在运营过程中合作各方发生分歧,各方协商无果后于2014年10月终止合作。根据国家企业信用信息公示系统公开信息,芯亿满已于2016年6月完成注销。

二、结合《合作开发协议书》的签署时间、背景、主要内容、实际研发成果、归属约定及交付情况等,进一步论证发行人是否存在侵犯商业秘密的行为,从原告处复制的数据材料是否返还并在返还后销毁

(一)《合作开发协议书》的签署时间、背景、主要内容

2013年3月8日,因前述共同投资设立芯亿满的计划,为明确投资各方权利义务,鑫恒富科技("甲方")与黄××等("乙方")签署了《合作开发协议书》,相关主要内容如下:

主要内容	相关条款
经营决策	第一条项目公司的市场目标、研发内容及工作计划由公司股东共同商议决定。
项目投资	项目总投资额为壹仟万元人民币,预计甲方为本项目投入的资金为壹仟万元人民币,乙方以其技术入股。
财务核算	第三条项目公司研究开发经费、项目公司财务核算及公司分红: 1.研发经费的承担:项目公司成立初期。研发经费由甲方承担,按实际开支支付;当项目公司盈利能够完全支付项目公司运营成本之日起,研发费用由项目公司承担。 2.项目公司财务独立核算,每月向全体股东公布其财务报表。 3.项目公司本财年净利润大于或等于100万元时,项目公司拿出年净利润的0%用于该项目公司的员工年终奖金。余下净利润归项目公司股东所享有。 4.当项目公司本财年净利润大于100万且小于等于500万时,项目公司拿出本财年股东所享有的净利润的40%用于股东分红;当项目公司年利润大于500万时,拿出本财年股东所享有的净利润50%用于项目公司股东分红;当项目利润大于1000万时,拿出本财年股东所享有的净利润60%用于项目公司股东分红。 5.如果乙方股东成员离职,由甲方以股份回购的方式,将其持有的股份收回。离职成员不能继续持有项目公司股份,不能继续获得项目公司相关权益。
研发成果	第八条甲乙方应当保证其研究开发成果不侵犯任何第三人的合法权益,因乙方以不合法手段获取第三方技术成果而产生的纠纷,乙方应当承担由此而产生的全部责任。 第九条乙方不得在完成研究开发成果之前,自行将研究开发成果转让给第三人。

续表

主要内容	相关条款
	第十条双方确定，项目公司及乙方在项目公司的一切研发成果包括但不限于技术专利等皆由项目公司股东共同享有。

(二)实际研发成果、归属约定及交付情况

(1)集成电路布图设计

根据黄××等人说明，其任职鑫恒富科技期间曾共有2款集成电路布图设计实现了试产和投片量产，具体情况如下：

序号	研发成果	对应芯亿满产品型号	归属约定	实际交付情况
1	编号PB100全系列(包含A、B、C、D、E五个版本)的集成电路布图设计	EC205、EC206、EC207、EC209	《合作开发协议》第十条之约定，芯亿满的一切研发成果包括但不限于技术专利等皆由芯亿满股东共同享有。	研发成果(包括版图和光罩等)已交付给富满电子并在和舰科技投片，由富满电子销售
2	编号XY6280(EC100)全系列(包含A、B二个版本)的集成电路布图设计	EC100		

(2)专利

根据黄××等人说明，其任职鑫恒富科技期间共有2项专利研发成果，具体情况如下：

序号	研发成果	归属约定	实际交付情况
1	一种充电系统及充电方法(201410351391.1)	《合作开发协议》第十条之约定，芯亿满的一切研发成果包括但不限于技术专利等皆由芯亿满股东共同享有。	由富满电子申请发明专利
2	一种充电系统(201420407134.0)		由富满电子申请实用新型专利

根据发行人说明，公司并未使用上述相关研发成果。

(三)发行人是否存在侵犯商业秘密的行为,从原告处复制的数据材料是否返还并在返还后销毁

发行人不存在侵犯鑫恒富科技商业秘密的行为,具体原因如下:

①根据鑫恒富科技提交的起诉状、证据等诉讼材料,鑫恒富科技并未明确其所主张的“商业秘密”的具体范围、种类、内容,鑫恒富科技未提供明确的侵权标的;

②根据《合作开发协议》第十条之约定,芯亿满的一切研发成果包括但不限于技术专利等皆由芯亿满股东共同享有,而实际均由富满电子所有;

③根据发行人出具的说明,发行人报告期内的产品不涉及芯亿满的相关研发成果。

鑫恒富在起诉状中指控黄××等人将项目公司电脑带走并拷贝其中数据不符合事实。根据黄××等人介绍、公安局调取相关笔录等资料,因鑫恒富拖欠发放黄××等10人工资,黄××等人追讨无果后,才采取自力救济方式取走芯亿满部分电脑,并在当天在公安人员的调解主持下将电脑归还给鑫恒富,不存在从原告处拷贝数据材料的行为。

三、发行人报告期内使用合作开发成果或合作开发过程中获取的数据材料所产生的收入及毛利金额、占比,相关产品目前的库存情况

根据发行人出具的说明,发行人报告期内未使用合作开发成果或合作开发过程中获取的数据材料生产任何产品,亦不涉及相关收入及毛利情况。

4.重点总结

针对监管机构的提问,发行人表示不存在侵犯鑫恒富科技商业秘密的行为。鑫恒富科技并未明确其所主张的“商业秘密”的具体范围、种类、内容,未提供明确的侵权标的。根据《合作开发协议》第十条之约定,芯亿满的一切研发成果包括但不限于技术专利等皆由芯亿满股东共同享有,而实际均由富满电子占有。发行人报告期内的产品不涉及芯亿满的相关研发成果。鑫恒富在起诉状中指控黄××等人将项目公司电脑带走并复制其中数据不符合事实。黄××等人介绍、公安局调取相关笔录等资料,因鑫恒富拖欠发放黄××等10人工资,黄××等人追讨无果后,才采取自力救济方式取走芯亿满部分电脑,并在当天在公安人员的调解主持下将电脑归还给鑫恒富,不存在从原告处拷贝数据材料的行为。

5.企业发展过程规避建议

在解读“合作研发中的知识产权权属问题”这一风险点时,需要关注以下几

个方面：

首先，需要关注合作研发中的知识产权权属问题。在拟科创板上市企业中，合作研发往往是一个常见的现象。这些合作方包括高校、科研机构、企业等。然而，合作研发的过程中往往会出现知识产权权属的问题。这主要是因为在合作研发中，各方对于知识产权的归属和使用权方面往往存在一些争议和纠纷。因此，在解读这一风险点时，我们需要重点关注合作方之间知识产权权属的约定和协议是否明确、合法、合规，是否存在纠纷和潜在风险。

其次，需要关注拟科创板上市企业在合作研发中的技术转化和产业化能力。拟科创板上市企业往往需要具备一定的技术转化和产业化能力，才能够将科研成果转化为实际的产品和服务。然而，在合作研发中，由于各方的技术背景和能力不同，可能会出现技术转化和产业化过程中的一些问题和风险。例如，技术转移效率低下、技术产业化进程缓慢等。因此，在解读这一风险点时，我们需要重点关注企业在合作研发中的技术转化和产业化能力是否足够，以及是否存在相关的风险和问题。

最后，还需要关注拟科创板上市企业在合作研发中的风险控制能力。在合作研发中，由于各方的利益诉求和目标不同，可能会出现一些分歧和矛盾。同时，合作研发过程中也可能会遇到一些不可预见的风险和挑战。因此，在解读这一风险点时，我们需要重点关注企业对于合作研发中的风险控制能力是否足够，是否有相关的风险预警和应对措施，以避免或降低潜在的风险和损失。

在被问询"合作研发中的知识产权权属问题"问题时，笔者结合多家科创板IPO企业回复重点，提供以下企业发展过程规避要点：

①清晰界定合作研发项目的知识产权归属。在合作研发项目开始前，应当与合作伙伴签订明确的协议，约定知识产权的归属和使用权。这样可以避免后期出现权属纠纷，影响企业的上市进程。

②重视研发过程的知识产权保护。在研发过程中，要注意保护知识产权，如对研发成果进行保密、申请专利等。这样可以避免竞争对手抄袭或侵犯企业的知识产权，影响企业的竞争力和上市价值。

③建立完善的知识产权管理制度。企业应当建立完善的知识产权管理制度，包括知识产权的申请、维护、许可、转让等流程。这样可以保证企业的知识产权得到充分保护，同时也可以提高企业的管理水平和上市竞争力。

④重视合作伙伴的选择和审核。在选择合作伙伴时，要对其知识产权状况进行充分了解和审核，避免与存在知识产权风险的企业或个人合作。这样可以保证企业的合作研发项目顺利进行，同时也可以降低企业的知识产权风险。

⑤建立专业的知识产权团队。企业应当建立专业的知识产权团队，负责企业的知识产权申请、维护、许可、转让等工作。这样可以保证企业的知识产权得到专业化的管理和保护，同时也可以提高企业的上市竞争力。

4.9 商业秘密泄密风险

根据科创板发行条件，发行人必须建立健全且高效的知识产权内控制度，其中包括防范商业秘密泄密风险的保密制度，以确保发行人的商业秘密得到充分保护。这种保密制度不仅需要覆盖所有可能泄密的风险点，还需要对员工进行系统的培训，以提高他们对商业秘密的保护意识。

如果发行人的商业秘密被竞争对手获取，可能会削弱其在市场中的竞争优势，甚至导致经营环境发生重大变化。例如，如果一个公司的主要产品配方被竞争对手获取，那么它可能会失去在市场中的主导地位，甚至可能导致公司陷入财务困境。

如果发行人的商业秘密被公众获悉，那么相关信息将不再构成商业秘密，任何人都可以使用。这对发行人经营环境的影响更为严重。例如，如果一个公司的核心技术和商业模式被公开，那么它可能会面临来自竞争对手的激烈竞争，甚至可能导致公司破产。

因此，监管机构在审核科创板发行申请时，会重点关注发行人商业秘密的泄密风险。这包括但不限于对发行人的保密制度、员工培训、经营环境等方面的全面评估。只有当发行人能够证明其商业秘密得到充分保护，且经营环境稳定时，才有可能获得监管机构的批准。

1.问题出处

本部分问题出自《关于上海宣泰医药科技股份有限公司首次公开发行股票并在科创板上市申请文件的审核问询函之回复报告》。

2.问题节选

招股说明书披露，侵袭性曲霉菌和念珠菌感染是目前已知最常见的侵袭性真菌感染，近年来，由于恶性肿瘤、免疫缺陷、移植患者数目的增多及长期应用广谱抗生素、延长体内留置导管时间等,侵袭性真菌病发生率呈逐年上升趋势。

泊沙康唑系第二代三唑类抗真菌药,主要用以治疗侵袭性曲霉菌或念珠菌感染,其在预防免疫功能缺陷患者的深部真菌感染方面要优于同类药物如氟康唑或伊曲康唑。泊沙康唑最早的剂型为泊沙康唑口服混悬液,泊沙康唑肠溶片剂型于2014年在美国获批上市。根据IMS数据显示,2020年全年,公司的泊沙康唑肠溶片在美国的市场占有率为41.34%。针对泊沙康唑肠溶片产品,发行人在美国拥有ANDA批件,在澳大利亚、新加坡以经销商名义申请药品批文。

请发行人说明:(4)结合不同国家或地区的药品批件监管方式,说明发行人在澳大利亚、新加坡以经销商名义申请药品批文的原因与考虑,发行人是否向上述经销商提供产品的核心技术资料,发行人核心技术是否存在泄密风险。

3.回复节选

1.结合不同国家或地区的药品批件监管方式,说明发行人在澳大利亚、新加坡以经销商名义申请药品批文的原因与考虑

发行人在澳大利亚、新加坡以经销商名义申请药品批文主要出于加快审批流程的目的考虑。

根据上述国家的药品监管要求,注册在当地的企业进行药品批件的申请,其审批流程更快。因此,中国企业一般采取设立当地子公司申请或以经销商名义申请的方式,进行药品批件的申请。发行人选择以经销商名义进行批件的申请,有利于加快产品的商业化进程。

对于研发型药企,在海外地区以经销商名义申请药品批件可以起到加快审批流程、聚焦研发工作、减少营销成本的作用,属于行业惯例,如根据普利制药(300630.SZ)的公告,其研发生产的产品“注射用泮托拉唑(钠盐、倍半水合物)”在澳大利亚获准上市,上市许可由合作方AFT Pharmaceuticals Pty Ltd持有,生产由公司负责。

2.发行人是否向上述经销商提供产品的核心技术资料,发行人核心技术是否存在泄密风险

发行人未向经销商提供上述产品的核心技术资料,仅根据合作协议向上述经销商提供了申请药品批文所必需的技术资料,且在合作协议中约定了保密义务,发行人核心技术不存在泄密风险。

4.重点总结

根据监管机构的问询,发行人就商业秘密泄密风险情况进行了说明:

1.发行人在澳大利亚、新加坡以经销商名义申请药品批文的原因与考虑

发行人选择在澳大利亚、新加坡以经销商名义申请药品批文主要是为了加快审批流程,从而更快地实现商业化。这些国家的药品监管机构通常要求注册在当地的企业进行药品批件的申请,以加快审批流程。因此,中国企业一般采取设立当地子公司申请或以经销商名义申请的方式,进行药品批件的申请。发行人选择以经销商名义进行批件的申请,有利于加快产品的商业化进程。

2.发行人是否向上述经销商提供产品的核心技术资料,发行人核心技术是否存在泄密风险

发行人没有向上述经销商提供产品的核心技术资料。发行人仅根据合作协议向经销商提供了申请药品批文所必需的技术资料,且在合作协议中约定了保密义务。因此,发行人的核心技术不存在泄密风险。

5.企业发展过程规避建议

在解读"商业秘密泄密风险"这一风险点时,除了需要关注商业秘密泄密的常见方式,还应当时刻注意企业信息安全问题,尤其是与专利申请相关的资料,更要加强保护。

商业秘密泄密的常见方式有多种,其中包括但不限于以下几种:

①内部人员泄密。由于企业内部人员的主观原因或失误,可能会将商业秘密泄露给外部人员,从而给企业带来重大损失。

②外部黑客攻击。黑客可能会通过各种手段攻击企业的信息安全系统,从而获取商业秘密,给企业带来威胁。

③合作伙伴泄密。企业在与其他企业或机构合作时,可能会将商业秘密泄露给合作伙伴,从而给企业带来风险。

④竞争对手获取。竞争对手可能会通过各种手段获取企业的商业秘密,从而在市场上获得竞争优势。

在被问询"商业秘密泄密风险"问题时,笔者结合多家科创板IPO企业回复重点,提供以下企业发展过程规避要点:

①建立完善的商业秘密保护制度。企业应建立完善的商业秘密保护制度,包括商业秘密的定义、范围、保密措施、保密责任等,确保商业秘密在企业内部

得到充分保护。

②做好员工培训。企业应定期对员工进行商业秘密保护方面的培训，提高员工的保密意识和能力，确保员工在日常工作中不会泄露商业秘密。

③严格控制信息传播。企业应严格控制商业秘密的传播范围，避免商业秘密被无关人员获取。对于必须公开的信息，企业应采取适当的保密措施，如限制访问、签订保密协议等。

④做好技术保护。对于涉及核心技术的企业，应采取技术保护措施，如专利申请、技术秘密保护等，确保核心技术不被泄露。

⑤与合作伙伴建立保密协议。企业应与合作伙伴建立保密协议，明确双方的保密责任和义务，避免商业秘密通过合作伙伴泄露。

⑥对泄露事件及时处置。对于可能或已经泄露的商业秘密，企业应立即采取措施防止进一步扩散，并对泄露事件进行调查和处理，追究相关人员的责任。

⑦建立商业秘密审查机制。企业应定期对商业秘密进行审查，确保商业秘密的保护措施得到有效执行，及时发现并解决潜在的风险。

⑧在IPO过程中加强信息保密。在筹备IPO过程中，企业应加强信息保密工作，与中介机构等签订保密协议，确保招股说明书中的信息不会被泄露。

后　记

时光如梭，当本书的最后一页即将合上时，我们不禁回望这段书写与思考的旅程。在科技创新浪潮奔涌的时代，中国的产业变革与资本市场的创新实践，既充满机遇，也暗藏挑战。本书的诞生，既是对科创板这一新生事物的一次系统性探索，也是对中国科技创新生态的一次深刻致敬。

过去几年，我们见证了科创板从诞生到壮大的历程。它不仅是资本市场改革的试验田，更是中国科技创新力量汇聚的舞台。在走访企业、分析案例、梳理法规的过程中，我们深刻感受到，科创板的每一份招股书背后，都凝结着一群人的梦想与坚持——实验室里的技术攻关，到市场端的商业化落地；从知识产权的布局与保护，到资本与创新的深度融合。这些故事，既是中国经济转型升级的缩影，也是无数创业者与科技工作者奋斗的见证。

本书的写作初衷，是希望为那些在科技创新之路上跋涉的企业提供一盏灯，照亮其上市征途中的迷雾。我们深知，科创板的规则与要求，既有国际资本市场的共性，也蕴含着中国特色创新的独特逻辑。因此，我们试图通过详实的案例分析、多维度的风险拆解，以及行业趋势的前瞻研判，为读者呈现一幅立体的科创板图景。但我们也清醒地认识到，市场瞬息万变，今日的规则或许会在明日迭代，唯有持续学习、动态适应，方能在变革中把握先机。

在此，我们要特别感谢所有为本书提供支持的企业家、投行专家、法律顾问和科研工作者。正是他们的真知灼见与实践经验，让书中的案例得以鲜活，观点得以深化。同时，也要感谢那些在科创板上市过程中遭遇挫折的企业，它们的教训与反思，为后来者提供了宝贵的警示。

科技创新永无止境，资本市场的进化亦不会停歇。今天的“硬科技”或许会成为明日的“基础设施”，今天的“行业标杆”或许会在未来被新的颠覆者超越。但无论如何，我们始终相信，真正以技术为锚、以价值为帆的企业，终将在时代的浪潮中找到属于自己的航道。

最后，谨以本书献给所有在科技创新道路上笃定前行的探索者。愿你们的每一次技术突破、每一场资本跨越，都能为中国的高质量发展注入更多动能；愿科创板的星辰大海中，升起更多属于中国创新的璀璨之星。

书中数据均来源于http://www.sse.com.cn/，上海证券交易所官网，具体数据以科创板上市时为准，如有出入或更新，请以官方发布的信息为准。我们力求数据的准确性和时效性，但由于市场环境的快速变化，部分数据可能存在滞后或调整的情况。读者在引用或参考本书中的数据时，请结合最新的市场动态和政策法规进行综合判断。我们鼓励读者对书中的内容进行深入思考和独立分析，以形成自己的见解和判断。

是为后记。

袁鹏飞

2025年春